本报告编写得到国家社会科学基金重大项目"山西翼城大河口西周墓地考古发现与综合研究"(17ZDA218)资助

本报告出版得到国家重点文物保护专项补助经费资助

山西翼城大河口遗址调查报告

山西省考古研究所
山西大学北方考古研究中心 编著

科学出版社
北京

内 容 简 介

本报告为山西翼城县大河口墓地周围大河口遗址的系统调查资料。调查面积约 5 平方千米。发现有灰坑、文化层、道路、夯土墙、建筑遗址和墓葬等遗迹 21 处。所获 1636 件遗物以陶器为主，有少量石器和骨器等，年代可辨者有新石器时代标本 298 件、夏代时期 6 件、西周时期 6 件、东周时期 375 件、汉代时期 42 件、宋金时期 2 件。所属文化分别为西王村文化、庙底沟二期文化、陶寺文化、东下冯文化、西周晋文化横水—大河口类型、东周晋文化等。

本书可供从事文物考古研究的专家学者和大专院校相关专业师生参考、阅读。

图书在版编目(CIP)数据

山西翼城大河口遗址调查报告 / 山西省考古研究所，山西大学北方考古研究中心编著. —北京：科学出版社，2018.11
ISBN 978-7-03-059166-1

Ⅰ.①山… Ⅱ.①山…②山… Ⅲ.①墓葬（考古）—文化遗址—调查报告—翼城县 Ⅳ.①K878.85

中国版本图书馆 CIP 数据核字（2018）第 242997 号

责任编辑：樊 鑫 董 苗 / 责任校对：邹慧卿
责任印制：肖 兴 / 封面设计：张 放

科 学 出 版 社 出版
北京东黄城根北街 16 号
邮政编码：100717
http://www.sciencep.com

中国科学院印刷厂 印刷
科学出版社发行　各地新华书店经销

*

2018 年 11 月第 一 版　　开本：889×1194　1/16
2018 年 11 月第一次印刷　　印张：24 1/4　插页：12
字数：677 000

定价：280.00 元
（如有印装质量问题，我社负责调换）

目 录

第一章 概况 ... 1
  一、地理位置与历史沿革 ... 1
  二、遗址调查与资料整理 ... 3

第二章 采集遗物 ... 5
  一、1~185号标本 ... 5
  二、186~203号标本 ... 36
  三、204~212、214~529、531~552、554~564号标本 ... 39
  四、565~661号标本 ... 101
  五、664~729号标本 ... 117
  六、730~777号标本 ... 127
  七、778~854号标本 ... 136
  八、855~970号标本 ... 149
  九、971~1133号标本 ... 169
  十、1134~1238号标本 ... 202
  十一、1239~1305、1307~1563号标本 ... 221
  十二、1564~1622、1625~1675号标本 ... 287

第三章 遗物年代 ... 308
  一、新石器时代 ... 308
  二、夏代时期 ... 310
  三、西周时期 ... 310
  四、东周时期 ... 311
  五、汉代时期 ... 312

第四章 结语 ... 314

附表 ... 317
  附表一 大河口遗址调查遗迹登记表 ... 317
  附表二 大河口遗址调查采集遗物登记表 ... 318
  附表三 大河口遗址调查遗物比对表 ... 362

后记 ... 376

插图目录

图一　翼城县地理位置示意图 2
图二　大河口遗址调查范围示意图 4
图三　大河口遗址考古调查采集遗物分布图 4
图四　大河口遗址调查陶器（1~10） 6
图五　大河口遗址调查陶器（11~21） 7
图六　大河口遗址调查陶器纹样拓本 8
图七　大河口遗址调查陶器（22~32） 10
图八　大河口遗址调查陶器纹样拓本 11
图九　大河口遗址调查陶器（33~46） 12
图一〇　大河口遗址调查陶器（47~62） 14
图一一　大河口遗址调查陶器（63~75） 16
图一二　大河口遗址调查陶器（76~87） 18
图一三　大河口遗址调查遗物（88~104） 19
图一四　大河口遗址调查陶器（105~118） 21
图一五　大河口遗址调查陶器（119~127） 23
图一六　大河口遗址调查陶器（128~135） 25
图一七　大河口遗址调查陶器纹样拓本 26
图一八　大河口遗址调查陶器（136~147） 27
图一九　大河口遗址调查陶器（148~157） 28
图二〇　大河口遗址调查陶器（158~163、165） 30
图二一　大河口遗址调查陶器（164、166~171） 31
图二二　大河口遗址调查陶器（172~177） 33
图二三　大河口遗址调查陶器纹样拓本 34
图二四　大河口遗址调查陶器（178~185） 35
图二五　大河口遗址调查陶器（186~192） 37
图二六　大河口遗址调查陶器（193~202） 38
图二七　大河口遗址调查陶器（203~212、214~216） 40
图二八　大河口遗址调查陶器（217~231） 42
图二九　大河口遗址调查陶器纹样拓本 43
图三〇　大河口遗址调查石、陶器（232~241） 44
图三一　大河口遗址调查陶器（242~251） 45

图三二	大河口遗址调查陶器（252~258）	47
图三三	大河口遗址调查陶器（259~266）	48
图三四	大河口遗址调查陶器（267~278）	50
图三五	大河口遗址调查陶器（279~287）	52
图三六	大河口遗址调查陶器（288~295）	53
图三七	大河口遗址调查陶器（296~301）	54
图三八	大河口遗址调查陶器（302~309）	56
图三九	大河口遗址调查陶器（310~316）	57
图四〇	大河口遗址调查陶器（317~326）	59
图四一	大河口遗址调查陶器（327~337）	60
图四二	大河口遗址调查陶器（338~347）	62
图四三	大河口遗址调查陶器（348~353）	64
图四四	大河口遗址调查陶鬲（349）纹样拓本	64
图四五	大河口遗址调查陶器（354~363）	65
图四六	大河口遗址调查陶器（364~373）	67
图四七	大河口遗址调查陶器纹样拓本	68
图四八	大河口遗址调查石、陶器（374~381）	69
图四九	大河口遗址调查陶器（382~389）	70
图五〇	大河口遗址调查陶器（390~396）	72
图五一	大河口遗址调查陶器（397~402）	73
图五二	大河口遗址调查陶器（403~411）	74
图五三	大河口遗址调查陶器（412~419）	76
图五四	大河口遗址调查陶器（420~429）	78
图五五	大河口遗址调查陶器（430~437）	79
图五六	大河口遗址调查陶器（438~447）	81
图五七	大河口遗址调查陶器（448~455）	82
图五八	大河口遗址调查陶器（456~467）	84
图五九	大河口遗址调查陶器（468~475）	85
图六〇	大河口遗址调查陶器（476~484）	87
图六一	大河口遗址调查陶器（485~494）	88
图六二	大河口遗址调查陶器（495~503）	90
图六三	大河口遗址调查陶器（504~511）	91
图六四	大河口遗址调查陶器（512~519）	93
图六五	大河口遗址调查陶器（520~529、531）	94
图六六	大河口遗址调查陶器（532~540）	96
图六七	大河口遗址调查陶器（541~547）	97
图六八	大河口遗址调查陶器（548~560）	99

图六九	大河口遗址调查陶器（561～573）	100
图七〇	大河口遗址调查陶器（574～588）	102
图七一	大河口遗址调查陶器（589～597）	104
图七二	大河口遗址调查陶器（598～602）	106
图七三	大河口遗址调查陶器（603～610）	107
图七四	大河口遗址调查陶器（611～618）	108
图七五	大河口遗址调查陶器（619～627）	110
图七六	大河口遗址调查陶器（628～636）	111
图七七	大河口遗址调查陶器（637～648）	113
图七八	大河口遗址调查陶器（649～658）	115
图七九	大河口遗址调查陶器（659～668）	116
图八〇	大河口遗址调查陶器（669～680）	118
图八一	大河口遗址调查陶器（681～693）	120
图八二	大河口遗址调查陶器（694～700）	122
图八三	大河口遗址调查陶器（701～711）	123
图八四	大河口遗址调查陶器（712～719）	125
图八五	大河口遗址调查陶器（720～726）	126
图八六	大河口遗址调查陶器（727～737）	128
图八七	大河口遗址调查陶器（738～745）	130
图八八	大河口遗址调查陶器（746～753）	131
图八九	大河口遗址调查陶器（754～763）	133
图九〇	大河口遗址调查陶器（764～770）	134
图九一	大河口遗址调查陶器（771～775）	135
图九二	大河口遗址调查陶器（776～779）	137
图九三	大河口遗址调查遗物（780～789）	138
图九四	大河口遗址调查陶器（790～802）	140
图九五	大河口遗址调查陶器（803～811）	142
图九六	大河口遗址调查陶器（812～818）	143
图九七	大河口遗址调查陶器（819～829）	145
图九八	大河口遗址调查陶器（830～837）	147
图九九	大河口遗址调查陶器（838～845）	148
图一〇〇	大河口遗址调查陶器（846～856）	150
图一〇一	大河口遗址调查陶器（857～868）	152
图一〇二	大河口遗址调查陶器（869～876）	153
图一〇三	大河口遗址调查陶器纹样拓本	154
图一〇四	大河口遗址调查陶器（877～887）	156
图一〇五	大河口遗址调查陶器（888～899）	157

图一〇六	大河口遗址调查陶器（900~912）	159
图一〇七	大河口遗址调查陶器（913~925）	161
图一〇八	大河口遗址调查陶器（926~939）	163
图一〇九	大河口遗址调查陶器（940~950）	165
图一一〇	大河口遗址调查陶器（951~962）	167
图一一一	大河口遗址调查陶器（963~971）	168
图一一二	大河口遗址调查陶器（972~976）	170
图一一三	大河口遗址调查陶器（977~984）	171
图一一四	大河口遗址调查陶盆（985~989）	173
图一一五	大河口遗址调查陶器（990~994）	174
图一一六	大河口遗址调查筒瓦内壁（992）纹样拓本	175
图一一七	大河口遗址调查陶器（995~1004）	176
图一一八	大河口遗址调查陶器（1005~1007）	177
图一一九	大河口遗址调查板瓦（1007）纹样拓本	178
图一二〇	大河口遗址调查板瓦（1008、1009）	179
图一二一	大河口遗址调查陶器（1010~1013）	180
图一二二	大河口遗址调查陶器（1014~1018）	181
图一二三	大河口遗址调查陶器（1019~1029）	183
图一二四	大河口遗址调查陶器纹样拓本	184
图一二五	大河口遗址调查陶器（1030~1035）	185
图一二六	大河口遗址调查陶器（1036~1042）	186
图一二七	大河口遗址调查陶器（1043~1050）	188
图一二八	大河口遗址调查陶器（1051~1058）	189
图一二九	大河口遗址调查陶器（1059~1067）	191
图一三〇	大河口遗址调查陶器（1068~1079）	192
图一三一	大河口遗址调查陶器（1080~1090）	194
图一三二	大河口遗址调查陶器（1091~1102）	196
图一三三	大河口遗址调查陶器（1103~1115）	198
图一三四	大河口遗址调查陶器（1116~1123）	200
图一三五	大河口遗址调查遗物（1124~1134）	201
图一三六	大河口遗址调查陶器（1135~1142）	203
图一三七	大河口遗址调查陶器（1143~1149）	205
图一三八	大河口遗址调查陶器（1150~1158）	206
图一三九	大河口遗址调查陶器（1159~1166）	208
图一四〇	大河口遗址调查陶器（1167~1174）	209
图一四一	大河口遗址调查陶器（1175~1180）	210
图一四二	大河口遗址调查陶器（1181~1189）	212

图一四三	大河口遗址调查陶器（1190~1199）	213
图一四四	大河口遗址调查陶器（1200~1205）	215
图一四五	大河口遗址调查陶器（1206~1214）	216
图一四六	大河口遗址调查陶器（1215~1220）	218
图一四七	大河口遗址调查陶器（1221~1228）	219
图一四八	大河口遗址调查陶器（1229~1237）	220
图一四九	大河口遗址调查陶器（1238~1245）	222
图一五〇	大河口遗址调查陶器（1246~1252）	224
图一五一	大河口遗址调查陶器（1253~1258）	225
图一五二	大河口遗址调查陶器（1259~1264）	226
图一五三	大河口遗址调查陶器（1265~1271）	228
图一五四	大河口遗址调查陶器（1272~1277）	229
图一五五	大河口遗址调查陶器（1278~1282）	231
图一五六	大河口遗址调查陶器（1283~1290）	232
图一五七	大河口遗址调查陶器（1291~1296）	233
图一五八	大河口遗址调查陶器（1297~1302）	235
图一五九	大河口遗址调查陶器（1303~1312）	236
图一六〇	大河口遗址调查陶器（1313~1320）	238
图一六一	大河口遗址调查陶器（1321~1329）	240
图一六二	大河口遗址调查陶器（1330~1336）	241
图一六三	大河口遗址调查陶器（1337~1343）	243
图一六四	大河口遗址调查陶器（1344~1353）	244
图一六五	大河口遗址调查陶器（1354~1364）	246
图一六六	大河口遗址调查陶器（1365~1372）	248
图一六七	大河口遗址调查陶器（1373~1381）	249
图一六八	大河口遗址调查陶器（1382~1388）	251
图一六九	大河口遗址调查陶器（1389~1398）	252
图一七〇	大河口遗址调查陶器（1399~1407）	254
图一七一	大河口遗址调查陶器（1408~1416）	256
图一七二	大河口遗址调查陶器（1417~1424）	257
图一七三	大河口遗址调查陶器（1425~1430）	259
图一七四	大河口遗址调查陶器（1431~1436）	260
图一七五	大河口遗址调查陶器（1437~1442）	262
图一七六	大河口遗址调查陶器（1443~1449）	263
图一七七	大河口遗址调查陶器（1450~1456）	264
图一七八	大河口遗址调查陶器（1457~1464）	266
图一七九	大河口遗址调查陶器（1465~1473）	267

图一八〇	大河口遗址调查陶器（1474～1485）	269
图一八一	大河口遗址调查陶器（1486～1490）	271
图一八二	大河口遗址调查陶器（1491～1497）	272
图一八三	大河口遗址调查陶器（1498～1509）	274
图一八四	大河口遗址调查陶器（1510～1515）	276
图一八五	大河口遗址调查陶器（1516～1523）	277
图一八六	大河口遗址调查陶器（1524～1530）	279
图一八七	大河口遗址调查陶器（1531～1539）	280
图一八八	大河口遗址调查陶器（1540～1545、1547）	282
图一八九	大河口遗址调查陶器纹样拓本	283
图一九〇	大河口遗址调查陶器（1546、1548～1554）	284
图一九一	大河口遗址调查陶器（1555～1564）	286
图一九二	大河口遗址调查陶器（1565～1572）	288
图一九三	大河口遗址调查陶器（1573～1581）	289
图一九四	大河口遗址调查陶器（1582～1589）	291
图一九五	大河口遗址调查陶器（1590～1596）	292
图一九六	大河口遗址调查陶器（1597～1603）	294
图一九七	大河口遗址调查陶器（1604～1613）	295
图一九八	大河口遗址调查陶器（1614～1620）	297
图一九九	大河口遗址调查陶器（1621、1622、1625～1629）	299
图二〇〇	大河口遗址调查陶器（1630～1635）	300
图二〇一	大河口遗址调查陶器（1636～1654）	302
图二〇二	大河口遗址调查陶器（1655～1661）	303
图二〇三	大河口遗址调查陶器（1662～1669）	305
图二〇四	大河口遗址调查陶器（1670～1675）	306
图二〇五	大河口遗址各时期遗物数量统计	313

图版目录

图版一　大河口遗址调查范围
图版二　大河口遗址调查台地编号
图版三　大河口遗址调查遗迹分布情况
图版四　大河口遗址采集遗物分布情况
图版五　大河口遗址新石器时代遗物分布情况
图版六　大河口遗址夏代时期遗物分布情况
图版七　大河口遗址西周时期遗物分布情况
图版八　大河口遗址东周时期遗物分布情况
图版九　大河口遗址汉代及宋金时期遗物分布情况
图版一〇　大河口遗址调查陶器
图版一一　大河口遗址调查陶器
图版一二　大河口遗址调查陶器
图版一三　大河口遗址调查陶器
图版一四　大河口遗址调查陶器
图版一五　大河口遗址调查陶器
图版一六　大河口遗址调查陶器
图版一七　大河口遗址调查陶器
图版一八　大河口遗址调查陶器
图版一九　大河口遗址调查陶器
图版二〇　大河口遗址调查陶器
图版二一　大河口遗址调查陶器
图版二二　大河口遗址调查陶器
图版二三　大河口遗址调查陶器
图版二四　大河口遗址调查陶器

第一章 概 况

一、地理位置与历史沿革

翼城县位于山西省南部，临汾市东南隅（图一）。地理坐标为北纬35°23′～35°52′，东经111°34′～112°03′。南北长约53、东西宽约44千米，国土总面积约1170平方千米。北依太岳山，南凭中条山，地处黄河流域汾、浍两河之间。县域内东、北、南三面由群山环抱，中西部较为平坦，在山地与平川过渡地区广布黄土丘陵。地势由东北向西南倾斜。东有佛爷山、北有塔儿山、河上翁堆山，南有翔山、望月山、历山。大部分地区海拔500～1500米。东南部山地最高，翼城与垣曲、沁水交界处的历山舜王坪海拔2358米，最低处在下阳村西南浍河边，海拔475.2米。境内山地、丘陵、平川各占三分之一，其中山区、丘陵区面积836.3平方千米，占翼城县总面积的72.1%。山区出露地层有寒武系、奥陶系、石炭系、二叠系等。境内主要河流有浍河及其支流续鲁峪河、翟家桥河、田家河、浇底河、滑家河等，还有三个较大的水泉：滦池泉、沙泉和沟泉。

翼城县境东邻沁水，西接曲沃，南与绛县、垣曲相连，北与浮山、襄汾毗邻，东至沁水县界东坞岭25千米，西至曲沃县界秦岗村17千米，南至绛县界大交镇15千米，北至浮山县界南板桥15千米。下辖6个镇和4个乡，分别为：唐兴镇、南梁镇、里寨镇、隆化镇、桥上镇、西闫镇和中卫乡、南唐乡、王庄乡、浇底乡。县政府驻唐兴镇。地处临汾、运城、晋城三市交界处，属秦、晋、豫"大三角"之中心地带，素有"晋南咽喉""平阳门户"之称。

翼城县属暖温带大陆性气候，日照丰富，季风强盛，四季分明，为山西省光热资源丰富、雨量偏多、无霜冻期较长的地区之一。年平均气温10℃～12℃，年平均日照时数为2400小时，降雨量550毫米左右，河川径流量0.87亿立方米，水资源总量为1.476亿立方米。霜冻期为十月下旬至次年四月上旬，无霜期190天。

翼城县上古称唐，在冀州之域，为古大夏之墟。西周成王封弟叔虞于唐，唐叔虞子燮父徙居晋水旁，改称晋侯，国都名为"翼"，在今翼城县与曲沃县交界的天马-曲村遗址一带。春秋属晋国辖地。战国属魏，汉代属绛邑县和绛县。北魏太和十二年（公元488年）置北绛县，北魏孝昌二年（公元526年）置新安县，属北绛郡。北齐天保七年（公元557年）废入北绛县，故址在今翼城县境内。隋开皇十八年（公元559年）改为翼城县。唐天祐三年（公元906年）改为浍川县。宋复名翼城县。金升为翼州。元复称翼城县，一直沿用。"翼"之名缘于县境东南的翔山"如鸟舒翼"，"翼城"县名始于隋开皇十八年。

考古发现证明，早在7000年前，翼城县已有人类栖居。全县有国家级重点文物保护单位4处，省级文物保护单位8处，市、县级文物保护单位近300处。其中枣园遗址、天马-曲村遗址、大河口霸国墓地、故城遗址、苇沟-北寿城遗址引起考古学界和史学界的极大关注。枣园遗址位于

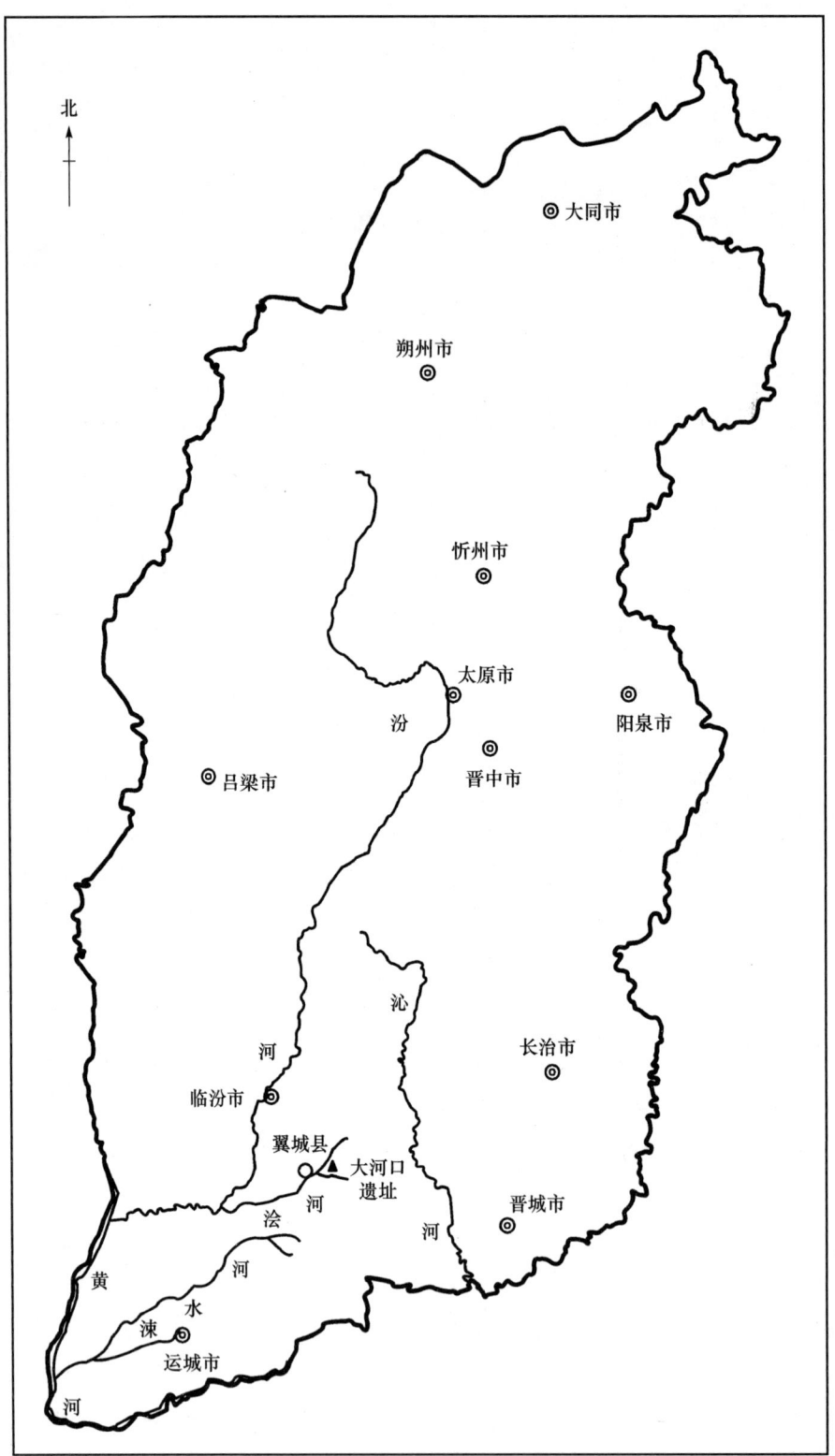

图一　翼城县地理位置示意图

隆化镇枣园村，1999年由山西省考古研究所发掘，出土了大量新石器时期的陶器、石器等生产生活用具，具有典型的前仰韶文化特征，距今7000多年历史，是山西省目前发现最早的新石器时代遗址之一。天马－曲村遗址，包含新石器时代的仰韶文化、陶寺文化、东下冯文化，西周至战国文化及秦汉元明时期文化内容，特别是晋国早期都城遗址最为引人瞩目。晋侯墓地和大河口墓地曾先后入选全国十大考古新发现。两周故城遗址和苇沟－北寿城遗址对于研究晋国历史也具有重要价值。

另外县域内的金代钟楼、元代舞楼、四圣宫、清关帝庙、木石牌坊、文峰五奎双宝塔等古代建筑享有盛誉，郑太子寿墓碑、元裕公和尚道行碑、宋苏轼书醉翁亭碑、清风竹惊鹤图碑等都具有重要的价值。翼城花鼓、翼城琴书分别于2006年、2010年被列入国家级非物质文化遗产名录。翼城"浑身板"、旱船、蛤蚌舞、西阎民歌2009年被列入山西省非物质文化遗产名录。

二、遗址调查与资料整理

2007年翼城县大河口墓地被盗，此前该墓地不为人知。随后翼城县文物旅游局上报临汾市文物局和山西省文物局，省文物局责成山西省考古研究所、临汾市文物局和翼城县文物旅游局组成联合考古队向国家文物局申请对大河口墓地进行抢救性勘探发掘。2007～2008年进行了第一次发掘，发掘了8座墓葬。随后再次向国家文物局申请继续抢救发掘，2009～2011年进行了第二次发掘。在第二次发掘期间，为了探寻与大河口墓地人群相对应的生活居址，决定对大河口墓地周围区域展开调查。

大河口墓地位于翼城县城以东约6千米处大河口村北台地上，墓地面积约6万平方米，共发掘西周墓葬2200余座。调查工作始于2011年4月下旬，至5月下旬结束，历时一个月。调查采用全面系统调查方法，从大河口墓地西南两河交汇处开始，由南向北，自西向东一个一个台地详细踏查，不留空白区域，采用卷地毯式的调查方式，认真做好记录、绘图、照相、遗物收集等工作。充分运用GPS卫星定位系统（WGS1984投影坐标系）、数码相机等手段，对发现的遗址或地点逐一进行认真记录。在调查区域内将所有发现遗物全部采集。对采集的每一件遗物都进行详细记录，记录其坐标、高程和相关信息。调查工作由谢尧亭领队，并带领薛华伟和谢世豪二人完成。

调查范围，北以大河口墓地北侧冲沟断崖为界，坐标为N：35°45′02.3″、E：111°47′03.5″，南至大河口村南沿河公路，坐标为N：35°44′35.9″、E：111°46′56.9″，东至墓地东侧约2千米处公路边，坐标为N：35°45′00.6″、E：111°47′31.9″，西至浍河东岸边缘，坐标为N：35°45′48.2″、E：111°46′30.8″。调查面积约5平方千米（图二；图版一）。为方便现场记录，我们将调查区域自西向东编为第一至第六号台地（图版二）。

在调查区域共发现灰坑12处，文化层2处，建筑2处，道路、夯土墙各1处，墓葬3座（图版三；附表一）。共采集遗物标本2023件，经拼接并剔除晚期遗物如瓷片、骨块等物外，共计1636件。经比对，采集遗物的年代有新石器时代、夏代时期、西周时期、东周时期、汉代及宋金六个时期（图三；图版四～图版九）。需要说明的是标本213、530、553、1306、1623、1624均为晚期遗物，虽有编号，未予发表。

本报告整理工作始于2011年6月，我们将所有调查的遗物（晚期瓷片和近现代遗物剔除）全部发表，编号依据田野现场调查的原始编号，整理的步骤是先对器物进行清洗、写号，之后进行拼对复原，然后对所有遗物进行观察描述，比对确定年代和文化属性，同时进行绘图、照相，对部分遗物进行拓片，制作相关登记表，最后对文字、线图和照片进行核对排版，编著考古报告。参加工作的人员有谢尧亭、王金平、杨及耘、李永敏、张王俊、马教河、解宙鹏、杨梅、祁冰等。

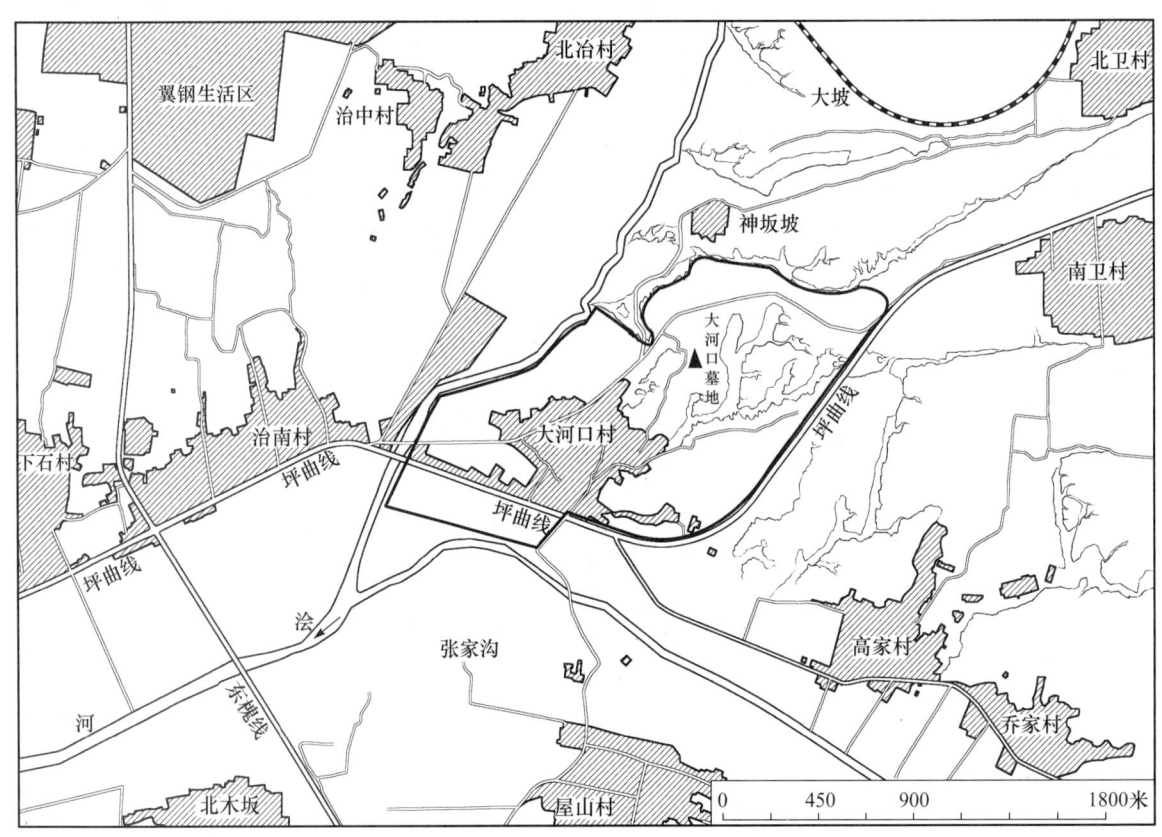

图二　大河口遗址调查范围示意图

图三　大河口遗址考古调查采集遗物分布图

第二章 采集遗物

一、1~185号标本

1~185号标本位于大河口第一台地。

1~3号三件标本，坐标为N：35°44′47.9″，E：111°46′30.6″，海拔：625米。

标本1，陶器底。泥质，结构紧密。夹芯陶，内外壁呈灰色，胎呈棕褐色。方格状交错篮纹，抹压，近底处纹饰被抹去。下腹斜直内收，底脱落。泥片贴筑，腹底套接，腹壁包底片，内壁有横向抹痕和摁压痕迹。宽4.2、高3.4厘米（图四，10）。

标本2，陶片。泥质，结构紧密。灰色。左斜向和右斜向篮纹，有交错，抹压。手制，内壁抹平，有摁压痕迹。宽3.7、高2.1厘米（图四，1）。

标本3，陶片。夹砂。灰色。横篮纹，抹压。壁较薄。手制，内壁有横向抹痕。宽3.3、高3.4厘米（图四，2）。

标本4，陶罐。坐标为N：35°44′48.0″，E：111°46′30.6″，海拔：625米。夹砂。夹芯陶，内外壁呈浅灰色，胎呈黄褐色。横篮纹，抹压，口外侧附加泥条一周。深腹罐口部残片，近直口，口沿加厚，唇残。手制，内壁抹平，有横向抹痕。宽3.3、高3.6厘米（图四，3）。

5、6号二件标本坐标为N：35°44′48.1″，E：111°46′30.6″，海拔：625米。

标本5，陶片。夹细砂。灰色。竖向和斜向中偏粗绳纹，有交错，抹压，肩腹转折处有凹弦纹一周。可能是陶鬲肩腹部残片，圆折肩，腹壁较厚。手制，内壁粗糙，有横向抹痕。宽6、高4.5厘米（图四，9）。

标本6，陶片。夹砂。深灰色。素面，附加较窄泥条一周。手制，内壁粗糙。宽2.7、高1.7厘米（图四，7）。

标本7，陶片。坐标为N：35°44′48.1″，E：111°46′30.7″，海拔：625米。夹砂。夹芯陶，内外壁呈灰色，胎呈褐色。竖向绳纹，抹压。可能是鬲残片。手制，内壁抹平，较粗糙，有横向抹痕。宽3、高2.9厘米（图四，4）。

标本8，陶器底。坐标为N：35°44′48.0″，E：111°46′30.7″，海拔：625米。泥质。深灰色。素面磨光。下腹斜直内收，小平底，底面略微上凹，内底中心略凸，底部壁较薄，器表有剥落，底面周边磨损较甚。泥片贴筑，轮修，内壁有横向旋抹凹槽和旋痕，底面有同心圆旋痕。高6、底径8.1厘米（图四，8）。

9~12号四件标本坐标为N：35°44′48.1″，E：111°46′30.7″，海拔：625米。

标本9，陶罐。夹砂。深灰色。唇面饰左斜向篮纹，腹壁饰横向篮纹，抹压，口外侧附加宽、薄泥片一周。深腹罐口部残片，口微敛，窄折沿斜侈，沿面下凹，方唇，腹斜收，下腹残。手制，

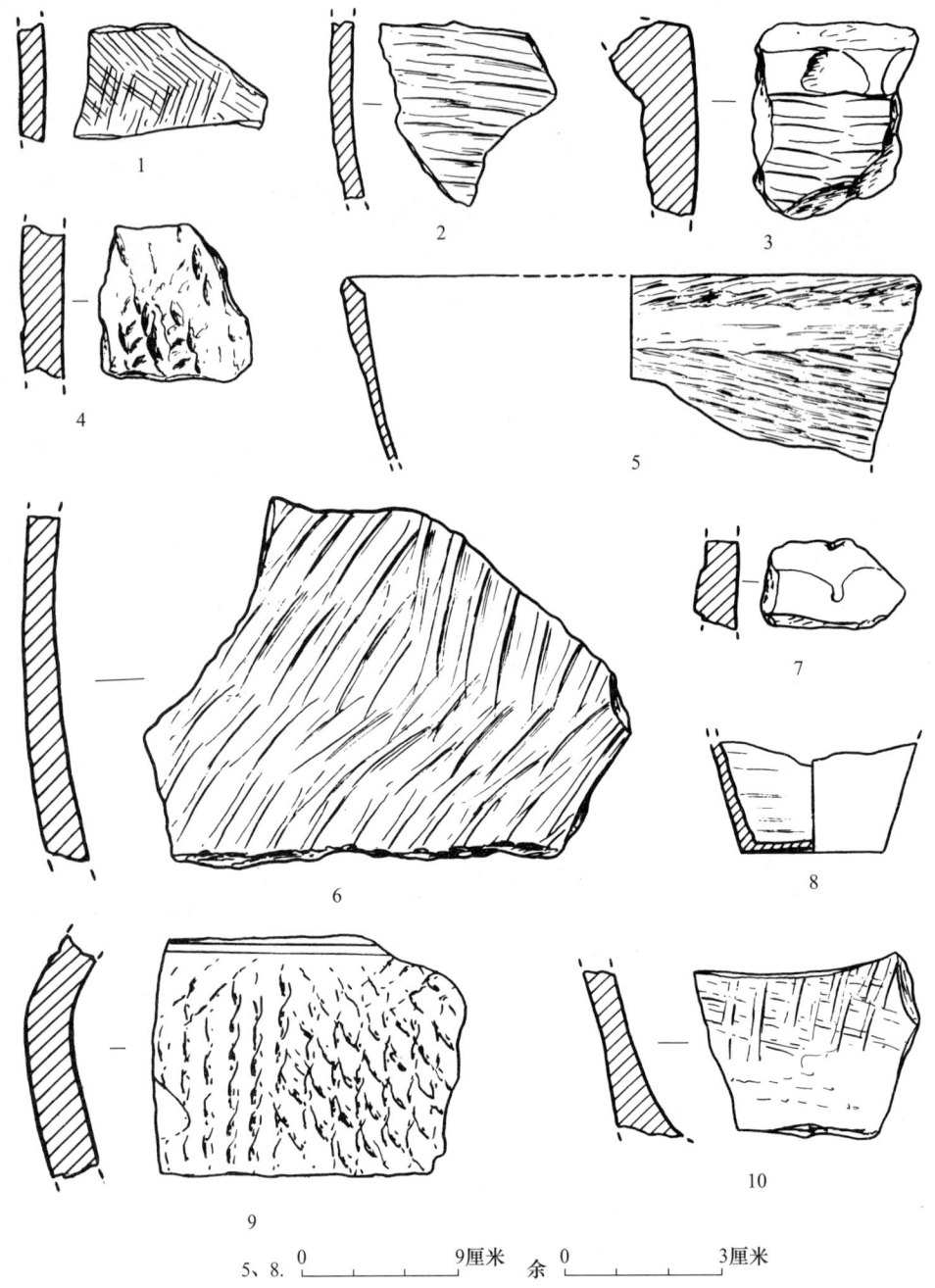

图四　大河口遗址调查陶器（1～10）

1. 陶片（2）　2. 陶片（3）　3. 陶罐（4）　4. 陶片（7）　5. 陶罐（9）　6. 陶罐（10）
7. 陶片（6）　8. 陶器底（8）　9. 陶片（5）　10. 陶器底（1）

注：括号中的阿拉伯数字为标本号，后同

沿面有横向旋抹痕，内壁有横向抹痕。宽11.2、高10.2厘米（图四，5；图六，1；图版一〇，5、6）。

标本10，陶罐。夹石英砂。灰褐色，陶色不匀。左斜向篮纹，抹压。深腹罐腹部残片。手制，内壁有横向抹痕。宽9.3、高6.8厘米（图四，6；图版一三，1）。

标本11、12（为同一件器物，已拼接），陶罐。泥质，结构紧密。灰色。竖向绳纹，较规整，抹压。下腹部残片，下部圆弧内收。手制，内壁抹光。宽11.1、高10.3厘米（图五，9；图六，2；图版一三，2）。

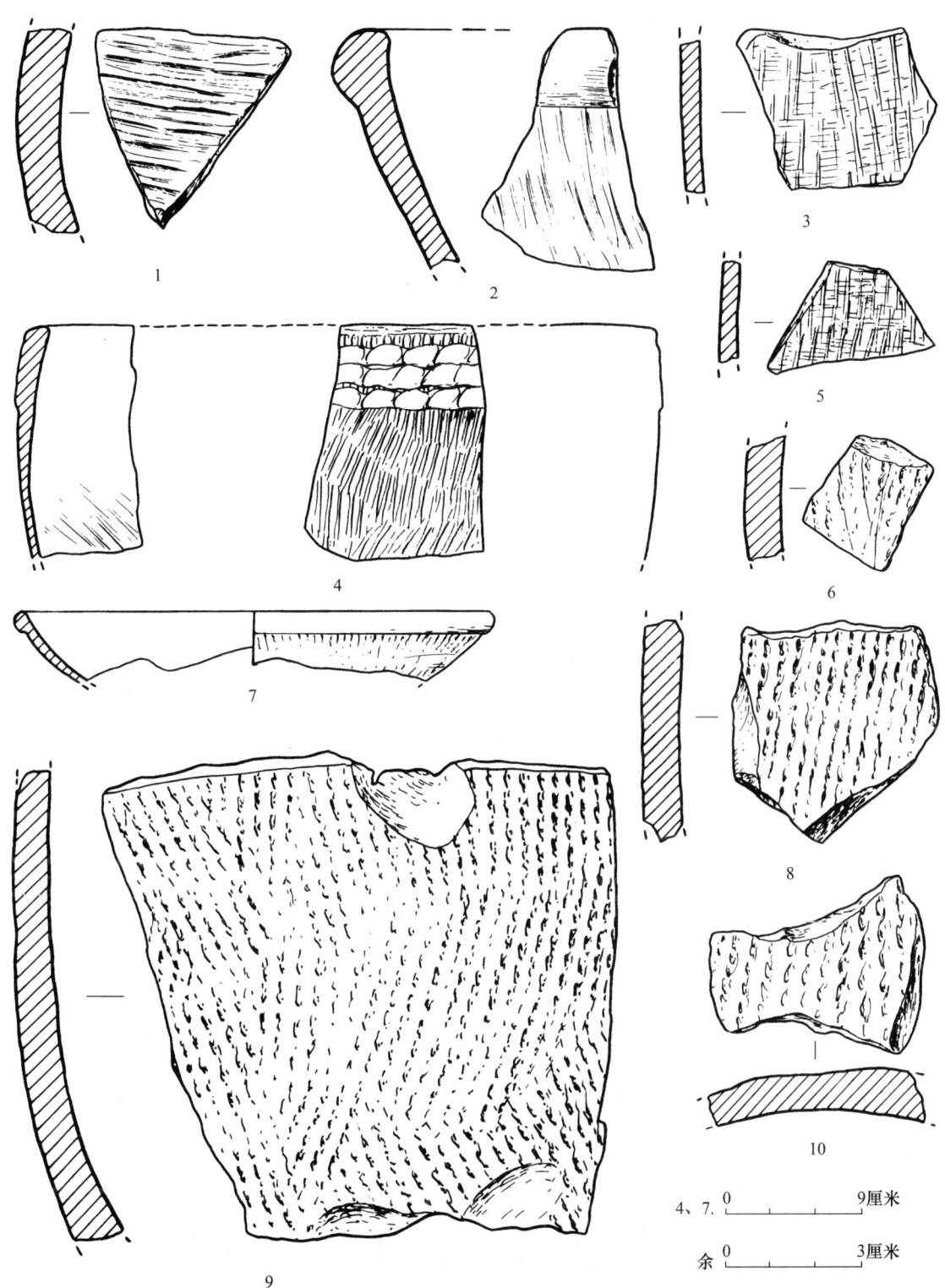

图五 大河口遗址调查陶器（11~21）
1. 陶片（19） 2. 陶盆（20） 3. 陶片（21） 4. 陶罐（13） 5. 陶片（15） 6. 陶片（18）
7. 陶盆（16） 8. 陶片（14） 9. 陶罐（11、12） 10. 陶片（17）

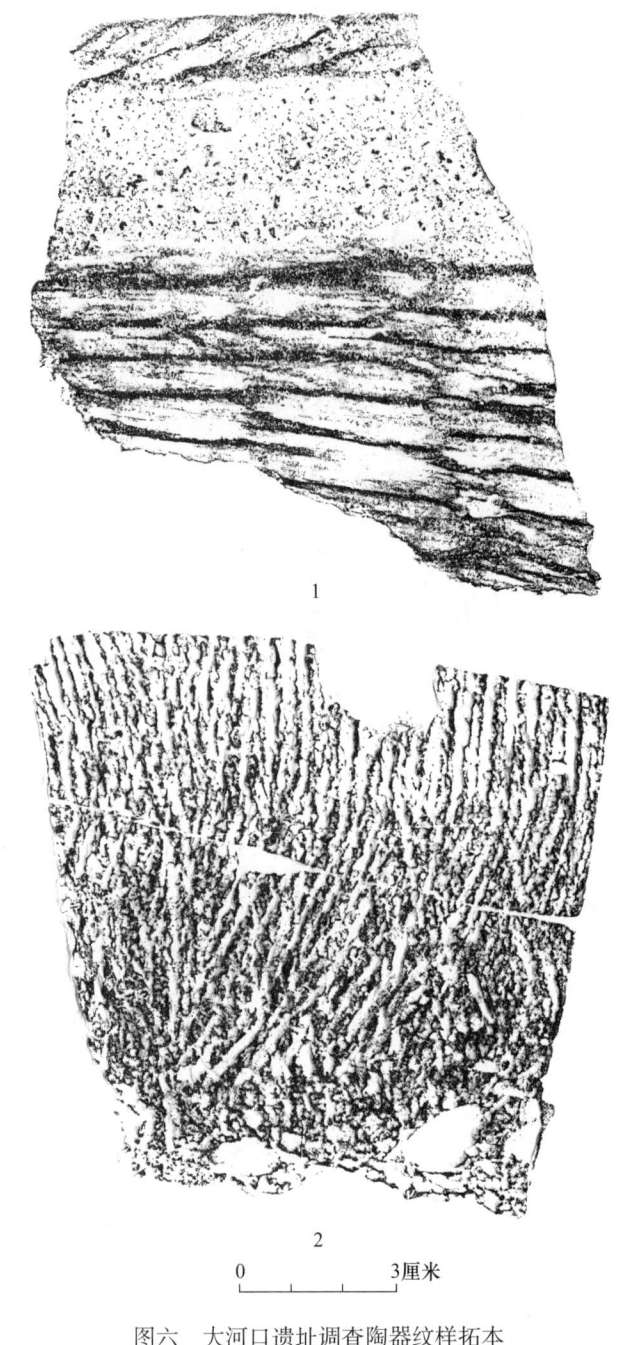

图六 大河口遗址调查陶器纹样拓本
1. 陶罐（9） 2. 陶罐（11、12）

13~16号四件标本坐标为N：35°44′48.2″，E：111°46′30.7″，海拔：625米。

标本13，陶罐。夹砂和钙质物。深灰色。竖向篮纹，抹压，口外侧附加泥条三周，不相叠压。深腹罐口部残片，敛口，厚圆唇，深腹，上腹微鼓，下腹残。手制，泥片贴筑，轮修，口、唇部抹光，有横向旋抹痕，内壁抹平，有斜向刮抹痕和垫压痕迹。宽11.7、高15厘米（图五，4；图八，1；图版一一，3、4）。

标本14，陶片。夹石英砂。浅灰色。竖向绳纹，抹压。磨损较甚。手制，内壁较粗糙。宽4.5、高4.7厘米（图五，8）。

标本15，陶片。泥质，结构紧密。深灰色。横向和竖向篮纹，较纤细。壁较薄。手制，内壁抹光。宽3.6、高2.3厘米（图五，5）。

标本16，陶盆。泥质，结构紧密。褐色。口沿及内壁素面磨光，外表饰抹篮纹，局部篮纹被抹去。敞口，卷沿外贴，圆唇，弧腹斜内收，下腹残。泥片贴筑，口沿及外壁有横向旋抹痕。口径30、高4.5厘米（图五，7；图版一二，3、4）。

标本17，陶片。坐标为N：35°44′48.2″，E：111°46′30.6″，海拔：626米。夹砂。灰色。竖向绳纹，抹压。壁较厚，似为鬲残片。手制，内壁抹平，较粗糙。宽4.7、高3.7厘米（图五，10）。

18～20号三件标本坐标为N：35°44′47.9″，E：111°46′30.6″，海拔：625米。

标本18，陶片。夹少许细砂。灰色。竖向细丝状绳纹，抹压，绳纹上有不规整刻划纹，内壁局部有垫印绳纹，不清晰。壁较厚。手制。宽2.9、高2.8厘米（图五，6）。

标本19，陶片。泥质。灰色。横篮纹，抹压。壁较厚。手制，内壁抹光。宽4.2、高4.2厘米（图五，1）。

标本20，陶盆。泥质。棕褐色。外表饰竖向篮纹，抹压较甚，口沿及内壁素面磨光。口沿残片，厚圆唇，口微敛，贴沿，腹斜收。泥片贴筑，轮修，外壁有横向旋抹痕。宽3.7、高5.1厘米（图五，2）。

标本21，陶片。坐标为N：35°44′47.8″，E：111°46′30.6″，海拔：625米。泥质。夹芯陶，内外壁呈深灰色，胎呈棕褐色。竖篮纹，较纤细，抹压。壁较薄。手制，内壁抹光。宽4.4、高3.4厘米（图五，3）。

22～24号三件标本坐标为N：35°44′47.9″，E：111°46′30.8″，海拔：626米。

标本22，陶片。夹粗砂。灰色。横篮纹，抹压较甚。手制，内壁抹平，较粗糙，有横向抹痕。宽5.3、高4.7厘米（图七，7）。

标本23，陶片。泥质。深灰色。横篮纹，抹压较甚。手制，内壁有横向抹痕和垫压痕迹。宽5.4、高4.6厘米（图七，11）。

标本24，陶片。泥质。夹芯陶，内外壁呈深灰色，胎呈棕褐色。竖向和横向篮纹，较纤细，抹压。壁较薄。泥片贴筑，内壁抹光。宽3.1、高2.8厘米（图七，8；图八，2）。

25～28号四件标本坐标为N：35°44′47.8″，E：111°46′30.9″，海拔：626米。

标本25，陶片。泥质，结构紧密。夹芯陶，内外壁呈褐色，胎呈黄褐色。素面磨光。陶器腹部残片。手制，内壁抹光，有横向抹痕。宽8.3、高7.3厘米（图七，4）。

标本26，陶罐。夹砂。深灰色。饰三组凹弦纹。肩部残片。手制，内壁凹凸不平，有垫压痕迹。宽6.2、高4厘米（图七，10）。

标本27，陶罐。泥质。灰色。抹绳纹，局部绳纹被抹去。口沿残片，侈口，卷沿上翘，沿面较宽，圆唇。手制、轮修，口沿内外有横向旋痕。宽6、高3.3厘米（图七，6）。

标本28，陶片。夹砂和钙质物。灰色。竖向绳纹，抹压。手制，内壁抹平，有竖向抹痕。宽1.9、高1.9厘米（图七，9）。

29～31号三件标本坐标为N：35°44′47.6″，E：111°46′30.9″，海拔：624±7米。

标本29，陶片。泥质，结构紧密。灰色。横篮纹，抹压。壁较薄。手制，内壁有垫压痕迹和不规则抹痕。宽3.1、高3.2厘米（图七，5）。

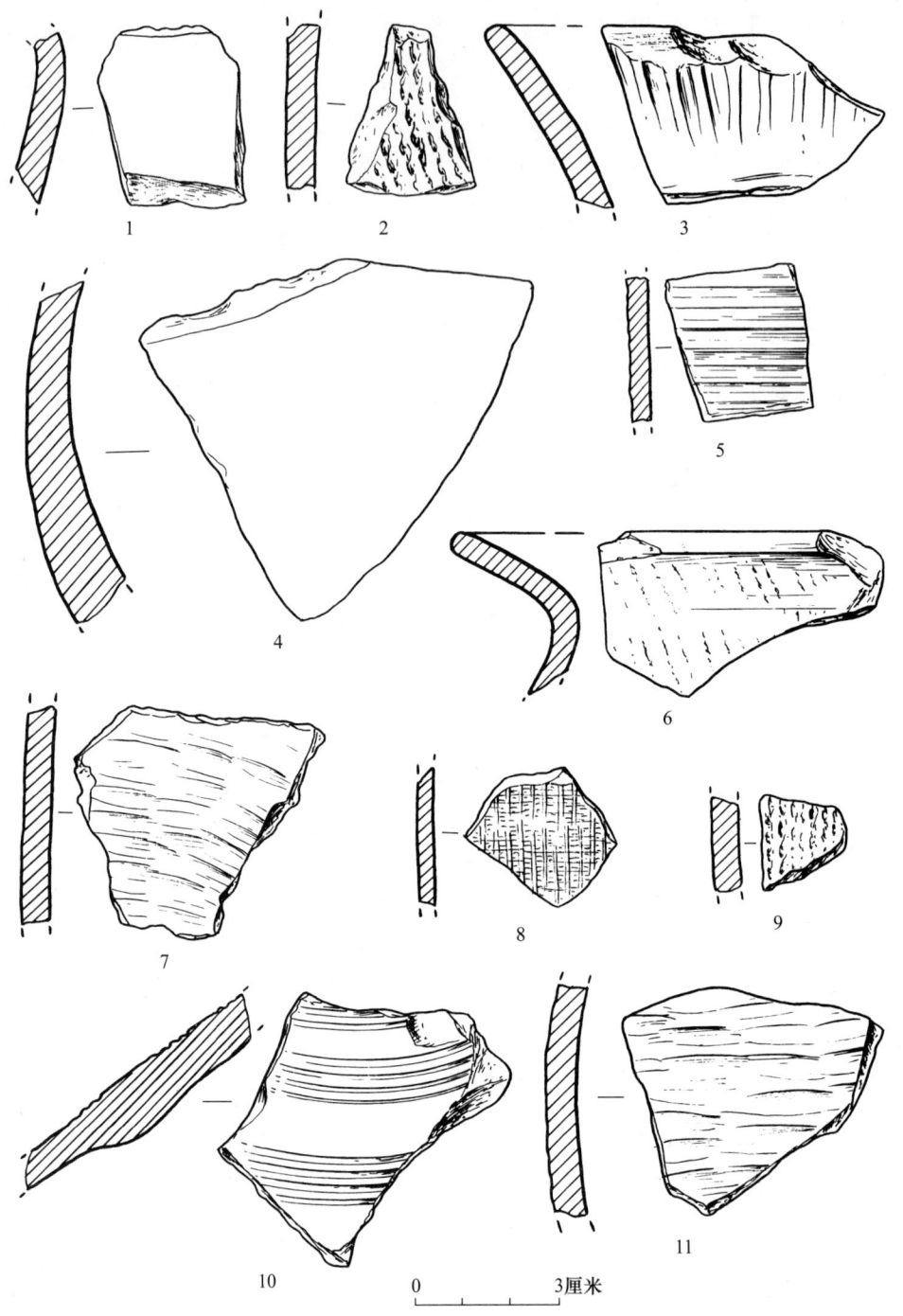

图七 大河口遗址调查陶器（22~32）

1. 陶罐（30） 2. 陶片（31） 3. 陶罐（32） 4. 陶片（25） 5. 陶片（29） 6. 陶罐（27）
7. 陶片（22） 8. 陶片（24） 9. 陶片（28） 10. 陶罐（26） 11. 陶片（23）

标本30，陶罐。泥质，结构紧密。深灰色。素面磨光。肩部残片。手制，内壁抹光，有横向旋抹痕。宽3.1、高3.7厘米（图七，1）。

标本31，陶片。夹少许细砂。灰色。竖向绳纹，抹压。磨损较甚。手制，内壁抹平，较粗糙。宽2.7、高3.5厘米（图七，2）。

32~37号六件标本坐标为 N：35°44′47.7″，E：111°46′31.1″，海拔：627米。

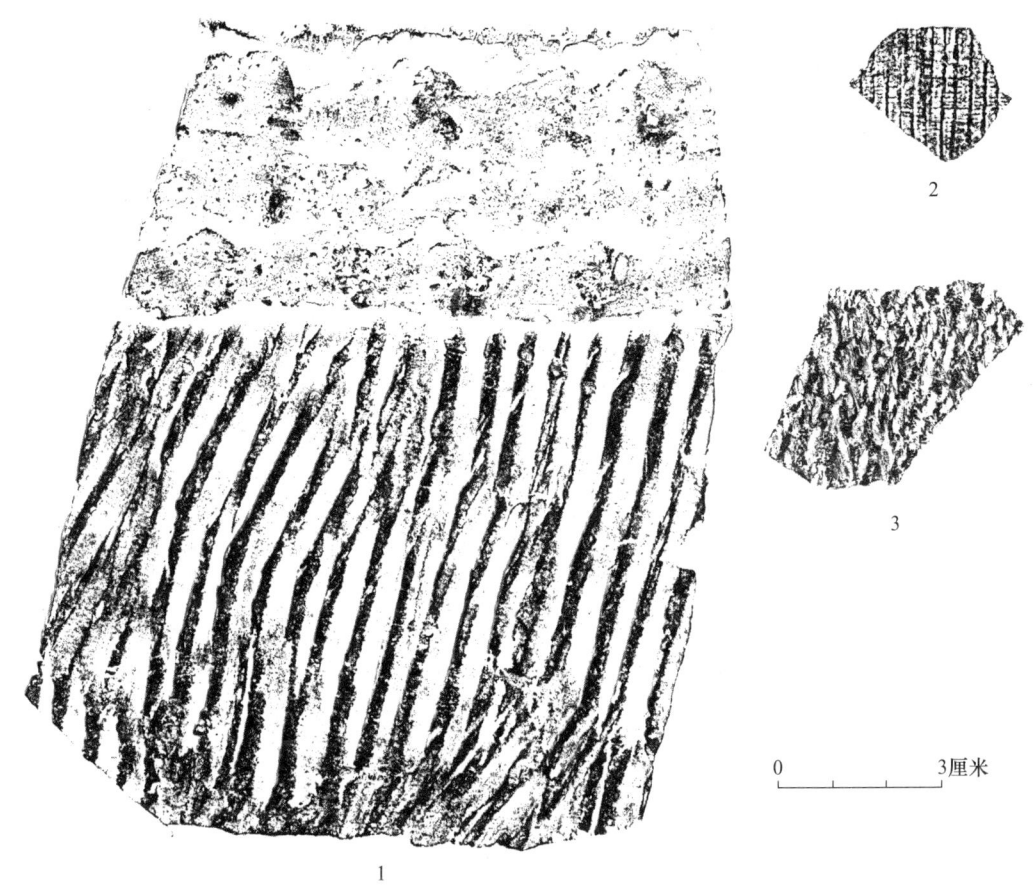

图八　大河口遗址调查陶器纹样拓本
1. 陶罐（13）　2. 陶片（24）　3. 陶片（46）

标本 32，陶罐。泥质。夹芯陶，内外壁呈灰色，胎呈褐色。器表饰竖篮纹，抹压，颈肩转折处有一周凹弦纹。口沿残片，侈口，圆方唇。手制，内壁抹光，内外壁均有横向抹痕。宽 5.9、高 3.6 厘米（图七，3）。

标本 33~37（为同一件器物，已拼接），陶罐。夹粗砂。灰褐色。左斜向篮纹，抹压，篮纹上附加泥条一周。深腹罐腹部残片，筒形深腹。手制，内壁抹光，有横向和斜向抹痕。宽 9.4、高 8 厘米（图九，8）。

38~40 号三件标本坐标为 N：35°44′47.8″，E：111°46′31.0″，海拔：624±7 米。

标本 38，陶片。泥质。棕褐色，胎及内壁呈深灰色。左斜向篮纹，抹压。手制，内壁较粗糙，有垫印痕。宽 3.4、高 5.3 厘米（图九，3）。

标本 39，陶片。泥质，结构紧密。灰色。竖篮纹，较纤细，抹压。手制，内壁抹光。宽 3.2、高 3 厘米（图九，9）。

标本 40，陶器底。夹砂和钙质物。浅灰色。内底饰篮纹，抹压。平底，底面平整，壁较厚。手制。长 7.3、宽 6.5 厘米（图九，2）。

41~49 号九件标本坐标为 N：35°44′47.8″，E：111°46′31.2″，海拔：627 米。

标本 41，陶鬲。夹砂和钙质物。灰色。外表饰竖向细丝状绳纹，抹压，内壁垫印绳纹，抹压较甚，纹饰很浅。腹部残片。手制。宽 2.9、高 3.2 厘米（图九，7）。

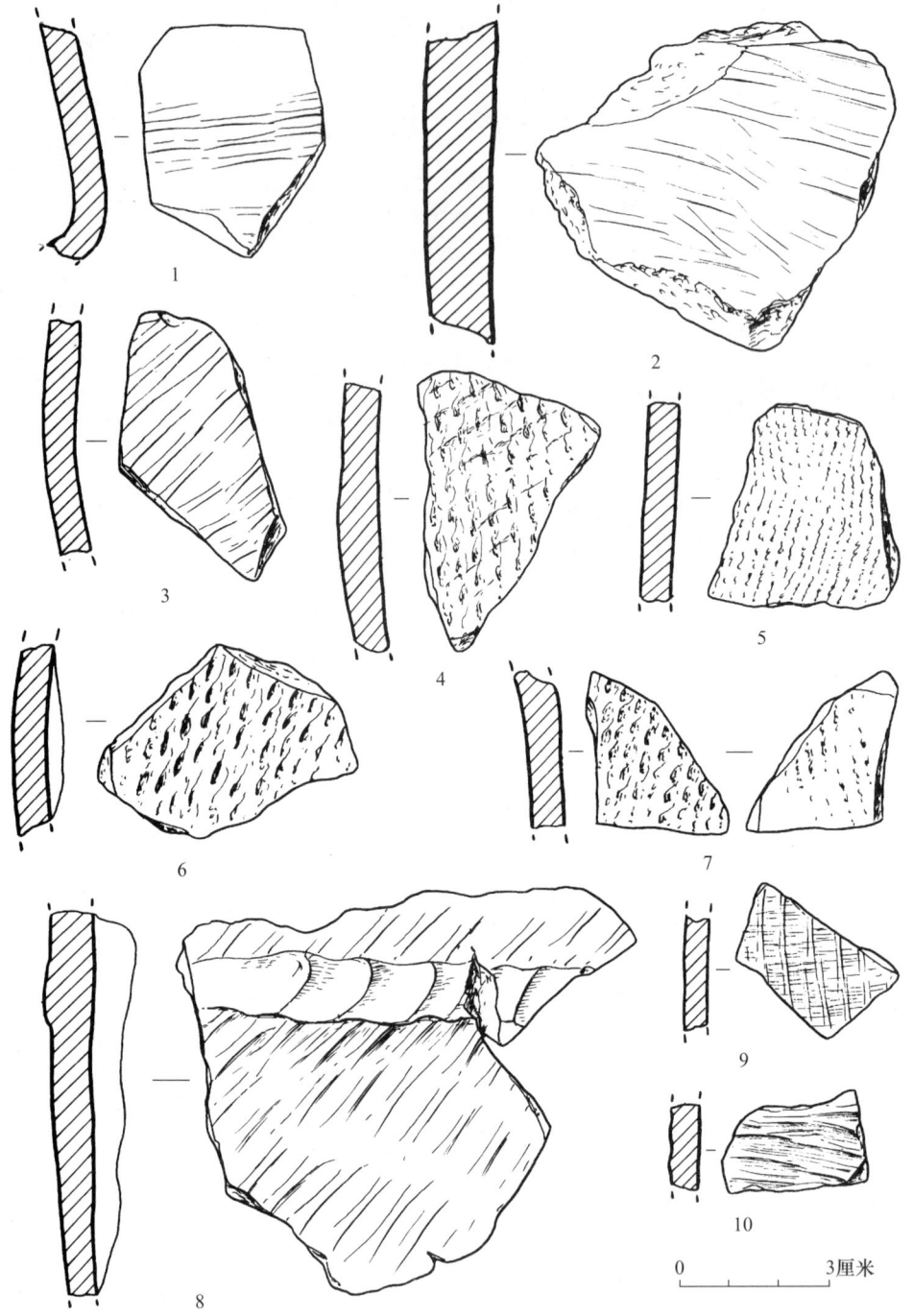

图九　大河口遗址调查陶器（33～46）
1. 陶片（43）　2. 陶器底（40）　3. 陶片（38）　4. 陶片（44）　5. 陶片（45）　6. 陶片（46）　7. 陶鬲（41）
8. 陶罐（33～37）　9. 陶片（39）　10. 陶片（42）

标本42，陶片。夹砂。深灰色。横篮纹，抹压。可能是深腹罐残片。手制，内壁抹平，有横向抹痕。宽2.9、高2厘米（图九，10）。

标本43，陶片。泥质，结构紧密。灰色。横篮纹，抹压较甚，局部篮纹被抹去。可能是罐颈部残片。手制、轮修，内壁上部有横向旋抹痕，内壁下部抹光，有不规则抹痕，颈肩转折处内壁粗糙。宽3.8、高4.6厘米（图九，1）。

标本44，陶片。夹砂。浅灰色。交错绳纹，较浅，抹压。手制，内壁有垫压痕迹和斜向抹痕，较粗糙。宽3.7、高5.4厘米（图九，4）。

标本45，陶片。夹砂和钙质物。深灰色。竖向绳纹，抹压。可能是深腹罐残片。手制，内壁抹光。宽3.8、高4厘米（图九，5）。

标本46，陶片。夹砂和钙质物。灰色。左斜向细丝状绳纹，抹压。手制，内壁抹平，较粗糙，有横向抹痕。宽5.3、高3.8厘米（图八，3；图九，6）。

标本47，陶片。泥质。深灰色。横篮纹，抹压。壁较薄，磨损较甚。泥片贴筑，内壁抹平，有垫压痕迹和竖向抹痕。宽4.1、高3.7厘米（图一〇，1）。

标本48，陶片。泥质，结构紧密。深灰色，胎及内壁呈灰色。横篮纹，抹压。壁较薄。手制，内壁有竖向抹痕。宽3.4、高4.6厘米（图一〇，2）。

标本49，陶片。泥质，结构紧密。灰色。左斜向篮纹，局部饰右斜向篮纹，与前者交叉，抹压，下部纹饰被抹去。可能是陶器近底腹部残片。泥片贴筑，内壁抹光。宽6.2、高8.2厘米（图一〇，5）。

50~57号八件标本坐标为N：35°44′48.0″，E：111°46′31.2″，海拔：627米。

标本50，陶片。夹细砂。灰色。器表饰竖向细丝状绳纹，抹压。手制，内壁有垫压痕迹和横向抹痕。宽4.8、高2.1厘米（图一〇，3）。

标本51，陶片。泥质，结构紧密。灰色。左斜向篮纹，抹压。壁较薄。手制，内壁有垫压痕迹。宽4.2、高2.6厘米（图一〇，4）。

标本52，陶片。泥质，结构紧密。灰色。交错绳纹，抹压。磨损较甚。手制，内壁抹光。宽2.4、高3.2厘米（图一〇，7）。

标本53，陶片。泥质。橙红色，胎及内壁呈红褐色。横篮纹，抹压。壁较厚。手制，内壁有横向抹痕。宽2.5、高1.9厘米（图一〇，6）。

标本54，陶罐。泥质，结构紧密。灰色。肩部饰交错绳纹，腹饰竖向绳纹，皆抹压。肩部残片，折肩。手制，内壁有垫压痕迹及横向抹痕。宽4、高4.5厘米（图一〇，12）。

标本55，陶片。泥质，结构紧密。深灰色。略右斜向横篮纹，抹压。壁较薄。手制，内壁抹光，有横向抹痕。宽2.7、高2.8厘米（图一〇，9）。

标本56，陶片。泥质。红色。横向抹篮纹，局部篮纹被抹去。磨损较甚，器表有剥落。手制，内壁抹光，有横向抹痕。宽2.8、高3.7厘米（图一〇，8）。

标本57，陶片。夹细砂。灰色。素面磨光。可能是陶罐肩部残片。手制，内壁抹平。宽3.3、高3.4厘米（图一〇，11）。

58、59号二件标本坐标为N：35°44′48.0″，E：111°46′30.9″，海拔：627米。

标本58，陶片。夹砂。灰色。右斜向篮纹，抹压。可能是深腹罐腹部残片，壁较厚。手制，内壁抹平，较粗糙。宽3.1、高3.3厘米（图一〇，10）。

标本59，陶鬲。夹少许细砂，结构紧密。灰色。肩部饰竖向细丝状绳纹，抹压，颈肩转折处有凹弦纹一周。颈肩部残片。手制，内壁抹光，有横向抹痕。宽4.5、高2.7厘米（图一〇，14）。

标本60，陶鬲。坐标为N：35°44′48.2″，E：111°46′30.8″，海拔：627米。夹细砂。深灰色。外表饰左斜向绳纹，抹压，内壁局部有垫印绳纹，较模糊。腹部近足残片。手制，内壁有竖向

图一〇 大河口遗址调查陶器（47~62）

1. 陶片（47） 2. 陶片（48） 3. 陶片（50） 4. 陶片（51） 5. 陶片（49） 6. 陶片（53） 7. 陶片（52） 8. 陶片（56） 9. 陶片（55） 10. 陶片（58） 11. 陶片（57） 12. 陶罐（54） 13. 陶盆（62） 14. 陶鬲（59） 15. 陶鬲（60） 16. 陶豆（61）

抹痕。宽 3.6、高 3.8 厘米（图一〇，15）。

61～64 号四件标本坐标为 N：35°44′48.4″，E：111°46′30.8″，海拔 627 米。

标本 61，陶豆。泥质。灰色。素面。豆盘底略凹，圆柄较粗，中空，豆柄断茬处有磨痕。手制，柄与盘套接。宽 8、高 2.6 厘米（图一〇，16）。

标本 62，陶盆。夹砂。夹芯陶，内外壁呈黑色，胎呈黄褐色。素面。口沿残片，圆唇，沿上翘，沿面较宽，有凹槽数周。手制、轮修，沿上下有横向旋抹痕。宽 4.4、高 1.6 厘米（图一〇，13）。

标本 63，陶片。泥质，结构紧密。灰色。素面磨光，下部有凹弦纹一周。可能是小口高领罐颈部残片。手制，内壁抹光。宽 7.2、高 5.3 厘米（图一一，1）。

标本 64，陶片。夹砂。夹芯陶，内外壁呈深灰色，泛黑色，胎呈灰色。右斜向篮纹，抹压，篮纹上附加泥条一周。可能是深腹罐腹部残片。手制，内壁较粗糙，有横向抹痕。宽 4.1、高 4.9 厘米（图一一，5）。

65～67 号三件标本坐标为 N：35°44′48.3″，E：111°46′31.2″，海拔：627 米。

标本 65，陶鬲。夹砂。灰色，陶色不匀。绳纹直达足尖，抹压。袋足残片，足尖略残。手制，内壁抹光。宽 4.4、高 4.3 厘米（图一一，12）。

标本 66，陶片。夹砂。灰色。左斜向绳纹，抹压。腹部残片，内壁有一层水垢。手制，内壁抹平，较粗糙。宽 2.3、高 2.6 厘米（图一一，7）。

标本 67，陶片。夹砂。黄褐色，内壁呈深灰色。篮纹，抹压。可能是深腹罐腹部残片。手制，内壁抹平，较粗糙。宽 3.1、高 3.4 厘米（图一一，3）。

68～75 号八件标本坐标为 N：35°44′48.1″，E：111°46′31.4″，海拔：627 米。

标本 68，陶罐。夹砂。浅灰色。沿外侧及腹部饰竖向绳纹，抹压，腹上部有附加堆纹，唇面压印绳纹。深腹罐口沿残片，侈口，折沿较宽，方唇。手制，内壁抹平，有横向抹痕。宽 5.2、高 4.4 厘米（图一一，2）。

标本 69，陶罐。泥质。灰色。肩部素面磨光，腹饰竖向篮纹，规整，抹压，有凹弦纹一周割断篮纹。肩部残片，折肩。手制，内壁有垫压痕迹。宽 4.1、高 2.8 厘米（图一一，11）。

标本 70，陶罐。泥质，结构紧密。深灰色。竖向篮纹，局部有叠压。腹部残片。手制，内壁较粗糙。宽 5.8、高 5.4 厘米（图一一，13）。

标本 71，陶片。夹细砂。灰色。竖向细丝状绳纹，抹压。手制，内壁抹光。宽 3.5、高 4.6 厘米（图一一，9）。

标本 72，陶片。夹砂，砂粒较细。深灰色。竖向绳纹，抹压。壁较薄。手制，内壁抹光。宽 3.5、高 3.3 厘米（图一一，10）。

标本 73，陶片。夹砂和钙质物，砂粒较细。灰色。横篮纹，抹压。手制，内壁抹平。宽 3.3、高 3.5 厘米（图一一，4）。

标本 74，陶片。夹细砂。灰褐色，胎及内壁呈黄褐色。横篮纹，抹压较甚。手制，内壁抹平，较粗糙，有横向抹痕。宽 4.7、高 3.1 厘米（图一一，8）。

标本 75，陶片。夹细砂。灰色。横篮纹，篮纹上附加泥条一周。可能是深腹罐残片。手制，内壁抹平，较粗糙，有横向抹痕。宽 5、高 3 厘米（图一一，6）。

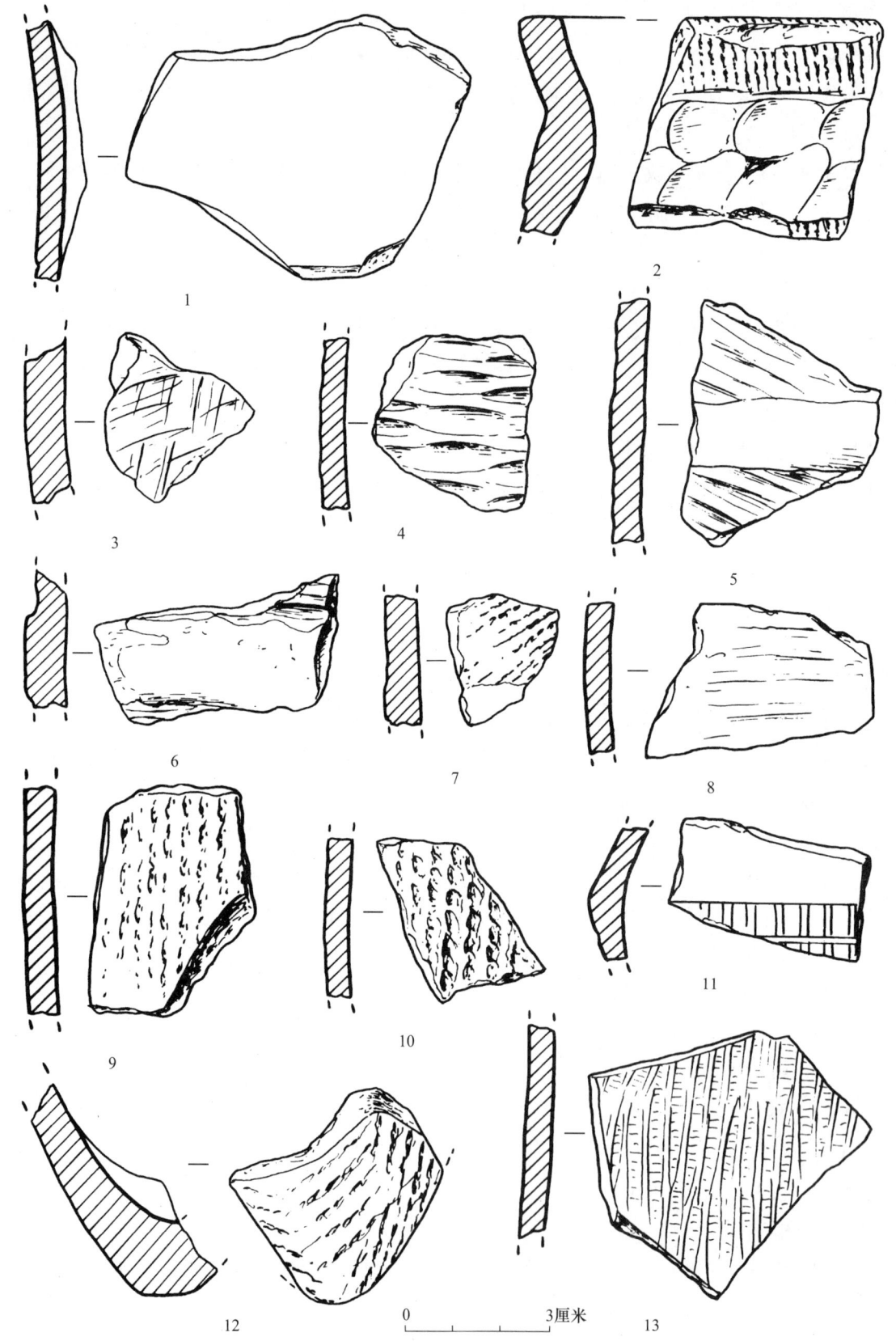

图一一　大河口遗址调查陶器（63~75）

1. 陶片（63）　2. 陶罐（68）　3. 陶片（67）　4. 陶片（73）　5. 陶片（64）　6. 陶片（75）　7. 陶片（66）　8. 陶片（74）　9. 陶片（71）　10. 陶片（72）　11. 陶罐（69）　12. 陶鬲（65）　13. 陶罐（70）

76和77号二件标本坐标为N：35°44′48.2″，E：111°46′31.4″，海拔：627米。

标本76，陶器底。夹细砂。灰色。壁饰竖向细丝状绳纹，抹压，下腹近底处绳纹被抹去，底面有垫印绳纹。下腹斜内收，平底，底面边缘有磨损痕，壁较厚。手制，腹底套接，内壁较粗糙，有斜向抹痕。底径12、高10.2厘米（图一二，11）。

标本77，陶片。泥质。灰色。素面磨光，有凹弦纹一周。可能是陶罐肩部残片。轮制，内外壁有横向旋痕。宽4.9、高4.3厘米（图一二，1）。

78~96号十九件标本采集于断崖上倒塌下的堆积，有白灰面墙皮。坐标为N：35°44′48.3″，E：111°46′31.4″，海拔：628米。

标本78，陶罐。泥质。夹芯陶，内外壁呈灰色，胎呈褐色。颈部饰竖向篮纹，抹压。小口高领罐口沿残片，圆方唇，唇下贴泥加厚，侈口，高领斜直。手制、轮修，唇部及内壁有横向抹痕和旋痕。口径24、高3.3厘米（图一二，2；图版一四，1、2）。

标本79，陶鬲。夹砂。深灰色。左斜向细丝状绳纹直达足根，较规整，局部抹压。袋足，实足根为小平底。泥条叠筑，内壁较粗糙。宽6.1、高4.5厘米（图一二，12；图版一四，3）。

标本80，陶片。夹砂。黄褐色，内壁呈灰色。斜向、横向篮纹有交错，抹压，篮纹上附加泥条一周。可能是深腹罐腹部残片。手制，内壁抹平，较粗糙，有横向抹痕。宽4.9、高4.1厘米（图一二，3）。

标本81，陶盆。泥质，结构紧密。浅灰色。口沿及外壁素面磨光，沿下及沿面先饰橙色陶衣，沿面加饰平行斜线红彩带，沿外加饰红彩带一周直达唇部。口沿残片，敞口，宽折沿上翘，尖唇。手制，轮修，内壁抹光。宽3.5、高3厘米（图一二，8；图版一〇，1、2）。

标本82，陶片。泥质。灰色。素面。手制，内壁抹光，有横向抹痕。宽3.1、高3.7厘米（图一二，5）。

标本83，陶片。泥质。灰色。斜篮纹，有交叉，抹压。泥片贴筑，内壁抹光，有横向抹痕。宽3.5、高3.4厘米（图一二，4）。

标本84，陶片。夹砂。浅灰色。横篮纹，抹压较甚。手制，内壁抹平，较粗糙，有不规整抹痕。宽3.5、高3厘米（图一二，6）。

标本85，陶片。夹砂和钙质物，结构紧密。灰色。斜篮纹叠压横篮纹，抹压。泥片贴筑，较粗糙，有横向抹痕。宽4.6、高2.5厘米（图一二，10）。

标本86，陶罐。夹砂。灰色。沿外抹绳纹，上腹部饰竖向绳纹，抹压。口沿残片，侈口，卷沿上翘，圆唇。手制，沿面抹平，较光，内壁抹平，较粗糙，沿面和内壁均有横向抹痕。宽2.7、高4厘米（图一二，7）。

标本87，陶片。夹石英砂。深灰色。横篮纹，抹压较甚。内壁抹平，较粗糙。宽3.3、高3.1厘米（图一二，9）。

标本88，陶片。夹砂。灰色。略右斜向篮纹，抹压，篮纹上附加薄泥条一周。壁较薄，内壁有一层已钙化的水垢。手制。宽4.4、高3.8厘米（图一三，1）。

标本89，陶片。泥质。深灰色，泛黑色，胎及内壁呈灰色。上部素面磨光，下部有抹绳纹。手制，外壁有横向抹痕，内壁手抹，较粗糙。宽3、高2.5厘米（图一三，2）。

图一二 大河口遗址调查陶器（76~87）

1. 陶片（77） 2. 陶罐（78） 3. 陶片（80） 4. 陶片（83） 5. 陶片（82） 6. 陶片（84） 7. 陶罐（86） 8. 陶盆（81） 9. 陶片（87） 10. 陶片（85） 11. 陶器底（76） 12. 陶鬲（79）

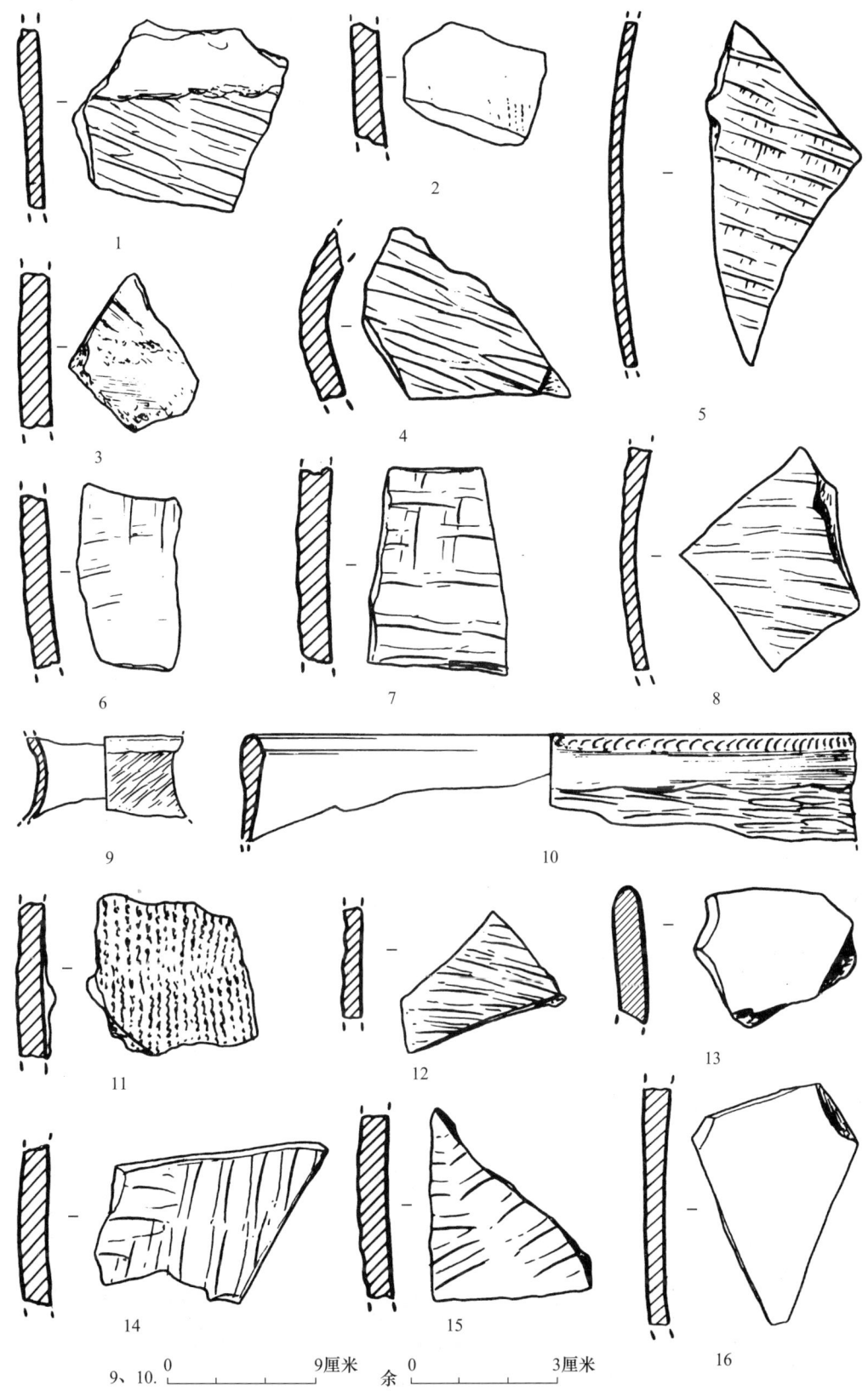

图一三 大河口遗址调查遗物（88~104）

1. 陶片（88） 2. 陶片（89） 3. 陶片（91） 4. 陶片（92） 5. 陶片（90） 6. 陶片（94） 7. 陶片（95、96）
8. 陶片（93） 9. 陶罐（99） 10. 陶罐（97） 11. 陶片（100） 12. 陶片（98） 13. 骨片（101）
14. 陶片（103） 15. 陶片（104） 16. 陶片（102）

标本90，陶片。泥质，结构紧密。灰色。略右斜向篮纹。壁甚薄。手制。宽3.2、高6.8厘米（图一三，5）。

标本91，陶片。夹砂。灰色。右斜向篮纹，抹压，近底处篮纹被抹去。陶器下腹近底残片。手制，外壁下部有横向抹痕，内壁抹平，较粗糙。宽2.6、高3.1厘米（图一三，3）。

标本92，陶片。泥质，结构紧密。灰色。右斜向篮纹，抹压。可能是罐肩部残片，圆肩。手制，内壁抹光，有横向抹痕。宽4.2、高3.4厘米（图一三，4）。

标本93，陶片。泥质，结构紧密。灰色，内壁呈深灰色。横篮纹较纤细，间距宽疏，抹压。壁较薄。手制，内壁手抹，较粗糙，有不规整抹痕。宽3.7、高4.4厘米（图一三，8）。

标本94（94与95、96号标本可能是同一件器物，拼接不起），陶片。泥质。夹芯陶，内外壁呈深灰色，泛黑色，胎呈灰褐色。横篮纹，局部有竖篮纹，与前者交叉成方格纹，抹压较甚。手制，内壁较粗糙，有垫压痕迹。宽2.1、高3.7厘米（图一三，6）。

标本95、96（为同一件器物，已拼接），陶片。泥质。夹芯陶，内外壁呈深灰色，泛黑色，胎呈灰褐色。横篮纹及两道竖蓝纹，抹压。手制，内壁较粗糙，有垫压痕迹。宽2.8、高4.1厘米（图一三，7）。

97～108号十二件标本采集于断崖倒塌下的堆积，有白灰面墙皮。坐标为N：35°44′48.4″，E：111°46′31.4″，海拔：629米。

标本97，陶罐。夹粗砂。灰色，陶色不匀。腹饰横向篮纹，抹压，口沿外篮纹上贴泥片一周。深腹罐口沿残片，微敛口，斜折沿，斜方唇，唇面压印成花边状，口沿加厚，筒形深腹残。手制，口沿泥片贴筑，沿面有横向旋抹痕，内壁抹平，有斜向抹痕。口径37、高6.3厘米（图一三，10；图版一一，1、2）。

标本98，陶片。泥质。灰色。横篮纹，抹压。壁较薄。手制，内壁手抹，较粗糙，有斜向抹痕。宽3.4、高2.8厘米（图一三，12）。

标本99，陶罐。泥质，结构紧密。灰色。左斜向篮纹，抹压，颈部附加泥条一周。小口高领罐颈部残片，束颈。内壁手抹，有斜向抹痕，手制痕迹明显，顶部断茬有磨痕。颈部最大径10、高4.8厘米（图一三，9）。

标本100，陶片。夹砂。浅灰色。竖向绳纹，抹压。壁较薄。手制，内壁抹光，有垫压痕迹。宽3.5、高3.1厘米（图一三，11）。

标本101，骨片。浅灰色。长3.3、宽2.7厘米（图一三，13）。

标本102，陶片。泥质。灰色。素面磨光。壁较薄。手制，内壁抹光，有垫压痕迹。宽3.4、高4.8厘米（图一三，16）。

标本103（103和104号标本可能是一件器物，拼接不起），陶片。泥质。深灰色。左斜向和横向篮纹，抹压。手制，内壁抹光，有横向抹痕。宽4.7、高3.2厘米（图一三，14）。

标本104，陶片。泥质。深灰色。左斜向篮纹，抹压。手制，内壁抹光，有横向抹痕。宽3.3、高3.8厘米（图一三，15）。

标本105，陶片。夹石英砂。灰褐色。横篮纹，抹压。壁较薄。手制，内壁抹光，有横向抹痕。宽3.7、高4厘米（图一四，1）。

标本106～108（为同一件器物，已拼接），陶器底。夹石英砂。灰色。右斜向篮纹，抹压较甚，

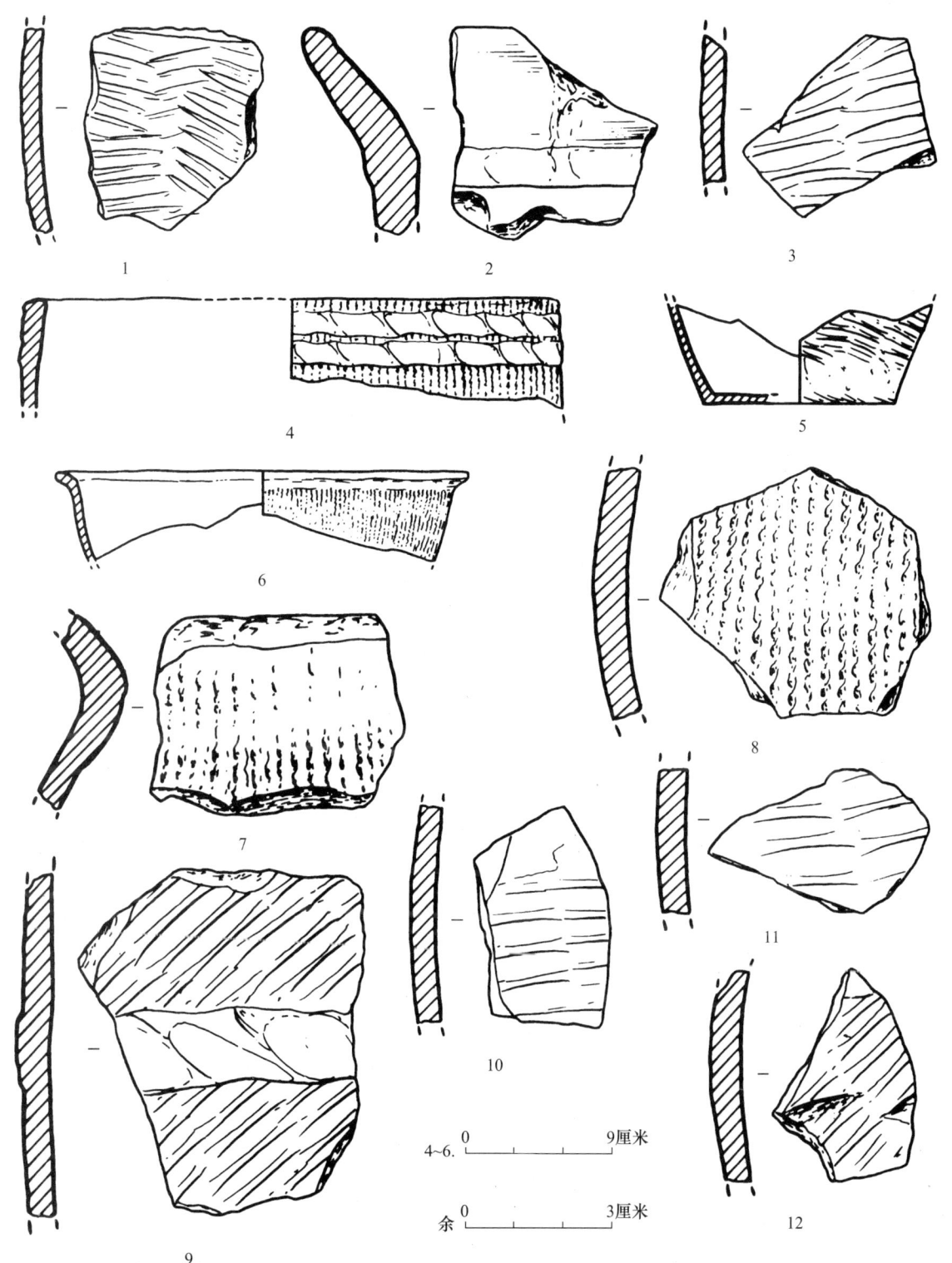

图一四 大河口遗址调查陶器（105～118）

1. 陶片（105） 2. 陶罐（118） 3. 陶片（110） 4. 陶罐（111） 5. 陶器底（106~108） 6. 陶盆（112） 7. 陶罐（116） 8. 陶片（113） 9. 陶片（117） 10. 陶片（114） 11. 陶片（115） 12. 陶片（109）

近底处篮纹被抹去。下腹微弧斜内收，平底，底面平整。手制，内壁凹凸不平，较粗糙，有横向抹痕。底径12、高6厘米（图一四，5）。

109～112号四件标本坐标为N：35°44′47.8″，E：111°46′31.5″，海拔：627米。

标本109，陶片。夹砂。深灰色。左斜向篮纹，抹压。手制，内壁抹平，较粗糙。宽2.9、高4.2厘米（图一四，12）。

标本110，陶片。泥质，结构紧密。夹芯陶，内外壁呈棕褐色，胎呈灰色。横篮纹，抹压。手制，内壁抹光。宽4、高3.6厘米（图一四，3）。

标本111，陶罐。夹砂。灰褐色，内壁呈灰色。沿面饰右斜向绳纹，竖向绳纹，均抹压，上部近口处附加泥条两周。深腹罐，敛口，平沿，口沿加厚，筒形深腹残。手制，内壁抹平，较粗糙，有横向抹痕。口径约33、高6.3厘米（图一四，4；图版一一，5、6）。

标本112，陶盆。夹砂。深灰色。竖向绳纹，较规整，抹压。敞口，折沿上翘，圆唇。手制，沿面和内壁抹平，有横向抹痕和摁压痕迹。口径23.4、高5.4厘米（图一四，6）。

113～115号三件标本坐标为N：35°44′47.8″，E：111°46′31.5″，海拔：627米。

标本113，陶片。夹砂。褐色，胎及内壁呈黄褐色。竖向绳纹，规整，抹压。手制，内壁抹平，较粗糙。宽5.6、高5厘米（图一四，8）。

标本114，陶片。泥质，结构紧密。夹芯陶，内外壁呈灰色，胎呈黄褐色。横篮纹，抹压。手制，内壁抹光，有竖向抹痕。宽2.8、高4.4厘米（图一四，10）。

标本115，陶片。夹砂。浅灰色，内壁呈灰色。横篮纹，抹压。手制，内壁粗糙。宽4.5、高2.9厘米（图一四，11）。

116～118号三件标本坐标为N：35°44′48.2″，E：111°46′31.5″，海拔：627米。

标本116，陶罐。夹砂。灰色。竖向绳纹，沿下抹压较甚，绳纹多被抹去。口沿残片，敛口，卷沿斜侈，唇残，磨损较甚。手制、轮修，口沿有横向旋抹痕。宽5.1、高4厘米（图一四，7）。

标本117，陶片。夹砂。深灰色。左斜向篮纹，抹压，篮纹上附加泥条一周。可能是深腹罐腹部残片。手制，内壁抹平，有斜向抹痕。宽5.8、高6.9厘米（图一四，9；图一七，6）。

标本118，陶罐。夹砂。灰色。颈部附加窄泥条一周。口沿残片，直口，宽折沿斜侈，扁圆唇，磨损较甚。手制，口沿内外皆有横向旋抹痕。宽4.2、高4.2厘米（图一四，2）。

119～123号五件标本坐标为N：35°44′48.3″，E：111°46′31.7″，海拔：627米。

标本119，陶罐。夹砂。横篮纹，局部抹压，腹部附加泥条一周。敞口，窄沿斜侈，斜方唇，口沿加厚，沿面有凹槽，斜收腹。手制，沿面有横向旋抹痕，内壁抹平，较粗糙，有横向抹痕。宽7.5、高10.5厘米（图一五，1）。

标本120，陶器底。夹石英砂和钙质物。灰色。素面。下腹斜内收，平底，磨损较甚。腹底套接，底包壁，内壁粗糙，有横向抹痕。宽4.9、高3.5厘米（图一五，6）。

标本121，陶罐。夹砂和钙质物。灰色。沿面饰左斜向细丝状绳纹，腹饰竖向细丝状绳纹，口沿下手指摁压堆纹两周，相叠压。口沿残片，口微敞，外斜沿，尖唇。手制，内壁抹光，有横向抹痕。宽7.5、高6.3厘米（图一五，4）。

标本122，陶片。泥质，结构紧密。灰色，陶色不匀。交错绳纹，抹压。泥片贴筑，内壁有摁压痕迹，抹光。宽6.6、高8.1厘米（图一五，5）。

标本123，陶片。泥质，结构紧密。灰色，内壁呈黄褐色。横篮纹，抹压。壁较薄。手制，内壁抹光。宽4.4、高4.6厘米（图一五，7）。

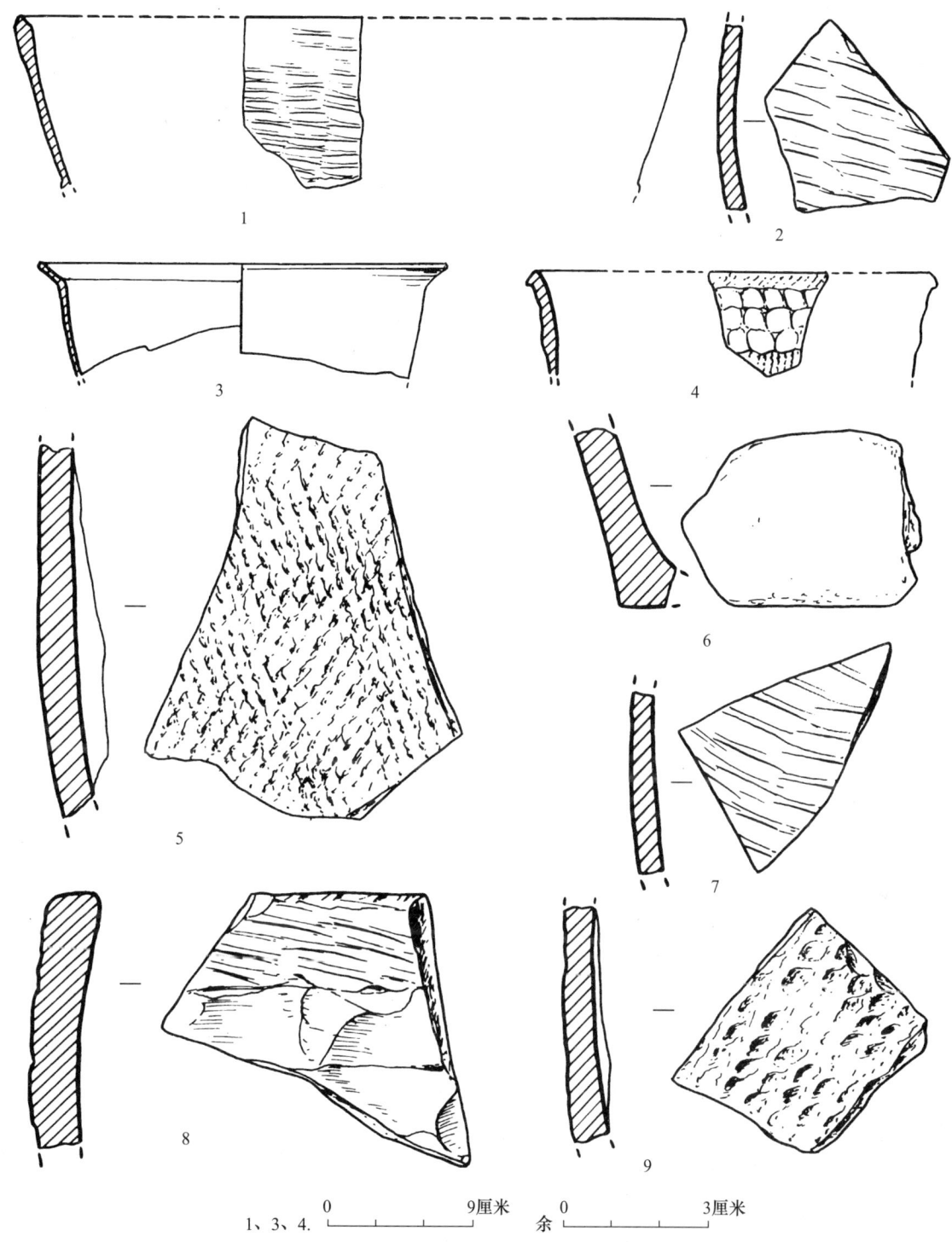

图一五 大河口遗址调查陶器（119~127）

1. 陶罐（119） 2. 陶片（125） 3. 陶盆（127） 4. 陶罐（121） 5. 陶片（122） 6. 陶器底（120）
7. 陶片（123） 8. 陶缸（124） 9. 陶鬲（126）

124~126号三件标本坐标为 N：35°44′48.0″，E：111°46′32.3″，海拔：627米。

标本124，陶缸。夹少许砂，结构紧密。灰色。口外侧附加三周泥条，不相交叠，沿面饰略左斜向篮纹，抹压较甚，沿外一周泥条上饰略右斜向篮纹。口沿残片，敛口，平沿，深腹残，壁较厚。手制，内壁抹平，有横向抹痕。宽6.4、高5.5厘米（图一五，8）。

标本125，陶片。夹砂。灰色。略右斜向篮纹，抹压。壁较薄。内壁有垫压痕迹，较粗糙。宽3.9、高3.9厘米（图一五，2）。

标本126，陶鬲。夹砂。夹芯陶，内外壁呈深灰色，胎呈黄褐色。左斜向绳纹，抹压。腹部残片。手制，内壁抹平，较粗糙。宽5.3、高4.9厘米（图一五，9）。

127~142号十六件标本坐标为N：35°44′47.9″，E：111°46′32.8″，海拔：627米。

标本127，陶盆。细泥质。夹芯陶，内外壁呈浅灰色，陶色不匀，胎呈黄褐色。沿面及外壁素面磨光。口微敞，宽折沿斜侈，圆方唇，深腹斜收，下腹残，腹壁较薄。手制、轮修，沿面及外壁有横向旋抹痕，腹内壁抹光，有斜向抹痕。口径25.5、高6.6厘米（图一五，3；图版一二，5、6）。

标本128，陶片。泥质。橘红色，胎及内壁呈灰色。素面磨光。外壁有磨损。手制，内壁抹平，有斜向抹痕。宽5、高5.1厘米（图一六，1）。

标本129，陶片。夹石英砂和钙质物颗粒。灰色。上部饰右斜向篮纹，下部饰横篮纹，二者交界处附加泥条一周。可能是深腹罐下腹部残片。手制，内壁抹平，较粗糙，有横向抹痕和摁压痕迹。宽5.7、高5.4厘米（图一六，2）。

标本130，陶片。泥质。灰色，内壁呈深灰色。器表先压印较密的横向篮纹，再压印较宽的竖向篮纹，均纤细，抹压，有抹弦纹一周割断篮纹。壁较薄。手制，内壁抹平。宽4.8、高5.1厘米（图一六，6；图一七，4；图版一四，4）。

标本131，陶片。泥质。灰色。横篮纹，抹压。手制，内壁抹平，较粗糙。宽3.8、高4.2厘米（图一六，3）。

标本132，陶片。夹石英砂。夹芯陶，内外壁呈黄褐色，胎呈灰色。竖向细丝状绳纹，抹压。手制，内壁抹平，较粗糙。宽4.4、高3.8厘米（图一六，8）。

标本133，陶盆。泥质。深灰色，陶色不匀。右斜向篮纹，抹压。敞口，圆方唇，腹壁斜直内收，下腹残。手制、轮修，唇面及口内侧有横向旋抹痕，腹内壁有横向抹痕。口径29.4、高6.9厘米（图一六，4）。

标本134，陶片。夹细砂。灰色。左斜向篮纹，抹压。手制，内壁抹平。宽5.4、高2.4厘米（图一六，5）。

标本135，陶片。泥质。灰色。竖向细丝状绳纹，抹压，内壁垫印绳纹，抹压较甚，局部绳纹被抹去。可能是鬲残片，壁较薄。手制。宽5、高4.7厘米（图一六，7；图一七，2；图版一四，5）。

标本136，陶釜。夹粗砂。陶色不匀。右斜向粗篮纹，抹压，下部篮纹被抹去。下腹近底残片，腹壁较薄，近底处较厚。手制，内壁抹光。宽6.4、高7厘米（图一八，10）。

标本137，陶片。夹少许细砂。灰色。竖向略左斜细丝状绳纹，未抹压。手制，内壁抹光，有横向抹痕。宽3.9、高3.3厘米（图一八，7）。

标本138，陶罐。夹细砂。褐色，胎及内壁呈深灰色。右斜向篮纹，抹压，篮纹上附加泥条一周。深腹罐腹部残片。手制，内壁抹平，较粗糙。宽6.7、高5.7厘米（图一八，11）。

标本139，陶片。泥质。深灰色。横向抹篮纹，纤细。手制，内壁有垫印痕迹。宽4、高6厘米（图一八，4）。

标本140，陶片。泥质。深灰色，胎及内壁呈浅灰色。横向抹篮纹，纤细。壁厚薄不匀。手制，内壁有垫印痕迹，抹光。宽3.6、高3.8厘米（图一七，3；图一八，6）。

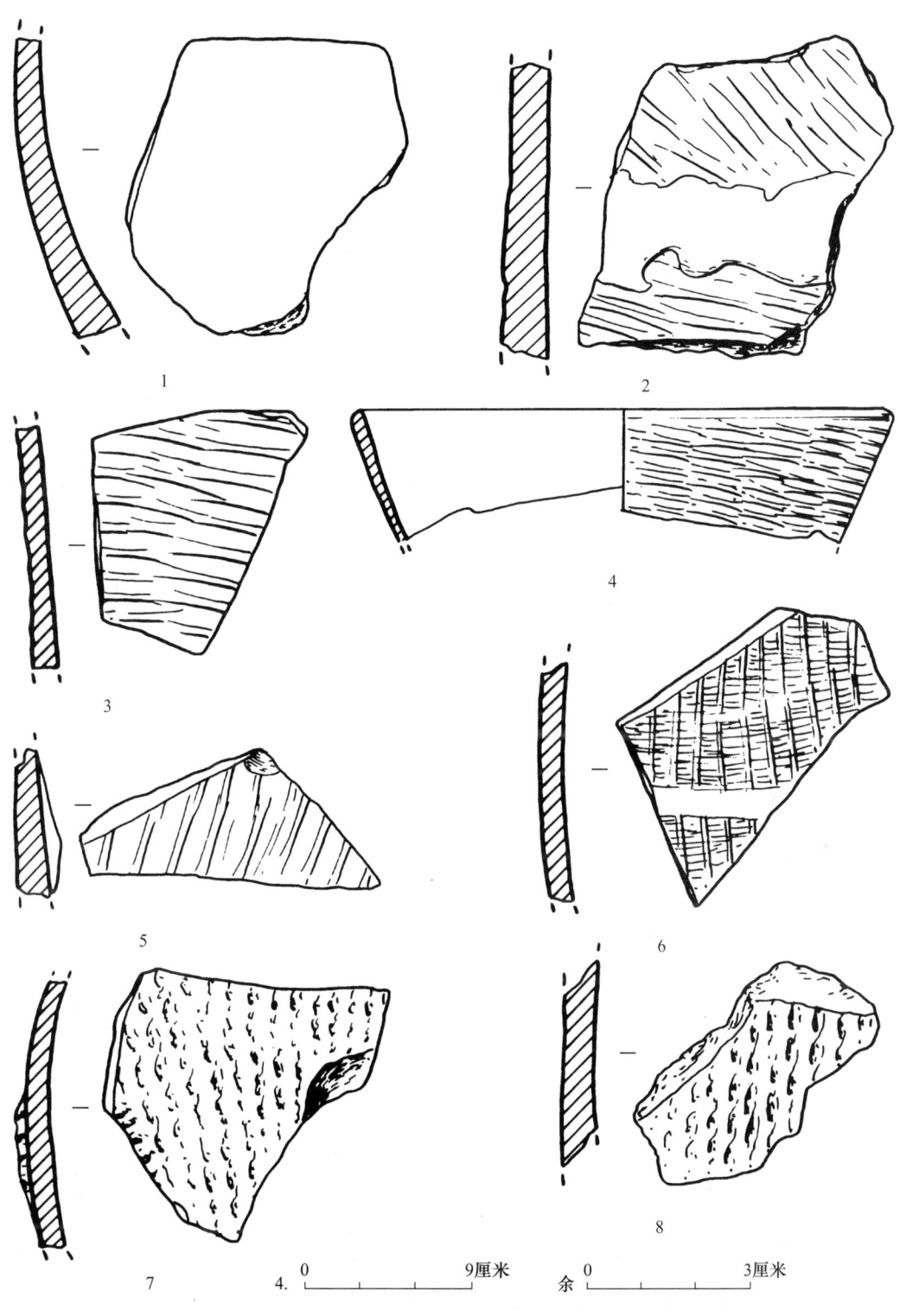

图一六 大河口遗址调查陶器（128~135）
1. 陶片（128） 2. 陶片（129） 3. 陶片（131） 4. 陶盆（133） 5. 陶片（134）
6. 陶片（130） 7. 陶片（135） 8. 陶片（132）

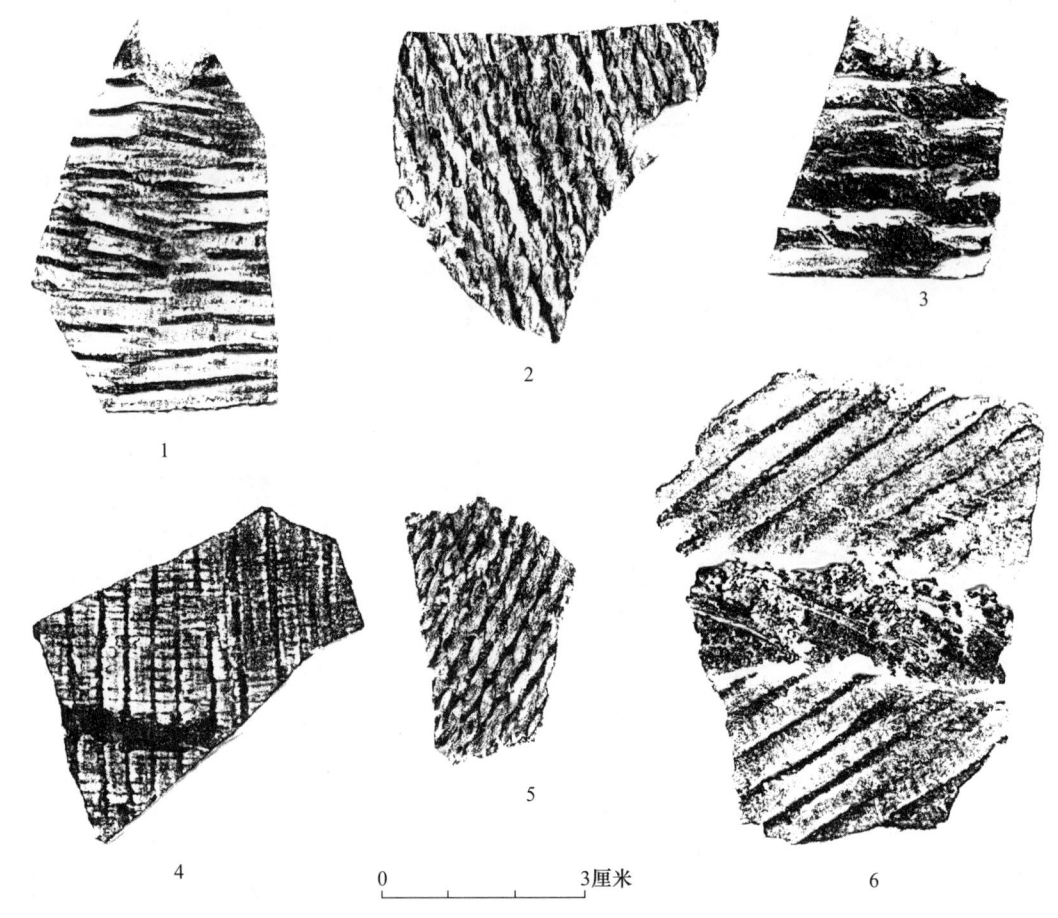

图一七　大河口遗址调查陶器纹样拓本
1. 陶片（141、142）　2. 陶片（135）　3. 陶片（140）　4. 陶片（130）　5. 陶片（148）　6. 陶片（117）

标本141、142（同一件器物，已拼接），陶片。泥质。灰色。横篮纹，抹压。壁较薄。泥片贴筑，内壁较粗糙。宽3.7、高6厘米（图一七，1；图一八，8）。

143～145号三件标本坐标为N：35°44′47.7″，E：111°46′32.4″，海拔：627米。

标本143，陶片。夹砂。外壁及胎呈黄褐色，内壁呈深灰色。横篮纹较宽，抹压，篮纹上附加薄泥条一周。可能是深腹罐腹部残片，壁较薄。手制，内壁抹平，有横向和竖向抹痕。宽5.6、高5.1厘米（图一八，9）。

标本144，陶片。夹粗砂。深灰色。横篮纹较宽，抹压。手制，内壁抹平，有横向抹痕。宽3、高2.6厘米（图一八，2）。

标本145，陶罐。夹砂。深灰色，胎及内壁呈灰色。上腹部饰竖篮纹，较宽，较纤细，抹压。口沿残片，侈口，唇和沿残。手制，内壁抹光。宽2.1、高2.9厘米（图一八，3）。

146和147号二件标本坐标为N：35°44′47.6″，E：111°46′31.7″，海拔：626米。

标本146，陶片。夹少许砂，结构紧密。灰色。细丝状绳纹，抹压，绳纹上附加泥条一周。手制，内壁凹凸不平，有横向抹痕。宽4.9、高2.6厘米（图一八，5）。

标本147，陶罐。夹砂。黄褐色，陶色不匀，内壁呈浅灰色。沿外侧饰左斜向篮纹，抹压较甚，颈肩转折处附加泥条一周。口沿残片，侈口，宽折沿上翘，沿面微凹，扁圆唇。手制，口沿上有横向旋抹痕。宽5.4、高3.2厘米（图一八，1）。

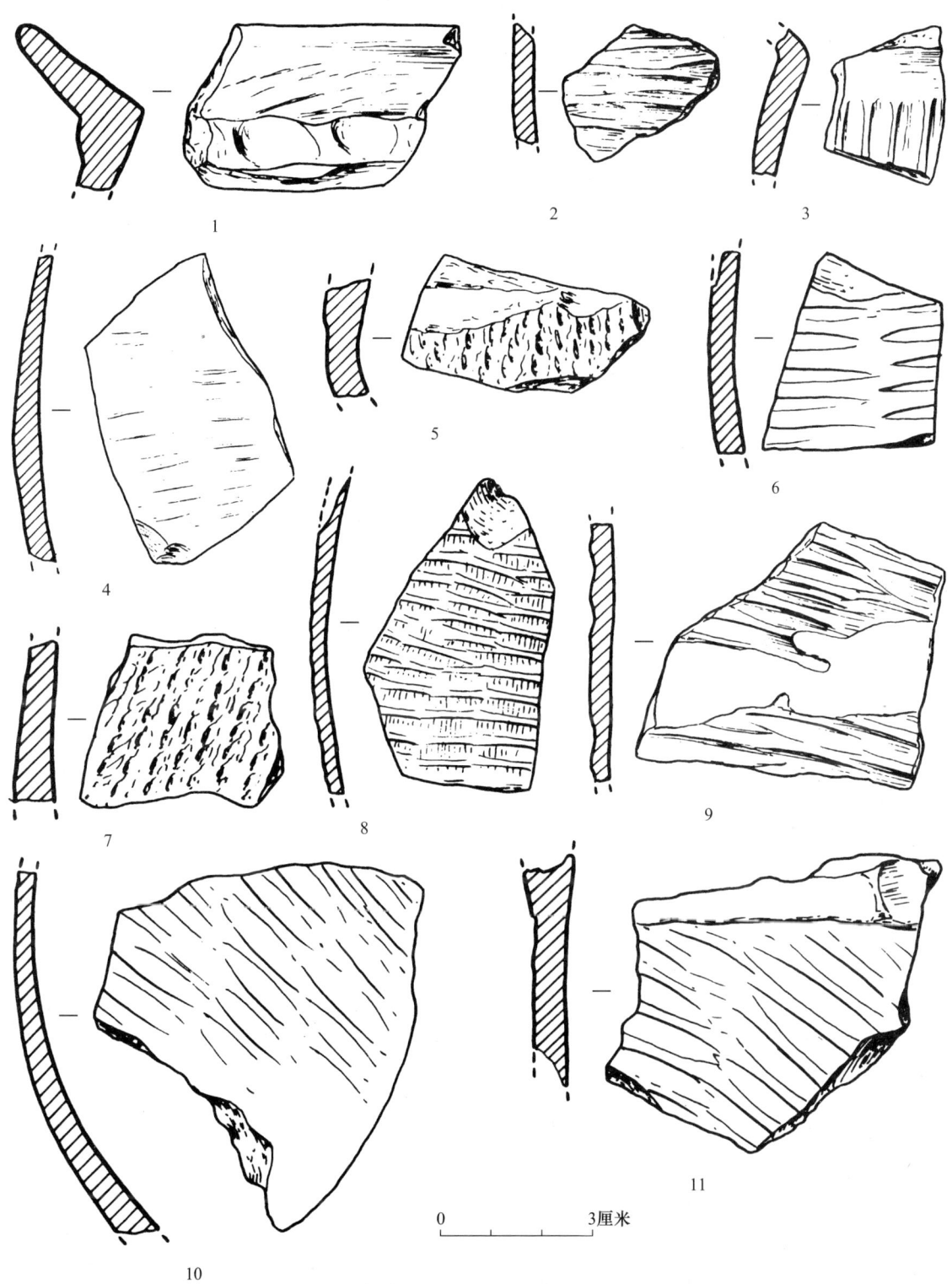

图一八　大河口遗址调查陶器（136～147）

1. 陶罐（147）　2. 陶片（144）　3. 陶罐（145）　4. 陶片（139）　5. 陶片（146）　6. 陶片（140）　7. 陶片（137）
8. 陶片（141、142）　9. 陶片（143）　10. 陶釜（136）　11. 陶罐（138）

148~150号三件标本坐标为 N：35°44′47.6″，E：111°46′31.8″，海拔：626米。

标本148，陶片。夹砂。浅灰色。竖向细丝状绳纹，较规整，抹压。壁较薄。手制，内壁抹光，有横向抹痕。宽3、高3.9厘米（图一七，5；图一九，1）。

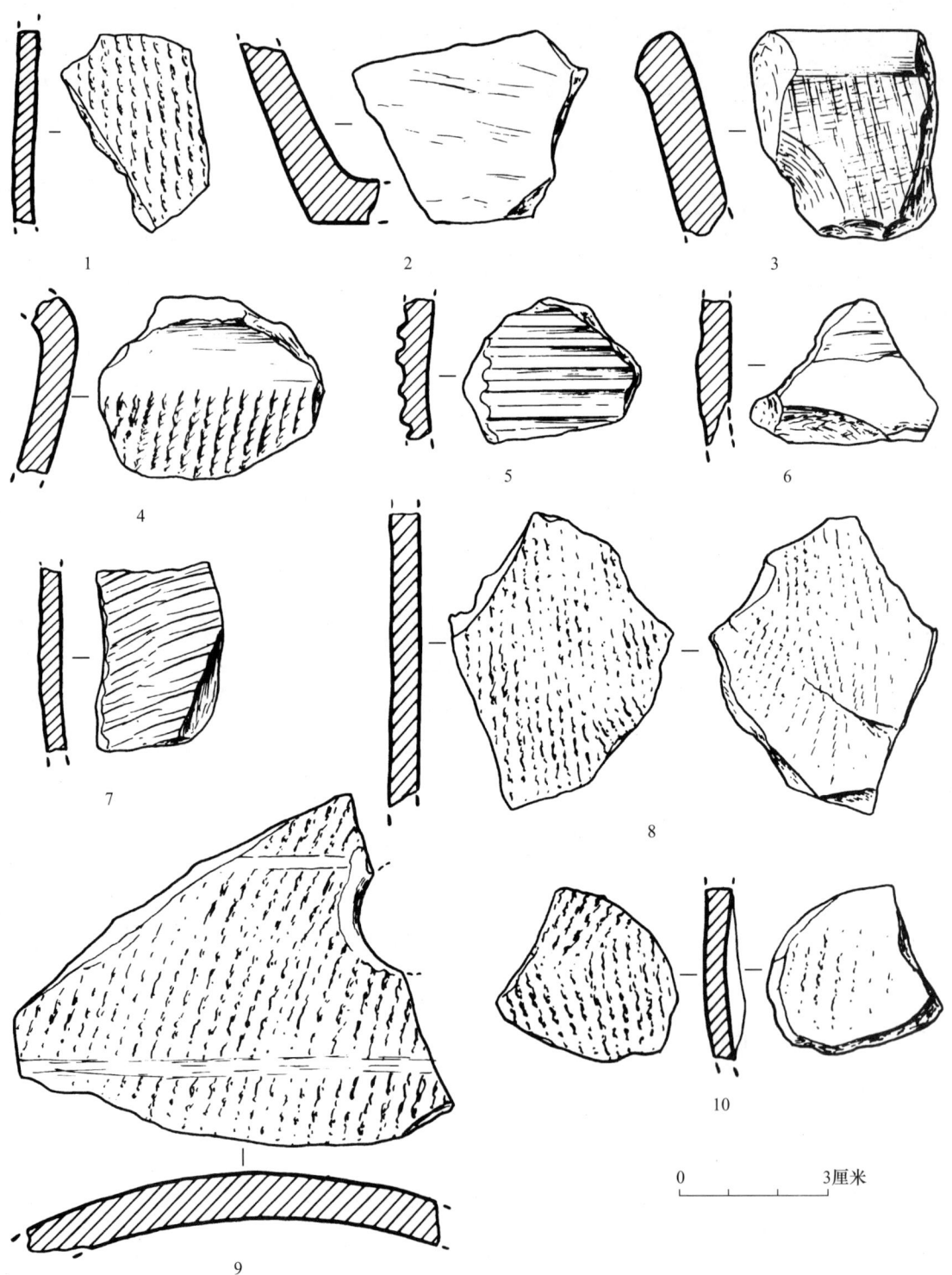

图一九　大河口遗址调查陶器（148～157）
1. 陶片（148）　2. 陶器底（149）　3. 陶盆（150）　4. 陶片（154）　5. 陶片（152）　6. 陶片（153）
7. 陶片（157）　8. 陶片（156）　9. 陶片（151）　10. 陶鬲（155）

标本149，陶器底。夹粗砂。深灰色。略右斜向篮纹，抹压较甚，近底处篮纹被抹去。下腹斜直内收，平底，壁较厚。手制，内壁抹平，较粗糙，有不规整抹痕。宽4.7、高3.8厘米（图一九，2）。

标本150，陶盆。泥质。灰色。右斜向篮纹，较纤细，抹压。口沿残片，敞口，窄卷沿，斜方唇，腹壁斜直，较厚，磨损较甚。手制，内壁抹光。宽3.7、高4.1厘米（图一九，3）。

151~154号四件标本坐标为N：35°44′47.4″，E：111°46′32.1″，海拔：626米。

标本151，陶片。粗泥质，含少许细砂。灰色。左斜向细丝状绳纹，抹压，有凹弦纹两周割断绳纹。可能是釜灶残片，上部断茬处有圆形镂孔，似釜灶之烟孔。手制，内壁抹光。宽8.9、高6.8厘米（图一九，9）。

标本152，陶片。夹砂。深灰色。横篮纹，稍加抹压。手制，内壁抹平，有横向抹痕。宽3.5、高2.8厘米（图一九，5）。

标本153，陶片。夹砂和钙质物颗粒。深灰色。横篮纹，抹压较甚，篮纹上附加泥条一周。手制，内壁抹平，有横向抹痕。宽3.7、高2.8厘米（图一九，6）。

标本154，陶片。夹石英砂和钙质物颗粒。灰色。略左斜向绳纹，捻结较紧，抹压，上部绳纹被抹去。可能是鬲近口部残片，磨损较甚。手制，近颈部有横向旋抹痕，内壁抹平，有横向抹痕。宽4.6、高3.5厘米（图一九，4）。

155和156号二件标本坐标为N：35°44′47.4″，E：111°46′32.7″，海拔：632米。

标本155，陶鬲。夹少许砂。深灰色。斜向和竖向细丝状绳纹，抹压，内壁垫印绳纹，局部绳纹被抹去。腹部残片。手制。宽3.6、高3.4厘米（图一九，10）。

标本156，陶片。夹砂。灰色。竖向绳纹，内壁垫印绳纹，内外壁绳纹皆抹压。手制。宽4.5、高5.7厘米（图一九，8）。

标本157，陶片。坐标为N：35°44′48.7″，E：111°46′31.1″，海拔：622米。泥质，结构紧密。灰色。略左斜向篮纹，稍加抹压。壁较薄。手制，内壁有垫印凹坑。宽2.6、高3.7厘米（图一九，7）。

158和159号二件标本坐标为N：35°44′49.1″，E：111°46′31.5″，海拔：627米。

标本158，陶器底。夹砂。灰色。横篮纹，抹压，近底处篮纹被抹去。下腹斜直内收，平底，壁较厚。腹底套接，底包腹壁，内壁抹平，有横向抹痕。宽7.8、高5.2厘米（图二〇，1）。

标本159，陶片。夹细砂。深灰色。竖向细丝状绳纹，未抹压。手制，内壁抹平。宽2.8、高2.7厘米（图二〇，2）。

160和161号二件标本坐标为N：35°44′49.2″、E：111°46′31.5″，海拔：625米。

标本160，陶罐。泥质，结构紧密。深灰色。上部饰竖向篮纹，篮纹上附加薄泥条一周，下部素面磨光。肩部残片，壁较薄。手制，内壁较粗糙，有垫印凹窝。宽9.8、高7.8厘米（图二〇，3）。

标本161，陶片。泥质。灰色。素面磨光。手制，内壁抹光。宽3.2、高3.3厘米（图二〇，4）。

162~170号九件标本坐标为N：35°44′49.4″，E：111°46′31.5″，海拔：625米。

标本162，陶罐。泥质，结构紧密。灰色。肩部素面磨光，腹饰竖向篮纹，纤细，抹压，有抹弦纹两周割断篮纹，并加饰凹弦纹一周。小口高领罐肩部残片，折肩。手制，内壁抹光，有竖向垫压痕迹。宽10、高6.6厘米（图二〇，6；图版一五，1、2）。

标本163，陶器盖。夹粗石英砂。灰色。细丝状绳纹，抹压。口部残片，尖圆唇。手制，沿面

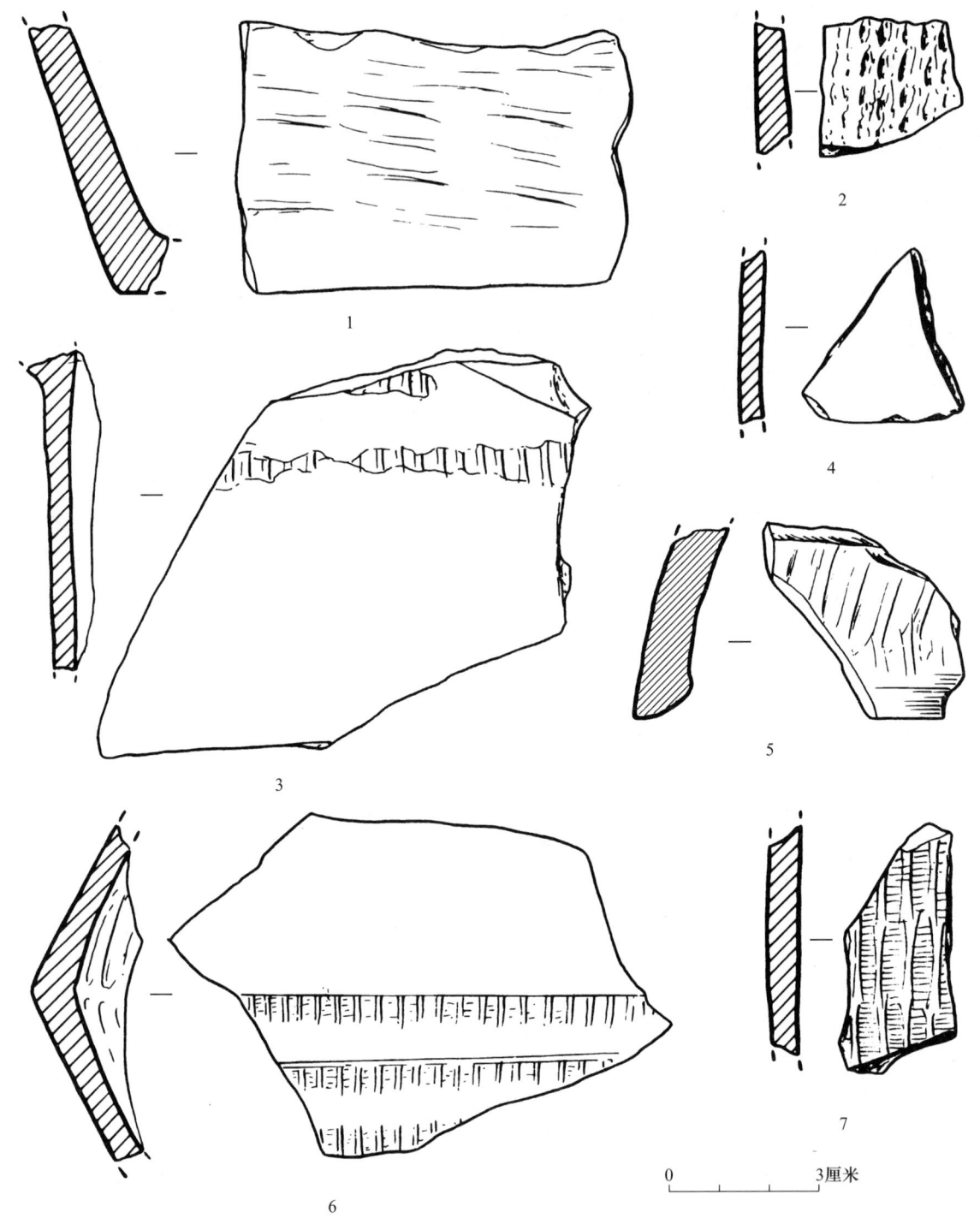

图二〇 大河口遗址调查陶器（158~163、165）
1. 陶器底（158） 2. 陶片（159） 3. 陶罐（160） 4. 陶片（161） 5. 陶器盖（163） 6. 陶罐（162） 7. 陶片（165）

及内壁有横向抹痕。宽4、高3.7厘米（图二〇，5）。

标本164，陶扁壶。夹砂和钙质物，结构紧密。深灰色。唇面饰横向绳纹，竖向绳纹，抹压，颈肩转折处有凹弦纹一周割断绳纹。扁壶口部残片，侈口，斜方唇，口外侧附加泥条一周，并装有横向錾手，高领。手制，内壁抹光，有横向抹痕。宽5.7、高6厘米（图二一，5；图版一五，3、4）。

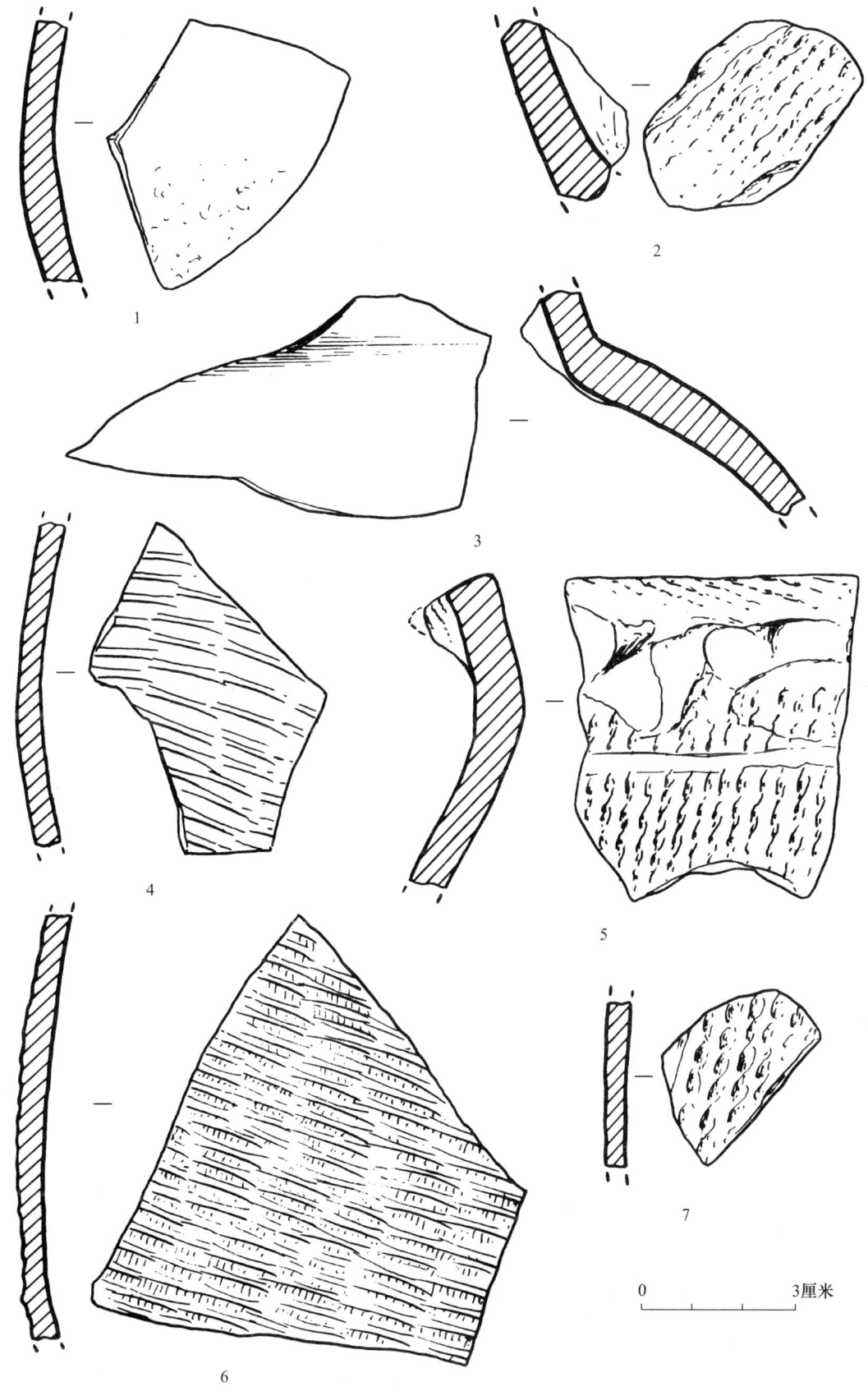

图二一 大河口遗址调查陶器（164、166~171）

1. 陶片（169） 2. 陶鬲（168） 3. 陶罐（170） 4. 陶片（166） 5. 陶扁壶（164） 6. 陶罐（171） 7. 陶片（167）

标本165，陶片。泥质，结构紧密。深灰色。竖篮纹，抹压。手制，内壁抹光。宽2.3、高4.8厘米（图二〇，7）。

标本166，陶片。泥质。深灰色。横篮纹，较纤细，抹压。壁较薄。泥片贴筑，内壁手抹，较粗糙。宽4.5、高6.2厘米（图二一，4）。

标本167，陶片。泥质。灰色。竖向绳纹，抹压。磨损较甚。手制，内壁抹光。宽3、高3.2厘米（图二一，7）。

标本168，陶鬲。夹石英砂。灰色。左斜向绳纹，抹压。鬲袋足，足根残，磨损较甚。手制，内壁抹平，较粗糙。宽4.2、高3.5厘米（图二一，2）。

标本169，陶片。泥质。棕褐色。素面磨光。外壁局部有剥蚀。手制，内壁抹平。宽4.6、高5厘米（图二一，1）。

标本170，陶罐。泥质，结构紧密。灰色。素面磨光。颈肩部残片，高领，圆肩。手制，内壁颈肩转折处有套接痕迹，肩部内壁隐约可见泥条痕迹，抹平。宽8.1、高4.1厘米（图二一，3）。

171~181号十一件标本采集于从断崖塌下的灰坑堆积中（H1）。坐标为N：35°44′49.3″，E：111°46′31.7″，海拔：629米。

标本171，陶罐。泥质，结构紧密。灰色。横篮纹，规整，抹压。腹部残片，壁厚薄不匀。手制，内壁抹光，有垫压痕迹。宽8.3、高8.4厘米（图二一，6，图二三，3；图版一三，5）。

标本172，陶片。泥质，结构紧密。灰色。略右斜向篮纹，抹压，肩上部抹压较甚。尖底瓶或高领罐肩部残片，圆肩，肩部壁较腹壁厚。肩部内壁凹凸不平，有摁压痕迹，腹内壁抹光。宽21.3、高18.3厘米（图二二，1；图版一三，3、4）。

标本173，陶片。夹粗砂。褐色，胎及内壁呈灰色。右斜向篮纹，较粗，抹压。手制，内壁抹平，较粗糙。宽10、高7.3厘米（图二二，5；图二三，1）。

标本174，陶片。泥质，结构紧密。外壁深灰色，胎及内壁呈浅灰色。竖篮纹，较规整，抹压。手制，内壁有垫压痕迹，较粗糙。宽6.8、高5.7厘米（图二二，2；图二三，2）。

标本175，陶片。泥质。浅灰色。右斜向篮纹，抹压，篮纹上附加泥条一周。手制，内壁抹平，较粗糙。宽10.1、高7.7厘米（图二二，3；图二三，5；图版一三，6）。

标本176，陶片。泥质，结构紧密。灰色。素面磨光。可能是陶罐肩部残片，圆肩。手制，内壁较粗糙，凹凸不平，有横向抹痕。宽6.3、高7.8厘米（图二二，4）。

标本177，陶片。夹砂。深灰色。左斜向篮纹，较规整，抹压，篮纹上附加泥条一周。手制，内壁抹平，有横向抹痕。宽5.7、高4厘米（图二二，6）。

标本178，陶釜灶。夹粗砂。灰色。横篮纹，抹压。灶底部残片，斜收腹，灶门磨损较甚，近灶门处贴泥加厚。手制，内壁粗糙，有横向抹痕。宽5.6、高4.8厘米（图二四，1；图版一二，1、2）。

标本179，陶罐。泥质。灰色。右斜向篮纹，抹压。腹部残片，壁较薄。手制，内壁抹平，较粗糙。宽7.1、高5.4厘米（图二四，2）。

标本180，陶片。夹粗砂。深灰色。略右斜向篮纹，抹压。可能是深腹罐残片。手制，内壁抹光，有竖向抹痕。宽7.7、高5.1厘米（图二三，4；图二四，4）。

标本181，陶器底。夹砂。棕褐色，外表颜色较深。腹饰右斜向篮纹，抹压，近底处篮纹被抹

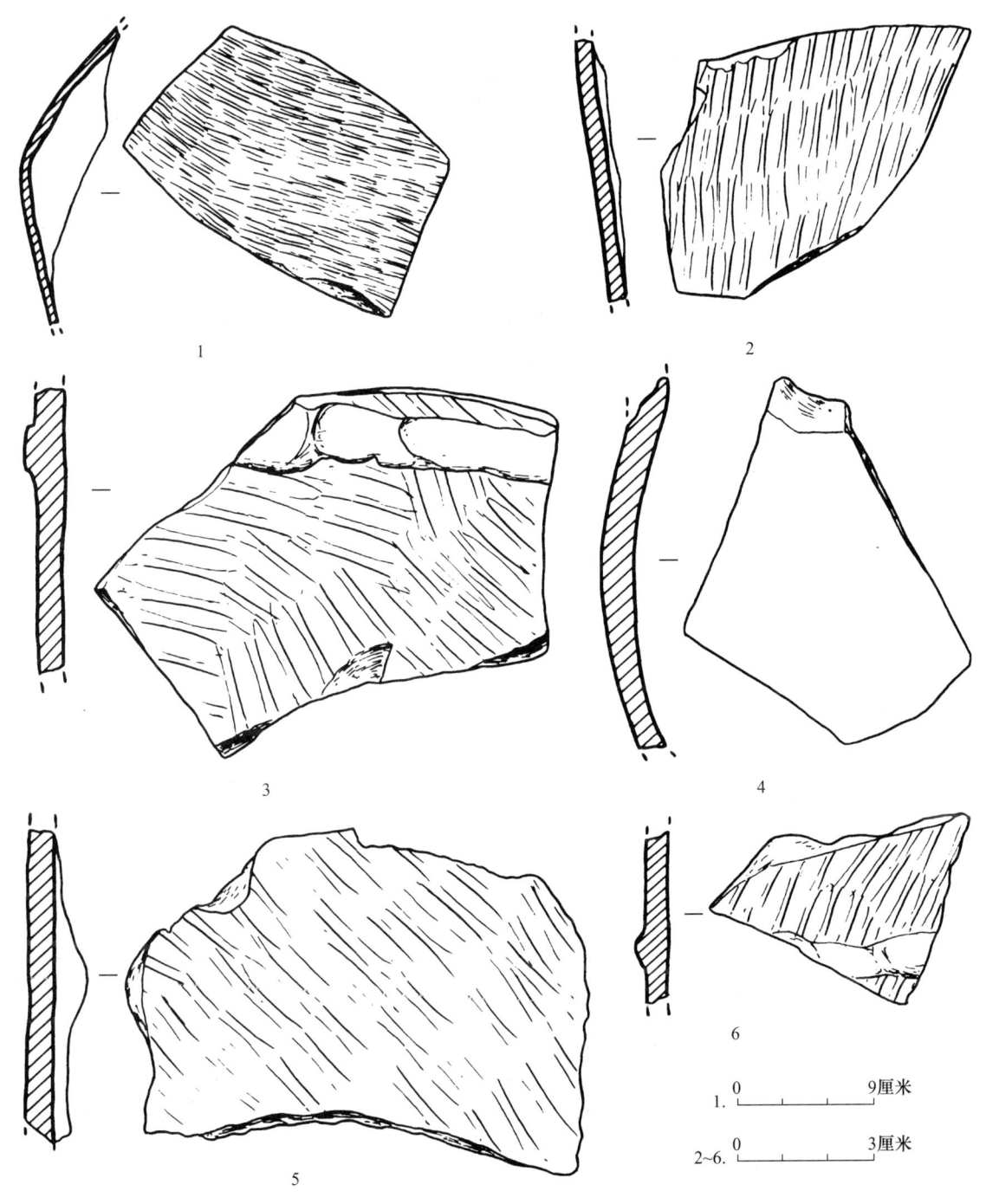

图二二 大河口遗址调查陶器（172～177）
1. 陶片（172） 2. 陶片（174） 3. 陶片（175） 4. 陶片（176）
5. 陶片（173） 6. 陶片（177）

去。下腹斜内收，平底，底面平整。手制，外壁下腹近底处有抹痕，腹底套接，内壁抹平，较粗糙，有横向抹痕。底径18.3、高3.6厘米（图二四，3）。

182～185号四件标本坐标为N：35°44′49.3″、E：111°46′31.9″、海拔：633±4米。

标本182，陶片。泥质。深灰色。竖向细丝状绳纹有叠压，抹压。下部壁较厚。手制，内壁隐约可见垫印绳纹痕迹，抹压较光。宽5.5、高6.9厘米（图二四，5）。

图二三 大河口遗址调查陶器纹样拓本
1. 陶片（173） 2. 陶片（174） 3. 陶罐（171）
4. 陶片（180） 5. 陶片（175）

标本183，陶片。泥质。灰色。竖向细丝状绳纹，较规整，抹压，有两周抹弦纹割断绳纹。壁较薄。泥片贴筑，内壁抹光。宽5、高3.3厘米（图二四，8）。

标本184（184和185号标本可能是同一件器物，拼接不起），陶片。泥质。灰色。横篮纹，抹压较甚。手制，内壁较粗糙，有摁压痕迹。宽7、高3.5厘米（图二四，6）。

标本185，陶片。泥质。浅灰色。肩部饰横向篮纹，腹饰右斜向篮纹，均经磨光。尖底瓶或罐肩部残片，圆折肩。泥片贴筑，内壁较粗糙，有摁压痕迹。宽12.8、高11.6厘米（图二四，7）。

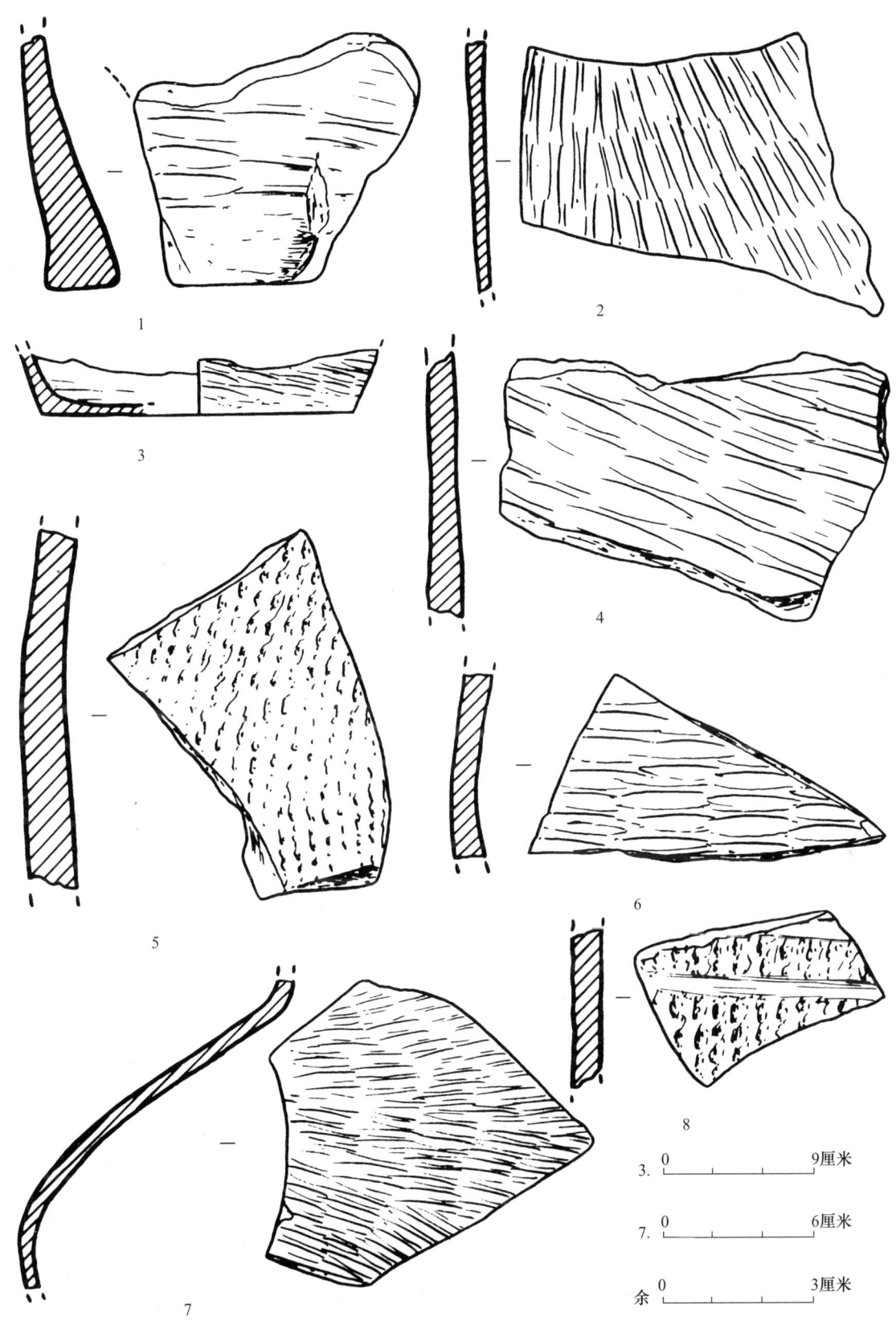

图二四 大河口遗址调查陶器（178~185）
1. 陶釜灶（178） 2. 陶罐（179） 3. 陶器底（181） 4. 陶片（180） 5. 陶片（182）
6. 陶片（184） 7. 陶片（185） 8. 陶片（183）

二、186～203号标本

186～203号标本位于大河口第二台地。

标本186，陶鬲。坐标为N：35°44′46.7″，E：111°46′47.2″，海拔：629±5米。夹砂。灰色，陶色不匀。腹饰竖向绳纹，抹压，裆部饰横向绳纹，未抹压。裆部残片，连裆，裆底近平。手制，内壁抹平，较粗糙，有斜向抹痕。宽9.7、高6.1厘米（图二五，5）。

187～200号十四件标本坐标为N：35°44′46.6″，E：111°46′44.0″，海拔：634米。

标本187，陶片。夹细砂。灰色。左斜向和右斜向绳纹，局部有交错，抹压。可能是陶鬲残片。手制，内壁抹光，有横向抹痕。宽6.4、高5.8厘米（图二五，4）。

标本188，陶片。泥质。灰色。左斜向和竖向绳纹，局部有交错，抹压。内壁磨损较甚。手制。宽5.6、高4.4厘米（图二五，1）。

标本189，陶片。夹少许细砂，结构紧密。灰色。竖向绳纹，抹压。手制，内壁抹平，较粗糙。宽4、高4.3厘米（图二五，7）。

标本190，陶鬲。夹少许细砂。灰色。颈部抹绳纹，肩部饰左斜向和右斜向绳纹，局部有交错，抹压。颈肩残片，束颈，内壁颈肩转折处圆弧。肩部内壁粗糙，颈部内外有横向抹痕。宽5.6、高3.6厘米（图二五，2）。

标本191，陶鬲。夹细砂。灰色。略左斜向绳纹，抹压。肩腹部残片。手制，内壁有垫压痕迹和不规则抹痕。宽6、高4.4厘米（图二五，3）。

标本192，陶片。夹细砂。灰色。竖向绳纹，较规整，抹压。可能是陶鬲残片，下部壁较厚。手制，内壁抹平，有横向抹痕。宽4.6、高3.6厘米（图二五，6）。

标本193，陶片。泥质，含少许石英砂。夹芯陶，内外壁呈灰色，胎呈黄褐色。略左斜向绳纹，上部抹压较甚，局部绳纹被抹去。可能是陶罐肩部残片。手制，内壁抹平，局部有垫压痕迹。宽4.1、高4.8厘米（图二六，10）。

标本194，陶罐。泥质。灰色。沿外抹绳纹。口部残片，侈口，卷沿，唇残。手制，内外壁有横向旋抹痕。宽4.7、高3.3厘米（图二六，6）。

标本195，陶鬲。夹细砂。深灰色。颈部抹绳纹。口沿残片，侈口，方唇，唇面有一周凹槽，束颈。手制，内外壁有横向抹痕。宽5.4、高3.4厘米（图二六，5）。

标本196，陶鬲。夹石英砂。灰色。竖向和左斜向绳纹，略有交叉，抹压。腹部残片。手制，内壁抹平，有竖向抹痕。宽5.8、高5.5厘米（图二六，3）。

标本197，陶鬲。夹少许石英砂。灰色。竖向绳纹，抹压。腹部残片。手制，内壁较粗糙，有斜向抹痕。宽4、高6.3厘米（图二六，8）。

标本198，陶鬲。夹石英砂。灰色。沿外侧抹绳纹。口沿残片，侈口，卷折沿上翘，沿面较宽，斜方唇。手制，内壁抹平，有横向旋抹痕，较粗糙。宽6、高1.6厘米（图二六，4）。

标本199，陶鬲。夹砂。外壁灰色，胎及内壁呈黄褐色。右斜向和竖向绳纹，有交叉，抹压。内壁有横向和斜向抹痕。宽4.1、高3.8厘米（图二六，9）。

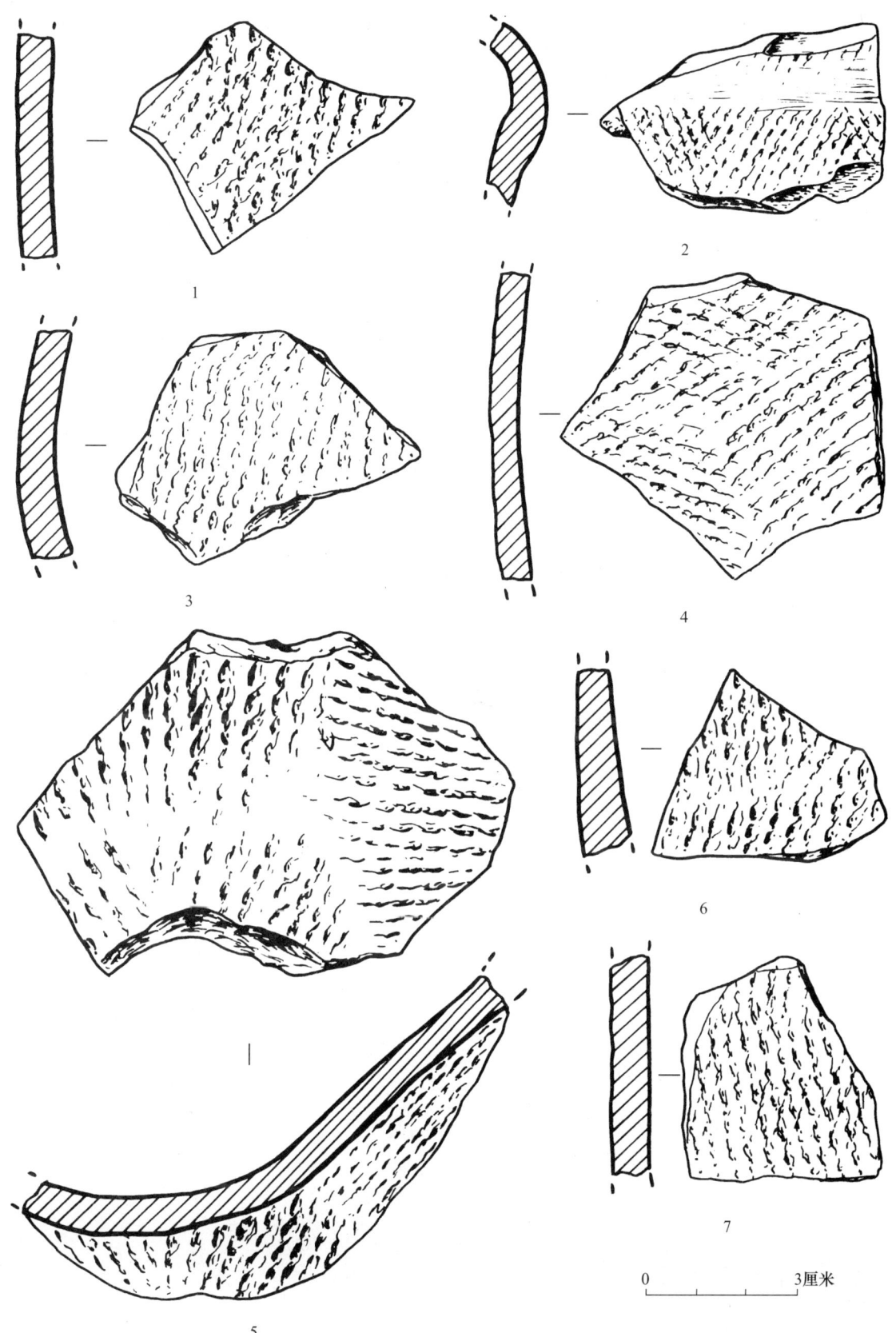

图二五　大河口遗址调查陶器（186～192）

1. 陶片（188）　2. 陶鬲（190）　3. 陶鬲（191）　4. 陶片（187）　5. 陶鬲（186）　6. 陶片（192）　7. 陶片（189）

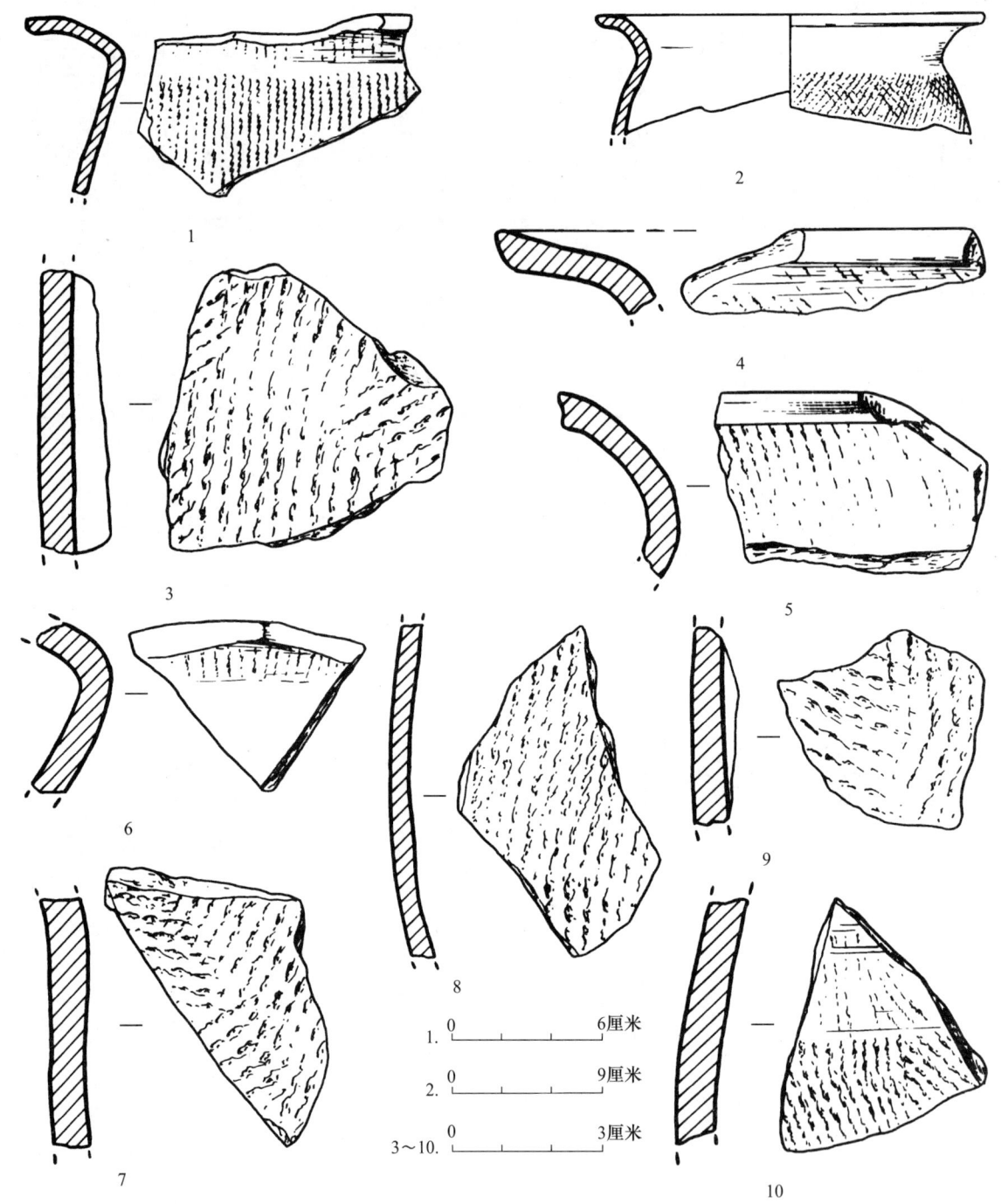

图二六　大河口遗址调查陶器（193～202）
1. 陶鬲（201）　2. 陶鬲（202）　3. 陶鬲（196）　4. 陶鬲（198）　5. 陶鬲（195）　6. 陶罐（194）
7. 陶鬲（200）　8. 陶鬲（197）　9. 陶鬲（199）　10. 陶片（193）

标本200，陶鬲。夹砂。浅灰色，胎及内壁呈黄褐色。左斜向和横向绳纹，局部有交错，抹压。近裆部残片。手制，内壁较粗糙，有横向抹痕。宽4.4、高5.3厘米（图二六，7）

201～203号三件标本坐标为N：35°44′48.7″，E：111°46′47.7″，海拔：638米。

标本201，陶鬲。加少许石英砂和钙质物，砂粒较细，结构紧密。深灰色。颈部抹绳纹，竖向绳纹，较规整，抹压。口沿残片，侈口，折沿上翘，外缘有小平沿，圆方唇，溜肩。手制，沿面及内壁抹光，口沿内外有横向旋抹痕。宽11.2、高7厘米（图二六，1；图版一七，5）。

标本202，陶鬲。夹石英砂。灰色。上腹部饰左斜向绳纹，局部有交错，抹压。口部残片，侈口，平折沿，圆方唇，束颈，上腹微鼓。手制，口沿及颈部内外有横向旋痕，内壁有横向抹痕。口径20.1、高6.9厘米（图二六，2；图版一七，6）。

标本203，陶鬲。夹石英砂。灰色。颈部抹绳纹，肩部拍印绳纹，未抹压。口部残片，侈口，窄折沿，近折沿处颈部内壁有浅凹槽一周，圆方唇，束颈，圆鼓肩，口沿烧制变形。手制，口沿抹光，有横向旋抹痕，内壁抹平，粗糙，有竖向抹痕。宽13.6、高11.4厘米（图二七，10）。

三、204～212、214～529、531～552、554～564号标本

204～212、214～529、531～552、554～564号标本位于大河口第一台地。

204和205号二件标本坐标为N：35°44′49.0″，E：111°46′32.0″，海拔：630米。

标本204，陶片。夹砂，砂粒较细。灰色。右斜向绳纹，抹压。壁较厚。手制，内壁抹平，较粗糙。宽3.4、高4.5厘米（图二七，2）。

标本205，陶片。泥质。灰色。竖篮纹，较纤细，抹压。壁较薄。手制，内壁抹光。宽2.3、高3.1厘米（图二七，6）。

206～210号五件标本坐标为N：35°44′48.7″，E：111°46′31.8″，海拔：630米。

标本206，陶片。泥质，结构紧密。灰色。竖向细丝状绳纹，较规整，抹压。壁较薄。手制，内壁抹光。宽3.8、高3.7厘米（图二七，1）。

标本207，陶片。夹砂。褐色。横篮纹，抹压较甚。手制，内壁抹平，较粗糙，有横向抹痕。宽2.7、高2.7厘米（图二七，13）。

标本208，陶片。泥质，结构紧密。深灰色。竖篮纹，较纤细，抹压。可能是小口高领罐腹部残片，壁较薄。手制，内壁抹平。宽3.3、高3.4厘米（图二七，7）。

标本209，陶片。泥质。灰色。左斜向篮纹，较纤细，抹压，有凹弦纹两周割断篮纹。可能是小口高领罐腹部残片，壁较薄。手制，内壁抹光。宽2.9、高2.7厘米（图二七，12）。

标本210，陶片。夹少许细砂，结构紧密。灰色。略左斜向绳纹，较规整，抹压。手制，内壁有垫压痕迹和斜向抹痕。宽3.8、高4.3厘米（图二七，3）。

211、212、214号三件标本坐标为N：35°44′49.0″，E：111°46′32.3″，海拔：630米。

标本211，陶片。泥质，结构紧密。深灰色，内壁呈褐色。竖向细丝状绳纹，抹压，有两周凹弦纹割断绳纹。壁较薄。手制，内壁抹平。宽3.2、高3厘米（图二七，4）。

标本212，陶片。泥质。灰色。横篮纹，抹压。内壁较粗糙，手制痕迹明显。宽4、高2.7厘米（图二七，5）。

标本214，陶片。泥质。灰色。素面磨光，有一周剔刺窝纹。可能是陶罐肩部残片。手制，内壁有横向抹痕。宽6、高3厘米（图二七，11）。

215和216号二件标本坐标为N：35°44′48.4″，E：111°46′32.3″，海拔：630米。

标本215，陶片。泥质，结构紧密。灰色。略右斜向绳纹，有叠压，抹压。手制，内壁有横向抹痕。宽4.2、高3.4厘米（图二七，8）。

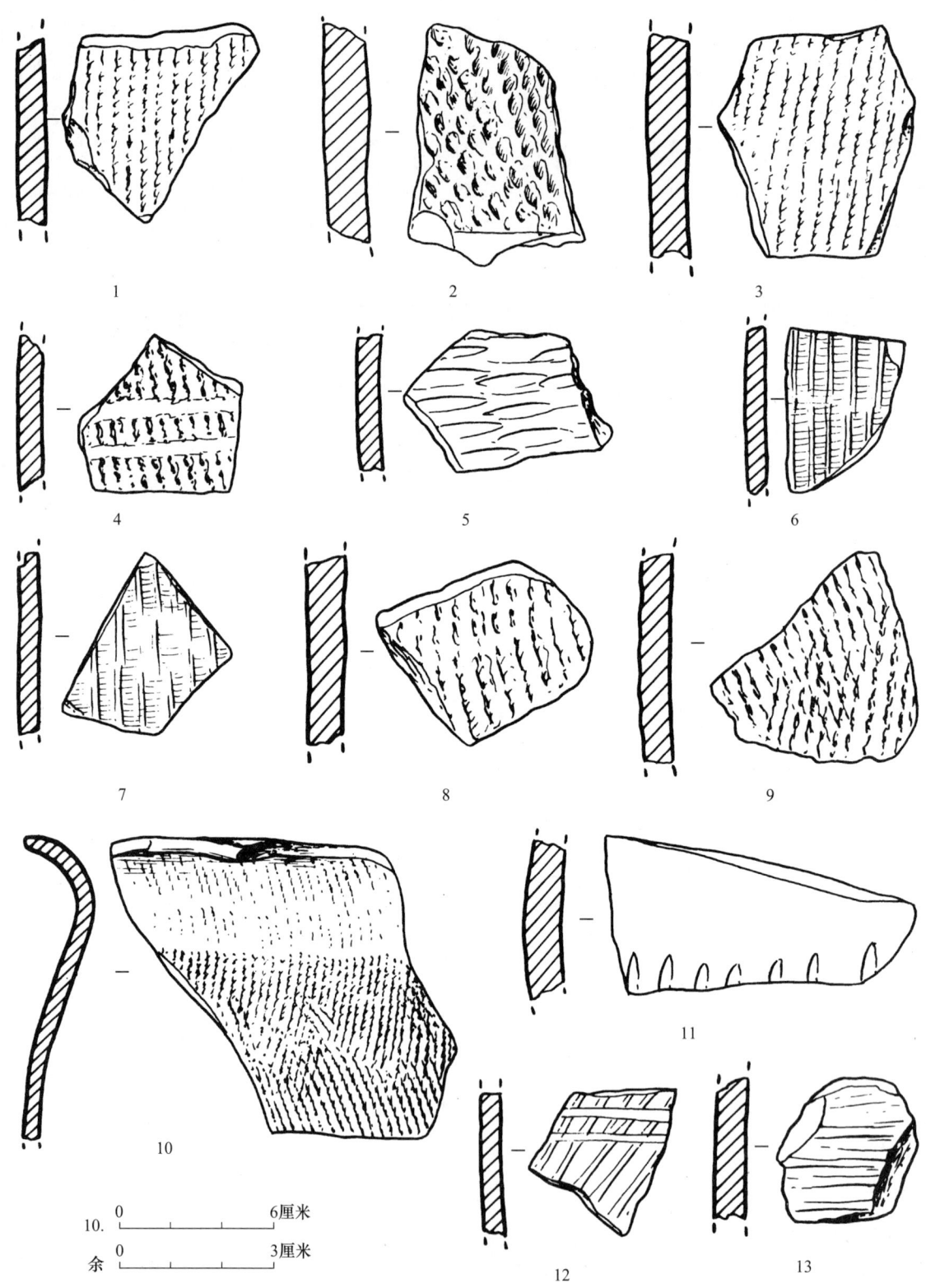

图二七　大河口遗址调查陶器（203~212、214~216）
1. 陶片（206）　2. 陶片（204）　3. 陶片（210）　4. 陶片（211）　5. 陶片（212）　6. 陶片（205）　7. 陶片（208）
8. 陶片（215）　9. 陶片（216）　10. 陶鬲（203）　11. 陶片（214）　12. 陶片（209）　13. 陶片（207）

标本216，陶片。夹砂，砂粒较细。灰色。竖向绳纹，有交错，抹压。手制，内壁抹平，较粗糙，有竖向抹痕。宽4、高3.9厘米（图二七，9）。

217~221号五件标本坐标为N：35°44′48.7″，E：111°46′32.4″，海拔：630米。

标本217（217和219号标本可能是一件器物，拼接不起），陶片。泥质，结构紧密。深灰色。左斜向细丝状绳纹，抹压，上部有凹弦纹一周割断绳纹。手制，内壁抹光。宽4.7、高3.7厘米（图二八，1）。

标本218，陶片。夹石英砂和钙质物，颗粒粗大。灰色。竖向绳纹，抹压，绳纹上附加泥条一周。壁较厚。手制，内壁有横向抹痕。宽3.7、高3.6厘米（图二八，2）。

标本219，陶片。泥质，结构紧密。深灰色。略左斜向细丝状绳纹，抹压，有两周凹弦纹割断绳纹。手制，内壁抹光。宽3.3、高3厘米（图二八，3）。

标本220，陶片。泥质。浅灰色。竖向绳纹，抹压。手制，内壁抹光。宽4.6、高4.8厘米（图二八，6）。

标本221，陶片。夹细砂。灰色。竖向绳纹，抹压。可能是陶鬲残片。手制，内壁抹平，较粗糙。宽4.6、高3.4厘米（图二八，5）。

222~224号三件标本坐标为N：35°44′48.8″，E：111°46′32.6″，海拔：630米。

标本222，陶片。泥质，结构紧密。深灰色，胎及内壁呈黄褐色。竖篮纹，较纤细，有一周抹弦纹割断蓝纹。可能是小口高领罐腹部残片，壁较薄。手制，内壁抹光。宽4.2、高3.1厘米（图二八，4）。

标本223，陶片。泥质。深灰色。横篮纹，抹压。手制，内壁粗糙，有竖向抹痕。宽4.9、高4.9厘米（图二八，7）。

标本224，陶片。泥质，结构紧密。深灰色。竖向和左斜向绳纹，有交错，抹压。内壁有磨损。手制。宽6.1、高4.8厘米（图二八，8）。

225~229号五件标本坐标为N：35°44′47.9″，E：111°46′32.7″，海拔：630米。

标本225，陶片。泥质，结构紧密。灰色。竖篮纹，较纤细，抹压。壁较薄。内壁较粗糙，手制痕迹明显。宽2.7、高3.1厘米（图二八，9）。

标本226，陶鬲。夹砂，砂粒较细。红褐色。竖向绳纹，较规整，抹压。腹部残片。手制，内壁较粗糙，有垫压痕迹。宽3、高4.5厘米（图二八，10）。

标本227，陶片。泥质，结构紧密。灰色。上部饰凹弦纹数周，下部饰横篮纹，抹压。手制，内壁抹光。宽5.8、高3.3厘米（图二八，11）。

标本228，陶鬲。夹砂，砂粒较细。灰色。饰竖向和右斜向绳纹，抹压。下腹部残片。手制，内壁较粗糙，有垫压痕迹。宽3.7、高4厘米（图二八，12）。

标本229，陶片。泥质。灰色。横篮纹，抹压。手制，内壁抹光。宽3.4、高3.2厘米（图二八，13）。

230和231号二件标本坐标为N：35°44′48.2″，E：111°46′33.1″，海拔：630米。

标本230，陶片。泥质，结构紧密。夹芯陶，内外壁呈深灰色，胎呈褐色。竖向细丝状绳纹，抹压，上部多处绳纹被抹去。可能是陶罐肩部残片。手制，内壁有垫压痕迹，抹光。宽4.8、高5厘米（图二八，14；图二九，1）。

图二八 大河口遗址调查陶器（217~231）
1. 陶片（217） 2. 陶片（218） 3. 陶片（219） 4. 陶片（222） 5. 陶片（221） 6. 陶片（220） 7. 陶片（223）
8. 陶片（224） 9. 陶片（225） 10. 陶鬲（226） 11. 陶片（227） 12. 陶鬲（228）
13. 陶片（229） 14. 陶片（230） 15. 陶片（231）

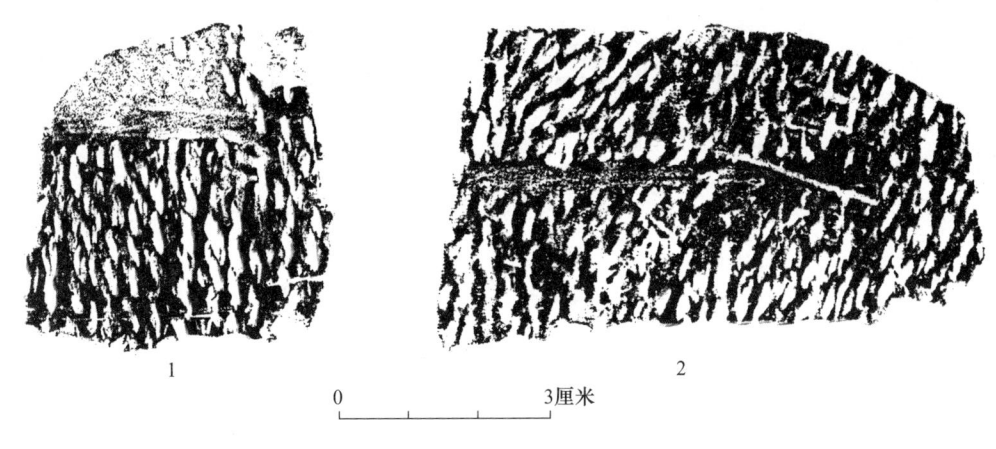

图二九　大河口遗址调查陶器纹样拓本
1. 陶片（230）　2. 陶片（302）

标本231，陶片。泥质。灰色。竖篮纹，纤细，抹压。壁较薄。手制，内壁抹光。宽2、高2.6厘米（图二八，15）。

232～236号五件标本坐标为N：35°44′48.0″，E：111°46′33.5″，海拔：630米。

标本232，石器。灰色。残断，矩形，顶面斜平，底面平直，侧面竖直，方角，正面平整，背面磨蚀，顶面、正面和底面人为磨光，侧面自然磨蚀。石头本身在形成过程中与红褐色砂泥相融为一体，呈现红褐色自然环带纹理。长4.5、宽3.1、厚0.7厘米（图三〇，1）。

标本233，陶片。泥质。深灰色。竖篮纹，较纤细，抹压。壁较薄。手制，内壁抹光。宽3.2、高3.2厘米（图三〇，8）。

标本234，陶片。泥质，结构紧密。深灰色。略右斜向篮纹，抹压，有两周凹弦纹割断篮纹。壁较薄。手制，内壁抹平，较粗糙。宽2.8、高2.3厘米（图三〇，4）。

标本235，陶鬲。夹砂，砂粒粗细不匀。深灰色。竖向绳纹，抹压。鬲足残片，袋足。手制，内壁粗糙，有斜向和横向抹痕。宽4、高4.9厘米（图三〇，6）。

标本236，陶罐。泥质。灰色。素面。口部残片，侈口，折沿上翘，唇残，磨损较甚。手制，内壁有横向抹痕。宽4.7、高3.5厘米（图三〇，2）。

标本237，陶罐。坐标为N：35°44′47.5″，E：111°46′33.9″，海拔：628米。泥质。灰色。横向篮纹，抹压较甚。侈口，圆唇，高领。泥片贴筑，领部内外有横向旋抹痕。宽7.1、高4.8厘米（图三〇，3）。

238～242号五件标本坐标为N：35°44′47.6″，E：111°46′34.0″，海拔：628米。

标本238，陶盆。泥质，结构紧密。夹芯陶，内外壁呈深灰色，胎呈黄褐色。沿面饰右斜向篮纹，腹饰竖向篮纹，均抹压。口部残片，敞口，平沿，尖唇，腹斜收，壁较厚。手制，内壁有横向抹痕。宽6.7、高3.8厘米（图三〇，5）。

标本239，陶片。泥质。灰色。略右斜向篮纹，较纤细，抹压。壁较薄。手制，内壁抹平。宽2.3、高3.8厘米（图三〇，9）。

标本240（240、241和242号标本是同一件器物，拼接不起），陶器底。泥质，结构紧密。红褐色。腹饰竖向绳纹，抹压。下腹微弧斜内收，平底，底面边缘有磨损，壁较厚。手制，内壁有剥落，较粗糙。宽5.1、高3.3厘米（图三〇，10）。

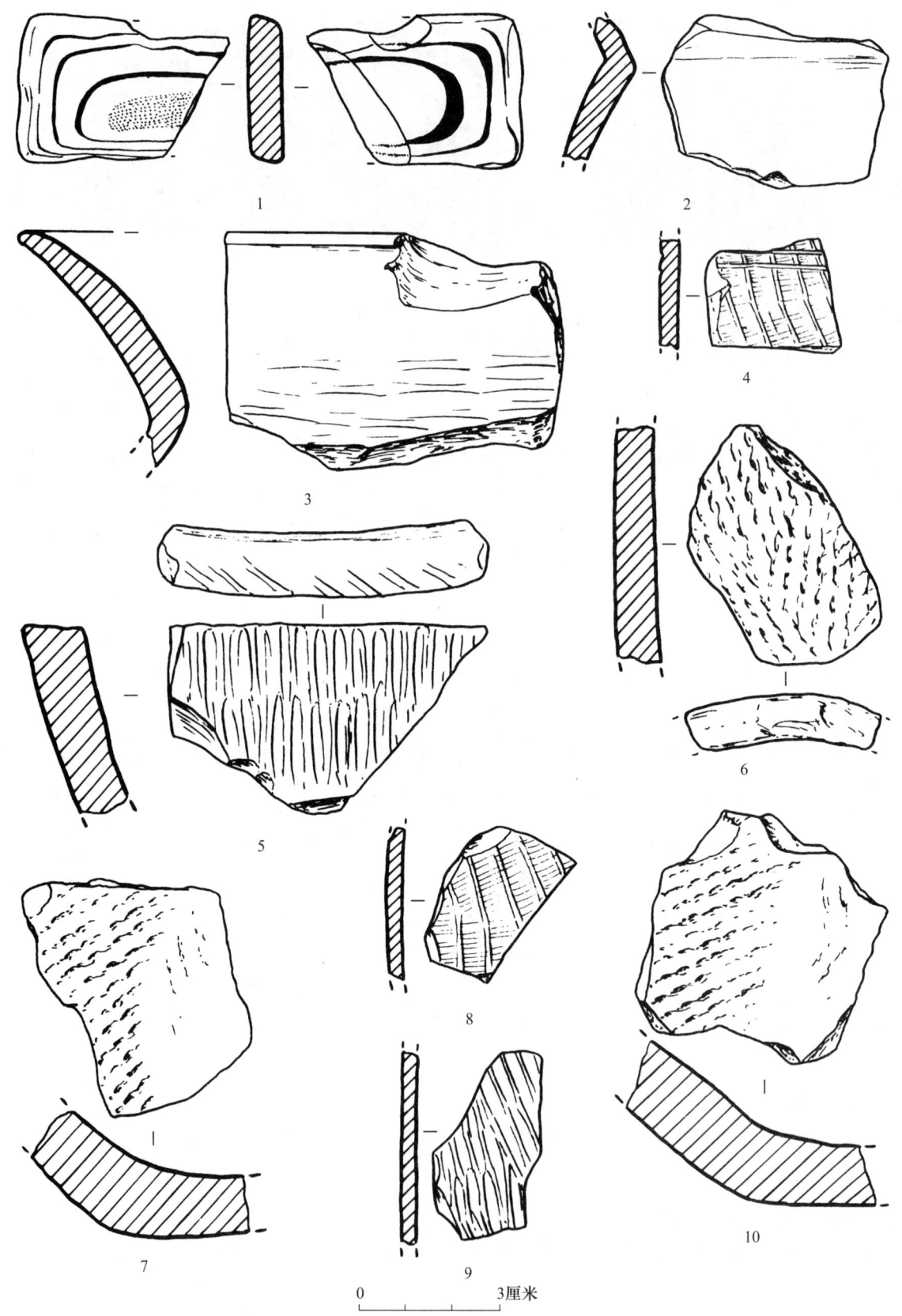

图三〇 大河口遗址调查石、陶器（232～241）
1. 石器（232） 2. 陶罐（236） 3. 陶罐（237） 4. 陶片（234） 5. 陶盆（238） 6. 陶鬲（235）
7. 陶器底（241） 8. 陶片（233） 9. 陶片（239） 10. 陶器底（240）

标本241，陶器底。泥质，结构紧密。红褐色。腹饰竖向绳纹，抹压，底面有模糊的绳纹。下腹微弧斜内收，平底，底面边缘有磨损，壁较厚。手制，内壁有剥落，较粗糙。宽4.8、高2.5厘米（图三〇，7）。

标本242，陶器底。泥质，结构紧密。红褐色。腹饰竖向绳纹，抹压，内外底面均有模糊不清的绳纹。下腹微弧斜内收，平底，底面略向上凹，边缘有磨损，腹底交接处圆缓，腹壁较厚。手制，内壁有剥落，较粗糙。宽6.2、高1.8厘米（图三一，8）。

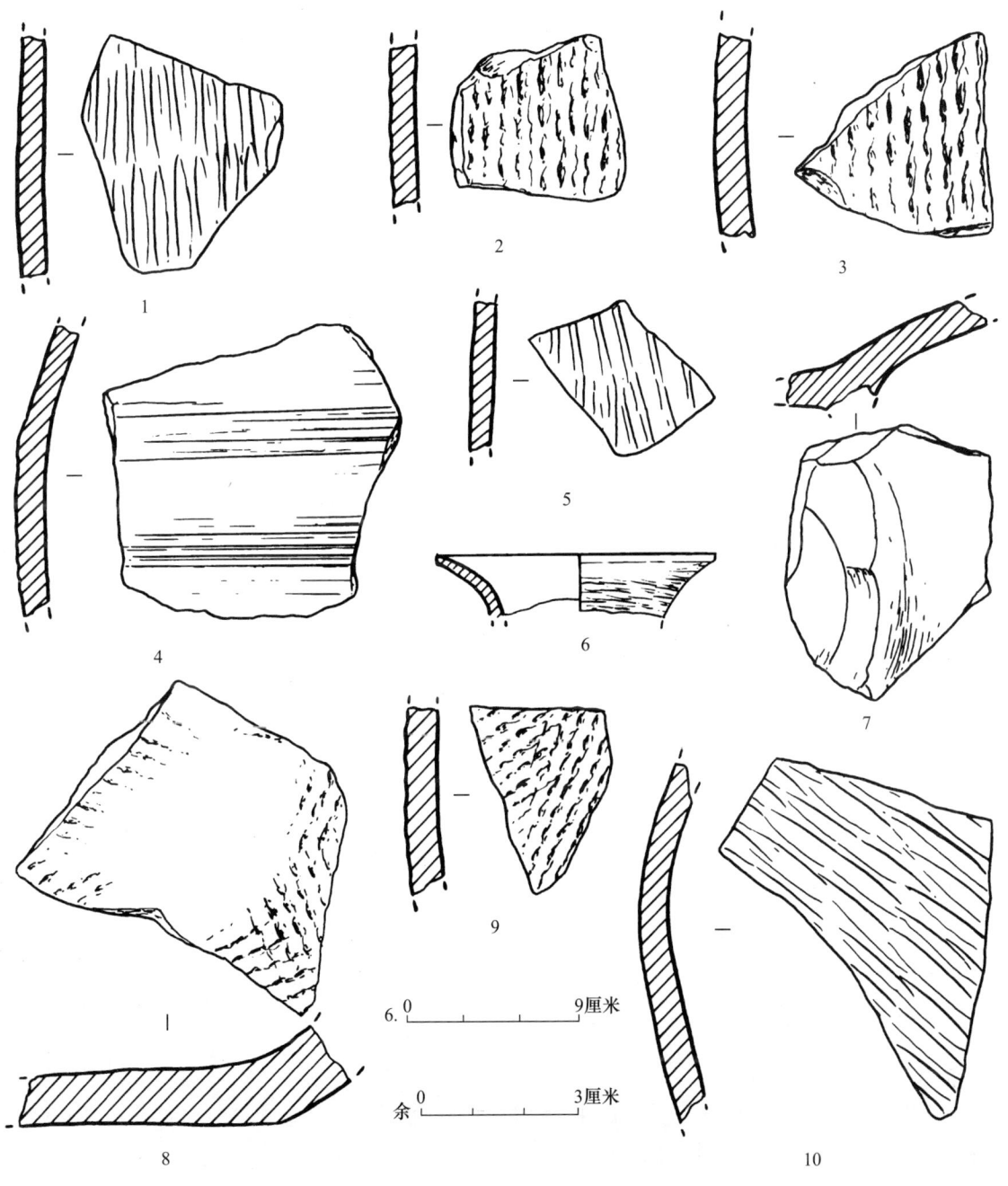

图三一　大河口遗址调查陶器（242～251）
1. 陶片（244）　2. 陶片（248）　3. 陶片（249）　4. 陶片（246）　5. 陶片（247）　6. 陶瓶（245）
7. 陶豆（251）　8. 陶器底（242）　9. 陶片（250）　10. 陶片（243）

243 和 244 号二件标本坐标为 N：35°44′47.6″，E：111°46′33.8″，海拔：628 米。

标本 243，陶片。泥质。灰色。右斜向篮纹，抹压。可能是小口高领罐肩部残片，圆折肩。手制，内壁有垫压痕迹和横向抹痕。宽 5.3、高 6.7 厘米（图三一，10）。

标本 244，陶片。泥质，结构紧密。外表深灰色，胎及内壁呈灰色。竖篮纹，略有叠压，抹压。壁较薄。手制，内壁抹平，较粗糙。宽 3.8、高 4.4 厘米（图三一，1）。

245 和 246 号二件标本坐标为 N：35°44′47.5″，E：111°46′33.7″，海拔：628 米。

标本 245，陶瓶。泥质。灰色。横篮纹，抹压。口部残片，喇叭口，方唇，高领残。手制，口部有横向旋抹痕。口径 15、高 3.3 厘米（图三一，6；图版一〇，3、4）。

标本 246，陶片。夹细砂。灰褐色。饰两组凹弦纹，其中上部一组饰于附加堆纹上。外壁有磨损剥落。手制，内壁抹平，有横向抹痕。宽 5.4、高 5.7 厘米（图三一，4）。

247～248 号二件标本坐标为 N：35°44′48.1″，E：111°46′34.1″，海拔：630 米。

标本 247，陶片。泥质。深灰色。竖篮纹，较纤细，抹压。壁较薄。手制，内壁抹平，有竖向抹痕。宽 3.5、高 2.9 厘米（图三一，5）。

标本 248，陶片。夹细砂。深灰色。竖向细丝状绳纹，抹压。壁较薄。手制，内壁抹光。宽 3.3、高 3.1 厘米（图三一，2）。

249～250 号二件标本坐标为 N：35°44′48.4″，E：111°46′33.9″，海拔：629 米。

标本 249，陶片。夹细砂。灰色，内壁呈橙色。竖向细丝状绳纹，抹压。可能是深腹罐残片。手制，内壁抹平，较粗糙。宽 3.8、高 3.8 厘米（图三一，3）。

标本 250，陶片。夹砂，砂粒较细。灰色。左斜向绳纹，抹压。可能是陶鬲残片。手制，内壁抹光。宽 2.7、高 3.4 厘米（图三一，9）。

251 和 252 号二件标本坐标为 N：35°44′48.4″，E：111°46′35.3″，海拔：629 米。

标本 251，陶豆。夹少许钙质物，结构紧密。深灰色。素面磨光，盘内有暗弦纹。粗柄豆，残存部分豆盘。手制，盘与柄套接，盘内外壁有磨痕。长 5.1、宽 4、高 2 厘米（图三一，7）。

标本 252，陶鬲。夹粗砂。灰色。竖向绳纹，较规整，抹压。分裆，足部残片，大袋足。手制，内壁粗糙，有斜向和横向抹痕。宽 8、高 9.9 厘米（图三二，3）。

253～256 号四件标本坐标为 N：35°44′49.5″，E：111°46′35.4″，海拔：629 米。

标本 253，陶器底。泥质，结构紧密。灰色。腹饰竖向绳纹，近底处抹压较甚，底面垫印绳纹。下腹斜内收，平底，底面边缘有磨损。泥片贴筑，腹底套接，壁包底，内壁有横向抹痕。宽 10.9、高 4.6 厘米（图三二，6）。

标本 254，陶豆。泥质，结构紧密。外壁深灰色，胎及内壁呈灰色。豆柄素面磨光。豆盘残，内底略微下凹，竹节形柄断茬处经过打磨。手制，盘内底抹光，豆柄内壁有横向抹痕。宽 7.4、豆柄直径 6.4、高 4.6 厘米（图三二，5；图版一八，1）。

标本 255，陶片。夹细砂。夹芯陶，内外壁呈深灰色，胎呈褐色。竖向绳纹，不规整，有交错，抹压。手制，内壁抹平，有竖向抹痕和垫压痕迹。宽 6.3、高 8.4 厘米（图三二，2）。

标本 256，陶片。夹砂。褐色不匀，内壁为灰色。左斜向绳纹，不规整，局部有交错，局部抹压。手制，内壁较粗糙，有横向抹痕和摁压痕迹。宽 7.8、高 5.4 厘米（图三二，1）。

257～260 号四件标本坐标为 N：35°44′49.9″，E：111°46′35.8″，海拔：629 米。

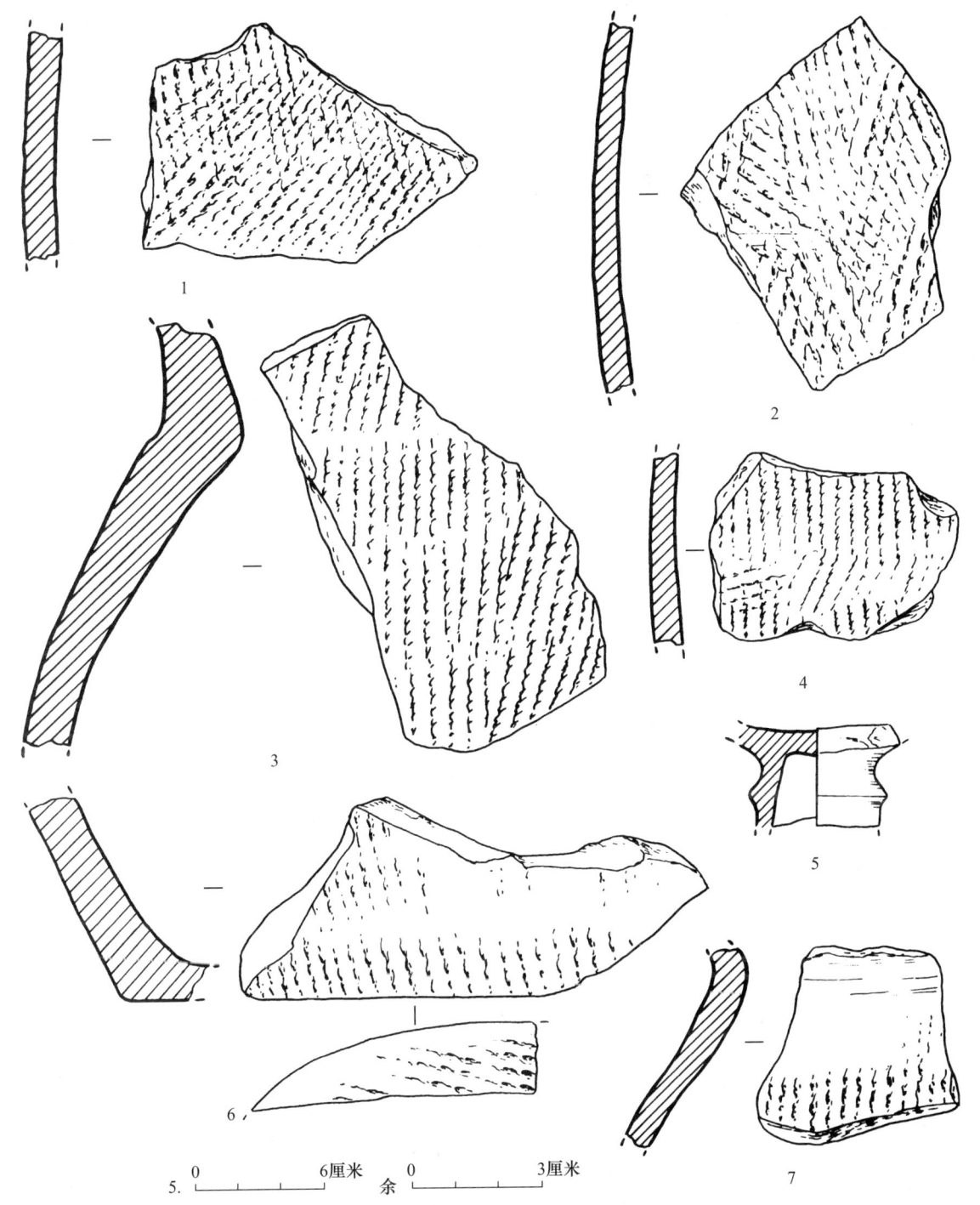

图三二　大河口遗址调查陶器（252～258）

1. 陶片（256）　2. 陶片（255）　3. 陶鬲（252）　4. 陶片（258）　5. 陶豆（254）　6. 陶器底（253）　7. 陶鬲（257）

标本 257，陶鬲。夹砂，砂粒较细。浅灰色。肩部饰竖向绳纹，抹压，上部较宽绳纹被抹去，颈肩转折处有凹弦纹一周。肩部残片，磨损较甚。手制，肩部内壁有垫压痕迹和竖向抹痕。宽 4.7、高 4.5 厘米（图三二，7）。

标本 258，陶片。泥质。灰色。竖向绳纹，抹压。可能是陶罐残片，磨损较甚。手制，内壁抹光。宽 5.8、高 4.2 厘米（图三二，4）。

标本259，陶鬲。夹砂。灰色。竖向绳纹，局部抹压。腹近裆部残片。手制，内壁抹平，粗糙，有斜向抹痕。宽4.2、高3.2厘米（图三三，5）。

标本260，陶片。夹细砂。灰色。左斜向绳纹，抹压，有两周抹弦纹割断绳纹。手制，内壁粗糙，有斜向抹痕和摁压痕迹。宽9.4、高9.1厘米（图三三，4）。

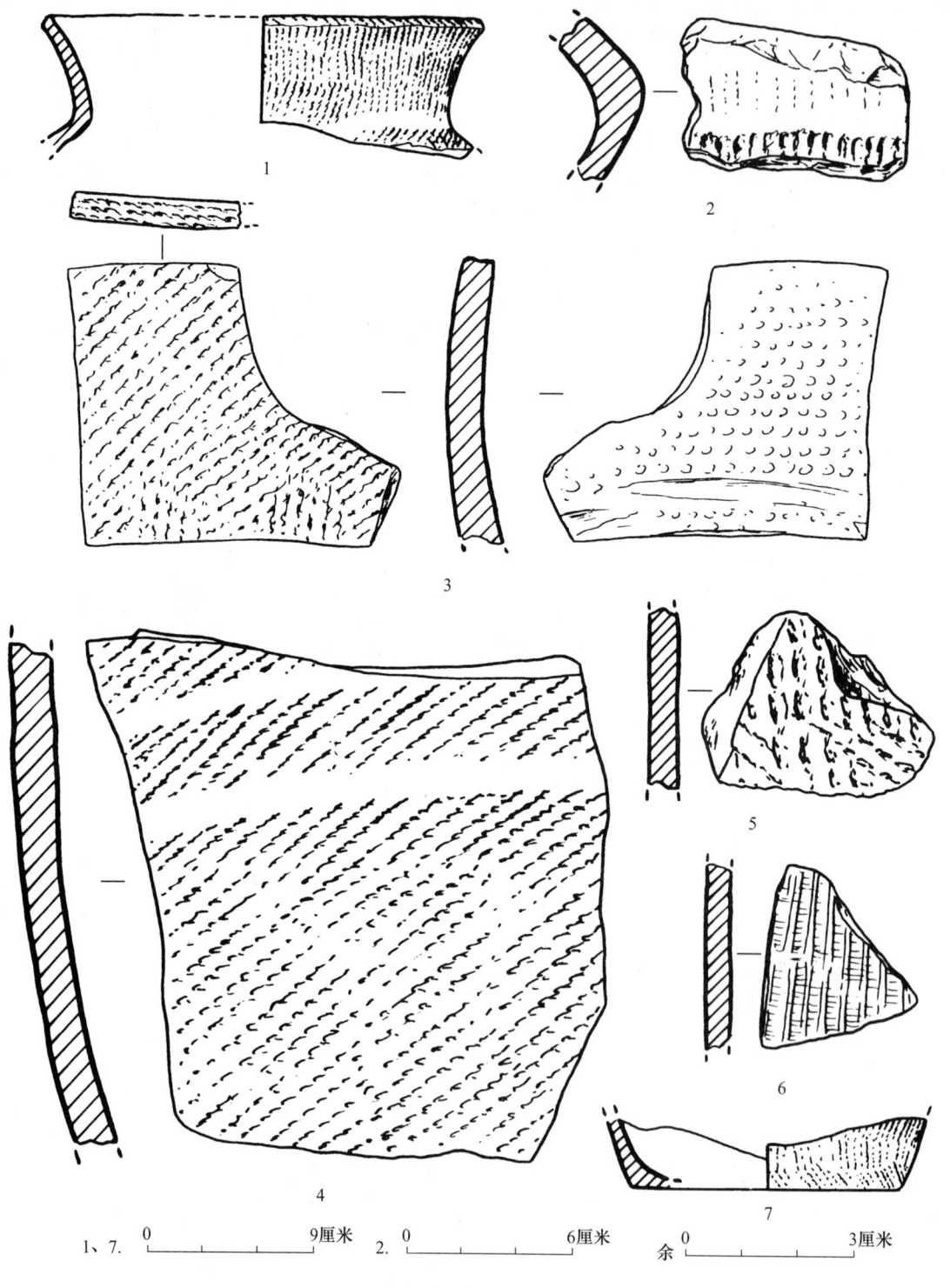

图三三　大河口遗址调查陶器（259～266）
1. 陶罐（263） 2. 陶鬲（264） 3. 板瓦（261、262） 4. 陶片（260） 5. 陶鬲（259） 6. 陶片（266） 7. 陶器底（265）

标本 261、262（同一件器物，已拼接），板瓦。坐标为 N：35°44′50.8″，E：111°46′36.5″，海拔：633 米。泥质。浅灰色。左斜向绳纹，局部抹压，内壁垫印凸篦点纹，抹压，底面有横向绳纹。残存一个底面和一个侧面，壁较厚，侧面有切割痕，由内向外切割厚度的五分之一。手制。长9.8、宽12厘米（图三三，3）。

标本 263，陶罐。坐标为 N：35°44′50.4″，E：111°46′35.4″，海拔：630 米。泥质，结构紧密。灰色。唇面饰略右斜向绳纹，竖向绳纹，局部有叠压，抹压，颈肩转折处有一周抹弦纹割断绳纹。口部残片，侈口，卷沿，方唇。手制，内壁抹平，较粗糙，有横向抹痕。宽9、高7.2厘米（图三三，1；图版一八，2）。

264 和 265 号二件标本坐标为 N：35°44′50.2″，E：111°46′34.9″，海拔：630 米。

标本 264，陶鬲。夹砂，砂粒较细。灰色。沿下有少许抹绳纹，肩部饰竖向绳纹，较规整，抹压。口部残片，侈口，折沿上翘，唇残。手制，口沿内外有横向抹痕。宽4.1、高2.8厘米（图三三，2）。

标本 265，陶器底。夹砂。灰色。腹饰竖向绳纹，近底处绳纹右斜，抹压。下腹斜直内收，平底，底面平整。手制，腹底套接，底包壁，内壁粗糙，有横向抹痕。底径14.1、高3.6厘米（图三三，7）。

266~269 号四件标本坐标为 N：35°44′48.8″，E：111°46′34.2″，海拔：625 米。

标本 266，陶片。泥质，结构紧密。灰色。略左斜向篮纹，较纤细，抹压。壁较薄，磨损较甚。手制，内壁有竖向抹痕。宽2.8、高3.2厘米（图三三，6）。

标本 267，陶片。泥质。灰色。口沿残片。直口，平沿，磨损较甚。手制。宽3.2、高3.2厘米（图三四，1）。

标本 268，陶片。泥质，结构紧密。红色。内外壁均素面磨光。可能是陶钵残片，壁较薄，磨损较甚。手制，内壁有横向旋抹痕。宽2.6、高2.8厘米（图三四，3）。

标本 269，陶罐。夹粗砂。红褐色。素面。口部残片，侈口，窄折沿上翘，圆唇，深腹残。手制，内外壁有横向抹痕。宽3.9、高4.7厘米（图三四，2）。

270~277 号八件标本坐标为 N：35°44′48.8″，E：111°46′33.8″，海拔：625 米。

标本 270，陶片。夹细砂。浅灰色。竖向绳纹，局部有交错，抹压。手制，内壁抹平，有斜向抹痕。宽4.1、高5.9厘米（图三四，4）。

标本 271，陶片。夹细砂。灰色。竖向绳纹，抹压。磨损较甚。手制，内壁有横向抹痕。宽3、高2厘米（图三四，5）。

标本 272，陶片。夹细砂。灰色。左斜向绳纹，较规整，抹压。可能是陶鬲残片。手制，内壁有垫印凹窝和斜向抹痕。宽4、高5厘米（图三四，10）。

标本 273，陶片。夹砂。深灰色。斜向绳纹，不规整，抹压。可能是陶鬲残片。手制，内壁粗糙。宽3.6、高3.7厘米（图三四，7）。

标本 274，陶片。夹砂。灰色。竖向绳纹，抹压。可能是陶鬲残片，壁较厚。手制，内壁较粗糙。宽3.9、高3厘米（图三四，8）。

标本 275，陶鬲。夹石英砂，砂粒较细。灰色。竖向和斜向绳纹，抹压。颈肩部残片。手制，内壁粗糙，有横向抹痕。宽4.4、高5.3厘米（图三四，6）。

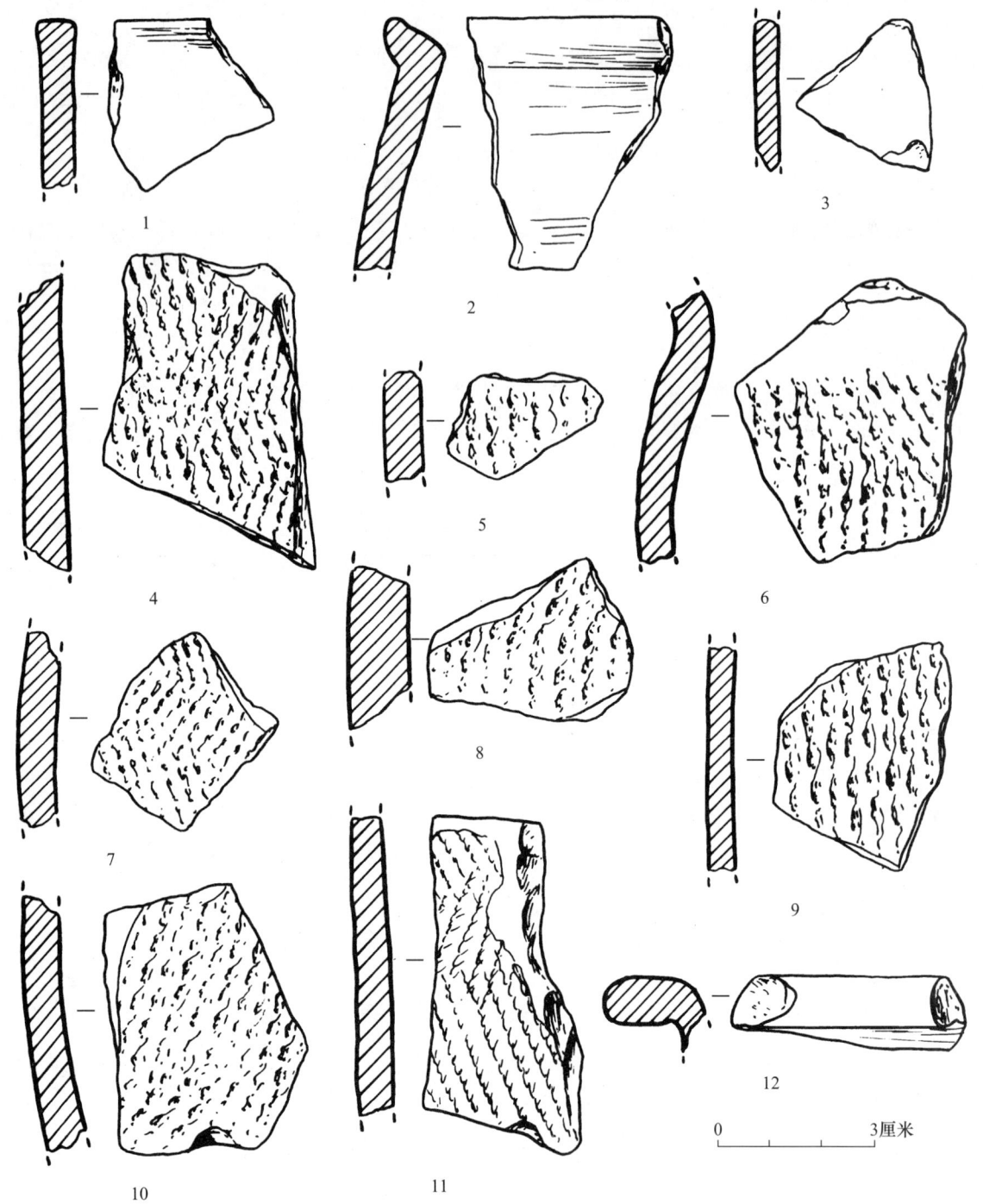

图三四　大河口遗址调查陶器（267～278）
1. 陶片（267）　2. 陶罐（269）　3. 陶片（268）　4. 陶片（270）　5. 陶片（271）　6. 陶鬲（275）　7. 陶片（273）
8. 陶片（274）　9. 陶片（276）　10. 陶片（272）　11. 陶片（278）　12. 陶盆（277）

标本276，陶片。夹少许砂，砂粒较细。浅灰色，胎及内壁呈灰色。竖向绳纹，抹压。手制，内壁抹平，有竖向抹痕。宽3.4、高4.3厘米（图三四，9）。

标本277，陶盆。泥质。灰色。素面磨光，沿面有暗纹。口沿残片，敞口，卷折沿，沿外侧贴泥加厚，圆唇。口沿外侧有横向旋抹痕。宽4.5、高1.4厘米（图三四，12）。

278和279号二件标本坐标为N：35°44′49.1″，E：111°46′33.2″，海拔：625米。

标本 278，陶片。泥质，结构紧密。灰色。斜向绳纹，抹压。可能是器物底片。泥片贴筑，内壁抹平。长 6.3、宽 3 厘米（图三四，11）。

标本 279，陶片。泥质。灰色。横篮纹，抹压。可能是小口高领罐腹部残片，壁较薄。手制，内壁抹平，有竖向抹痕。宽 4.1、高 5.4 厘米（图三五，2）。

280～282 号三件标本坐标为 N：35°44′48.9″，E：111°46′33.7″，海拔：621 米。

标本 280，陶片。夹少许细砂。灰色。竖篮纹，较纤细，抹压。可能是陶罐下腹部残片，下腹斜直内收，磨损较甚。手制，内壁抹平。宽 6.1、高 4.4 厘米（图三五，8）。

标本 281，陶片。夹砂。灰色。斜向绳纹，抹压。可能是釜灶的灶残片，有圆形镂孔，似烟孔。手制，内壁抹平。宽 3.6、高 3.9 厘米（图三五，5）。

标本 282，陶片。泥质，结构紧密。灰色。素面磨光，颈腹转折处和上腹部各有凹弦纹一周。可能是陶盆的上腹部残片，壁较薄。手制，内壁上部有横向抹痕，下部抹光。宽 9、高 6.5 厘米（图三五，4）。

283～286 号四件标本坐标为 N：35°44′49.2″，E：111°46′33.6″，海拔：620 米。

标本 283，陶鬲。夹砂。灰色。竖向绳纹，抹压，口外侧附加泥条一周。口部残片，直口，厚圆方唇。手制，内壁较粗糙，有横向抹痕。宽 4.2、高 4.7 厘米（图三五，6）。

标本 284，陶片。夹砂，砂粒较细。灰色。横篮纹，抹压。壁较薄。手制，内壁抹光。宽 3.5、高 3 厘米（图三五，3）。

标本 285，陶鬲。泥质。灰色。横向绳纹，绳纹上附加泥条一周，泥条上饰竖向绳纹。裆部残片。手制，内壁较粗糙，有竖向和横向抹痕。长 5.4、宽 5.2 厘米（图三五，7）。

标本 286，陶片。泥质。灰色。斜向绳纹有交错，不规整，抹压。可能是陶罐残片，外壁局部有剥落。手制，内壁抹光。宽 6.9、高 4.2 厘米（图三五，9）。

287 和 288 号二件标本坐标为 N：35°44′49.1″，E：111°46′33.7″，海拔：620 米。

标本 287，陶片。夹细砂。灰色。竖向和斜向绳纹，抹压。手制，内壁抹平，有竖向抹痕。宽 5、高 6 厘米（图三五，1）。

标本 288，陶片。泥质。灰褐色。竖向绳纹，有交错，抹压。可能是陶罐腹部残片。手制，内壁抹平，有横向抹痕。宽 8.1、高 8 厘米（图三六，2）。

289～292 号四件标本坐标为 N：35°44′49.2″，E：111°46′33.9″，海拔：620 米。

标本 289，陶片。泥质，结构紧密。灰色。右斜向绳纹，抹压，内壁垫印绳纹，纹饰甚浅。手制。宽 3.5、高 4.9 厘米（图三六，7）。

标本 290，陶片。泥质，结构紧密。橘红色，内壁呈橙色。内外壁均素面磨光。可能是陶钵残片，壁较薄。手制。宽 3.7、高 2.5 厘米（图三六，4）。

标本 291，陶片。夹砂。褐色，内壁呈灰色。竖向细丝状绳纹，抹压。可能是深腹罐残片。手制，内壁较粗糙，有斜向抹痕。宽 4.7、高 6.8 厘米（图三六，1）。

标本 292，陶盆。泥质，结构紧密。橙色。沿外侧抹绳纹，多处绳纹被抹去，沿面磨光。口沿残片，敞口，宽沿上翘，斜方唇，唇面有一周凹槽。手制，沿外侧有横向旋抹痕。宽 5.8、高 3.1 厘米（图三六，5）。

293～296 号四件标本坐标为 N：35°44′49.1″，E：111°46′34.0″，海拔：620 米。

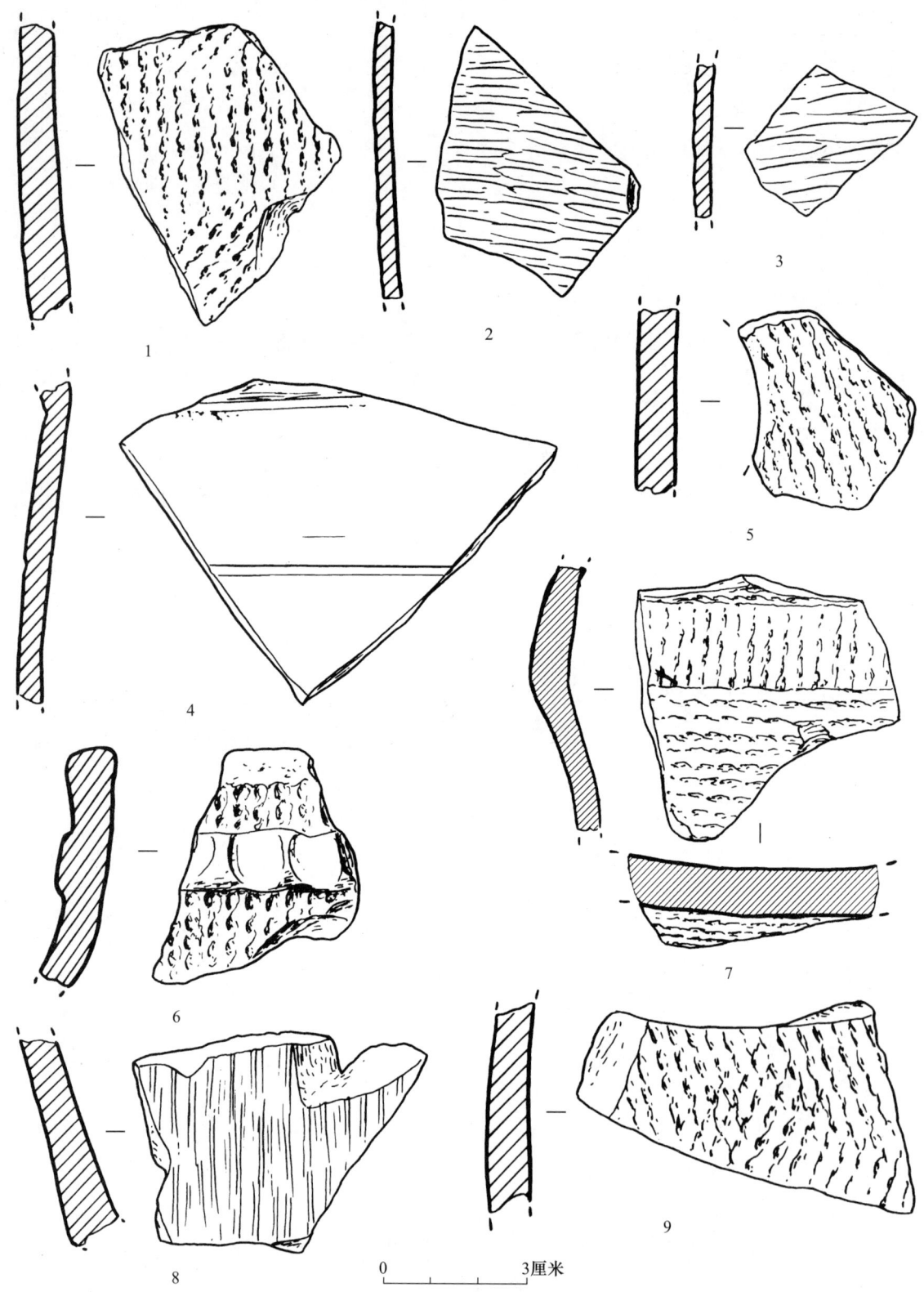

图三五　大河口遗址调查陶器（279～287）

1. 陶片（287）　2. 陶片（279）　3. 陶片（284）　4. 陶片（282）　5. 陶片（281）　6. 陶鬲（283）
7. 陶鬲（285）　8. 陶片（280）　9. 陶片（286）

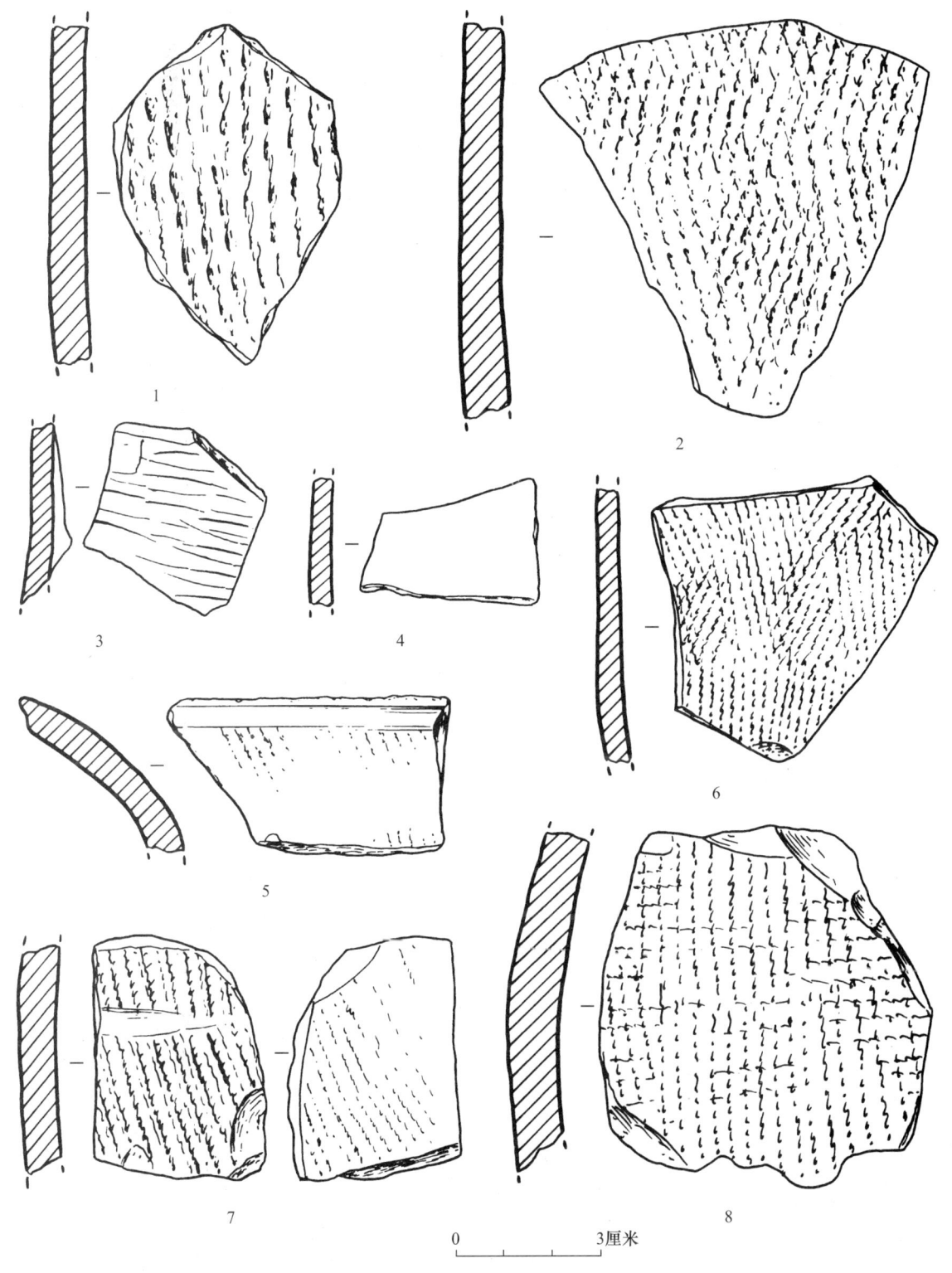

图三六　大河口遗址调查陶器（288～295）
1. 陶片（291）　2. 陶片（288）　3. 陶片（294）　4. 陶片（290）　5. 陶盆（292）
6. 陶片（295）　7. 陶片（289）　8. 陶片（293）

标本293，陶片。泥质，结构紧密。夹芯陶，内外壁呈浅灰色，胎呈红褐色。横、竖向绳纹，有交叉，抹压。壁较厚。泥片贴筑，内壁有竖向抹痕。宽6.9、高7.2厘米（图三六，8）。

标本294，陶片。泥质。棕褐色。横篮纹，抹压。可能是小口高领罐残片，内外壁有磨损。手制，内壁抹光。宽3.7、高3.8厘米（图三六，3）。

标本295，陶片。泥质，结构紧密。深灰色。竖向绳纹，有交错和叠压，抹压。可能是陶罐腹部残片。内壁有竖向抹痕。宽5.9、高5.7厘米（图三六，6）。

标本296，陶片。泥质，结构紧密。深灰色。绳纹，有交错和叠压，抹压。手制，内壁有斜向刮抹痕。宽6.3、高7.4厘米（图三七，1）。

297～299号三件标本坐标为N：35°44′49.5″，E：111°46′33.9″，海拔：620米。

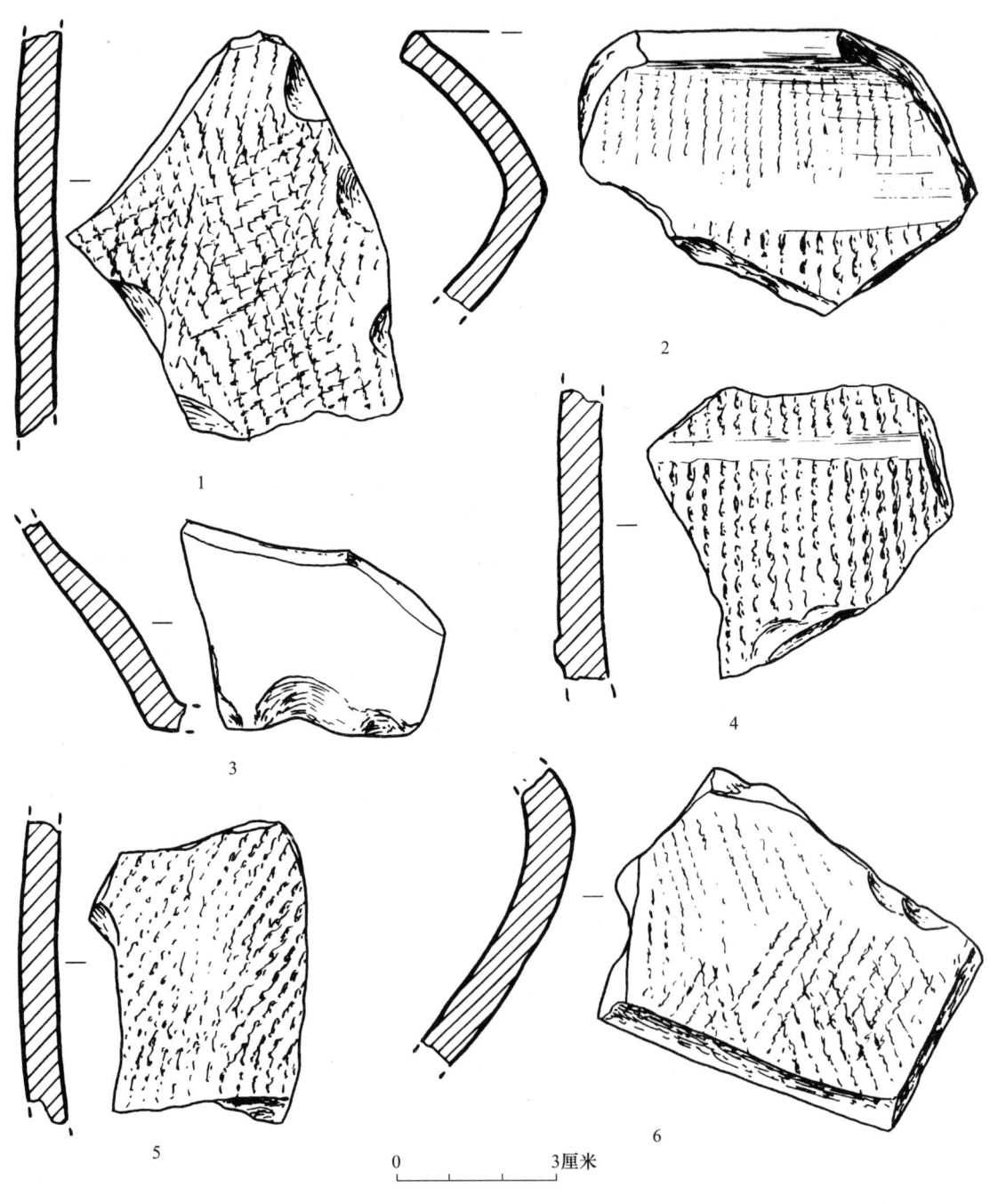

图三七　大河口遗址调查陶器（296～301）
1.陶片（296）　2.陶鬲（301）　3.陶器底（300）　4.陶片（299）　5.陶片（298）　6.陶罐（297）

标本297，陶罐。泥质。灰色。肩部饰绳纹，抹压较甚，局部绳纹被抹去。肩部残片。手制，内壁有横向抹痕，较粗糙。宽7.2、高6.5厘米（图三七，6）。

标本298，陶片。泥质。灰色。绳纹，有叠压，抹压。手制，内壁抹光。宽4.1、高5.5厘米（图三七，5）。

标本299，陶片。夹砂，结构紧密。深灰色。竖向细丝状绳纹，抹压，有一周凹弦纹割断绳纹。手制，内壁抹光。宽5.7、高5.3厘米（图三七，4）。

300和301号二件标本坐标为N：35°44′49.3″，E：111°46′33.6″，海拔：620米。

标本300，陶器底。泥质。灰色。素面。下腹微曲内收，底残。手制，内壁有横向抹痕。宽5、高3.8厘米（图三七，3）。

标本301，陶鬲。夹砂，砂粒较细。灰色。竖向绳纹，沿下抹压较甚，颈肩转折处绳纹被抹去。口沿残片，侈口，卷折沿上翘，沿面较宽，方唇。手制，沿面及内壁有横向抹痕。宽7.4、高5.2厘米（图三七，2）。

302和303号二件标本坐标为N：35°44′49.5″，E：111°46′33.7″，海拔：620米。

标本302，陶片。泥质，结构紧密。灰色。竖向麦粒状绳纹，有交错，抹压，有一周抹弦纹割断绳纹。可能是陶罐下腹部残片，下部壁较厚。泥片贴筑，内壁抹光。宽7.5、高4.9厘米（图二九，2；图三八，7；图版一六，4）。

标本303，陶罐。泥质。外壁及胎为灰色，内壁呈深灰色。肩部饰竖向绳纹，有叠压，抹压，近颈部绳纹被抹去。肩部残片，溜肩。手制，肩部内壁有垫压痕迹，颈部内壁有横向旋抹痕。宽7.6、高6.3厘米（图三八，4）。

304和305号二件标本坐标为N：35°44′49.7″，E：111°46′33.6″，海拔：619米。

标本304，陶鬲。夹砂。深灰色。左斜向绳纹，抹压。裆部残片。手制，内壁较粗糙，有横向抹痕。宽3.9、高5.1厘米（图三八，3）。

标本305，陶片。泥质，结构紧密。灰色。上部饰右斜向绳纹，下部饰左斜向绳纹，较规整，抹压。手制，内壁有垫压痕迹和横向抹痕。宽5.6、高5厘米（图三八，8）。

标本306，陶片。坐标为N：35°44′49.9″，E：111°46′33.5″，海拔：619米。泥质，结构紧密。深灰色。略右斜向篮纹，较规整，抹压。可能是高领罐腹部残片。泥片贴筑，内壁有垫印痕。宽5、高4.2厘米（图三八，5）。

307和308号二件标本坐标为N：35°44′50.0″，E：111°46′33.5″，海拔：619米。

标本307，陶片。夹少许砂。橙色。颈部有少许抹绳纹。口沿残片，近直口，宽沿上翘，圆方唇，沿面有磨损。手制，沿外侧有横向抹痕。宽4.9、高2.3厘米（图三八，6）。

标本308，陶片。泥质。灰色。素面。可能是陶罐腹部残片。手制，内壁有横向旋抹痕。宽6.9、高4.9厘米（图三八，1）。

309和310号二件标本坐标为N：35°44′50.1″，E：111°46′33.5″，海拔：619米。

标本309，陶片。泥质。浅灰色。绳纹，局部有交错，抹压。壁厚薄不一，磨损较甚。手制，内壁有垫印痕。宽5.4、高5.3厘米（图三八，2）。

标本310，陶片。泥质，结构紧密。深灰色。竖向绳纹，抹压，有一周凹弦纹割断绳纹。手制，内壁抹光，有横向抹痕。宽5、高6.1厘米（图三九，6）。

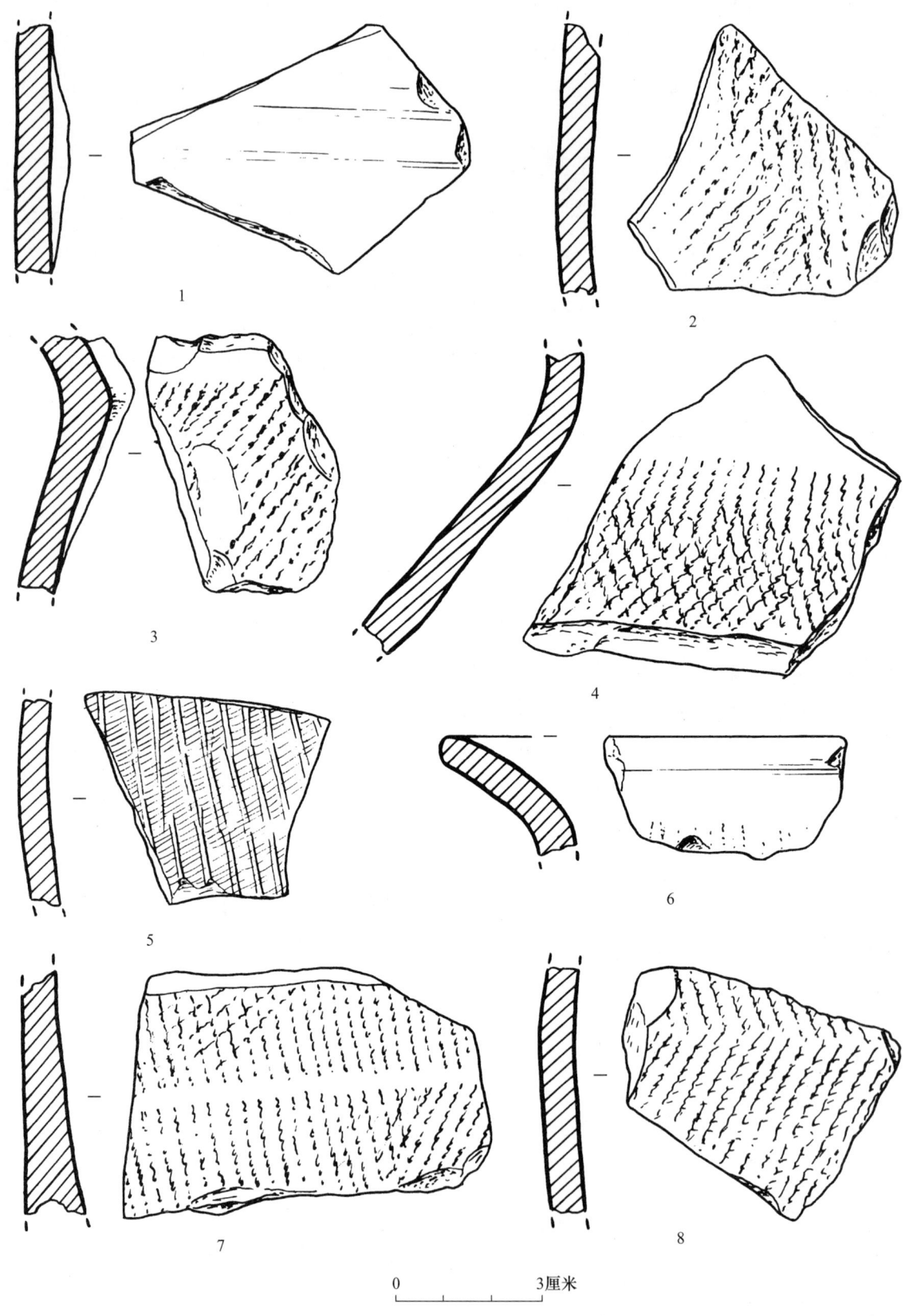

图三八　大河口遗址调查陶器（302~309）
1. 陶片（308）　2. 陶片（309）　3. 陶鬲（304）　4. 陶罐（303）　5. 陶片（306）
6. 陶片（307）　7. 陶片（302）　8. 陶片（305）

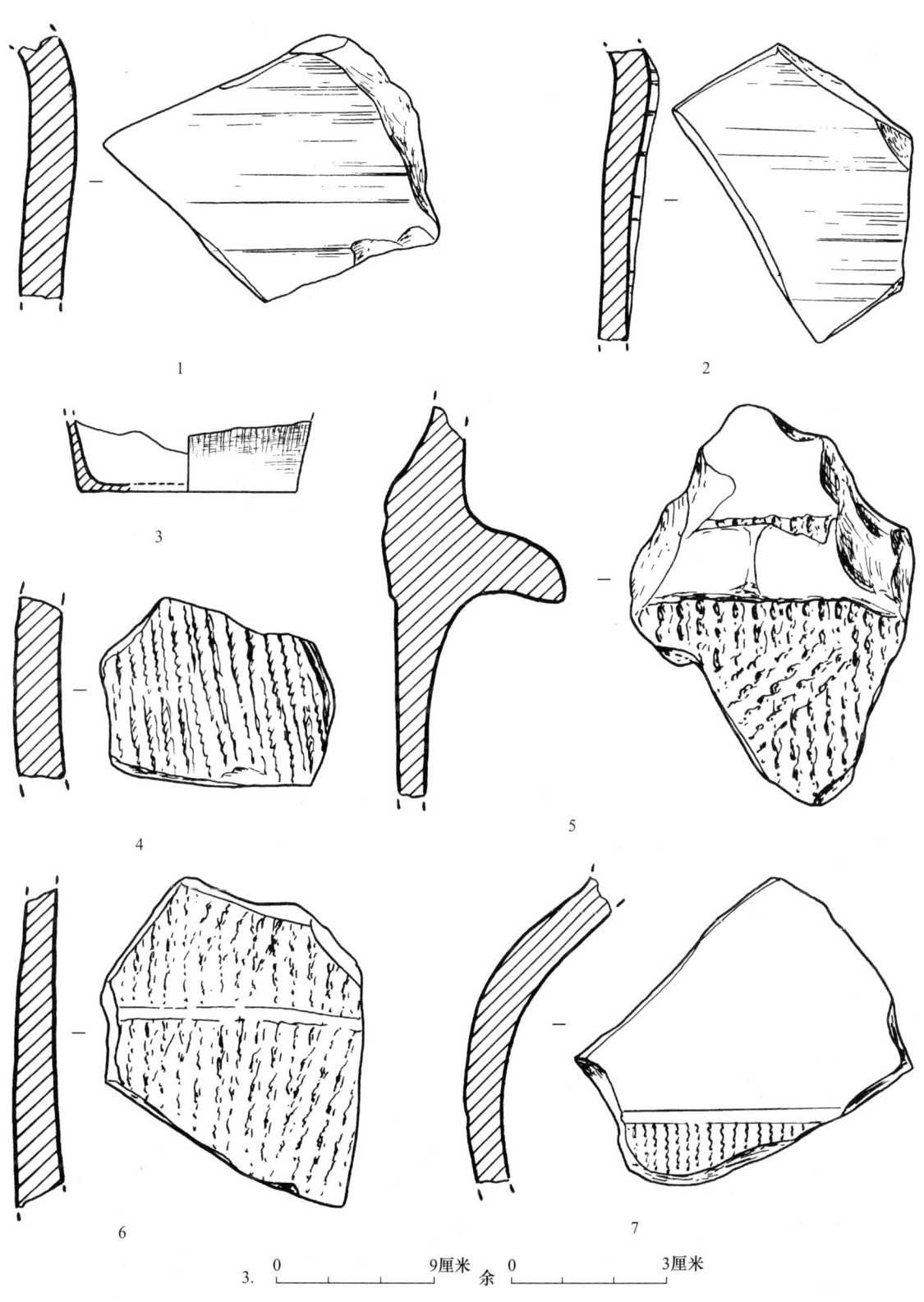

图三九 大河口遗址调查陶器（310～316）
1. 陶盆（316） 2. 陶盆（315） 3. 陶器底（311） 4. 陶片（314）
5. 陶甗（313） 6. 陶片（310） 7. 陶罐（312）

311和312号二件标本坐标为N：35°44′50.2″，E：111°46′33.7″，海拔：620米。

标本311，陶器底。泥质，结构紧密。深灰色。竖篮纹，较纤细，抹压，近底处篮纹被抹去，近底处和底面磨光。下腹斜直内收，平底，底面平整，边缘有磨损。手制，泥片贴筑，内壁抹光，有横向旋抹痕和垫压痕迹。底径12.3、高3.9厘米（图三九，3）。

标本312，陶罐。泥质。灰色。腹饰竖向绳纹，较规整，抹压，肩腹转折处有凹弦纹一周。肩部残片，圆肩。手制，肩部内外有横向旋抹痕。宽6.5、高5.7厘米（图三九，7）。

313和314号二件标本坐标为N：35°44′49.8″，E：111°46′33.9″、海拔：620±5米。

标本313，陶甗。夹砂，砂粒较细。灰色。下腹饰绳纹，局部有交错，抹压，腰部绳纹上附加泥条一周。甗腰残片，腰部贴泥加厚，内有较宽腰隔一周。手制。宽5.5、高7.4厘米（图三九，5）。

标本314，陶片。泥质，结构紧密。灰色。竖向绳纹，有叠压，抹压。手制，内壁抹光。宽4.5、高3.5厘米（图三九，4）。

315～317号三件标本坐标为N：35°44′49.2″，E：111°46′34.0″，海拔：620米。

标本315，陶盆。泥质，结构紧密。灰色。内外壁有暗弦纹数周。上腹部残片。外壁上部有横向旋抹痕，内壁抹光。宽4.6、高5.5厘米（图三九，2）。

标本316，陶盆。泥质，结构紧密。灰色。素面。上腹部残片。泥片贴筑，内外壁有横向旋抹痕。宽6.4、高4.9厘米（图三九，1）。

标本317，陶罐。泥质，结构紧密。灰色。素面磨光。肩部残片，表面有剥落。手制，内壁有垫压痕迹和横向抹痕。宽6、高5.1厘米（图四〇，1）。

318～323号六件标本坐标为N：35°44′49.2″，E：111°46′34.1″，海拔：620米。

标本318，陶罐。泥质。夹芯陶，内外壁呈深灰色，内壁呈橙红色。沿外侧有少许抹绳纹。口沿残片，侈口，卷沿上翘，沿面较宽，圆唇。泥片贴筑，沿面有横向磨痕。宽6、高2.1厘米（图四〇，3）。

标本319，陶圈足。泥质，结构紧密。灰色。外壁有少许抹绳纹。喇叭形高圈足，底座外圆唇。手制，外壁有竖向刮抹痕迹，内壁有横向抹痕。底径11.1、高5.1厘米（图四〇，7）。

标本320，陶盆。泥质。灰色。沿面压印左斜向绳纹，器表饰竖向绳纹，抹压。口部残片，敞口，平沿。手制，内壁抹平，有横向抹痕。宽4.3、高4厘米（图四〇，2）。

标本321，陶片。泥质，结构紧密。灰色。右斜向篮纹，抹压。可能是陶罐腹部残片，内壁剥落。手制。宽4.1、高4.9厘米（图四〇，4）。

标本322，陶片。泥质，结构紧密。灰色。竖向绳纹，较规整，抹压。可能是陶罐颈部残片。手制，内壁有横向抹痕。宽4.1、高3厘米（图四〇，8）。

标本323，陶盆。夹细砂。灰色。器表有少许抹绳纹。口部残片，敞口，圆唇，磨损较甚。手制，内外壁有横向磨痕。宽3.6、高1.8厘米（图四〇，6）。

324～327号四件标本坐标为N：35°44′49.4″，E：111°46′34.0″，海拔：620米。

标本324，陶盆。泥质，结构紧密。灰色。素面。口部残片，口内敛，折沿，沿面下凹呈子口，圆方唇，上腹附加横向短泥条为鋬手，口外侧有窄肩。泥片贴筑，口部及内壁有横向旋抹痕。宽4.8、高4.5厘米（图四〇，5）。

标本325，陶片。夹砂和钙质物。灰色。略左斜向绳纹，抹压。手制，内壁粗糙，有垫压痕

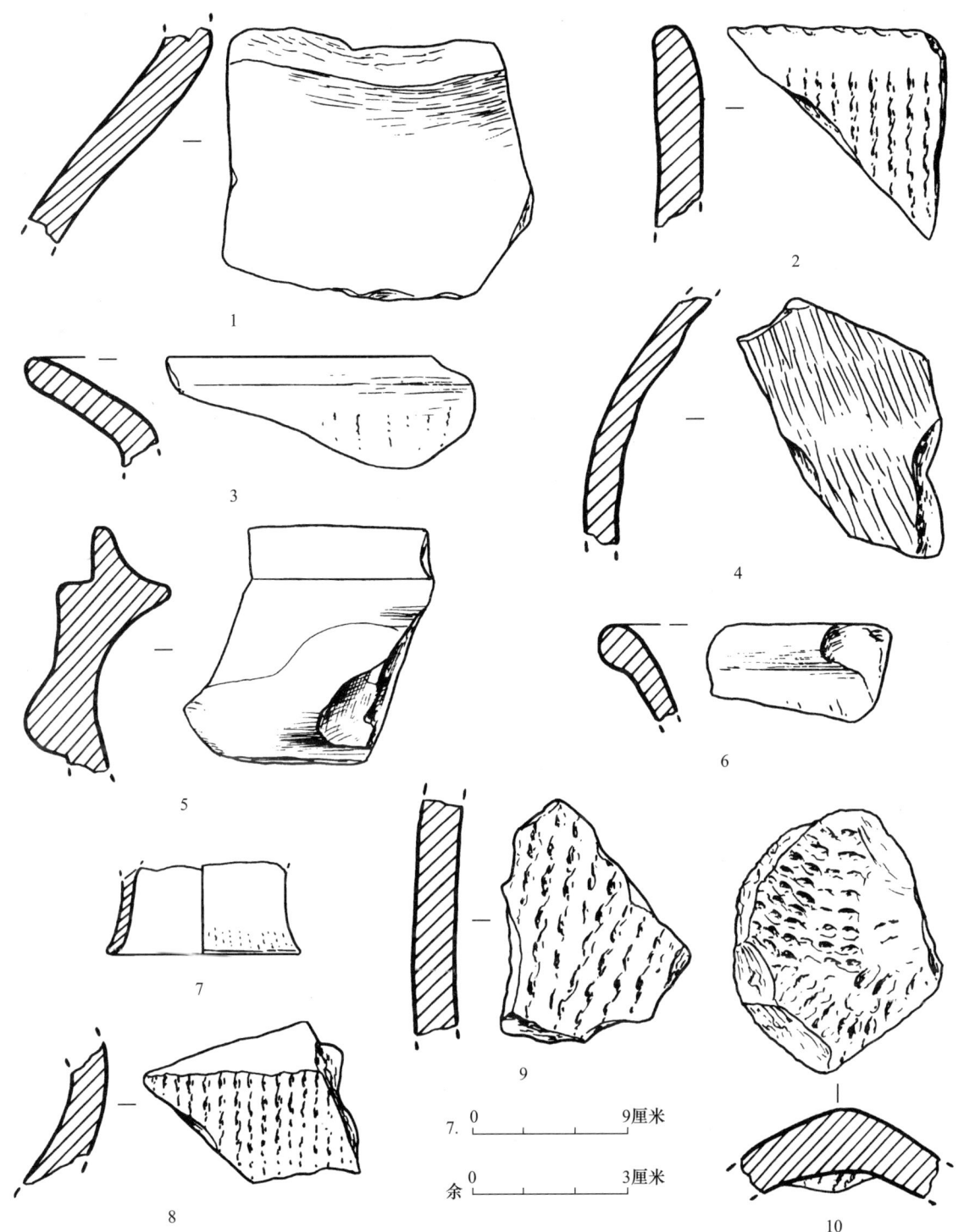

图四〇　大河口遗址调查陶器（317~326）
1. 陶罐（317）　2. 陶盆（320）　3. 陶罐（318）　4. 陶片（321）　5. 陶盆（324）　6. 陶盆（323）
7. 陶圈足（319）　8. 陶片（322）　9. 陶片（325）　10. 陶鬲（326）

迹。宽3.6、高4.5厘米（图四〇，9）。

标本326，陶鬲。夹砂，砂粒较细。灰色。绳纹，不规整，抹压。裆部残片，略显分裆，磨损较甚。手制，内壁粗糙。长4.9、宽4.1厘米（图四〇，10）。

标本 327，陶器底。泥质，结构紧密。灰色。腹饰斜向绳纹，方向不一致，局部有交错，抹压，底面垫印绳纹。下腹斜内收，近底处附泥加固，平底。腹底套接，底包壁，内壁有垫压痕迹及斜向抹痕。底径 16.2、高 3 厘米（图四一，10）。

328～331 号四件标本坐标为 N：35°44′49.6″，E：111°46′33.8″，海拔：620 米。

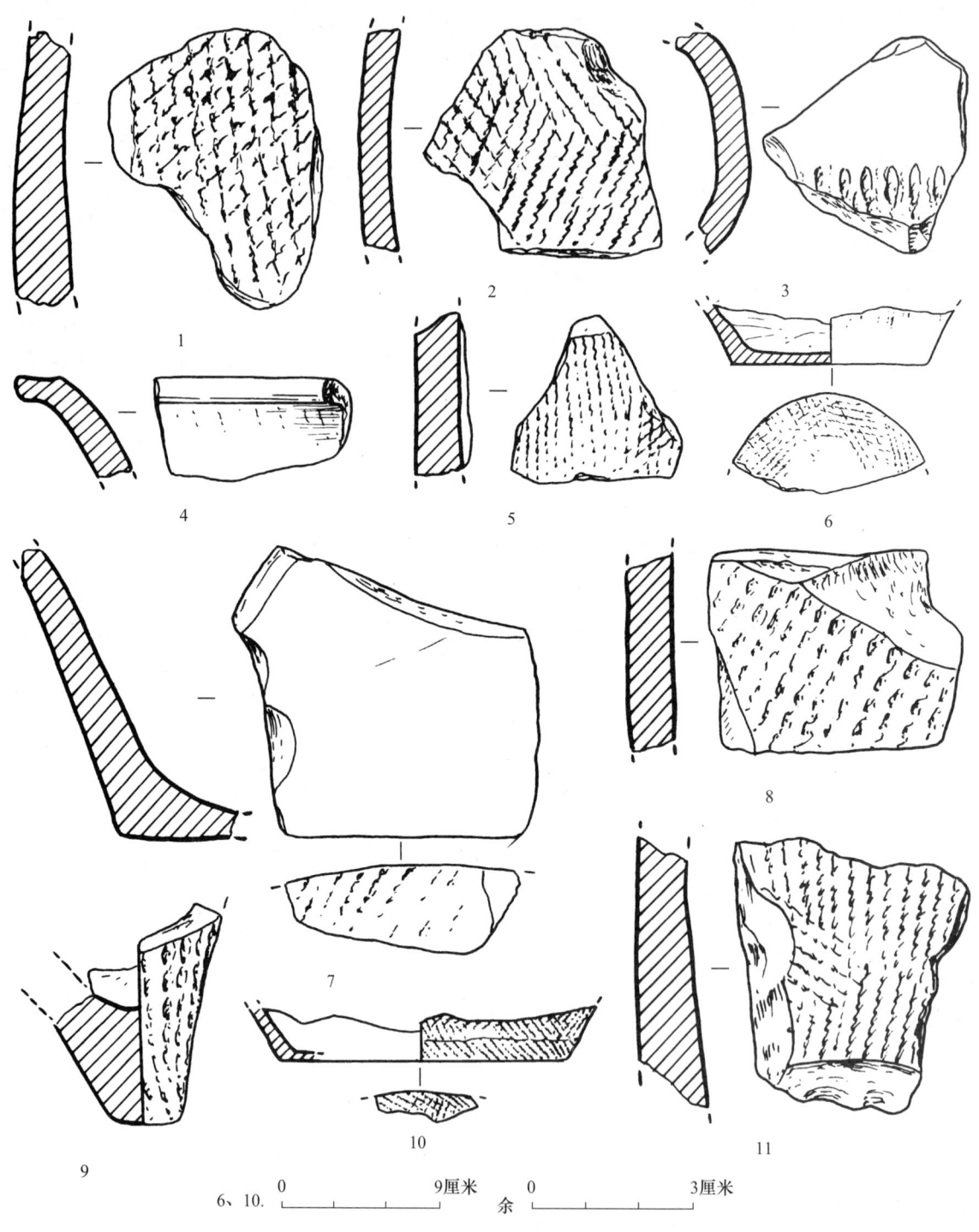

图四一　大河口遗址调查陶器（327～337）

1. 陶片（328）　2. 陶片（330）　3. 陶罐（332）　4. 陶片（329）　5. 陶片（331）　6. 陶器底（334）
7. 陶器底（333）　8. 陶片（335）　9. 陶鬲（336）　10. 陶器底（327）　11. 陶片（337）

标本328，陶片。夹砂，砂粒较细。灰色。交叉绳纹，抹压。鬲残片。手制，内壁有斜向抹痕。宽4、高5.1厘米（图四一，1）。

标本329，陶片。泥质。灰色。腹部抹绳纹，多处绳纹被抹去。口部残片，敞口，窄折沿，沿面下凹成槽，小方唇，斜收腹，磨损较甚。手制。宽3.7、高1.9厘米（图四一，4）。

标本330，陶片。夹砂，砂粒较细。灰褐色。绳纹，方向不一致，局部有交错，抹压。鬲残片。内壁较粗糙，有垫压痕迹。宽4.4、高4.1厘米（图四一，2）。

标本331，陶片。夹细砂。浅黄色。竖向绳纹，抹压。鬲残片，壁较厚。手制，内壁粗糙，有横向抹痕。宽3.2、高3厘米（图四一，5）。

332～335号四件标本坐标为 N：35°44′49.6″，E：111°46′34.0″，海拔：620米。

标本332，陶罐。泥质。灰色。颈部抹绳纹，上部绳纹被抹去。口部残片，敞口，折沿，沿面和唇残，高颈微曲，磨损较甚。手制，内壁有斜向抹痕。宽3.8、高3.9厘米（图四一，3）。

标本333，陶器底。泥质。灰色。壁素面磨光，底面有垫印绳纹。下腹斜直内收，平底。手制，外表有磨痕，内壁较粗糙，有横向和斜向抹痕。宽5.7、高5.2厘米（图四一，7）。

标本334，陶器底。泥质，结构紧密。灰色。腹饰竖向绳纹，近底处绳纹被抹去，底面垫印绳纹，不规整，有交错和叠压。下腹斜内收，平底，底面边缘有磨损。腹底套接，底包壁，内壁粗糙，有不规则抹痕。底径10.8、高3厘米（图四一，6）。

标本335，陶片。泥质，结构紧密。灰色。左斜向绳纹，较规整，抹压。手制，内壁抹光，有横向抹痕。宽4.7、高3.7厘米（图四一，8）。

336～339号四件标本坐标为 N：35°44′49.7″，E：111°46′33.9″，海拔：620米。

标本336，陶鬲。夹细砂。深灰色。竖向细丝状绳纹，抹压，内壁有垫印绳纹，较模糊。足部残片，锥状实足根，小平底。手制。宽3.1、高4厘米（图四一，9）。

标本337，陶片。夹砂，砂粒较细。灰色，胎及内壁呈褐色。绳纹，局部有交错，抹压。壁较厚。手制，内壁有垫印痕。宽4.4、高5厘米（图四一，11）。

标本338，陶片。夹细砂。灰色。略左斜向绳纹，抹压，有一周抹弦纹割断绳纹。手制，内壁有垫压痕迹。宽4.6、高6厘米（图四二，1）。

标本339，陶片。泥质，结构紧密。灰色。略左斜向绳纹，较规整，抹压。壁较厚，磨损较甚。手制，内壁抹光。宽5、高5.8厘米（图四二，6）。

340～344号五件标本坐标为 N：35°44′49.9″，E：111°46′34.0″，海拔：620米。

标本340，陶片。泥质。灰色。绳纹，局部有交错，抹压。手制，内壁有垫压痕迹和斜向抹痕。宽3.8、高4.1厘米（图四二，2）。

标本341，陶片。夹细砂。灰色。竖向绳纹，抹压，内壁垫印竖向绳纹，抹压较甚。可能是陶鬲肩部残片。手制。宽3.5、高2.4厘米（图四二，4）。

标本342，陶鬲。夹砂，砂粒较细。灰褐色，陶色不匀。竖向绳纹，抹压。扁实足根，小平底。手制，内壁手抹。宽3.8、高5.5厘米（图四二，5）。

标本343，陶片。泥质。外壁及胎为浅橙色，内壁呈红褐色。竖向绳纹，有交错，抹压，局部抹压较甚。手制，内壁有横向和斜向抹痕。宽3.5、高6.1厘米（图四二，7）。

标本344，陶片。夹砂。外壁棕褐色，胎及内壁呈红褐色。绳纹，有交错和叠压，抹压。手

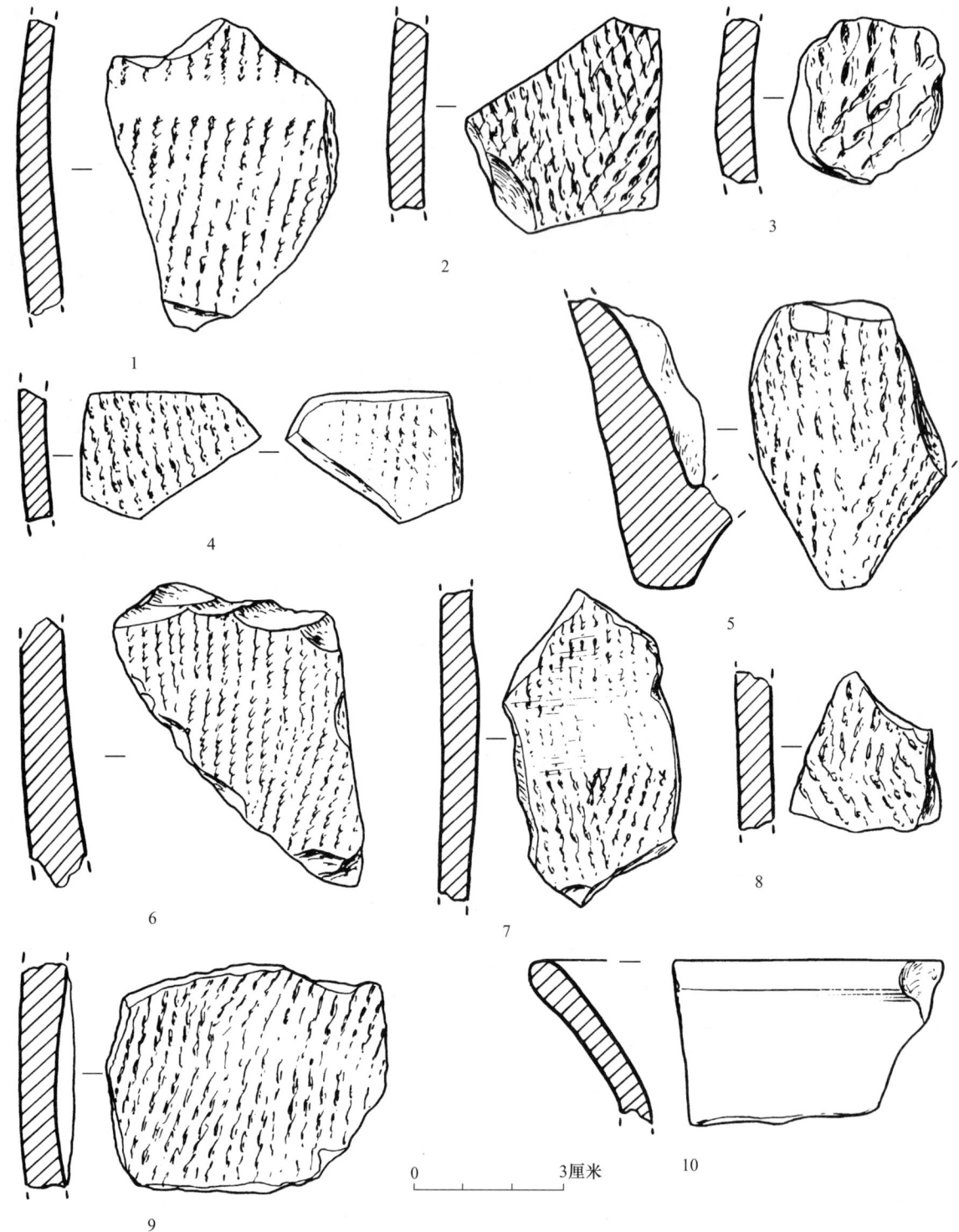

图四二 大河口遗址调查陶器（338～347）
1. 陶片（338） 2. 陶片（340） 3. 陶片（345） 4. 陶片（341） 5. 陶鬲（342） 6. 陶片（339）
7. 陶片（343） 8. 陶片（344） 9. 陶片（346） 10. 陶片（347）

制，内壁抹平。宽3、高3.1厘米（图四二，8）。

345～348号四件标本坐标为 N：35°44′50.0″，E：111°46′34.1″，海拔：620米。

标本345，陶片。夹砂，砂粒较细。灰色。绳纹，较规整，局部有交错，抹压。鬲残片。手制，内壁抹平，较粗糙，有斜向抹痕。宽 3、高 3.2 厘米（图四二，3）。

标本 346，陶片。夹砂。灰褐色。左斜向绳纹，抹压。鬲残片。手制，内壁有垫压痕迹和垫印痕。宽 5.6、高 4.4 厘米（图四二，9）。

标本 347，陶片。夹砂，砂粒较细。灰色。素面。口沿残片，宽沿上翘，圆唇，沿面有磨损。手制，外壁有横向旋抹痕。宽 5.3、高 3.1 厘米（图四二，10）。

标本 348，陶片。泥质，结构紧密。灰色。竖篮纹，抹压。壁较薄。手制，内壁抹光。宽 3.1、高 3.7 厘米（图四三，5）。

标本 349，陶鬲。坐标为 N：35°44′50.2″，E：111°46′34.2″，海拔：620 米。夹砂。灰色。沿面饰右斜向绳纹，竖向绳纹，口外侧附加较宽泥条一周，颈肩转折处附加泥条一周。口部残片，侈口，斜沿，高颈，肩部残。手制，内壁抹光。口径 22.8、高 9.8 厘米（图四三，2；图四四；图版一五，5、6）。

350～353 号四件标本坐标为 N：35°44′50.1″，E：111°46′34.0″，海拔：620 米。

标本 350，陶器底。泥质。灰色。素面。腹壁较薄，下腹微弧斜内收，平底，底面平整，边缘有磨损。轮制，外壁有横向旋抹痕，内壁抹光。宽 7.6、高 2.7 厘米（图四三，3）。

标本 351，陶片。夹砂。灰色。竖向绳纹，抹压，下部绳纹被抹去。陶器下腹部残片，近底处壁较厚。手制，外壁下部有刮抹痕迹，内壁抹平。宽 3.9、高 5 厘米（图四三，1）。

标本 352，陶片。夹砂。灰色。绳纹，方向不一致，局部有交错，抹压。可能是陶鬲残片。手制，内壁有竖向抹痕。宽 3.9、高 5.7 厘米（图四三，4）。

标本 353，陶罐。泥质，结构紧密。深灰色。颈部抹绳纹，肩部饰竖向绳纹，有叠压，有一周抹弦纹割断绳纹。肩部残片，圆肩。手制，肩部内壁有垫印痕和斜向抹痕，颈部内壁有横向旋抹痕。宽 7.1、高 6.3 厘米（图四三，6）。

标本 354，陶片。坐标为 N：35°44′50.2″，E：111°46′33.9″，海拔：620 米。夹砂。深灰色。绳纹，抹压。手制，内壁有垫印痕，抹光。宽 6.8、高 6.8 厘米（图四五，3）。

标本 355，陶器底。坐标为 N：35°44′49.8″，E：111°46′33.0″，海拔：624 米。泥质，结构紧密。灰色。素面磨光。下腹微弧斜内收，平底。手制，内壁抹平，有横向抹痕。宽 10.8、高 8.7 厘米（图四五，5）。

356～360 号五件标本坐标为 N：35°44′50.0″，E：111°46′32.7″，海拔：622 米。

标本 356，陶片。泥质，结构紧密。灰色。横篮纹，抹压。壁较薄。手制，内壁抹光。宽 2.7、高 3.2 厘米（图四五，2）。

标本 357，陶片。泥质。深灰色。横篮纹，抹压较甚，多处篮纹被抹去。手制，内壁有竖向抹痕。宽 2.9、高 3.6 厘米（图四五，4）。

标本 358，陶片。泥质，结构紧密。深灰色。略左斜向篮纹，较纤细。壁较薄。内壁较粗糙，手制痕迹明显。宽 3.4、高 3.6 厘米（图四五，1）。

标本 359，陶片。泥质。灰色。交错绳纹，抹压。壁较厚，磨损较甚。手制，内壁抹平。宽 4.6、高 3.1 厘米（图四五，7）。

标本 360，陶片。泥质。浅灰色。左斜向绳纹，抹压。磨损较甚。手制，内壁有垫压痕迹及横向抹痕。宽 3.5、高 3.7 厘米（图四五，6）。

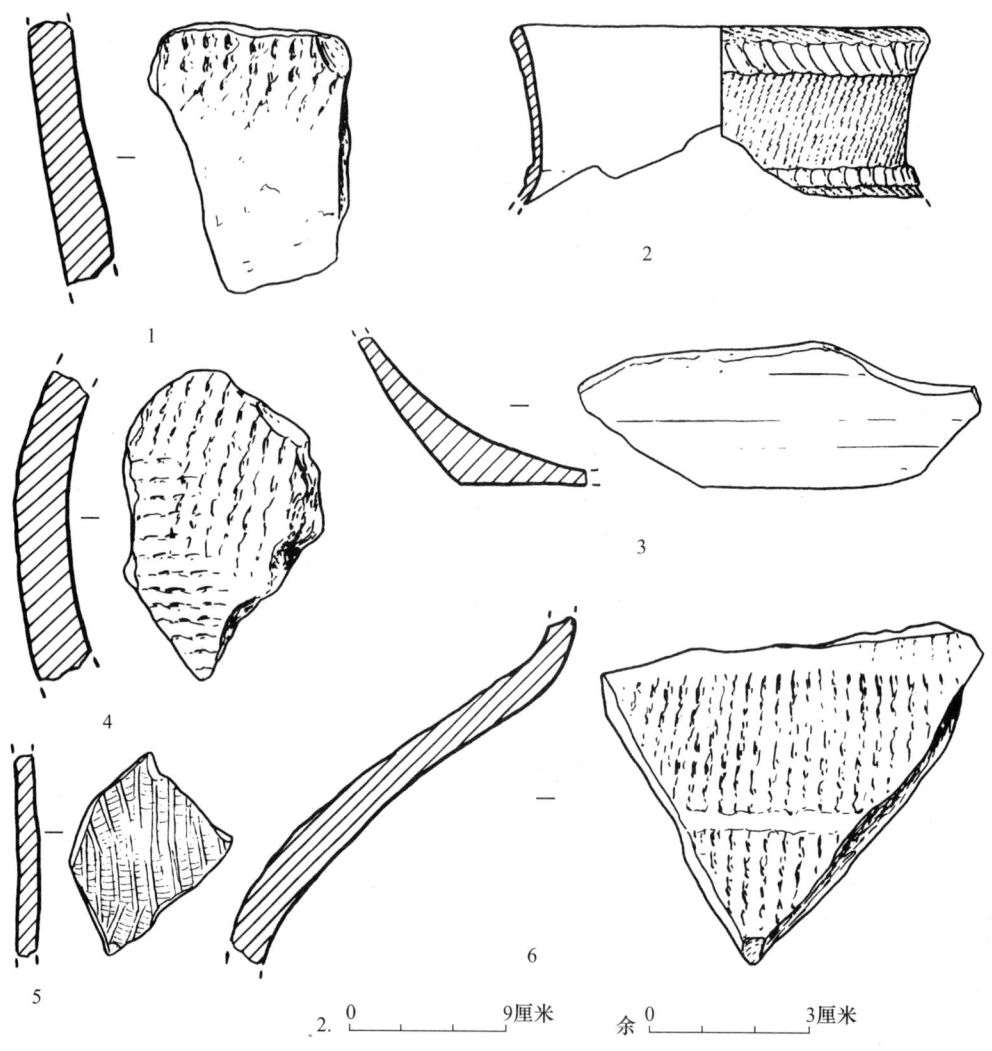

图四三　大河口遗址调查陶器（348～353）
1. 陶片（351）　2. 陶鬲（349）　3. 陶器底（350）　4. 陶片（352）　5. 陶片（348）　6. 陶罐（353）

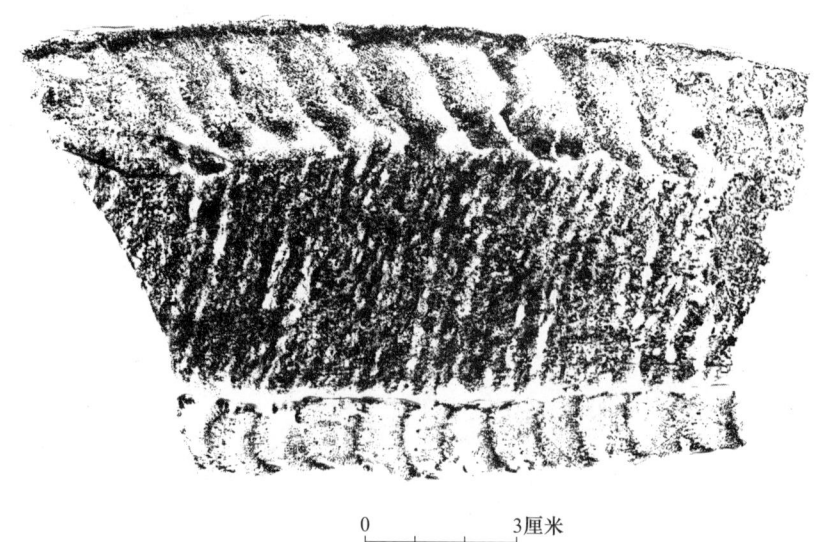

图四四　大河口遗址调查陶鬲（349）纹样拓本

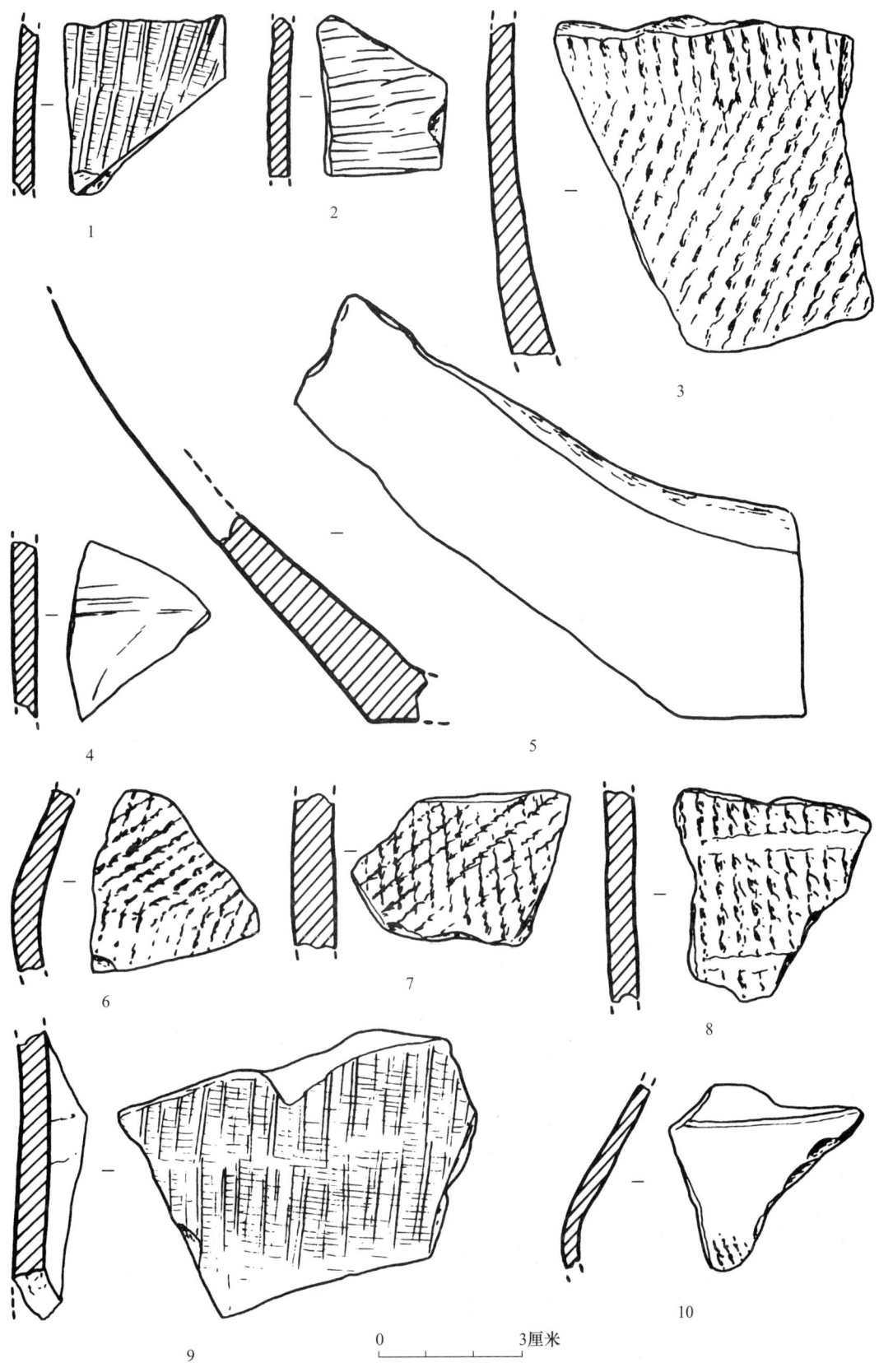

图四五　大河口遗址调查陶器（354～363）
1. 陶片（358）　2. 陶片（356）　3. 陶片（354）　4. 陶片（357）　5. 陶器底（355）　6. 陶片（360）　7. 陶片（359）
8. 陶片（361）　9. 陶片（362）　10. 陶罐（363）

361～363号三件标本坐标为 N：35°44′50.1″，E：111°46′32.8″，海拔：622米。

标本361，陶片。夹细砂。灰色。竖向细丝状绳纹，较规整，抹压，有两周凹弦纹割断绳纹。可能是深腹罐残片。手制，内壁抹平，有横向抹痕。宽4.2、高4.3厘米（图四五，8；图版一四，6）。

标本362，陶片。泥质。深灰色。竖篮纹，较纤细，抹压。可能是小口高领罐颈部残片。手制，内壁抹光，有横向抹痕和泥条叠筑痕迹。宽7.5、高5.9厘米（图四五，9；图版一六，1）。

标本363，陶罐。泥质。深灰色。肩部素面磨光，有凹弦纹一周，腹饰右斜向绳纹，抹压。肩部残片，圆折肩，壁较薄。手制，内壁有垫压痕迹。宽4.1、高3.8厘米（图四五，10）。

364～367号四件标本坐标为 N：35°44′49.5″，E：111°46′32.9″，海拔：620米。

标本364、365（为同一件器物，已拼接），陶片。泥质，结构紧密。深灰色。竖篮纹，较纤细，抹压。可能是小口高领罐腹部残片，壁较薄，内壁剥落。内壁较粗糙，手制痕迹明显。宽3.6、高4.9厘米（图四六，1；图四七，5；图版一六，2）。

标本366，陶片。泥质，结构紧密。深灰色。竖篮纹，较纤细，抹压。可能是小口高领罐腹部残片，壁较薄。泥片贴筑，内壁抹光。宽3.9、高3.4厘米（图四六，2；图四七，1；图版一六，3）。

标本367，陶片。泥质。夹芯陶，内外壁呈深灰色，胎呈褐色。右斜向细丝状绳纹，抹压。手制，内壁有横向抹痕。宽4.7、高4.3厘米（图四六，3）。

368、369号二件标本坐标为 N：35°44′48.8″，E：111°46′34.1″，海拔：620米。

标本368，陶器底。泥质，结构紧密。灰色。绳纹，抹压。下腹斜直内收，平底。手制，内壁有垫印痕。宽5.1、高4.6厘米（图四六，6）。

标本369，陶片。夹细砂。深灰色。竖向绳纹，抹压，内壁垫印竖向绳纹。鬲残片。手制。宽1.9、高3.9厘米（图四六，7）。

370和371号二件标本坐标为 N：35°44′48.9″，E：111°46′34.2″，海拔：627米。

标本370，陶器底。泥质。灰色。竖向绳纹，有叠压，抹压。矮圈足，壁较厚，磨损较甚。手制。底径11.7、高3.3厘米（图四六，4）。

标本371，陶片。夹少许砂。灰色。竖向细丝状绳纹，抹压。壁较厚。手制，内壁有横向抹痕。宽6.9、高5.5厘米（图四六，9）。

标本372，陶片。坐标为 N：35°44′49.3″，E：111°46′34.3″，海拔：627米。泥质。棕褐色。上部饰竖向绳纹，有一周抹弦纹割断绳纹，下部饰右斜向绳纹，局部有交错，抹压。手制，内壁有垫印痕。宽5.2、高4.7厘米（图四六，8）。

标本373，陶器底。坐标为 N：35°44′49.5″，E：111°46′34.3″，海拔：627米。泥质。灰色。素面，近底处磨光。下腹斜内收，平底，底面有磨损。轮制，内壁有横向旋抹痕。宽4.7、高1.9厘米（图四六，5）。

374和375号二件标本坐标为 N：35°44′50.1″，E：111°46′34.5″，海拔：627米。

标本374，石器。砂岩。深灰色。磨光。残，长条形，体较厚，两面磨平，横截面呈圆角长方形，表面磨痕明显。磨制。长7.1、最宽处4.3、厚2.6厘米（图四八，1）。

标本375，陶片。泥质，结构紧密。橙色。素面磨光。可能是陶罐腹部残片，器表有磨损。手制，内外壁有不规整抹痕。宽5.3、高6.5厘米（图四八，2）。

376～378号三件标本坐标为 N：35°44′51.0″，E：111°46′37.2″，海拔：627米。

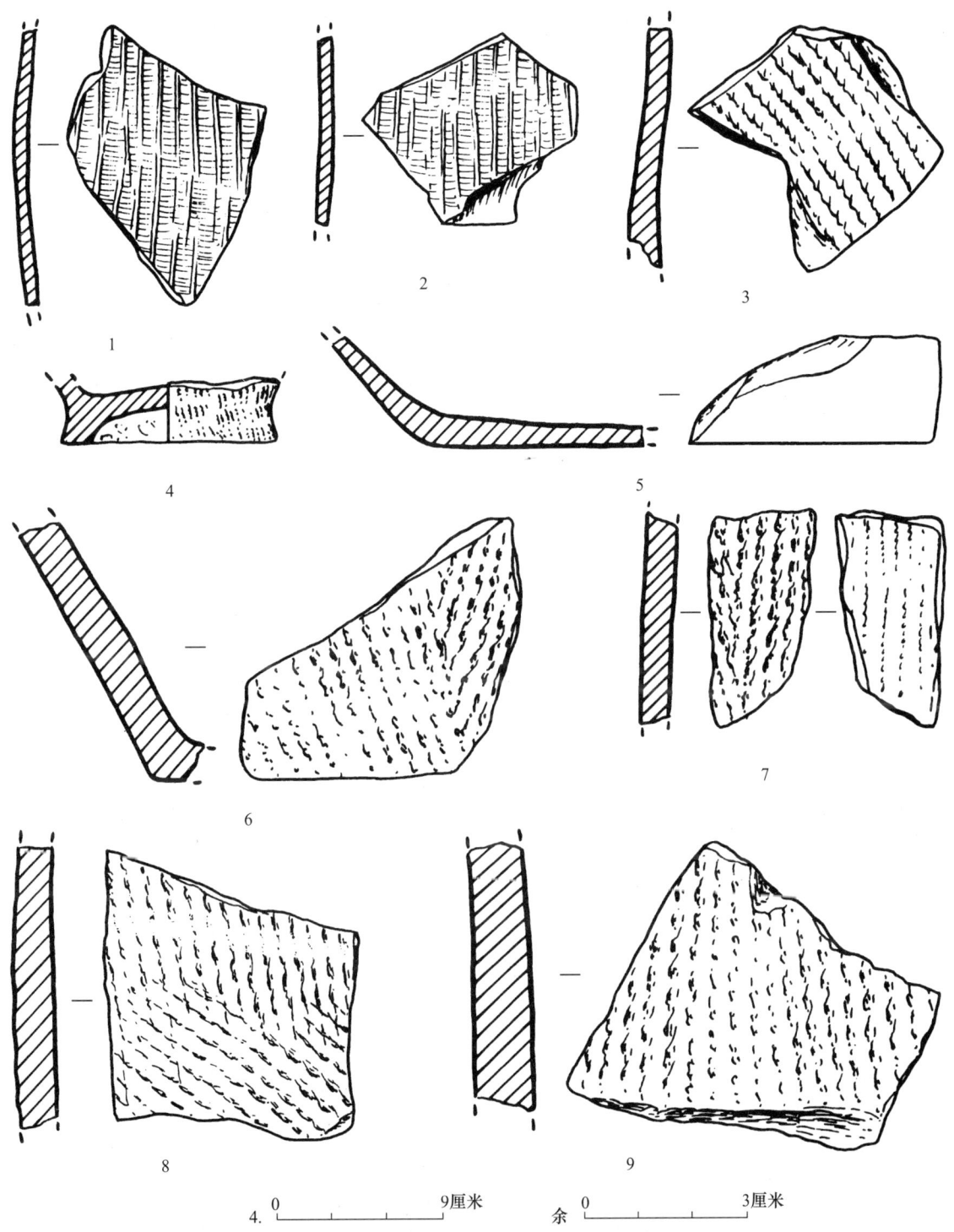

图四六 大河口遗址调查陶器（364~373）

1. 陶片（364、365） 2. 陶片（366） 3. 陶片（367） 4. 陶器底（370） 5. 陶器底（373）
6. 陶器底（368） 7. 陶片（369） 8. 陶片（372） 9. 陶片（371）

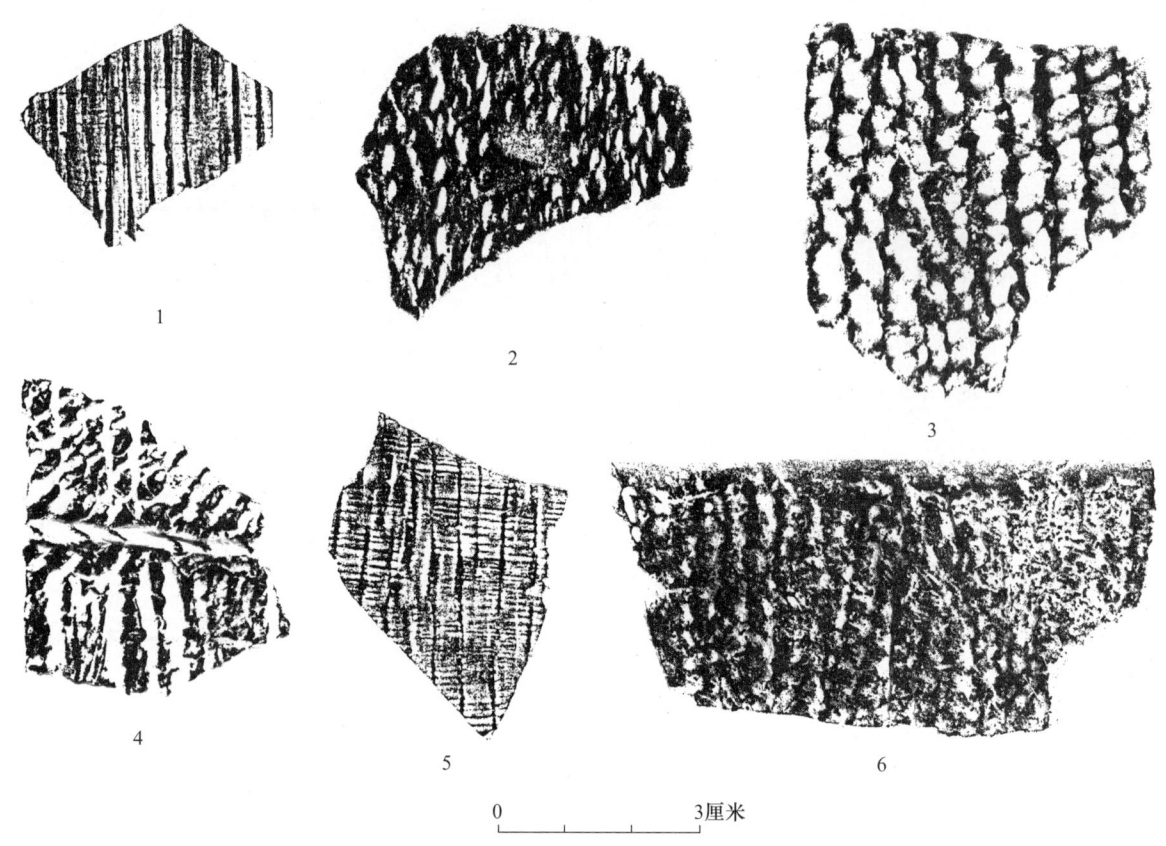

图四七　大河口遗址调查陶器纹样拓本
1. 陶片（366）　2. 陶片（505）　3. 陶片（497）　4. 陶片（467）　5. 陶片（364、365）　6. 陶罐（428）

标本376，陶器底。夹细砂。灰色。底面饰绳纹。平底，底面平整，壁较厚。手制，内底有横向抹痕。长8.4、宽5.8厘米（图四八，8）。

标本377，陶片。泥质，结构紧密。深灰色。略右斜向绳纹，抹压。可能是陶罐腹部残片。手制，内壁抹平，有斜向抹痕。宽4.3、高5.6厘米（图四八，3）。

标本378，陶罐。泥质。浅灰色。腹饰左斜向绳纹，近底处饰右斜向绳纹，抹压。近底残片，下腹斜内收，底残。手制，内壁有横向抹痕。宽7.5、高6.1厘米（图四八，5；图版一六，5）。

379和380号二件标本坐标为N：35°44′54.5″、E：111°46′41.1″、海拔：638米。

标本379，陶片。夹少许砂。灰色。绳纹，抹压。手制，内壁有垫压痕迹及横向抹痕。宽5.3、高4厘米（图四八，4）。

标本380，陶器底。泥质，结构紧密。灰色。下腹近底处磨光，内壁有暗弦纹数周。下腹斜直内收，平底。内壁有横向旋抹痕。宽4.9、高2.4厘米（图四八，6）。

381和382号二件标本坐标为N：35°44′56.4″，E：111°46′44.9″，海拔：645米。

标本381，陶片。泥质，结构紧密。外壁橙色，胎及内壁呈红褐色。绳纹，抹压。手制，内壁有不规整抹痕。宽6、高4.8厘米（图四八，7）。

标本382，筒瓦。泥质，结构紧密。深灰色。外壁拍印左斜向绳纹，抹压，内壁有植物编织物垫印痕迹。壁较厚，残存一侧面，有切割痕，由外向内切割厚度的一半。手制，泥条叠筑成圆形筒状，成坯后纵向切割一分为二。长5.8、宽7.7厘米（图四九，1）。

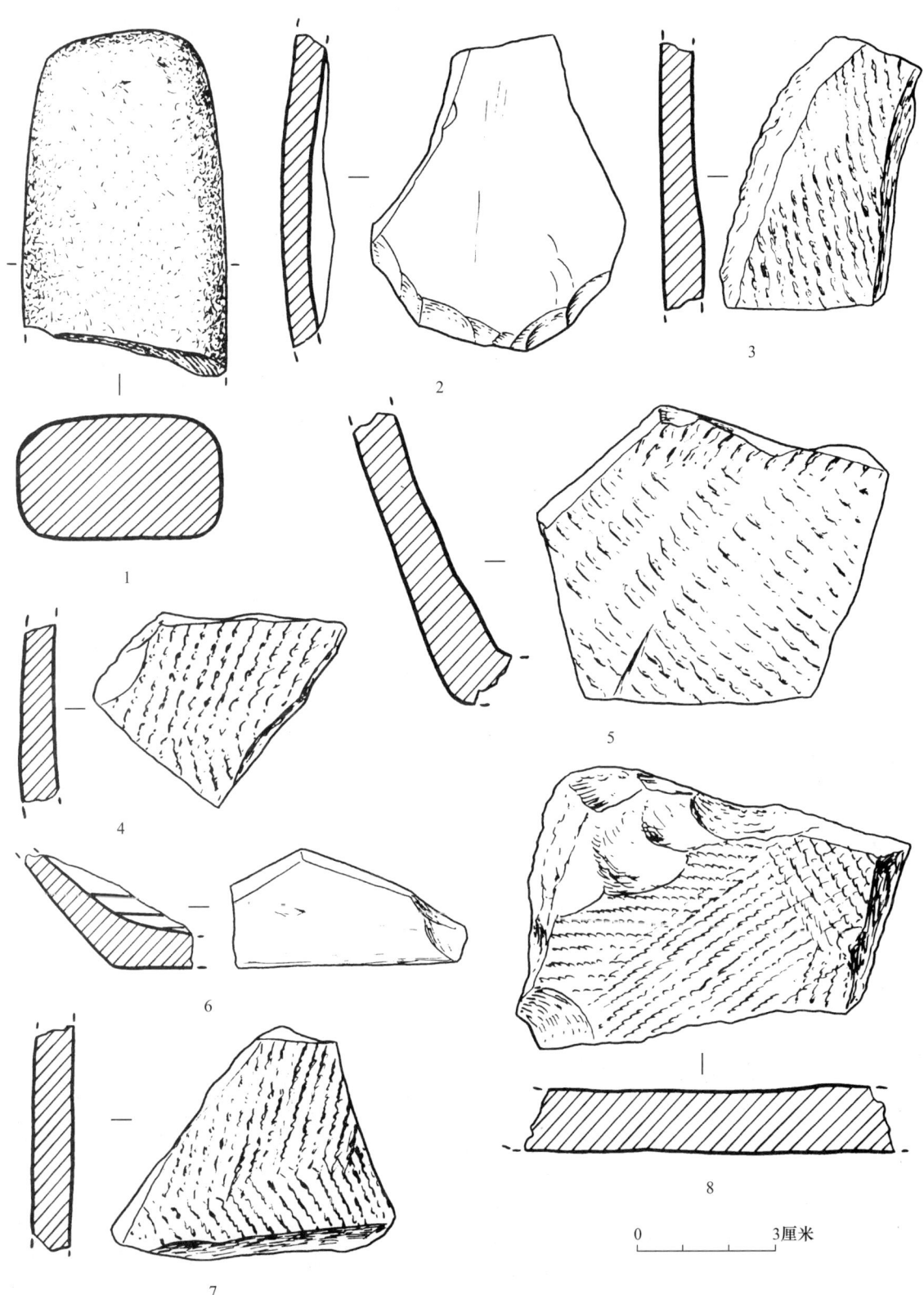

图四八　大河口遗址调查石、陶器（374～381）
1. 石器（374）　2. 陶片（375）　3. 陶片（377）　4. 陶片（379）　5. 陶罐（378）
6. 陶器底（380）　7. 陶片（381）　8. 陶器底（376）

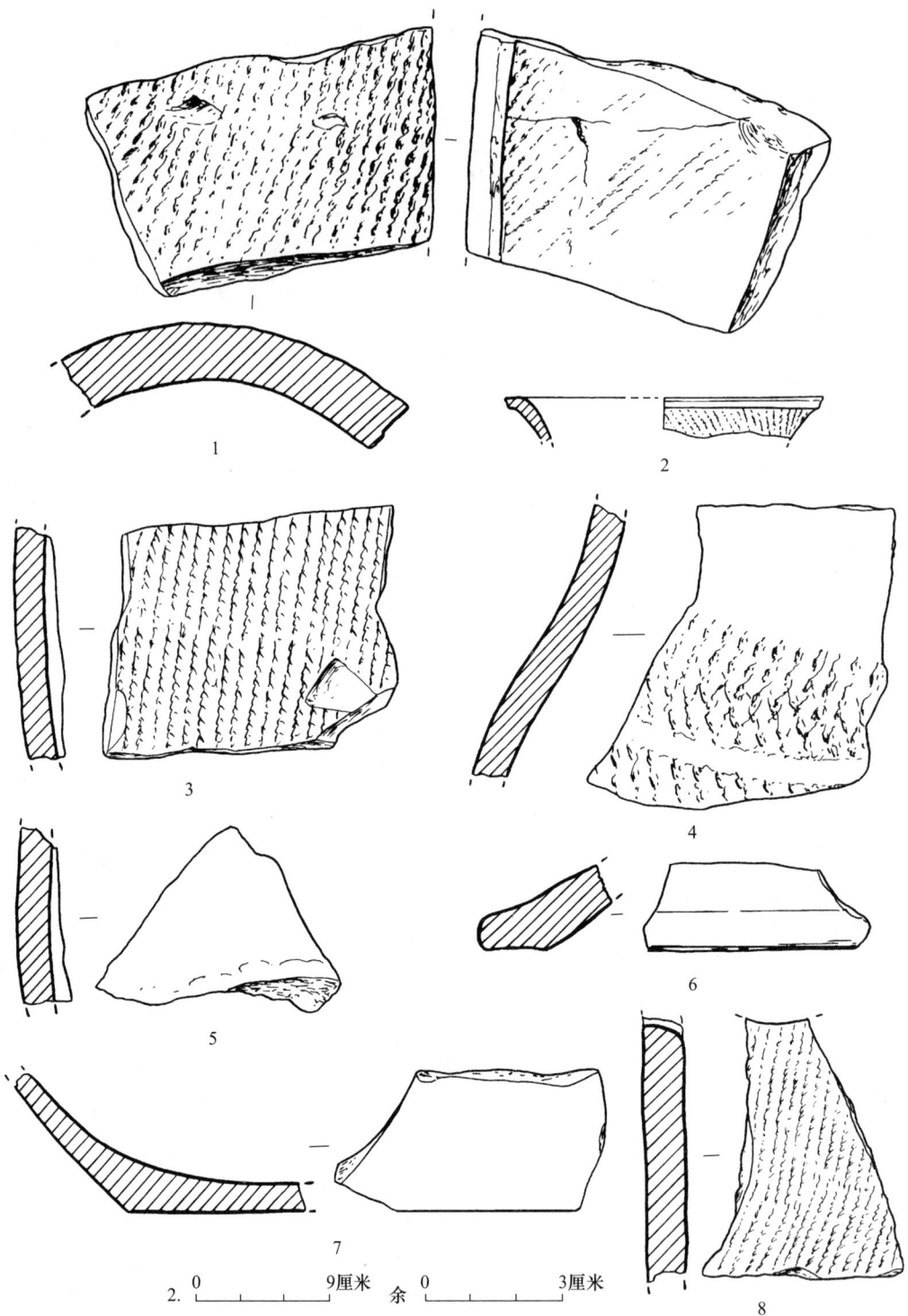

图四九 大河口遗址调查陶器（382～389）
1. 筒瓦（382） 2. 陶鬲（388） 3. 陶片（383） 4. 陶片（387） 5. 陶片（385） 6. 陶豆（389）
7. 陶器底（386） 8. 陶片（384）

标本383，陶片。坐标为N：35°44′50.6″，E：111°46′39.9″，海拔：632米。夹细砂。夹芯陶，内外壁呈灰色，胎呈褐色。略左斜向细丝状绳纹，抹压。手制，内壁抹光。宽6.6、高5.4厘米（图四九，3）。

384和385号二件标本坐标为N：35°44′50.5″，E：111°46′39.7″，海拔：632米。

标本384，陶片。夹砂，砂粒较细。深灰色。绳纹，抹压较甚，纹饰较浅。可能是釜灶的灶残片，上部有圆形镂孔，似烟孔，壁较厚。手制，内壁粗糙。宽4.4、高5.5厘米（图四九，8）。

标本385，陶片。夹细砂。夹芯陶，内外壁呈黑色，胎呈褐色。素面磨光。可能是罐腹部残片，外壁局部有剥落。手制，内壁抹光，有横向抹痕。宽5.4、高3.9厘米（图四九，5）。

标本386，陶器底。坐标为N：35°44′50.6″，E：111°46′40.6″，海拔：637米。泥质。灰色。素面。可能是陶盆底部残片，下腹斜内收，平底，底面平整。轮制，内外壁有横向旋抹痕。宽6、高3厘米（图四九，7）。

标本387，陶片。坐标为N：35°44′48.5″，E：111°46′35.6″，海拔：634米。夹少许细砂。深灰色。绳纹，局部有交错，抹压，有一周抹弦纹割断绳纹，上部绳纹被抹去。可能是陶罐肩部残片。手制，内壁上部有横向旋抹痕，下部抹光。宽6.5、高6.8厘米（图四九，4）。

388和389号二件标本坐标为N：35°44′49.3″，E：111°46′35.7″，海拔：633米。

标本388，陶鬲。夹细砂。灰色。右斜向绳纹，抹压。口部残片，侈口，平折沿，沿面较窄，斜方唇，唇面有一周凹槽，斜领。手制，口沿下及内壁有横向旋抹痕。宽8.5、高2.7厘米（图四九，2）。

标本389，陶豆。粗泥质，含少许细砂。灰色。素面。喇叭形底座外为圆方唇，底部有凹槽一周。手制，内外壁有横向旋抹痕。宽5、高1.8厘米（图四九，6）。

标本390，陶鬲。坐标为N：35°44′49.5″，E：111°46′35.6″，海拔：633米。夹砂。灰色。肩部饰竖向绳纹，抹压。颈肩部残片，磨损较甚。手制，内壁抹平，较粗糙，有横向抹痕。宽7.6、高4.7厘米（图五〇，2）。

标本391，陶鬲。坐标为N：35°44′47.9″，E：111°46′35.7″，海拔：632米。夹砂，砂粒较细。灰色。绳纹，方向不一致，局部有交错，抹压。近足底残片，下部壁较厚。手制，内壁有横向抹痕。宽4.1、高4.8厘米（图五〇，7）。

392和393号二件标本坐标为N：35°44′47.8″，E：111°46′36.3″，海拔：632米。

标本392，陶鬲。夹砂，砂粒较细。灰色。绳纹，抹压。腹部残片。手制，内壁有垫压痕迹，较粗糙。宽8.1、高4.1厘米（图五〇，3）。

标本393，陶鬲。夹砂，砂粒较细。夹芯陶，内外壁褐色，胎呈灰色。斜向绳纹，方向不一致，抹压。裆部残片，近平裆。手制，内壁粗糙，有不规则抹痕。长8.9、宽7.7厘米（图五〇，6）。

394和395号二件标本坐标为N：35°44′47.4″、E：111°46′36.6″，海拔：632米。

标本394，陶片。泥质。灰色。素面磨光。可能是豆柄残片，一端残断面打磨整齐，应是豆柄残断后，二次使用而打磨。手制，内壁有垫压痕迹。宽4.1、高3.8厘米（图五〇，1）。

标本395，陶鬲。夹砂，砂粒较细。深灰色。颈部抹绳纹。口部残片，侈口，窄折沿，方唇，束颈。手制，颈部内外有横向旋抹痕。口径25.5、高3厘米（图五〇，5）。

标本396，陶豆。坐标为N：35°44′47.6″，E：111°46′37.3″，海拔：632米。泥质，结构紧密。深灰色。内外壁素面磨光，上腹部有凹弦纹两周。豆盘，敞口，内斜沿，腹圆折较深。内外壁有横向旋抹痕。口径15、高4.2厘米（图五〇，4；图版一八，3、4）。

397~401号五件标本坐标为N：35°44′47.8″，E：111°46′36.7″，海拔：632米。

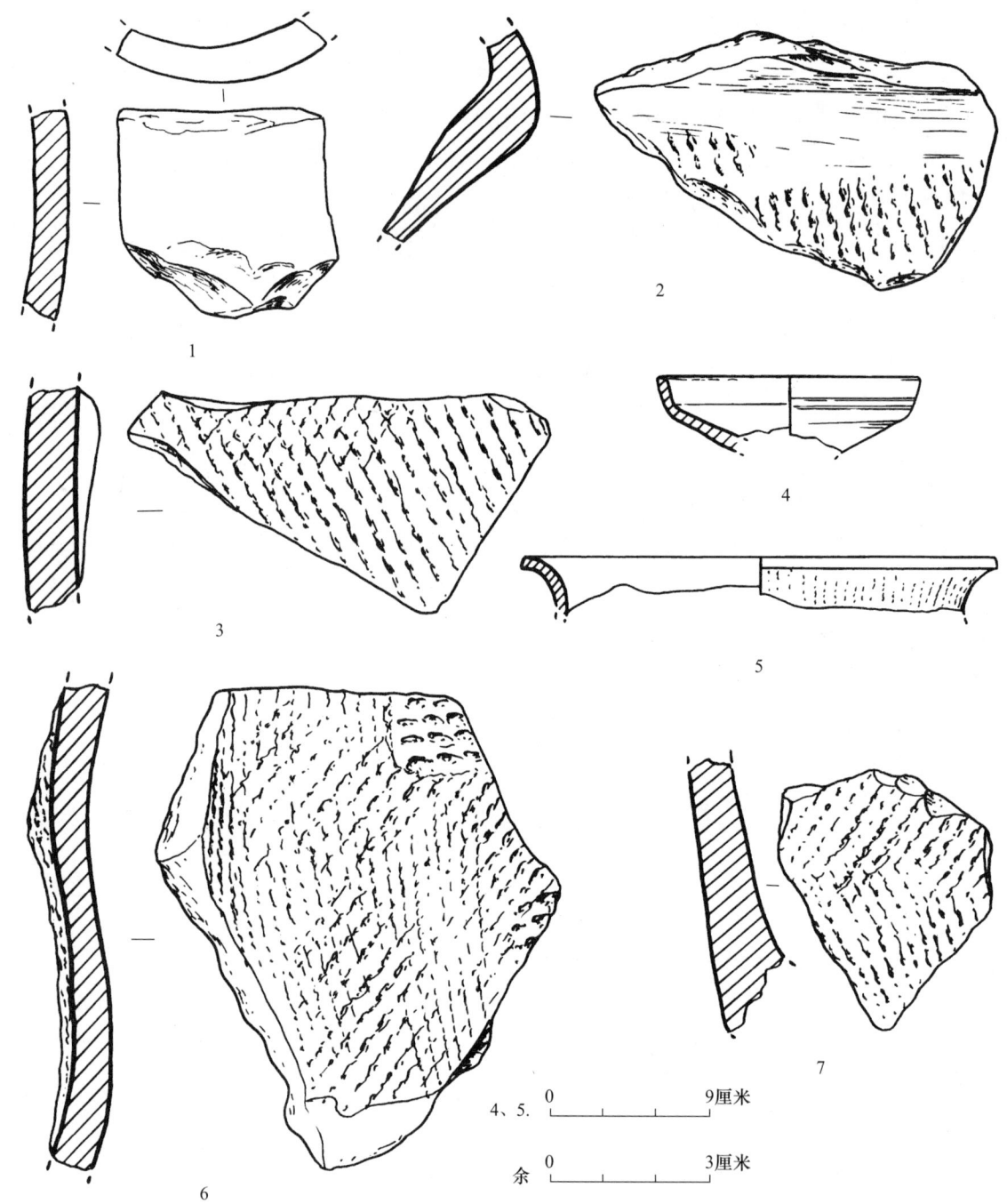

图五〇 大河口遗址调查陶器（390~396）
1. 陶片（394） 2. 陶鬲（390） 3. 陶鬲（392） 4. 陶豆（396） 5. 陶鬲（395） 6. 陶鬲（393） 7. 陶鬲（391）

标本397，陶片。夹砂，砂粒较细。灰色。竖向绳纹，较规整，抹压。手制，内壁有垫压痕迹。宽5、高6.1厘米（图五一，1）。

标本398，筒瓦。泥质。灰色。右斜向绳纹，较规整，有一道抹弦纹割断绳纹，下部绳纹被抹去。瓦舌较长。手制，内外壁有横向旋抹痕。长7.8、宽4.6厘米（图五一，4）。

标本399，陶片。泥质，结构紧密。深灰色。左斜向绳纹，局部有交错，抹压。手制，内壁有竖向抹痕。宽5.2、高6.6厘米（图五一，6）。

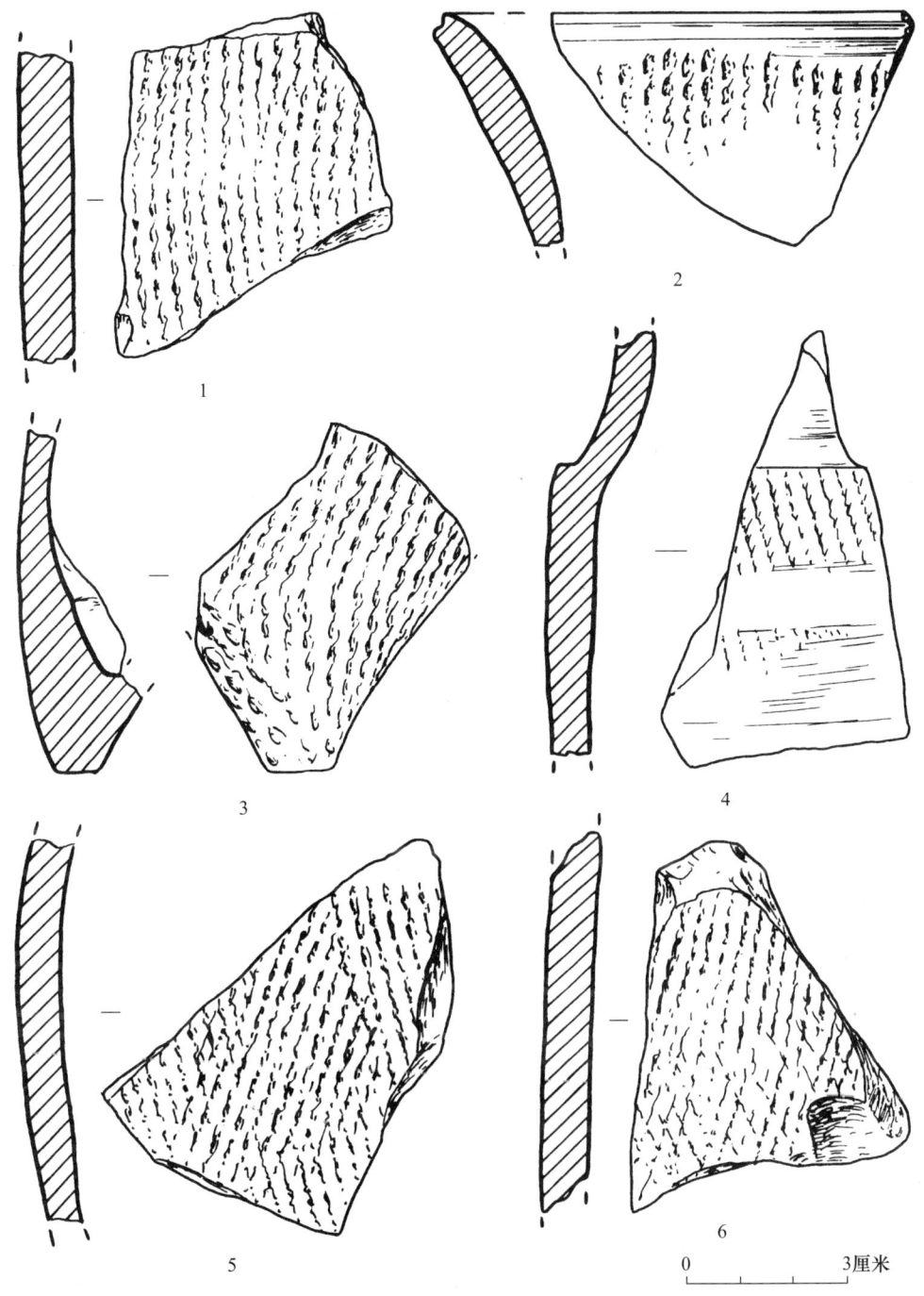

图五一 大河口遗址调查陶器（397~402）
1. 陶片（397） 2. 陶片（401） 3. 陶鬲（400） 4. 筒瓦（398） 5. 陶片（402） 6. 陶片（399）

标本400，陶鬲。夹砂，砂粒较细。深灰色。竖向绳纹，抹压。扁实足根，小平底。手制，内壁手抹，粗糙。宽5、高6.2厘米（图五一，3）。

标本401，陶片。夹砂。灰色。外壁抹绳纹，局部绳纹被抹去。口沿残片，侈口，方唇，唇面有一周凹槽。手制，内壁抹光，有横向抹痕。宽6.7、高4.1厘米（图五一，2）。

402和403号二件标本坐标为N：35°44′47.7″，E：111°46′35.7″，海拔：633米。

标本402，陶片。泥质。灰色。外壁拍印绳纹，有交错，局部抹压，上部绳纹被抹去。可能是罐肩部残片。手制，内壁有垫印痕迹和斜向抹痕。宽6.4、高7厘米（图五一，5）。

标本403，陶鬲。夹砂。灰色。绳纹，抹压。裆部残片，分裆。手制，内壁粗糙，有斜向抹痕。长5.4、宽5.1厘米（图五二，6）。

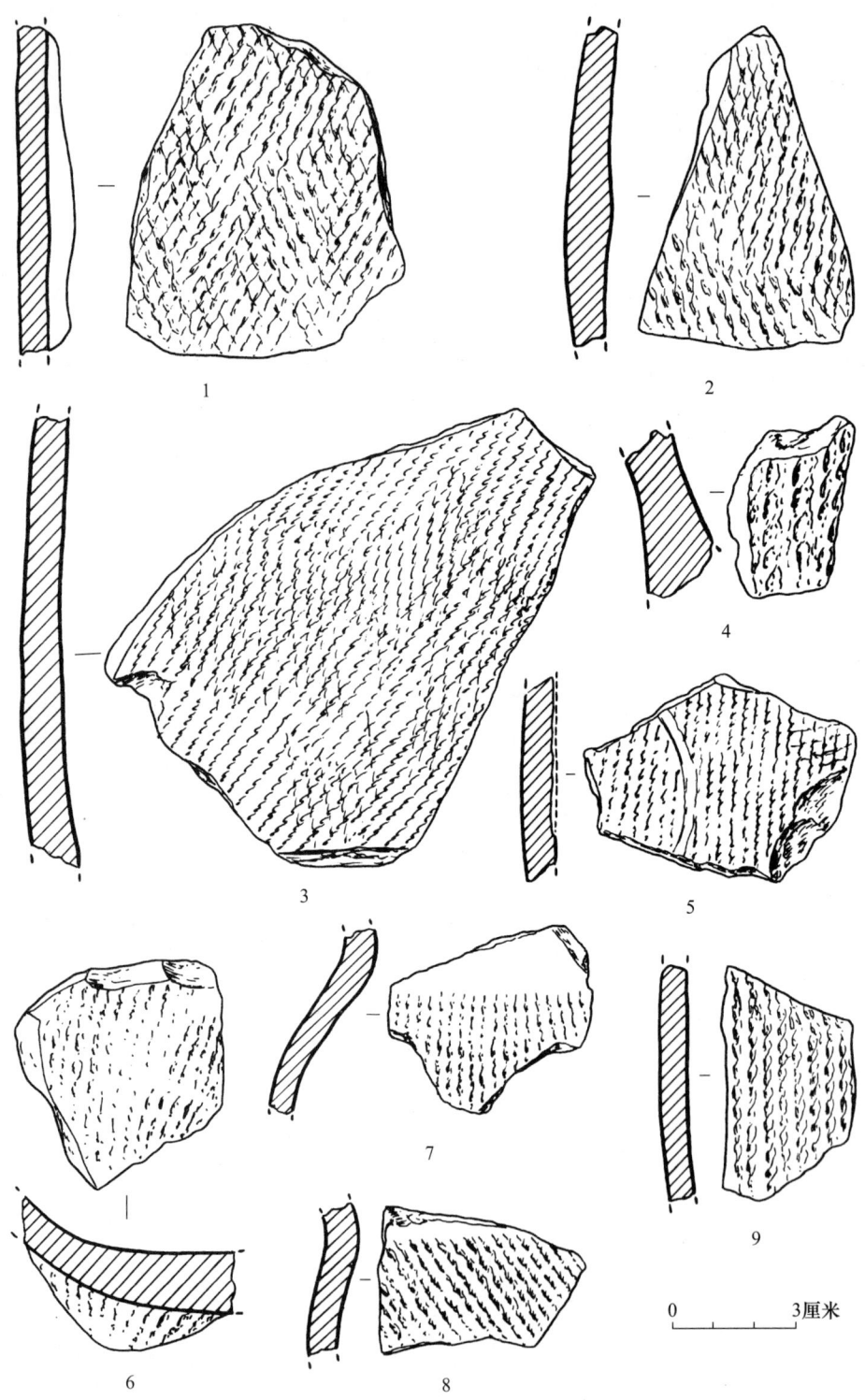

图五二　大河口遗址调查陶器（403～411）
1. 陶片（406）　2. 陶片（405）　3. 陶片（408）　4. 陶鬲（410）　5. 陶片（411）　6. 陶鬲（403）
7. 陶鬲（409）　8. 陶鬲（404）　9. 陶片（407）

标本404，陶鬲。坐标为N：35°44′47.3″，E：111°46′36.0″，海拔：633米。夹砂，砂粒较细。浅灰色。右斜向绳纹，抹压，颈部绳纹被抹去。肩部残片。手制，内壁较粗糙，有竖向抹痕。宽5.1、高3.5厘米（图五二，8）。

405~407号三件标本坐标为N：35°44′46.2″，E：111°46′36.4″，海拔：622米。

标本405，陶片。泥质，结构紧密。灰色。绳纹，局部有交错，局部抹压。可能是陶罐肩部残片。内壁有垫印凹坑，手制痕迹明显。宽5.2、高7.7厘米（图五二，2）。

标本406，陶片。夹砂，砂粒较细。灰色，陶色不匀。斜向绳纹，有交错，抹压。陶鬲残片。手制，内壁较粗糙，有竖向抹痕。宽6.9、高7.9厘米（图五二，1）。

标本407，陶片。泥质，结构紧密。灰色。竖向绳纹，捻结较紧，较规整，抹压。手制，内壁抹光，有横向抹痕。宽3.3、高5.6厘米（图五二，9）。

408~410号三件标本坐标为N：35°44′48.0″，E：111°46′36.2″，海拔：637米。

标本408，陶片。泥质，结构紧密。夹芯陶，外壁呈橙色，胎呈红褐色，内壁呈灰色。左斜向与竖向绳纹，局部有交错，抹压。可能是罐下腹部残片。泥片贴筑，内壁较粗糙，有横向抹痕。宽10.9、高12.1厘米（图五二，3）。

标本409，陶鬲。夹砂。灰色。肩部饰竖向绳纹，抹压。肩部残片。手制，内壁有横向抹痕。宽5、高4.4厘米（图五二，7）。

标本410，陶鬲。夹砂，砂粒较细。黄褐色，内壁呈黑色。竖向绳纹，抹压。足部残片，壁较厚。手制，内壁粗糙，有横向抹痕。宽3.1、高4.3厘米（图五二，4）。

标本411，陶片。坐标为N：35°44′48.8″，E：111°46′36.7″，海拔：637米。夹细砂。灰色。竖向绳纹，局部有交错，抹压，绳纹上有一刻划弧形饰。内壁大部分剥落。手制。宽6.7、高5厘米（图五二，5）。

标本412，陶罐。坐标为N：35°44′49.5″，E：111°46′36.8″，海拔：637米。泥质。深灰色，胎及内壁呈灰色。肩部饰左斜向绳纹，腹饰竖向绳纹，抹压。肩部残片。泥片贴筑，内壁较粗糙，有竖向抹痕。宽5.3、高4.8厘米（图五三，6）。

413~415号三件标本坐标为N：35°44′48.2″，E：111°46′37.0″，海拔：637米。

标本413，陶片。夹砂。灰色。竖向绳纹，抹压。可能是鬲残片，磨损较甚。手制，内壁抹光，有横向抹痕。宽4.5、高5.1厘米（图五三，3）。

标本414，陶罐。夹少许砂。黑皮夹芯陶，内外壁呈黑色，胎呈黄褐色和灰色。竖向绳纹，较规整，抹压。下腹近底残片，下腹斜内收，底脱落。泥片贴筑，腹底套接，底包壁。宽4.6、高5.2厘米（图五三，5）。

标本415，陶盆。泥质。灰色。素面。口微敛，窄折沿，圆唇，圆折腹，磨损较甚。内外壁有横向旋抹痕。宽5、高3.6厘米（图五三，2）。

标本416，陶罐。坐标为N：35°44′48.1″，E：111°46′38.1″，海拔：637米。夹细砂。灰色。肩部素面磨光，腹饰绳纹，较规整，略有交错，抹压。肩部残片，折肩。手制，内壁较粗糙，有竖向抹痕和垫压痕迹。宽8.5、高6.5厘米（图五三，1）。

标本417，陶器底。坐标为N：35°44′49.8″，E：111°46′38.6″，海拔：637米。泥质，结构紧密。灰色。腹壁饰竖向绳纹，抹压，底面垫印绳纹。下腹斜直内收，可能是平底。手制，腹底套

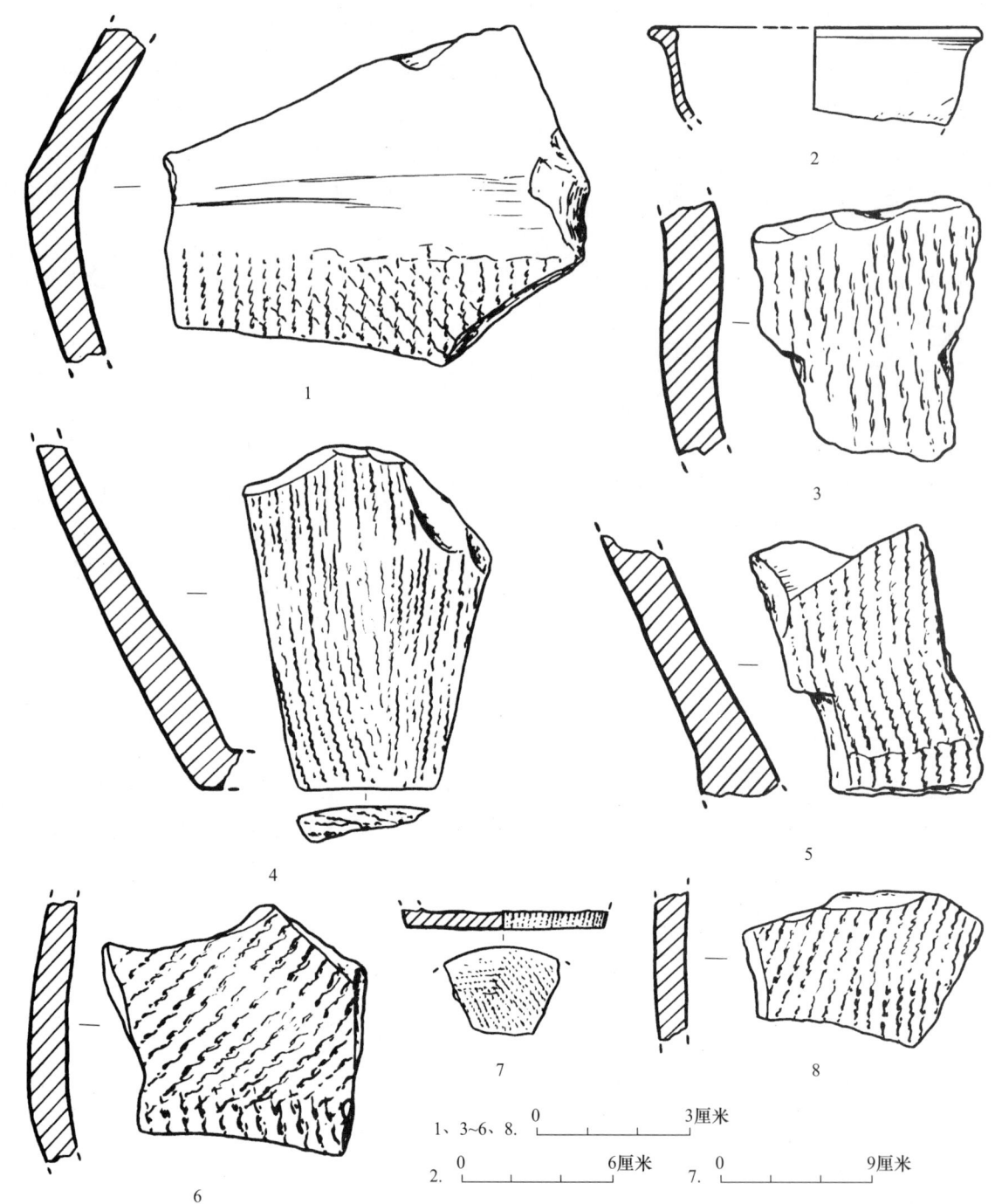

图五三　大河口遗址调查陶器（412～419）
1. 陶罐（416）　2. 陶盆（415）　3. 陶片（413）　4. 陶器底（417）　5. 陶罐（414）
6. 陶罐（412）　7. 陶器底（418）　8. 陶片（419）

接，内壁有横向抹痕。宽5、高6.6厘米（图五三，4）。

标本418，陶器底。坐标为N：35°44′50.1″，E：111°46′38.1″，海拔：637米。夹石英砂和钙质物，结构紧密。灰色。腹壁饰竖向绳纹，抹压，底面有绳纹，边缘磨损较甚。平底，底面平整，壁较厚。泥片贴筑，腹底套接，底包腹壁，内底手抹，粗糙。底径11.7、高1.2厘米（图五三，7）。

419～422号四件标本坐标为N：35°44′48.7″，E：111°46′38.6″，海拔：637米。

标本419，陶片。夹砂，砂粒较细。灰色。左斜向绳纹，较规整，抹压。可能是鬲残片。手制，内壁粗糙，有横向抹痕。宽4.7、高3厘米（图五三，8）。

标本420，陶鬲。夹砂。黄褐色。绳纹，抹压。足部残片，袋足，壁较厚，实足根残。手制，内壁粗糙，有横向抹痕。款4.8、高4.4厘米（图五四，7）。

标本421，陶罐。泥质，结构紧密。灰色。肩部素面，腹饰左斜向绳纹，局部有交错，抹压。肩部残片，折肩。手制，内壁有垫压痕迹。宽8.2、高6.2厘米（图五四，1）。

标本422，陶片。夹石英砂和钙质物。灰色。拍印绳纹，局部有交错，抹压。可能是陶鬲残片。手制，内壁抹平，有横向抹痕。宽4、高4.3厘米（图五四，5）。

423~425号三件标本坐标为N：35°44′48.5″，E：111°46′38.8″，海拔：637米。

标本423，陶片。夹砂。深灰色。竖向绳纹，抹压。手制，内壁抹平。宽6、高4.5厘米（图五四，10）。

标本424，陶片。泥质。灰色。素面磨光。可能是陶罐肩部残片。外壁有横向刮抹痕迹，内壁抹光。宽4.7、高5.1厘米（图五四，6）。

标本425，陶盆。泥质。灰色。上腹饰瓦棱纹。直口，窄折沿上翘，斜方唇，矮束颈，颈腹转折处有凸棱。内外壁有横向旋痕。宽6.7、高4.5厘米（图五四，2）。

426和427号二件标本坐标为N：35°44′48.6″，E：111°46′38.8″，海拔：637米。

标本426，陶片。夹砂，砂粒较细。灰色。竖向绳纹，较规整，抹压。手制，内壁有竖向抹痕。宽3.6、高4.2厘米（图五四，8）。

标本427，陶片。泥质，含少许细砂。橙红色。竖向绳纹，抹压。手制，内壁有横向抹痕。宽5.4、高3.3厘米（图五四，3）。

428和429号二件标本坐标为N：35°44′48.4″，E：111°46′38.7″，海拔：637米。

标本428，陶罐。夹砂。灰色。沿下上腹磨光，腹饰绳纹，较规整，抹压。侈口，卷沿上翘，沿面较宽，唇残，圆弧腹，壁较厚。手制，内壁有横向旋抹痕。宽9、高8.1厘米（图五四，4；图四七，6；图版一六，6）。

标本429，陶鬲。夹砂，砂粒较细。灰色。竖向绳纹，抹压。颈肩部残片。手制，内壁有垫压痕迹。宽4.8、高3.2厘米（图五四，9）。

430和431号二件标本坐标为N：35°44′48.5″，E：111°46′38.4″，海拔：637米。

标本430，陶片。泥质，结构紧密。深灰色。绳纹，局部有交错，抹压。手制，内壁有垫印痕。宽5.5、高5.6厘米（图五五，7）。

标本431，陶鬲。夹石英砂。灰色。绳纹，局部有交错，抹压。手制，内壁较粗糙，有竖向抹痕。宽5.2、高5.2厘米（图五五，8）。

432~435号四件标本坐标为N：35°44′48.1″，E：111°46′38.5″，海拔：637米。

标本432，陶器座。泥质。灰色。素面磨光。喇叭口，圆唇，可能是陶豆座残片。手制，轮修。宽4.3、高3.3厘米（图五五，4）。

标本433，陶片。泥质。灰色。竖向绳纹，较规整，抹压。壁较厚。手制，内壁抹光。宽4.9、高5厘米（图五五，3）。

标本434，陶鬲。夹砂，砂粒较细。灰色。竖向绳纹，抹压。裆部残片，壁较厚。手制，内壁

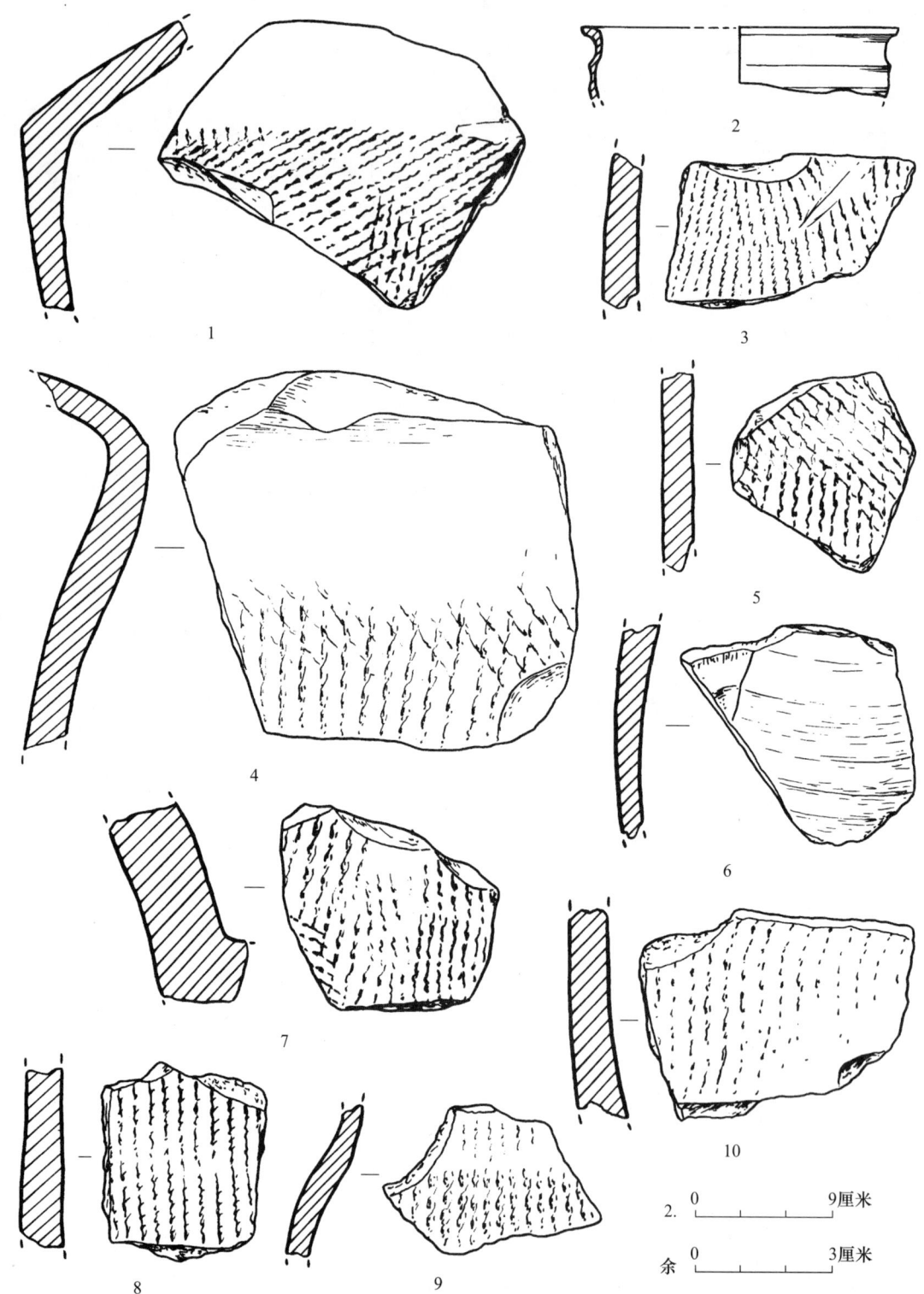

图五四　大河口遗址调查陶器（420～429）
1. 陶罐（421）　2. 陶盆（425）　3. 陶片（427）　4. 陶罐（428）　5. 陶片（422）　6. 陶片（424）
7. 陶鬲（420）　8. 陶片（426）　9. 陶鬲（429）　10. 陶片（423）

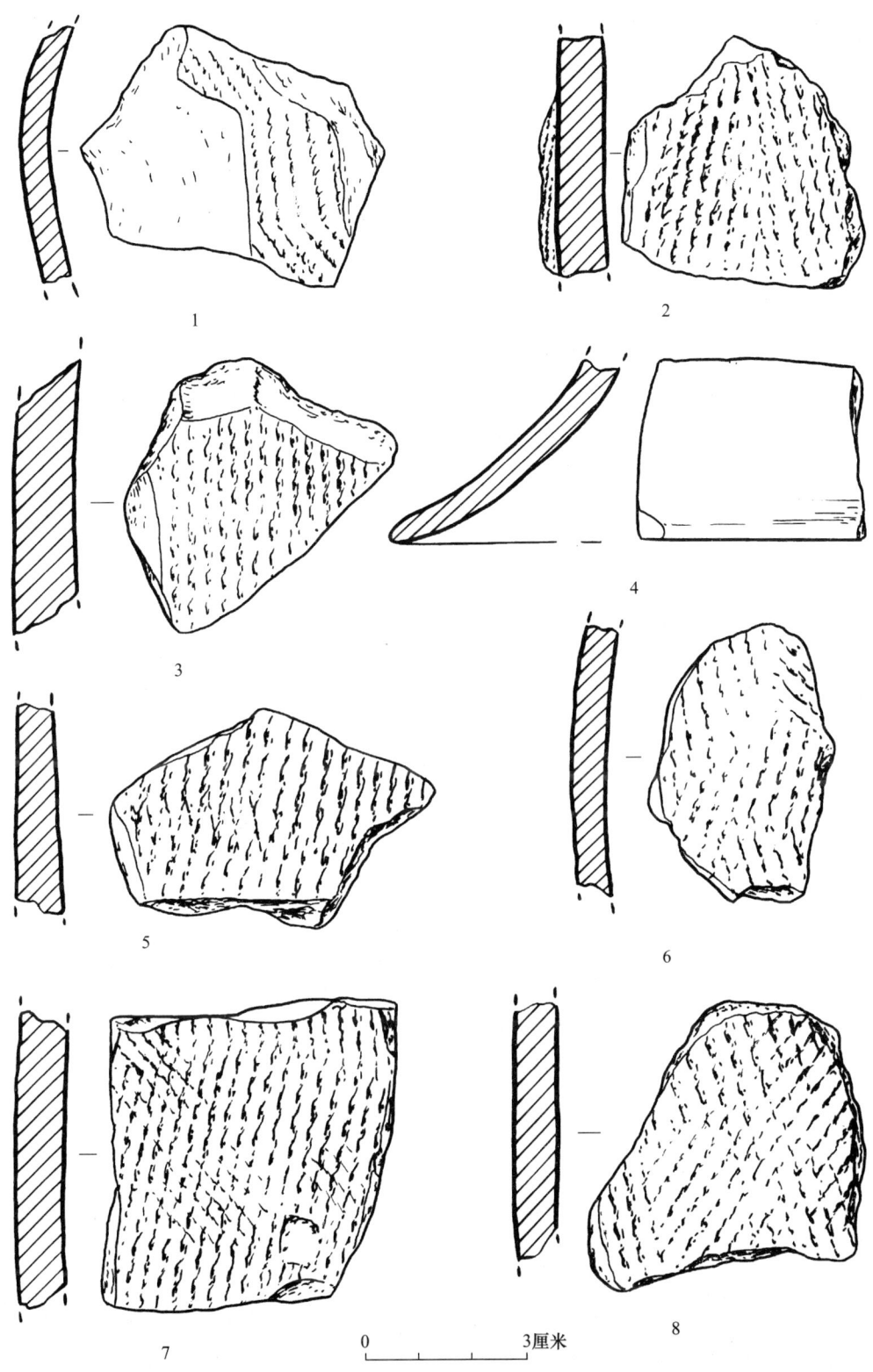

图五五　大河口遗址调查陶器（430～437）

1. 陶鬲（436）　2. 陶鬲（434）　3. 陶片（433）　4. 陶器座（432）　5. 陶片（435）
6. 陶鬲（437）　7. 陶片（430）　8. 陶鬲（431）

有竖向抹痕。长 4.5、宽 4.5 厘米（图五五，2）。

标本 435，陶片。泥质，结构紧密。灰色。略左斜向绳纹，捻结较紧，局部有叠压，抹压。手制，内壁抹光，有横向抹痕。宽 6、高 4 厘米（图五五，5）。

436～438 号三件标本坐标为 N：35°44′48.0″，E：111°46′38.4″，海拔：637 米。

标本 436，陶鬲。夹砂，砂粒较细。深灰色，胎呈浅橙色。绳纹，抹压。肩部残片，内壁剥落，外壁局部剥落。泥片贴筑。宽 5.6、高 4.7 厘米（图五五，1）。

标本 437，陶鬲。夹砂，砂粒较细。灰色。拍印绳纹，有交错，抹压。腹部残片。手制，内壁有垫压痕迹和横向抹痕。宽 3.5、高 5 厘米（图五五，6）。

标本 438，陶鬲。夹砂，含石英砂粒较多。灰色。绳纹，方向不一致，抹压。腹部近裆残片。手制，内壁粗糙，有竖向和横向抹痕。宽 4.6、高 5.3 厘米（图五六，1）。

439 和 440 号二件标本坐标为 N：35°44′47.8″，E：111°46′38.4″，海拔：637 米。

标本 439，陶鬲。夹砂。灰色。绳纹直达足根，抹压。鬲足，锥状实足根。手制，内壁有竖向抹痕。宽 4.8、高 4.5 厘米（图五六，4；图版一七，1）。

标本 440，陶罐。泥质，结构紧密。灰色。唇面饰右斜向绳纹，竖向绳纹，均抹压。侈口，斜方唇，斜颈，颈肩转折处圆钝。泥片贴筑，颈部内壁有横向抹痕，肩部内壁有垫印窝。宽 4.9、高 5.9 厘米（图五六，2，图版一七，2）。

441～450 号十件标本坐标为 N：35°44′47.9″，E：111°46′38.3″，海拔：637 米。

标本 441，陶片。夹砂。灰色。竖向绳纹，较规整，抹压。可能是陶鬲残片。手制，内壁有垫压痕迹和竖向抹痕。宽 2.9、高 3.3 厘米（图五六，8）。

标本 442，陶片。夹少许砂。灰色。拍印绳纹，方向不一致，局部有交错，抹压。手制，内壁有横向抹痕。宽 3、高 5.7 厘米（图五六，9）。

标本 443，陶片。夹砂。棕褐色，内壁呈橙色。竖向绳纹，抹压。可能是陶鬲残片。手制，内壁粗糙，有垫压痕迹。宽 4.7、高 4.8 厘米（图五六，6）。

标本 444，陶片。夹砂。灰色。拍印绳纹，局部有交错，抹压。可能是陶鬲残片。手制，内壁有垫压痕迹和不规则抹痕。宽 4.8、高 4.8 厘米（图五六，7）。

标本 445，陶片。夹砂。灰褐色。绳纹，抹压。可能是陶鬲残片。手制，内壁有垫压痕迹。宽 3、高 2.4 厘米（图五六，5）。

标本 446，陶片。泥质。橙红色，内壁呈橘红色。竖向绳纹，抹压较甚，局部绳纹被抹去。磨损较甚。手制，内壁有垫压痕迹。宽 3.7、高 4.6 厘米（图五六，10）。

标本 447，陶鬲。夹砂。灰色。竖向绳纹，抹压。腹部残片。手制，内壁有竖向抹痕。宽 3.2、高 3.6 厘米（图五六，3）。

标本 448，陶片。夹砂。浅灰色，内壁呈深灰色。绳纹，抹压。可能是陶鬲残片。手制，内壁粗糙。宽 5.8、高 3.5 厘米（图五七，1）。

标本 449，陶鬲。夹砂。灰色。肩部拍印绳纹，抹压。束颈，圆肩。手制，内壁有横向抹痕。宽 4.8、高 5.7 厘米（图五七，2）。

标本 450，陶鬲。夹砂。灰色。绳纹，抹压。鬲足，扁实足根，小平底。手制，内壁有不规则抹痕。长 4.6、宽 3.8、高 4 厘米（图五七，7）。

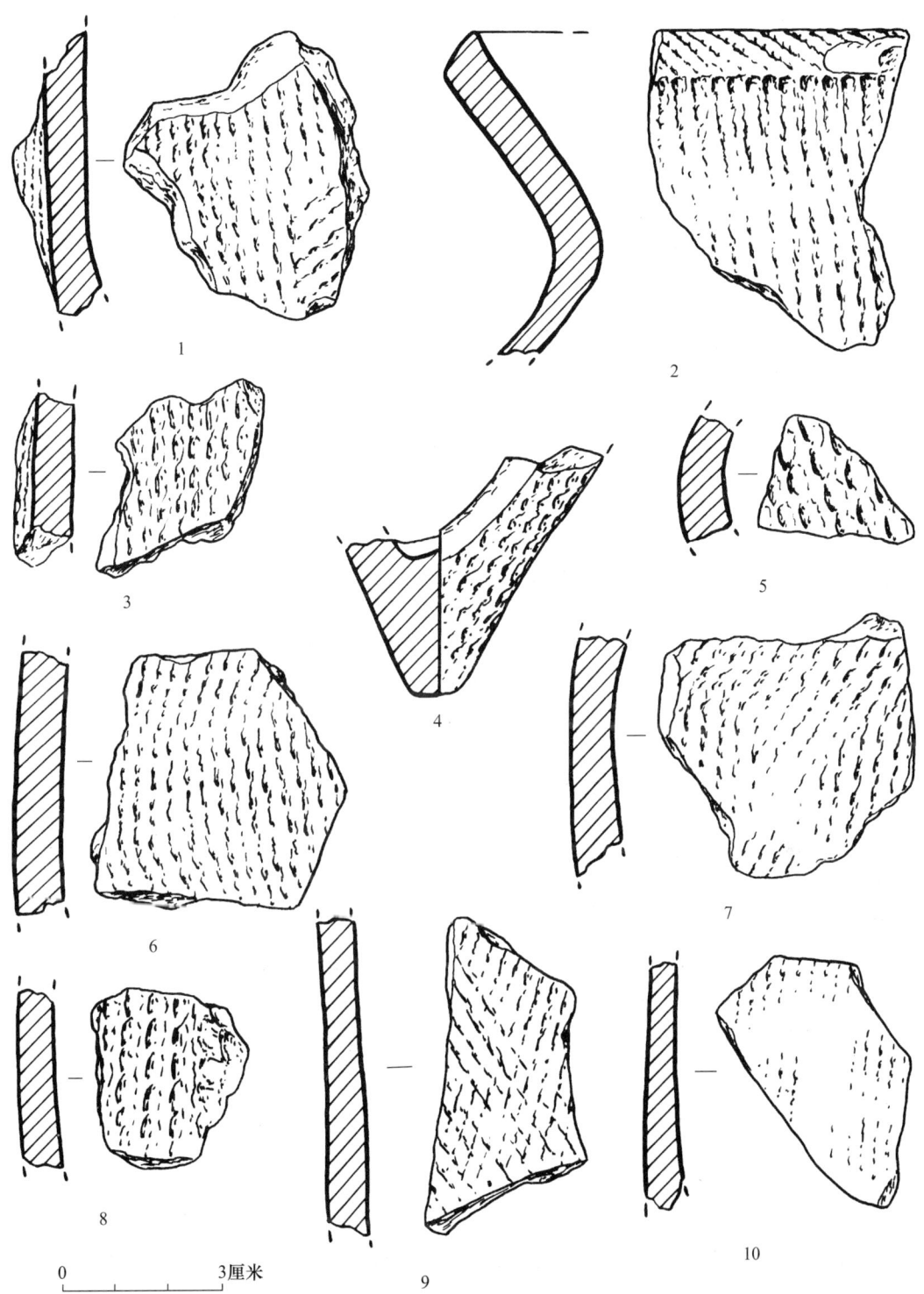

图五六　大河口遗址调查陶器（438～447）
1. 陶鬲（438） 2. 陶罐（440） 3. 陶鬲（447） 4. 陶鬲（439） 5. 陶片（445） 6. 陶片（443）
7. 陶片（444） 8. 陶片（441） 9. 陶片（442） 10. 陶片（446）

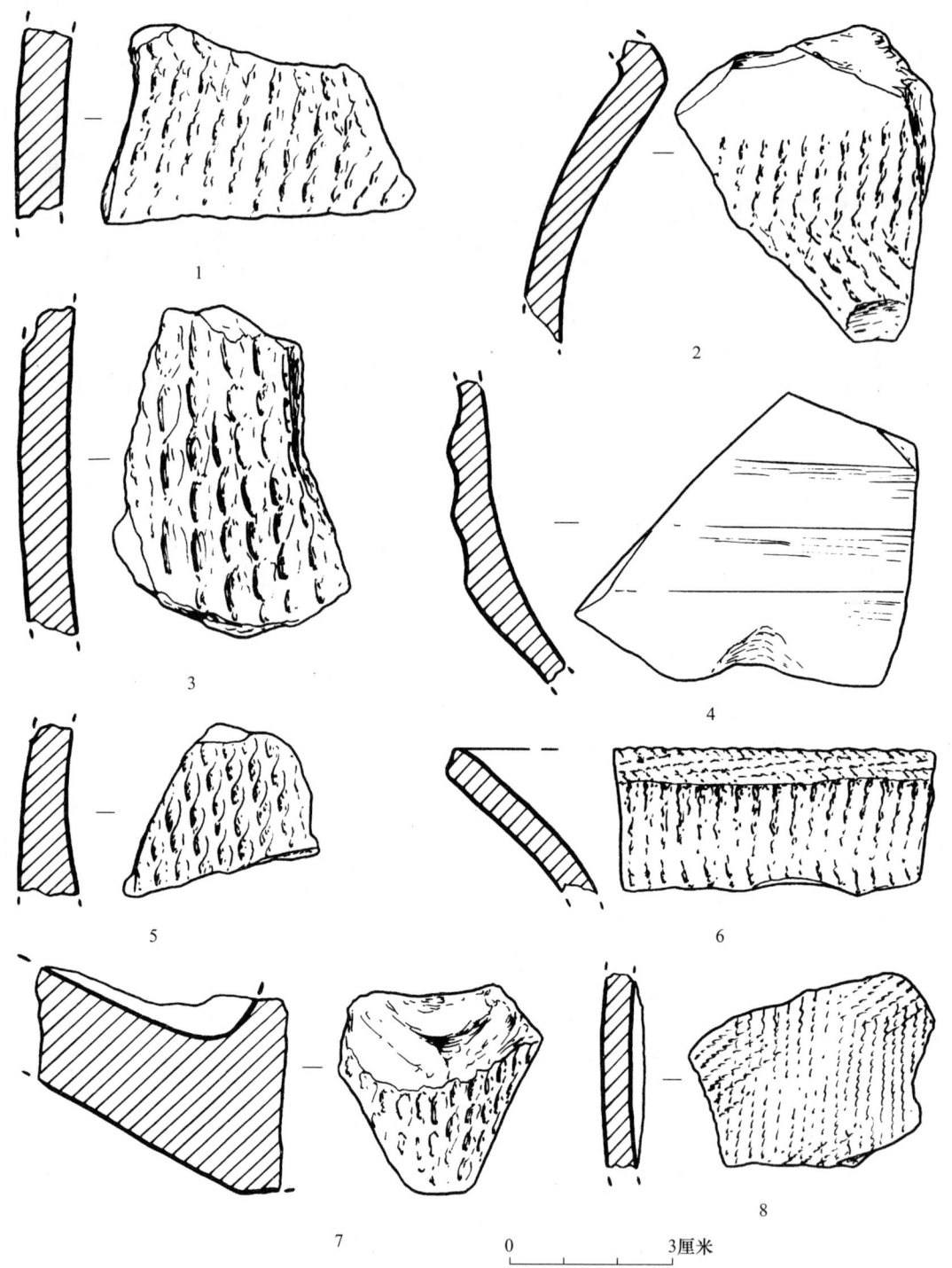

图五七 大河口遗址调查陶器（448～455）
1. 陶片（448） 2. 陶鬲（449） 3. 陶片（455） 4. 陶盖豆（454） 5. 陶片（453）
6. 陶片（452） 7. 陶鬲（450） 8. 陶鬲（451）

451～453号三件标本坐标为N：35°44′47.8″，E：111°46′38.1″，海拔：637米。

标本451，陶鬲。夹砂。灰色。拍印绳纹，局部有交错，抹压。腹部残片，壁较薄。手制，内壁粗糙，有不规则抹痕。宽4.5、高3.5厘米（图五七，8）。

标本452，陶片。夹砂，砂粒较细。灰色。唇面饰横向绳纹，沿下饰竖向绳纹，较规整，抹压。口沿残片，宽沿上翘，方唇。手制，沿面有横向旋抹痕。宽5.9、高2.6厘米（图五七，6）。

标本453，陶片。夹砂，砂粒较细。灰色。绳纹，较规整，抹压。可能是陶鬲残片。手制，内壁有垫印痕。宽3.6、高3厘米（图五七，5）。

454~458号五件标本坐标为N：35°44′47.7″，E：111°46′38.1″，海拔：637米。

标本454，陶盖豆。泥质。灰色。腹部饰瓦棱纹，上腹部磨光。腹部残片。内外壁有横向旋抹痕。宽6.3、高5.2厘米（图五七，4）。

标本455，陶片。夹砂。灰色。竖向绳纹，较规整，局部抹压。可能是陶鬲残片。手制，内壁较粗糙，有垫印痕。宽4.4、高5.9厘米（图五七，3）。

标本456，陶片。夹砂，砂粒较细。灰色。交错绳纹，未抹压。可能是陶鬲残片。手制，内壁抹平，较粗糙，有横向抹痕。宽4.9、高4厘米（图五八，1）。

标本457，陶鬲。夹砂。灰色，陶色不匀。略右斜向绳纹，抹压。腹部残片。手制，内壁有竖向抹痕，较粗糙。宽5.3、高7.2厘米（图五八，8）。

标本458，陶片。夹砂。灰色。竖向绳纹，局部抹压。陶鬲残片。手制，内壁有垫印痕和竖向抹痕。宽5.1、高5.1厘米（图五八，4）。

459和460号二件标本坐标为N：35°44′47.6″，E：111°46′37.6″，海拔：637米。

标本459，陶片。夹砂。灰色。左斜向绳纹，抹压。陶鬲残片。手制，内壁有竖向抹痕。宽3.8、高2.2厘米（图五八，5）。

标本460，陶片。夹砂。灰色。绳纹，抹压。陶鬲残片。手制，内壁有垫压痕迹和竖向抹痕。宽3.7、高2.7厘米（图五八，6）。

461~464号四件标本坐标为N：35°44′47.8″，E：111°46′37.8″，海拔：637米。

标本461，陶片。夹细砂。深灰色，胎及内壁呈浅灰色。略左斜向绳纹，规整，抹压。壁较厚。内壁有竖向抹痕。宽4.5、高4.5厘米（图五八，2）。

标本462，陶片。夹细砂。灰色。竖向绳纹，较规整，抹压。壁较厚。手制，内壁较粗糙，有垫压痕迹。宽3.6、高4.1厘米（图五八，9）。

标本463，陶片。泥质。灰色。绳纹，较规整，局部有交错，抹压。手制，内壁有横向和斜向抹痕。宽4.8、高5厘米（图五八，7）。

标本464，陶甑。泥质，结构紧密。灰色。素面，略加磨光。底部残片，下腹斜内收，平底，底面有圆形戳孔，孔距较疏，孔径7~8毫米。内外底面和内壁有横向旋抹痕。宽4.4、高2.4厘米（图五八，12）。

465~473号九件标本坐标为N：35°44′48.1″，E：111°46′38.2″，海拔：637米。

标本465，陶鬲。夹砂，砂粒较细。绳纹，方向不一致，抹压。裆部残片。手制，内壁抹平。长5.2、宽5.2厘米（图五八，10）。

标本466，陶片。夹砂。灰色。绳纹，局部有交错，未抹压。鬲残片。手制，内壁有竖向抹痕。宽5.6、高4.7厘米（图五八，11）。

标本467，陶片。夹细砂。深灰色。竖向绳纹，局部有交错，抹压，用单根线绳勒压凹弦纹一周割断竖向绳纹。壁较厚。手制，内壁抹光。宽4.3、高4.6厘米（图四七，4；图五八，3）。

标本468，陶片。夹砂和钙质物。深灰色。竖向绳纹，较规整，抹压。可能是陶鬲残片。手

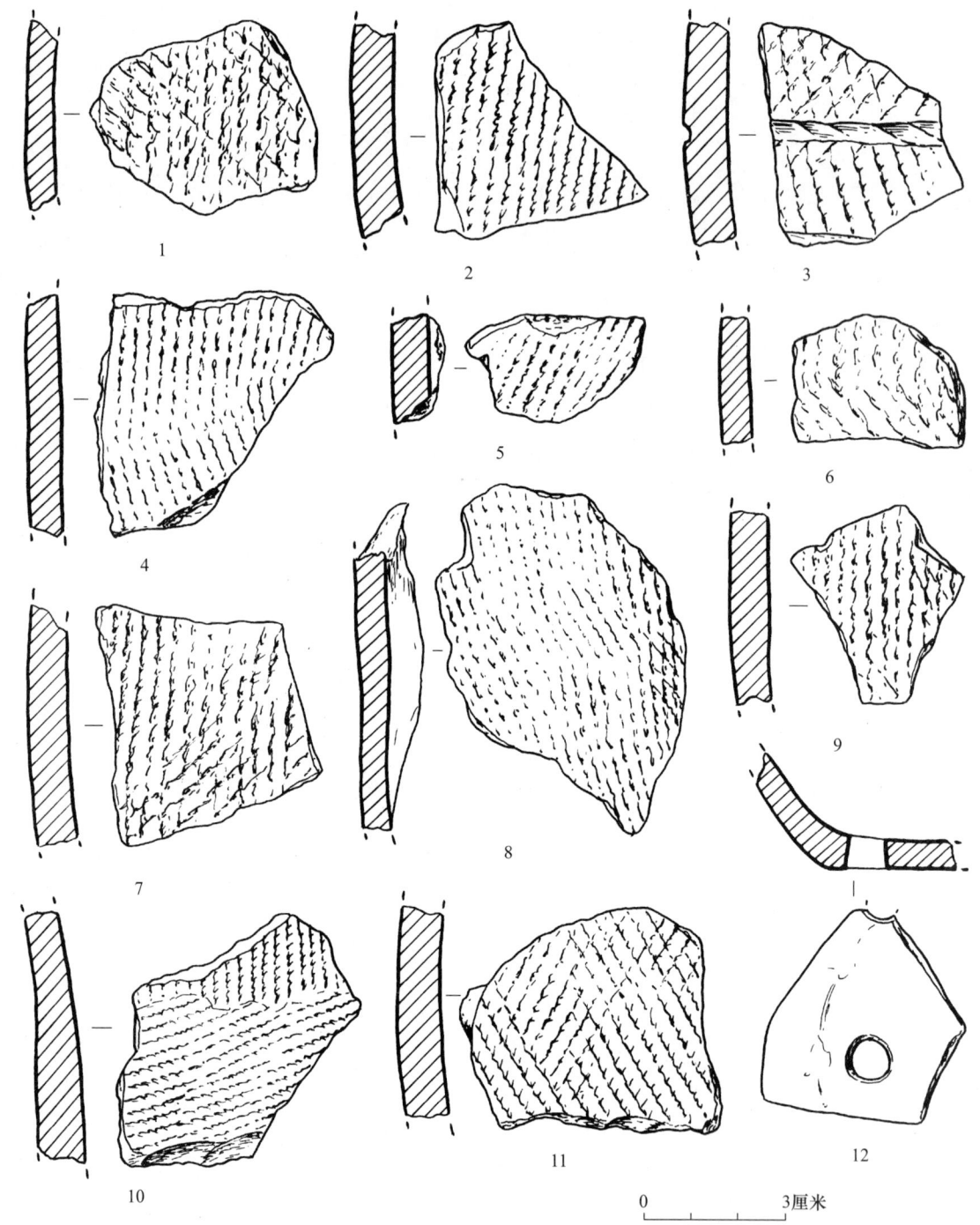

图五八 大河口遗址调查陶器（456~467）
1. 陶片（456） 2. 陶片（461） 3. 陶片（467） 4. 陶片（458） 5. 陶片（459） 6. 陶片（460） 7. 陶片（463） 8. 陶鬲（457） 9. 陶片（462） 10. 陶鬲（465） 11. 陶片（466） 12. 陶甑（464）

制，内壁有竖向抹痕。宽2.9、高4厘米（图五九，1）。

标本469，陶片，夹少许细砂。灰褐色，陶色不匀。竖向绳纹，较规整，抹压。可能是陶鬲残片。手制，内壁有竖向抹痕。宽4.3、高3.2厘米（图五九，2）。

标本470，陶片。泥质，结构紧密。夹芯陶，内外壁呈灰色，胎呈褐色。左斜向绳纹，抹压。手制，内壁有横向抹痕。宽5.7、高3.8厘米（图五九，7）。

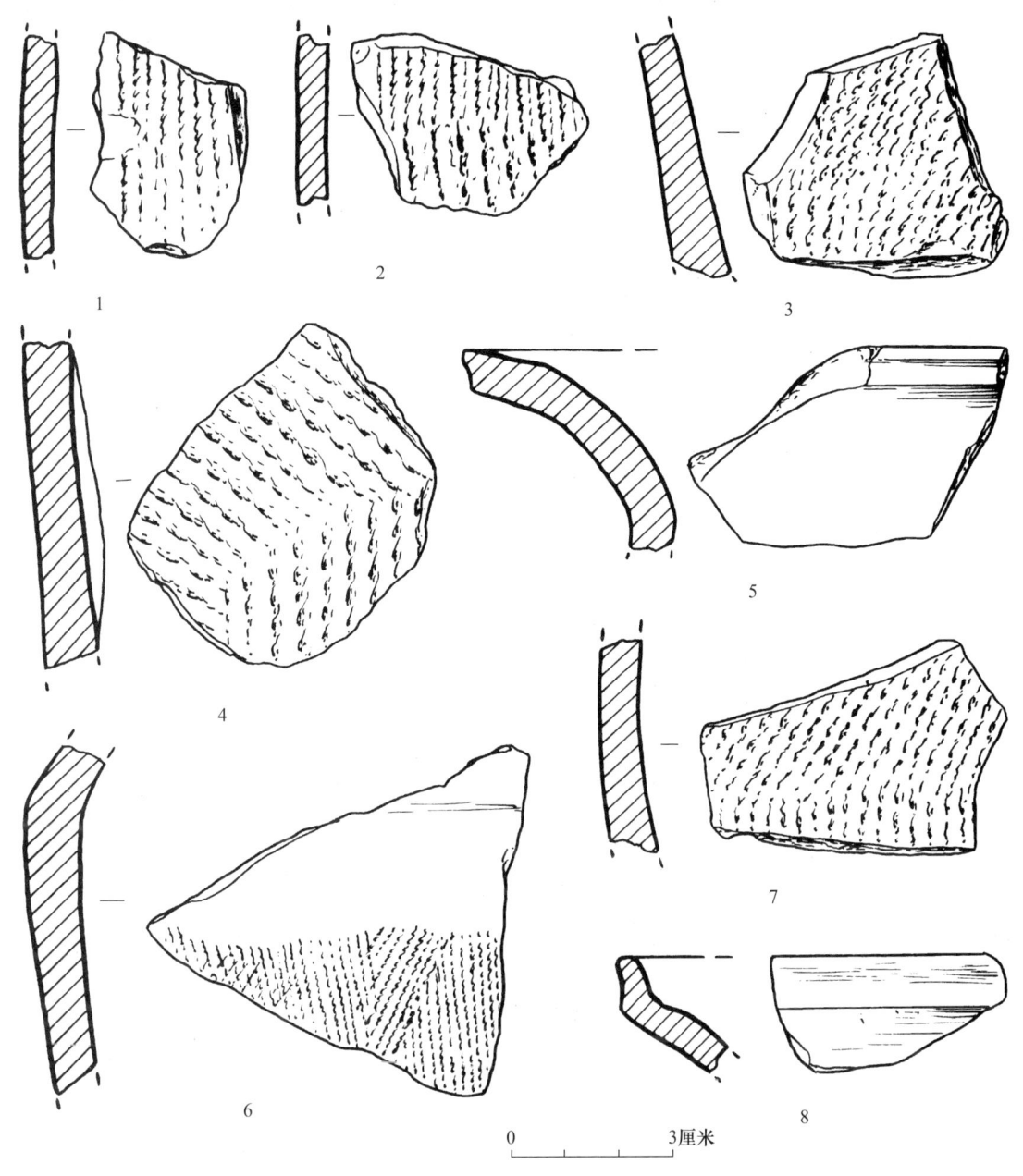

图五九　大河口遗址调查陶器（468~475）
1. 陶片（468）　2. 陶片（469）　3. 陶片（474）　4. 陶鬲（471）　5. 陶片（472）
6. 陶罐（473）　7. 陶片（470）　8. 陶豆（475）

标本471，陶鬲。夹砂，砂粒较细。灰色。绳纹，方向不一致，局部抹压。腹部近裆残片。手制，内壁有竖向抹痕。宽5.6、高6.1厘米（图五九，4）。

标本472，陶片。泥质。灰色。素面。喇叭口，折沿上翘，斜方唇，唇面有一周凹槽，曲颈。手制，内外壁有横向旋抹痕。宽5.9、高3.6厘米（图五九，5）。

标本473，陶罐。夹砂。褐色。腹部饰绳纹，局部有交错，抹压。肩部残片，折肩。手制，肩腹转折处有横向旋抹痕，内壁较粗糙，有横向抹痕。宽7.1、高6.2厘米（图五九，6）。

474和475号二件标本坐标为N：35°44′48.9″，E：111°46′39.3″，海拔：637米。

标本474，陶片。泥质，结构紧密。灰色。左斜向绳纹，抹压。可能是陶罐下腹部残片，内壁有磨蚀。手制，内壁抹平。宽 4.9、高 4.4 厘米（图五九，3）。

标本 475，陶豆。夹细砂。外壁为浅灰色，胎及内壁呈浅黄褐色。素面。豆盘残片，敞口，圆唇，盘腹方折，磨损较甚。手制。宽 4.4、高 2.1 厘米（图五九，8）。

476～478 号三件标本坐标为 N：35°44′49.3″，E：111°46′39.2″，海拔：637 米。

标本 476，陶器底。泥质，结构紧密。灰色。腹饰左斜向绳纹，近底处饰横向绳纹，抹压较甚，局部绳纹被抹去。下腹斜直内收，平底。底面有垫印绳纹，磨损较甚。手制，腹底套接，底包壁，下腹有横向抹痕，内壁有竖向抹痕。底径 15、高 4.5 厘米（图六〇，7）。

标本 477，陶鬲。夹砂。深灰色。竖向绳纹，有交错和叠压，沿下抹压较甚，颈部绳纹被抹去。颈肩部残片，束颈。手制，肩部内壁有横向抹痕和垫压痕迹。宽 4.3、高 6.5 厘米（图六〇，4）。

标本 478，陶片。夹砂，砂粒较细。灰色。绳纹，局部有叠压。可能是陶鬲残片。内壁抹平，有斜向抹痕。宽 5.6、高 4.4 厘米（图六〇，3）。

479 和 480 号二件标本坐标为 N：35°44′49.5″，E：111°46′39.2″，海拔：637 米。

标本 479，陶鬲。夹砂。深灰色，胎及内壁呈灰色。沿下及颈部抹绳纹，局部绳纹被抹去，上腹部饰竖向和左斜向绳纹，局部抹压。侈口，卷沿，唇残，束颈。手制，颈部内外有横向抹痕，上腹部内壁有垫压痕迹。宽 3.2、高 5.3 厘米（图六〇，8）。

标本 480，陶鬲。夹石英砂。灰色。右斜向绳纹，较规整，局部抹压。手制，内壁有垫压痕迹及横向抹痕。宽 5.2、高 3.8 厘米（图六〇，5）。

标本 481，陶罐。坐标为 N：35°44′49.4″，E：111°46′39.2″，海拔：637 米。泥质。灰色。素面。口部残片，近直口，平沿，尖唇，斜颈。手制，内外壁有横向旋抹痕。口径 11.2、高 3.2 厘米（图六〇，6）。

482～490 号九件标本坐标为 N：35°44′49.3″，E：111°46′39.9″，海拔：639 米。

标本 482，陶片。夹少许砂。灰色。抹绳纹，抹压较甚，多处绳纹被抹去。可能是陶罐肩部残片。手制，内外壁有横向旋抹痕。宽 5.9、高 5.7 厘米（图六〇，1）。

标本 483，陶片。泥质，结构紧密。灰色。竖向绳纹，抹压。手制，内壁抹平。宽 5.3、高 3 厘米（图六〇，2）。

标本 484，陶鬲。夹砂。外壁深灰色，胎及内壁呈灰色。竖向绳纹，抹压。下腹近足部残片，壁较厚。手制，内壁粗糙，有竖向抹痕。宽 4.9、高 4.6 厘米（图六〇，9）。

标本 485，陶鬲。夹砂，砂粒较细。灰色。颈部抹绳纹，肩部饰竖向绳纹，抹压。口部残片，侈口，卷沿上翘，圆唇，束颈。手制，颈部和内壁有横向旋抹痕。宽 6.5、高 5.6 厘米（图六一，1；图版一八，5、6）。

标本 486，陶片。泥质，结构紧密。夹芯陶，外壁呈橙红色，胎呈灰色，内壁呈棕褐色。拍印绳纹，抹压。手制，内壁有垫压痕迹和横向抹痕。宽 7、高 5.5 厘米（图六一，4）。

标本 487，陶片。泥质，结构紧密。黄褐色。竖向绳纹，有叠压，抹压。壁较厚，内壁有磨损。泥片贴筑，内壁抹平。宽 5、高 6.4 厘米（图六一，8）。

标本 488，陶鬲。夹砂。深灰色。沿面有凹弦纹两周，肩部饰绳纹。口部残片，侈口，折沿，沿面下凹成槽，外缘凸起，方唇，矮颈。手制，口沿及颈部内外有横向旋抹痕。宽 5.3、高 3.6 厘米（图六一，2）。

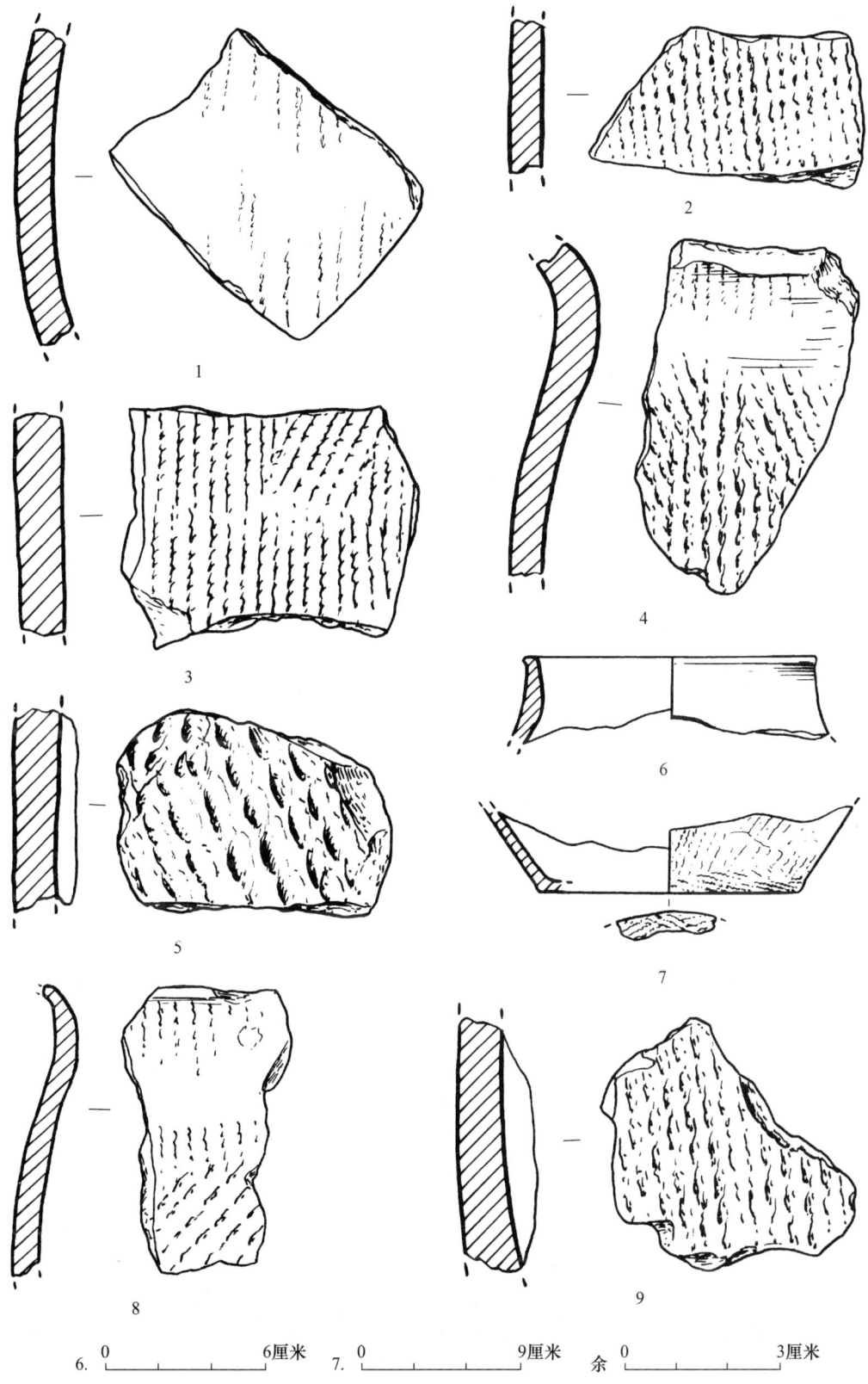

图六〇 大河口遗址调查陶器（476~484）
1. 陶片（482） 2. 陶片（483） 3. 陶片（478） 4. 陶鬲（477） 5. 陶鬲（480）
6. 陶罐（481） 7. 陶器底（476） 8. 陶鬲（479） 9. 陶鬲（484）

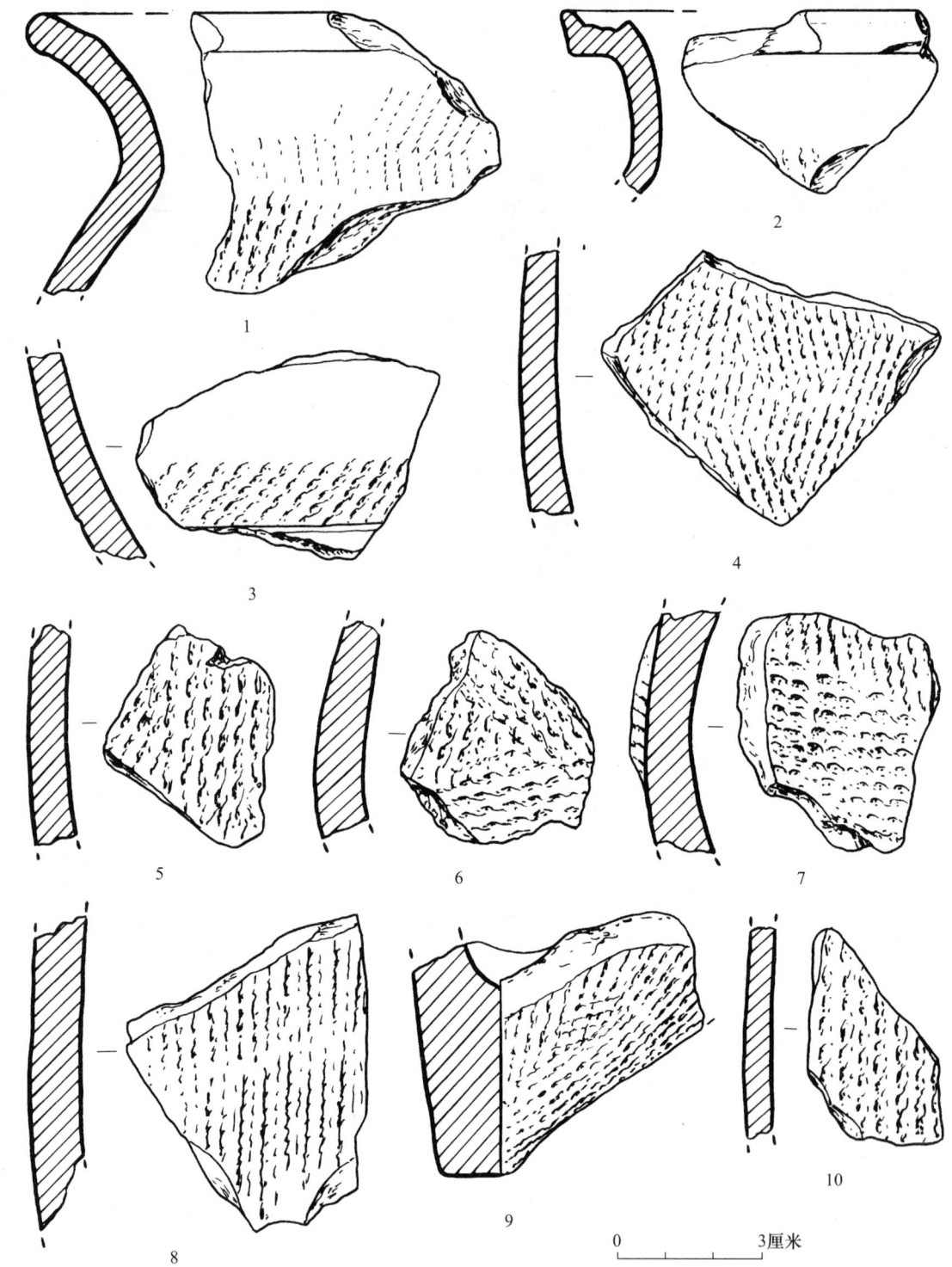

图六一　大河口遗址调查陶器（485~494）
1. 陶鬲（485）　2. 陶鬲（488）　3. 陶片（491）　4. 陶片（486）　5. 陶片（489）　6. 陶鬲（493）
7. 陶鬲（492）　8. 陶片（487）　9. 陶鬲（490）　10. 陶片（494）

标本489，陶片。泥质。橘红色。竖向绳纹，较规整，抹压。手制，内壁抹平。宽3.6、高4.4厘米（图六一，5）。

标本490，陶鬲。夹砂。褐色，外壁陶色不匀，内壁呈黑色。绳纹，抹压。鬲足，壁较厚，圆形实足根，小平底。手制，内壁粗糙，有不规则手抹痕迹。宽6、高5.3厘米（图六一，9）。

标本491，陶片。坐标为N：35°44′48.8″，E：111°46′40.1″，海拔：636米。夹少许细砂，结构紧密。灰色。上部素面，下部饰左斜向绳纹，抹压，绳纹下有一周凹弦纹。手制，内壁粗糙，有竖向抹痕。宽4.2、高6.3厘米（图六一，3）。

标本492，陶鬲。坐标为N：35°44′48.7″，E：111°46′40.1″，海拔：635米。夹砂。灰色。腹饰竖向绳纹，裆部饰横向绳纹，均抹压。裆部残片，壁较厚。手制，内壁较粗糙，有竖向抹痕。长4.7、宽4.1厘米（图六一，7）。

493～495号三件标本坐标为N：35°44′49.1″，E：111°46′40.1″，海拔：638米。

标本493，陶鬲。夹砂。灰色。绳纹，方向不一致，抹压。裆部残片，壁较厚。手制，内壁较粗糙，有不规则抹痕。长4.2、宽4厘米（图六一，6）。

标本494，陶片。夹细砂。深灰色，胎及内壁呈灰色。竖向绳纹，较规整，抹压。壁较薄。手制，内壁较粗糙，有横向抹痕。宽2.7、高4.3厘米（图六一，10）。

标本495，陶片。夹砂。灰色。竖向绳纹，较规整，抹压。手制，内壁有竖向抹痕。宽4.7、高6.6厘米（图六二，1）。

496～499号四件标本坐标为N：35°44′49.3″，E：111°46′40.1″，海拔：639米。

标本496，陶片。泥质，结构紧密。灰色。拍印绳纹，方向不一致，有叠压，抹压。壁较厚。手制，内壁抹光。宽4.2、高5厘米（图六二，6）。

标本497，陶片。泥质。外壁呈橙红色，胎及内壁呈灰色。竖向粗绳纹，较规整，抹压。手制，内壁抹光。宽5.3、高5.6厘米（图四七，3；图六二，7）。

标本498，陶罐。泥质，结构紧密。灰色。竖向绳纹，抹压。肩部残片，圆折肩。手制，内壁有垫压痕迹。宽3.8、高6.4厘米（图六二，5）。

标本499，陶片。夹少许细砂。灰色。绳纹，局部有交错。手制，内壁抹平，有斜向抹痕。宽3.6、高4.8厘米（图六二，3）。

标本500、501（为同一件器物，已拼接），陶鬲。坐标为N：35°44′49.2″，E：111°46′40.4″，海拔：637米。夹砂。灰色。竖向绳纹，较规整，抹压。腹部近裆残片。手制，内壁抹平，有横向抹痕。宽3.5、高4.5厘米（图六二，2）。

502和503号二件标本坐标为N：35°44′49.6″，E：111°46′40.8″，海拔：637米。

标本502，陶片。夹砂，砂粒较细。深灰色。抹绳纹，局部绳纹被抹去。可能是陶鬲残片。手制，内壁有垫压痕迹和竖向抹痕。宽4.4、高5厘米（图六二，4）。

标本503，陶片。夹少许砂。灰色，陶色不匀。绳纹，有叠压，局部有交错，抹压。手制，内壁有垫印痕和横向抹痕。宽6.9、高4.7厘米（图六二，8）。

504和505号二件标本坐标为N：35°44′49.6″，E：111°46′40.4″，海拔：637米。

标本504，陶鬲。夹砂，砂粒较细，结构紧密。灰色。肩部饰左斜向绳纹，有叠压，抹压。颈肩部残片，磨损较甚。手制，颈部内外有横向旋痕，肩部内壁抹平。宽5、高7.4厘米（图六三，1）。

标本505，陶片。泥质，结构紧密。灰色。麦粒状绳纹，抹压。壁较厚。手制，内壁有垫印痕。宽5.2、高4.7厘米（图四七，2；图六三，2）。

506～508号三件标本坐标为N：35°44′49.7″，E：111°46′40.4″，海拔：637米。

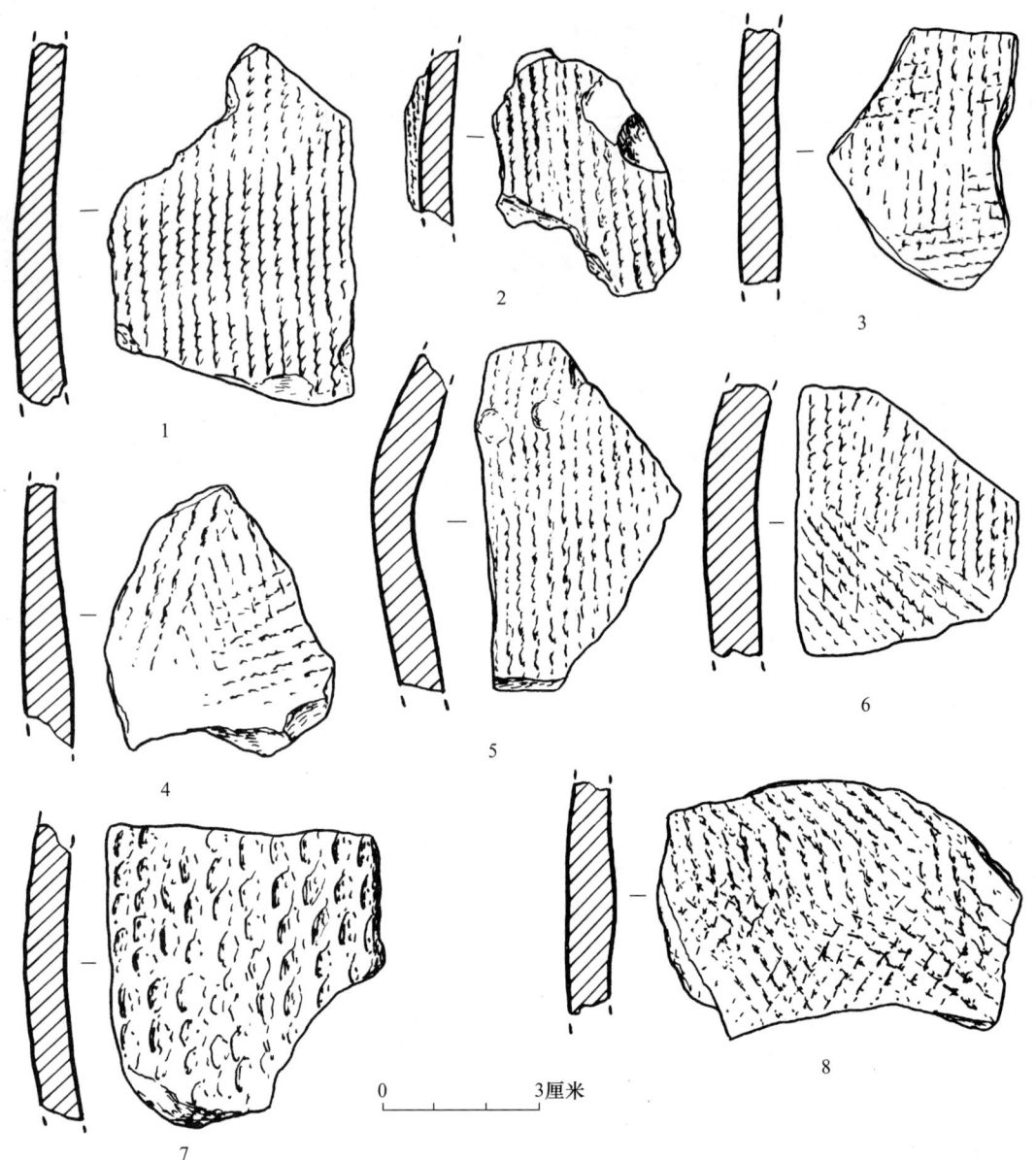

图六二　大河口遗址调查陶器（495～503）
1. 陶片（495）　2. 陶鬲（500、501）　3. 陶片（499）　4. 陶片（502）　5. 陶罐（498）
6. 陶片（496）　7. 陶片（497）　8. 陶片（503）

标本506，陶器底。泥质。灰色。腹饰竖向绳纹，抹压，近底处绳纹被抹去。下腹斜内收，平底残缺。手制，内壁有横向抹痕和垫压痕迹。宽6.1、高5.7厘米（图六三，3）。

标本507，陶片。夹砂。深灰色。绳纹，局部有交错，抹压。壁较厚。手制，内壁有横向抹痕。宽5.1、高4.3厘米（图六三，7）。

标本508，陶片。夹石英砂，结构紧密。灰色。拍印绳纹，方向不一致，局部抹压。可能是陶鬲残片。手制，内壁有垫印窝。宽4.6、高6.3厘米（图六三，6）。

509和510号二件标本坐标为N：35°44′49.7″，E：111°46′40.1″，海拔：637米。

标本509，陶罐。泥质，结构紧密。灰色。素面。颈肩部残片。颈肩转折处有横向旋抹痕，内壁抹光，有横向抹痕。宽5.4、高4.3厘米（图六三，4）。

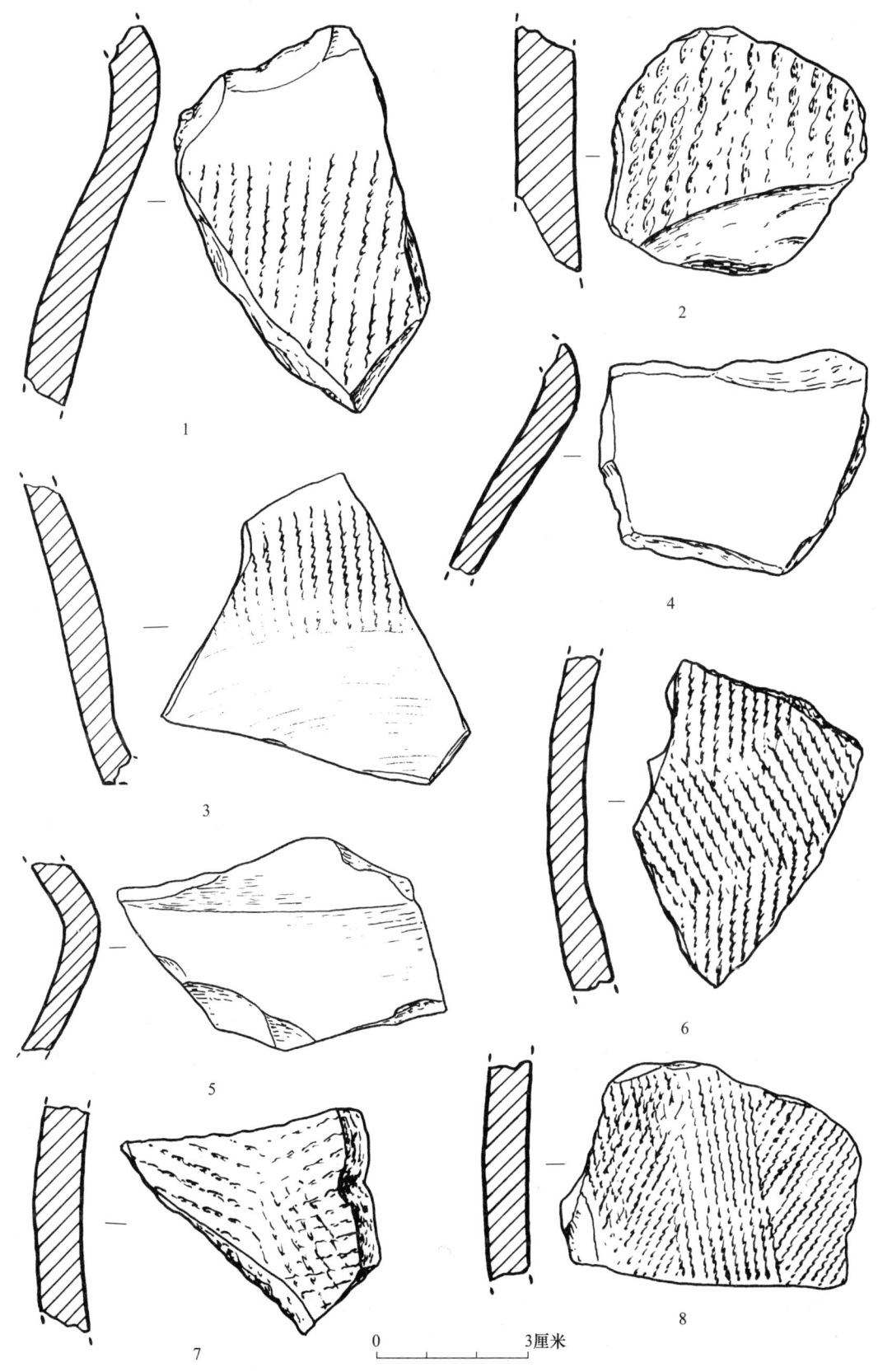

图六三　大河口遗址调查陶器（504～511）
1. 陶鬲（504）　2. 陶片（505）　3. 陶器底（506）　4. 陶罐（509）　5. 陶片（511）
6. 陶片（508）　7. 陶片（507）　8. 陶片（510）

标本510，陶片。夹石英砂和钙质物。深灰色。拍印绳纹，较规整，方向不一致，抹压。可能是陶鬲残片，内壁有磨损。手制，内壁抹光。宽6、高4.4厘米（图六三，8）。

511~514号四件标本坐标为N：35°44′49.8″，E：111°46′39.9″，海拔：637米。

标本511，陶片。泥质，结构紧密。灰色。素面磨光。可能是小口高领罐颈肩部残片。手制，颈部内壁抹光，肩部内壁有垫压痕迹。宽6.5、高4.1厘米（图六三，5）。

标本512，陶鬲。夹砂，砂粒较细。深灰色。抹绳纹。颈部残片。手制，内外壁有横向抹痕。宽5.3、高2.7厘米（图六四，1）。

标本513，陶罐。泥质。灰色。素面。颈肩部残片，颈肩转折处较圆，颈部壁较厚。手制，外表和颈部内壁有横向旋抹痕，肩部内壁抹光。宽4.3、高5厘米（图六四，6）。

标本514，陶片。泥质。灰色。竖篮纹，抹压。可能是小口高领罐腹部残片。手制，内壁抹光。宽5.7、高5.6厘米（图六四，8）。

515和516号二件标本坐标为N：35°44′49.8″，E：111°46′39.5″，海拔：637米。

标本515，陶鬲。夹砂。灰色。颈部抹绳纹，颈肩转折处绳纹被抹去，肩部饰绳纹。口部残片，侈口，窄折沿上翘，圆方唇，矮颈。手制，内壁有横向抹痕。宽5.4、高3.5厘米（图六四，2）。

标本516，陶片。泥质。灰色。粗绳纹，较规整，抹压。手制，内壁有垫压痕迹和斜向抹痕。宽4.3、高3.9厘米（图六四，4）。

517和518号二件标本坐标为N：35°44′49.5″，E：111°46′39.9″，海拔：637米。

标本517，陶片。泥质，结构紧密。灰色。素面磨光，上部刻划凹弦纹一周。可能是陶罐肩部残片。手制，内壁有不规则抹痕。宽5.9、高7.3厘米（图六四，3）。

标本518，陶片。夹砂和钙质物。灰色。右斜向绳纹，抹压。可能是陶鬲残片，外表有磨损。手制，内壁抹平，较粗糙。宽3.2、高5.3厘米（图六四，7）。

标本519，陶片。坐标为N：35°44′49.5″，E：111°46′40.0″，海拔：637米。夹砂。橙红色，胎及内壁呈灰色。绳纹，有交错，抹压。磨损较甚。手制，内壁粗糙。宽4.3、高5.1厘米（图六四，5）。

标本520，陶片。坐标为N：35°44′50.1″，E：111°46′39.3″，海拔：637米。泥质，结构紧密。棕褐色，内壁呈黑色。竖向线纹，下部有一周凹弦纹割断线纹。外壁局部有剥落。手制，内壁有横向抹痕。宽5.7、高3.1厘米（图六五，3）。

521~523号三件标本坐标为N：35°44′50.0″，E：111°46′40.0″，海拔：637米。

标本521，陶片。泥质。灰色。竖篮纹，抹压。壁较薄。内壁抹光。宽4.1、高3.5厘米（图六五，6）。

标本522，陶片。夹砂。灰色。上部素面磨光，下部饰竖向细丝状绳纹，有叠压，抹压。手制，内壁粗糙，有横向抹痕。宽4.3、高4.6厘米（图六五，9）。

标本523，陶豆。泥质，结构紧密。灰褐色。口沿及内壁素面磨光，腹壁抹绳纹。口部残片，敞口，平折沿，扁圆唇，斜收腹。手制，轮修。宽5.8、高1.6厘米（图六五，2）。

标本524，瓦当。坐标为N：35°44′50.2″，E：111°46′40.2″，海拔：637米。泥质。灰色。云纹。磨损较甚。手制。长4.1、宽3.1厘米（图六五，8）。

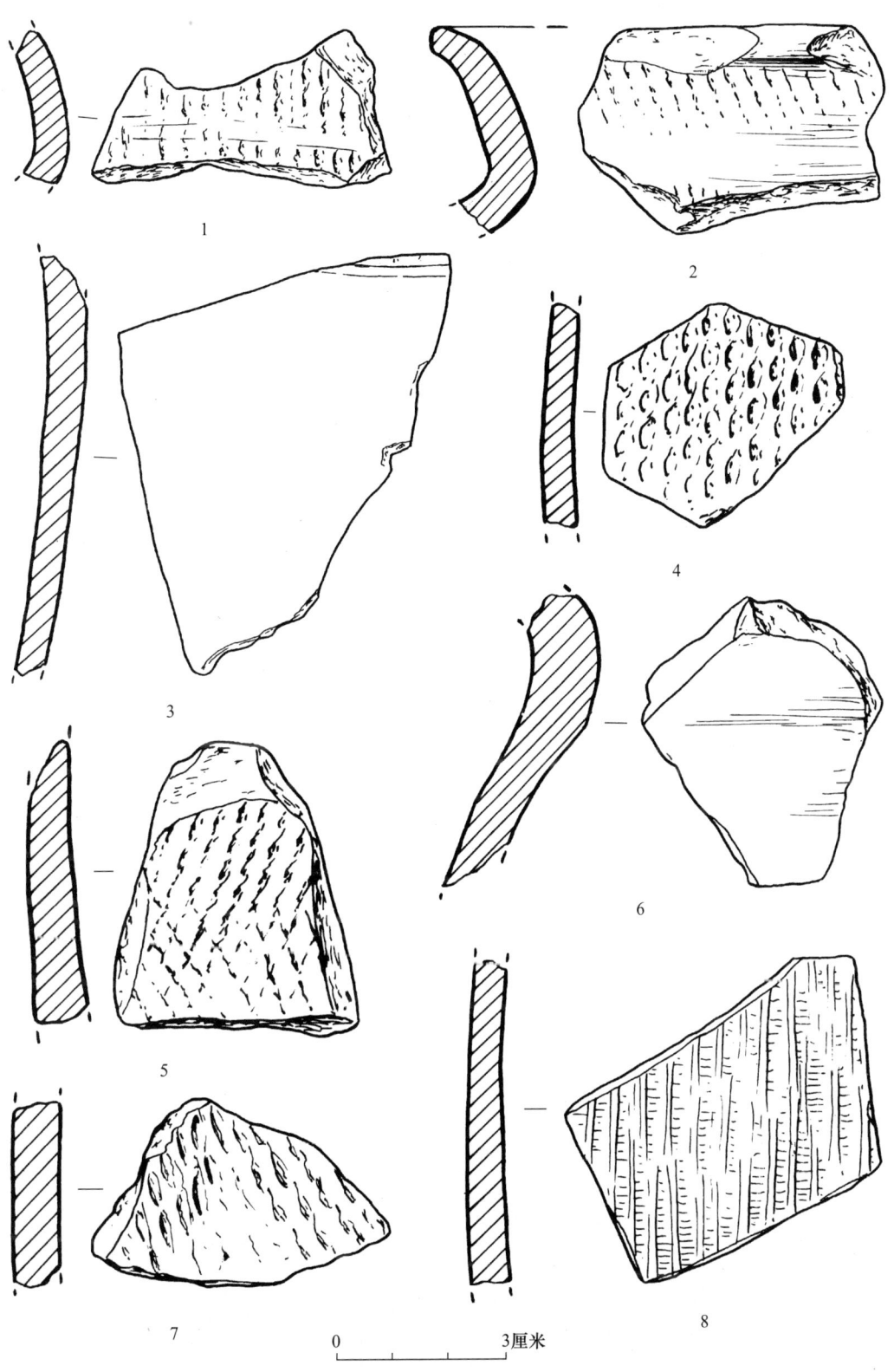

图六四 大河口遗址调查陶器（512~519）
1. 陶鬲（512） 2. 陶鬲（515） 3. 陶片（517） 4. 陶片（516） 5. 陶片（519）
6. 陶罐（513） 7. 陶片（518） 8. 陶片（514）

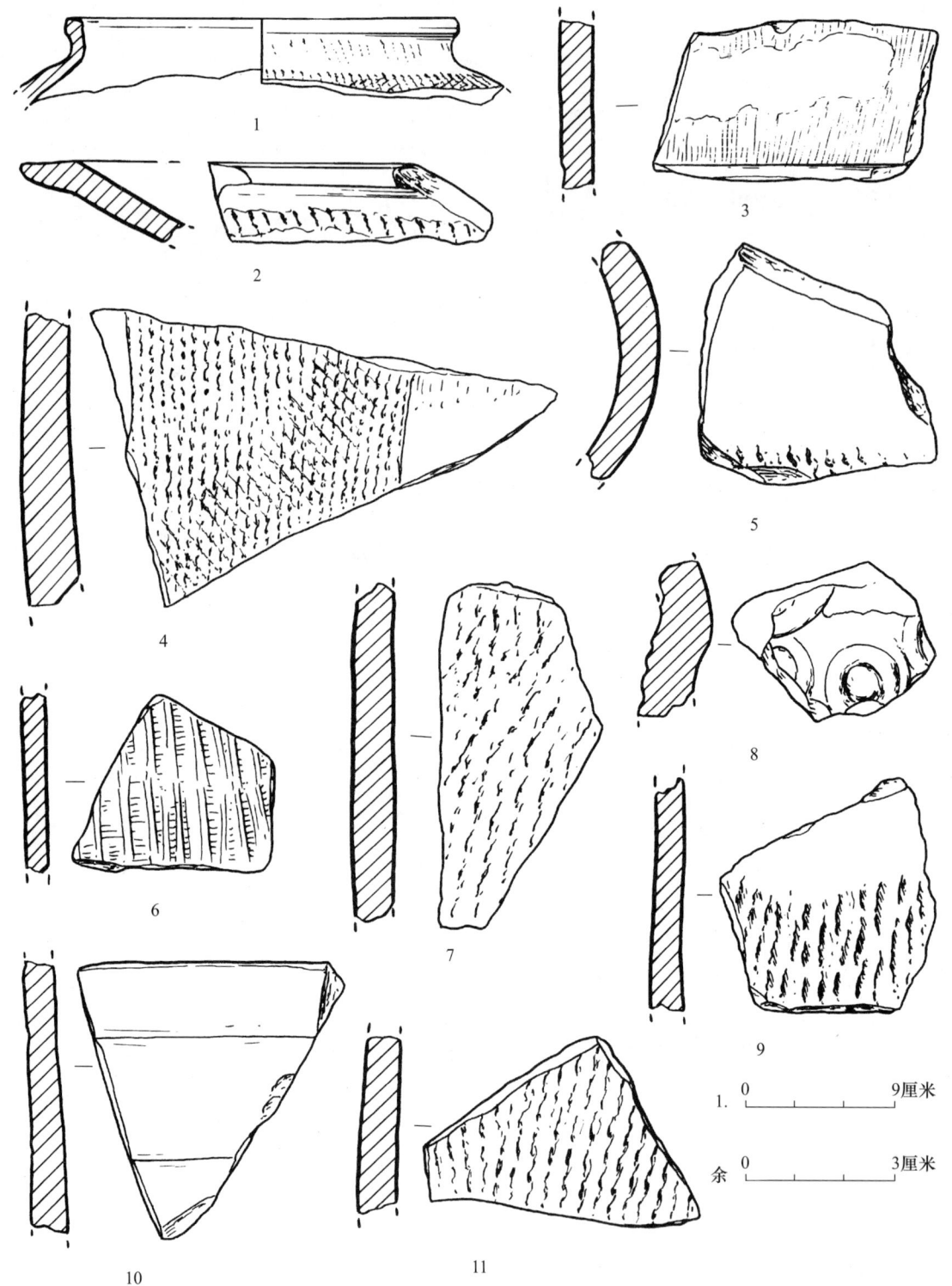

图六五 大河口遗址调查陶器（520～529、531）
1. 陶鬲（528） 2. 陶豆（523） 3. 陶片（520） 4. 陶片（527） 5. 陶罐（531） 6. 陶片（521）
7. 陶片（526） 8. 瓦当（524） 9. 陶片（522） 10. 陶片（525） 11. 陶片（529）

标本525，陶片。坐标为N：35°44′50.5″，E：111°46′40.8″，海拔：639米。泥质。灰色。凹弦纹数周。可能是陶罐肩部残片。手制，内壁抹平，较粗糙。宽5.4、高5.4厘米（图六五，10）。

526 和 527 号二件标本坐标为 N：35°44′50.4″，E：111°46′41.1″，海拔：638 米。

标本 526，陶片。夹石英砂。灰色。绳纹，抹压。手制，内壁有垫压痕迹。宽 3.3、高 6.8 厘米（图六五，7）。

标本 527，陶片。夹细砂。灰色。绳纹，局部有交错，抹压。手制，内壁有横向抹痕。宽 9.4、高 5.8 厘米（图六五，4）。

528 和 529 号二件标本坐标为 N：35°44′50.4″，E：111°46′41.6″，海拔：639 米。

标本 528，陶鬲。夹砂。灰色。颈部抹绳纹，肩部饰竖向绳纹，局部有交错，抹压。直口，窄折沿，厚圆方唇，矮颈，圆肩，壁较厚。口沿及内壁抹平，粗糙。口径 24、高 5.1 厘米（图六五，1）。

标本 529，陶片。泥质。夹芯陶，外表呈灰褐色，陶色不匀，胎呈灰色，内壁呈褐色。竖向绳纹，较规整，抹压。手制，内壁抹平。宽 5.6、高 3.7 厘米（图六五，11）。

531 和 532 号二件标本坐标为 N：35°44′50.6″，E：111°46′42.3″，海拔：641 米。

标本 531，陶罐。泥质，结构紧密。浅灰色。肩部饰竖向绳纹，抹压。颈部残片，曲颈，内壁有磨蚀。手制，内壁有横向抹痕。宽 4.8、高 4.7 厘米（图六五，5）。

标本 532，陶盆。泥质，结构紧密。灰色。内壁饰暗弦纹。口部残片，敞口，卷沿，扁圆唇，斜收腹，腹壁较薄。轮制，口沿及内外壁有横向旋痕。宽 10.8、高 4.5 厘米（图六六，4）。

533 和 534 号二件标本坐标为 N：35°44′50.3″，E：111°46′40.9″，海拔：637 米。

标本 533，陶片。泥质。灰色。素面磨光。可能是陶罐肩部残片。手制，内壁较粗糙，有横向抹痕。宽 4.5、高 4 厘米（图六六，1）。

标本 534，陶片。夹砂。灰色。上部抹绳纹，纹饰很模糊，下部磨光。可能是陶斝上腹部残片。手制，内壁上部有横向抹痕，下部粗糙。宽 3.4、高 4.5 厘米（图六六，5）。

535 和 536 号二件标本坐标为 N：35°44′50.0″，E：111°46′40.9″，海拔：638 米。

标本 535，陶鬲。夹砂。深灰色。竖向绳纹，较规整，抹压。足上部残片。手制，内壁抹平，有竖向抹痕。宽 4.1、高 4.1 厘米（图六六，3）。

标本 536，陶片。泥质，结构紧密。灰色。竖向绳纹，有叠压，抹压。手制，内壁抹平，较粗糙，有横向抹痕。宽 10.5、高 7.7 厘米（图六六，6）。

537 和 538 号二件标本坐标为 N：35°44′49.9″，E：111°46′40.6″，海拔：637 米。

标本 537，陶片。夹少许砂。灰色。上部素面，下部饰略右斜向绳纹，抹压。可能是陶罐肩部残片。手制，内壁有垫压痕迹。宽 4.6、高 5.7 厘米（图六六，7）。

标本 538，陶鬲。夹砂。深灰色。左斜向绳纹，抹压。近裆部残片。手制，内壁粗糙，有垫压痕迹。宽 4.5、高 5.3 厘米（图六六，8）。

539~541 号三件标本坐标为 N：35°44′49.4″，E：111°46′40.9″，海拔：638 米。

标本 539，陶鬲。夹砂。灰色。左斜向绳纹，抹压。足部残片，足根残。手制，内壁有竖向抹痕。宽 5.1、高 3.9 厘米（图六六，9）。

标本 540，陶片。泥质。灰色。素面。可能是陶罐肩部残片。手制，内外壁有横向旋抹痕。宽 5.8、高 5.2 厘米（图六六，2）。

标本 541，陶罐。泥质，结构紧密。夹芯陶，内外壁呈灰色，胎呈褐色。颈肩转折处有剔刺窝纹，余素面。肩部残片。手制，内壁有横向抹痕。宽 5.3、高 4.8 厘米（图六七，1）。

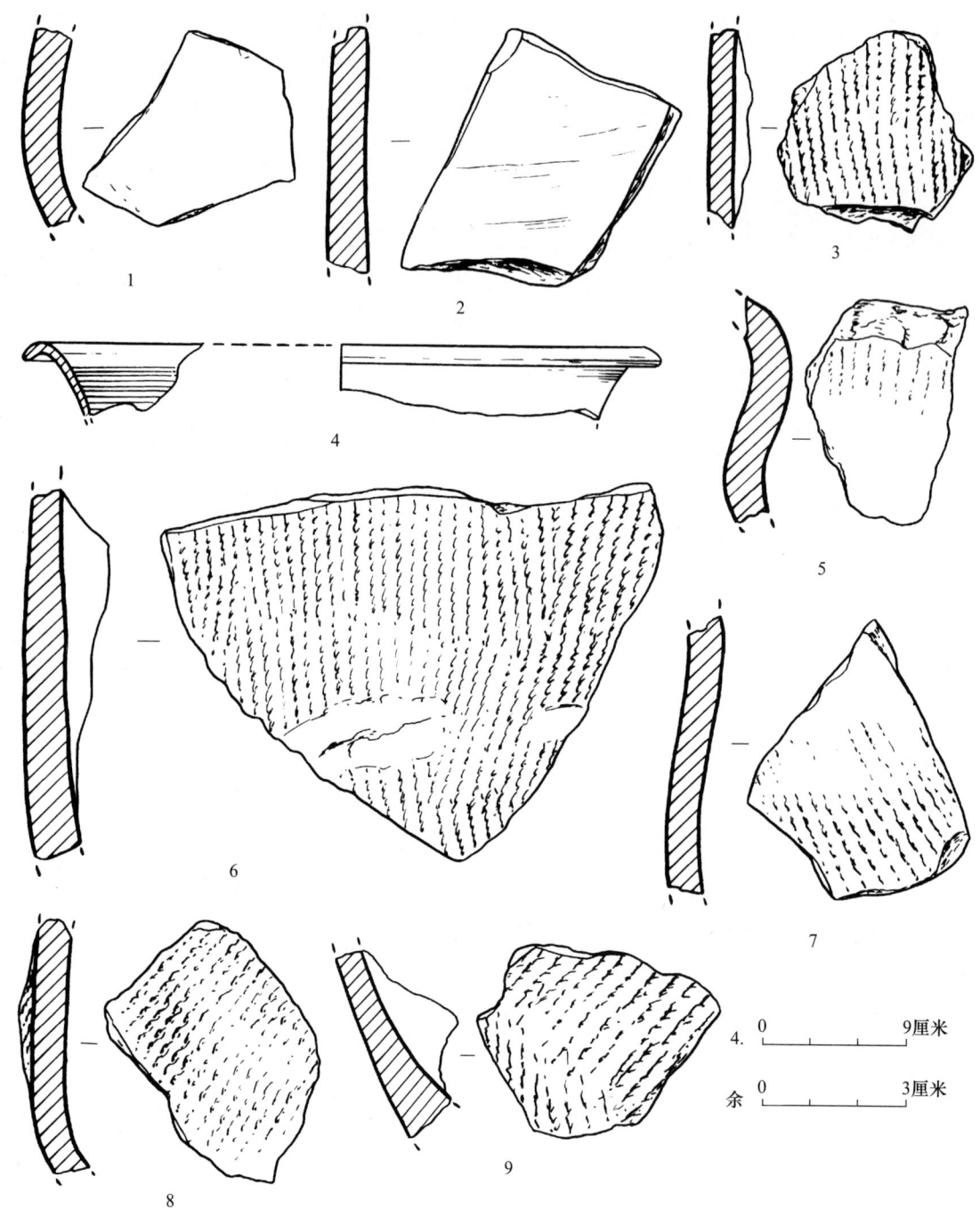

图六六　大河口遗址调查陶器（532～540）
1. 陶片（533）　2. 陶片（540）　3. 陶鬲（535）　4. 陶盆（532）　5. 陶片（534）
6. 陶片（536）　7. 陶片（537）　8. 陶鬲（538）　9. 陶鬲（539）

542和543号二件标本坐标为N：35°44′49.2″，E：111°46′41.0″，海拔：638米。

标本542，陶片。夹少许砂。浅灰色。竖向绳纹，抹压。手制，内壁有竖向抹痕。宽3.5、高3.8厘米（图六七，2）。

标本543，陶片。泥质，结构紧密。灰色。竖向绳纹，抹压。可能是陶罐腹部残片。手制，内壁有垫压痕迹。宽5.6、高5.3厘米（图六七，5）。

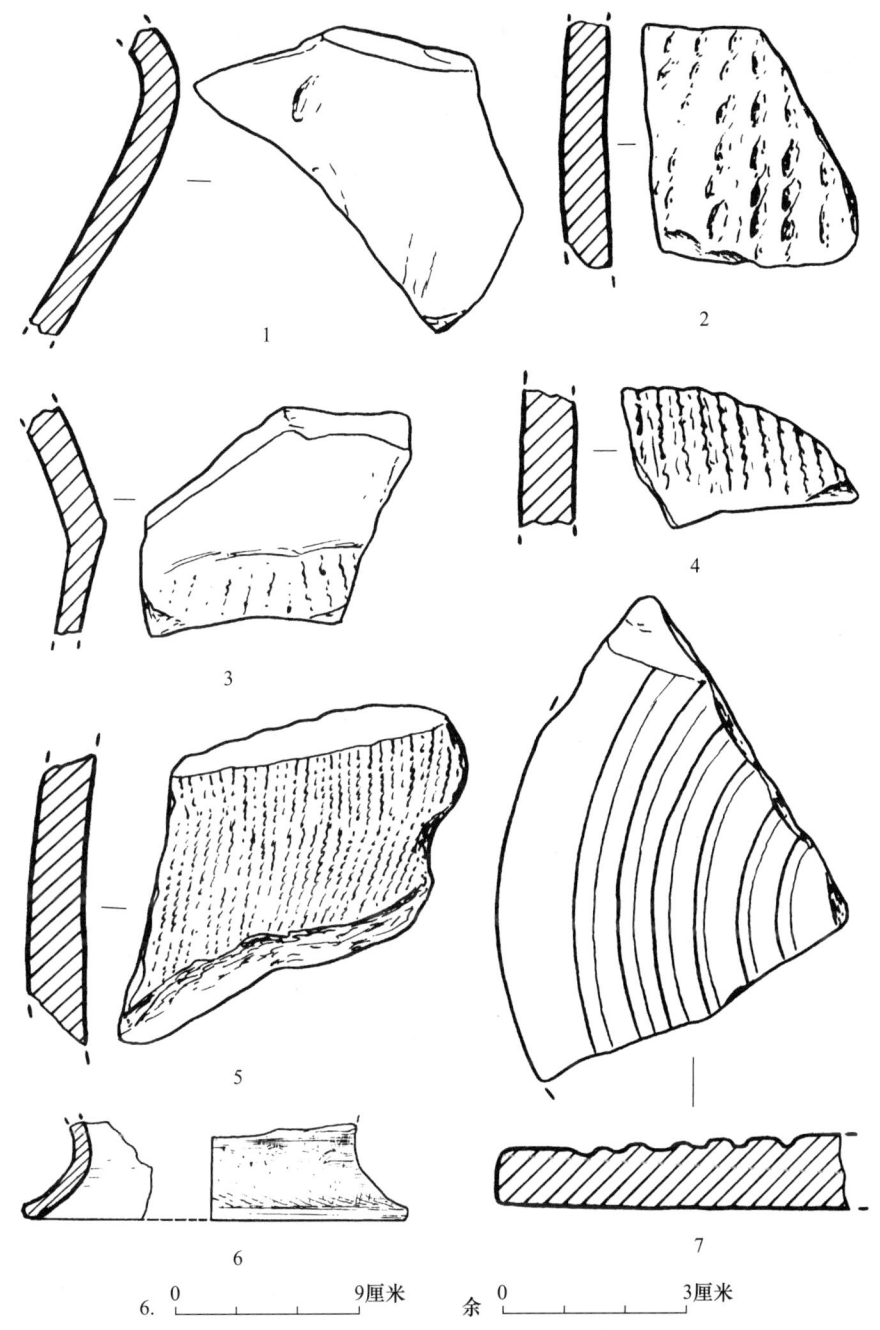

图六七　大河口遗址调查陶器（541～547）
1. 陶罐（541） 2. 陶片（542） 3. 陶片（547） 4. 陶片（545） 5. 陶片（543） 6. 陶圈足（546） 7. 陶饼（544）

544 和 545 号二件标本坐标为 N：35°44′49.3″，E：111°46′41.6″，海拔：638 米。

标本 544，陶饼。夹细砂。灰色。正面饰同心圆凹弦纹，背面素面。圆形，边缘方唇，中间厚边缘薄，背面平整。手制，制作规整。长 7.6、宽 5.8 厘米（图六七，7）。

标本 545，陶片。泥质。灰色。竖向绳纹，规整，抹压，局部绳纹被抹去。可能是筒瓦残片。手制，内壁抹平。宽 3.9、高 2.2 厘米（图六七，4）。

标本 546，陶圈足。坐标为 N：35°44′49.6″，E：111°46′41.4″，海拔：638 米。夹细砂。灰色。抹绳纹，多处绳纹被抹去。喇叭形，底面有窄平沿，底座外方唇，壁较厚。手制，内壁粗糙，有横向抹痕。宽约 14.1、底径约 18.9、高 4.5 厘米（图六七，6）。

标本 547，陶片。坐标为 N：35°44′49.8″，E：111°46′41.1″，海拔：638 米。泥质。棕褐色。上部素面磨光，下部抹篮纹，纹饰模糊。手制，内壁有横向抹痕。宽 3.6、高 4.4 厘米（图六七，3）。

548～550 号三件标本坐标为 N：35°44′49.5″，E：111°46′41.0″，海拔：638 米。

标本 548，陶罐。泥质。灰色。肩部素面，腹饰竖向绳纹，较规整，抹压。肩腹部残片。手制，内壁抹平。宽 5.9、高 4.5 厘米（图六八，2）。

标本 549，陶鬲。夹砂。灰色。竖向绳纹，较规整，抹压。腹部残片。手制，内壁粗糙，有竖向抹痕。宽 5、高 6.4 厘米（图六八，5）。

标本 550，陶片。夹石英砂。夹芯陶，内外壁呈褐色，胎呈红褐色。口沿外抹绳纹。口沿残片，敞口，厚方唇，唇面有凹槽一周，有磨损。手制，外壁有横向抹痕。宽 7.2、高 2.8 厘米（图六八，1）。

标本 551，陶片。坐标为 N：35°44′49.1″，E：111°46′41.5″，海拔：642 米。夹少许砂。灰色。绳纹，方向不一致，抹压。可能是陶鬲近足部残片。手制，内壁有垫压痕迹。宽 7、高 5 厘米（图六八，3）。

552、554、555 号三件标本坐标为 N：35°44′48.9″，E：111°46′41.9″，海拔：642 米。

标本 552，陶器底。夹少许砂。灰色。底面垫印绳纹，有交错。底面略向上凹，内底有磨损。手制。长 4.5、宽 3.7 厘米（图六八，7）。

标本 554，陶片。夹细砂。灰色。竖向绳纹，抹压。可能是陶鬲残片。手制，内壁较粗糙，有横向抹痕。宽 4.4、高 3.3 厘米（图六八，8）。

标本 555，陶片。泥质。灰色。竖向绳纹，较规整，抹压。可能是陶罐腹部残片。手制，内壁抹光。宽 4.4、高 4 厘米（图六八，10）。

标本 556，陶片。坐标为 N：35°44′49.0″，E：111°46′41.8″，海拔：642 米。夹砂，砂粒较细。灰色。绳纹，较规整，抹压。可能是陶鬲肩腹部残片。手制，内壁抹平，粗糙。宽 3.8、高 2.6 厘米（图六八，12）。

标本 557，陶片。坐标为 N：35°44′49.3″，E：111°46′41.8″，海拔：642 米。夹砂，砂粒较细。浅灰褐色，陶色不匀。绳纹，局部有交错，抹压。可能是陶鬲残片。手制，内壁抹平，有竖向抹痕。宽 4.5、高 3.4 厘米（图六八，6）。

558 和 559 号二件标本坐标为 N：35°44′48.9″，E：111°46′42.3″，海拔：644 米。

标本 558，陶片。泥质，结构紧密。灰色。略左斜向篮纹，抹压。可能是陶罐残片，磨损较甚。宽 5.7、高 3.9 厘米（图六八，4）。

标本 559，陶片。夹细砂。黑色，胎及内壁呈灰色。绳纹，抹压。手制，内壁抹平，有横向抹痕。宽 4.2、高 2.9 厘米（图六八，9）。

标本 560，陶片。坐标为 N：35°44′49.0″，E：111°46′42.4″，海拔：644 米。泥质，结构紧密。灰色。素面磨光。可能是壶口沿，侈口，窄平沿。内壁有横向旋抹痕，近口处有刮削痕。宽 5.5、高 3.1 厘米（图六八，11）。

标本 561，陶器底。坐标为 N：35°44′49.4″，E：111°46′42.4″，海拔：644 米。泥质。灰色。内底有同心圆暗弦纹数周。底面平整。内外底面有同心圆旋抹痕。长 6、宽 4.6 厘米（图六九，1）。

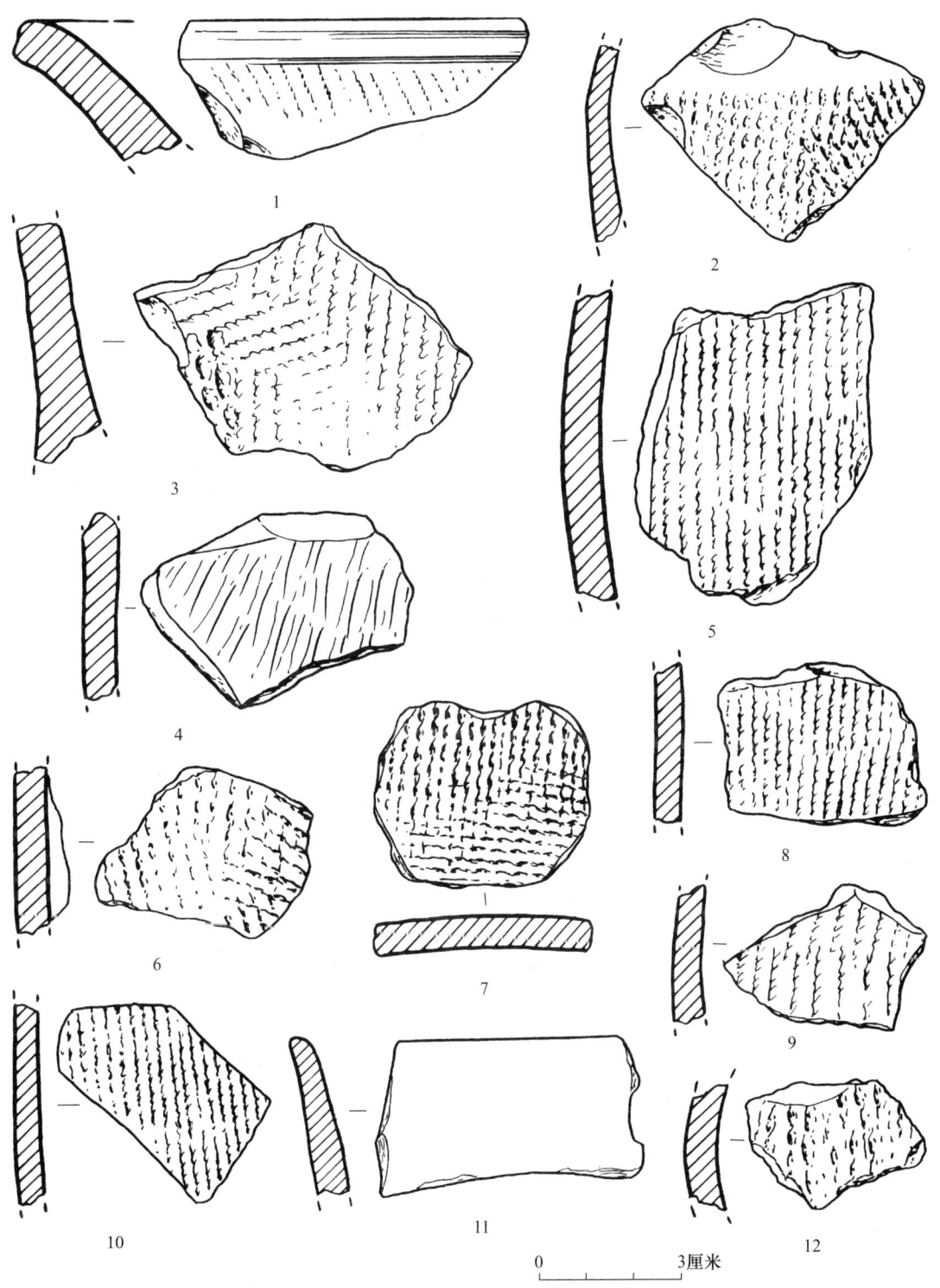

图六八　大河口遗址调查陶器（548~560）
1. 陶片（550）　2. 陶罐（548）　3. 陶片（551）　4. 陶片（558）　5. 陶鬲（549）　6. 陶片（557）
7. 陶器底（552）　8. 陶片（554）　9. 陶片（559）　10. 陶片（555）
11. 陶片（560）　12. 陶片（556）

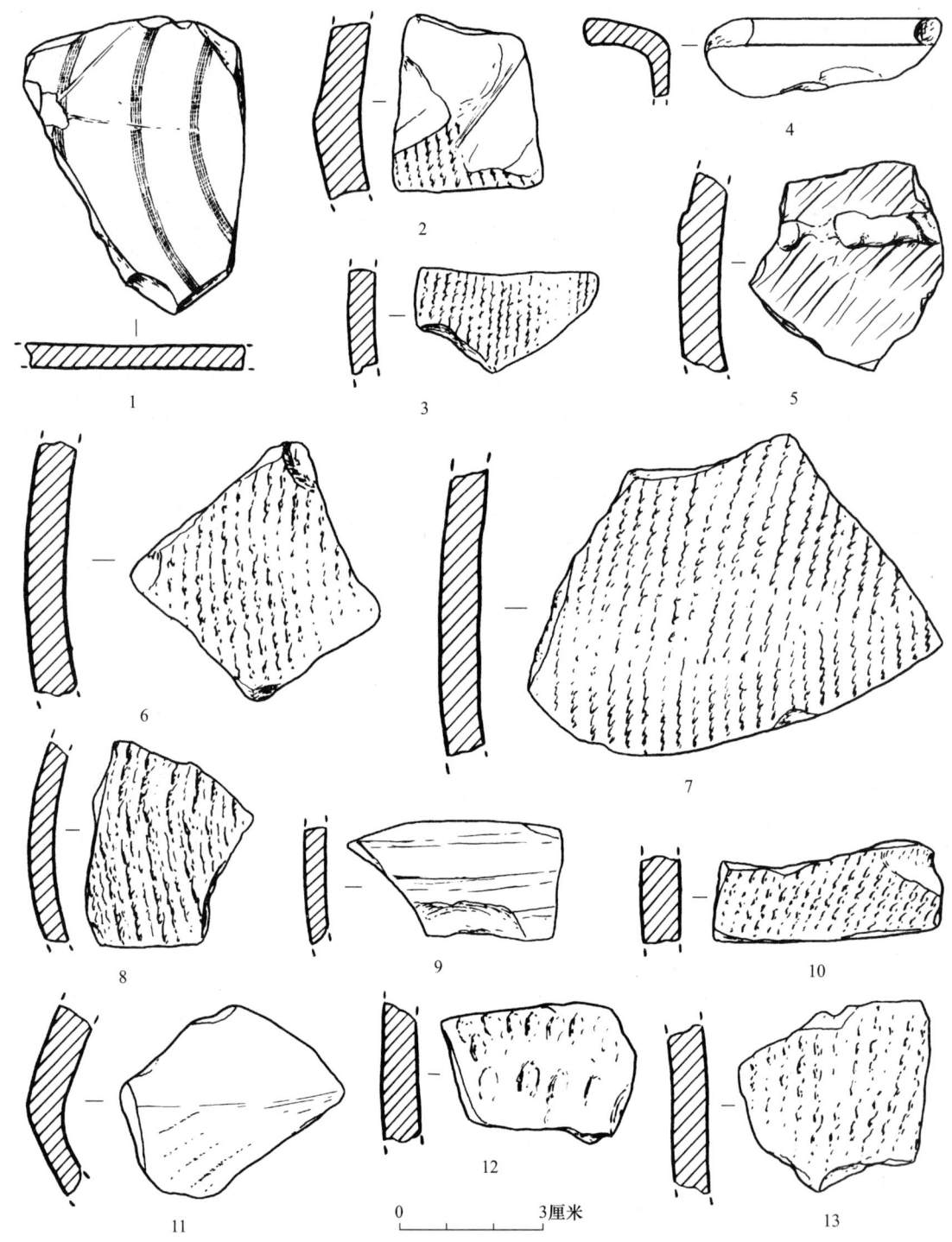

图六九 大河口遗址调查陶器（561～573）
1. 陶器底（561） 2. 陶片（565） 3. 陶片（566） 4. 陶盆（567） 5. 陶片（564） 6. 陶片（563） 7. 陶片（562）
8. 陶片（568） 9. 陶片（569） 10. 陶片（570） 11. 陶罐（571） 12. 陶片（572） 13. 陶鬲（573）

标本562，陶片。坐标为N：35°44′49.7″，E：111°46′42.5″，海拔：644米。夹砂。灰色。竖向绳纹，抹压。手制，内壁有竖向抹痕。宽8.6、高6.5厘米（图六九，7）。

标本563，陶片。坐标为N：35°44′50.4″，E：111°46′42.2″，海拔：643米。夹细砂。灰色。竖向绳纹。手制，内壁抹光。宽5.2、高5.2厘米（图六九，6）。

标本564，陶片。坐标为 N：35°44′51.2″，E：111°46′42.7″，海拔：643米。夹少许砂。灰色。左斜向篮纹，抹压，篮纹上附加窄泥条一周。内壁较粗糙，有泥条叠筑和横向抹痕。宽4、高4.2厘米（图六九，5）。

四、565～661号标本

565～661号标本位于大河口第二台地。

565～569号五件标本坐标为 N：35°44′48.3″，E：111°46′44.7″，海拔：642米。565～585号标本系枣树园采集，枣树园主人将陶片、石块等杂物分置数堆，标本从其中采集。

标本565，陶片。夹细砂。灰色。上部素面，下部饰竖向绳纹，抹压。可能是陶鬲残片。手制，内壁有横向抹痕。宽3.1、高3.6厘米（图六九，2）。

标本566，陶片。泥质，结构紧密。灰色。竖向绳纹，抹压。手制，内壁有横向旋抹痕。宽3.8、高2.1厘米（图六九，3）。

标本567，陶盆。泥质，结构紧密。深灰色。素面，沿面及内壁素面磨光。口沿残片，直口，折沿略上翘，沿面较宽，圆唇，壁较薄。沿面上下有横向旋抹痕。宽4.9、高1.6厘米（图六九，4）。

标本568，陶片。泥质，结构紧密。灰色。竖向绳纹，有叠压，抹压。可能是陶鬲残片，壁较薄。手制，内壁抹平，有不规则抹痕。宽3.5、高4.1厘米（图六九，8）。

标本569，陶片。泥质，结构紧密。灰色。素面。壁较薄。外壁有横向旋痕，内壁抹光。宽4.5、高2.4厘米（图六九，9）。

570～577号八件标本坐标为 N：35°44′48.8″，E：111°46′45.6″，海拔：646米。

标本570，陶片。泥质，结构紧密。夹芯陶，内外壁呈浅灰色，胎呈红褐色。左斜向绳纹，较规整，抹压。手制，内壁有垫压痕迹和横向抹痕。宽4.7、高2.1厘米（图六九，10）。

标本571，陶罐。泥质，结构紧密。灰色，内壁呈黄褐色。腹饰绳纹。肩部残片，折肩，磨损较甚，内外壁均有剥落。手制，内壁有横向抹痕。宽4.7、高3.9厘米（图六九，11）。

标本572，陶片。夹砂，砂粒较细。黄褐色。竖向绳纹，抹压。磨损较甚。手制。宽4、高2.8厘米（图六九，12）。

标本573，陶鬲。夹砂。灰色。竖向绳纹，抹压。近足部残片，磨损较甚。手制，内壁粗糙，砂粒裸露，有竖向抹痕。宽3.9、高3.8厘米（图六九，13）。

标本574，陶片。泥质。浅灰色。上部有模糊的网纹，下部有凹弦纹一周。可能是陶罐肩部残片，外壁磨损较甚。手制，内壁粗糙，有横向抹痕。宽4.5、高5.5厘米（图七〇，1）。

标本575，陶片。泥质，结构紧密。灰色。素面。壁较薄。手制，内壁抹光。宽3.6、高2.6厘米（图七〇，11）。

标本576，陶片。夹砂和钙质物。灰色。绳纹，抹压。外壁磨损较甚。手制，内壁有垫压痕迹和斜向抹痕。宽3.1、高4.8厘米（图七〇，4）。

标本577，陶片。夹砂。深灰色。竖向绳纹，抹压。可能是陶鬲残片，磨损较甚。手制，内壁较粗糙，有竖向抹痕。宽3、高3.9厘米（图七〇，6）。

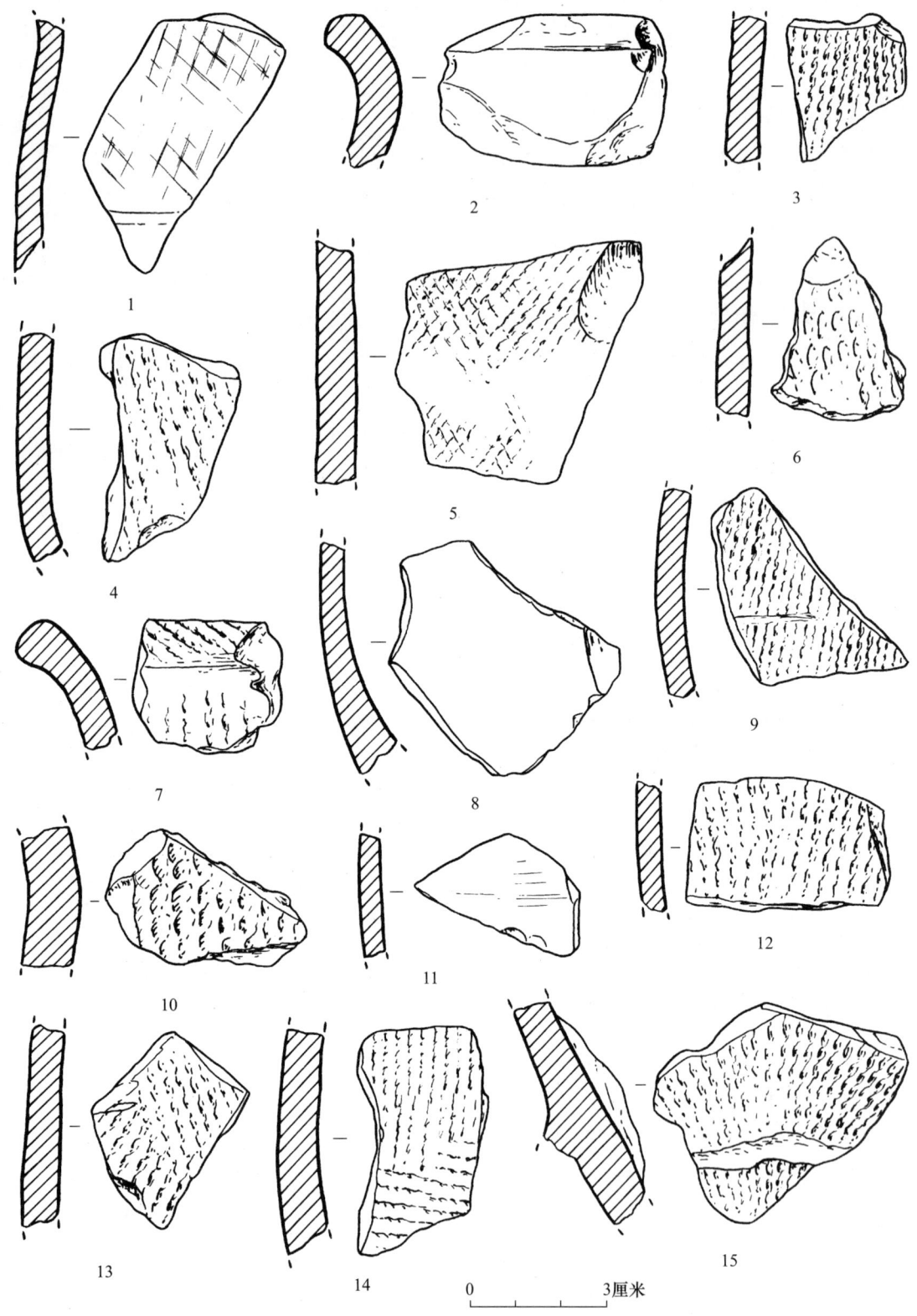

图七〇 大河口遗址调查陶器（574~588）
1. 陶片（574） 2. 陶片（582） 3. 陶片（580） 4. 陶片（576） 5. 陶片（588） 6. 陶片（577） 7. 陶鬲（581）
8. 陶片（587） 9. 陶片（579） 10. 陶鬲（583） 11. 陶片（575） 12. 陶片（585） 13. 陶片（586）
14. 陶片（584） 15. 陶鬲（578）

578~581号四件标本坐标为N：35°44′48.5″，E：111°46′45.1″，海拔：641米。

标本578，陶鬲。夹砂。灰色。竖向绳纹，抹压。鬲足，足根残，壁较厚。手制，内壁粗糙，有竖向泥拧褶皱。宽5.5、高4.7厘米（图七〇，15）。

标本579，陶片。夹细砂。黄褐色。左斜向绳纹，较规整，抹压，有横向划纹一道。磨损较甚。手制，内壁较粗糙。宽4.2、高4.3厘米（图七〇，9）。

标本580，陶片。夹细砂。灰色。绳纹，较规整，抹压。手制，内壁抹光。宽2.6、高3.1厘米（图七〇，3）。

标本581，陶鬲。夹砂。红褐色。唇面饰右斜向绳纹，颈部抹绳纹。口部残片，侈口，厚方唇，磨损较甚。手制。宽3.3、高2.8厘米（图七〇，7）。

582~585号四件标本坐标为N：35°44′48.8″，E：111°46′45.2″，海拔：641米。

标本582，陶片。泥质，结构紧密。深灰色。素面。口沿残片，敞口，卷沿，唇残，磨损较甚。沿上下有横向旋抹痕。宽5、高3.2厘米（图七〇，2）。

标本583，陶鬲。夹砂，砂粒较细。灰色。粗绳纹，局部抹压。腹部残片，壁较厚。手制，内壁有横向抹痕。宽4.5、高2.9厘米（图七〇，10）。

标本584，陶片。夹砂，砂粒较细，含石英砂较多。深灰色。上部饰竖向绳纹，下部饰横向绳纹，抹压。可能是陶鬲残片。手制，内壁较粗糙，有竖向抹痕。宽2.9、高4.9厘米（图七〇，14）。

标本585，陶片。夹砂。橘红色。竖向绳纹，较规整，抹压。壁较薄，内壁有磨损。手制。宽4.4、高2.8厘米（图七〇，12）。

标本586，陶片。坐标为N：35°44′49.1″，E：111°46′45.2″，海拔：641米。夹砂，砂粒较细，含石英砂较多。灰色。绳纹，方向不一致，抹压。可能是陶鬲残片，磨损较甚。手制，内壁粗糙，有垫压痕迹。宽3.5、高4.2厘米（图七〇，13）。

标本587，陶片。坐标为N：35°44′48.8″，E：111°46′44.9″，海拔：639米。泥质，结构紧密。灰色。素面磨光。外壁有磨损。手制，内壁有横向旋抹痕。宽5、高5.1厘米（图七〇，8）。

标本588，陶片。坐标为N：35°44′52.5″，E：111°46′42.9″，海拔：646米。泥质，结构紧密。灰色。绳纹，有交错和叠压，下部抹压较甚，局部绳纹被抹去。可能是陶罐下腹部残片。手制，内壁抹平，有横向旋抹痕。宽5.4、高5.2厘米（图七〇，5）。

589~591号三件标本坐标为N：35°44′52.3″，E：111°46′43.5″，海拔：642米。

标本589，陶片。泥质。夹芯陶，内外壁呈灰色，胎呈黄褐色。竖向绳纹，较规整，抹压，有一周抹弦纹割断绳纹，局部绳纹被抹去。手制，内壁抹光，有横向和斜向抹痕。宽6.6、高6厘米（图七一，4）。

标本590，陶器底。夹砂，含石英砂较多。灰色，内底为深灰色。外底面垫印横向绳纹，抹压。平底，底面略向上凹，边缘有磨损，壁较厚。泥片贴筑，内底较粗糙，有横向抹痕。长6.9、宽6.9厘米（图七一，7）。

标本591，陶片。泥质，结构紧密。深灰色。素面磨光，内壁有暗弦纹数周。壁上薄下厚。内外壁有横向旋抹痕。宽4.9、高2.8厘米（图七一，9）。

标本592，陶片。标本N：35°44′52.4″，E：111°46′44.5″，海拔：653米。夹砂。红色。竖向粗绳纹，抹压。可能是陶鬲残片。手制，内壁粗糙，有垫压痕迹。宽5.2、高3.7厘米（图七一，6）。

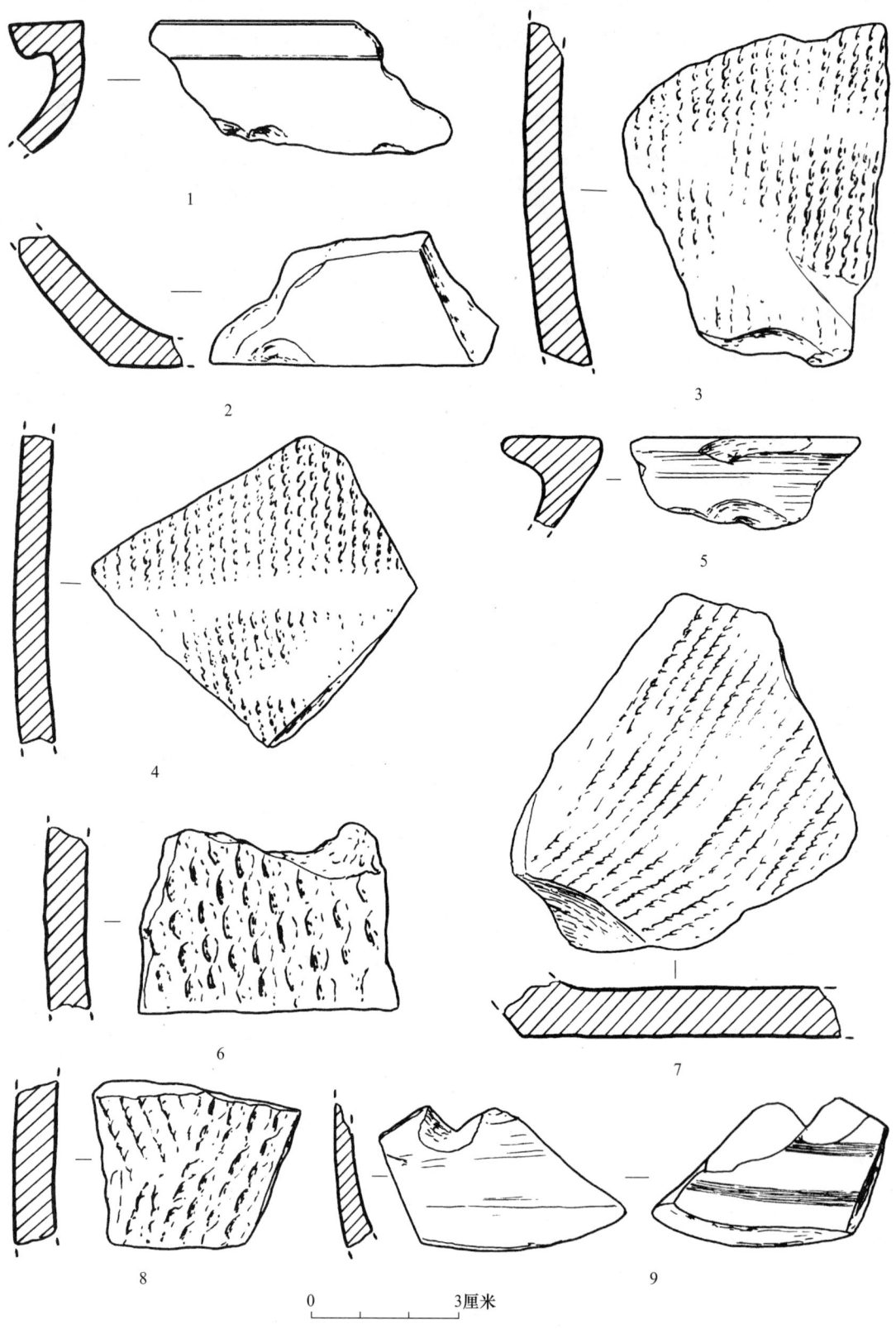

图七一　大河口遗址调查陶器（589～597）
1. 陶罐（596）　2. 陶器底（595）　3. 陶片（594）　4. 陶片（589）　5. 陶罐（593）
6. 陶片（592）　7. 陶器底（590）　8. 陶片（597）　9. 陶片（591）

标本593，陶罐。坐标为N：35°44′52.5″，E：111°46′46.3″，海拔：654米。泥质，结构紧密。灰色。素面。口沿残片，敛口，平折沿，沿面较宽，圆唇。沿面及内外壁有横向旋抹痕。宽4.6、高1.8厘米（图七一，5）。

标本594，陶片。坐标为N：35°44′52.9″，E：111°46′47.3″，海拔：656米。泥质，结构紧密。灰色。竖向绳纹，较规整，抹压，下部绳纹被抹去。可能是陶罐下腹部残片，磨损较甚。手制，内壁有垫压痕迹及横向抹痕。宽5.3、高6.6厘米（图七一，3）。

595~597号三件标本坐标为N：35°44′52.9″，E：111°46′47.4″，海拔：656米。

标本595，陶器底。泥质，结构紧密。灰色。素面。下腹斜内收，平底，底面有磨损。腹底一体制作，内外壁有横向旋抹痕。宽5.8、高2.6厘米（图七一，2）。

标本596，陶罐。泥质，结构紧密。灰色。素面。口沿残片，口微敛，平折沿，沿面较宽，斜方唇，束颈。口沿及内外壁有横向旋抹痕。宽6.1、高2.6厘米（图七一，1）。

标本597，陶片。夹细砂。黄褐色，胎及内壁呈灰色。绳纹，抹压。外壁有磨损。手制，内壁有垫压痕迹及横向抹痕。宽4.2、高3.2厘米（图七一，8）。

标本598，陶盆。坐标为N：35°44′54.7″，E：111°46′44.6″，海拔：657米。泥质，结构紧密。夹芯陶，内外壁呈橙红色，胎呈红褐色。腹饰绳纹，规整，抹压。颈腹部残片，高颈，颈腹交接处外折窄肩，腹较圆。手制，颈部和内壁有横向旋抹痕，内壁另有垫压痕迹。宽10.1、高6.9厘米（图七二，4）。

标本599，陶片。坐标为N：35°44′55.3″，E：111°46′44.9″，海拔：659米。夹细砂。夹芯陶，内外壁呈黄褐色，胎呈红褐色。抹篮纹，多处篮纹被抹去。口沿残片，侈口，圆唇。手制，内壁有横向抹痕。宽3.9、高2.7厘米（图七二，3）。

标本600，筒瓦。坐标为N：35°44′56.5″，E：111°46′45.7″，海拔：659米。泥质。深灰色。外壁抹绳纹，局部绳纹被抹去，内壁垫印绳纹，抹压较甚，局部绳纹被抹去。近瓦舌残片，一侧面有切割痕，由外向内切割厚度的一半。手制。宽3.6、高4.1厘米（图七二，2）。

标本601，筒瓦。坐标为N：35°44′57.2″，E：111°46′46.2″，海拔：656米。泥质，结构紧密。灰色。右斜向绳纹，抹压，有一道抹弦纹割断绳纹，内壁垫印横向绳纹，抹压较甚。残存一侧面，有切割痕，由外向内割透，切割面光滑。手制。宽3.4、高3厘米（图七二，5）。

602和603号二件标本坐标为N：35°44′57.2″，E：111°46′46.6″，海拔：657米。

标本602，板瓦。泥质。灰色。拍印绳纹，方向不一致，抹压，上部近端处抹压较甚，多处绳纹被抹去，内壁凹凸不平，有摁压痕迹和有横向抹痕。手制。宽15、高11厘米（图七二，1）。

标本603，筒瓦。泥质，结构紧密。灰色。竖向绳纹，局部有叠压，抹压，内壁有细密编织物垫印纹，抹压较甚。残存一侧面，有由外向内竖向的切割痕，基本割透，切割面整齐光滑，横截面呈半圆形。手制，先做成直筒状毛坯，成型后竖向一切为二。宽10.4、高10.4厘米（图七三，1）。

标本604，陶片。坐标为N：35°44′55.1″，E：111°46′45.1″，海拔：660米。泥质，结构紧密。灰色。右斜向绳纹，较规整，抹压。可能是陶罐肩部残片。内壁抹光，有横向旋抹痕。宽7.4、高4.8厘米（图七三，5）。

标本605，陶器底。坐标为N：35°44′53.8″，E：111°46′49.0″，海拔：658米。泥质。浅橘红色。竖向绳纹，近底处绳纹被抹去。下腹斜直内收，平底，底面不规整，底部较薄。手制，内壁

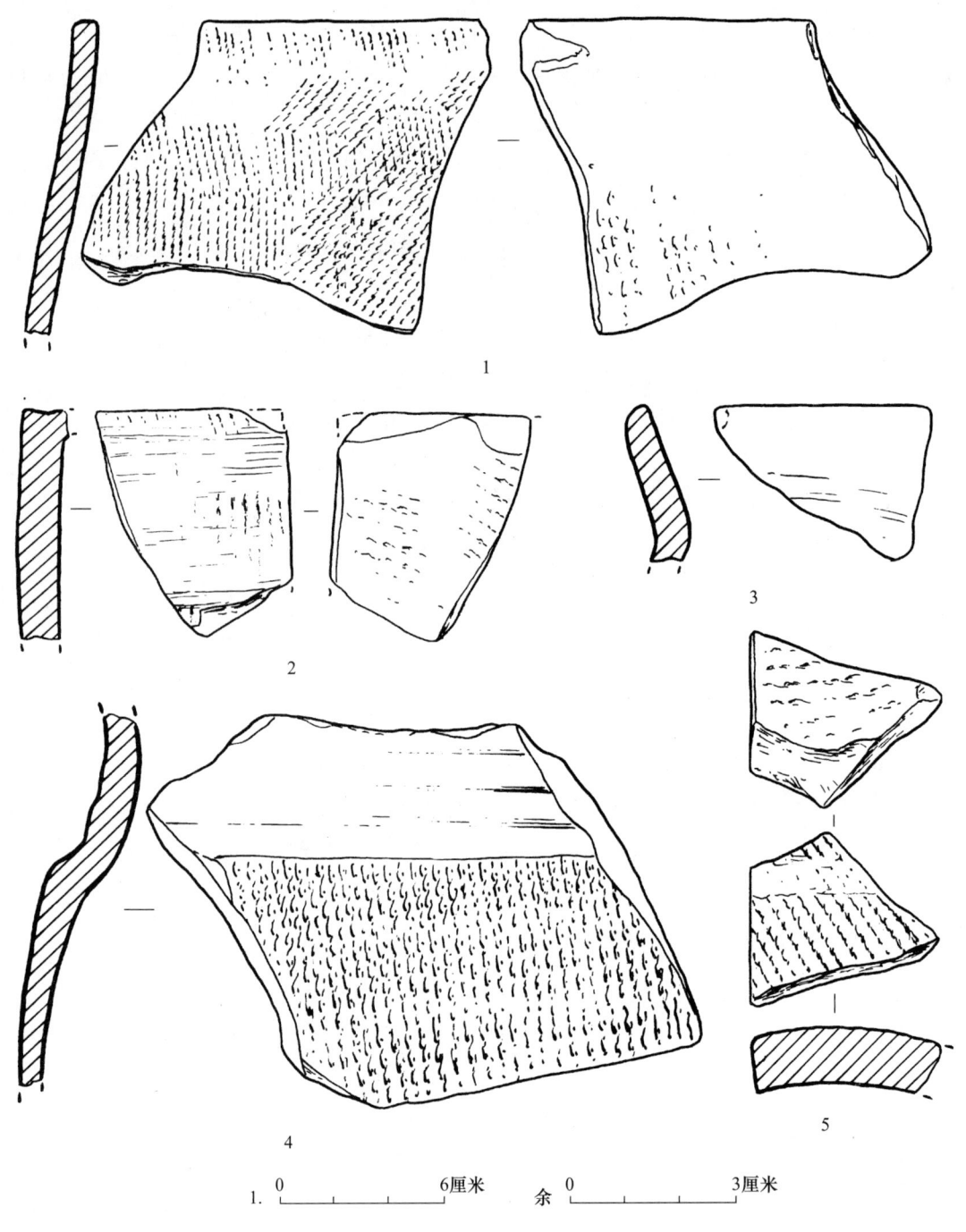

图七二　大河口遗址调查陶器（598～602）
1. 板瓦（602） 2. 筒瓦（600） 3. 陶片（599） 4. 陶盆（598） 5. 筒瓦（601）

有横向抹痕。宽7.7、高4.3厘米（图七三，4）。

标本606，陶片。坐标为N：35°44′53.9″，E：111°46′47.1″，海拔：660米。夹砂。浅灰色。竖向绳纹，抹压。可能是陶鬲残片。手制，内壁抹平。宽2.8、高3.9厘米（图七三，2）。

标本607，陶片。坐标为N：35°44′54.2″，E：111°46′46.7″，海拔：660米。泥质，结构紧密。深灰色。竖向绳纹，抹压，下部绳纹被抹去。可能是陶罐下腹部近底处残片，磨损较甚。手制，内壁有横向抹痕。宽5.9、高4.3厘米（图七三，3）。

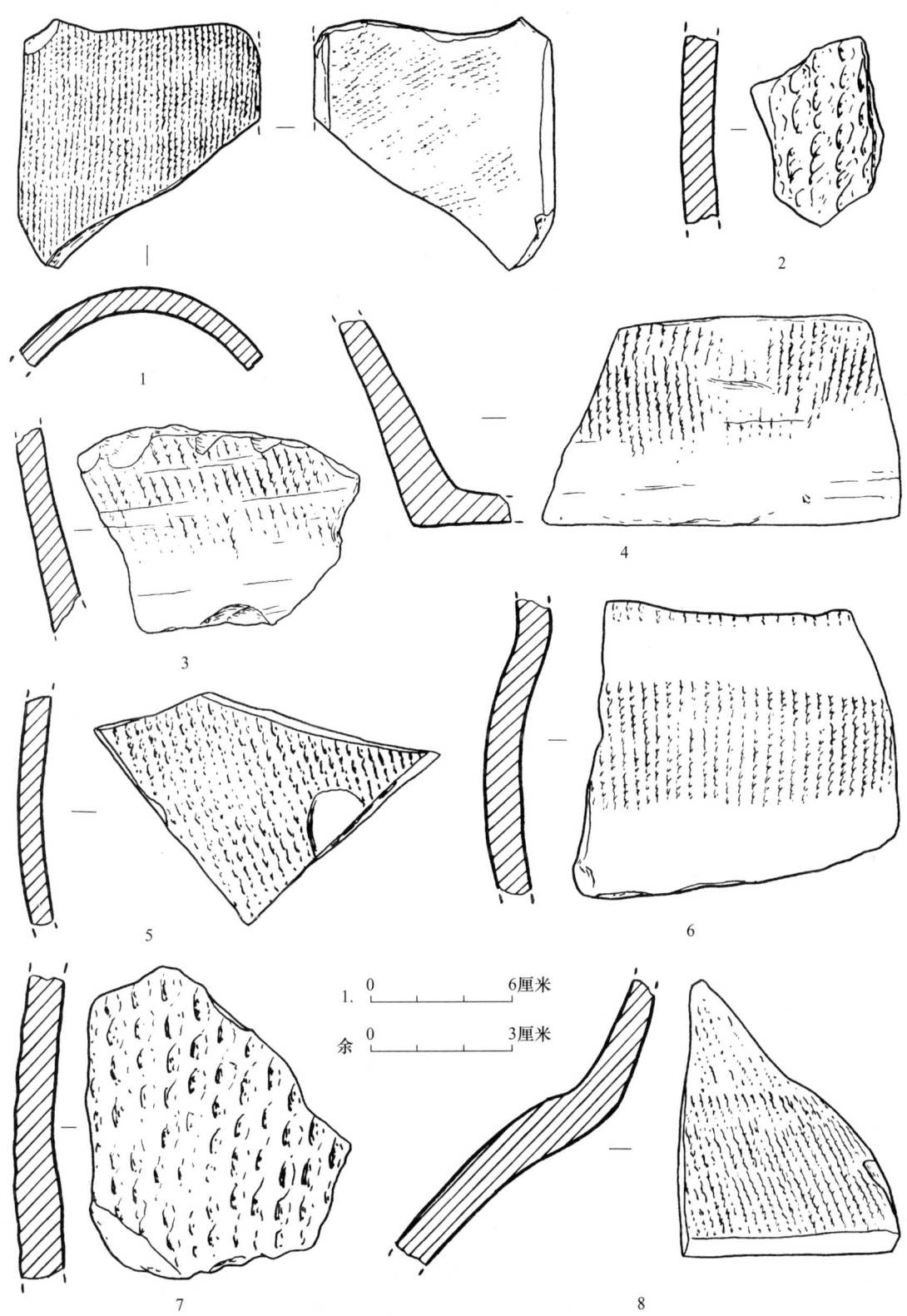

图七三　大河口遗址调查陶器（603～610）
1. 筒瓦（603）　2. 陶片（606）　3. 陶片（607）　4. 陶器底（605）　5. 陶片（604）
6. 陶片（608）　7. 陶鬲（610）　8. 陶罐（609）

608~611号四件标本坐标为N：35°44′55.0″，E：111°46′45.7″，海拔：663米。

标本608，陶片。泥质。灰色。竖向绳纹，较规整，抹压。可能是陶罐腹部残片。内壁有横向旋抹痕。宽7、高6.1厘米（图七三，6）。

标本609，陶罐。泥质。灰色。颈部抹绳纹，肩部饰绳纹，规整，抹压。颈肩部残片。颈部内壁抹光，肩部内壁有横向旋痕。宽4.8、高5.7厘米（图七三，8）。

标本610，陶鬲。夹砂，砂粒较细。黄褐色。竖向绳纹，抹压。磨损较甚。手制，内壁有垫印痕。宽5.6、高6.4厘米（图七三，7）。

标本611，陶片。泥质，结构紧密。灰色。竖向绳纹，抹压。磨损较甚。手制，内壁抹光。宽4.8、高4厘米（图七四，4）。

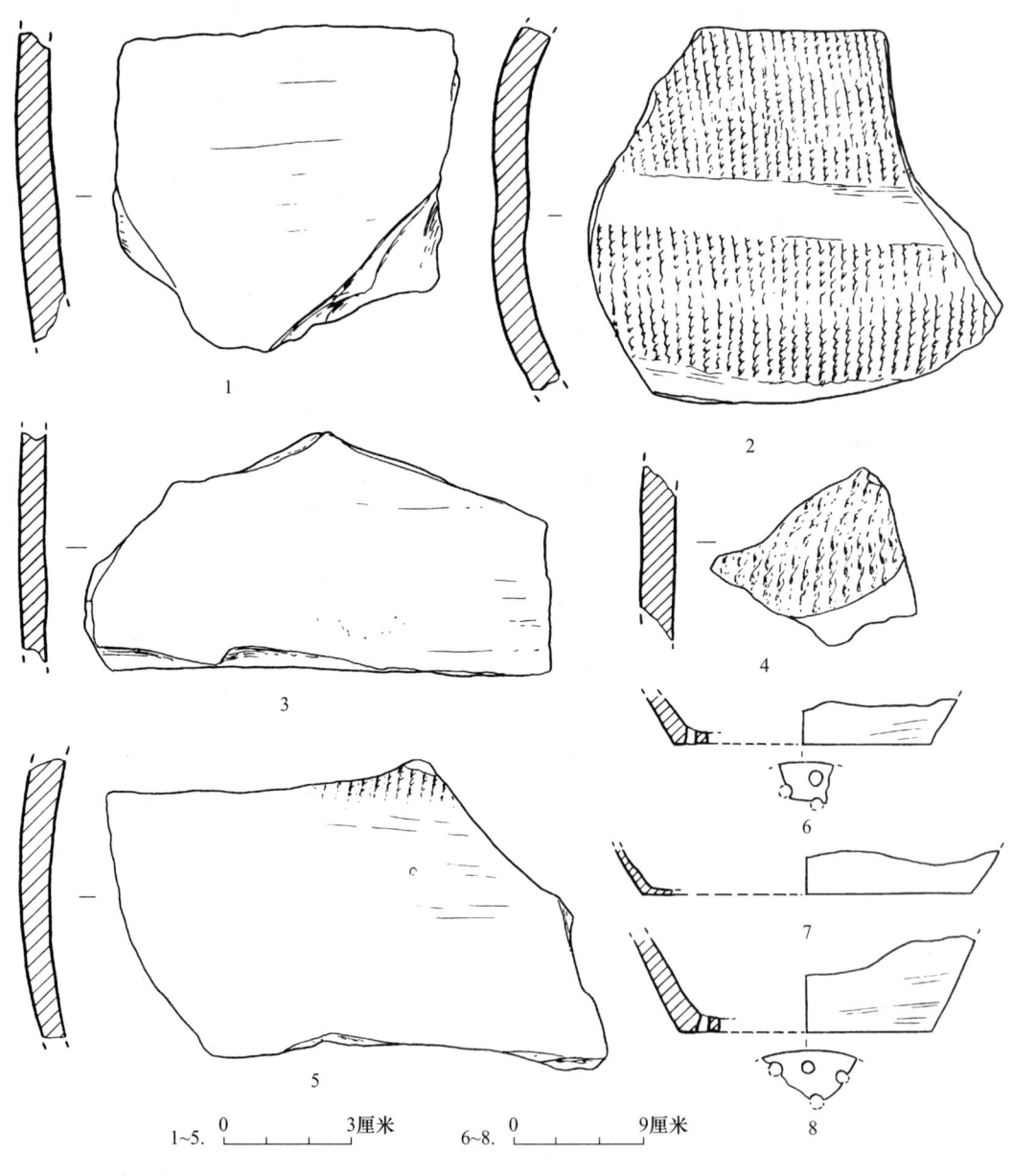

图七四　大河口遗址调查陶器（611~618）
1. 陶片（615）　2. 陶罐（613）　3. 陶片（616）　4. 陶片（611）　5. 陶片（614）
6. 陶甗（617）　7. 陶器底（612）　8. 陶甗（618）

612~618号七件标本坐标为N：35°44′55.1″，E：111°46′45.9″，海拔：662米。该采集点为一处灰坑（H6），断面暴露宽50、高20厘米，上口距地表90厘米。坑内堆积深灰色土，包含物较多。

标本612，陶器底。泥质，结构紧密。灰色。素面。下腹斜内收，平底，底面平整。轮制，内外壁有横向旋抹痕。宽6.6、高3厘米（图七四，7）。

标本613，陶罐。泥质。灰色。竖向绳纹，规整，抹压，有两周抹弦纹割断绳纹。腹部残片。内壁有横向旋痕。宽9.6、高8.5厘米（图七四，2）。

标本614，陶片。泥质。灰色。上部饰竖向绳纹，较规整，抹压，下部素面。可能是陶罐下腹部残片。泥片贴筑，下部及内壁有横向旋抹痕。宽11.8、高7厘米（图七四，5）。

标本615，陶片。泥质。灰色。素面。可能是陶罐下腹部残片。泥片贴筑，内壁有横向旋抹痕。宽8.2、高7.3厘米（图七四，1）。

标本616，陶片。泥质。灰色。素面。可能是陶罐下腹部残片。泥片贴筑，内外壁有横向旋抹痕。宽10.9、高5.5厘米（图七四，3）。

标本617，陶甑。泥质。灰色。素面。底部残片，下腹斜内收，平底，底部有圆形孔，由底面向内底戳穿，腹壁较厚。轮制，内外壁有横向旋抹痕。宽5、高3厘米（图七四，6）。

标本618，陶甑。泥质。灰色。素面。底部残片，下腹斜内收，平底，底部有圆形孔，由底面向内底戳穿，腹壁较厚。轮制，内外壁有横向旋抹痕。宽18、高6.3厘米（图七四，8）。

标本619，陶片。坐标为N：35°44′54.9″，E：111°46′46.7″，海拔：661米。夹细砂。红色。竖向绳纹，抹压。手制，内壁较粗糙，有斜向抹痕。宽2.8、高4.1厘米（图七五，1）。

标本620，陶片。坐标为N：35°44′54.5″，E：111°46′49.8″，海拔：661米。泥质，结构紧密。外壁灰色，胎及内壁呈深灰色。素面磨光。外壁有磨损。手制，内壁有横向抹痕。宽5.5、高2.7厘米（图七五，6）。

标本621，陶器底。坐标为N：35°44′56.7″，E：111°46′49.1″，海拔：664米。泥质，结构紧密。浅灰色。素面。下腹斜内收，平底，底面平整，内底有磨损。腹底一体制作，内底有手指印痕。宽5.3、高1.2厘米（图七五，5）。

标本622，陶片。坐标为N：35°44′56.0″，E：111°46′47.4″，海拔：665米。泥质，结构紧密。灰色。横篮纹，抹压。手制，内壁较粗糙，有横向抹痕。宽3.1、高4.5厘米（图七五，3）。

标本623，陶罐。坐标为N：35°44′55.1″，E：111°46′45.7″，海拔：660米。泥质。灰色。素面。口沿残片，敞口，外贴沿，束颈。手制，轮修。宽4.3、高4.3厘米（图七五，2）。

标本624，陶片。坐标为N：35°44′53.9″，E：111°46′51.7″，海拔：659米。泥质。灰色。素面，局部有磨光。内外壁有横向旋抹痕。宽6.4、高5.6厘米（图七五，4）。

标本625，陶片。坐标为N：35°44′52.1″，E：111°46′44.2″，海拔：640米。泥质。灰色，内壁呈棕褐色。素面。可能是陶罐腹部残片，磨损较甚。内壁有横向旋抹痕。宽6.1、高6厘米（图七五，8）。

标本626，陶片。坐标为N：35°44′52.0″，E：111°46′47.4″，海拔：652米。泥质，结构紧密。灰色。素面。可能是陶罐肩部残片。内外壁有横向旋抹痕。宽6.2、高4.9厘米（图七五，9）。

标本627，陶器底。坐标为N：35°44′52.0″，E：111°46′48.2″，海拔：653米。泥质，结构紧密。灰色。素面。下腹斜内收，平底。轮制，外壁有横向旋抹痕，内壁抹光。宽4.8、高1.4厘米（图七五，7）。

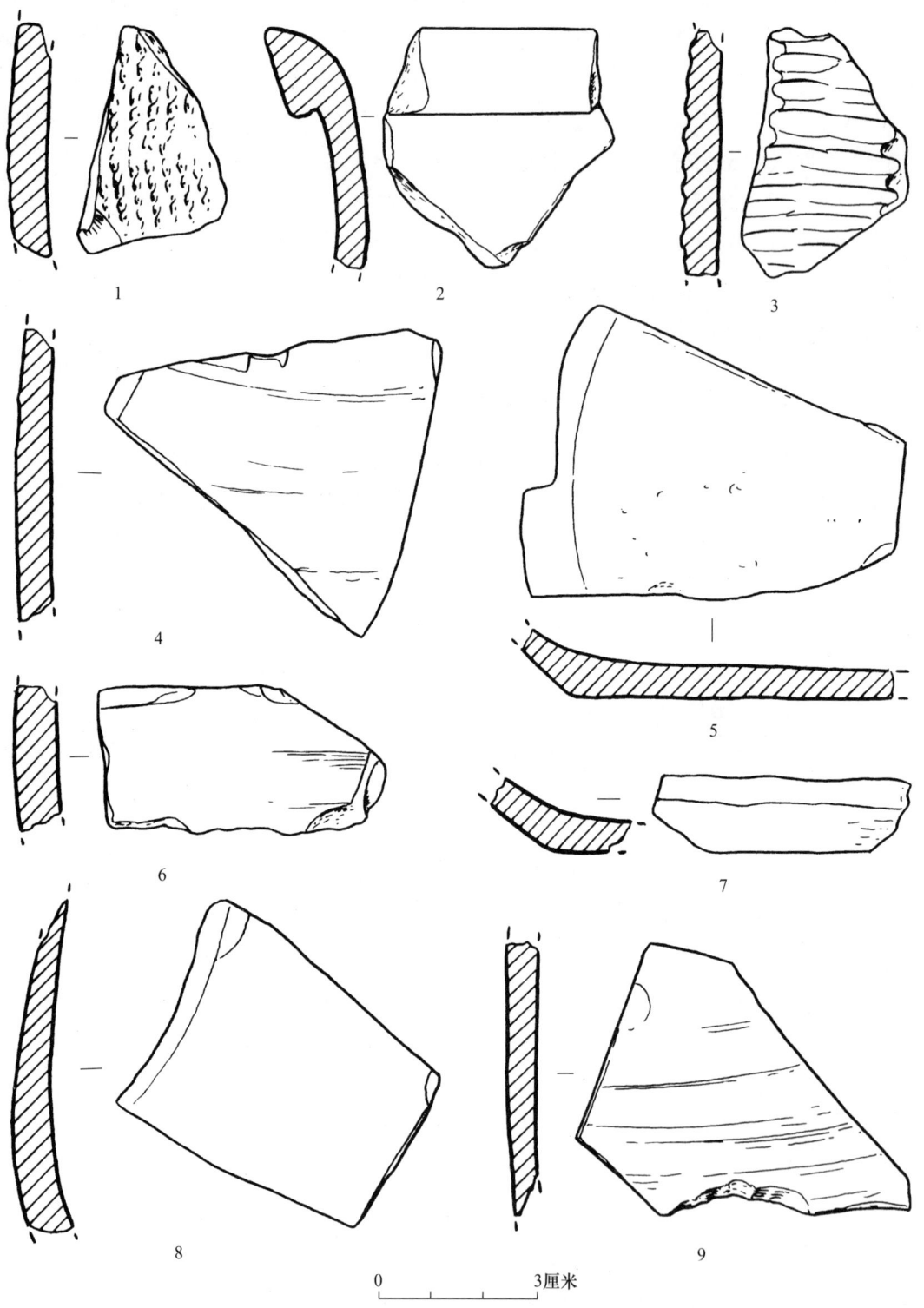

图七五　大河口遗址调查陶器（619～627）
1. 陶片（619）　2. 陶罐（623）　3. 陶片（622）　4. 陶片（624）　5. 陶器底（621）
6. 陶片（620）　7. 陶器底（627）　8. 陶片（625）　9. 陶片（626）

标本 628，陶片。坐标为 N：35°44′49.2″，E：111°46′47.9″，海拔：632 米。夹砂，砂粒较细。深灰色。绳纹，不规整，有交错和叠压，抹压。可能是陶鬲残片。手制，内壁有横向抹痕。宽 5.9、高 5.5 厘米（图七六，8）。

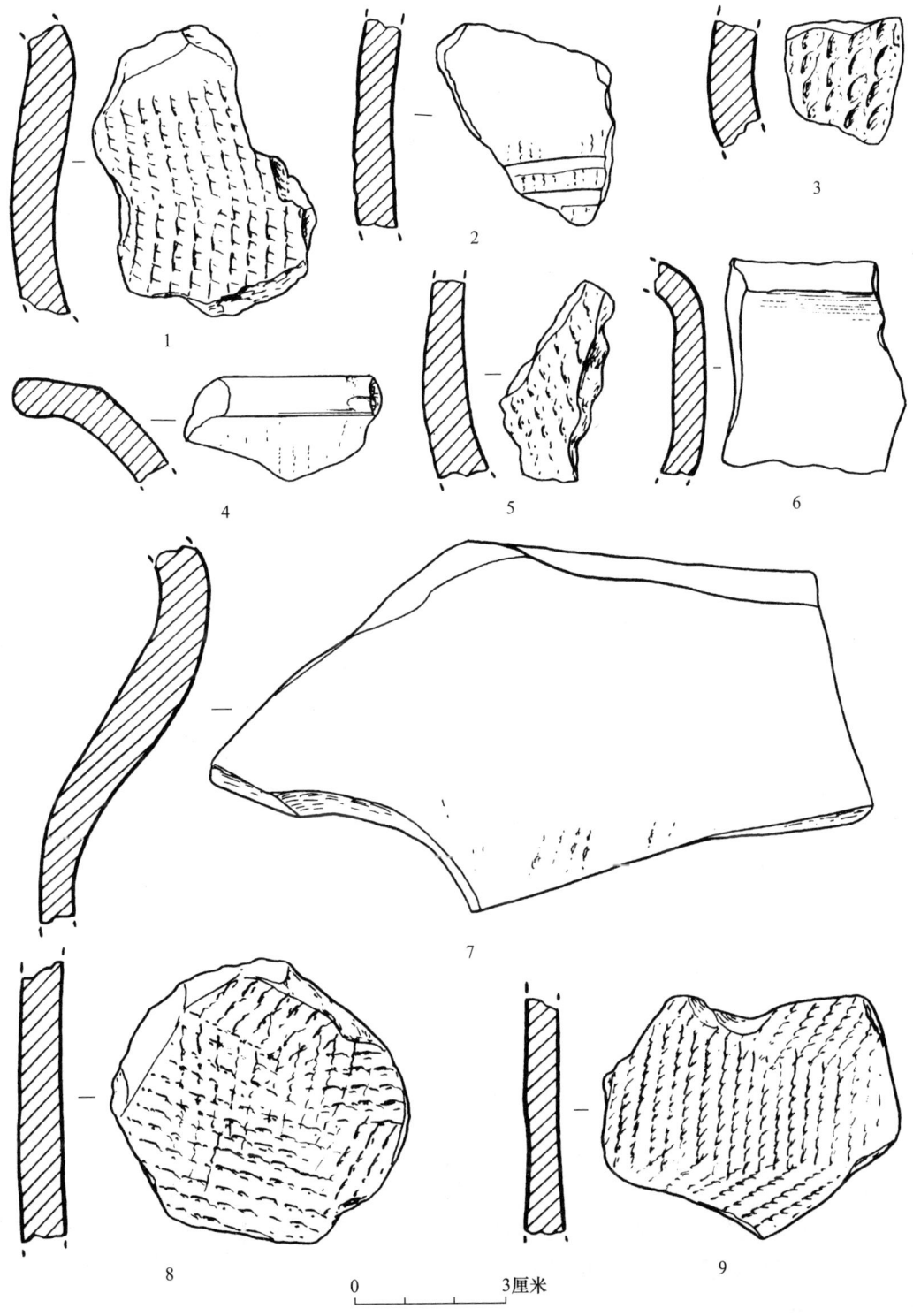

图七六　大河口遗址调查陶器（628～636）
1. 陶鬲（635）　2. 陶片（631）　3. 陶鬲（630）　4. 陶盆（634）　5. 陶鬲（636）
6. 陶片（633）　7. 陶盆（632）　8. 陶片（628）　9. 陶鬲（629）

标本629，陶鬲。坐标为N：35°44′48.7″，E：111°46′48.2″，海拔：644米。夹砂，砂粒较细，含石英砂较多。深灰色。拍印绳纹，方向不一致，抹压。手制，内壁有横向抹痕。宽6、高4.7厘米（图七六，9）。

630～632号三件标本坐标为N：35°44′48.8″，E：111°46′48.1″，海拔：644米。位于第二台地，采集点断崖上部有一处灰坑（H7），坑口距地表90厘米，断面暴露长90、高50厘米。坑内堆积浅灰色土，土质松软。

标本630，陶鬲。夹砂，含石英砂粒较多。夹芯陶，内外壁呈黑色，胎呈黄褐色。竖向绳纹，抹压。手制，内壁较粗糙。宽2.4、高2.4厘米（图七六，3）。

标本631，陶片。夹砂。灰色。上部素面，下部抹绳纹，有凹弦纹数周割断绳纹。可能是陶鬲残片。手制，内壁有横向抹痕。宽3.5、高3.9厘米（图七六，2）。

标本632，陶盆。泥质，结构紧密。灰色。上腹素面磨光，下腹有少许抹绳纹，磨光。腹部残片，圆折腹，上腹壁较厚。手制，内壁有横向旋抹痕。宽13.2、高7.1厘米（图七六，7）。

633～638号六件标本坐标为N：35°44′48.6″，E：111°46′47.9″，海拔：644米。

标本633，陶片。泥质，结构紧密。深灰色。内壁上部和外壁素面磨光。陶罐或壶的颈部残片，高颈。手制，外壁上部有横向旋抹痕，内壁有横向抹痕。宽3.7、高4.2厘米（图七六，6）。

标本634，陶盆。夹砂，砂粒较细，结构紧密。深灰色。外壁有少许抹绳纹，多处绳纹被抹去。口沿残片，敞口，折沿上翘，圆方唇。手制，口沿及内壁有横向旋抹痕。宽3.9、高2厘米（图七六，4）。

标本635，陶鬲。夹砂，砂粒较细。灰色。竖向绳纹，捻结较紧，抹压。肩部残片。手制，内壁有垫压痕迹和横向抹痕。宽4.4、高5.6厘米（图七六，1）。

标本636，陶鬲。夹砂。灰色。竖向绳纹，抹压。腹部残片。手制，内壁粗糙，有横向抹痕。宽2.3、高3.9厘米（图七六，5）。

标本637，陶鬲。夹砂，砂粒较细。外壁呈深灰色，胎及内壁呈灰色。绳纹，抹压。近足部残片，壁局部加厚。手制，泥片贴筑，内壁粗糙，有横向抹痕。宽3、高3.9厘米（图七七，11）。

标本638，陶片。泥质，夹杂细砂。灰色。竖向绳纹，抹压。口沿残片，侈口，卷折沿上翘，沿面较宽圆弧，圆唇。手制，沿下及内壁有横向旋抹痕。宽5.2、高2.4厘米（图七七，5）。

标本639，陶罐。坐标为N：35°44′49.3″，E：111°46′46.6″，海拔：638米。泥质，结构紧密。灰色。颈部抹绳纹，多处绳纹被抹去。敞口，窄折沿外斜，斜方唇，唇面有凹槽一周，高颈。口沿及颈部内外有横向旋抹痕。口径12.3、高5.4厘米（图七七，1；图版一九，1）。

640～642号三件标本坐标为N：35°44′47.2″，E：111°46′47.1″，海拔：644米。

标本640，陶片。泥质。灰色。颈部抹绳纹，沿面磨光。口沿残片，敞口，卷沿上翘，斜方唇，唇面有凹槽一周。内壁有横向旋抹痕。宽3.5、高2.9厘米（图七七，6）。

标本641，陶片。夹砂，砂粒较细，含石英砂较多。灰色。外壁有少许抹绳纹。口沿残片，侈口，圆方唇，磨损较甚。手制，外壁有横向旋抹痕。宽3.3、高3.5厘米（图七七，4）。

标本642，陶片。泥质。灰色。竖向绳纹，抹压，有一周凹弦纹割断绳纹。壁较薄，磨损较甚。泥片贴筑。宽3.5、高2.6厘米（图七七，2）。

643～645号三件标本坐标为N：35°44′47.4″，E：111°46′46.9″，海拔：644米。

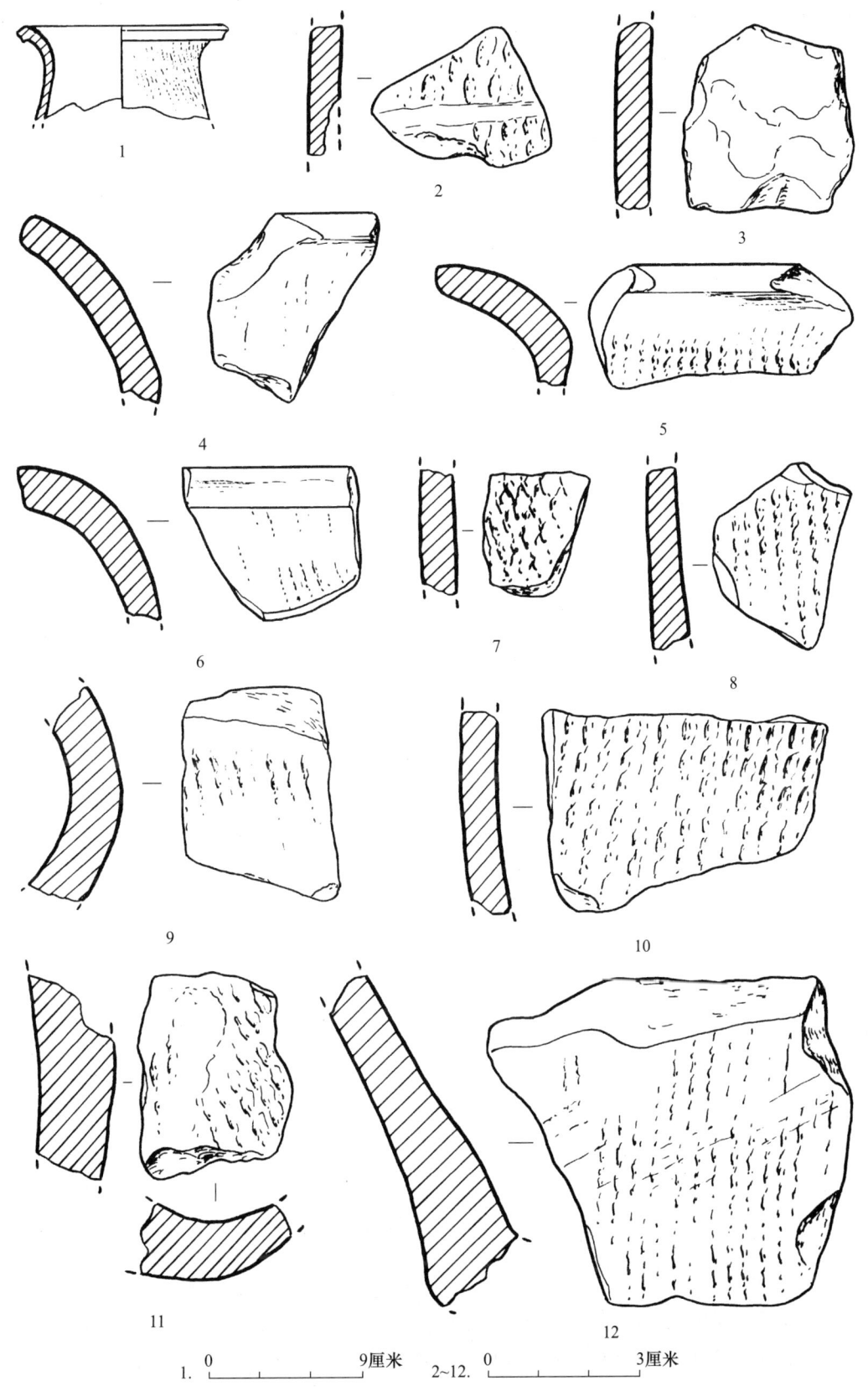

图七七　大河口遗址调查陶器（637～648）

1. 陶罐（639）　2. 陶片（642）　3. 陶片（643）　4. 陶片（641）　5. 陶片（638）　6. 陶片（640）　7. 陶片（646）
8. 陶片（645）　9. 陶片（644）　10. 陶片（647）　11. 陶鬲（637）　12. 陶器底（648）

标本643，陶片。夹砂，砂粒较细，含石英砂较多。深灰色。素面磨光。磨损较甚。手制，内壁较粗糙，有垫压痕迹。宽3.3、高3.5厘米（图七七，3）。

标本644，陶片。泥质，结构紧密。灰色。沿下抹绳纹，局部绳纹被抹去，沿面磨光。卷沿上翘，唇残。手制，沿面有横向旋痕。宽3.1、高4厘米（图七七，9）。

标本645，陶片。泥质。灰色。竖向绳纹，抹压。磨损较甚。手制，内壁抹光。宽2.7、高3.5厘米（图七七，8）。

646～648号三件标本坐标为N：35°44′47.4″，E：111°46′47.1″，海拔：644米。

标本646，陶片。夹砂。灰色。交错绳纹，抹压。手制，内壁有横向抹痕。宽2.1、高2.3厘米（图七七，7）。

标本647，陶片。夹砂。浅灰色。竖向绳纹，抹压。可能是陶鬲残片，内壁磨损较甚。手制，内壁较粗糙。宽5.6、高3.8厘米（图七七，10）。

标本648，陶器底。夹少许砂。灰色。竖向绳纹，抹压。下腹斜内收，近底处壁甚厚，底脱落，腹底交界处有磨损。手制，内壁有垫印窝，腹底套接。宽7.1、高6.2厘米（图七七，12）。

649～652号四件标本坐标为N：35°44′47.6″，E：111°46′47.1″，海拔：644米。

标本649，陶鬲。夹砂，砂粒较细。灰色。竖向绳纹，抹压。手制，内壁有不规则抹痕。宽3、高3.5厘米（图七八，1）。

标本650，陶片。泥质，结构紧密。灰色。绳纹，捻结较紧，规整，抹压。可能是陶罐肩腹部残片，折肩，磨损较甚。手制，内壁有横向旋抹痕。宽5.3、高3.2厘米（图七八，2）。

标本651，陶片。泥质。外壁浅灰色，胎及内壁呈灰色。绳纹，抹压。手制，内壁抹光。宽2.9、高3.5厘米（图七八，3）。

标本652，陶片。泥质，结构紧密。深灰色。左斜向绳纹，较规整，抹压。手制，内壁抹平，有不规则抹痕。宽5.1、高2.8厘米（图七八，4）。

653～661号九件标本坐标为N：35°44′47.6″，E：111°46′47.4″，海拔：644米。

标本653，陶片。泥质，结构紧密。褐色，胎呈黄褐色。竖向绳纹，较规整，未抹压。壁较厚。手制，内壁有横向旋抹痕。宽5.8、高4.3厘米（图七八，9）。

标本654，陶片。泥质，结构紧密。灰色。拍印绳纹，方向不一致，抹压。壁厚薄不一。手制，内壁有垫印凹窝和横向抹痕。宽5.6、高6.5厘米（图七八，7）。

标本655，陶片。夹砂。灰色。绳纹，方向不一致，抹压。可能是陶鬲残片。手制，内壁有垫印痕和横向抹痕。宽6、高4.5厘米（图七八，8）。

标本656，陶片。夹细砂。夹芯陶，内外壁呈灰色，胎呈褐色。绳纹，方向不一致，局部有交错，抹压。手制，内壁抹平，有横向抹痕。宽3.5、高4厘米（图七八，6）。

标本657，陶鬲。夹砂。深灰色，泛黑色，胎及内壁呈灰色。竖向绳纹，抹压。手制，内壁有垫压痕迹。宽3.2、高3.8厘米（图七八，5）。

标本658，陶鬲。夹砂，砂粒较细。灰色。腹饰竖向绳纹，抹压。上腹部残片。手制，内壁较粗糙，有横向抹痕。宽6.1、高5.4厘米（图七八，10）。

标本659，陶鬲。夹砂。深灰色。绳纹，抹压。腹部残片。手制，内壁粗糙，有不规则抹痕。宽4.9、宽高3.5厘米（图七九，1）。

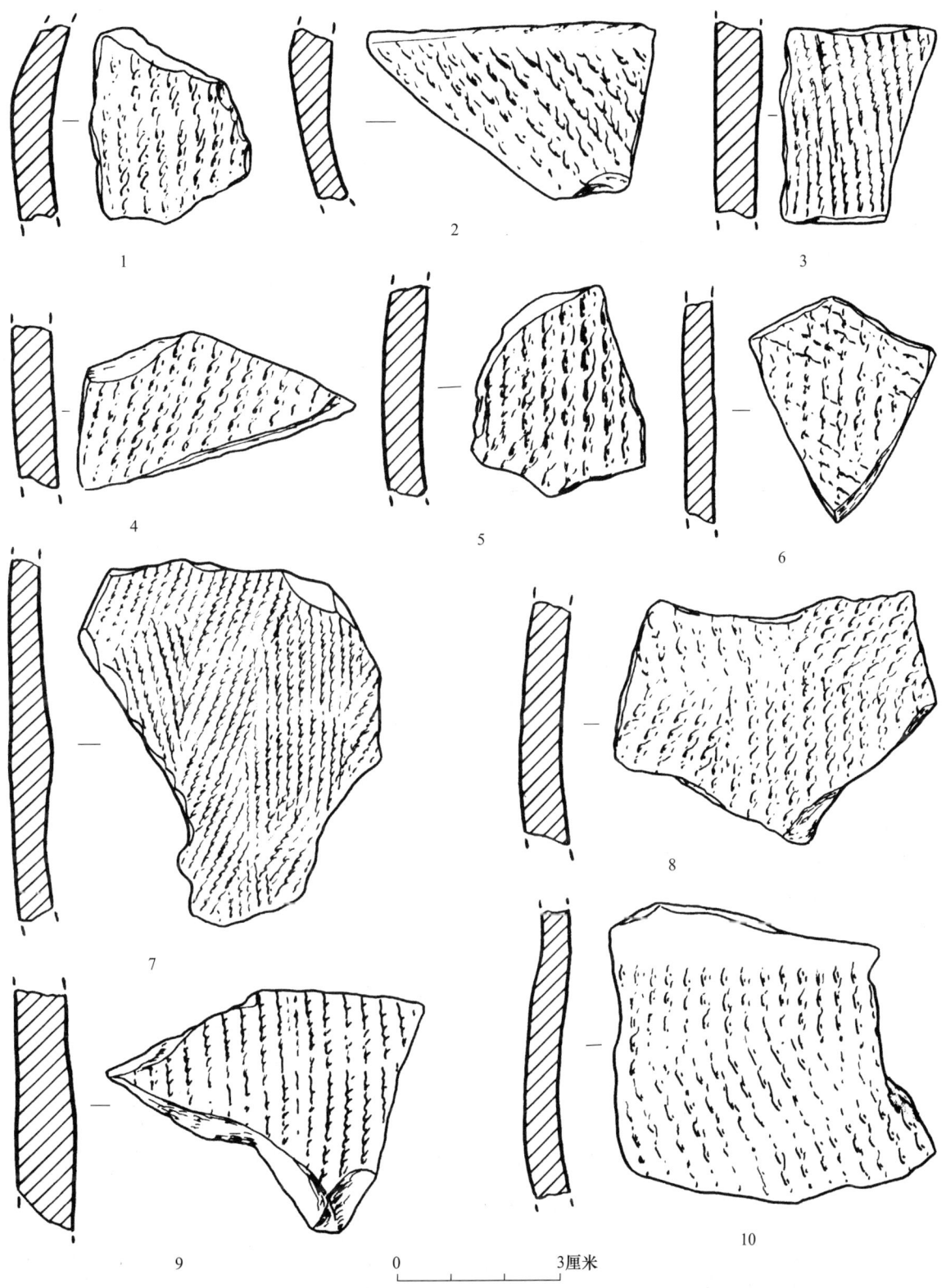

图七八　大河口遗址调查陶器（649~658）
1. 陶鬲（649）　2. 陶片（650）　3. 陶片（651）　4. 陶片（652）　5. 陶鬲（657）　6. 陶片（656）
7. 陶片（654）　8. 陶片（655）　9. 陶片（653）　10. 陶鬲（658）

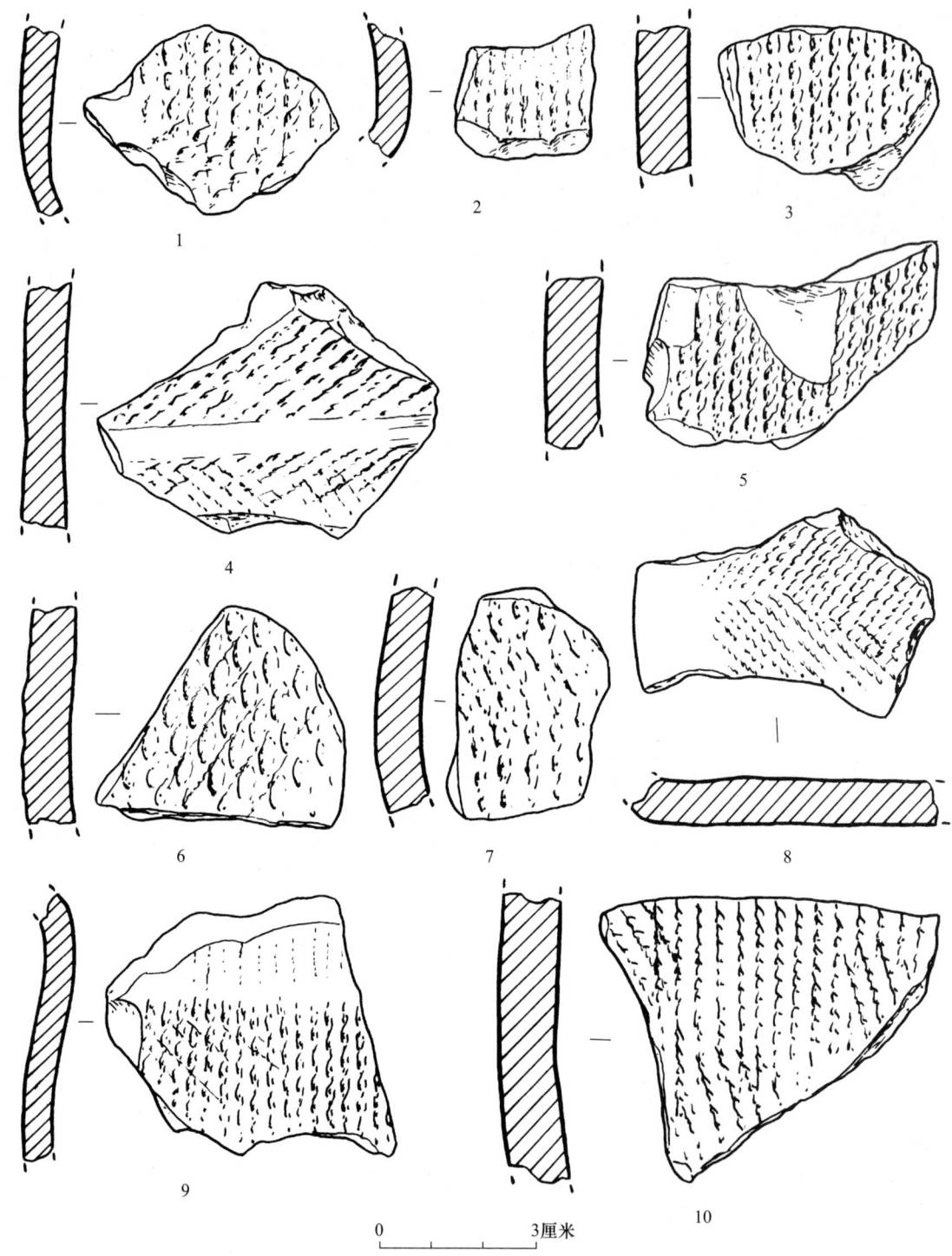

图七九 大河口遗址调查陶器（659~668）
1. 陶鬲（659） 2. 陶鬲（662） 3. 陶片（667） 4. 陶片（666） 5. 陶片（664） 6. 陶鬲（660）
7. 陶片（668） 8. 陶器底（665） 9. 陶鬲（661） 10. 陶片（663）

标本660，陶鬲。夹细砂。浅灰色。交错绳纹，未抹压。腹部残片，壁较厚。手制，内壁抹平。宽4.8、高4.1厘米（图七九，6）。

标本661，陶鬲。夹砂，砂粒较细。深灰色。颈部抹绳纹，肩部饰竖向绳纹，局部抹压。颈肩部残片。手制，内壁抹平。宽5.6、高4.8厘米（图七九，9）。

662和663号二件标本坐标为N：35°44′48.2″，E：111°46′46.4″，海拔：637米。位于大河口第一台地，断崖上倒塌下的灰土中。

标本662，陶鬲。夹砂，砂粒较细。灰色。竖向绳纹，抹压较甚。颈部残片。手制，内壁有横向旋抹痕。宽2.7、高2.5厘米（图七九，2）。

标本663，陶片。夹砂，砂粒较细，含石英砂较多，结构紧密。灰色，内壁呈深灰色，泛黑色。绳纹，局部有交错，抹压。壁较厚。手制，内壁较粗糙，有竖向抹痕。宽6.4、高5.3厘米（图七九，10）。

五、664～729号标本

664～729号标本位于大河口第二台地。

664～680号十七件标本坐标为N：35°44′46.6″，E：111°46′44.1″，海拔：634米。

标本664，陶片。夹细砂。灰色。竖向绳纹，较规整，抹压。壁较厚。手制，内壁有垫印凹窝。宽5.5、高3.8厘米（图七九，5）。

标本665，陶器底。夹细砂。灰色。底面垫印绳纹，方向不一致，抹压。平底，底面平整，边缘有磨损，内底磨蚀较甚，砂粒裸露。手制。长5.7、宽3.8厘米（图七九，8）。

标本666，陶片。夹细砂。灰色。左斜向绳纹，有叠压，局部有交错，抹压，有一周抹弦纹割断绳纹。手制，内有横向旋抹痕和竖向抹痕。宽6.5、高4.7厘米（图七九，4）。

标本667，陶片。夹砂。深灰色。竖向绳纹，抹压。可能是陶鬲近足部残片，壁较厚。手制，内壁有横向抹痕。宽4.2、高3厘米（图七九，3）。

标本668，陶片。夹细砂。灰色。绳纹，有叠压，抹压。可能是陶鬲腹部残片。手制，内壁有竖向抹痕。宽3.1、高4.3厘米（图七九，7）。

标本669，陶片。夹细砂。橙红色。竖向绳纹，抹压。可能是陶鬲残片，磨损较甚。手制，内壁有横向抹痕。宽3.4、高2.3厘米（图八〇，12）。

标本670，陶片。夹细砂。深灰色。绳纹，有叠压，抹压。手制，内壁有垫印痕。宽2.8、高4.3厘米（图八〇，9）。

标本671，陶鬲。夹砂，含石英砂较多。深灰色。绳纹，抹压。裆部残片，壁较厚。手制，内壁粗糙，有不规则抹痕。宽4.6、高6.1厘米（图八〇，8）。

标本672，陶片。泥质，灰色。外壁有凹弦纹一周，内壁垫印横向绳纹，抹压。可能是板瓦残片，壁较厚，磨损较甚。手制。宽3.8、高2.6厘米（图八〇，4）。

标本673，陶片。夹细砂。灰色。竖向绳纹，捻结较紧，较规整，抹压。手制，内壁粗糙，有竖向抹痕。宽3、高3.2厘米（图八〇，7）。

标本674，陶片。泥质。深灰色。绳纹，局部有交错，抹压。壁较厚，可能是板瓦残片。手制，内壁较粗糙，有横向抹痕。宽3.3、高5厘米（图八〇，1）。

标本675，陶鬲。夹砂，砂粒较细，含石英砂较多。夹芯陶，内外壁呈深灰色，胎呈褐色。绳纹，局部有交错，未抹压。手制，内壁抹平，有横向抹痕。宽3.6、高2.6厘米（图八〇，6）。

标本676，陶罐。夹砂。灰色。沿面饰右斜向绳纹，竖向绳纹，均抹压。口部残片，直口，平

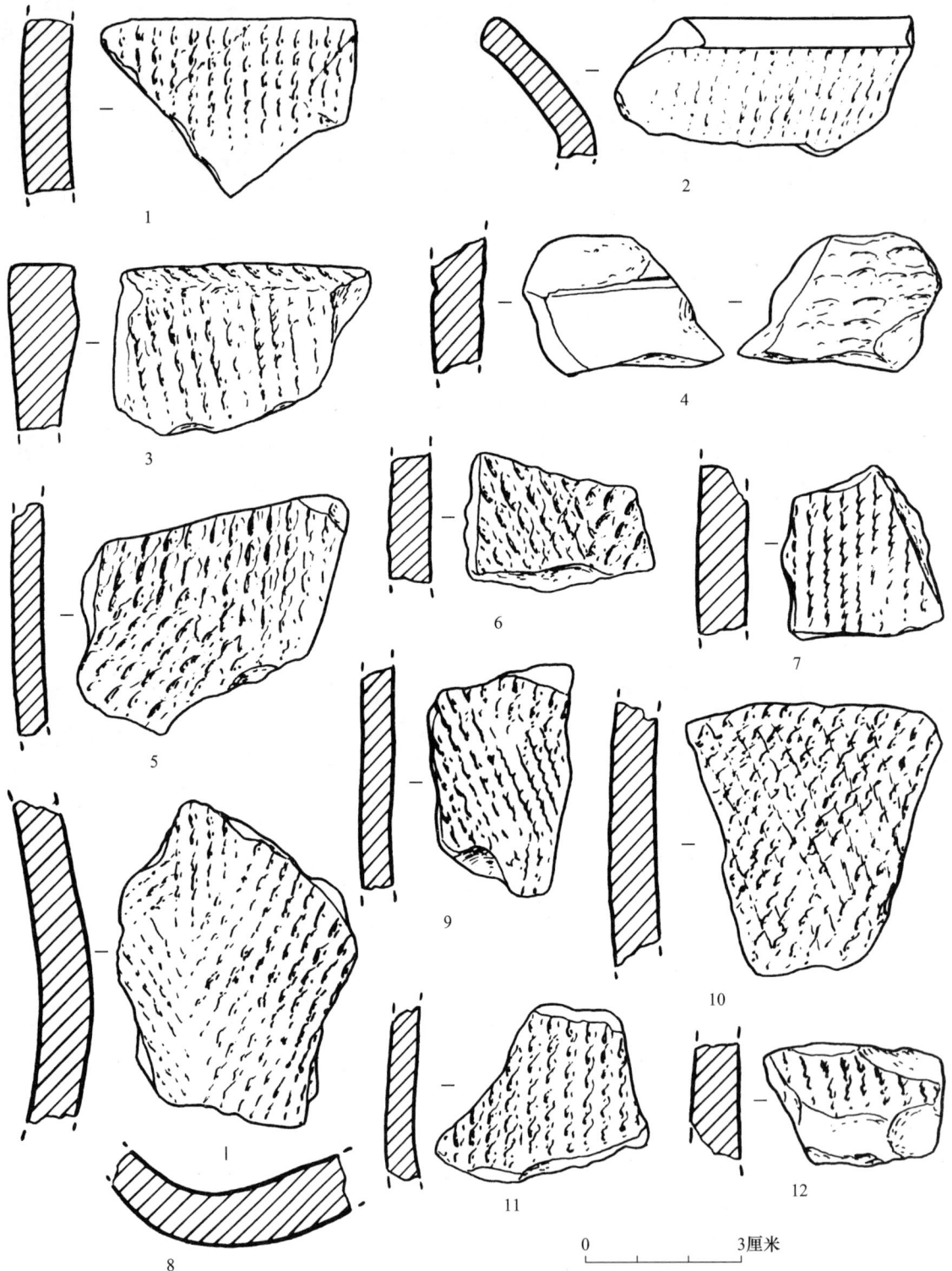

图八〇 大河口遗址调查陶器（669~680）
1. 陶片（674） 2. 陶鬲（679） 3. 陶罐（676） 4. 陶片（672） 5. 陶片（680） 6. 陶鬲（675） 7. 陶片（673） 8. 陶鬲（671） 9. 陶片（670） 10. 陶片（677） 11. 陶片（678） 12. 陶片（669）

沿，口沿加厚。手制，内壁有横向抹痕。宽5、高3.2厘米（图八〇，3）。

标本677，陶片。夹细砂。夹芯陶，内外壁呈浅灰色，泛褐色，胎呈灰色。交错绳纹，局部有叠压，抹压。手制，内壁抹平，有竖向抹痕。宽4.9、高5.1厘米（图八〇，10）。

标本678，陶片。夹细砂。夹芯陶，内外壁呈浅灰色，胎呈黄褐色。竖向绳纹，较规整，抹压。可能是陶鬲残片。手制，内壁有横向抹痕。宽4、高3.3厘米（图八〇，11）。

标本679，陶鬲。夹砂，砂粒较细。灰色。沿下抹绳纹，局部绳纹被抹去。口沿残片，直口，卷折沿上翘，沿面较宽，圆方唇。手制，沿面内外有横向旋抹痕。宽5.7、高2.6厘米（图八〇，2）。

标本680，陶片。泥质，结构紧密。深灰色。绳纹，方向不一致，抹压。手制，内壁抹光，有横向抹痕。宽5.2、高4.4厘米（图八〇，5）。

681~684号四件标本坐标为N：35°44′46.5″，E：111°46′44.1″，海拔：633米。

标本681、682（为同一件器物，已拼接），陶鬲。夹砂，砂粒较细。夹芯陶，外壁呈灰褐色，陶色不匀，内壁呈灰色，胎呈红褐色。绳纹，抹压。鬲足，实足根残，壁较厚。泥片贴筑，足根外壁附泥，内壁有竖向抹痕。宽6.1、高5.4厘米（图八一，10）。

标本683，陶片。泥质，结构紧密。夹芯陶，内外壁呈褐色，胎呈灰色。绳纹，抹压。可能是陶罐残片。手制，内壁抹光。宽4.8、高3.5厘米（图八一，6）。

标本684，陶鬲。夹砂。灰色。绳纹，捻结较紧，有交错，抹压。手制，内壁粗糙，有竖向抹痕。宽2.6、高3.4厘米（图八一，3）。

685~689号五件标本坐标为N：35°44′46.3″，E：111°46′43.9″，海拔：633米。

标本685，陶鬲。夹砂，砂粒较细，含石英砂较多。深灰色。沿下抹绳纹。口沿残片，直口，卷折沿上翘，沿面较宽，方唇。手制，沿面有横向旋抹痕。宽4.7、高2.2厘米（图八一，1）。

标本686，陶片。泥质，结构紧密。灰色。绳纹，方向不一致，抹压。壁较薄。手制，内壁有竖向抹痕。宽3.8、高2.6厘米（图八一，2）。

标本687，陶片。夹砂，砂粒较细。灰色。绳纹，抹压。可能是陶鬲残片。手制，内壁有竖向抹痕。宽3.6、高3.5厘米（图八一，4）。

标本688，陶片。泥质，结构紧密。夹芯陶，内外壁呈灰色，胎呈黄褐色。绳纹，有交错，抹压。可能是陶罐肩部残片，外壁有磨损，内壁大面积剥落。手制。宽4.8、高3.2厘米（图八一，5）。

标本689，陶鬲。夹砂，砂粒较细。浅灰色。绳纹，局部有叠压，抹压。裆部残片。手制，内壁有垫压痕迹和竖向抹痕。长5.8、宽5.1厘米（图八一，7）。

标本690，陶片。坐标为N：35°44′46.8″，E：111°46′44.3″，海拔：634米。夹砂。灰色。绳纹，方向不一致，有交错，抹压。可能是陶鬲腹部残片，壁较厚，内壁磨损较甚。手制，内壁有横向抹痕。宽6.1、高5.8厘米（图八一，8）。

691~693号三件标本坐标为N：35°44′46.8″，E：111°46′45.1″，海拔：634米。

标本691，陶鬲。夹砂。灰色。肩部饰竖向绳纹，较规整，抹压。肩部残片。手制，内壁粗糙，有不规则抹痕。宽8.1、高4.6厘米（图八一，9）。

标本692、693（为同一件器物，已拼接），陶鬲。夹砂，砂粒较细，含石英砂较多。夹芯陶，内外壁呈灰褐色，陶色不匀，内壁呈黄褐色。竖向绳纹，抹压。腹部残片。手制，内壁较粗糙，有不规则抹痕。宽4.5、高5.8厘米（图八一，11）。

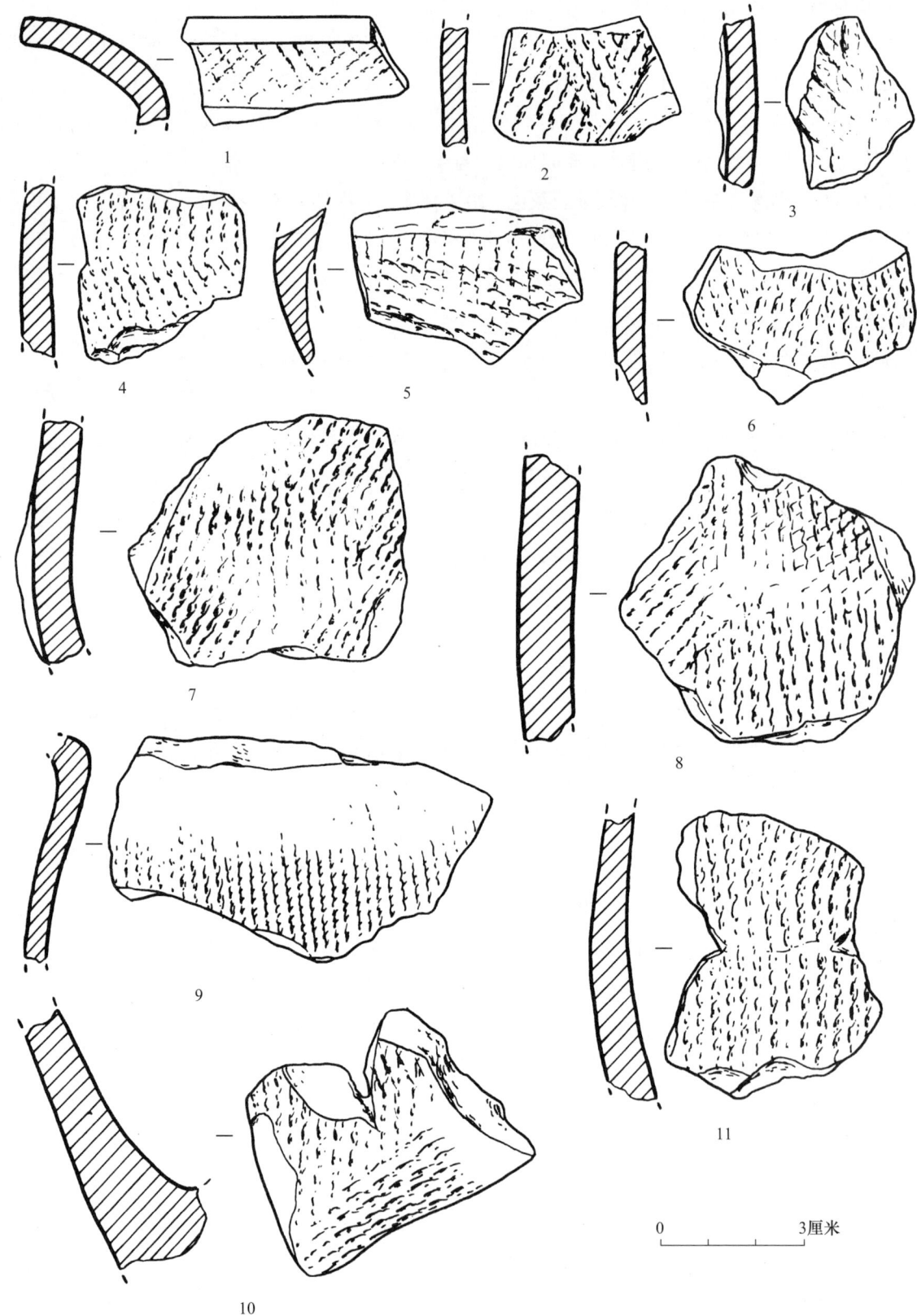

图八一 大河口遗址调查陶器（681～693）
1. 陶鬲（685） 2. 陶片（686） 3. 陶鬲（684） 4. 陶片（687） 5. 陶片（688） 6. 陶片（683）
7. 陶鬲（689） 8. 陶片（690） 9. 陶鬲（691） 10. 陶鬲（681、682） 11. 陶鬲（692、693）

标本694，陶片。坐标为N：35°44′47.1″，E：111°46′45.1″，海拔：635米。夹砂。灰色。绳纹，有叠压，抹压，上部抹压较甚。可能是陶罐肩部残片。手制，内壁有横向抹痕。宽8.4、高8.6厘米（图八二，1）。

695和696号二件标本坐标为N：35°44′47.7″，E：111°46′45.5″，海拔：635米。

标本695，陶鬲。夹砂，砂粒较细。外壁浅灰色，胎及内壁呈黄褐色。竖向绳纹，较规整，抹压。磨损较甚，内壁砂粒裸露。手制。宽3.5、高4.3厘米（图八二，2）。

标本696，陶鬲。夹砂。灰色。绳纹，抹压。裆部残片。手制，内壁粗糙，有不规则抹痕。长6.4、宽5.6厘米（图八二，3）。

标本697，陶鬲。坐标为N：35°44′47.3″，E：111°46′45.5″，海拔：635米。夹砂，砂粒较细。灰色。竖向绳纹，较规整，抹压。手制，内壁抹平，较粗糙。宽3.3、高3.4厘米（图八二，5）。

698和699号二件标本坐标为N：35°44′47.0″，E：111°46′46.2″，海拔：644米。

标本698，陶鬲。夹砂，砂粒较细，结构紧密。灰色。腹饰斜向绳纹，局部有交错，裆部饰横向绳纹，均抹压。裆部残片，裆部贴泥加厚。手制，内壁有竖向抹痕。长8.3、宽6.7厘米（图八二，4）。

标本699，陶鬲。夹砂。灰色。左斜向绳纹，抹压。近足部残片。手制，内壁有竖向抹痕。宽5.8、高4.5厘米（图八二，6）。

标本700，陶片。坐标为N：35°44′46.1″，E：111°46′46.2″，海拔：637米。夹少许细砂。灰色。绳纹，较规整，局部有交错，抹压。可能是陶鬲残片。手制，内壁有横向抹痕。宽6.6、高4.1厘米（图八二，7）。

标本701，陶鬲。坐标为N：35°44′46.0″，E：111°46′46.4″，海拔：637米。夹砂。灰色。颈部抹绳纹，局部绳纹被抹去。口沿残片，侈口，窄折沿略上翘，尖唇，斜矮颈，颈肩处圆折，沿面及颈部内壁剥落。手制，颈部和肩部内壁有横向抹痕。宽5.3、高3.3厘米（图八三，2）。

702～707号六件标本坐标为N：35°44′46.4″，E：111°46′46.6″，海拔：637米。

标本702，陶罐。泥质。灰色。上腹部抹绳纹，多处绳纹被抹去。颈腹部残片。手制，颈部内外有横向旋抹痕，上腹部内壁抹光。宽9.1、高9.5厘米（图八三，4）。

标本703，陶片。夹砂，砂粒较细。外壁深灰色，胎及内壁呈灰色。竖向绳纹，局部抹压。可能是陶鬲残片。手制，内壁粗糙，有不规则抹痕。宽2.7、高3厘米（图八三，3）。

标本704，陶片。夹砂，砂粒较细。灰色。绳纹，抹压。磨损较甚。手制，内壁有横向抹痕。宽3.7、高3.9厘米（图八三，5）。

标本705，陶片。夹砂，砂粒较细，结构紧密。灰色。抹绳纹，多处绳纹被抹去。手制，内壁抹平，较粗糙。宽3.9、高3.9厘米（图八三，1）。

标本706，陶片。夹砂。夹芯陶，内外壁呈红褐色，胎呈灰褐色。绳纹，抹压。磨损较甚。手制，内壁抹平，有横向抹痕。宽3、高4厘米（图八三，9）。

标本707，陶片。夹砂。浅灰色，内壁呈黑色。竖向绳纹，抹压。手制，内壁有垫压痕迹及横向抹痕。宽5.7、高5厘米（图八三，8）。

708～710号三件标本坐标为N：35°44′46.7″，E：111°46′46.8″，海拔：637米。

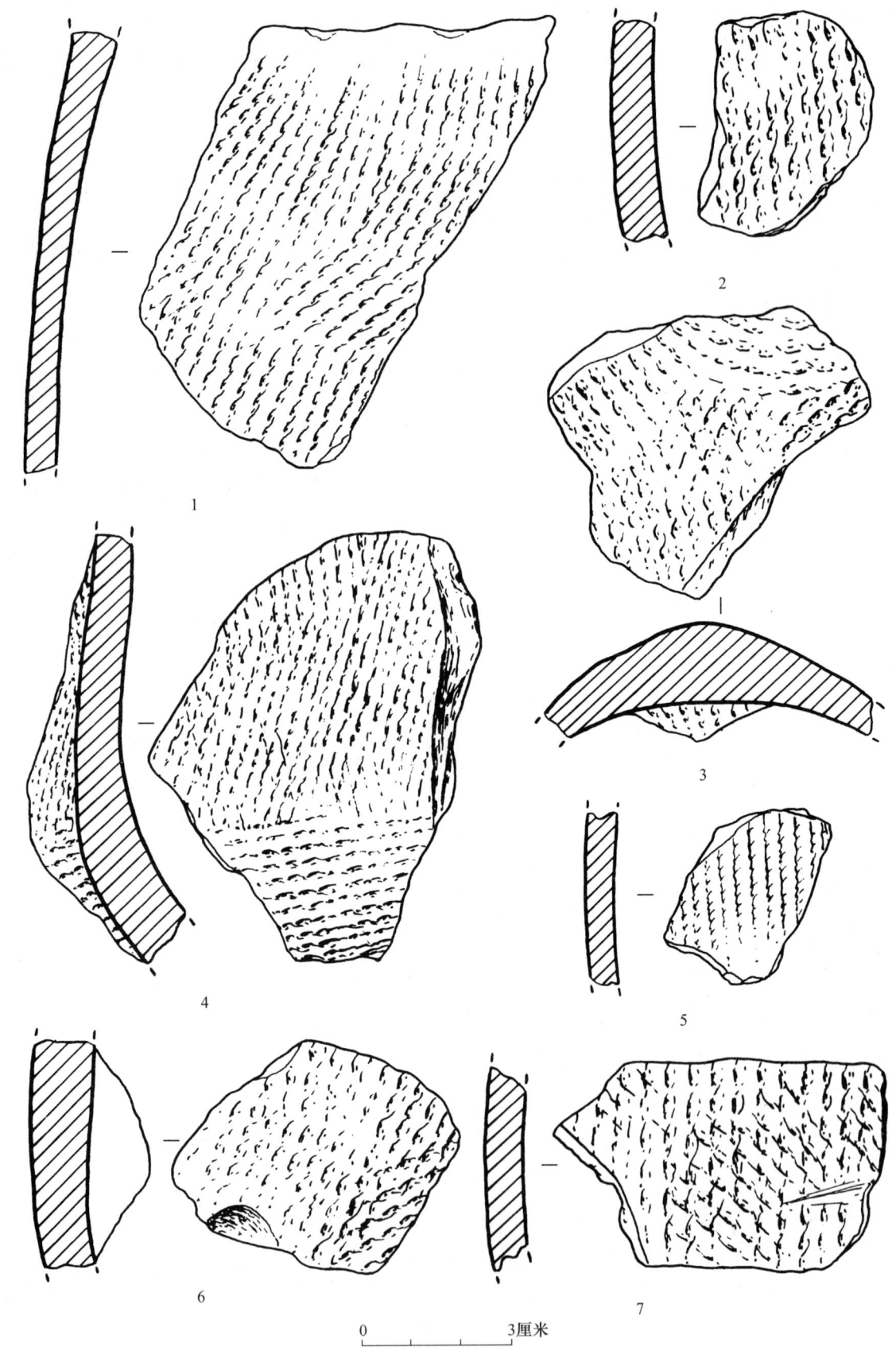

图八二　大河口遗址调查陶器（694～700）
1. 陶片（694）　2. 陶鬲（695）　3. 陶鬲（696）　4. 陶鬲（698）　5. 陶鬲（697）　6. 陶鬲（699）　7. 陶片（700）

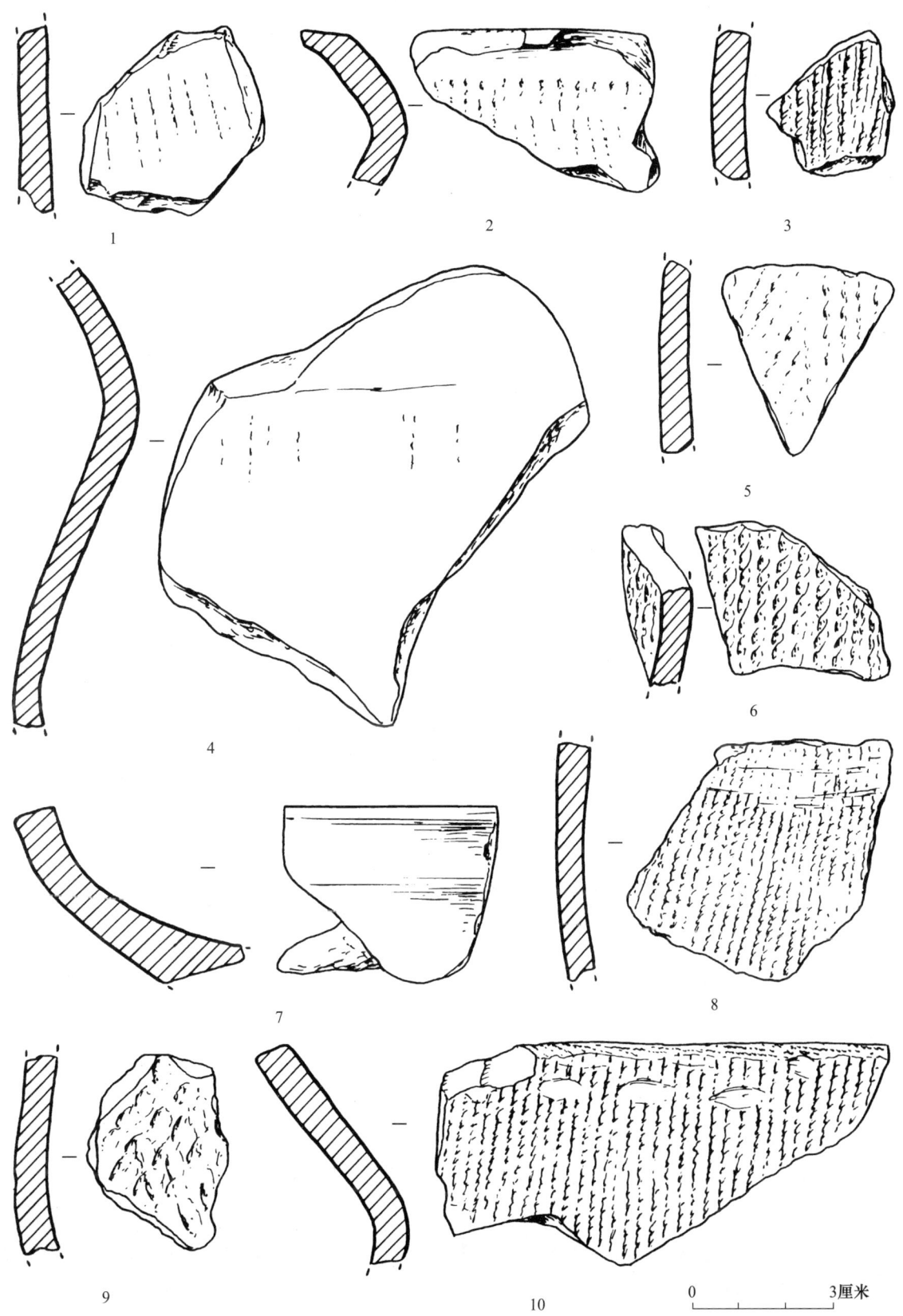

图八三　大河口遗址调查陶器（701～711）
1. 陶片（705） 2. 陶鬲（701） 3. 陶片（703） 4. 陶罐（702） 5. 陶片（704） 6. 陶鬲（708）
7. 陶豆（711） 8. 陶片（707） 9. 陶片（706） 10. 陶片（709、710）

标本708，陶鬲。夹砂，砂粒较细。深灰色。竖向绳纹，较规整，抹压。腹部残片。手制，内壁有竖向抹痕。宽4.2、高3.3厘米（图八三，6）。

标本709、710（为同一个器物，已拼接），陶片。泥质。夹芯陶，内外壁呈浅灰色，胎呈灰色。唇面饰横向绳纹，竖向绳纹，抹压。口沿残片，侈口，宽沿上翘，沿面略凹，方唇。泥片贴筑。宽9.7、高4.6厘米（图八三，10；图版一七，3、4）。

标本711，陶豆。坐标为N：35°44′46.7″，E：111°46′46.6″，海拔：637米。泥质，结构紧密。深灰色。素面磨光。豆盘残片，敞口，方唇，盘腹较深。手制，内外壁有横向旋抹痕。宽4.7、高3.6厘米（图八三，7）。

712~714号三件标本坐标为N：35°44′46.4″，E：111°46′46.3″，海拔：637米。

标本712，陶片。泥质，结构紧密。深灰色。绳纹，局部有叠压，抹压，内壁有垫印绳纹，抹压较甚，纹饰模糊。可能是陶罐残片。手制。宽7.2、高6.3厘米（图八四，1）。

标本713，陶器底。泥质。灰色。素面。下腹斜直内收，平底，底面平整。手制，外壁有斜向刮抹痕迹，内壁有横向旋抹痕。底径14.4、高6厘米（图八四，3）。

标本714，陶鬲。夹砂，砂粒较细。黄褐色。绳纹，抹压，颈部绳纹被抹去。颈肩部残片。手制，颈部内外有横向抹痕。宽5.2、高3.9厘米（图八四，5）。

标本715，陶鬲。坐标为N：35°44′46.5″，E：111°46′46.0″，海拔：637米。夹砂。灰色，内壁呈黑色。绳纹，抹压。鬲足，实足根残，足根部分外壁剥落。手制，足部在外壁贴泥片加厚，捏制足根，泥片茬口明显，内壁抹光，有横向抹痕。宽7.2、高4.9厘米（图八四，6）。

716和717号二件标本坐标为N：35°44′46.4″，E：111°46′45.9″，海拔：636米。

标本716，陶鬲。夹砂。灰色。竖向绳纹，较规整，抹压。手制，内壁有竖向抹痕。宽3.6、高2.1厘米（图八四，7）。

标本717，陶器底。泥质，结构紧密。灰色，内壁呈深灰色。腹壁饰左斜向绳纹，较规整，抹压，腹底交界处有一周右斜向绳纹，底面垫印绳纹。下腹斜直内收，平底，底面平整，有磨损。手制，腹底套接。底径12.6、高3.9厘米（图八四，8）。

718和719号二件标本坐标为N：35°44′46.1″，E：111°46′42.9″，海拔：628米。

标本718，陶鬲。夹砂。灰褐色，胎及内壁呈灰色。绳纹，方向不一致，局部有交错，抹压。腹部残片。手制，内壁粗糙。宽6.8、高7.8厘米（图八四，4）。

标本719，陶片。夹砂。灰色。素面。磨损较甚，内外壁均剥落。泥片贴筑。宽4.1、高4.5厘米（图八四，2）。

720~722号三件标本坐标为N：35°44′46.0″，E：111°46′43.1″，海拔：628米。

标本720，陶鬲。夹砂。灰色。斜向绳纹，局部有交错，抹压。腹部残片，壁较厚。手制，内壁有竖向抹痕。宽4.1、高5.6厘米（图八五，1）。

标本721，陶鬲。夹砂，含石英砂粒较多。灰色。竖向绳纹，较规整，抹压。肩腹部残片，折肩。手制，内壁粗糙，有竖向抹痕。宽6、高5.9厘米（图八五，2）。

标本722，陶罐。泥质，结构紧密。深灰色。交错绳纹，抹压，有三周凹弦纹割断绳纹，上下部素面磨光。肩腹部残片，壁较厚。手制，内壁有横向抹痕。宽6.3、高9.5厘米（图八五，6）。

723~726号四件标本坐标为N：35°44′45.8″，E：111°46′43.2″，海拔：637米。

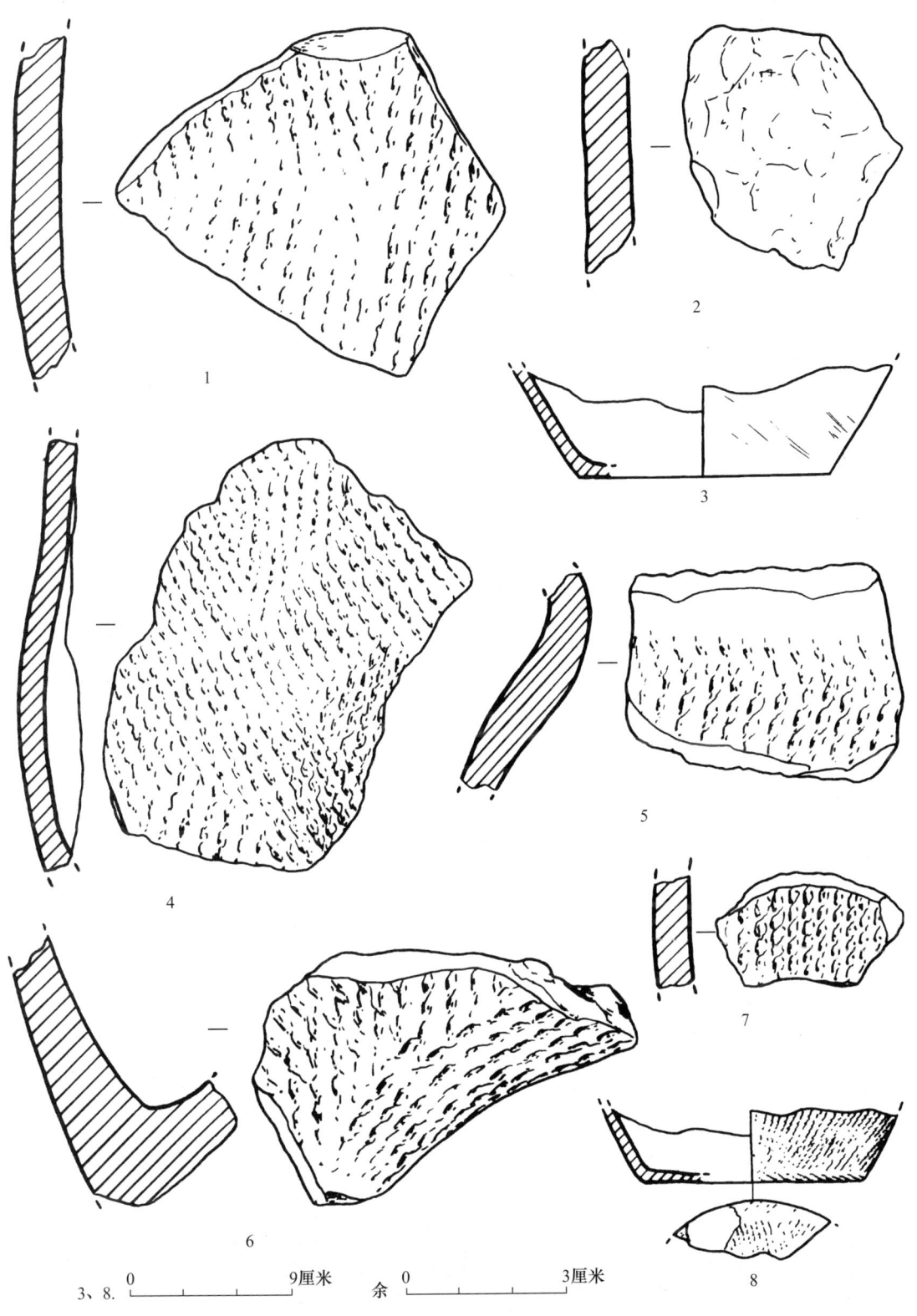

图八四 大河口遗址调查陶器（712～719）
1. 陶片（712） 2. 陶片（719） 3. 陶器底（713） 4. 陶鬲（718） 5. 陶鬲（714）
6. 陶鬲（715） 7. 陶鬲（716） 8. 陶器底（717）

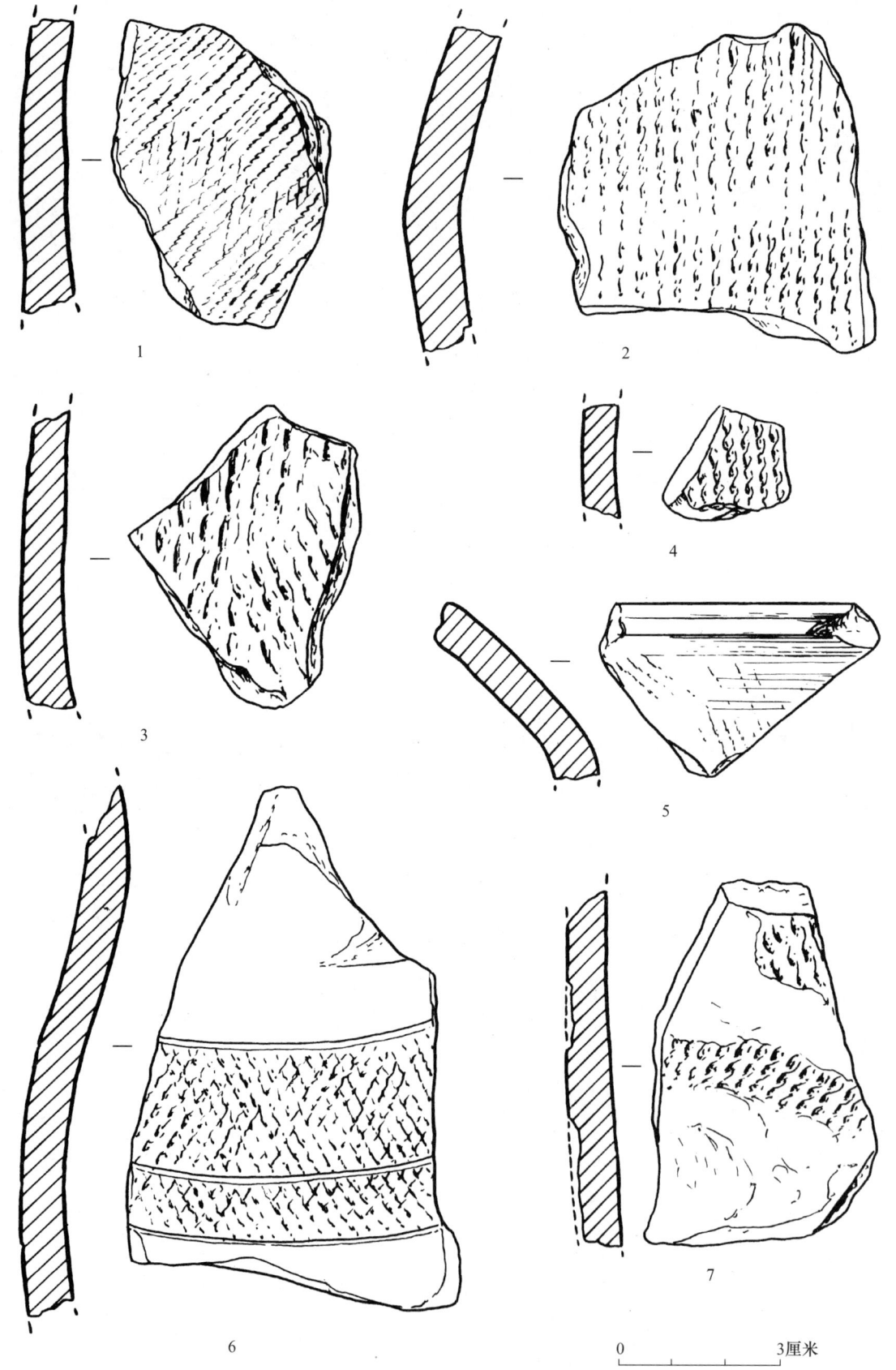

图八五　大河口遗址调查陶器（720~726）
1. 陶鬲（720）　2. 陶鬲（721）　3. 陶片（726）　4. 陶片（724）　5. 陶片（725）　6. 陶罐（722）　7. 陶片（723）

标本723，陶片。夹砂。灰色。绳纹，抹压。外壁多处剥落。手制，内壁抹平，较粗糙。宽4.3、高6.6厘米（图八五，7）。

标本724，陶片。夹少许砂，砂粒较细。浅灰色。竖向绳纹，较规整，抹压。手制，内壁抹光，有横向抹痕。宽2.4、高2.1厘米（图八五，4）。

标本725，陶片。夹砂，砂粒较细，含石英砂较多。灰色。沿下抹绳纹，多处绳纹被抹去。口沿残片，宽沿上翘，方唇，唇面有一周凹槽。手制，外壁有横向旋抹痕，沿面粗糙。宽5.2、高3.1厘米（图八五，5）。

标本726，陶片。夹少许砂，砂粒较细。黄褐色。绳纹，方向不一致，抹压。手制，内壁有竖向抹痕。宽4.4、高5.5厘米（图八五，3）。

标本727，陶片。坐标为N：35°44′44.4″，E：111°46′43.2″，海拔：634米。夹细砂。深灰色，泛黑色，胎及内壁呈灰色。绳纹，有交错，抹压。手制，内壁抹平，粗糙。宽3.7、高3.3厘米（图八六，1）。

728和729号二件标本坐标为N：35°44′46.0″，E：111°46′42.9″，海拔：645米。

标本728，陶片。泥质。灰色。上部素面磨光，下部饰绳纹，抹压。可能是陶罐肩部残片。手制，内壁有垫压痕迹和斜向抹痕。宽4.3、高3.9厘米（图八六，2）。

标本729，陶鬲。夹砂，砂粒较细。红褐色。竖向绳纹，较规整，抹压。腹部残片，有磨损。手制，内壁有垫压痕迹和横向抹痕。宽8.1、高6.7厘米（图八六，4）。

六、730～777号标本

730～777号标本位于大河口第三台地。

标本730，陶片。坐标为N：35°44′50.0″，E：111°46′56.6″，海拔：660米。夹砂，砂粒较细。浅灰色。竖向粗绳纹，抹压。可能是陶鬲腹部残片，磨损较甚。手制，内壁有垫压痕迹。宽6.9、高6.2厘米（图八六，10）。

标本731，陶片。坐标为N：35°44′49.0″，E：111°46′57.9″，海拔：656米。泥质。灰色。上部素面，略有磨光，下部饰略右斜向绳纹，抹压。内壁抹平，有横向旋抹痕。宽5.5、高6.2厘米（图八六，11）。

标本732，陶片。坐标为N：35°44′48.8″，E：111°46′57.7″，海拔：656±5米。泥质，结构紧密。灰色。竖向绳纹，规整，抹压。壁较薄。手制，内壁抹光，有横向抹痕。宽3.4、高2.4厘米（图八六，6）。

标本733，陶片。坐标为N：35°44′48.7″，E：111°46′57.2″，海拔：656米。泥质。红色。凹弦纹，较规整，抹压。壁较薄，磨损较甚。手制，内壁有横向抹痕。宽3.3、高3厘米（图八六，8）。

标本734，陶器底。坐标为N：35°44′47.0″，E：111°46′59.4″，海拔：655米。泥质，结构紧密。灰色。素面。下腹斜直内收，平底，内壁有磨损。腹底一体制作，外壁有横向旋抹痕。宽6.7、高2.4厘米（图八六，5）。

标本735，陶片。坐标为N：35°44′47.8″，E：111°46′57.5″，海拔：655米。泥质。外壁呈灰色，胎及内壁呈灰褐色。竖向绳纹，较规整，抹压。磨损较甚。手制，内壁抹平，有竖向抹痕。

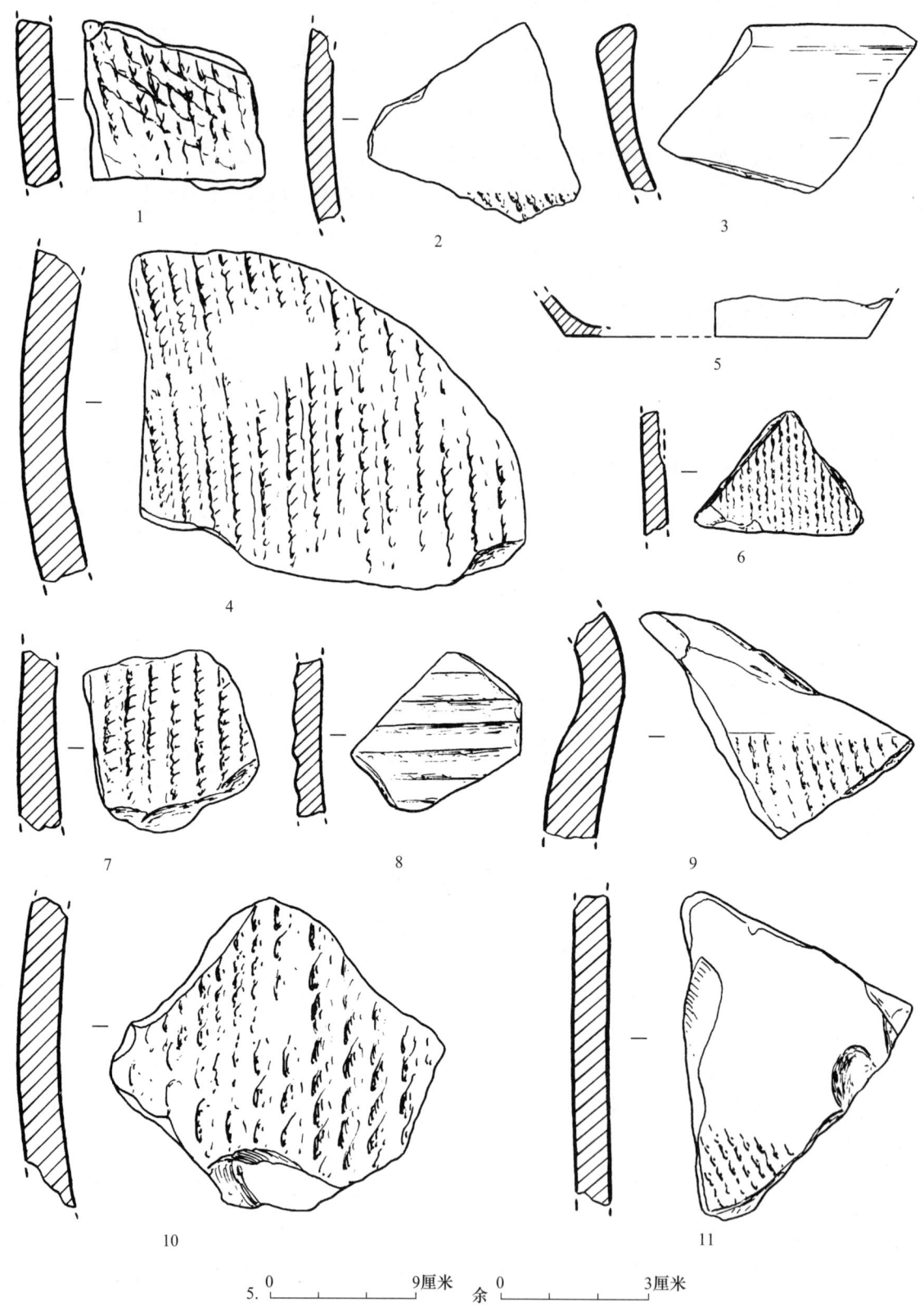

图八六 大河口遗址调查陶器（727~737）

1. 陶片（727） 2. 陶片（728） 3. 陶盆（737） 4. 陶鬲（729） 5. 陶器底（734） 6. 陶片（732）
7. 陶片（735） 8. 陶片（733） 9. 陶鬲（736） 10. 陶片（730） 11. 陶片（731）

宽3.6、高3.6厘米（图八六，7）。

标本736，陶鬲。坐标为N：35°44′47.7″，E：111°46′57.1″，海拔：652米。夹砂，砂粒较细。浅灰色，胎及内壁呈灰色。肩部饰竖向绳纹，抹压。颈肩部残片，壁较厚。手制，颈部有横向旋抹痕，内壁有竖向抹痕。宽5.6、高4.4厘米（图八六，9）。

标本737，陶盆。N：35°44′47.3″，E：111°46′58.3″，海拔：652米。泥质。深灰色。素面。口部残片，敛口，外斜沿，上腹圆弧，口沿及内壁有磨损。内外壁有横向旋抹痕。宽5.2、高3.3厘米（图八六，3）。

标本738，筒瓦。坐标为N：35°44′48.0″，E：111°46′55.4″，海拔：650米。泥质，结构紧密。灰色。竖向绳纹，局部绳纹被抹去，内壁局部有垫印细密绳纹。手制。宽3.4、高2.8厘米（图八七，1）。

标本739，陶片。坐标为N：35°44′47.4″，E：111°46′53.9″，海拔：647米。泥质，结构紧密。灰色。绳纹，抹压。磨损较甚。手制，内壁有垫压痕迹和横向抹痕。宽4、高3.8厘米（图八七，2）。

740和741号二件标本坐标为N：35°44′47.1″，E：111°46′55.2″，海拔：648米。

标本740，陶片。泥质。夹芯陶，内外壁呈灰色，胎呈黄褐色。绳纹，局部有交错，抹压。可能是陶罐下腹部残片，磨损较甚。手制，内壁有横向抹痕。宽5、高4.7厘米（图八七，5）。

标本741，陶豆。泥质。灰色。素面。豆盘残片，敞口，内斜沿，尖唇，斜收腹，磨损较甚。手制，内外壁有横向旋抹痕。宽4.8、高2.9厘米（图八七，3）。

标本742，陶片。坐标为N：35°44′47.1″，E：111°46′56.8″，海拔：648米。泥质。灰色。素面。口部残片，敛口，窄平沿，手制，内外壁有横向旋抹痕。宽5.2、高2.4厘米（图八七，4）。

743和744号二件标本坐标为N：35°44′46.8″，E：111°46′56.8″，海拔：648米。

标本743，陶片。泥质，结构紧密。灰色。素面。外壁有不规则抹痕，内壁有横向旋抹痕。宽5.6、高4.8厘米（图八七，8）。

标本744，陶器底。泥质，结构紧密。灰色。内底有暗弦纹数周。下腹斜内收，平底，底面平整，有磨损，壁较薄。内壁有横向旋抹痕。宽4.3、高0.9厘米（图八七，7）。

标本745，陶盆。坐标为N：35°44′46.5″，E：111°46′58.4″，海拔：647米。泥质，结构紧密。灰色。素面。口沿残片，口微敞，宽折沿，沿面下凹成槽，厚方唇，唇面有凹槽一周。口沿及内壁有横向旋抹痕。宽7.7、高1.5厘米（图八七，6）。

746和747号二件标本坐标为N：35°44′46.5″，E：111°46′58.2″，海拔：646米。

标本746，陶罐。泥质。深灰色。肩部饰竖向绳纹，较规整，抹压，内壁垫印绳纹，抹压，多处绳纹被抹去。颈肩部残片。手制，颈部和内壁有横向旋抹痕。宽5.5、高7厘米（图八八，7）。

标本747，陶器底。泥质，结构紧密。深灰色。素面。腹壁较厚，平底，底面平整。腹底一体制作，内外底面有同心圆旋抹痕。宽6.8、高1.7厘米（图八八，8）。

标本748，陶片。坐标为N：35°44′46.0″，E：111°46′57.5″，海拔：646米。夹砂。灰色。竖向绳纹，内壁垫印竖向绳纹，均抹压。可能是陶鬲残片。手制。宽4.9、高4.6厘米（图八八，6）。

标本749，陶片。坐标为N：35°44′46.3″，E：111°46′56.9″，海拔：646米。泥质。灰色。交错绳纹，抹压，内壁垫印绳纹，抹压较甚。磨损较甚。手制。宽3.4、高3.5厘米（图八八，4）。

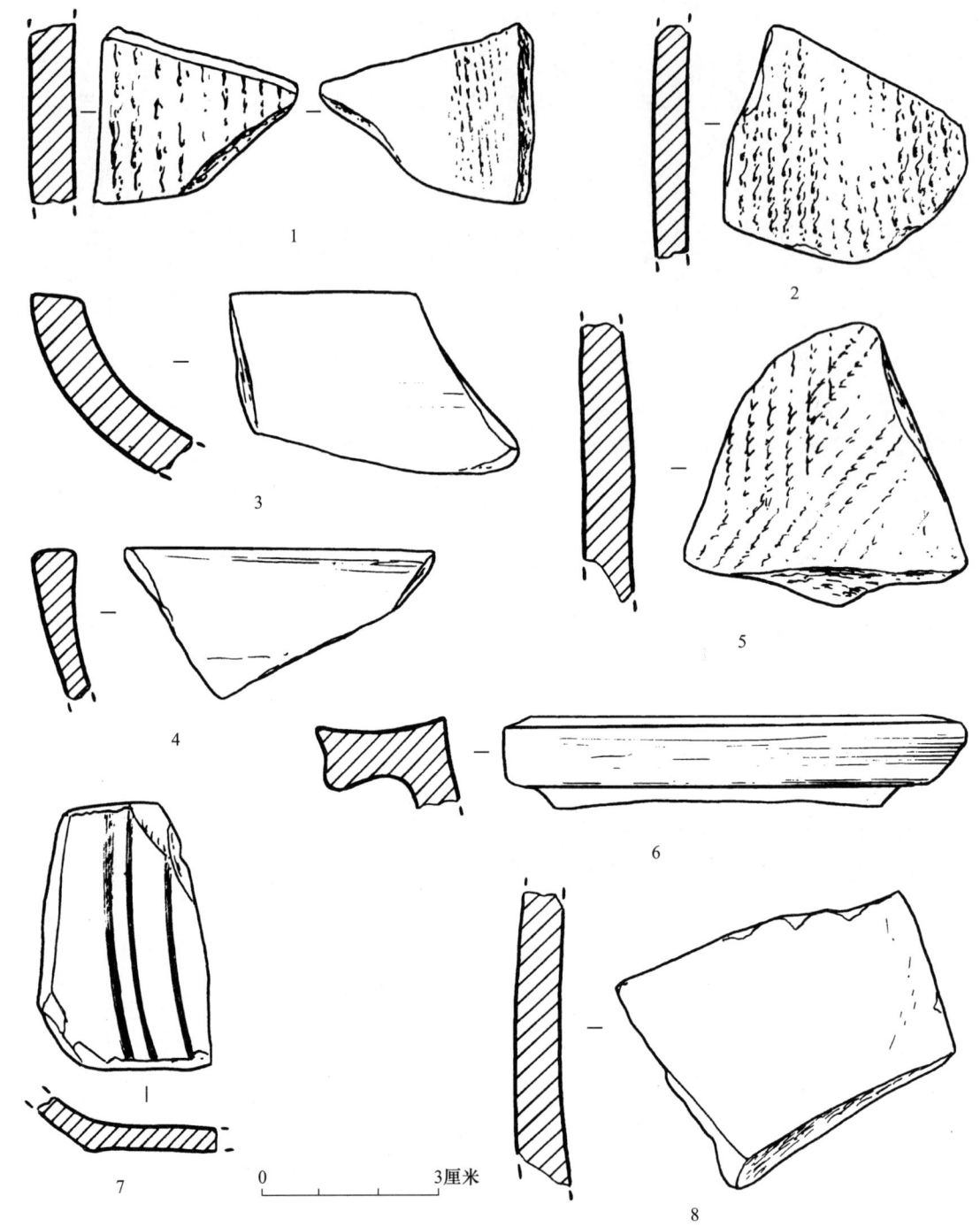

图八七　大河口遗址调查陶器（738~745）
1. 筒瓦（738）　2. 陶片（739）　3. 陶豆（741）　4. 陶片（742）　5. 陶片（740）
6. 陶盆（745）　7. 陶器底（744）　8. 陶片（743）

标本 750，陶片。坐标为 N：35°44′46.6″，E：111°46′57.0″，海拔：647 米。泥质。夹芯陶，内外壁呈灰色，胎呈红褐色。素面。可能是陶罐腹部残片，磨损较甚，断茬处有一穿孔。手制，内外壁均有横向抹痕。宽 6、高 3.7 厘米（图八八，5）。

标本 751，陶鬲。坐标为 N：35°44′47.0″，E：111°46′54.7″，海拔：648 米。夹砂，砂粒较细。红色。肩部饰竖向绳纹，较规整，抹压。侈口，窄斜沿，沿面有凹槽一周，厚方唇，矮颈，圆

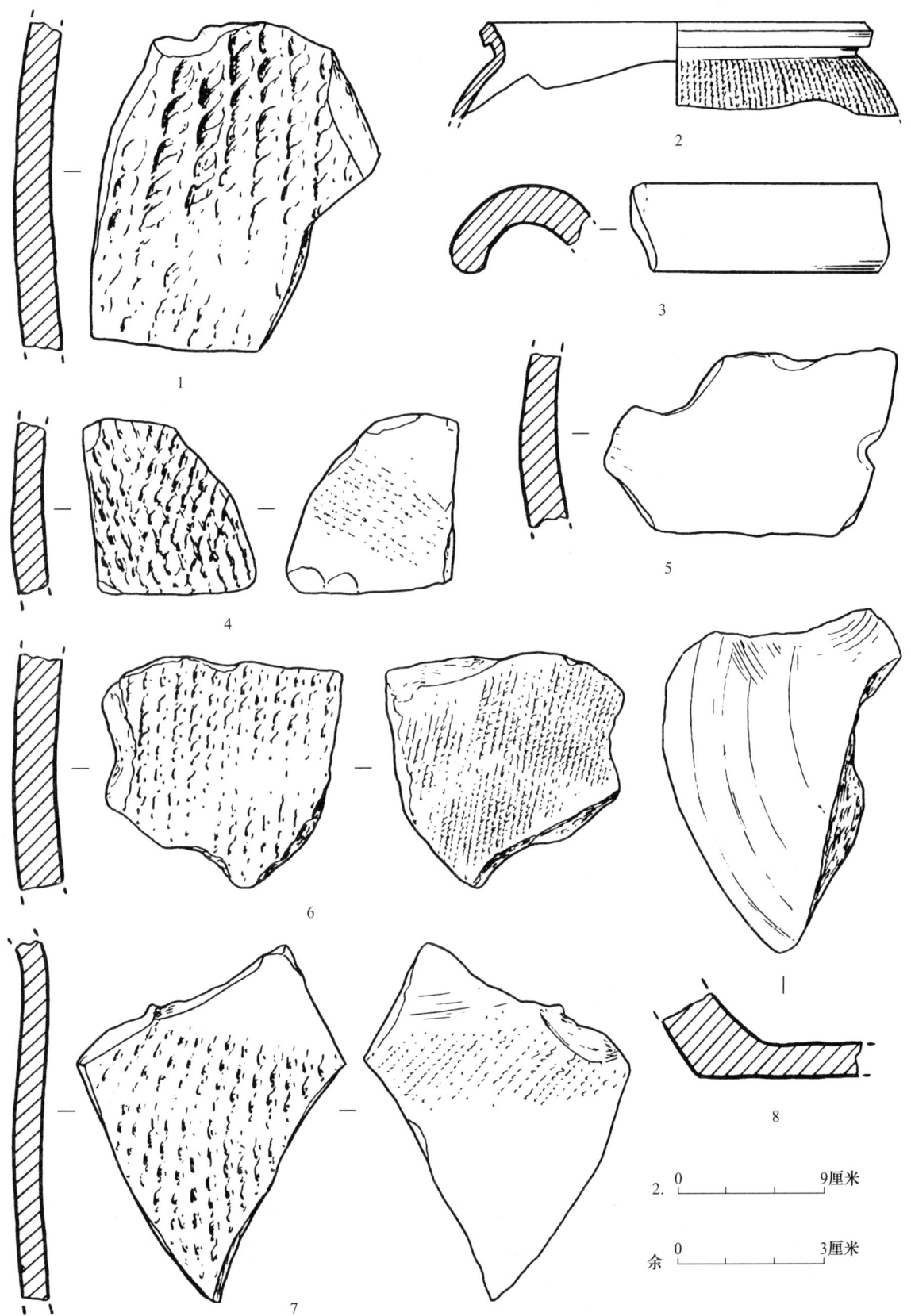

图八八 大河口遗址调查陶器（746~753）
1. 陶片（752） 2. 陶鬲（751） 3. 陶盆（753） 4. 陶片（749） 5. 陶片（750）
6. 陶片（748） 7. 陶罐（746） 8. 陶器底（747）

肩。手制，颈部及内壁有横向旋抹痕。口径22.8、高5.7厘米（图八八，2，图版一九，2）。

752和753号二件标本坐标为N：35°44′47.1″，E：111°46′54.3″，海拔：649米。

标本752，陶片。夹砂，砂粒较细。外壁呈黄褐色，胎及内壁呈灰色。竖向粗绳纹，抹压，下部抹压较甚。手制，内壁有竖向抹痕。宽5.9、高6.5厘米（图八八，1）。

标本753，陶盆。泥质，结构紧密。灰色。素面。口沿残片，敞口，卷沿，圆唇。沿面上下有横向旋抹痕。宽5.3、高1.7厘米（图八八，3）。

标本754，陶片。坐标为N：35°44′46.2″，E：111°46′52.3″，海拔：648米。泥质，结构紧密。灰色。竖向绳纹，抹压。磨损较甚。手制，内壁较粗糙，有垫压痕迹和斜向抹痕。宽4.6、高5.1厘米（图八九，4）。

标本755，陶片。坐标为N：35°44′46.3″，E：111°46′53.8″，海拔：646米。泥质，结构紧密。深灰色。绳纹，有叠压，抹压。磨损较甚。手制，内壁抹平。宽3.1、高3.4厘米（图八九，2）。

756和757号二件标本坐标为N：35°44′46.0″，E：111°46′56.4″，海拔：646米。

标本756，陶片。泥质，结构紧密。灰色。绳纹，抹压。外壁有磨损。手制，内壁较粗糙，有横向抹痕。宽2.4、高3.1厘米（图八九，3）。

标本757，陶片。泥质，结构紧密。浅灰色。绳纹，抹压，局部绳纹被抹去。磨损较甚。手制，内壁有横向抹痕。宽4、高6.5厘米（图八九，8）。

标本758，板瓦。坐标为N：35°44′46.0″，E：111°46′56.5″，海拔：646米。泥质，结构紧密。灰色。右斜向绳纹，抹压，内壁垫印绳纹，抹压较甚。残存一端，端面有绳纹，壁较厚，磨损较甚。手制。宽4.3、高6.5厘米（图八九，9）。

759和760号二件标本坐标为N：35°44′45.6″，E：111°46′56.8″，海拔：647米。

标本759，陶盆。泥质，结构紧密。深灰色。颈部有抹绳纹，局部绳纹被抹去。口沿残片，敞口，斜折沿，沿面较窄，尖唇。内外壁有横向旋抹痕。宽5.3、高1.7厘米（图八九，1）。

标本760，陶罐。泥质，结构紧密。灰色。肩部饰竖向绳纹，较规整，抹压。颈肩部残片，磨损较甚。手制，内壁有垫压痕迹和横向抹痕。宽3.8、高3.7厘米（图八九，10）。

标本761，陶片。坐标为N：35°44′45.1″，E：111°46′57.9″，海拔：647米。泥质，结构紧密。深灰色。竖向绳纹，较规整，抹压。可能是陶罐腹部残片。手制，内壁有垫压痕迹和横向抹痕。宽3.6、高3.3厘米（图八九，6）。

762和763号二件标本坐标为N：35°44′45.3″，E：111°46′54.9″，海拔：649米。

标本762，陶片。泥质，结构紧密。灰色。竖向绳纹，较规整，抹压，有两周凹弦纹割断绳纹。可能是陶罐腹部残片，壁较薄，磨损较甚。手制，内壁抹平。宽3.5、高3.7厘米（图八九，5）。

标本763，陶片。夹砂，砂粒较细。灰褐色，胎及内壁呈灰色。绳纹，局部有交错，抹压。可能是陶鬲腹部残片，磨损较甚。手制，内壁有横向抹痕。宽5.3、高3.7厘米（图八九，7）。

标本764，陶片。坐标为N：35°44′45.5″，E：111°46′53.5″，海拔：647米。泥质。灰色。素面。手制，内外壁有横向旋抹痕，外壁另有斜向刮抹痕。宽9.7、高6.9厘米（图九〇，4）。

标本765，陶片。坐标为N：35°44′46.0″，E：111°46′52.5″，海拔：647米。泥质，结构紧密。灰色。外壁拍印绳纹，抹压，有一周抹弦纹割断绳纹，内壁垫印绳纹，抹压较甚，纹饰模糊。可能是陶罐腹部残片。手制。宽9.2、高7.6厘米（图九〇，1）。

图八九 大河口遗址调查陶器（754~763）
1. 陶盆（759） 2. 陶片（755） 3. 陶片（756） 4. 陶片（754） 5. 陶片（762） 6. 陶片（761）
7. 陶片（763） 8. 陶片（757） 9. 板瓦（758） 10. 陶罐（760）

标本766，陶鬲。坐标为N：35°44′47.7″，E：111°46′49.1″，海拔：627米。夹砂，砂粒较细。深灰色。上部素面，下部饰竖向绳纹，抹压。肩部残片。手制，内壁抹平。宽3、高2.5厘米（图九〇，3）。

标本767，陶片。坐标为N：35°44′47.7″，E：111°46′48.7″，海拔：638米。夹砂。灰色。竖向绳纹，规整，抹压。可能是陶鬲腹部残片。手制，内壁有垫印窝。宽6.8、高6.5厘米（图九〇，6）。

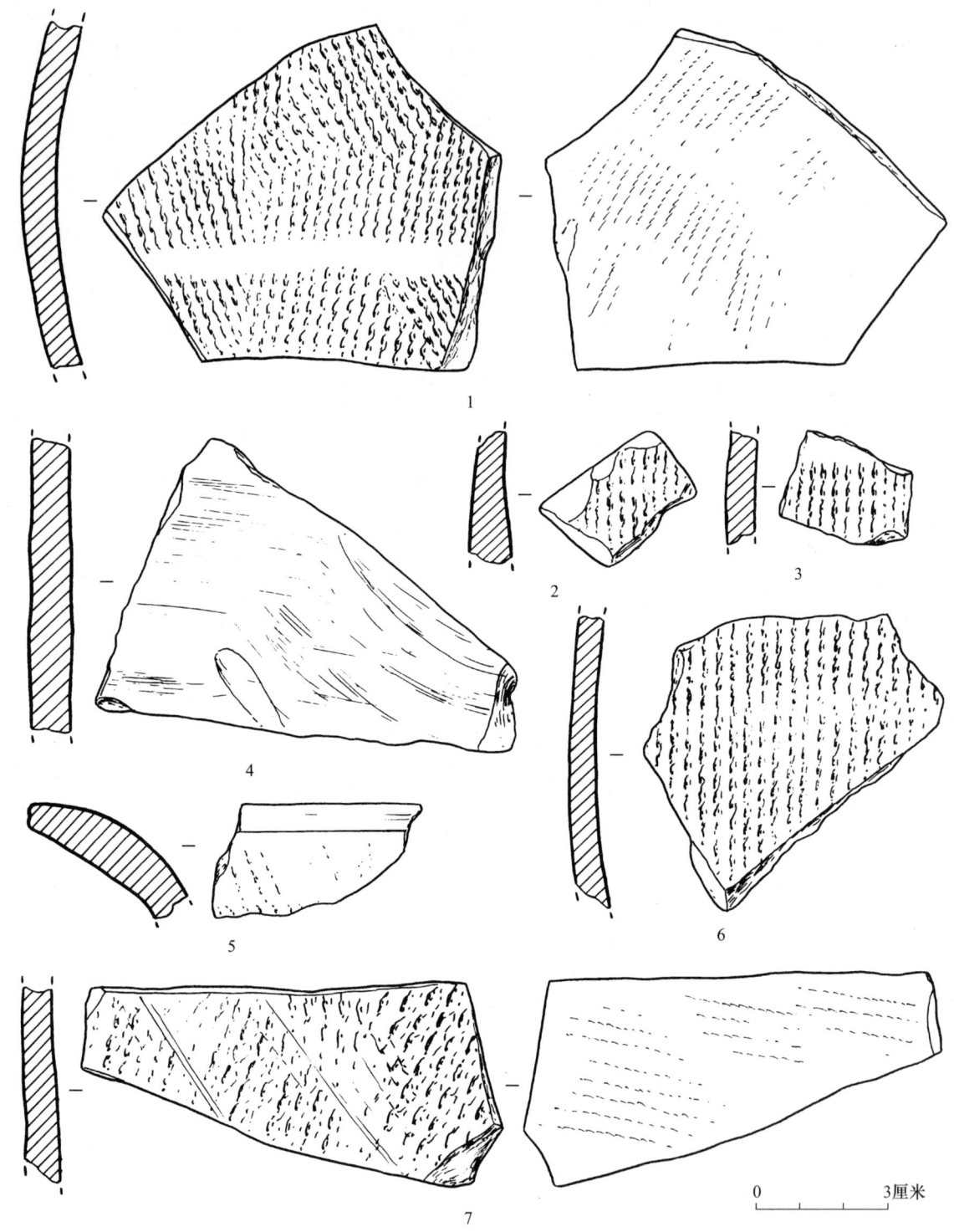

图九〇 大河口遗址调查陶器（764～770）
1. 陶片（765） 2. 陶片（770） 3. 陶鬲（766） 4. 陶片（764） 5. 陶鬲（768） 6. 陶片（767） 7. 陶片（769）

标本768，陶鬲。坐标为N：35°44′48.0″，E：111°46′48.5″，海拔：636米。夹砂。深灰色。沿下抹绳纹，多处绳纹被抹去。口沿残片，宽沿上翘，方唇，唇面有凹槽一周，壁较厚，内外壁均有磨损。手制，沿面有横向抹痕。宽4.9、高2.5厘米（图九〇，5）。

标本769，陶片。坐标为N：35°44′45.0″，E：111°46′53.8″，海拔：642米。泥质，结构紧

密。灰色。绳纹，局部有交错，抹压，内壁垫印绳纹，抹压较甚，纹饰模糊。手制，外壁局部有斜向抹痕，内壁有垫压痕迹和横向抹痕。宽9.7、高4.6厘米（图九〇，7）。

770和771号二件标本坐标为N：35°44′45.4″，E：111°46′52.5″，海拔：642米。

标本770，陶片。泥质，结构紧密。灰色。竖向绳纹，较规整，抹压。手制，内壁有垫压痕迹和横向抹痕。宽3.6、高3厘米（图九〇，2）。

标本771，陶片。泥质，结构紧密。灰色。外壁有暗弦纹数周。壁较厚。内壁抹光，有横向旋抹痕。宽4.9、高2.9厘米（图九一，3）。

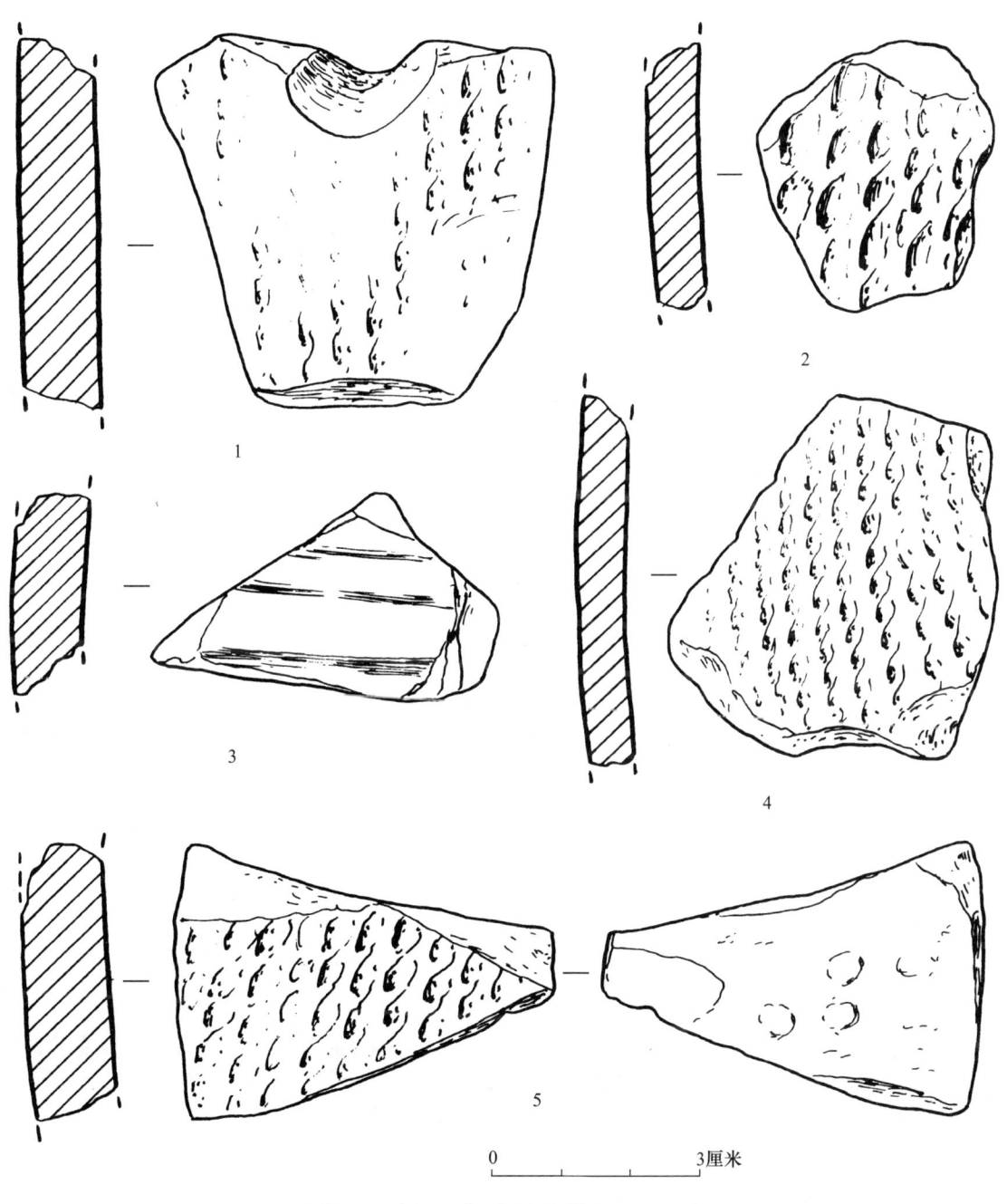

图九一　大河口遗址调查陶器（771~775）
1. 陶片（772）　2. 陶片（773）　3. 陶片（771）　4. 陶片（774）　5. 板瓦（775）

标本 772，陶片。坐标为 N：35°44′45.3″，E：111°46′53.4″，海拔：642 米。泥质，结构紧密。灰色。绳纹，抹压。壁较厚，磨损较甚。手制，内壁有横向抹痕。宽 5.7、高 5.2 厘米（图九一，1）。

标本 773，陶片。坐标为 N：35°44′45.8″，E：111°46′52.5″，海拔：642 米。夹砂，砂粒较细。浅灰色，内壁呈红褐色。竖向粗绳纹，抹压。可能是陶鬲残片，磨损较甚。手制，内壁抹平，较粗糙。宽 3.4、高 3.8 厘米（图九一，2）。

标本 774，陶片。坐标为 N：35°44′44.9″，E：111°46′52.1″，海拔：632 米。泥质，结构紧密。夹芯陶，内外壁呈浅灰色，胎呈灰色。竖向绳纹，抹压。磨损较甚。手制，内壁有横向抹痕。宽 4.8、高 5 厘米（图九一，4）。

标本 775，板瓦。坐标为 N：35°44′44.2″，E：111°46′51.2″，海拔：632 米。泥质，结构紧密。红褐色。左斜向粗绳纹，抹压，内壁垫印凹篦点纹，抹压。壁较厚。手制。宽 5.4、高 3.8 厘米（图九一，5）。

标本 776，板瓦。坐标为 N：35°44′42.8″，E：111°46′53.2″，海拔：624 米。泥质，结构紧密。灰色。粗绳纹，有叠压，抹压，内壁垫印凸篦点纹，抹压较甚，局部篦点被抹去。壁较厚。手制，高温烧制。宽 7.1、高 10.7 厘米（图九二，2）。

标本 777，板瓦。坐标为 N：35°44′42.3″，E：111°46′57.5″，海拔：610 米。粗泥质，含细砂粒，结构紧密。灰色。竖向绳纹，抹压，内壁垫印细密绳纹，局部抹压。手制。宽 8.1、高 4.3 厘米（图九二，1）。

七、778~854 号标本

778~854 号标本位于大河口第四台地。

标本 778，陶罐。坐标为 N：35°44′50.6″，E：111°47′11.0″，海拔：661 米。泥质。灰色。肩部饰竖向绳纹，抹压。颈肩部残片。手制，颈部有横向旋抹痕，内壁有斜向抹痕。宽 3.8、高 4 厘米（图九二，4）。

标本 779，陶片。坐标为 N：35°44′49.3″，E：111°47′10.1″，海拔：663 米。泥质。灰色。绳纹，抹压，下部绳纹被抹去。可能是陶罐下腹近底部残片。手制，内壁有横向旋抹痕。宽 8.6、高 6.7 厘米（图九二，3）。

780 和 781 号二件标本坐标为 N：35°44′48.9″，E：111°47′10.3″，海拔：665 米。

标本 780，陶片。泥质，结构紧密。灰色。绳纹，抹压，内壁垫印绳纹，抹压较甚，纹饰模糊。手制，内壁有横向抹痕。宽 4.6、高 5.9 厘米（图九三，1）。

标本 781，陶片。泥质。深灰色。绳纹，抹压。可能是陶罐腹部残片。手制，内壁有垫压痕迹和斜向抹痕。宽 5.1、高 6.2 厘米（图九三，2）。

标本 782，陶片。坐标为 N：35°44′49.0″，E：111°47′10.7″，海拔：665 米。泥质。灰色。左斜向绳纹，抹压。壁较厚。手制，内壁抹光，有竖向抹痕。宽 4、高 5.5 厘米（图九三，3）。

标本 783，陶片。坐标为 N：35°44′49.3″，E：111°47′11.7″，海拔：666 米。泥质，结构紧密。灰色。内壁磨光。可能是陶盆残片。手制，外壁有横向旋抹痕。宽 9.4、高 7.1 厘米（图九三，4）。

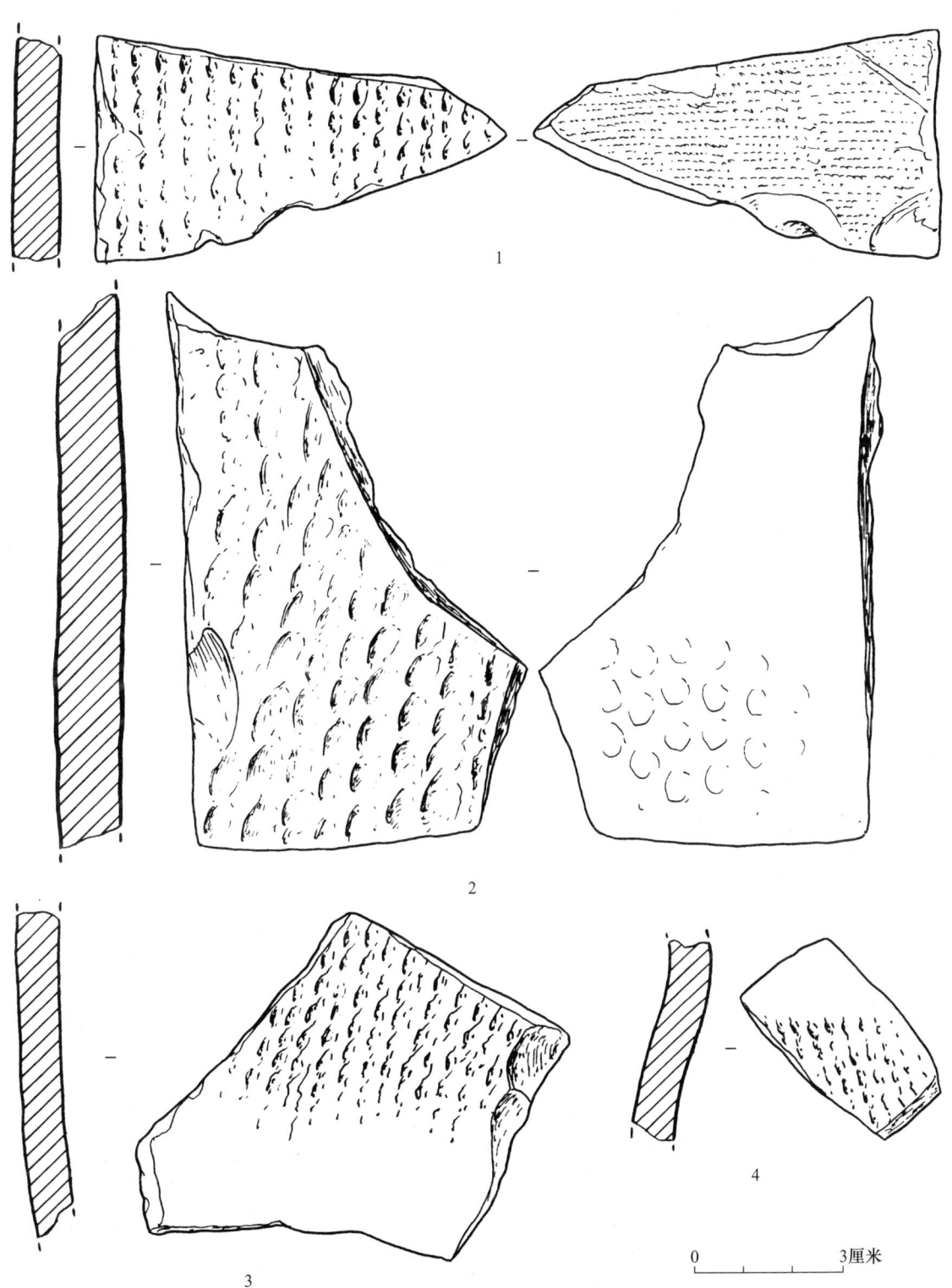

图九二 大河口遗址调查陶器（776～779）
1. 板瓦（777） 2. 板瓦（776） 3. 陶片（779） 4. 陶罐（778）

图九三　大河口遗址调查遗物（780~789）
1. 陶片（780）　2. 陶片（781）　3. 陶片（782）　4. 陶片（783）　5. 筒瓦（784）　6. 陶片（785）
7. 陶片（786）　8. 石器（787）　9. 陶片（788）　10. 陶片（789）

784~786号三件标本坐标为 N：35°44′50.5″，E：111°47′11.5″，海拔：667米。

标本784，筒瓦。泥质，结构紧密。外壁深灰色，胎及内壁呈灰色。竖向绳纹，较规整，抹压。壁较厚。手制。宽4.9、高4.7厘米（图九三，5）。

标本785，陶片。泥质，结构紧密。灰色。竖向绳纹，抹压。磨损较甚。手制，内壁抹光。宽2.3、高3.2厘米（图九三，6）。

标本786，陶片。泥质，结构紧密。深灰色。竖向绳纹，抹压较甚，纹饰模糊。磨损较甚。手制。宽3.2、高4厘米（图九三，7）。

标本787，石器。坐标为 N：35°44′50.1″，E：111°47′11.5″，海拔：668米。棕褐色。圆角矩形，正面和背面平整，顶面和底面平直，侧面斜直，均磨制光滑，断茬侧面光滑，似为人工磨制，但不平整，可能是石刀的坯料。先琢后磨。长3.7、宽4.8厘米（图九三，8）。

标本788，陶片。坐标为 N：35°44′50.5″，E：111°47′11.5″，海拔：667米。夹砂，砂粒较细。深灰色。竖向绳纹，抹压。可能是陶鬲残片。手制，内壁粗糙，有横向抹痕，壁较厚。宽3.3、高4.4厘米（图九三，9）。

789~792号四件标本坐标为 N：35°44′51.0″，E：111°47′11.8″，海拔：671米。

标本789，陶片。泥质，结构紧密。灰色。右斜向绳纹，规整，抹压，有两周凹弦纹割断绳纹。手制，内壁抹平。宽3.6、高2.7厘米（图九三，10）。

标本790，陶片。泥质。灰色。竖向绳纹，较规整，抹压，内壁有垫印斜向绳纹，抹压较甚，局部绳纹被抹去。手制。宽2.8、高3.7厘米（图九四，11）。

标本791，陶片。泥质，结构紧密。深灰色。竖向绳纹，规整，局部抹压。可能是陶罐腹部残片。内壁抹光，有横向抹痕。宽4.5、高3.6厘米（图九四，2）。

标本792，陶盆。泥质，结构紧密。灰色。腹饰绳纹。口沿残片，口微敞，平折沿，沿面较宽，厚方唇。内外壁有横向旋抹痕。宽8.1、高2.8厘米（图九四，6）。

标本793，陶片。坐标为 N：35°44′50.9″，E：111°47′11.7″，海拔：671米。泥质。灰色。竖向绳纹，局部有叠压，抹压。可能是陶罐腹部残片，内壁磨损较甚。手制，内壁有垫压痕迹。宽3.9、高5.5厘米（图九四，10）。

794和795号二件标本坐标为 N：35°44′51.1″，E：111°47′11.8″，海拔：673米。

标本794，陶片。夹砂，砂粒较细。灰色。交错绳纹，抹压。可能是陶鬲残片，外壁有磨损。手制，内壁粗糙，有横向抹痕。宽4.1、高5.3厘米（图九四，12）。

标本795，陶片。泥质。灰色。竖向绳纹，较规整，抹压，有抹弦纹一周割断绳纹。可能是陶罐肩腹部残片。手制，内壁有横向抹痕。宽4.6、高5厘米（图九四，8）。

标本796，陶片。坐标为 N：35°44′51.0″，E：111°47′11.9″，海拔：674米。泥质，结构紧密。浅灰色。竖向绳纹，抹压较甚，局部绳纹被抹去。磨损较甚。内壁抹平，有横向抹痕。宽2.7、高4.3厘米（图九四，13）。

标本797，陶片。坐标为 N：35°44′51.1″，E：111°47′11.8″，海拔：672米。泥质，结构紧密。灰色。竖向粗绳纹，较规整，抹压。内外壁有磨损。手制，内壁抹光，有横向抹痕。宽3.7、高3.2厘米（图九四，1）。

798和799号二件标本坐标为 N：35°44′51.2″，E：111°47′11.7″，海拔：670米。

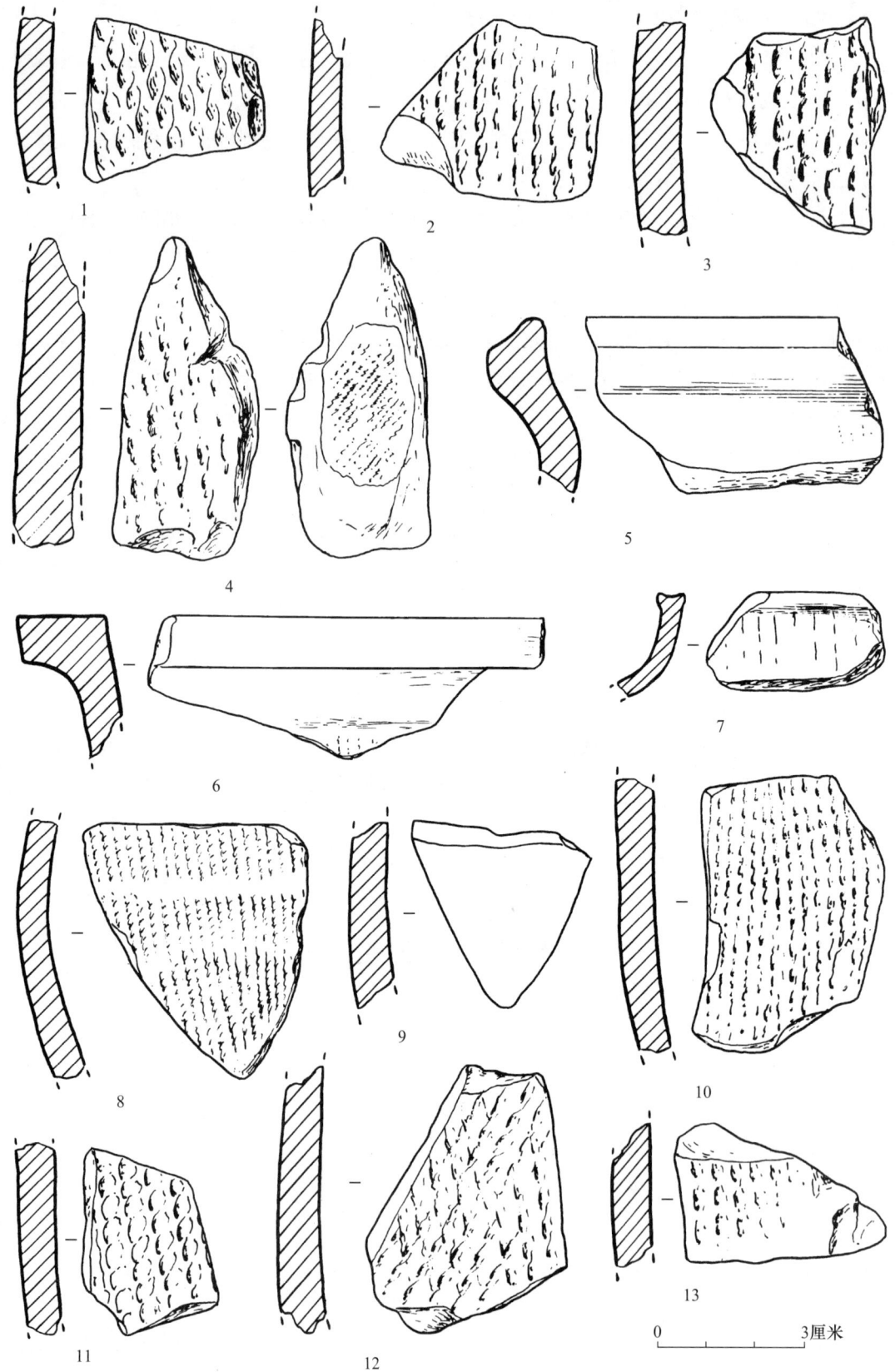

图九四　大河口遗址调查陶器（790～802）
1. 陶片（797）　2. 陶片（791）　3. 陶片（802）　4. 筒瓦（798）　5. 陶鬲（799）　6. 陶盆（792）　7. 罐（801）
8. 陶片（795）　9. 陶片（800）　10. 陶片（793）　11. 陶片（790）　12. 陶片（794）　13. 陶片（796）

标本798，筒瓦。泥质，结构紧密。灰色。竖向绳纹，抹压，内壁垫印细麻布纹。壁较厚，磨损较甚。手制。宽3、高6.4厘米（图九四，4）。

标本799，陶鬲，夹砂，砂粒较细。灰色。颈部有抹绳纹，多处绳纹被抹去。口微敞，口部凸起，斜沿，沿面有凹槽一周，圆方唇，束颈。宽6、高3.4厘米（图九四，5）。

800～802号三件标本坐标为N：35°44′51.4″，E：111°47′11.7″，海拔：671米。

标本800，陶片。泥质，结构紧密。夹芯陶，内外壁呈灰色，胎呈黄褐色。素面。磨损较甚。内壁有不规则抹痕。宽3.6、高3.7厘米（图九四，9）。

标本801，陶罐。泥质，结构紧密。灰色。颈部抹绳纹。口沿残片，敛口，窄折沿，沿面下凹，尖唇，矮颈。内外壁有横向抹痕。宽3.6、高2厘米（图九四，7）。

标本802，陶片。夹砂，砂粒较细。外壁黄褐色，胎及内壁呈红褐色。竖向绳纹，抹压。可能是陶鬲腹部残片。手制，内壁抹平，有斜向抹痕。宽3.5、高4.3厘米（图九四，3）。

803～805号三件标本坐标为N：35°44′51.4″，E：111°47′11.9″，海拔：670米。

标本803，陶片。夹砂，砂粒较细。黄褐色。绳纹，抹压。可能是陶鬲腹部残片，磨损较甚。手制，内壁有不规则抹痕。宽6、高6.5厘米（图九五，1）。

标本804，陶器底。泥质，结构紧密。深灰色。底面垫印绳纹，抹压。底部残片，平底，边缘有磨损。腹底套接，泥片贴筑。长5.7、宽3.8厘米（图九五，6）。

标本805，陶罐。泥质，结构紧密。深灰色。腹部饰竖向绳纹，抹压。颈腹部残片。颈部有横向旋抹痕，内壁抹光，有横向抹痕。宽6.2、高4.7厘米（图九五，2）。

标本806，陶盆。坐标为N：35°44′51.6″，E：111°47′12.1″，海拔：671米。泥质，结构紧密。灰色。颈部饰抹绳纹，腹部饰竖向绳纹，抹压，有一周较宽抹弦纹割断绳纹。颈腹部残片，高颈，颈腹转折处有窄肩。内壁有横向旋抹痕。宽10.2、高5.5厘米（图九五，4）。

标本807，陶片。坐标为N：35°44′51.6″，E：111°47′12.0″，海拔：671米。泥质，结构紧密。灰色。绳纹，方向不一致，抹压。手制，内壁有横向抹痕。宽5.1、高4.3厘米（图九五，7）。

808～810号三件标本坐标为N：35°44′51.6″，E：111°47′11.7″，海拔：674米。

标本808，陶片。泥质，结构紧密。深灰色。素面，内壁有两组横向叶脉纹。可能是陶盆腹部残片，壁较厚。内壁两组纹饰之间有横向旋抹痕。宽4.9、高3.6厘米（图九五，8）。

标本809，陶片。泥质。灰色。素面。可能是陶罐肩部残片。手制，外壁有横向旋抹痕，内壁有垫压痕迹和横向抹痕。宽5、高4.6厘米（图九五，3）。

标本810，板瓦。泥质，结构紧密。灰色。竖向绳纹，较规整，抹压，内壁垫印凸篦点纹，抹压较甚，局部篦点被抹去。侧面有切割痕，由内向外切割，未割透，切割厚度的五分之一左右，壁较厚。手制。宽5.5、高8.2厘米（图九五，5）。

811～815号五件标本坐标为N：35°44′51.7″，E：111°47′11.6″，海拔：672米。

标本811，陶盆。泥质。灰色。颈部有少许抹绳纹。口沿残片，口微敞，窄折沿，沿面下凹成槽，内外缘凸起，方唇，斜颈，有磨损。内外壁均有横向旋抹痕。宽4.7、高4.5厘米（图九五，9）。

标本812，陶片。泥质，结构紧密。深灰色。竖向绳纹，较规整，抹压，下部绳纹被抹去，内壁局部有垫印绳纹。可能是陶罐下腹部残片。手制，外壁下部有横向旋抹痕，内壁有横向抹痕。宽7.3、高5厘米（图九六，5）。

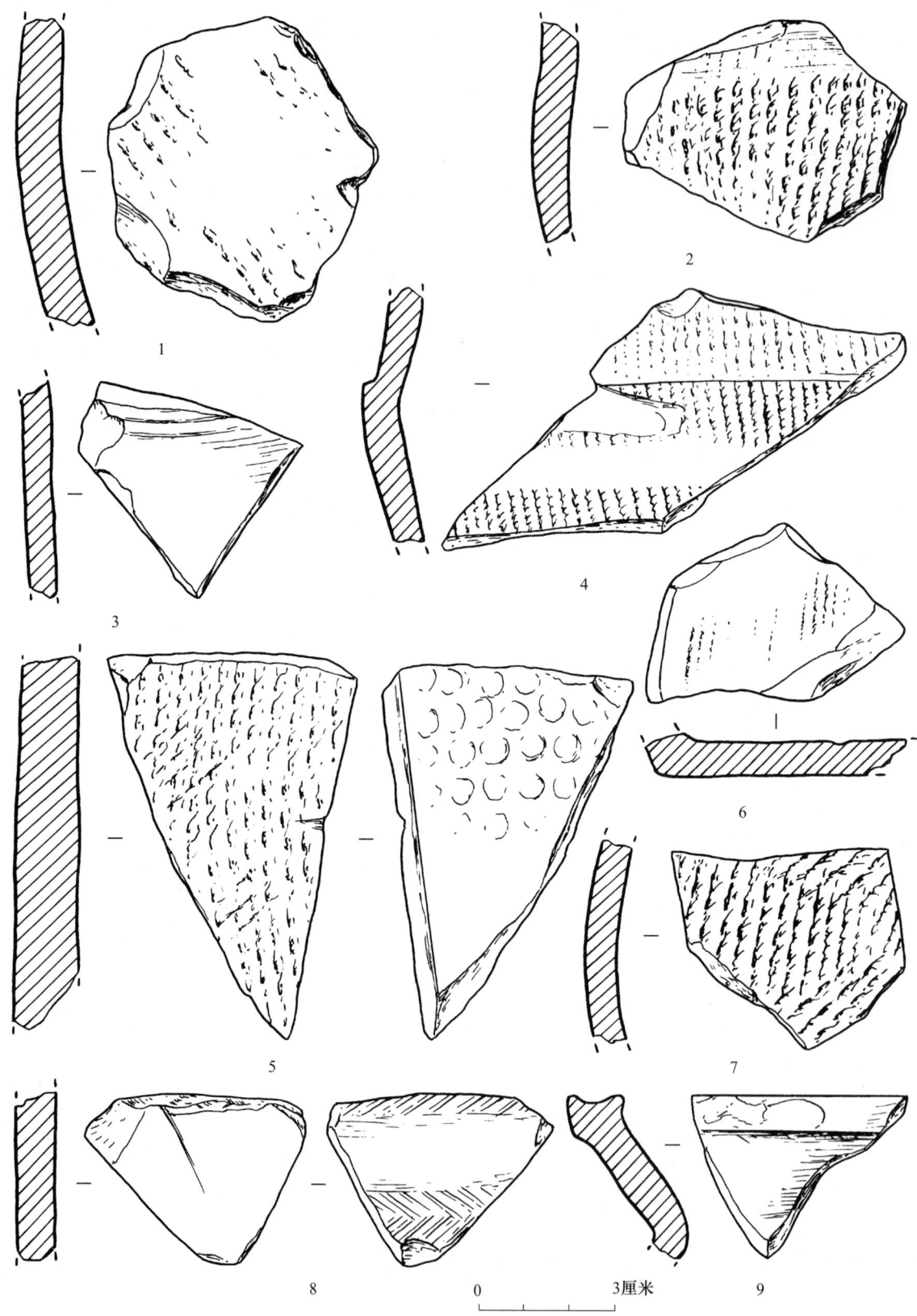

图九五　大河口遗址调查陶器（803～811）
1. 陶片（803）　2. 陶罐（805）　3. 陶片（809）　4. 陶盆（806）　5. 板瓦（810）
6. 陶器底（804）　7. 陶片（807）　8. 陶片（808）　9. 陶盆（811）

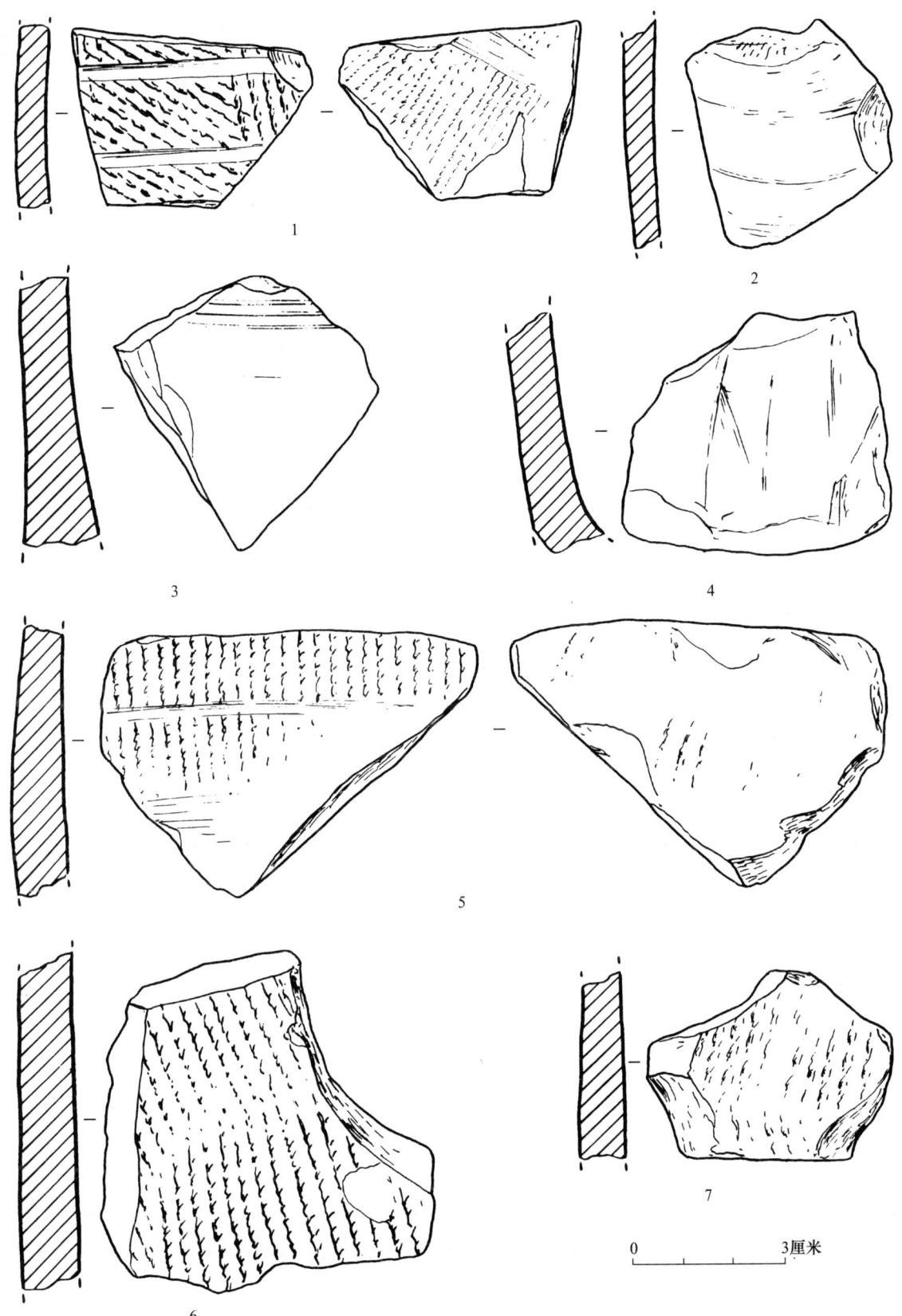

图九六　大河口遗址调查陶器（812～818）
1. 陶片（814）　2. 陶片（815）　3. 陶片（818）　4. 陶片（817）　5. 陶片（812）　6. 板瓦（816）　7. 陶片（813）

标本813，陶片。泥质，结构紧密。灰色。绳纹，抹压，局部绳纹被抹去。磨损较甚。手制，内壁有横向抹痕。宽4.8、高3.6厘米（图九六，7）。

标本814，陶片。泥质，结构紧密。深灰色。绳纹，方向不一致，抹压，有两周凹弦纹割断绳纹，内壁垫印绳纹，抹压较甚。壁较薄。手制，内壁有斜向抹痕。宽4.6、高3.4厘米（图九六，1）。

标本815，陶片。泥质，结构紧密。深灰色。素面。可能是陶罐肩部残片。手制，内壁粗糙，垫印痕迹明显。宽4、高4.3厘米（图九六，2）。

816和817号二件标本坐标为N：35°44′51.8″，E：111°47′11.6″，海拔：671米。

标本816，板瓦。泥质。灰色。绳纹，呈麦粒状，抹压，内壁局部有凸篦点纹，抹压较甚，多处篦点被抹去。壁较厚。手制。宽6.4、高6.4厘米（图九六，6）。

标本817，陶片。泥质，结构紧密。深灰色。素面。下腹部近底残片，底部残缺，磨损较甚。手制，内壁有横向抹痕。宽5.3、高4.6厘米（图九六，4）。

818~821号四件标本坐标为N：35°44′51.8″，E：111°47′11.8″，海拔：672米。

标本818，陶片。泥质，结构紧密。夹芯陶，内外壁呈棕褐色，胎呈红褐色。上部有凹弦纹数周。下部壁较厚。手制，外壁有横向旋抹痕，内壁有横向抹痕。宽5.1、高5.1厘米（图九六，3）。

标本819，陶片。泥质，结构紧密。灰色。竖向绳纹，抹压，内壁垫印绳纹，抹压较甚，纹饰模糊。泥片贴筑。宽3.5、高2.6厘米（图九七，1）

标本820，陶片。泥质，结构紧密。深灰色。有两组方格纹组成的纹饰带，每组为4排小方格。手制，内壁有横向旋抹痕。宽3.3、高5.1厘米（图九七，10）。

标本821，陶片。泥质。深灰色。素面。壁较薄，磨损较甚。手制。宽3.9、高3.7厘米（图九七，5）。

标本822，陶罐。坐标为N：35°44′51.8″，E：111°47′12.0″，海拔：671米。泥质，结构紧密。深灰色。颈部有少许抹绳纹，多处绳纹被抹去。口沿残片，侈口，平折沿，沿面较窄，方唇，曲颈。内外壁有横向旋抹痕。宽5.8、高4.5厘米（图九七，7）。

823~825号三件标本坐标为N：35°44′51.7″，E：111°47′12.3″，海拔：672米。

标本823，陶片。泥质，结构紧密。外壁呈灰褐色，胎及内壁呈黄褐色。绳纹，较规整，抹压，局部有交错。手制，内壁有垫印窝和横向抹痕。宽6.4、高4.2厘米（图九七，8）。

标本824，陶片。泥质，结构紧密。深灰色。绳纹，略显规整，内壁垫印绳纹，均抹压。壁较薄。手制。宽4、高3.3厘米（图九七，2）。

标本825，陶片。泥质，结构紧密。灰色。绳纹，抹压。手制，内壁较粗糙，有竖向抹痕。宽3.6、高3.6厘米（图九七，9）。

826~829号四件标本坐标为N：35°44′51.9″，E：111°47′12.5″，海拔：673米。

标本826，陶盆。泥质，结构紧密。深灰色。颈部有少许抹绳纹。口沿残片，敞口，窄折沿，沿面下凹成槽，内外缘凸起，方唇，斜颈。口沿及内外壁有横向旋抹痕。宽4.1、高3.1厘米（图九七，4）。

标本827，陶罐。泥质，结构紧密。灰色。颈部抹绳纹。口沿残片，敞口，窄折沿，沿面下凹成槽，内外缘凸起，斜方唇，曲颈。手制，口沿及颈部有横向旋抹痕，颈部内壁较粗糙，有横向抹痕。宽5、高3.3厘米（图九七，11）。

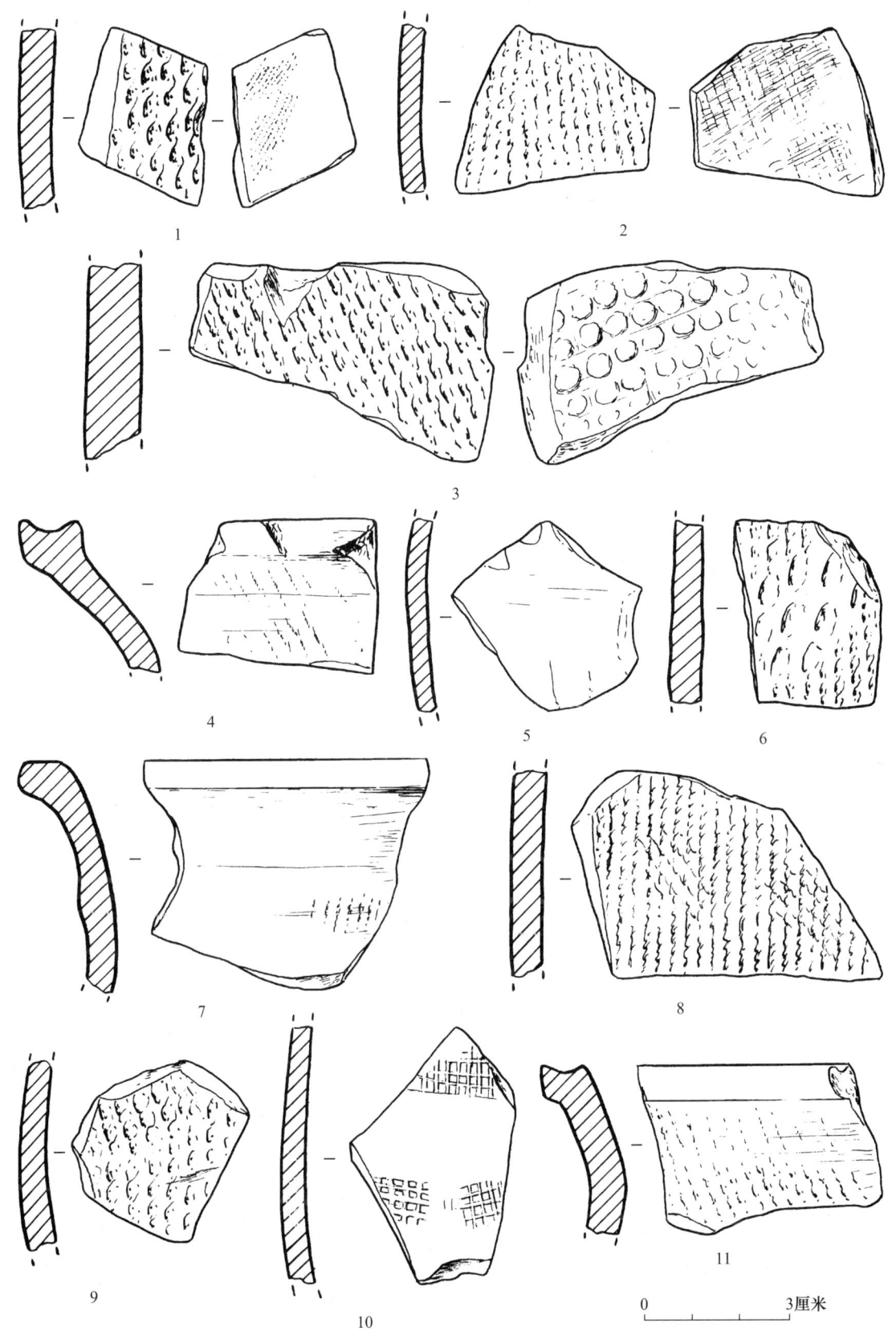

图九七 大河口遗址调查陶器（819~829）
1. 陶片（819） 2. 陶片（824） 3. 板瓦（829） 4. 陶盆（826） 5. 陶片（821） 6. 陶片（828）
7. 陶罐（822） 8. 陶片（823） 9. 陶片（825） 10. 陶片（820） 11. 陶罐（827）

标本828，陶片。夹砂，砂粒较细。外壁为浅灰色，胎呈灰色。绳纹，抹压。手制，内壁有垫压痕迹和不规则抹痕。宽3、高3.7厘米（图九七，6）。

标本829，板瓦。泥质，结构紧密。深灰色。右斜向绳纹，呈麦粒状，抹压，内壁垫印凸箆点纹，抹压。壁较厚。手制。宽6.2、高3.9厘米（图九七，3）。

830和831号二件标本坐标为N：35°44′52.0″，E：111°47′12.4″，海拔：675米。

标本830，陶片。泥质，结构紧密。外壁为灰褐色，胎呈黄褐色。横向叶脉纹，抹压。内壁剥落。泥片贴筑。宽5.4、高4.2厘米（图九八，1）。

标本831，陶片。泥质，结构紧密。灰色。两组横向叶脉纹和不规则刻划纹。壁较厚。手制，内壁较粗糙，有横向抹痕。宽7.8、高4.3厘米（图九八，4）。

标本832，陶片。坐标为N：35°44′52.1″，E：111°47′12.5″，海拔：674米。夹细石英砂。灰色。上部饰右斜向绳纹，抹压，有一周凹弦纹割断绳纹，下部绳纹被抹去，略加磨光。外壁有磨损。泥片贴筑，内壁粗糙，有垫印痕和横向抹痕。宽4.4、高5.4厘米（图九八，8）。

833~835号三件标本坐标为N：35°44′52.5″，E：111°47′11.7″，海拔：673米。

标本833，陶片。泥质，结构紧密。灰色。抹绳纹，多处绳纹被抹去。可能是陶罐肩部残片，近颈部壁较厚，局部有剥落。泥片贴筑，内外壁有横向旋抹痕。宽6.7、高5.2厘米（图九八，2）。

标本834，陶片。泥质，结构紧密。深灰色。素面，略有磨光。手制，外壁有横向旋抹痕，内壁有竖向抹痕。宽3.9、高5.6厘米（图九八，3）。

标本835，陶盆。泥质，结构紧密。灰色。竖向绳纹，抹压。口沿残片，直口，卷折沿上翘，厚方唇，唇面有一周凹槽，壁较厚。手制，沿面及内壁有横向旋抹痕。宽3.3、高3.5厘米（图九八，6）。

836和837号二件标本坐标为N：35°44′52.5″，E：111°47′12.2″，海拔：673米。

标本836，陶片。泥质。深灰色。抹绳纹，多处绳纹被抹去。内外壁均有横向旋抹痕。宽4.2、高3.4厘米（图九八，5）。

标本837，陶片。泥质，结构紧密。灰色。上部饰竖向绳纹，抹压，下部绳纹被抹去。陶器下腹部残片，壁较厚。内壁抹光。宽7.2、高4.9厘米（图九八，7）。

838~840号三件标本坐标为N：35°44′52.2″，E：111°47′12.2″，海拔：673米。

标本838，陶片。泥质。灰色。竖向绳纹，较规整，抹压。内壁抹光，有横向旋抹痕。宽5.4、高4.2厘米（图九九，7）。

标本839，陶片。泥质，结构紧密。夹芯陶，外壁呈深灰色，胎呈红褐色，内壁呈灰色。右斜向绳纹，呈麦粒状，抹压，内壁垫印绳纹，抹压。手制。宽5.7、高3.6厘米（图九九，1；图一〇三，1）。

标本840，陶盆。泥质，结构紧密。深灰色。沿面有暗弦纹数周。口沿残片，敛口，平折沿，沿面较宽，厚方唇。泥片贴筑，内外壁有横向旋抹痕。宽7.2、高2.1厘米（图九九，3）。

841~845号五件标本坐标为N：35°44′51.9″，E：111°47′12.2″，海拔：675米。

标本841，陶罐。泥质，结构紧密。灰色。肩部饰绳纹，抹压。颈肩部残片，束颈，肩部有一穿，两面对钻而成。手制，颈部和内壁有横向抹痕。宽10.8、高6.5厘米（图九九，8）。

标本842，陶鬲或釜。夹细砂。灰色。素面。口沿残片，口微敛，斜沿，沿面下凹，尖唇，矮颈。手制，口沿及颈部有横向旋抹痕，内壁抹平。宽6.1、高2.9厘米（图九九，4）。

图九八　大河口遗址调查陶器（830～837）
1. 陶片（830）　2. 陶片（833）　3. 陶片（834）　4. 陶片（831）　5. 陶片（836）
6. 陶盆（835）　7. 陶片（837）　8. 陶片（832）

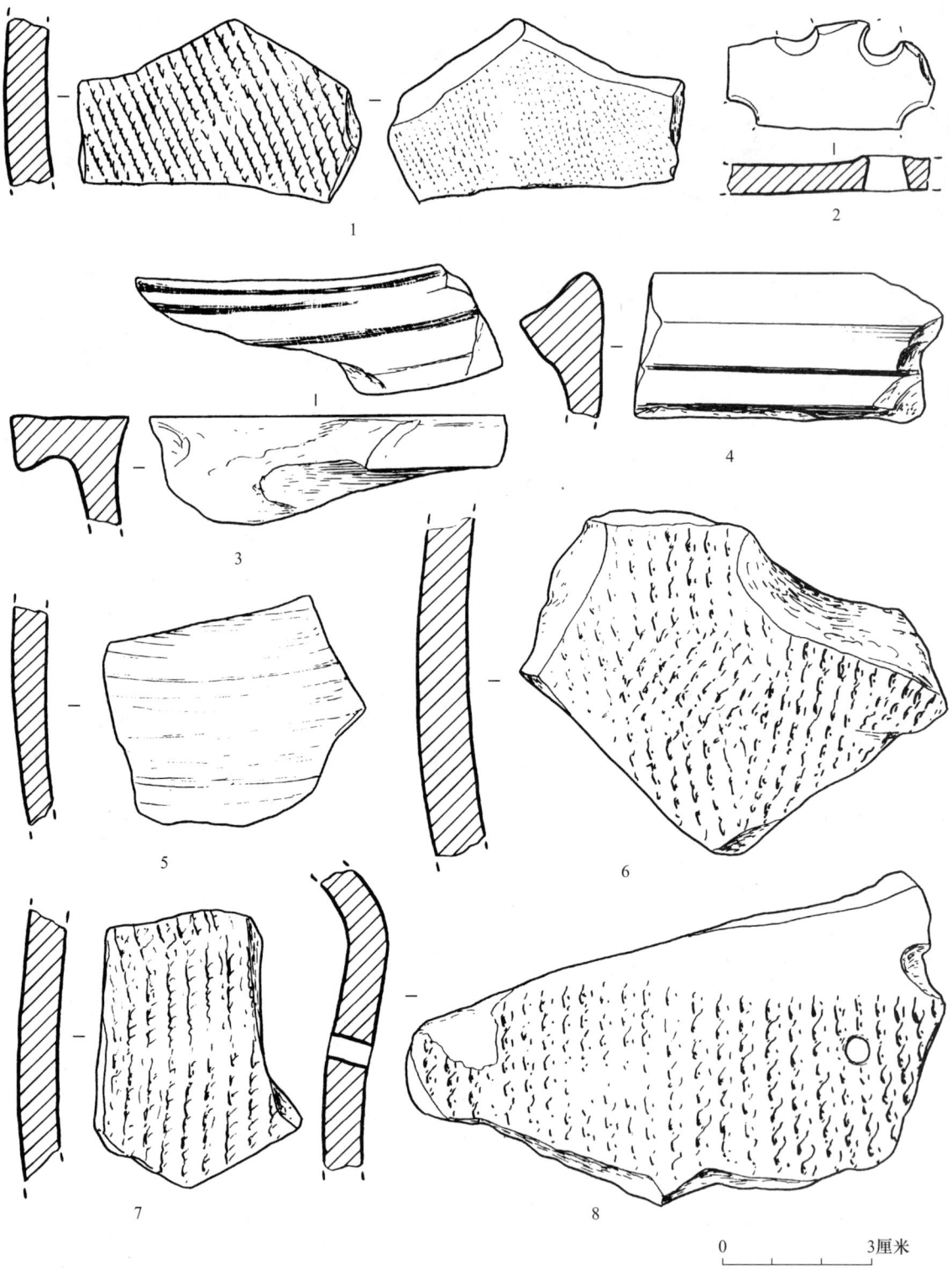

图九九　大河口遗址调查陶器（838～845）
1. 陶片（839）　2. 陶甑（844）　3. 陶盆（840）　4. 陶鬲或釜（842）　5. 陶片（845）
6. 陶片（843）　7. 陶片（838）　8. 陶罐（841）

标本843，陶片。泥质，结构紧密。深灰色。绳纹，抹压。壁较厚。手制，内壁较粗糙，有垫压痕迹和不规则抹痕。宽8.6、高6.7厘米（图九九，6）。

标本844，陶甑。泥质。灰色。素面。底部残片，平底，有圆形穿孔，由底面向内戳穿，底面粘敷一层细砂，系制作时为防止器底与工作面粘连在一起而特意铺撒的。手制，内底有手抹痕迹。长4.2、宽2.1厘米（图九九，2）。

标本845，陶片。泥质，结构紧密。浅灰色。素面。可能是盆下腹残片。内外壁有横向旋抹痕。宽5.3、高4.5厘米（图九九，5）。

846~849号四件标本坐标为N：35°44′51.7″，E：111°47′12.3″，海拔：673米。

标本846，陶片。泥质，结构紧密。黄褐色。素面。内外壁均有横向旋抹痕。宽4.4、高4.4厘米（图一〇〇，8）。

标本847，陶片。夹砂，砂粒较细。外壁呈红色，胎及内壁呈棕褐色。竖向绳纹，规整，抹压。可能是陶鬲残片。手制，内壁抹平，较粗糙。宽2.7、高3.6厘米（图一〇〇，3）。

标本848，陶片。夹砂，砂粒较细。棕褐色，内壁呈红褐色。竖向绳纹，抹压。可能是陶鬲残片。手制，内壁抹光。宽2.6、高3.7厘米（图一〇〇，2）。

标本849，陶器底。泥质，结构紧密。灰色。左斜向宽篮纹，抹压较甚。下腹微弧斜内收，平底。腹底一体制作，下腹近底有横向旋痕，内壁有横向抹痕。宽5.9、高4厘米（图一〇〇，5）。

850~852号三件标本坐标为N：35°44′51.5″，E：111°47′12.4″，海拔：671米。

标本850、851（为同一件器物，已拼接），陶盆。泥质。夹芯陶，内外壁呈灰色，胎呈黄褐色，肩部胎中心呈灰色。颈部抹绳纹，多处绳纹被抹去，肩部饰右斜向绳纹，较规整，抹压。侈口，窄折沿，沿面下凹，方唇，束颈。手制，颈部和内壁有横向旋抹痕。宽6.1、高7.8厘米（图一〇〇，1）。

标本852，陶片。泥质，结构紧密。灰色。竖向绳纹，抹压，有两周抹弦纹割断绳纹。手制，内壁有横向抹痕。宽5.8、高5厘米（图一〇〇，9）。

853和854号二件标本坐标为N：35°44′51.4″，E：111°47′12.3″，海拔：673米。

标本853，陶片。泥质。棕褐色。抹篮纹，多处篮纹被抹去。磨损较甚。手制，内壁有横向抹痕。宽3.1、高3.3厘米（图一〇〇，7）。

标本854，板瓦。泥质，结构紧密。灰色。拍印绳纹，局部有交错，局部抹压，内壁垫印绳纹和凸篦点纹，局部纹饰被抹去。壁较厚。手制。宽8.8、高5.8厘米（图一〇〇，10）。

八、855~970号标本

855~970号标本位于大河口第一台地。

855和856号二件标本坐标为N：35°44′57.9″，E：111°46′54.4″，海拔：672米。

标本855，陶盆。泥质。灰色。直口，平折沿，沿面较窄，斜方唇，有颈，磨损较甚。轮制，内壁抹光，内外壁有横向旋抹痕。宽6.2、高3.8厘米（图一〇〇，4）。

标本856，陶片。泥质。浅灰色。竖向绳纹，较规整，抹压。手制，内壁不平，略显粗糙。宽3.7、高2.9厘米（图一〇〇，6）。

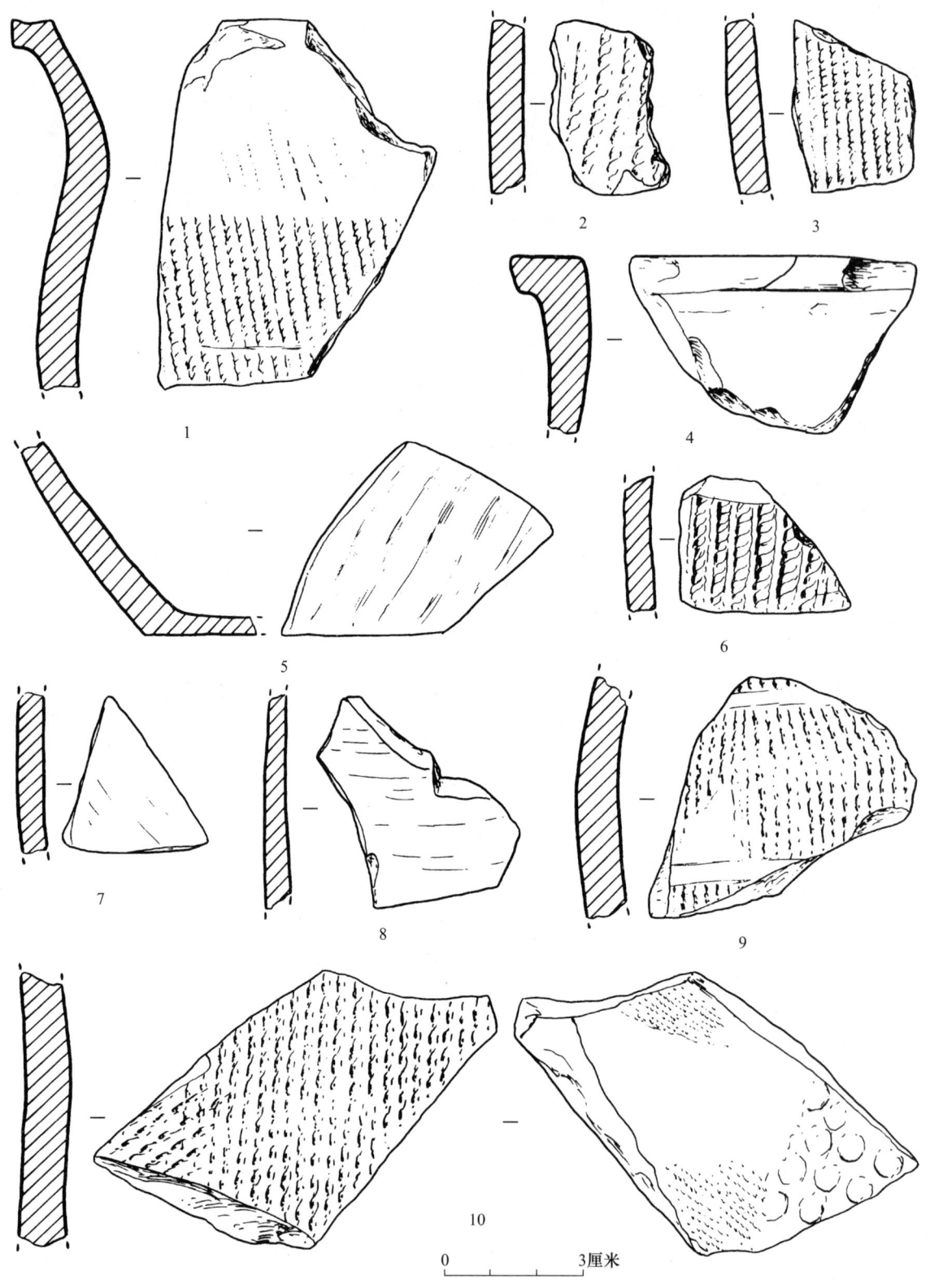

图一〇〇 大河口遗址调查陶器（846～856）
1. 陶盆（850、851） 2. 陶片（848） 3. 陶片（847） 4. 陶盆（855） 5. 陶器底（849） 6. 陶片（856）
7. 陶片（853） 8. 陶片（846） 9. 陶片（852） 10. 板瓦（854）

标本857，陶鬲。坐标为N：35°44′57.7″，E：111°46′55.1″，海拔：670米。夹小石英砂粒，颗粒不匀，密度较大。外壁及胎呈灰色，内壁呈褐色。上腹部饰竖向绳纹，抹压，内壁局部有垫印绳纹。上腹部残片，有颈，有磨损。手制。宽4.8、高3.8厘米（图一〇一，4）。

标本858，陶器盖。坐标为N：35°44′57.8″，E：111°46′55.7″，海拔：670米。泥质，结构紧密。灰色。内壁饰磨光暗弦纹数周。可能是豆盖或鼎盖残片，顶面圆弧隆起。轮制，顶面有横向旋痕和旋抹凹槽。宽4.4、高6.3厘米（图一〇一，11）。

标本859，陶片。坐标为N：35°44′57.7″，E：111°46′56.2″，海拔：670米。泥质，夹极少钙质物颗粒。灰色。竖向绳纹，略显规整，抹压，内壁垫印绳纹，抹压较甚。壁厚薄不匀，磨损较甚。手制。宽6.6、高6厘米（图一〇一，8）。

标本860，陶片。N：35°44′57.9″，E：111°46′56.2″，海拔：670米。泥质。灰色。竖向绳纹，抹压，有一周凹弦纹割断绳纹。可能是罐腹部残片。轮制，内壁抹光。宽4.1、高4.1厘米（图一〇一，12）。

标本861，陶鬲。坐标为N：35°44′58.6″，E：111°46′56.7″，海拔：676米。夹石英砂粒，密度较小。深灰色。绳纹，较规整，抹压。手制，内壁抹平。宽1.8、高3厘米（图一〇一，9）。

862、863号二件标本坐标为N：35°44′59.1″，E：111°46′57.6″，海拔：676米。

标本862，陶片。泥质，结构紧密。灰色。内壁有暗弦纹数周。可能是盆残片，外壁抹凹槽一周，壁较薄。轮制，外壁有横向旋痕。宽2.4、高2.9厘米（图一〇一，1）。

标本863，陶片。泥质。灰色。抹绳纹，磨损较甚，绳纹不清晰。手制、轮修，内壁抹平。宽3.6、高2.9厘米（图一〇一，7）。

标本864，陶盆。坐标为N：35°44′59.4″，E：111°46′57.3″，海拔：676米。泥质，结构紧密。灰色。内外壁略有磨光。上腹部残片，壁较薄。轮制，内外壁有横向旋抹痕。宽4.2、高2.3厘米（图一〇一，3）。

865～867号三件标本坐标为N：35°44′58.9″，E：111°46′58.9″，海拔：678米。

标本865，陶片。夹砂，砂粒较小，密度较大。灰色。口沿残片，沿面磨光。宽沿，沿面下凹，圆唇。手制。外壁有横向抹痕。长3.4、宽1.5厘米（图一〇一，6）。

标本866，陶盆。泥质。灰色。抹绳纹，多处绳纹被抹去。沿面较宽，唇残，磨损较甚。手制。宽5、高2.8厘米（图一〇一，2）。

标本867，陶鬲。夹砂，砂粒细小，密度较大。外壁为红褐色，胎及内壁呈褐色。竖向绳纹，抹压。手制，内壁抹平，粗糙。宽2.3、高1.9厘米（图一〇一，10）。

标本868，陶鬲。坐标为N：35°44′56.6″，E：111°46′55.1″，海拔：668米。夹红褐色粗砂粒，密度较大。竖向绳纹，有叠压，抹压。壁厚薄不匀。手制，内壁抹平。宽2.5、高3厘米（图一〇一，5）。

869和870号二件标本坐标为N：35°44′59.5″，E：111°46′59.9″，海拔：676米。

标本869（869和870号标本可能是同一件器物，拼接不起），陶片。夹细微黑色砂粒和白色石英砂粒，密度较小。灰色。竖向绳纹，抹压，下部绳纹被刮抹去，略加磨光。可能是盆下腹残片。手制、轮修，内壁抹光，外壁刮削痕迹明显。宽5.2、高5.2厘米（图一〇二，6）。

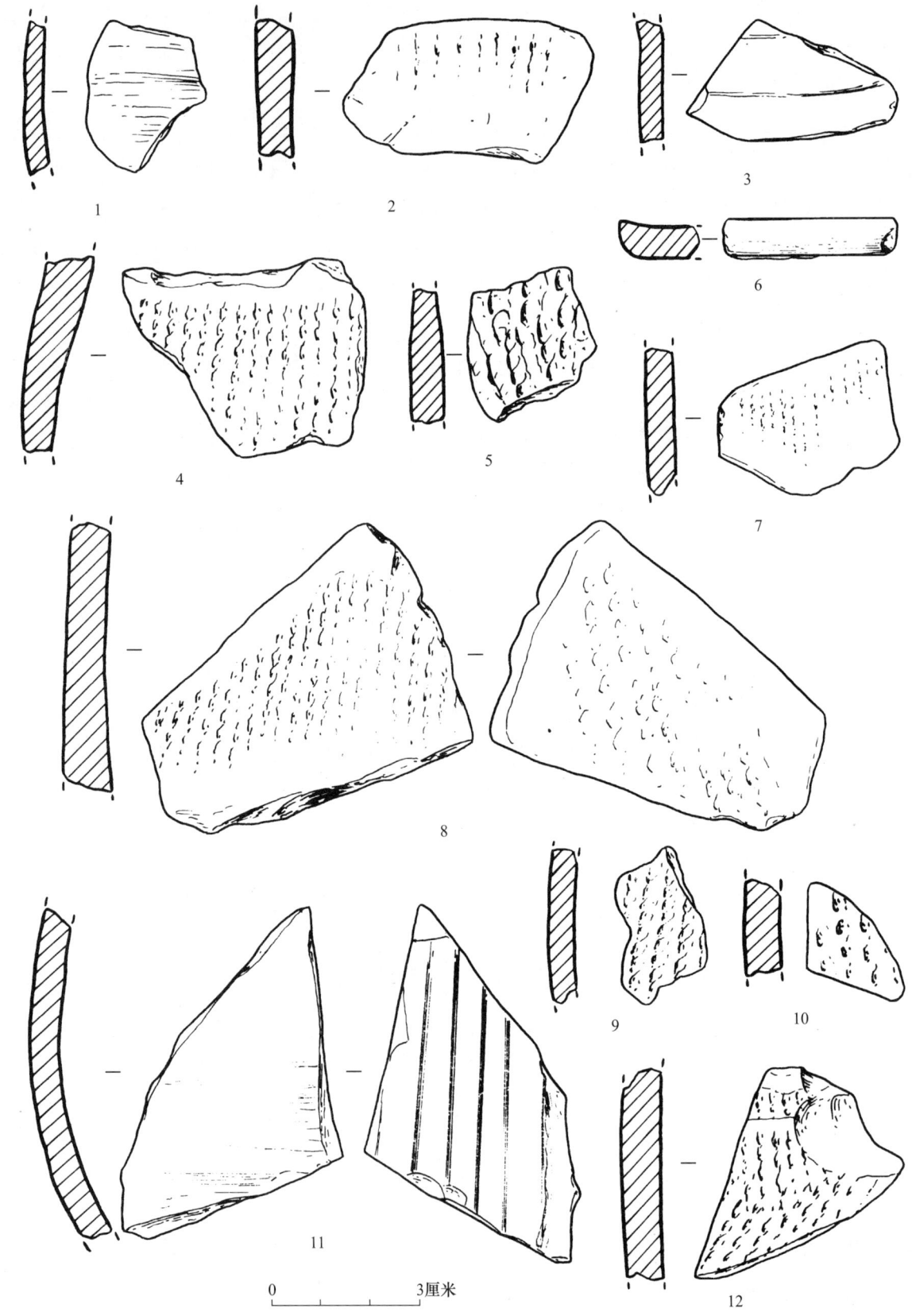

图一〇一 大河口遗址调查陶器（857~868）

1. 陶片（862） 2. 陶盆（866） 3. 陶盆（864） 4. 陶鬲（857） 5. 陶鬲（868） 6. 陶片（865） 7. 陶片（863）
8. 陶片（859） 9. 陶鬲（861） 10. 陶鬲（867） 11. 陶器盖（858） 12. 陶片（860）

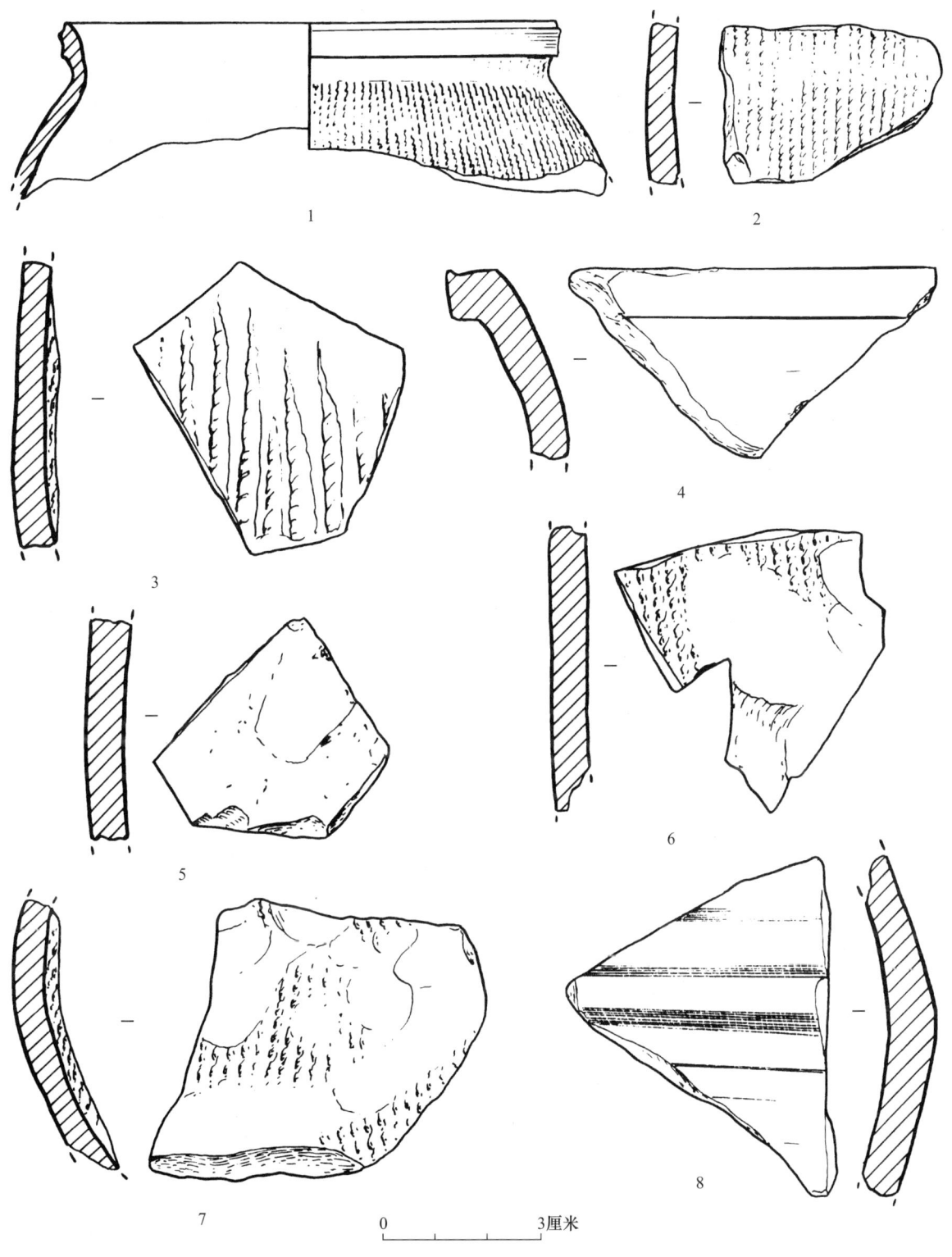

图一〇二 大河口遗址调查陶器（869~876）
1. 陶鬲（876） 2. 陶片（871） 3. 陶片（874） 4. 盆（872） 5. 陶片（870）
6. 陶片（869） 7. 陶罐（873） 8. 陶盖豆（875）

标本870，陶片。夹细微黑色砂粒和白色石英砂粒，密度较小。灰色。素面，略有磨光。可能是盆下腹残片。手制、轮修，内壁抹光，外壁刮削痕迹明显。宽4.4、高4厘米（图一〇二，5）。

标本871，陶片。坐标为N：35°44′59.8″，E：111°46′59.1″，海拔：675米。泥质，结构紧密。外壁深灰色，胎及内壁呈浅灰色。竖向绳纹，较规整，抹压。泥片贴筑，内壁凹凸不平，有垫印痕迹。宽4.2、高2.9厘米（图一〇二，2）。

标本872，陶盆。坐标为N：35°45′00.4″，E：111°46′59.9″，海拔：679米。泥质。灰色。口部残片，敞口，折沿，沿面较窄，外缘凸起，方唇，有颈，内外壁有磨损。轮制，口沿及内外壁有横向旋痕。宽7、高3.5厘米（图一〇二，4）。

873和874号二件标本坐标为N：35°45′00.2″，E：111°47′01.2″，海拔：675米。

标本873，陶罐。泥质，结构紧密。灰色。竖向绳纹，抹压，内壁垫印斜横向绳纹，抹压较甚。肩腹部残片，鼓肩，外壁面多处脱落。泥片贴筑。宽6.3、高5.2厘米（图一〇二，7）。

标本874，陶片。泥质，结构紧密。外壁浅橙色，泛白色，胎及内壁为橙红色。竖向绳纹，抹压，局部绳纹被抹去，内壁垫印斜横向绳纹，抹压较甚。壁较薄。手制。宽5.2、高5.3厘米（图一〇二，3；图一〇三，2）。

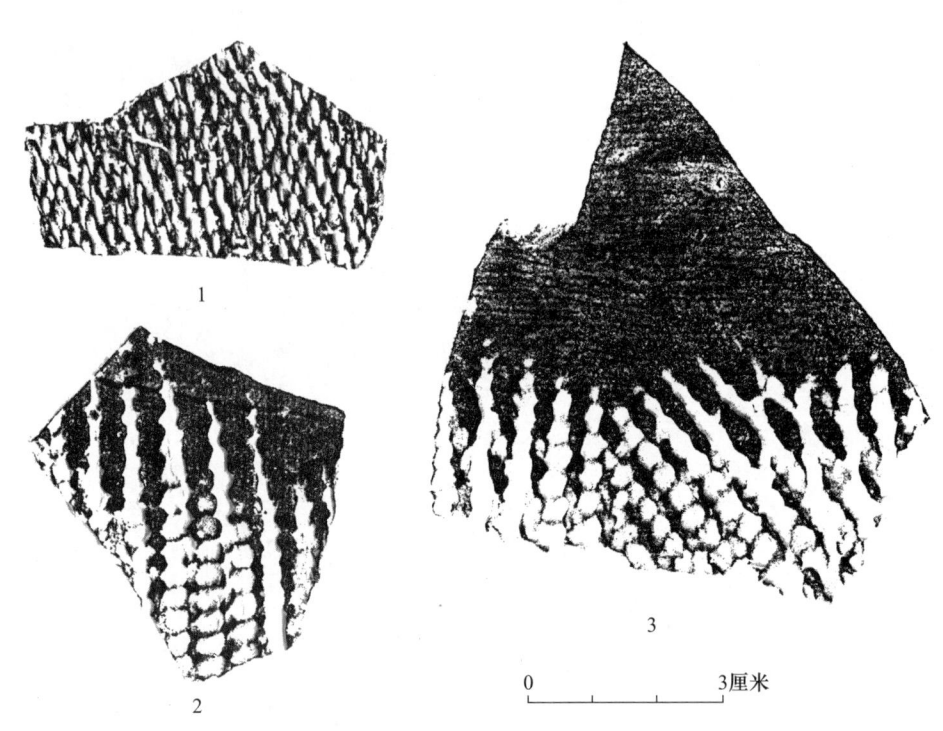

图一〇三 大河口遗址调查陶器纹样拓本
1. 陶片（839） 2. 陶片（874） 3. 陶片（974）

标本875，陶盖豆。坐标为N：35°45′00.3″，E：111°47′01.0″，海拔：675米。泥质。灰色。上腹饰暗弦纹数周。上下腹圆转，最大腹径在上下腹转折处。轮制，内外壁均有横向旋痕。宽5.2、高6.2厘米（图一〇二，8）。

标本876，陶鬲。坐标为N：35°44′59.5″，E：111°47′02.2″，海拔：675米。夹黑色和白色较小砂粒，密度较小。浅橙黄色。颈部抹绳纹，多处绳纹被抹去，肩部饰竖向绳纹，规整，局部抹压。侈口，卷沿，尖圆唇，口沿外侧贴泥条加厚，泥条面内凹，矮颈，溜肩。手制、轮修，肩部内壁较粗糙，有手指摁窝，口沿内、外及颈部有横向旋坯痕。口径27.9、高9.6厘米（图一〇二，1）。

标本877，陶鬲。坐标为 N：35°44′59.6″，E：111°47′02.3″，海拔：674米。夹少许细砂。橙红色。肩部饰右斜向绳纹，抹压。口沿残片，直口，斜沿，尖唇，矮颈，广肩，磨损较甚。泥片贴筑，内壁抹平，口沿抹光。宽8.3、高3.5厘米（图一〇四，1）。

标本878，陶盖豆。坐标为 N：35°45′00.1″，E：111°47′03.3″，海拔：682米。泥质，结构紧密。灰色。素面，内壁有暗弦纹数周。盖豆盘残片，弧腹。轮制，内外壁有横向旋抹痕。宽7.5、高4.1厘米（图一〇四，3）。

标本879，板瓦。坐标为 N：35°45′00.2″，E：111°47′03.3″，海拔：681米。泥质，结构紧密。外壁及胎呈灰色，内壁呈黄褐色。斜向绳纹，有交错，抹压，内壁局部垫印凸篦点纹。壁较厚，磨损较甚。宽5.8、高7.1厘米（图一〇四，9）。

标本880，陶片。坐标为 N：35°45′00.0″，E：111°47′03.5″，海拔：681米。泥质，结构紧密。灰色。可能是罐下腹部残片，内壁磨损较甚。轮制，外壁有横向旋抹痕。宽3.5、高5.2厘米（图一〇四，2）。

标本881，陶罐。坐标为 N：35°45′00.2″，E：111°47′03.2″，海拔：682米。泥质，结构紧密。灰色。上部素面，下部饰竖向绳纹，抹压，内壁下部垫印绳纹，抹压较甚。上腹残片，壁较薄。手制、轮修，内外壁上部均有横向旋痕。宽4.7、高3.8厘米（图一〇四，4）。

882、883号二件标本坐标为 N：35°45′00.4″，E：111°47′03.3″，海拔：683米。

标本882，陶盆。泥质，结构紧密。灰色。口部残片，敞口，折沿略上翘，斜方唇，磨损较甚。轮制，口沿及内外壁有横向旋抹痕。宽3.9、高1.5厘米（图一〇四，6）。

标本883，陶甑。泥质。灰色。底部残片，平底，底面平整，穿孔较大，密度较小，穿孔由外向内戳穿。轮制，内底有旋抹凹槽和同心圆旋痕。长6、宽4.5厘米（图一〇四，8）。

标本884，陶片。坐标为 N：35°45′00.4″，E：111°47′03.4″，海拔：682米。泥质，结构紧密。灰色。绳纹，方向不一致，抹压，内壁垫印绳纹，抹压较甚。手制，内壁有横向抹痕。宽2.7、高3.6厘米（图一〇四，5）。

标本885，陶片。坐标为 N：35°45′00.3″，E：111°47′04.7″，海拔：683米。夹细小黑色和白石英砂粒，密度较小。外壁灰色，胎及内壁呈黄褐色。横向篮纹，抹压。可能是釜残片，壁较薄，磨损较甚。手制，内壁抹光。宽3.7、高2.9厘米（图一〇四，7）。

标本886，陶罐。坐标为 N：35°45′00.9″，E：111°47′06.5″，海拔：683米。泥质。灰色。竖向绳纹，抹压，近底处绳纹被抹去。下腹残片，壁较厚。轮制，内壁抹光，内外壁有横向旋痕。宽6.7、高4.3厘米（图一〇四，10）。

887～890号四件标本坐标为 N：35°45′00.8″，E：111°47′06.6″，海拔：684米。

标本887，筒瓦。泥质，结构紧密。灰色。竖向绳纹，较规整，抹压。一侧有竖向切割痕，由外向内切割二分之一厚度。手制，内壁有横向抹痕，略显粗糙。宽5、高3.9厘米（图一〇四，11）。

标本888，陶片。泥质，结构紧密。外壁灰褐色，胎及内壁呈浅橙色。竖向绳纹，较规整，抹压。可能是罐腹部残片。泥片贴筑，内壁抹平，有横向抹痕。宽5.8、高2.9厘米（图一〇五，11）。

标本889，陶片。泥质，结构紧密。灰色。可能是罐腹部残片。手制、轮修，内壁有竖向抹痕，外壁有横向旋抹痕。宽2.9、高3.5厘米（图一〇五，2）。

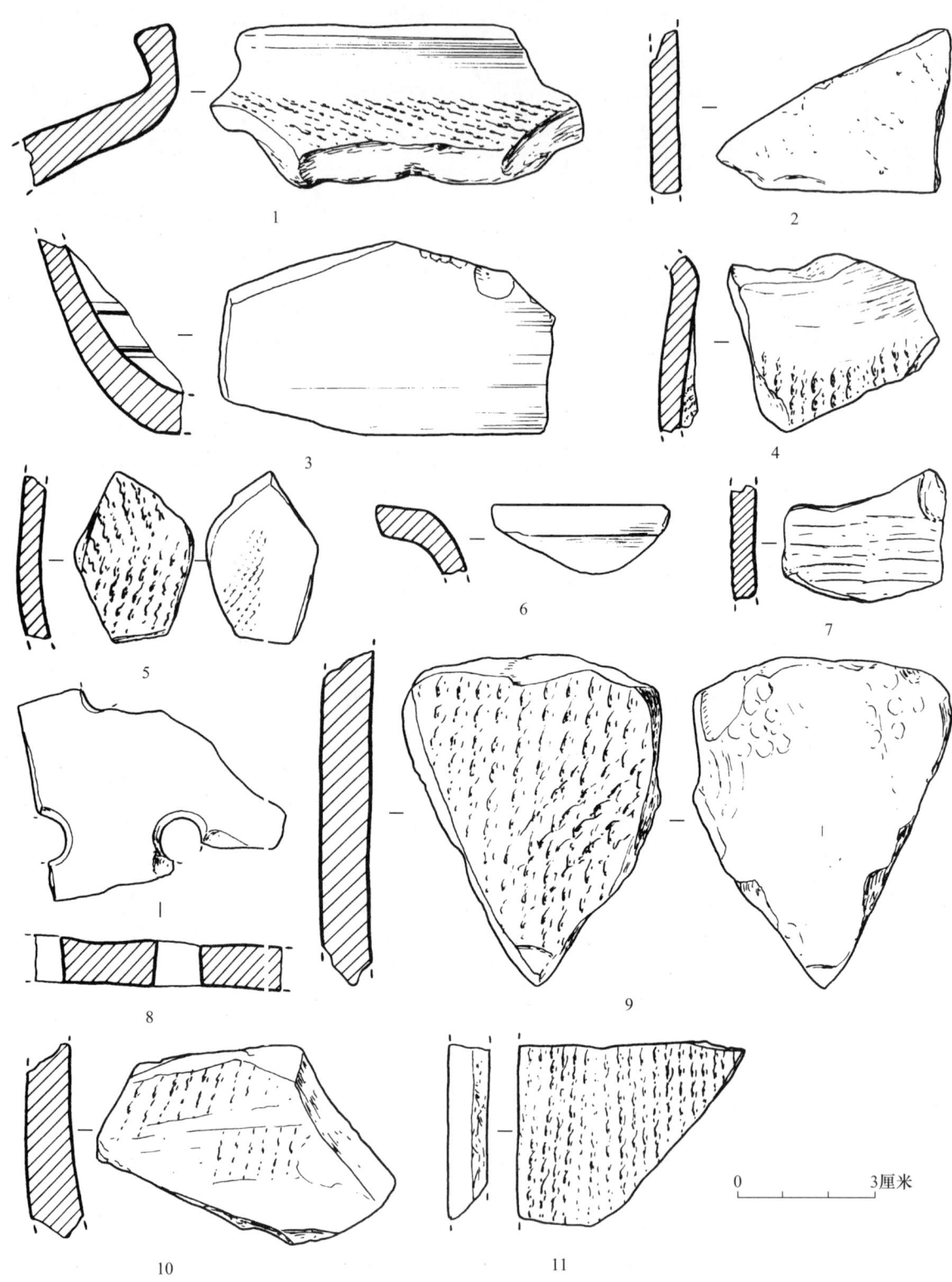

图一〇四　大河口遗址调查陶器（877～887）

1. 陶鬲（877）　2. 陶片（880）　3. 陶盖豆（878）　4. 陶罐（881）　5. 陶片（884）　6. 陶盆（882）
7. 陶片（885）　8. 陶甑（883）　9. 板瓦（879）　10. 陶罐（886）　11. 筒瓦（887）

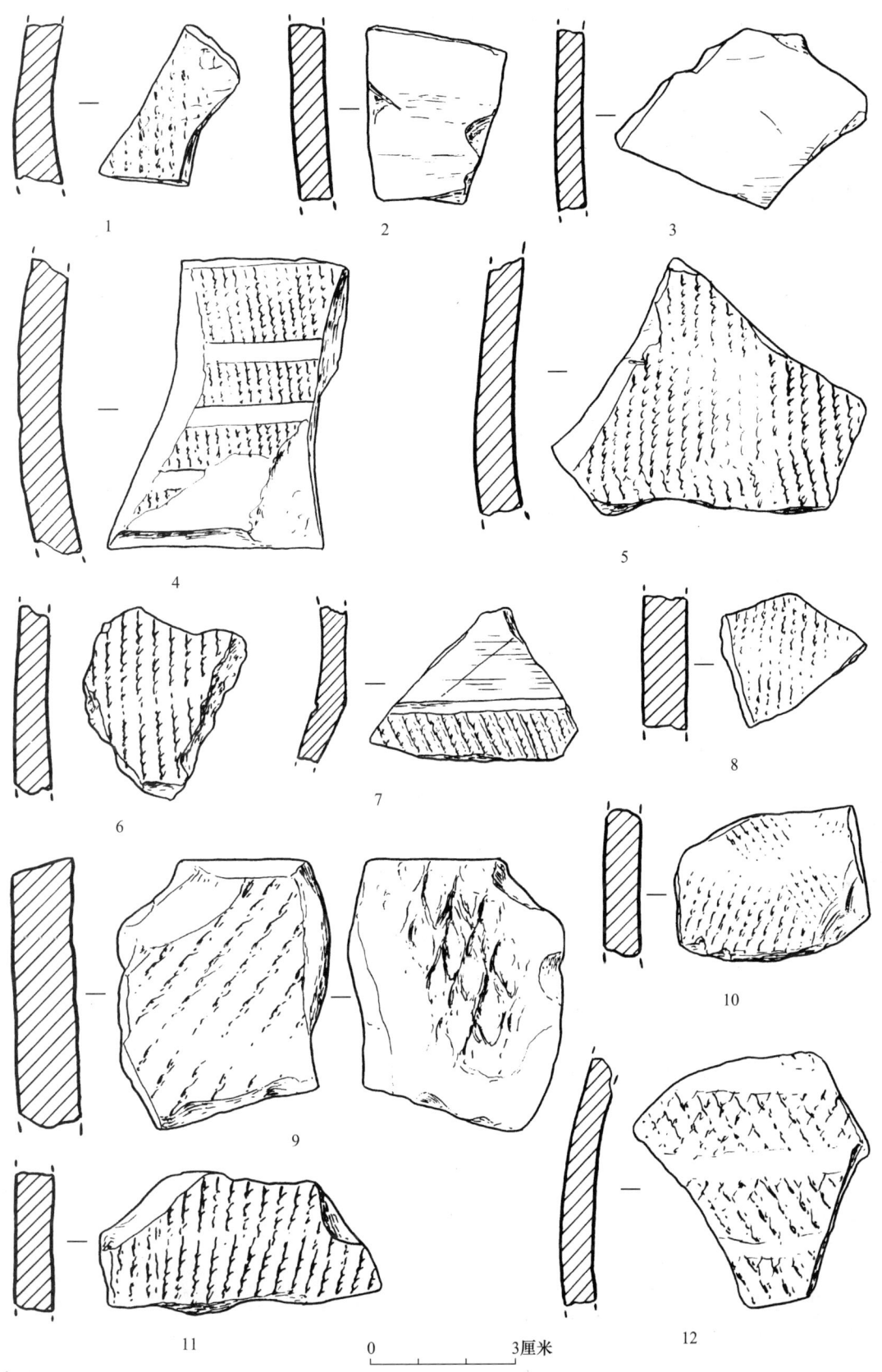

图一〇五　大河口遗址调查陶器（888～899）

1. 陶片（893） 2. 陶片（889） 3. 陶片（895） 4. 陶罐（891） 5. 陶片（892） 6. 陶鬲（890） 7. 陶罐（896）
8. 陶片（897） 9. 板瓦（898） 10. 陶片（899） 11. 陶片（888） 12. 陶片（894）

标本890，陶鬲。夹粗岩粒，密度较大。外壁及胎呈灰色，内壁为深灰色。竖向绳纹，抹压。腹部残片。手制，内壁抹平。宽3.4、高3.9厘米（图一〇五，6）。

891~893号三件标本坐标为N：35°45′00.8″，E：111°47′06.8″，海拔：685米。

标本891，陶罐。泥质，结构紧密。灰色。竖向绳纹，较密，抹压，有数周凹弦纹割断绳纹，下部绳纹被抹去。下腹部残片，壁较厚。手制，内壁抹平，有横向抹痕。宽5、高5.9厘米（图一〇五，4）。

标本892，陶片。泥质，结构紧密。外壁深灰色，胎及内壁呈灰色。竖向绳纹，有叠压，抹压。可能是罐腹部残片。手制，内壁抹光。宽6.6、高5.2厘米（图一〇五，5）。

标本893，陶片。泥质。外壁及胎呈深灰色，内壁泛褐色。竖向绳纹，抹压较甚。手制、轮修，内壁抹光，有竖向抹痕，局部有手指摁窝，外壁有横向旋痕。宽2.9、高3.2厘米（图一〇五，1）。

标本894，陶片。坐标为N：35°45′00.8″，E：111°47′07.0″，海拔：685米。泥质。灰色。交错绳纹，抹压，有三道凹弦纹割断绳纹。可能是罐腹部残片，壁较薄。轮制，内壁有横向旋抹痕。宽4.9、高5.1厘米（图一〇五，12）。

标本895，陶片。坐标为N：35°45′00.9″，E：111°47′07.0″，海拔：683米。泥质，结构紧密。深灰色。素面，内壁略有磨光。可能是盆下腹部残片。轮制，外壁有横向旋痕。宽5.2、高3.6厘米（图一〇五，3）。

896、897号二件标本坐标为N：35°45′00.8″，E：111°47′07.2″，海拔：685米。

标本896，陶罐。泥质，结构紧密。灰色。上腹部饰略右斜向绳纹，规整，未抹压，颈、腹转折处有凹弦纹一周。颈腹部残片，壁较薄。轮制，颈部内外抹光，外壁有横向旋痕，内壁有横向旋抹痕。宽4.2、高3厘米（图一〇五，7）。

标本897，陶片。泥质，结构紧密。灰色。竖向绳纹，有叠压，抹压。壁较厚。轮制，内壁抹光。宽3、高2.7厘米（图一〇五，8）。

898和899号二件标本坐标为N：35°45′01.0″，E：111°47′07.5″，海拔：686米。

标本898，板瓦。泥质，结构紧密。灰色。左斜向绳纹，抹压，内壁垫印绳纹，抹压。壁较厚，上端斜直平齐，有磨损。手制，顶端有横向旋痕。宽4.4、高5.5厘米（图一〇五，9）。

标本899，陶片。泥质，结构紧密。灰色。交错绳纹，抹压。磨损较甚。手制，内壁抹光。宽4.1、高3.2厘米（图一〇五，10）。

900~902号三件标本坐标为N：35°45′01.0″，E：111°47′07.9″，海拔：684米。

标本900，陶器底。泥质，结构紧密。灰色。下腹斜内收，近底处抹凹槽一周，平底，底面平整，磨损较甚。轮制。宽4.4、高2.2厘米（图一〇六，8）。

标本901，陶片。泥质。灰色。可能是罐残片。轮制，内壁抹光。宽3.7、高2.7厘米（图一〇六，2）。

标本902，陶片。泥质，结构紧密。夹芯陶，内外壁为浅橙色，胎呈浅灰褐色。竖向绳纹，较规整，抹压。磨损较甚。手制，内壁抹平。宽3、高2.8厘米（图一〇六，1）。

903~907号五件标本坐标为N：35°45′01.0″，E：111°47′08.2″，海拔：684米。

标本903，陶器底。泥质。灰色。平底，底面平整。轮制，内底有旋抹痕。长5.1、宽3.9厘米（图一〇六，9）。

图一〇六　大河口遗址调查陶器（900~912）
1. 陶片（902） 2. 陶片（901） 3. 陶片（904） 4. 板瓦（905） 5. 陶罐（910） 6. 陶盆（908） 7. 陶罐（906）
8. 陶器底（900） 9. 陶器底（903） 10. 陶片（907） 11. 陶片（911） 12. 陶片（912） 13. 陶片（909）

标本904，陶片。泥质，结构紧密。灰色。绳纹，抹压，有两周凹弦纹割断绳纹。壁较薄，有磨损。轮制，内壁抹光。宽2.8、高3厘米（图一〇六，3）。

标本905，板瓦。泥质，结构紧密。灰色。左斜向绳纹，抹压，内壁垫印麻布纹。壁较厚。手制。宽4.4、高2.4厘米（图一〇六，4）。

标本906，陶罐。泥质，结构紧密。灰色。凹弦纹一周。肩部残片，圆肩，壁较薄。轮制，内壁有横向旋抹痕。宽4.4、高3.5厘米（图一〇六，7）。

标本907，陶片。泥质。灰色。斜向绳纹，方向不一致，略有交错，抹压。壁较薄。轮制，内壁抹光。宽2.3、高2.8厘米（图一〇六，10）。

908~911号四件标本坐标为N：35°45′01.1″，E：111°47′08.3″，海拔：686米。

标本908，陶盆。泥质。灰色。凹弦纹数周。口部残片，敞口，平折沿，沿面略宽，厚方唇，磨损较甚。轮制，口沿及内外壁均有横向旋抹痕。宽5.1、高2.8厘米（图一〇六，6）。

标本909，陶片。泥质。灰色。竖向绳纹，抹压。壁较薄。手制，内壁抹平。宽2.1、高2.7厘米（图一〇六，13）。

标本910，陶罐。泥质，结构紧密。深灰色。绳纹，抹压，有一周抹弦纹割断绳纹。腹部残片，壁较薄，磨损较甚。手制，内壁抹平。宽3.3、高4厘米（图一〇六，5）。

标本911，陶片。泥质。灰色。竖向绳纹，较规整，抹压。壁较薄。手制，内壁抹平，有横向抹痕。宽2.7、高2.7厘米（图一〇六，11）。

912~915号四件标本坐标为N：35°45′01.2″，E：111°47′08.5″，海拔：687米。

标本912，陶片。泥质，结构紧密。灰色。竖向绳纹，抹压。磨损较甚。手制，内壁抹光。宽3.1、高4厘米（图一〇六，12）。

标本913，陶片。泥质，结构紧密。灰色。竖向绳纹，抹压，内壁垫印横向绳纹。可能是罐腹部残片。泥片贴筑。宽3.9、高2.7厘米（图一〇七，1）。

标本914，陶片。泥质，结构紧密。灰色。凹弦纹数周。磨损较甚，内壁局部有脱落。手制，内壁有横向抹痕。宽4.1、高3厘米（图一〇七，2）。

标本915，陶片。泥质，结构紧密。灰色。竖向绳纹，抹压。可能是罐残片，外壁有脱落。手制、轮修，泥片贴筑，内壁有横向旋痕。宽3、高2.7厘米（图一〇七，3）。

916~919号四件标本坐标为N：35°45′01.2″，E：111°47′08.7″，海拔：686米。

标本916，陶盆。泥质。灰色。素面。敞口，口部内侧凸棱，折沿，沿面较窄，外缘凸起。手制、轮修，口沿及内外壁有横向旋抹痕。宽4.9、高3.7厘米（图一〇七，4）。

标本917，陶片。泥质。灰色。素面。可能是罐肩部残片。手制、轮修，内壁抹平，有横向旋抹痕。宽6.3、高4.6厘米（图一〇七，5）。

标本918，陶片。泥质。灰色。拍印绳纹，局部有交错，抹压。手制，内壁有手指摁窝。宽2.3、高4.5厘米（图一〇七，9）。

标本919，陶片。泥质，结构紧密。灰色。竖向绳纹，较规整，抹压。壁较薄。手制，内壁抹光。宽2.9、高3.6厘米（图一〇七，10）。

920~922号三件标本坐标为N：35°45′01.5″，E：111°47′09.1″，海拔：685米。

标本920，陶片。泥质，结构紧密。深灰色。竖向绳纹，抹压。磨损较甚。手制、轮修，内壁

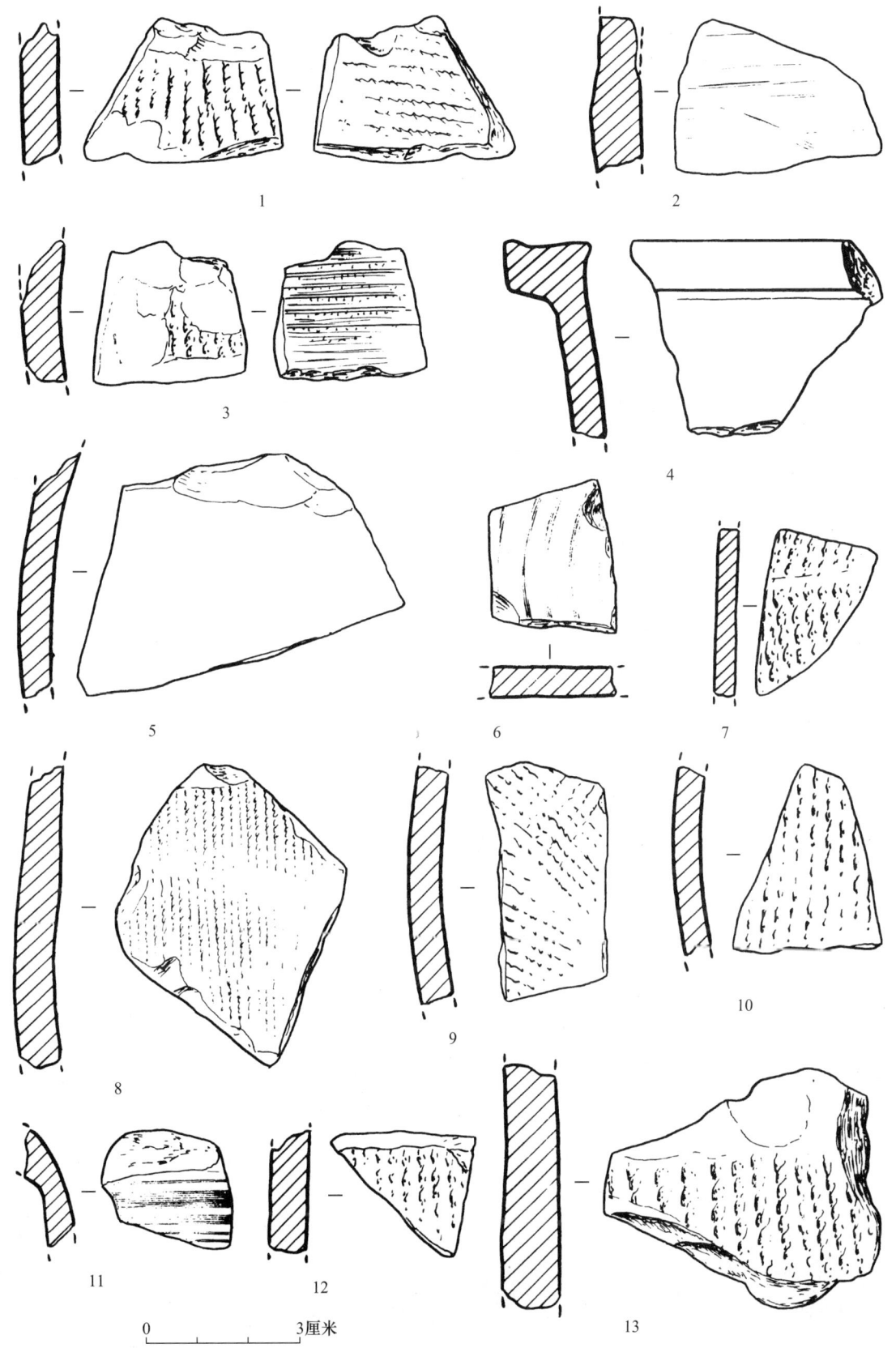

图一○七 大河口遗址调查陶器（913~925）
1. 陶片（913） 2. 陶片（914） 3. 陶片（915） 4. 陶盆（916） 5. 陶片（917） 6. 陶器底（923） 7. 陶片（922）
8. 陶片（920） 9. 陶片（918） 10. 陶片（919） 11. 陶盆（924） 12. 陶片（921） 13. 板瓦（925）

有横向旋抹痕。宽4.5、高5.7厘米（图一〇七，8）。

标本921，陶片。泥质，结构紧密。灰色。竖向绳纹，抹压。手制、轮修，内壁有横向旋抹痕。宽2.8、高2.3厘米（图一〇七，12）。

标本922，陶片。泥质，结构紧密。灰色。竖向绳纹，抹压，有一周抹弦纹割断绳纹。壁较薄。手制、轮修，内壁抹光。宽2.3、高3.1厘米（图一〇七，7）。

923~925号三件标本坐标为N：35°45′01.3″，E：111°47′09.2″，海拔：685米。

标本923，陶器底。泥质，结构紧密。灰色。内底面饰暗弦纹数周。平底，底面平整。轮制。长2.9、宽2.5厘米（图一〇七，6）。

标本924，陶盆。泥质。灰色。上腹有暗弦纹数周。口部残片，敞口，唇残，内壁有磨损。轮制。宽2.5、高2.3厘米（图一〇七，11）。

标本925，板瓦。泥质，结构紧密。灰色。竖向绳纹，抹压，上部绳纹被抹去。壁较厚，磨损较甚。宽5.5、高4.6厘米（图一〇七，13）。

926和927号二件标本坐标为N：35°45′01.4″，E：111°47′09.2″，海拔：687米。

标本926，陶片。泥质，结构紧密。灰色。竖向绳纹，规整，抹压。手制，内壁有手指摁窝，抹光。宽3.5、高3.1厘米（图一〇八，1）。

标本927，陶片。泥质。灰色。素面。可能是盆口沿残片，沿面较宽，沿面壁较薄，近唇部较厚，唇残。长2.8、宽2.7厘米（图一〇八，2）。

标本928，陶片。坐标为N：35°45′01.7″，E：111°47′10.2″，海拔：688米。泥质。灰色。右斜向绳纹，抹压，有两周凹弦纹割断绳纹，内壁垫印横向绳纹。壁较薄。手制。宽3.6、高2.9厘米（图一〇八，3）。

标本929，陶片。坐标为N：35°45′01.8″，E：111°47′10.0″，海拔：686米。泥质，结构紧密。灰色。素面。轮制，内壁有横向旋痕，内壁有横向旋抹痕。宽5.1、高3厘米（图一〇八，6）。

930和931号二件标本坐标为N：35°45′01.8″，E：111°47′09.7″，海拔：686米。

标本930，陶片。泥质。灰色。素面。可能是陶罐下腹部残片。轮制，内壁有横向旋痕。宽4.4、高3.9厘米（图一〇八，4）。

标本931，陶鬲。夹细砂，密度较小。外壁及胎为橙红色，内壁为橘红色。竖向绳纹，抹压。鬲腹部残片。手制，内壁较粗糙，有横向抹痕。宽3.6、高3.1厘米（图一〇八，5）。

标本932，陶片。坐标为N：35°45′01.6″，E：111°47′09.6″，海拔：686米。泥质，结构紧密。灰色。拍印绳纹，较规整，方向不一致，抹压。磨损较甚。手制，内壁抹光。宽3.7、高5.2厘米（图一〇八，7）。

标本933，陶器底。坐标为N：35°45′01.6″，E：111°47′09.4″，海拔：686米。泥质。灰色。素面。下腹斜内收，平底，腹壁较厚，底部较薄。轮制，内外壁有横向旋痕。宽3、高4.9厘米（图一〇八，8）。

934和935号二件标本坐标为N：35°45′01.7″，E：111°47′09.3″，海拔：686米。

标本934，陶片。泥质，结构紧密。灰色。斜向绳纹，方向不一致，抹压，内壁有垫印绳纹痕迹，抹压较甚，多处绳纹被抹去。可能是罐残片。手制。宽4.9、高4.8厘米（图一〇八，14）。

图一〇八 大河口遗址调查陶器（926～939）
1. 陶片（926） 2. 陶片（927） 3. 陶片（928） 4. 陶片（930） 5. 陶鬲（931） 6. 陶片（929） 7. 陶片（932）
8. 陶器底（933） 9. 陶片（936） 10. 陶盆（938） 11. 陶罐（935） 12. 陶片（937）
13. 陶片（939） 14. 陶片（934）

标本935，陶罐。泥质，结构紧密。灰色。颈部抹绳纹。口部残片，敞口，斜折沿，沿面较窄，外缘凸起，斜方唇，唇面内凹，曲颈，壁较薄。轮制，口沿及内外壁有横向旋痕。宽3.8、高2.5厘米（图一〇八，11）。

标本936，陶片。坐标为N：35°45′01.5″，E：111°47′08.5″，海拔：686米。泥质，结构紧密。灰色。略右斜向绳纹，较密集，抹压。壁较厚。手制，内壁抹平，有横向抹痕。宽3.4、高4.2厘米（图一〇八，9）。

标本937，陶片。坐标为N：35°45′01.3″，E：111°47′07.7″，海拔：685米。泥质，结构紧密。灰色。素面。磨损较甚。泥片贴筑，内壁抹平。宽4.9、高3.6厘米（图一〇八，12）。

标本938，陶盆。坐标为N：35°45′01.2″，E：111°47′06.9″，海拔：686米。细泥质，结构紧密。橘红色。沿面素面磨光。口沿残片，敞口，卷沿，圆唇，磨损较甚。手制、轮修，沿面有横向旋痕。长4.3、宽1.9厘米（图一〇八，10）。

标本939，陶片。坐标为N：35°45′01.6″，E：111°47′07.3″，海拔：686米。粗泥质，夹有细微砂粒。灰色。绳纹，方向不一致，有交错，抹压，内壁垫印斜向绳纹，抹压。可能是罐腹部残片。手制、轮修。宽5.4、高5厘米（图一〇八，13）。

标本940，陶钵。坐标为N：35°45′00.7″，E：111°47′05.7″，海拔：685米。泥质。深灰色。素面。口部残片，敛口，圆唇，弧腹内收。轮制，内外壁有横向旋痕。宽5.7、高3.5厘米（图一〇九，1）。

标本941，陶片。坐标为N：35°45′00.6″，E：111°47′05.5″，海拔：685米。泥质，结构紧密。浅橙黄色。竖向绳纹，规整，抹压，抹凹弦纹两周割断绳纹。壁较薄。手制、轮修，内壁抹平，有横向抹痕。宽4.5、高3.4厘米（图一〇九，2）。

标本942，陶豆。坐标为N：35°45′00.9″，E：111°47′04.9″，海拔：683米。泥质，结构紧密。灰色。素面。柄残断，圆柄中空。手制、轮修，外壁有斜向螺纹状泥拧痕。直径2.7、高6.9厘米（图一〇九，3）。

943和944号二件标本坐标为N：35°45′01.2″，E：111°47′05.1″，海拔：684米。

标本943，陶片。泥质，结构紧密。深灰色。素面磨光。壁较薄。轮制，内壁有横向旋痕。宽3.9、高3.1厘米（图一〇九，4）。

标本944，陶片。泥质，结构紧密。灰色。外壁略有磨光。壁较薄。手制，内壁抹光。宽4.6、高2.8厘米（图一〇九，6）。

945和946号二件标本坐标为N：35°45′01.6″，E：111°47′05.1″，海拔：685米。

标本945，陶片。泥质，结构紧密。灰色。绳纹，抹压，有一周凹弦纹割断绳纹。磨损较甚。手制，内壁抹平，有横向抹痕。宽3.6、高3厘米（图一〇九，8）。

标本946，陶片。夹砂，密度较小。橙黄色。竖向绳纹，抹压。可能是鬲残片，壁较薄，磨损较甚。手制，内壁抹平。宽2.6、高2.4厘米（图一〇九，9）。

标本947，陶片。坐标为N：35°45′02.4″，E：111°47′05.0″，海拔：684米。泥质，结构紧密。灰色。绳纹，局部抹压，有一周凹弦纹割断绳纹，内壁垫印竖向绳纹，纹饰很浅。壁较薄。手制、轮修。宽3、高3.1厘米（图一〇九，7）。

948~951号四件标本坐标为N：35°45′02.7″，E：111°47′05.1″，海拔：686米。

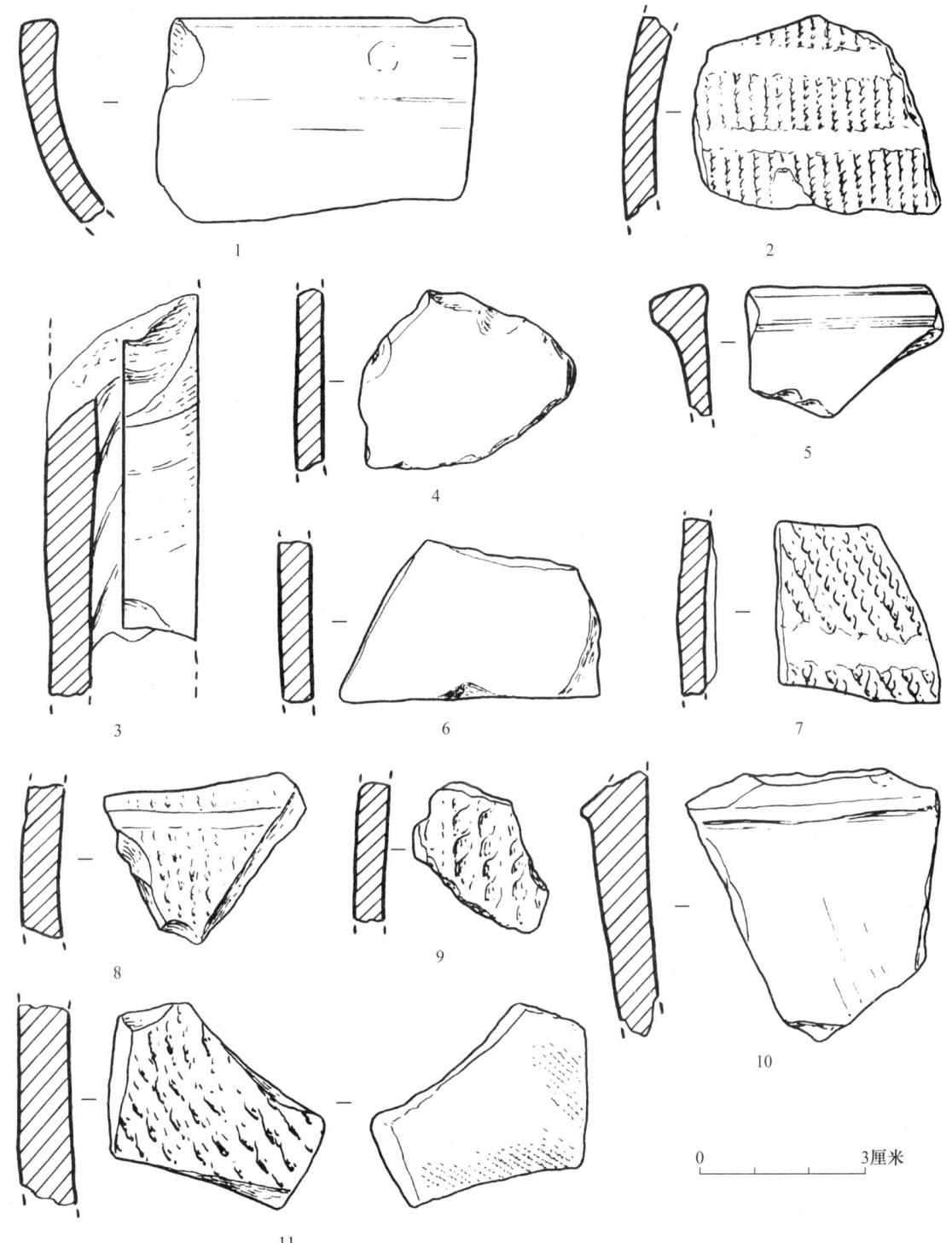

图一〇九　大河口遗址调查陶器（940~950）
1. 陶钵（940）　2. 陶片（941）　3. 陶豆（942）　4. 陶片（943）　5. 陶盆（950）　6. 陶片（944）
7. 陶片（947）　8. 陶片（945）　9. 陶片（946）　10. 陶片（948）　11. 板瓦（949）

标本 948，陶片。粗泥质。灰色。外壁上部有凸棱一周。轮制，内外壁均有横向旋抹痕。宽 4.5、高 4.7 厘米（图一〇九，10）。

标本 949，板瓦。泥质。灰色。斜向绳纹，抹压，内壁垫印绳纹。壁较厚。手制。宽 3.8、高

3.6 厘米（图一〇九，11）。

标本 950，陶盆。泥质。灰色。素面。口部残片，直口，口内侧凸起，斜折沿，沿面较窄，圆方唇，腹壁较薄，磨损较甚。轮制。宽 3.6、高 2.3 厘米（图一〇九，5）。

标本 951，陶片。粗泥质。夹芯陶，外壁呈浅橙色，胎呈灰色，内壁呈橙红色。竖向绳纹，抹压。手制，内壁抹平。宽 3.2、高 3.6 厘米（图一一〇，3）。

标本 952，陶片。坐标为 N：35°45′02.6″，E：111°47′04.9″，海拔：685 米。泥质，结构紧密。内外壁为灰色，胎呈红褐色。上部饰左斜向绳纹，抹压，下部绳纹被抹去。可能是罐下腹部残片。手制，内壁有垫印凹窝。宽 4.7、高 4.4 厘米（图一一〇，10）。

953 和 954 号二件标本坐标为 N：35°45′02.7″，E：111°47′04.9″，海拔：684 米。

标本 953，陶罐。泥质。灰色。绳纹，密集，抹压，上部绳纹被抹去，下部有数周凹弦纹割断绳纹。肩部残片。手制、轮修，内壁抹平，有横向抹痕，外壁上部有横向旋抹痕。宽 3.8、高 4.1 厘米（图一一〇，11）。

标本 954，陶片。泥质，结构紧密。灰色。竖向绳纹，较规整，抹压。手制，内壁抹平，有横向抹痕。宽 4.3、高 3.9 厘米（图一一〇，4）。

955 和 956 号二件标本坐标为 N：35°45′02.7″，E：111°47′04.6″，海拔：686 米。

标本 955，陶盆。泥质，结构紧密。灰色。沿面略有磨光。口部残片，直口，折沿，沿面略弧，圆方唇。轮制，口沿和外壁有横向旋痕。宽 4.7、高 2 厘米（图一一〇，5）。

标本 956，陶片。泥质，结构紧密。灰色。竖向绳纹，较规整，抹压。可能是罐腹部残片，外壁有磨损。手制，内壁抹光，有横向抹痕。宽 4.7、高 3.6 厘米（图一一〇，2）。

957 和 958 号二件标本坐标为 N：35°45′02.3″，E：111°47′04.3″，海拔：682 米。

标本 957，陶鬲。夹砂，密度较大。外壁及胎呈黄褐色，内壁呈红褐色。绳纹，不规整，较乱，抹压。腹部残片。手制，内壁抹平。宽 4.4、高 3.5 厘米（图一一〇，1）。

标本 958，陶片。泥质，结构紧密。灰色。斜向绳纹，方向不一致，局部有交错，抹压，内壁局部垫印绳纹，抹压较甚。可能是板瓦残片。手制，内壁手抹，粗糙。长 5.9、宽 3.8 厘米（图一一〇，8）。

标本 959，板瓦。坐标为 N：35°45′02.3″，E：111°47′04.6″，海拔：682 米。泥质，结构紧密。灰色。竖向绳纹，抹压，有一道抹弦纹割断绳纹。壁较厚，磨损较甚。手制。长 3.3、宽 3.3 厘米（图一一〇，6）。

标本 960，筒瓦。坐标为 N：35°45′02.2″，E：111°47′04.4″，海拔：683 米。粗泥质。灰色。竖向绳纹，有叠压，局部抹压。壁厚薄不一，一侧有切割痕，由外向内切割二分之一厚度。手制，内壁较粗糙。长 3.6、宽 3.1 厘米（图一一〇，9）。

标本 961，陶片。坐标为 N：35°45′02.3″，E：111°47′04.6″，海拔：684 米。夹细微白色砂粒，密度较小。灰色。竖向绳纹，抹压。手制，内壁抹平，有横向抹痕，局部有脱落。宽 5.4、高 3.4 厘米（图一一〇，12）。

962、963 号二件标本坐标为 N：35°45′01.1″，E：111°47′04.3″，海拔：681 米。

标本 962，筒瓦。泥质，结构紧密。深灰色。壁较厚，内外壁磨损较甚。手制，内壁有手指摁窝。宽 5.8、高 5.7 厘米（图一一〇，7）。

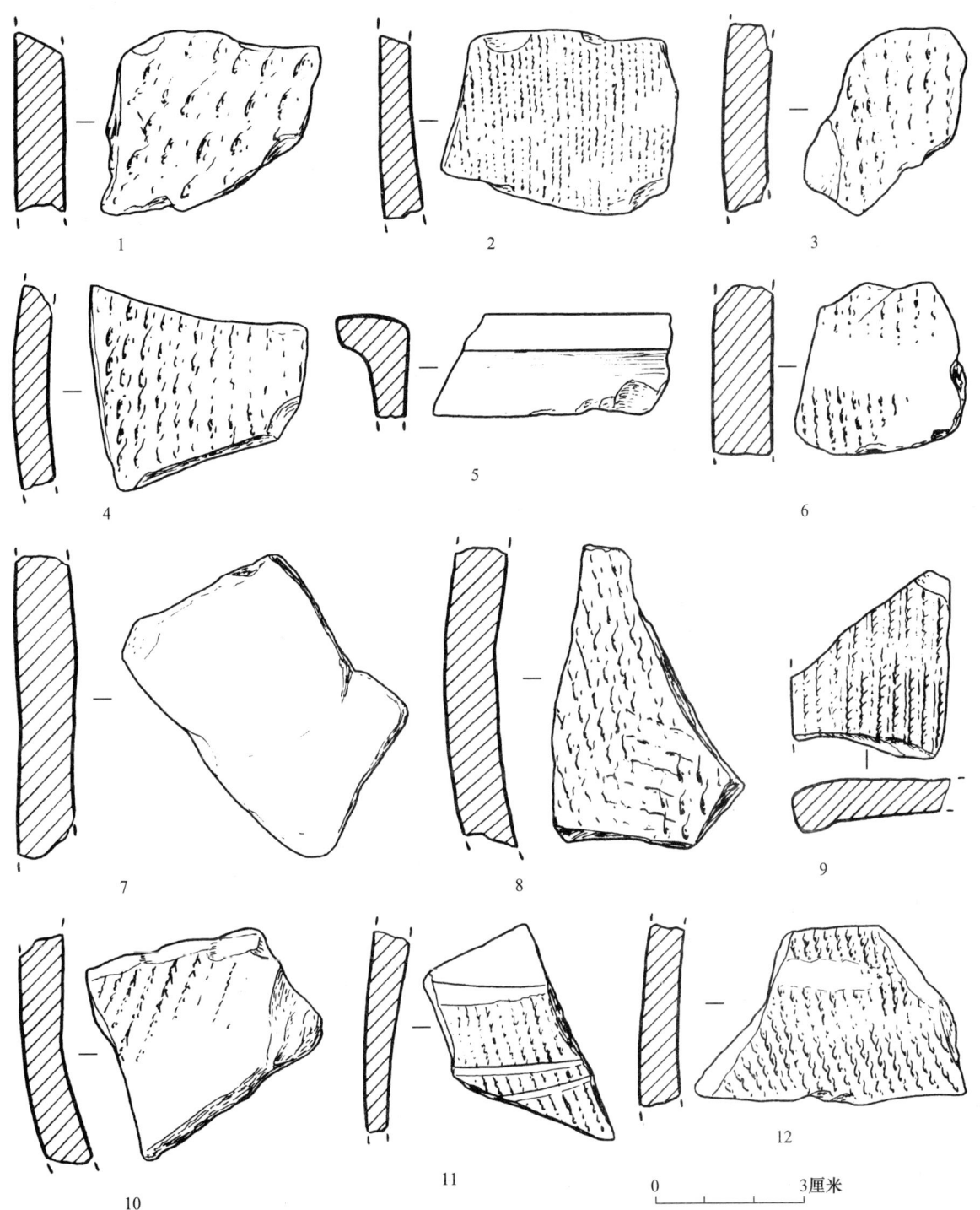

图一一〇 大河口遗址调查陶器（951～962）
1. 陶鬲（957） 2. 陶片（956） 3. 陶片（951） 4. 陶片（954） 5. 陶盆（955） 6. 板瓦（959） 7. 筒瓦（962）
8. 陶片（958） 9. 筒瓦（960） 10. 陶片（952） 11. 陶罐（953） 12. 陶片（961）

标本963，陶片。泥质，结构紧密。灰色。竖向绳纹，有交错，规整，抹压。壁较薄。手制，内壁抹光。宽2.9、高4厘米（图一一一，9）。

标本964，筒瓦。坐标为N：35°45′01.0″，E：111°47′03.9″，海拔：681米。泥质，结构紧密。灰色。竖向绳纹，抹压，内壁垫印斜横向较绳纹，抹压。磨损较甚。手制。宽6.2、高5.4厘米

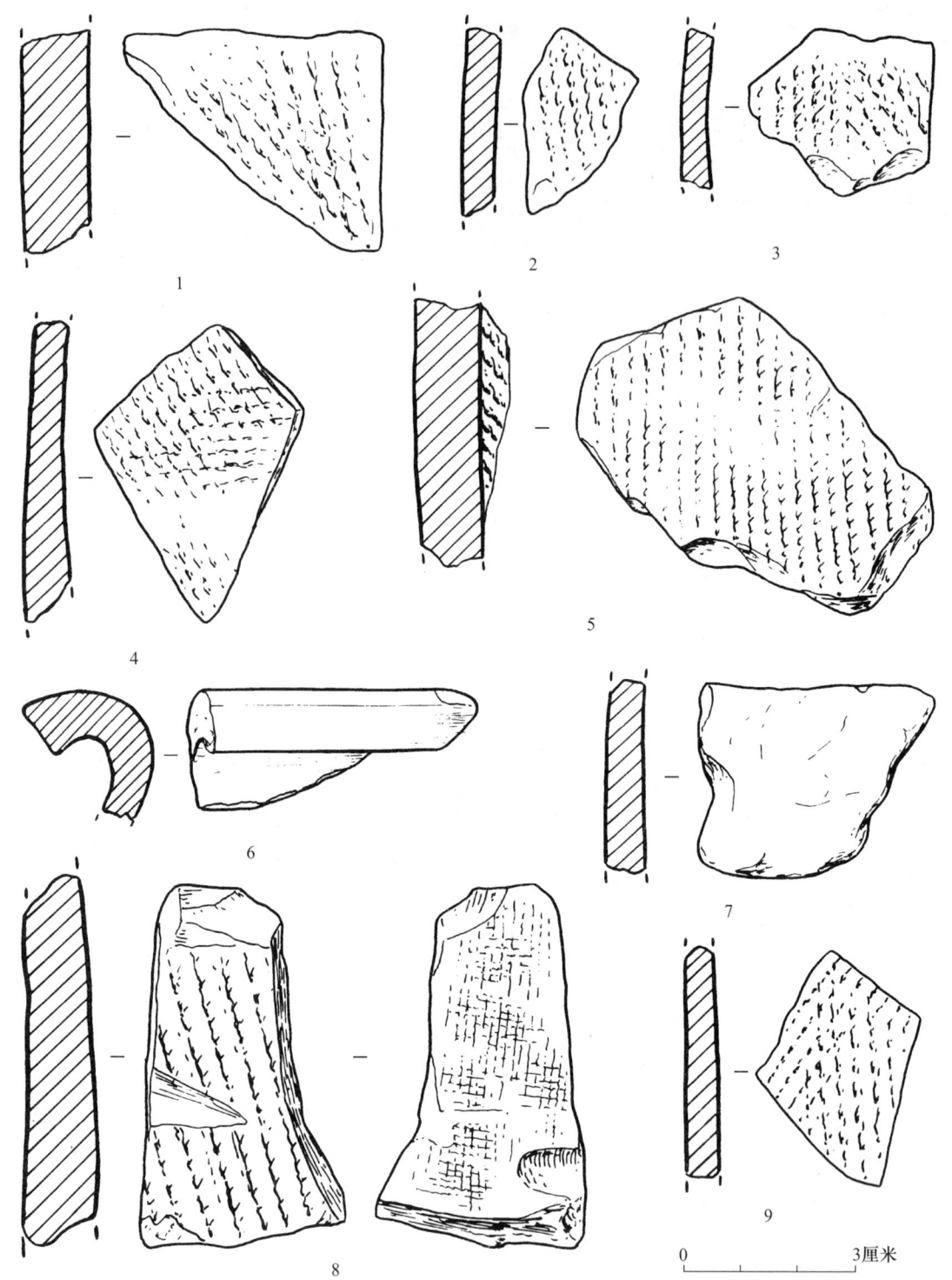

图一一一 大河口遗址调查陶器（963~971）
1. 筒瓦（969） 2. 陶片（970） 3. 陶片（968） 4. 陶片（967） 5. 筒瓦（964）
6. 陶盆（965） 7. 陶片（966） 8. 板瓦（971） 9. 陶片（963）

（图一一一，5）。

标本965，陶盆。坐标为N：35°45′02.3″，E：111°47′03.5″，海拔：682米。泥质。灰色。素面。口部残片，敛口，卷沿，沿面较宽，方唇，磨损较甚。轮制。宽5.1、高2.1厘米

(图一一一，6)。

966和967号二件标本坐标为N：35°45′02.1″，E：111°47′03.2″，海拔：682米。

标本966，陶片。泥质。灰色。素面。磨损较甚。手制、轮修。宽4.1、高3.3厘米（图一一一，7）。

标本967，陶片。泥质，结构紧密。灰色。绳纹，方向不一致，有交错，抹压。手制，内壁抹光。宽3.6、高5厘米（图一一一，4）。

标本968，陶片。坐标为N：35°45′01.6″，E：111°47′03.0″，海拔：682米。泥质，结构紧密。灰色。竖向绳纹，有交错，抹压。壁较薄，磨损较甚。宽3.2、高2.8厘米（图一一一，3）。

标本969，筒瓦。坐标为N：35°45′01.3″，E：111°47′02.8″，海拔：682米。泥质，结构紧密。灰色。右斜向绳纹，抹压。壁较厚，磨损较甚。手制。宽4.5、高3.7厘米（图一一一，1）。

标本970，陶片。坐标为N：35°45′00.8″，E：111°47′02.7″，海拔：681米。泥质。灰色。竖向绳纹，抹压。磨损较甚。手制，内壁凹凸不平，有横向抹痕。宽2、高3.1厘米（图一一一，2）。

九、971～1133号标本

971～1133号标本位于大河口第三台地。

标本971，板瓦。坐标为N：35°45′00.4″，E：111°47′07.6″，海拔：674米。泥质，结构紧密。灰色。拍印右斜向绳纹，较规整，局部抹压，内壁垫印细麻布纹。壁较厚。手制。宽6.1、高3.6厘米（图一一一，8）。

972～974号三件标本坐标为N：35°45′00.0″，E：111°47′08.0″，海拔：673米。

标本972，陶片。泥质，结构紧密。深灰色。可能是罐腹部残片，壁较薄。手制，内壁抹平，有横向抹痕，火候较高，烧制变形。宽7.2、高6.1厘米（图一一二，1）。

标本973，陶盆。泥质。灰色。素面。口部残片，口微敞，平折沿，厚方唇，唇面内凹，口内下侧有凹槽一周，斜收腹，壁较厚。手制、轮修，口沿及内外壁有横向旋抹痕。宽6.6、高3厘米（图一一二，4；图版二三，5）。

标本974，陶片。夹细砂，密度较小，结构紧密。橙红色。上部素面，下部饰交错绳纹，局部抹压，内壁垫印斜向绳纹，抹压较甚。可能是鬲上腹部残片。手制。宽7.6、高9.2厘米（图一〇三，3；图一一二，5）。

标本975，陶器底。坐标为N：35°44′59.9″，E：111°47′08.2″，海拔：676米。泥质。深灰色。素面。下腹斜内收，平底，底面平整。轮制，内外壁有横向旋痕。底径18、高4.8厘米（图一一二，3）。

976～978号三件标本坐标为N：35°45′00.0″，E：111°47′08.3″，海拔：676米。

标本976，陶罐。泥质。灰色。素面。肩部残片，圆肩。手制、轮修，外壁有横向旋痕，内壁有横向旋抹痕。宽6.7、高4.7厘米（图一一二，2）。

标本977，陶鬲。夹砂，砂粒大小不匀，密度较大。棕褐色。绳纹，局部抹压。腹部残片，壁较厚。手制，内壁抹平，较粗糙。宽5.3、高4厘米（图一一三，1）。

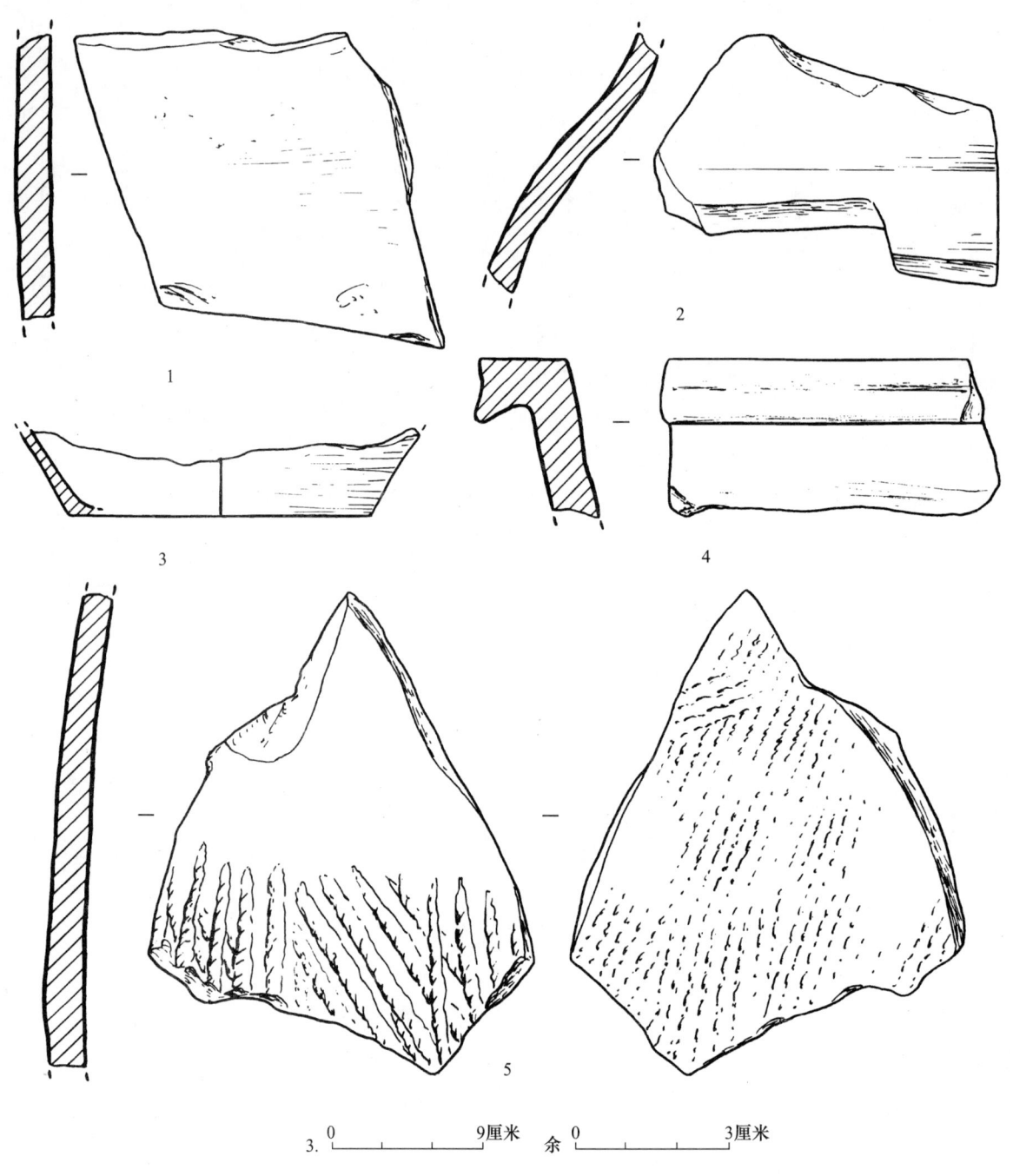

图一一二　大河口遗址调查陶器（972～976）
1. 陶片（972）　2. 陶罐（976）　3. 陶器底（975）　4. 陶盆（973）　5. 陶片（974）

标本978，陶罐。泥质。灰色。素面。颈部残片，曲颈，壁较薄。手制、轮修，内外壁有横向旋抹痕。宽5.4、高3.4厘米（图一一三，3）。

979和980号二件标本坐标为N：35°45′00.1″，E：111°47′08.1″，海拔：676米。

标本979，陶罐。泥质，结构紧密。灰色。竖向绳纹，抹压，内壁垫印横向绳纹，抹压较甚。腹部残片，弧腹，壁厚薄不一。手制，内壁有垫印凹窝。宽7.7、高4.4厘米（图一一三，5）。

标本980，陶片。泥质。红褐色。右斜向绳纹，局部有叠压，抹压。泥片贴筑，轮修，内壁有横向旋抹痕。宽4.6、高1.8厘米（图一一三，4）。

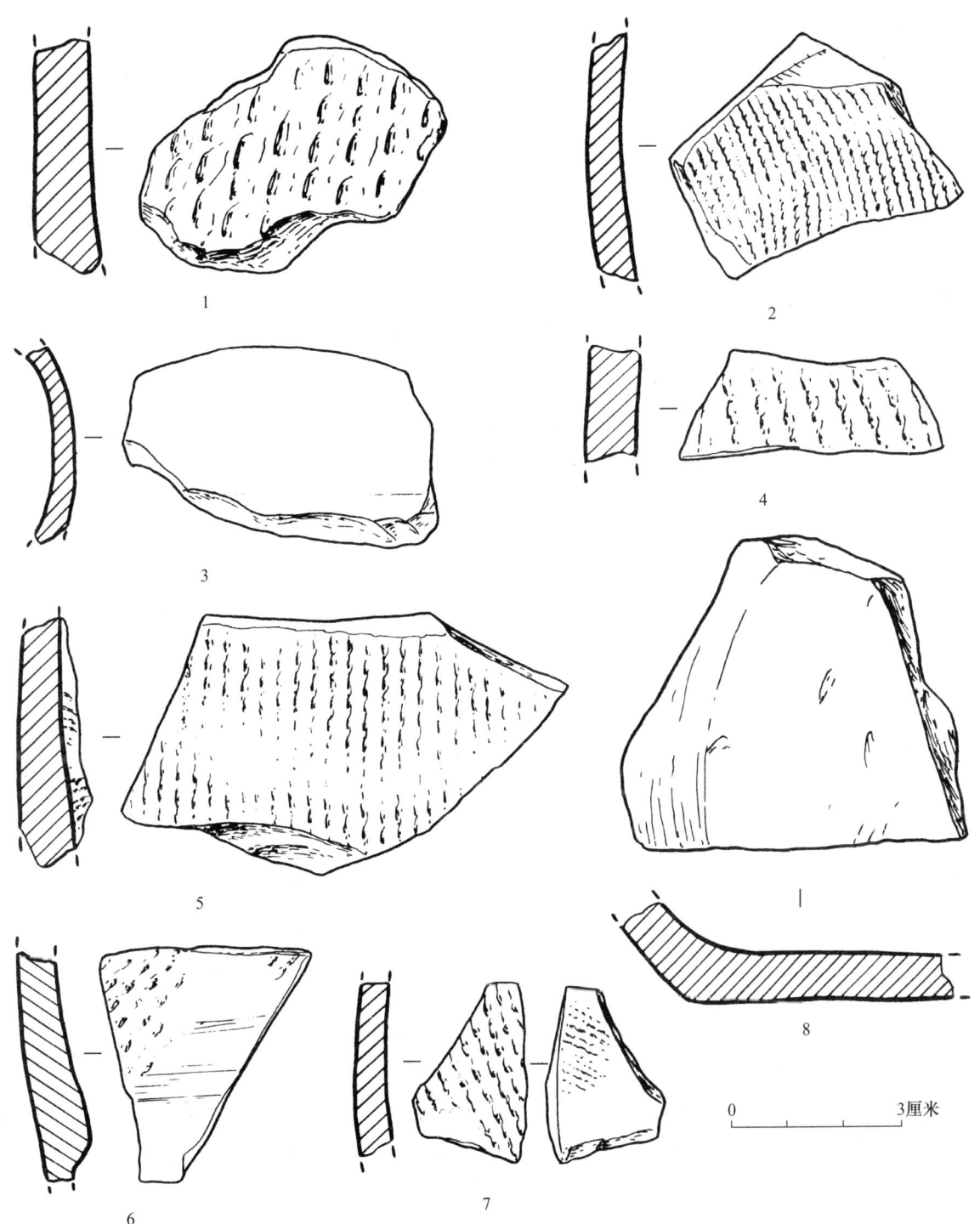

图一一三 大河口遗址调查陶器（977~984）
1. 陶鬲（977） 2. 陶片（984） 3. 陶罐（978） 4. 陶片（980） 5. 陶罐（979）
6. 陶片（983） 7. 陶片（982） 8. 陶器底（981）

标本981，陶器底。坐标为N：35°45′00.6″，E：111°47′08.5″，海拔：672米。泥质，结构紧密。灰色。素面。下腹斜内收，平底，底面平整，内底面有一个三角形锥刺窝，内壁有磨损。轮制，外壁有横向旋痕。宽5.3、高1.7厘米（图一一三，8）。

982~984号三件标本坐标为N：35°45′00.5″，E：111°47′08.0″，海拔：671米。

标本982，陶片。泥质，结构紧密。深灰色。右斜向绳纹，捻结较紧，未抹压，内壁垫印斜横向绳纹，抹压较甚，局部绳纹被抹去。可能是罐腹部残片。手制。宽2、高3.1厘米（图一一三，7）。

标本983，陶片。泥质，结构紧密。深灰色，左斜向绳纹，抹压，局部绳纹被抹去。可能是陶罐下腹近底残片，壁厚薄不匀。手制、轮修，外壁有斜向刮抹痕迹和横向旋痕，内壁抹平，有横向抹痕。宽3.7、高3.9厘米（图一一三，6）。

标本984，陶片。泥质，结构紧密。灰色，胎及内壁为浅灰色。上部素面，下部饰略右斜向绳纹，捻结较紧，略显规整，抹压。可能是罐上腹部残片。手制，内壁抹光，有横向抹痕。宽5.1、高4.1厘米（图一一三，2）。

985~995号十一件标本坐标为N：35°45′00.8″，E：111°47′08.8″，海拔：672米。

标本985，陶盆。泥质。灰色。素面。敞口，斜折沿，沿面较窄，斜方唇，较厚，高颈内曲，颈腹转折处有折棱，弧腹斜内收，壁较厚。轮制，内壁有横向旋抹痕，口沿及外壁有横向旋痕。口径44.1、高12.3厘米（图一一四，4）。

标本986，陶盆。泥质。灰色。素面。敞口，卷折沿下斜，沿面较宽，方唇，上下唇凸起，高颈，颈腹转折处有折棱，斜收腹，壁较薄。轮制，内壁有横向旋抹痕，口沿及颈部有横向旋痕。口径38.4、高6.3厘米（图一一四，1）。

标本987，陶盆。泥质。灰色。腹饰竖向绳纹，抹压较甚，多处绳纹被抹去。敞口，斜折沿，斜方唇，高颈，斜收腹，颈腹转折处折棱明显。轮制，内壁有横向旋抹痕，口沿及颈部有横向旋痕，腹壁有竖向刮削痕。口径36.6、高9厘米（图一一四，2；图版一九，3）。

标本988，陶盆。泥质。灰色。腹饰竖向绳纹，抹压。敞口，斜折沿，斜方唇，高颈，颈腹转折处有折棱，斜收腹。轮制，口沿及内壁有横向旋痕。口径35.1、高6.6厘米（图一一四，3；图版一九，4）。

标本989，陶盆。泥质。灰色。腹饰竖向绳纹，抹压较甚，上腹多处绳纹被抹去，下腹近底处绳纹被抹去。腹部残片，有颈，腹壁斜弧内收，颈腹转折处有折棱。轮制，内壁有横向旋抹痕和暗弦纹，外壁有横向旋痕。最大腹径42、高21.6厘米（图一一四，5）。

标本990，陶甑。泥质。灰色。素面。下腹斜内收，腹壁较厚，平底，底部由外向内戳圆孔，底部较薄，底面边缘有磨损。轮制，内底面有同心圆旋痕，内外壁有横向旋抹痕。底径17.1、高6厘米（图一一五，4）。

标本991，陶器底。泥质。灰色。素面。下腹斜内收，腹壁较厚，平底，底面平整，有磨损。手制、轮修，内外壁有横向旋抹痕。底径18、高6厘米（图一一五，5）。

标本992，筒瓦。粗泥质，含钙质物颗粒。灰色。竖向绳纹，抹压，内壁垫印密集绳纹，局部绳纹被抹去。横截面呈半圆形，一侧有切割痕，由外向内割透，壁较厚。手制，内壁粗糙，有手指摁窝。宽11.4、高12.8厘米（图一一五，3；图一一六；图版二〇，1、2）。

标本993，板瓦。泥质。外壁及胎呈灰色，内壁呈深灰色。左斜向绳纹，抹压，近顶端处绳纹被抹去，内壁垫印绳纹，多处绳纹被抹去。壁较厚，顶端处较薄，器身一侧有切割痕，由外向内切割二分之一厚度。手制，内壁较粗糙，有手指摁窝。宽7.5、高10.1厘米（图一一五，1；图版二〇，3、4）。

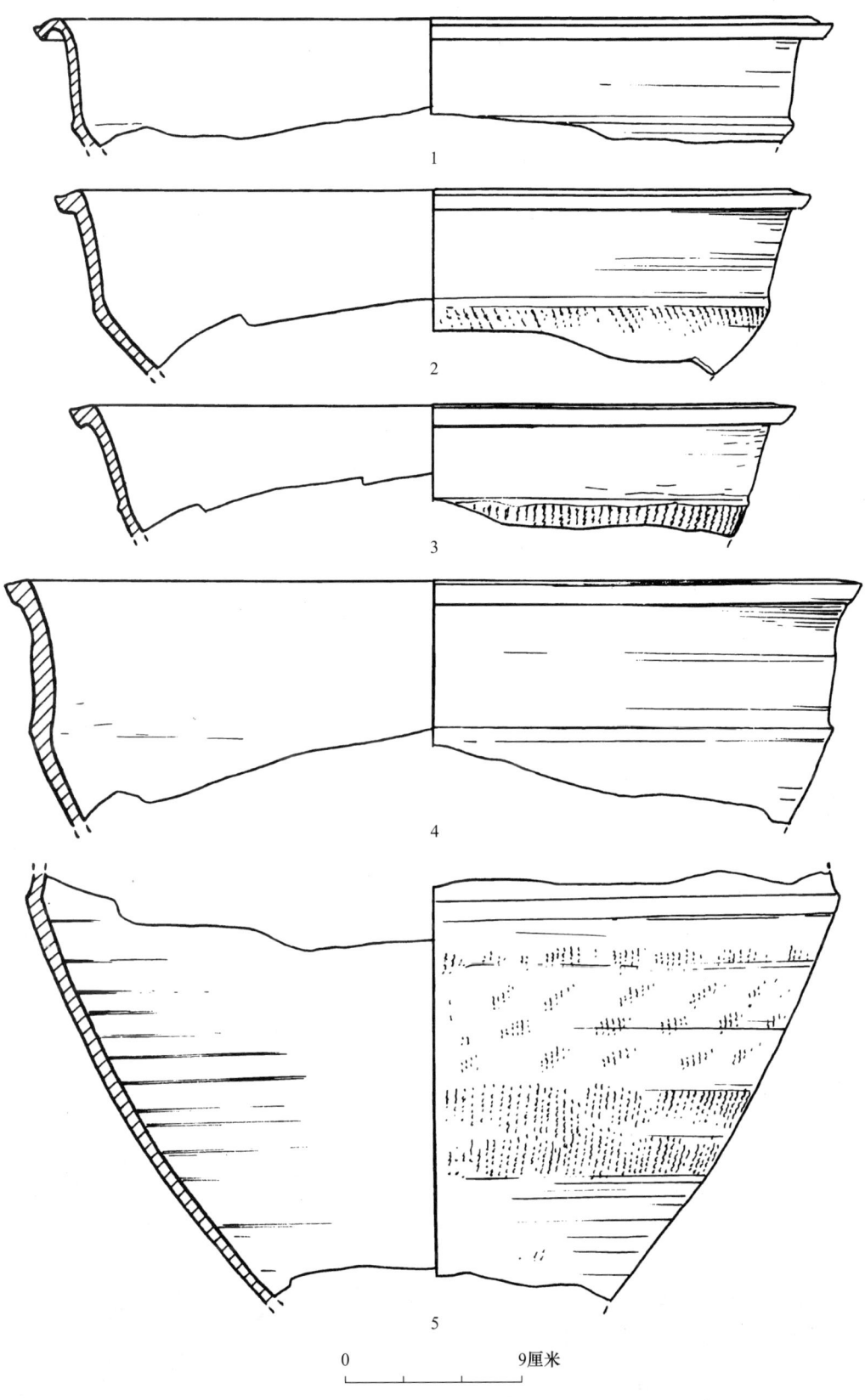

图一一四 大河口遗址调查陶盆（985~989）
1. 陶盆（986） 2. 陶盆（987） 3. 陶盆（988） 4. 陶盆（985） 5. 陶盆（989）

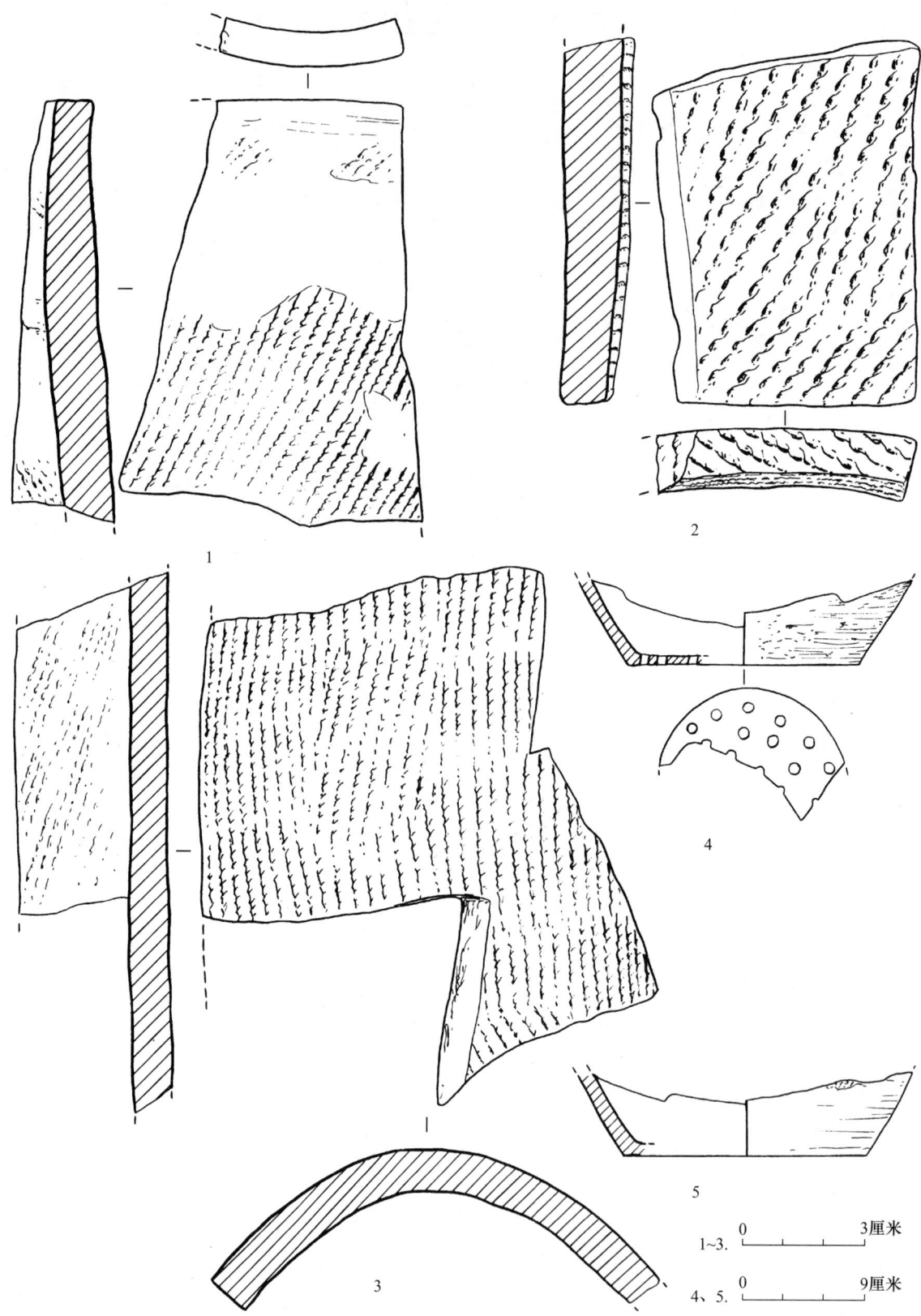

图一一五 大河口遗址调查陶器（990~994）
1. 板瓦（993） 2. 板瓦（994） 3. 筒瓦（992） 4. 陶甑（990） 5. 陶器底（991）

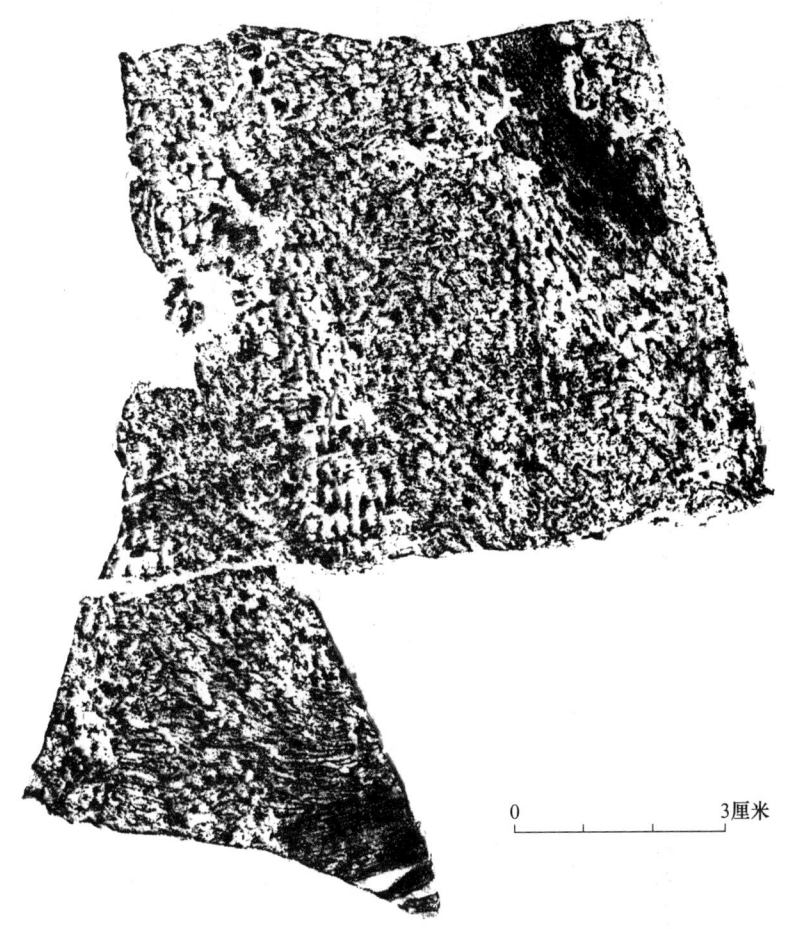

图一一六　大河口遗址调查筒瓦内壁（992）纹样拓本

标本994，板瓦。泥质。深灰色。左斜向绳纹，抹压，顶端饰右斜向绳纹，内壁垫印横向绳纹，有叠压，抹压较甚。壁较厚，顶端较薄，一侧有切割痕，由内向外切割近五分之一厚度。手制，泥片贴筑。宽6.5、高8.7厘米（图一一五，2）。

标本995，陶罐。泥质，结构紧密。深灰色。左斜向绳纹，抹压，局部绳纹被抹去。下腹部残片，下腹斜内收，壁较厚。泥片贴筑，轮修，内壁有斜向抹痕，外壁有横向刮抹痕迹。宽6.9、高6.8厘米（图一一七，3）。

标本996，板瓦。坐标为N：35°45′00.2″，E：111°47′08.5″，海拔：675米。泥质。灰色。左斜向绳纹，抹压，内壁垫印凹篦点纹，抹压较甚。壁较厚，一侧有切割痕，由内向外切割不足五分之一厚度。手制。宽4.2、高7.2厘米（图一一七，1）。

997～1000号四件标本坐标为N：35°45′00.1″，E：111°47′09.3″，海拔：672米。

标本997，陶片。泥质。深灰色。竖向粗绳纹，较规整，抹压，有一周抹弦纹割断绳纹。壁较厚。轮制，内壁有横向旋痕。宽7.2、高4.2厘米（图一一七，7）。

标本998～1000（为同一件器物，已拼接），陶盆。泥质。灰色。素面。底部残片，腹壁较薄，平底，底面平整。轮制，内底面有同心圆旋痕和旋抹凹槽，外底面粘附有一层细砂。底径23.7、高1.5厘米（图一一七，4）。

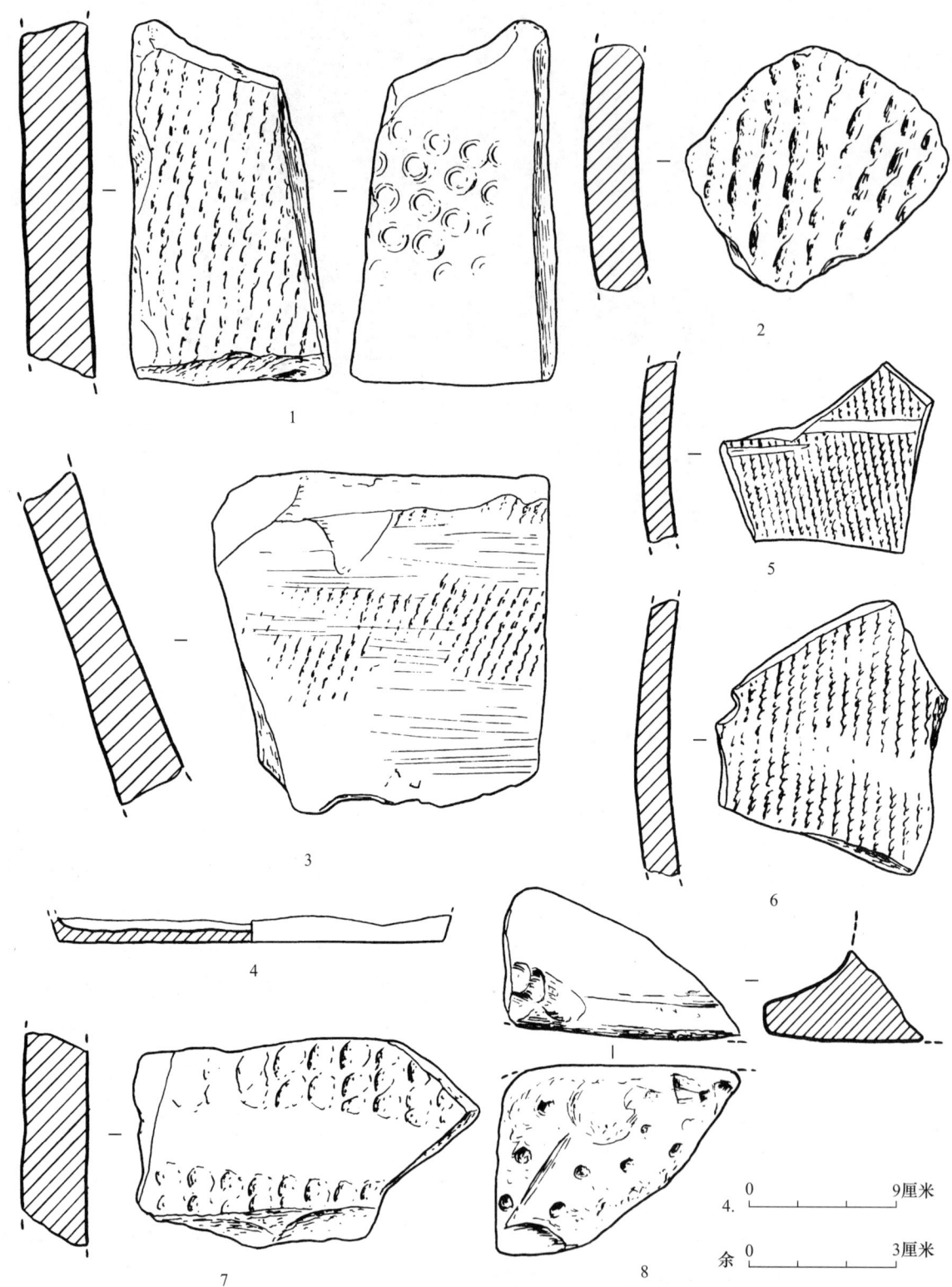

图一一七 大河口遗址调查陶器（995~1004）
1. 板瓦（996） 2. 陶鬲（1001） 3. 陶罐（995） 4. 陶盆（998~1000） 5. 陶片（1003）
6. 陶片（1004） 7. 陶片（997） 8. 陶拍（1002）

1001~1010号十件标本坐标为 N：35°45′00.2″，E：111°47′09.6″，海拔：674米。

标本1001，陶鬲。夹粗砂，密度较大。灰褐色，内壁为红褐色。绳纹，抹压。腹部残片，壁较厚。手制，内壁抹平。宽5.4、高4.9厘米（图一一七，2）。

标本1002，陶拍。泥质，结构紧密。灰色。正面饰凹篦点纹，较稀疏，背面和边缘磨光。仅存一块，直边，中间厚，边缘较薄，背面有凸起捉手断茬。手制。长5.1、宽3.8、高1.8厘米（图一一七，8）。

标本1003，陶片。泥质，结构紧密。夹芯陶，内外壁为浅灰色，胎呈红褐色，内壁泛褐色。竖向绳纹，较规整，抹压，有凹弦纹割断绳纹。可能是罐腹部残片，壁较薄。手制，内壁抹光。宽4.4、高3.8厘米（图一一七，5）。

标本1004，陶片。泥质。灰色。竖向绳纹，较规整，抹压，内壁垫印绳纹，抹压较甚。可能是罐腹部残片，壁厚薄不匀。手制，内壁有垫印痕迹和横向抹痕。宽4.7、高5.5厘米（图一一七，6）。

标本1005，陶瓮。泥质，结构紧密。灰色。颈部有凹弦纹一周。口部残片，直口，斜沿，尖圆唇。手制、轮修。口径26.4、高3.9厘米（图一一八，2）。

标本1006，陶器底。泥质。深灰色。下腹壁饰暗弦纹数周。腹底残片，下腹壁斜直内收，平底，底面平整。轮制，内外壁均有横向旋痕，外底面有同心圆旋痕。底径9、高6.3厘米（图一一八，3）。

标本1007，板瓦。泥质。灰色。斜向绳纹，局部有交错，抹压，近顶处绳纹被抹去，内壁垫印斜向绳纹，近顶处绳纹被抹去。个体较大，壁较厚，近顶处渐薄。手制，经轮修，内壁有竖向抹痕，近顶处内外壁均有横向旋抹痕。宽16.6、高19.8厘米（图一一八，1；图一一九）。

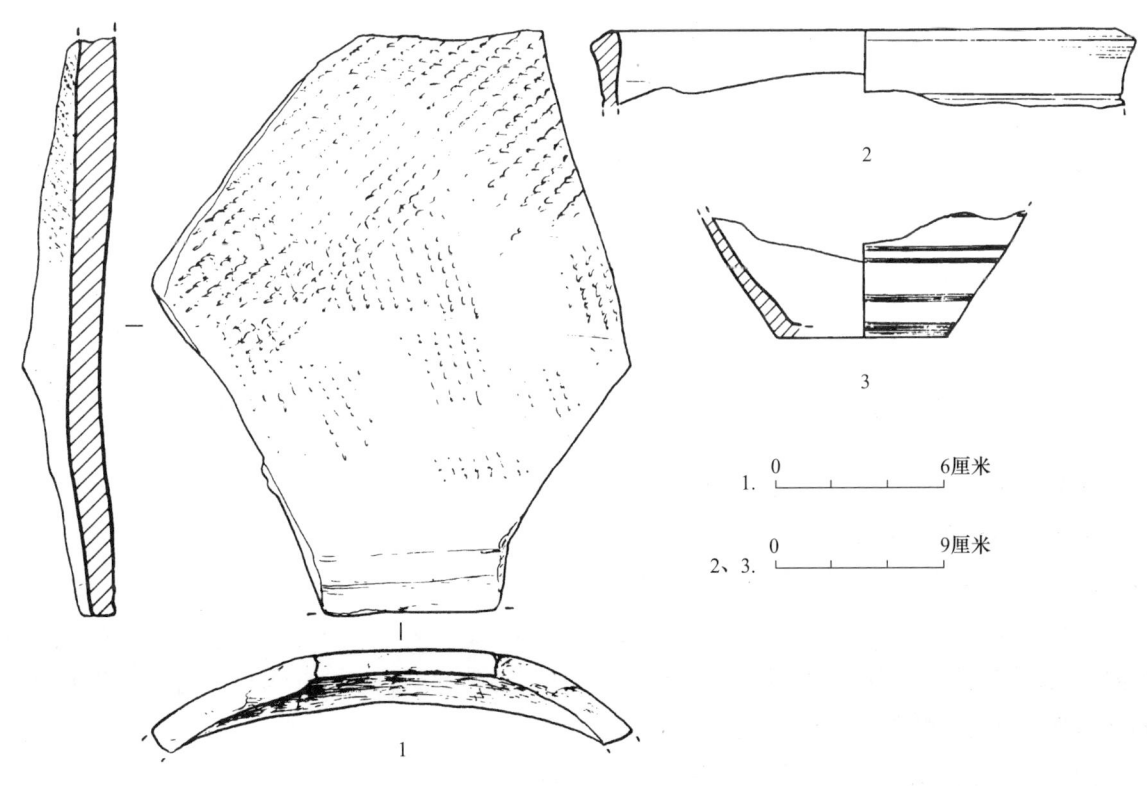

图一一八　大河口遗址调查陶器（1005~1007）
1. 板瓦（1007）　2. 陶瓮（1005）　3. 陶器底（1006）

图一一九　大河口遗址调查板瓦（1007）纹样拓本

标本 1008，板瓦。泥质。灰色。左斜向绳纹，较规整，抹压，内壁垫印凹篦点纹，抹压较甚，顶端垫印斜向和横向绳纹，未抹压。壁较厚，一侧有切割痕，由内向外切割三分之一厚度。手制。宽 9.7、高 8 厘米（图一二〇，1；图一二四，1）。

标本 1009，板瓦。泥质，结构紧密，加少许细小料姜石颗粒。深灰色。左斜向绳纹，局部饰竖向绳纹，有交错，抹压。内壁垫印竖向绳纹，抹压较甚，多处绳纹被抹去。一侧有切割痕，由内向外切割三分之一厚度。手制，内壁有竖向抹痕。宽 8.6、高 9.4 厘米（图一二〇，2）。

标本 1010，板瓦。泥质。灰色，陶色不匀。左斜向绳纹，局部抹压，内壁垫印横向绳纹，抹压。壁较厚。手制。宽 6.7、高 10.5 厘米（图一二一，1）。

1011～1015 号五件标本坐标为 N：35°45′00.2″，E：111°47′09.7″，海拔：672 米。

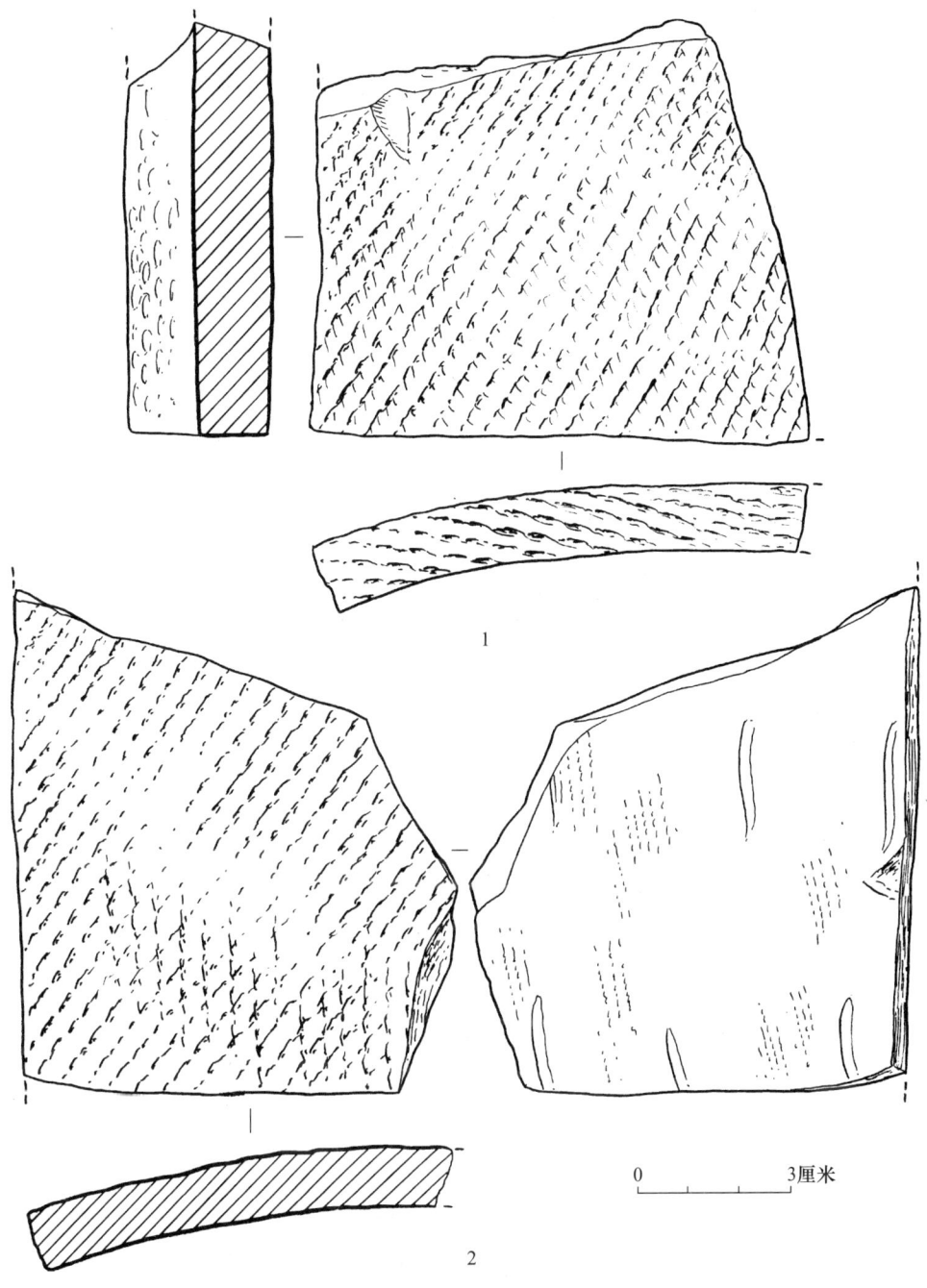

图一二〇　大河口遗址调查板瓦（1008、1009）
1. 1008　2. 1009

标本1011，陶片。泥质，结构紧密。深灰色。竖向绳纹，较规整，抹压，内壁垫印横向绳纹，抹压较甚。壁较薄。手制。宽2.8、高2.2厘米（图一二一，4）。

标本1012，筒瓦。泥质，结构紧密。灰色。略左斜向绳纹，内壁垫印右斜向绳纹，内、外壁绳纹均捻结较紧，抹压，局部抹压较甚。手制。宽5.6、高6.3厘米（图一二一，3）。

标本1013，筒瓦。泥质。灰色。左斜向绳纹，局部绳纹被抹去，内壁垫印横向绳纹，捻结较紧，抹压。一侧有竖向切割痕，由外向内切割二分之一厚度，壁厚薄不一。手制，外壁局部有横向刮抹痕，内壁局部有手指摁窝。宽7.8、高7.6厘米（图一二一，2）。

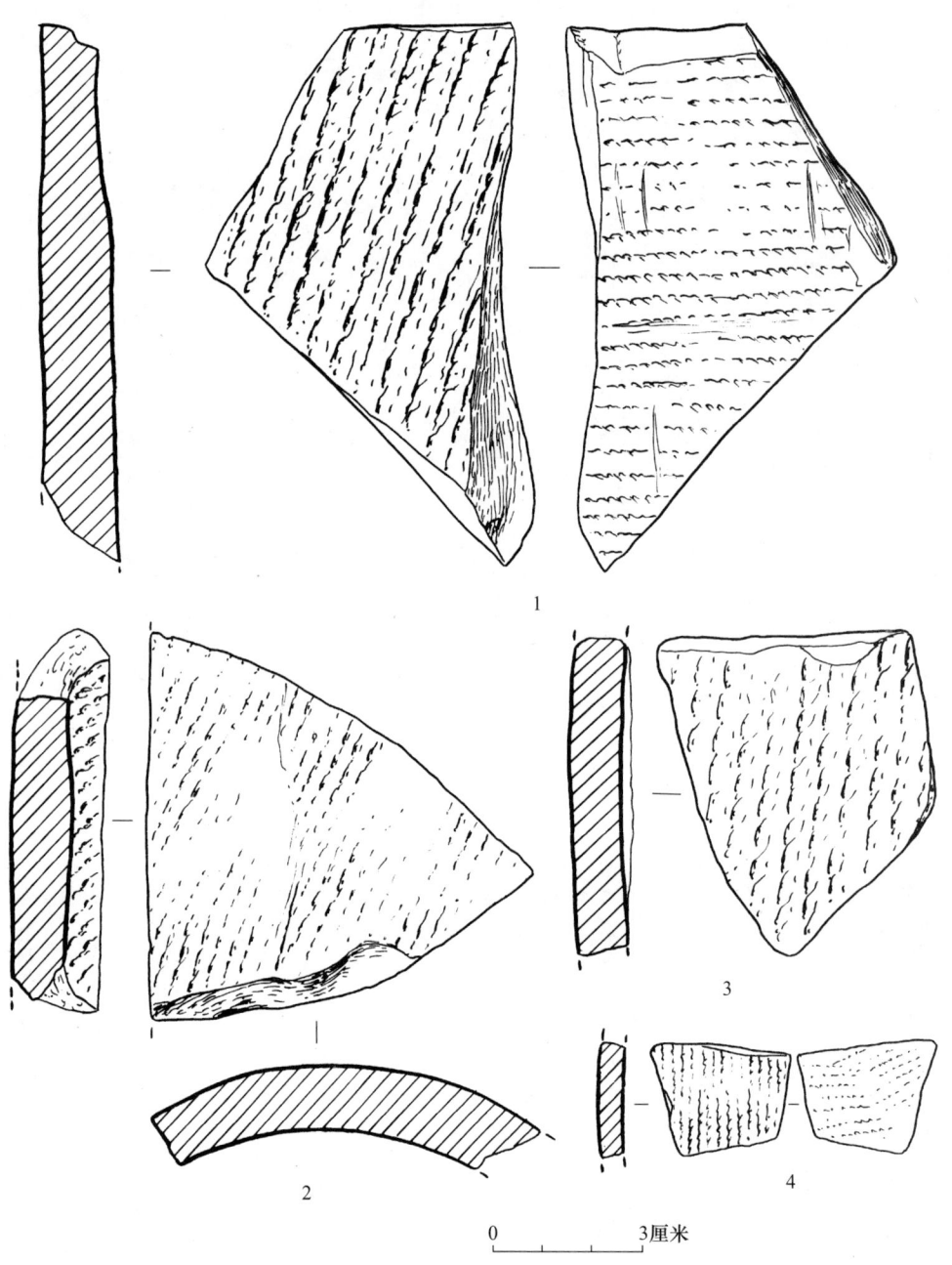

图一二一　大河口遗址调查陶器（1010～1013）
1. 板瓦（1010）　2. 筒瓦（1013）　3. 筒瓦（1012）　4. 陶片（1011）

标本1014，筒瓦。泥质。灰色。竖向绳纹，捻结较紧，未抹压，上部有三道抹弦纹割断绳纹，内壁局部垫印横向绳纹，抹压较甚。上部有瓦舌，壁厚薄不一。手制，内壁粗糙，有手指摁窝。宽7.5、高11.5厘米（图一二二，3）。

标本1015，陶罐。泥质。灰色。竖向绳纹，规整，抹压，有一周抹弦纹割断绳纹。腹部残片，圆鼓腹，壁厚薄不一。手制、轮修，内壁有手制摁窝和横向旋抹痕。宽14.2、高8.8厘米（图一二二，2）。

1016、1017号标本坐标为N：35°45′00.2″，E：111°47′09.9″，海拔：672米。

标本1016，陶盆。泥质。灰色。绳纹，抹压较甚，多处被抹去，其上再饰较宽凹弦纹数周，内

图一二二　大河口遗址调查陶器（1014~1018）
1. 陶盆（1016）　2. 陶罐（1015）　3. 筒瓦（1014）　4. 陶片（1018）　5. 陶片（1017）

壁有暗弦纹数周。口部残片，直口，折沿，沿面略凹，厚方唇，唇面内凹，颈较直。轮制，内壁均有横向旋抹痕。口径约34.8、高7厘米（图一二二，1）。

标本1017，陶片。泥质。外壁为灰色，胎及内壁呈黄褐色。竖向绳纹，捻结较紧，抹压，有两道抹弦纹割断绳纹。手制，轮修，内壁抹平。宽4.5、高2.8厘米（图一二二，5）。

1018、1019号二件标本坐标为N：35°45′00.2″，E：111°47′10.0″，海拔：675米。

标本1018，陶片。泥质。夹芯陶，外壁呈褐色，胎呈黄褐色，内壁呈灰色。竖向绳纹，抹压，下部绳纹被抹去。罐下腹近底残片，壁较厚。泥片贴筑，经轮修，内壁抹光，有横向抹痕，外壁下部有横向旋痕。宽5.9、高4.3厘米（图一二二，4）。

标本1019，陶器底。泥质。外壁深灰色，胎及内壁呈灰色。下腹斜内收，外壁近底处微内曲，平底，底面略微内凹。轮制，内外壁均有横向旋痕。底径9.6、高3.6厘米（图一二三，6）。

标本1020，陶器底。坐标为N：35°45′00.2″，E：111°47′09.7″，海拔：675米。泥质，结构紧密。灰色。腹底残片，下腹斜内收，平底，底面平整。腹壁厚薄不匀，底部较薄。轮制，底面粘附一层细砂，内壁有横向旋抹痕，外壁有刮抹痕迹。底径21、高5厘米（图一二三，9）。

标本1021，陶罐。坐标为N：35°45′00.3″，E：111°47′09.7″，海拔：673米。泥质，结构紧密。灰色。颈下部有凸弦纹一周，内壁垫印绳纹，抹压较甚。口部残片，直口，斜沿，尖唇，矮颈。手制、轮修，口沿内外及外壁有横向旋抹痕。口径25.2、高4.2厘米（图一二三，7）。

1022和1023号二件标本坐标为N：35°45′00.4″，E：111°47′09.7″，海拔：675米。

标本1022，陶片。泥质，结构紧密。灰色。素面。可能是盆腹部残片，壁较薄。轮制，内外壁有横向旋痕。宽7.9、高6.8厘米（图一二三，1）。

标本1023，陶片。泥质，结构紧密。外壁及胎呈灰色，内壁为深灰色。斜向绳纹，局部有交错，抹压，内壁垫印绳纹，抹压较甚。手制，内壁较粗糙，有手指摁窝。宽6.7、高3.6厘米（图一二三，2）。

1024～1029号六件标本坐标为N：35°45′00.5″，E：111°47′09.0″，海拔：674米。

标本1024，筒瓦。粗泥质，含较多细小钙质物。灰色。竖向绳纹，不规整，抹压，内壁有植物编织物垫印纹，纹饰较浅。壁较厚，一侧有切割痕，由外向内壁割透。泥条叠筑，内壁粗糙，有一道泥条痕迹。宽8.4、高7.4厘米（图一二三，4；图一二四，4）。

标本1025，陶片。泥质，结构紧密。外壁为深灰色，胎及内壁呈灰色。下部有少许抹绳纹。可能是罐腹部残片。手制、轮修，外壁有横向旋痕，内壁抹光，有横向旋抹痕。宽4.6、高5.4厘米（图一二三，5）。

标本1026，陶器底。泥质，结构紧密。外壁为深灰色，胎及内壁呈灰色。腹底残片，下腹斜内收，平底，底脱落。手制、轮修，腹底套接，外壁有横向旋痕，内壁有横向旋抹痕和斜向抹痕。宽6.2、高5.3厘米（图一二三，3）。

标本1027～1029（为同一件器物，已拼接），陶器底。泥质。灰色。竖向绳纹，抹压，近底处多处绳纹被抹去。腹底残片，下腹斜内收，壁较厚，平底，底面平整。手制、轮修，腹、底套接，内壁抹光，有横向旋抹痕，外壁有横向旋痕。底径21、高6.3厘米（图一二三，8）。

标本1030，陶盆。坐标为N：35°45′01.5″，E：111°47′10.1″，海拔：675米。泥质。灰色。颈部抹绳纹，多处绳纹被抹去，腹饰绳纹，抹压。颈腹残片，直颈，斜收腹，颈腹间圆折凸棱，外壁

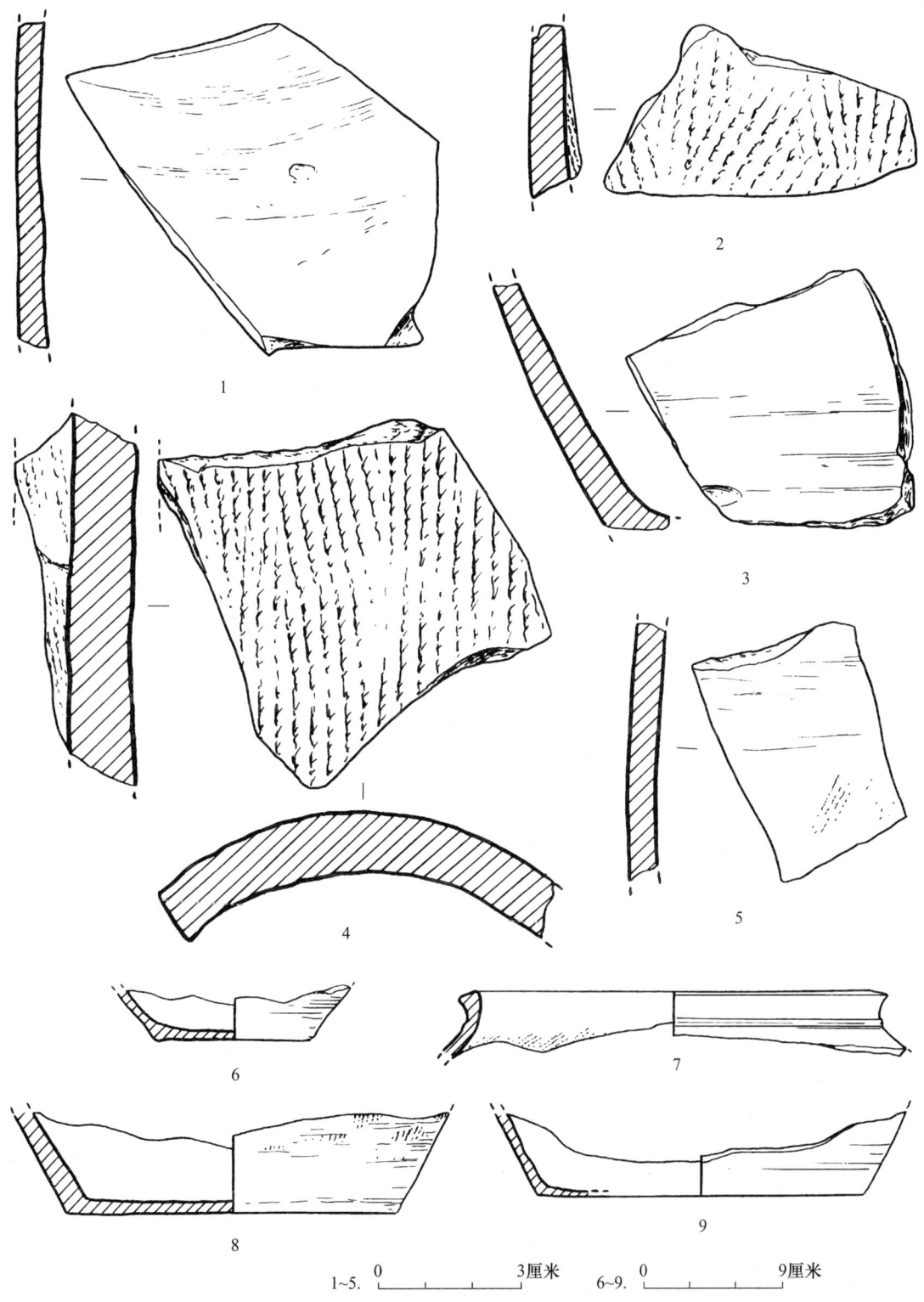

图一二三 大河口遗址调查陶器（1019～1029）
1. 陶片（1022） 2. 陶片（1023） 3. 陶器底（1026） 4. 筒瓦（1024） 5. 陶片（1025） 6. 陶器底（1019）
7. 陶罐（1021） 8. 陶器底（1027～1029） 9. 陶器底（1020）

磨损较甚。手制、轮修，内壁抹平，外壁圆折处有横向旋痕。宽4.5、高6.2厘米（图一二五，5）。

1031~1033号三件标本坐标为N：35°45′00.2″，E：111°47′08.9″，海拔：672米。

标本1031，板瓦。泥质。左斜向绳纹，较规整，抹压，内壁垫印右斜向和横向绳纹，抹压较甚。壁较厚。手制。宽7.3、高10.1厘米（图一二四，2；图一二五，6）。

标本1032，板瓦。泥质，结构紧密。深灰色。竖向和斜向绳纹，有交错，局部抹压，内壁垫印竖向绳纹，抹压较甚。手制。宽4.8、高4.4厘米（图一二五，1）。

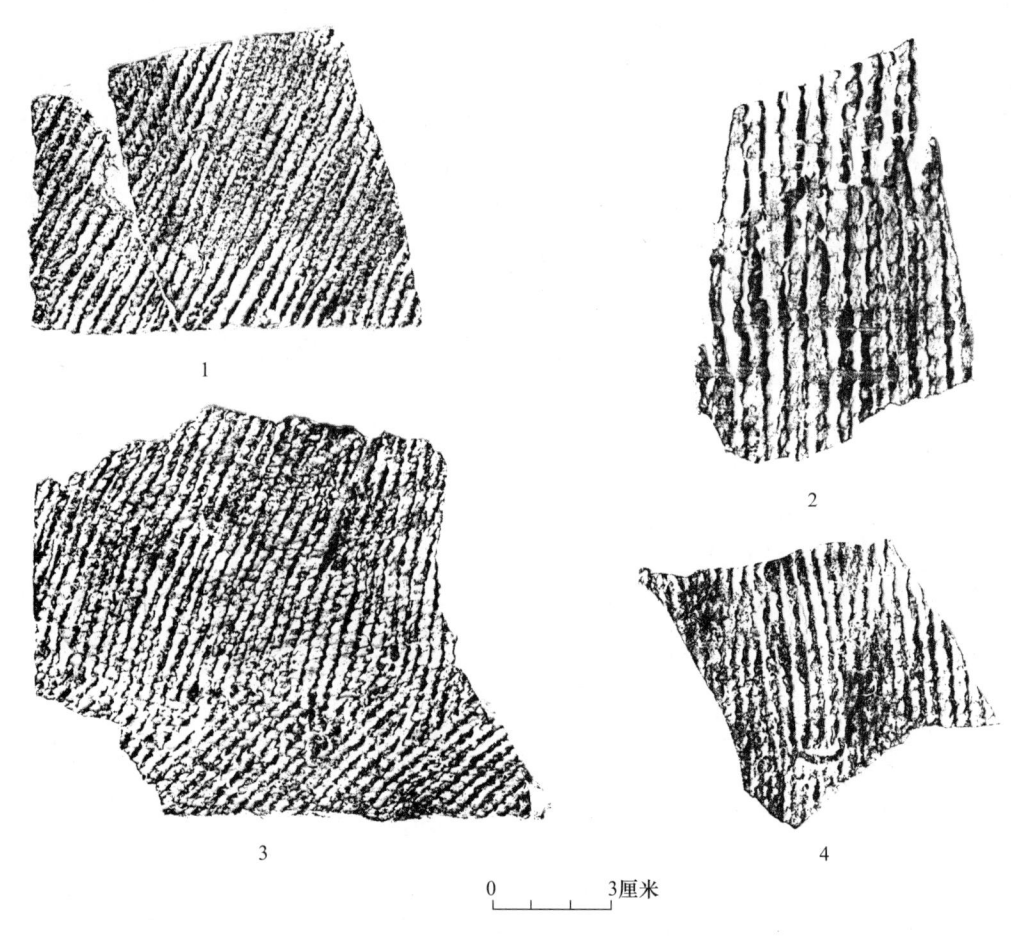

图一二四　大河口遗址调查陶器纹样拓本
1. 板瓦（1008）2. 板瓦（1031）3. 板瓦（1038）4. 筒瓦（1024）

标本1033，陶罐。粗泥质。灰色。上部饰左斜向绳纹，较规整，抹压，下部素面。下腹近底残片，下部壁甚厚。手制，外壁下部有刮削痕迹，内壁抹光，有横向抹痕。宽5.6、高6.4厘米（图一二五，2）。

1034~1036号三件标本坐标为N：35°44′59.9″，E：111°47′09.5″，海拔高程：674米。

标本1034，筒瓦。泥质。深灰色。上部抹绳纹，局部绳纹被抹去，下部饰竖向绳纹，未抹压。上部有瓦舌，壁厚薄不一。手制，上部内外壁有横向旋痕，内壁有横向抹痕，略显粗糙。宽5、高7.6厘米（图一二五，3）。

标本1035，陶鬲。夹极少微小白色石英砂粒。灰色。素面。侈口，翻沿外贴，方唇，唇面略凹。手制、轮修，上腹部内壁有垫印痕迹，口沿内外有横向旋痕。宽3.9、高4.2厘米（图一二五，4）。

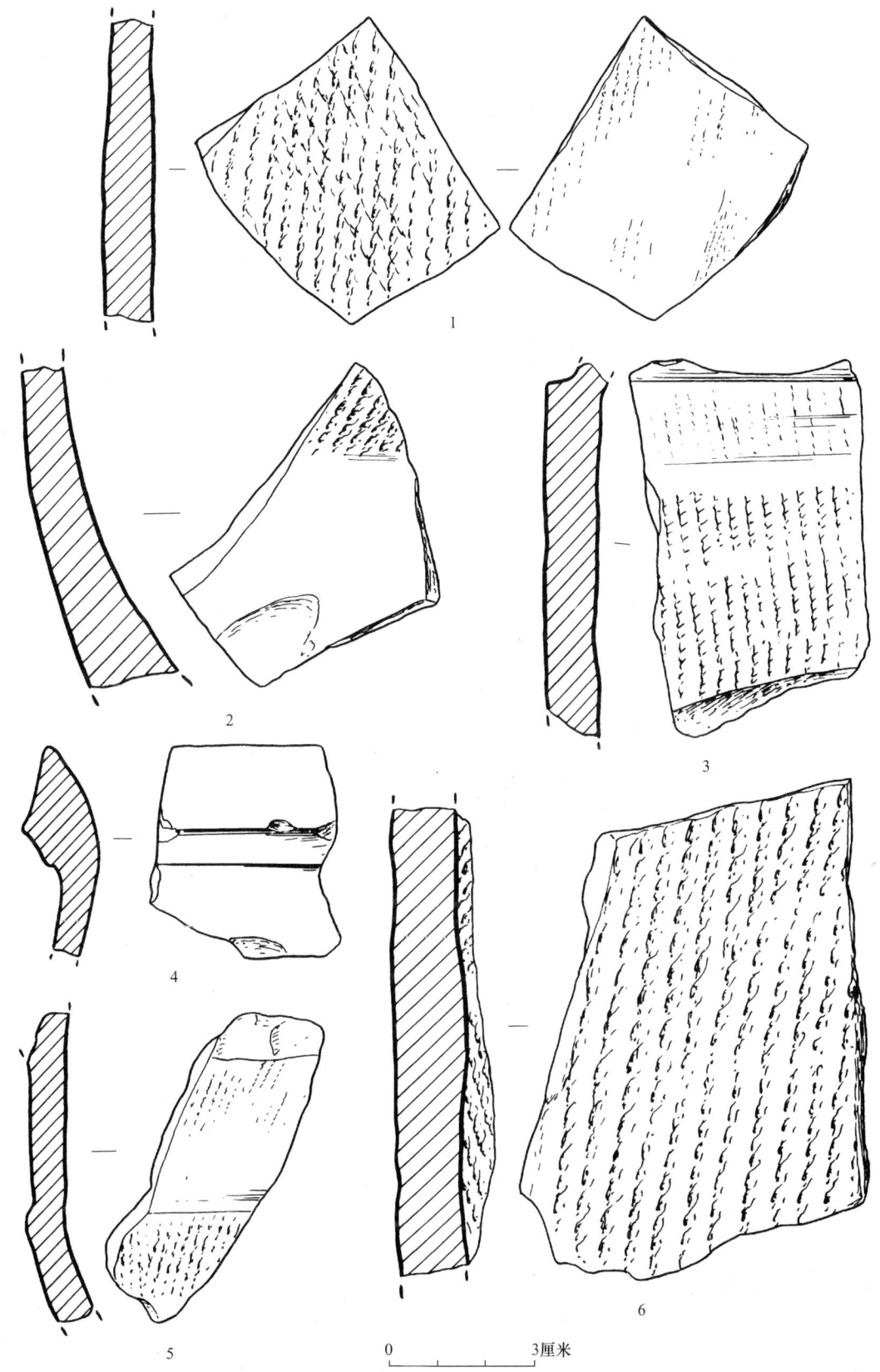

图一二五 大河口遗址调查陶器（1030～1035）

1. 板瓦（1032） 2. 陶罐（1033） 3. 筒瓦（1034） 4. 陶鬲（1035） 5. 陶盆（1030） 6. 板瓦（1031）

标本 1036，陶罐。粗泥质，加少许钙质物颗粒。灰色。右斜向绳纹，较规整，抹压。腹底残片，下腹斜内收，近底处壁较厚，平底，边缘有磨损。手制、轮修，腹底套接，壁包底，内壁抹平，下部腹底转折处有轮修凹槽。宽 6.1、高 4.3 厘米（图一二六，4）。

1037、1038 号二件标本坐标为 N：35°45′00.0″，E：111°47′11.0″，海拔：673 米。

标本 1037，陶器底。泥质，结构紧密。灰色。左斜向绳纹，抹压，近底处绳纹被抹去。腹底残片，下腹斜内收，平底，内壁局部有脱落，底面脱落较甚，壁较厚。泥片贴筑，腹底套接，底包壁，内壁抹平，有横向抹痕。底径 26.1、高 9 厘米（图一二六，7）。

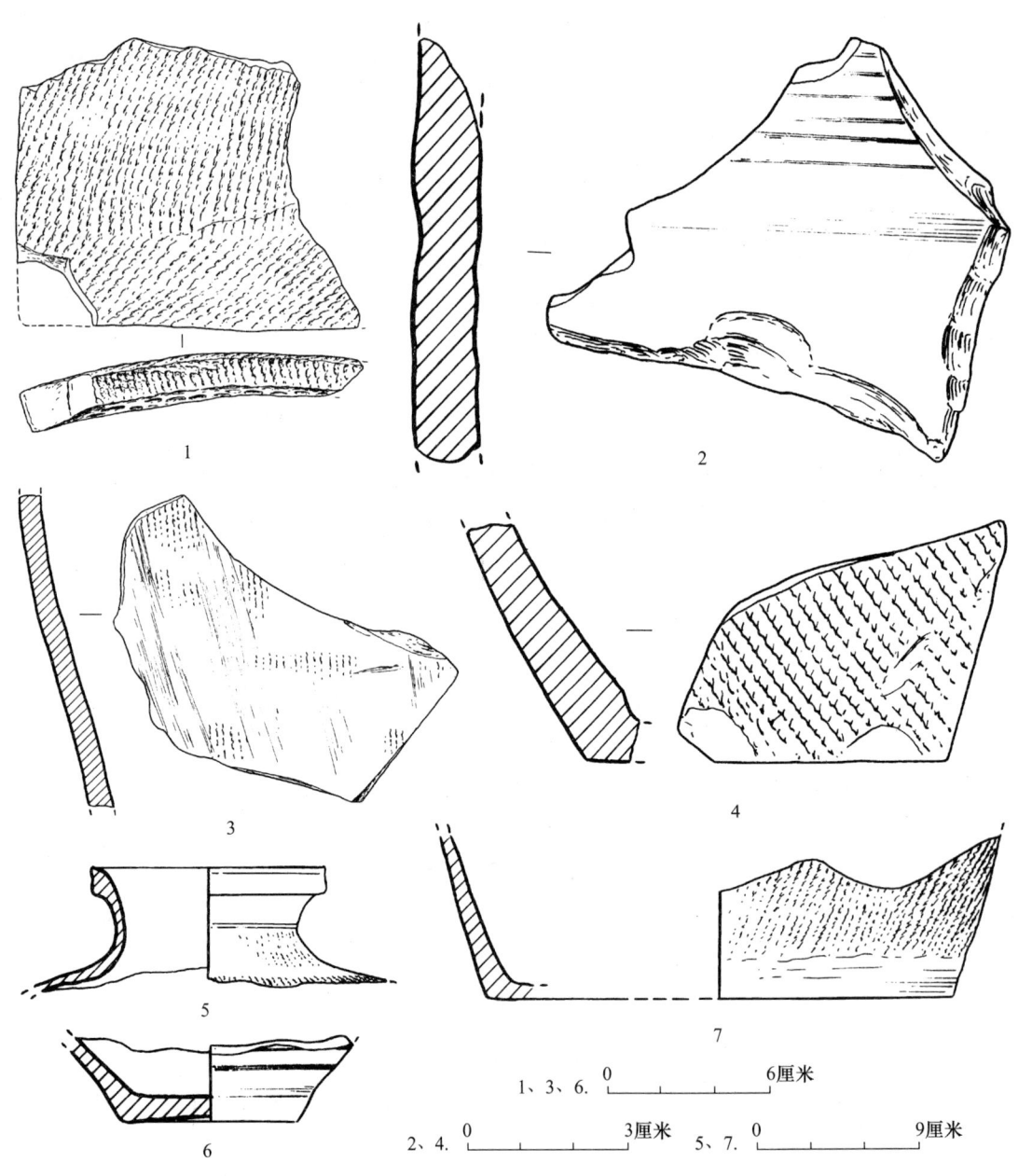

图一二六　大河口遗址调查陶器（1036～1042）
1. 板瓦（1038）　2. 陶片（1041）　3. 陶片（1040）　4. 陶罐（1036）
5. 陶罐（1042）　6. 陶器底（1039）　7. 陶器底（1037）

标本 1038，板瓦。泥质，结构紧密。深灰色。拍印左斜向绳纹，抹压，顶端垫印竖向绳纹，内壁垫印大箅点纹，较稀疏。壁较厚，一侧有切割痕，由内向外切割五分之一厚度。手制，内壁有横向抹痕。宽 12.9、高 10.6 厘米（图一二四，3；图一二六，1；图版二四，3、4）。

1039～1041 号三件标本坐标为 N：35°45′00.0″，E：111°47′11.2″，海拔：674 米。

标本 1039，陶器底。泥质，结构紧密。灰色。有暗弦纹数周。腹底残片，下腹斜内收，近底处外壁内曲，小平底，底面略微内凹。轮制，内底有同心圆旋痕，内壁有横向旋抹痕，外底面有偏心旋痕。底径 6.6、高 3 厘米（图一二六，6）。

标本 1040，陶片。泥质，结构紧密。灰色。竖向绳纹，抹压较甚，多处绳纹被抹去。可能是陶罐下腹部残片，壁厚薄不匀。手制、轮修，内壁有横向旋抹痕，外壁有竖向刮抹痕，并有刮削痕迹。宽 12.9、高 11 厘米（图一二六，3）。

标本 1041，陶片。泥质，结构紧密。灰色，外壁陶色不匀。素面。可能是瓮残片，壁较厚，内壁脱落，凹凸不平，较粗糙。泥片贴筑，轮修，外壁有横向旋抹痕。宽 8.5、高 7.6 厘米（图一二六，2）。

标本 1042，陶罐。坐标为 N：35°45′00.1″，E：111°47′10.7″，海拔：675 米。夹细砂，密度较大。灰色。颈部中间有凹弦纹一周，下部抹绳纹，多处绳纹被抹去，肩部饰竖向绳纹，较规整，抹压。口颈残片，侈口，厚方唇，束颈，有肩，肩部壁厚薄不匀。手制、轮修，肩部内壁有垫印凹窝，口沿内外及颈部有横向旋抹痕。口径 13.2、高 6.6 厘米（图一二六，5；图版一九，5）。

标本 1043，陶盆。坐标为 N：35°45′00.5″，E：111°47′10.1″，海拔：674 米。泥质，结构紧密。灰色。外壁有少许抹绳纹。上腹部残片，外壁有抹凹槽两周。手制、轮修，内壁有横向旋抹痕，外壁有横向旋痕。宽 6.6、高 5.8 厘米（图一二七，2）。

1044～1047 号四件标本坐标为 N：35°45′00.4″，E：111°47′11.8″，海拔：673 米。

标本 1044，陶器底。泥质，结构紧密。灰色。素面。腹底残片，下腹斜内收，腹壁较厚，平底，腹底圆转。轮制，内壁有横向旋痕。宽 5.5、高 2.6 厘米（图一二七，6）。

标本 1045，陶盆。粗泥质，含少许细砂。夹芯陶，内外壁为灰褐色，胎呈灰色。口部残片，敞口，宽折沿外斜，沿面下凹，方唇，唇面圆弧，上有一道不规则凹槽，磨损较甚。轮制，内壁有横向旋抹痕。宽 6.6、高 2 厘米（图一二七，4）。

标本 1046，陶片。泥质，结构紧密。灰色。竖向绳纹，抹压，中间有较宽绳纹被刮抹去。手制，内壁有横向抹痕。宽 4.5、高 3.5 厘米（图一二七，8）。

标本 1047，陶鬲。夹粗砂，密度较大。灰色。竖向绳纹，抹压。腹部残片，壁较薄。手制，内壁抹光。宽 2.9、高 3.7 厘米（图一二七，7）。

标本 1048，陶钵。坐标为 N：35°45′00.5″，E：111°47′12.1″，海拔：673 米。泥质，结构紧密。灰色。颈部抹绳纹，多处绳纹被抹去，内壁垫印绳纹，抹压较甚，多处绳纹被抹去。颈腹部残片，束颈，弧腹。手制、轮修，颈部和内壁有横向旋抹痕。宽 3.8、高 4.4 厘米（图一二七，1）。

标本 1049，陶罐。坐标为 N：35°45′00.9″，E：111°47′11.1″，海拔：674 米。泥质，结构紧密。灰色。竖向绳纹，有叠压，局部抹压，上部绳纹被抹去，下部有一周抹弦纹割断绳纹，内壁垫印竖向绳纹，抹压较甚，多处绳纹被抹去。上腹部残片。手制，内壁有横向抹痕。宽 4.8、高 4.4 厘米（图一二七，5）。

1050和1051号二件标本坐标为N：35°45′00.8″，E：111°47′11.0″，海拔：673米。

标本1050，筒瓦。泥质，结构紧密。灰色。竖向绳纹，局部抹压，有一道抹弦纹割断绳纹，内壁垫印斜向绳纹，抹压较甚。手制，内壁有摁窝。宽4.6、高3.5厘米（图一二七，3）。

标本1051，陶片。泥质，结构紧密。灰色。竖向绳纹，较规整，抹压，内壁垫印斜向和横向绳纹，抹压较甚。壁较厚。手制。宽7.4、高2.8厘米（图一二八，1）。

标本1052，陶片。坐标为N：35°45′00.6″，E：111°47′09.4″，海拔：678米。泥质，结构紧密。灰色。斜向绳纹，局部有交错，内壁垫印斜向绳纹，抹压较甚。手制。宽4.8、高5厘米（图一二八，3）。

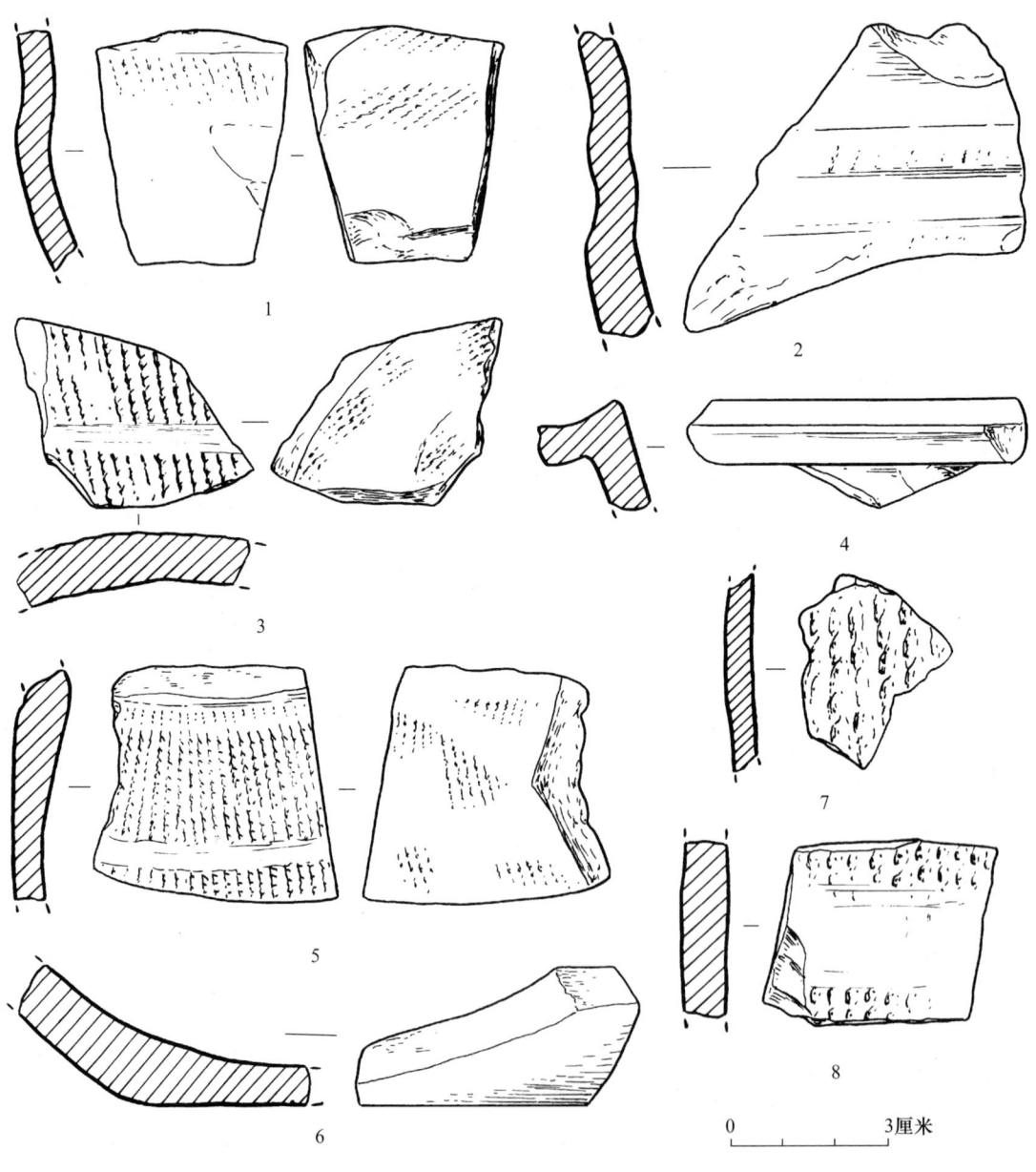

图一二七　大河口遗址调查陶器（1043～1050）
1. 陶钵（1048）　2. 陶盆（1043）　3. 筒瓦（1050）　4. 陶盆（1045）　5. 陶罐（1049）
6. 陶器底（1044）　7. 陶鬲（1047）　8. 陶片（1046）

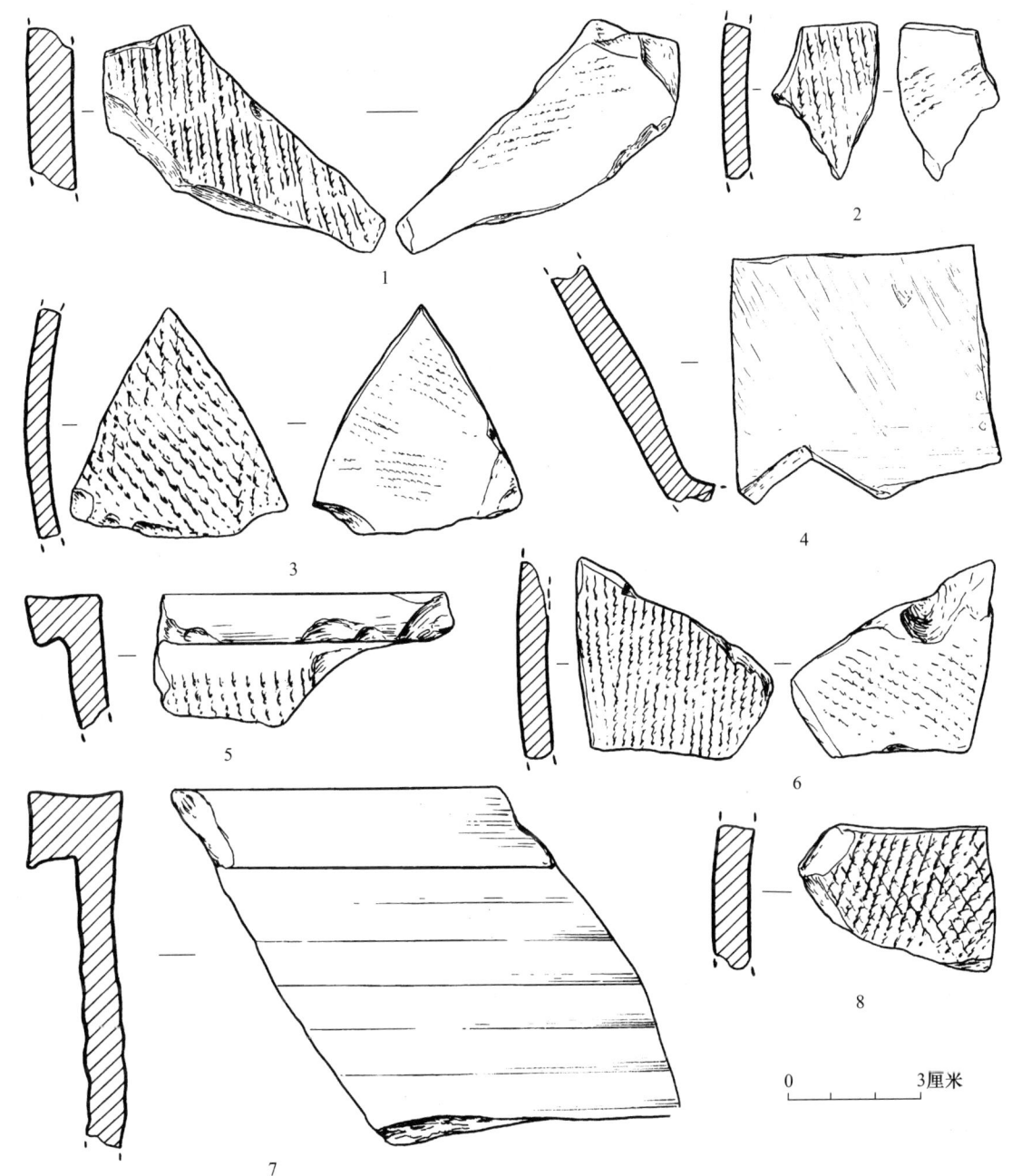

图一二八 大河口遗址调查陶器（1051～1058）
1. 陶片（1051） 2. 陶片（1053） 3. 陶片（1052） 4. 陶器底（1055） 5. 陶盆（1057）
6. 陶片（1054） 7. 陶盆（1056） 8. 陶片（1058）

1053 和 1054 号二件标本坐标为 N：35°44′59.8″，E：111°47′11.0″，海拔：679 米。

标本 1053，陶片。泥质，结构紧密。深灰色。竖向绳纹，抹压，内壁垫印斜向绳纹，抹压较甚。手制。宽 2.4、高 3.4 厘米（图一二八，2）。

标本 1054，陶片。泥质，结构紧密。灰色。竖向绳纹，较规整，抹压，内壁垫印右斜向绳纹，抹压较甚。可能是罐腹部残片，内外壁有磨损。手制。宽 4.4、高 4.3 厘米（图一二八，6）。

标本 1055，陶器底。坐标为 N：35°44′59.8″，E：111°47′10.8″，海拔：679 米。泥质，结构紧密。粗泥质，含少许钙质物颗粒。灰色。素面。腹底残片，下腹斜内收，底残缺。手制、轮修，内壁有垫印凹窝和横向抹痕，外壁上部有斜向刮抹痕，近底处有横向旋抹痕。宽6.1、高5.2厘米（图一二八，4）。

1056和1057号二件标本坐标为N：35°44′59.9″，E：111°47′10.6″，海拔：678米。

标本1056，陶盆。泥质。灰色。抹凹弦纹数周。口部残片，口微敛，宽折沿，沿面下凹，厚方唇，唇面内凹，腹较深。轮制，口沿及内外壁均有横向旋痕。宽11.4、高7.8厘米（图一二八，7）。

标本1057，陶盆。泥质，结构紧密。灰色。抹绳纹。直口，平折沿，沿面略凹，厚方唇。轮制，口沿及内壁有横向旋痕。宽6.7、高2.9厘米（图一二八，5）。

1058~1060号三件标本坐标为N：35°44′59.7″，E：111°47′10.4″，海拔：679米。

标本1058，陶片。泥质，结构紧密。灰色。交错绳纹，局部抹压。可能是罐腹部残片。手制，内壁抹平。宽4.5、高3.2厘米（图一二八，8）。

标本1059，陶片。夹少许细砂。夹芯陶，外壁呈黄褐色，胎呈褐色，内壁为棕褐色。竖向绳纹，抹压，内壁垫印绳纹，抹压较甚，局部绳纹被抹去。手制，内壁有横向抹痕。宽4.6、高4.4厘米（图一二九，2）。

标本1060，板瓦。泥质，结构紧密。竖向和斜向绳纹，局部抹压，内壁垫印凹篦点纹，抹压较甚。壁较厚。手制，内壁有斜向和横向抹痕。宽8、高4.2厘米（图一二九，3）。

标本1061，陶罐。坐标为N：35°44′59.8″，E：111°47′10.0″，海拔：678米。泥质。灰色。素面。下腹部残片。手制、轮修，外壁有横向旋痕，内壁有横向抹痕。宽8.8、高7.1厘米（图一二九，4）。

1062~1064号三件标本坐标为N：35°44′59.8″，E：111°47′09.9″，海拔：678米。

标本1062，陶器底。泥质，结构紧密。夹芯陶，内外壁为灰色，胎呈棕褐色。下腹斜内收，平底，腹壁较厚。轮制，内壁抹光，内外壁均有横向旋痕。宽7.6、高7.3厘米（图一二九，8）。

标本1063，陶片。粗泥质，含少量钙质物。灰色。交错绳纹，抹压。壁较厚。手制，内壁有手指摁窝和横向抹痕。宽5.1、高4.5厘米（图一二九，7）。

标本1064，陶盆。泥质，结构紧密。灰色。素面。敛口，卷沿外翻，圆唇，磨损较甚。轮制，内壁有横向旋痕。宽6.3、高1.7厘米（图一二九，6）。

标本1065，陶片。坐标为N：35°44′59.8″，E：111°47′09.1″，海拔：678米。泥质，结构紧密。灰色。竖向绳纹，抹压。外壁有脱落。手制，内壁有垫印凹窝和横向抹痕。宽4.7、高4.2厘米（图一二九，1）。

标本1066，陶鬲。坐标为N：35°44′59.7″，E：111°47′09.3″，海拔：677米。夹细砂，密度较大。灰色。竖向绳纹，较规整，抹压。腹部残片。手制，内壁抹平。宽2.5、高4.8厘米（图一二九，9）。

1067和1068号二件标本坐标为N：35°44′59.4″，E：111°47′09.6″，海拔：678米。

标本1067，陶鬲。夹少许细砂，结构紧密。黄褐色，局部呈棕褐色。竖向绳纹，捻结较紧，局部抹压。腹部残片。手制，内壁抹平，有横向抹痕。宽6、高5.3厘米（图一二九，5）。

标本1068，陶鬲。夹细砂，结构紧密，密度较大。灰色。素面。口部残片，敛口，窄沿，沿面略凹，尖唇，有颈，磨损较甚。手制、轮修。宽4、高2.7厘米（图一三〇，1）。

1069和1070号二件标本坐标为N：35°44′59.3″，E：111°47′09.7″，海拔：678米。

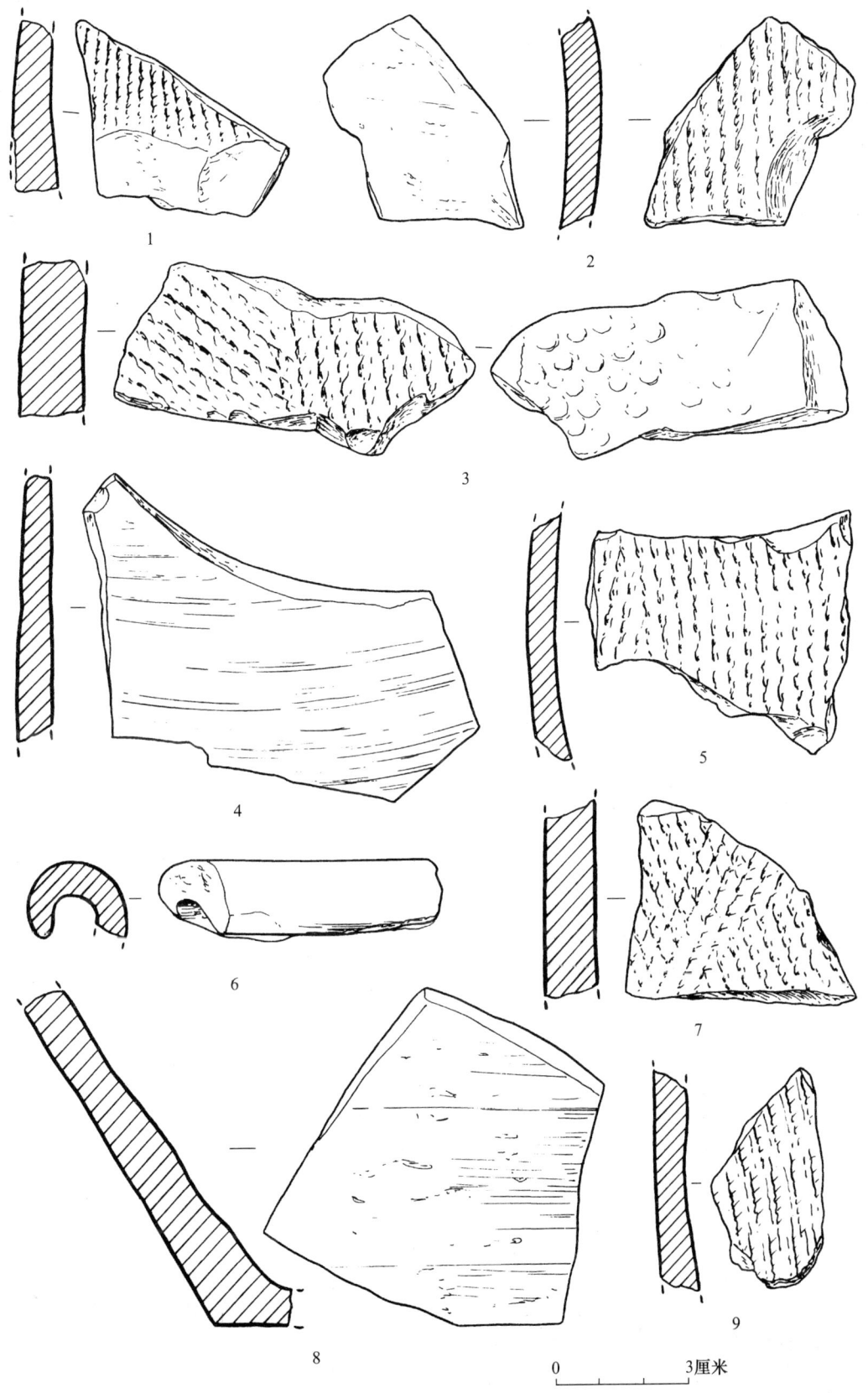

图一二九 大河口遗址调查陶器（1059～1067）
1. 陶片（1065） 2. 陶片（1059） 3. 板瓦（1060） 4. 陶罐（1061） 5. 陶鬲（1067）
6. 陶盆（1064） 7. 陶片（1063） 8. 陶器底（1062） 9. 陶鬲（1066）

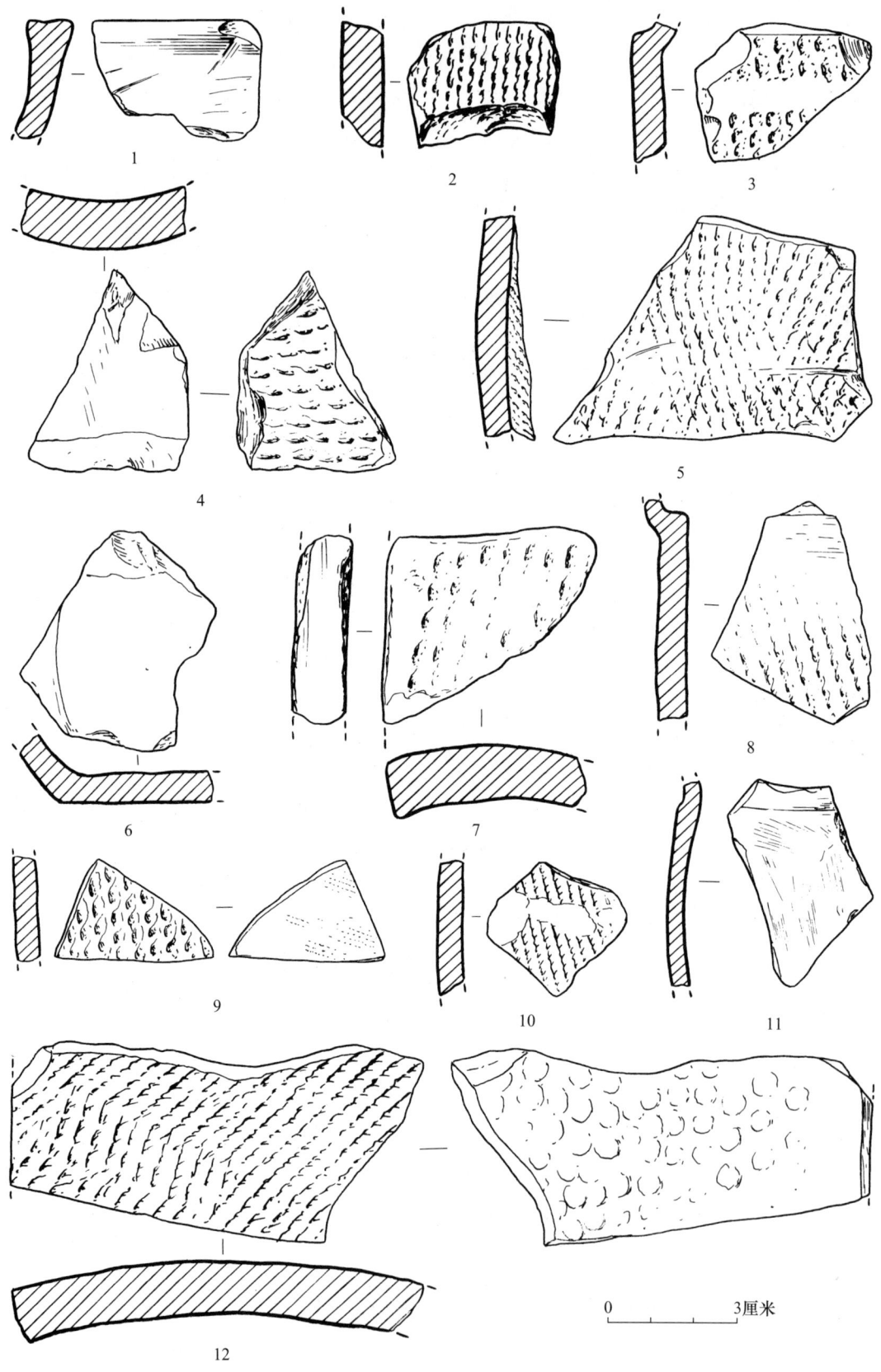

图一三〇 大河口遗址调查陶器（1068～1079）

1. 陶鬲（1068） 2. 陶片（1073） 3. 筒瓦（1072） 4. 陶片（1070） 5. 陶片（1078） 6. 陶器底（1071） 7. 筒瓦（1079） 8. 筒瓦（1075） 9. 陶片（1077） 10. 陶片（1074） 11. 陶罐（1069） 12. 板瓦（1076）

标本1069，陶罐。泥质，结构紧密。深灰色。素面。上腹部残片，壁较薄。手制、轮修，内壁有竖向抹痕，外壁有竖向刮抹痕。宽3.4、高4.7厘米（图一三〇，11）。

标本1070，陶片。泥质，结构紧密。灰色。竖向绳纹，抹压，下部绳纹被抹去，内壁垫印横向绳纹，抹压。可能是罐下腹部残片，壁较厚。手制，外壁下部有竖向刮抹痕。宽3.8、高4.6厘米（图一三〇，4）。

标本1071，陶器底。坐标为N：35°44′59.1″，E：111°47′09.6″，海拔：677米。泥质。灰色。素面。腹底残片，平底，底面平整，磨损较甚。手制。宽5、高1.6厘米（图一三〇，6）。

1072~1075号四件标本坐标为N：35°44′58.9″，E：111°47′09.4″，海拔：678米。

标本1072，筒瓦。泥质，结构紧密。灰色。略右斜向绳纹，抹压，有一道抹弦纹割断绳纹。上有瓦舌。手制，内壁抹平。宽4.1、高3.2厘米（图一三〇，3）。

标本1073，陶片。泥质，结构紧密。灰色。竖向绳纹，抹压。壁较厚。手制，内壁有手指摁窝，抹光。宽3.5、高2.8厘米（图一三〇，2）。

标本1074，陶片。泥质，结构紧密。灰色。右斜向绳纹，抹压。手制，内壁抹光，有横向抹痕。宽3.3、高3.1厘米（图一三〇，10）。

标本1075，筒瓦。泥质，结构紧密。略右斜向绳纹，局部抹压，上部绳纹被抹去。上部有瓦舌，瓦舌残断。内壁抹平，有横向抹痕。宽3.7、高5厘米（图一三〇，8）。

标本1076，板瓦。坐标为N：35°44′58.6″，E：111°47′09.3″，海拔：678米。泥质，结构紧密。内外壁为深灰色，胎呈深红褐色。斜向绳纹，局部有叠压，抹压，内壁垫印凸篦点纹，抹压。壁较厚，一侧有切割痕，由内向外切割二分之一厚度。手制，内壁有横向抹痕。宽9.8、高4.6厘米（图一三〇，12）。

标本1077，陶片。坐标为N：35°44′58.1″，E：111°47′09.3″，海拔：677米。粗泥质，夹少许细砂。橙红色。竖向绳纹，抹压，内壁垫印斜向绳纹，抹压。可能是鬲残片。手制。宽3.7、高2.3厘米（图一三〇，9）。

1078~1082号五件标本坐标为N：35°44′57.8″，E：111°47′09.5″，海拔：679米。

标本1078，陶片。泥质，结构紧密。灰色。拍印竖向和斜向绳纹，局部有交错，抹压，内壁垫印斜向绳纹，抹压。内壁局部有脱落。手制。宽7.5、高5.2厘米（图一三〇，5）。

标本1079，筒瓦。泥质，结构紧密。灰色。略左斜向绳纹，抹压。壁较厚，一侧面有切割痕，由外向内几近割透，磨损较甚。手制。宽5、高4.5厘米（图一三〇，7）。

标本1080，陶片。泥质。灰色。素面。轮制，内外壁有横向旋痕，内壁另有刻划痕迹。宽5、高3厘米（图一三一，1）。

标本1081，陶鬲。夹细砂，密度较小。外壁及部分胎呈黄褐色，内壁及部分胎呈灰色。左斜向绳纹，抹压。腹部残片，磨损较甚。手制，内壁较粗糙。宽2.7、高1.9厘米（图一三一，2）。

标本1082，陶片。夹细砂，密度较大。灰色。交错绳纹，抹压。可能是鬲残片，壁较薄，磨损较甚。手制，内壁抹平，较粗糙。宽2.6、高2.8厘米（图一三一，3）。

标本1083，板瓦。坐标为N：35°44′57.7″，E：111°47′10.3″，海拔：680米。泥质，结构紧密。深灰色。竖向绳纹，局部有叠压，抹压，内壁垫印横向绳纹，抹压较甚。壁较厚。手制，内壁有竖向抹痕。宽4、高4.4厘米（图一三一，4）。

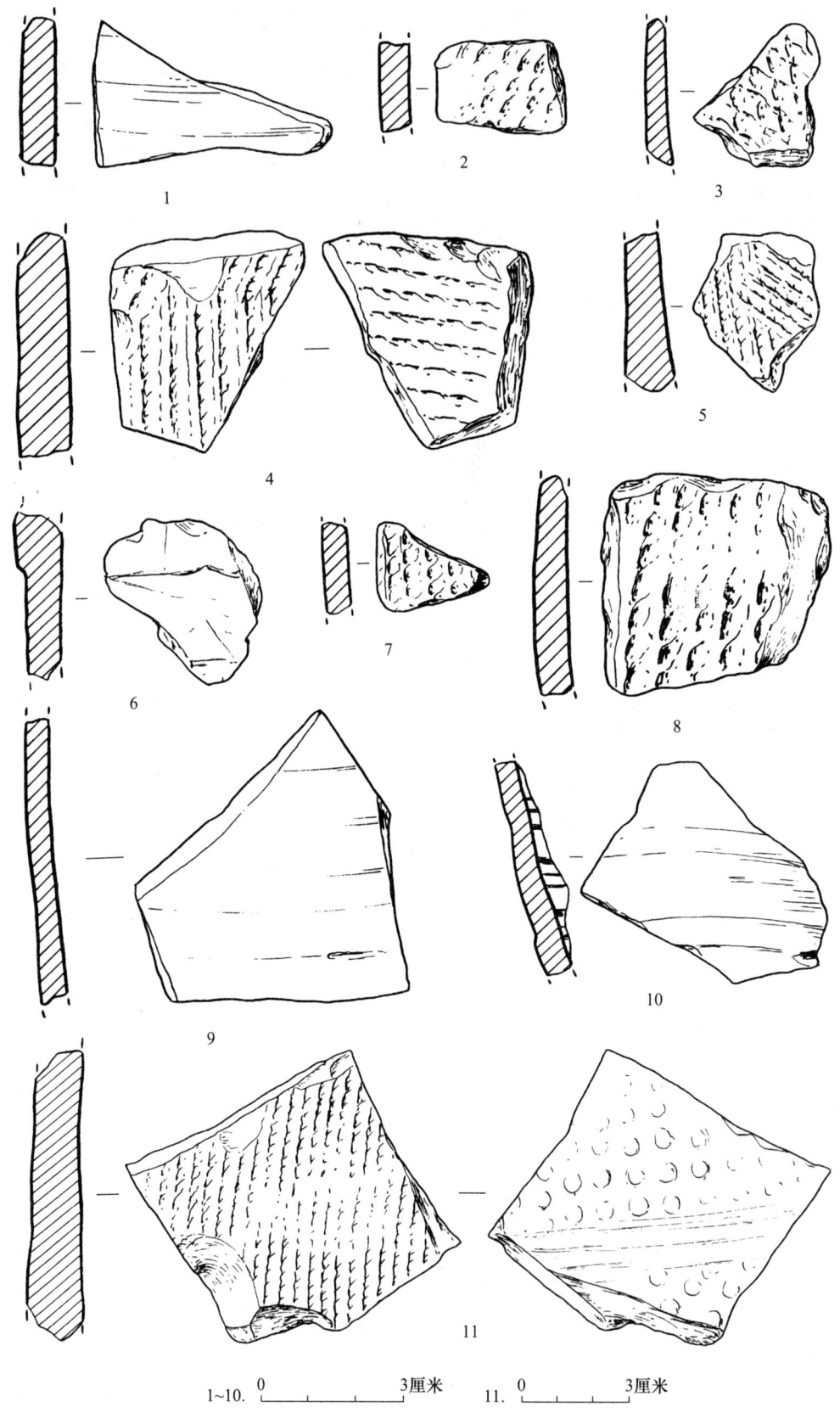

图一三一　大河口遗址调查陶器（1080～1090）
1. 陶片（1080）　2. 陶鬲（1081）　3. 陶片（1082）　4. 板瓦（1083）　5. 陶鬲（1084）　6. 陶片（1085）
7. 陶片（1088）　8. 陶鬲（1086）　9. 陶片（1089）　10. 陶盆（1087）　11. 板瓦（1090）

标本1084，陶鬲。坐标为N：35°44′58.0″，E：111°47′10.4″，海拔：679米。夹砂，密度较大。灰色。斜向绳纹，方向不一致，局部有交错，抹压。腹足部残片，向下渐厚。手制，内壁抹平，较粗糙，有竖向抹痕。宽2.6、高3.2厘米（图一三一，5）。

标本1085，陶片。坐标为N：35°44′58.0″，E：111°47′10.0″，海拔：679米。夹砂，砂粒大小不匀。夹芯陶，内外壁为灰色，胎呈黄褐色。上部附加窄泥条一周。磨损较甚。手制。宽3.4、高2.4厘米（图一三一，6）。

标本1086，陶鬲。坐标为N：35°44′58.3″，E：111°47′09.9″，海拔：679米。夹少许砂粒。灰色。竖向绳纹，抹压。腹部残片。手制，内壁抹平。宽4.7、高4.4厘米（图一三一，8）。

标本1087，陶盆。坐标为N：35°44′58.5″，E：111°47′09.8″，海拔：681米。泥质，结构紧密。灰色。内壁有暗弦纹数周。下腹残片，斜收腹，壁较薄。轮制，外壁有横向旋痕。宽5.1、高4.4厘米（图一三一，10）。

标本1088，陶片。坐标为N：35°44′58.6″，E：111°47′10.0″，海拔：680米。泥质，结构紧密。橘红色。竖向绳纹，抹压。磨损较甚。手制，内壁抹光。宽2.3、高1.8厘米（图一三一，7）。

标本1089，陶片。坐标为N：35°44′58.9″，E：111°47′10.1″，海拔：680米。泥质。灰色。素面。可能是盆腹部残片。轮制，内外壁有横向旋抹痕。宽5.9、高5.8厘米（图一三一，9）。

1090~1093号四件标本坐标为N：35°44′59.1″，E：111°47′10.1″，海拔：680米。

标本1090，板瓦。泥质，结构紧密。左斜向绳纹，局部有叠压，抹压，内壁垫印凸篦点纹，抹压。壁较厚。手制，内壁有横向抹痕。宽9.5、高7.9厘米（图一三一，11）。

标本1091，陶片。泥质，结构紧密。灰色。外壁略有磨光。可能是罐腹部残片，壁较薄。轮制，外壁有横向旋痕，内壁抹光。宽4.7、高2.9厘米（图一三二，5）。

标本1092，板瓦。泥质，结构紧密。深灰色。右斜向绳纹，抹压。壁较厚。手制。宽2.4、高3.1厘米（图一三二，2）。

标本1093，板瓦。泥质，结构紧密。褐色。右斜向绳纹，抹压。壁较厚，磨损较甚。手制。宽4.5、高4.3厘米（图一三二，7）。

标本1094，陶器底。坐标为N：35°44′59.2″，E：111°47′09.9″，海拔：682米。泥质。灰色。素面。腹底残片，下腹斜内收，平底，底面平整，磨损较甚。轮制。宽3.4、高2.1厘米（图一三二，4）。

1095~1099号五件标本坐标为N：35°44′59.5″，E：111°47′10.0″，海拔：682米。

标本1095，陶片。泥质，结构紧密。夹芯陶，内外壁为褐色，胎呈灰色。竖向绳纹，较规整，抹压，上部绳纹被抹去。手制、轮修，内壁有横向旋抹痕。宽3.8、高3.4厘米（图一三二，1）。

标本1096，陶片。泥质，结构紧密。外壁橙红色，胎及内壁呈灰色。竖向绳纹，较规整，抹压。手制、轮修，内壁抹平，有斜向抹痕。宽6.2、高5.3厘米（图一三二，6）。

标本1097，陶片。夹细砂，密度大，砂粒较小。深灰色。绳纹，方向不一致，局部有交错，抹压。可能是鬲残片。手制，内壁手抹，凹凸不平，粗糙。宽9.0、高5.0厘米（图一三二，9）。

标本1098，陶片。泥质。灰色。竖向绳纹，较规整，抹压。壁较薄。手制，内壁有横向抹痕。宽2.8、高3.5厘米（图一三二，11）。

标本1099，陶罐。泥质，结构紧密。灰色。素面。颈部残片，曲颈，磨损较甚。手制、轮修，内壁抹光，外壁有横向旋痕。宽3.3、高2.3厘米（图一三二，3）。

图一三二　大河口遗址调查陶器（1091~1102）

1. 陶片（1095）　2. 板瓦（1092）　3. 陶罐（1099）　4. 陶器底（1094）　5. 陶片（1091）　6. 陶片（1096）　7. 板瓦（1093）　8. 陶鬲（1101）　9. 陶片（1097）　10. 陶鬲（1102）　11. 陶片（1098）　12. 陶片（1100）

1100~1104号五件标本坐标为N：35°44′59.6″，E：111°47′10.1″，海拔：680米。

标本1100，陶片。夹细砂，密度较大。灰色。竖向绳纹，抹压。壁较厚，磨损较甚。手制，内壁抹平，较粗糙，有横向抹痕。宽3.5、高3.4厘米（图一三二，12）。

标本1101，陶鬲。夹细砂，密度较大。夹芯陶，外壁为橙色，胎为红褐色和灰色相间，内壁为橘红色。竖向绳纹，抹压。腹部残片。手制，内壁抹平。宽3.5、高4.4厘米（图一三二，8）。

标本1102，陶鬲。泥质，结构紧密。灰色。颈部抹绳纹，多处绳纹被抹去，上腹部饰竖向绳纹，有交错，抹压。内壁垫印绳纹，抹压。口部残片，侈口，卷沿上翘，方唇，唇面内凹。泥片贴筑，轮修，口沿内外有横向旋抹痕。宽5.8、高5.9厘米（图一三二，10）。

标本1103，陶盖豆。泥质，结构紧密。深灰色。抹凹弦纹两周。口部残片，子口微敛，短舌。轮制，内外壁有横向旋痕。宽4.2、高4.4厘米（图一三三，1）。

标本1104，陶片。泥质。灰色。上部饰竖向绳纹，抹压，下部多处绳纹被抹去。可能是陶罐下腹部残片，壁较厚。手制、轮修，内壁有横向抹痕，外壁有横向旋痕。宽5、高3.9厘米（图一三三，2）。

标本1105，陶钵。坐标为N：35°44′59.7″，E：111°47′10.4″，海拔：682米。泥质，结构紧密。灰色。素面，外壁略有磨光。口部残片，敛口，窄平沿，弧腹，磨损较甚。轮制，口沿及内外壁有横向旋痕。宽4.3、高2.4厘米（图一三三，9）。

1106和1107号二件标本坐标为N：35°44′59.6″，E：111°47′10.4″，海拔：682米。

标本1106，陶片。泥质，结构紧密。浅橙色。略左斜向绳纹，有叠压，抹压，内壁垫印斜向绳纹，抹压。手制。宽2.5、高2.8厘米（图一三三，12）。

标本1107，陶片。泥质，结构紧密。夹芯陶，内外壁灰色，胎呈褐色。竖向绳纹，局部有交错，抹压，有两周凹弦纹割断绳纹，内壁垫印斜向绳纹，抹压较甚。可能是罐腹部残片，一侧面经过打磨。手制，内壁较粗糙。宽5.3、高6厘米（图一三三，7）。

1108和1109号二件标本坐标为N：35°44′59.6″，E：111°47′10.5″，海拔：681米。

标本1108，陶鬲。夹砂，上部夹砂较多。外壁为灰色，胎及内壁为红褐色。竖向绳纹，较规整，抹压。腹部残片。手制，内壁抹光。宽3.8、高5厘米（图一三三，3）。

标本1109，陶片。泥质，结构紧密。灰色。竖向绳纹，抹压，有两周凹弦纹割断绳纹，内壁垫印斜向绳纹，抹压较甚。可能是罐腹部残片，磨损较甚。手制。宽4.8、高2.9厘米（图一三三，5）。

1110和1111号二件标本坐标为N：35°44′59.4″，E：111°47′10.4″，海拔：681米。

标本1110，陶片。泥质，结构紧密。灰色。略左斜向绳纹，抹压。壁厚薄不一。泥片贴筑，内壁有手指摁窝，较粗糙。宽4、高3厘米（图一三三，6）。

标本1111，陶缸。泥质，结构紧密。夹芯陶，内外壁为深灰色，胎呈棕褐色。素面。口部残片，直口，窄沿，沿面有凹槽一周，束颈，磨损较甚。手制，轮修，口沿及内外壁有横向旋抹痕。宽4.1、高5.1厘米（图一三三，4）。

标本1112，陶片。坐标为N：35°44′59.3″，E：111°47′10.3″，海拔：681米。泥质，结构紧密。灰色。斜向绳纹，局部有交错，抹压，内壁垫印横向绳纹，抹压较甚。手制，内壁有横向抹痕。宽4.1、高3.5厘米（图一三三，13）。

标本1113，陶器底。坐标为N：35°44′59.0″，E：111°47′10.3″，海拔：681米。泥质，结构

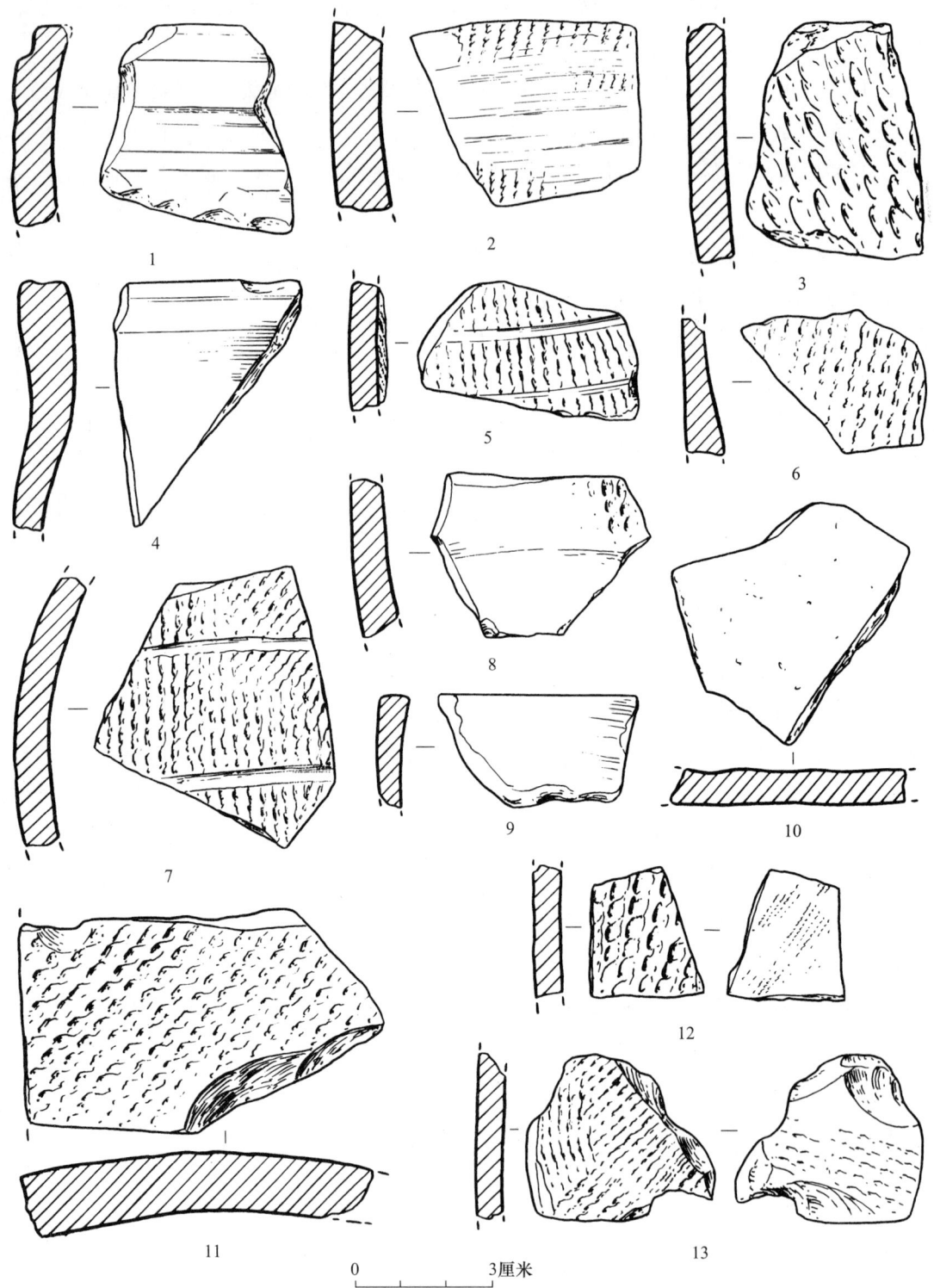

图一三三　大河口遗址调查陶器（1103~1115）
1. 陶盖豆（1103）　2. 陶片（1104）　3. 陶鬲（1108）　4. 陶缸（1111）　5. 陶片（1109）　6. 陶片（1110）
7. 陶片（1107）　8. 陶片（1114）　9. 陶钵（1105）　10. 陶器底（1113）　11. 板瓦（1115）
12. 陶片（1106）　13. 陶片（1112）

紧密。夹芯陶，内外壁棕褐色，胎呈灰色。素面。平底，底面平整，磨损较甚。轮制，内底面有同心圆旋痕及抹凹槽。长5.1、宽5.1厘米（图一三三，10）。

1114和1115号二件标本坐标为N：35°44′58.7″，E：111°47′10.2″，海拔：681米。

标本1114，陶片。泥质，结构紧密。灰色。竖向绳纹，抹压，多处绳纹被抹去。可能是罐下腹部残片。手制、轮修，内壁有手指摁窝和横向抹痕，外壁下部有横向旋痕。宽4.8、高3.5厘米（图一三三，8）。

标本1115，板瓦。泥质。灰色。左斜向绳纹，略显规整，抹压。壁较厚，一侧有切割痕，由外向内切割三分之一厚度，内壁有磨损。手制，内壁有竖向抹痕。宽7.9、高4.7厘米（图一三三，11）。

标本1116，陶罐。坐标为N：35°44′58.6″，E：111°47′10.9″，海拔：681米。泥质，结构紧密。灰色。素面。侈口，翻沿，尖唇，磨损较甚。手制、轮修，口沿内侧有横向旋抹痕。宽5.6、高2.5厘米（图一三四，1）。

标本1117，陶片。坐标为N：35°44′58.9″，E：111°47′10.7″，海拔：682米。泥质，结构紧密。灰色。竖向绳纹，局部抹压，有一周抹弦纹割断绳纹。壁较厚。手制，内壁抹光，有横向抹痕。宽4、高5厘米（图一三四，4）。

1118~1120号三件标本坐标为N：35°44′58.9″，E：111°47′10.5″，海拔：682米。

标本1118，陶器底。泥质。深灰色。素面。可能是罐底部，下腹斜内收，近底处外壁内曲，平底，底面平整。轮制，内壁抹平，有横向旋抹痕，外壁有横向旋痕。宽5.1、高2.7厘米（图一三四，6）。

标本1119，陶盆。泥质，结构紧密。灰色。素面。口部残片，口微敞，口内侧剥落，平沿，圆唇，束颈，弧腹，磨损较甚。轮制，口沿及内外壁均有横向旋抹痕。宽6.3、高4.5厘米（图一三四，2）。

标本1120，板瓦。泥质，结构紧密。竖向绳纹，抹压，内壁垫印绳纹，抹压较甚。壁厚薄不一，内壁局部有脱落，一侧有切割痕，由外向内切割，几近割透。手制。宽2.6、高2.4厘米（图一三四，8）。

1121和1122号二件标本坐标为N：35°44′59.4″，E：111°47′10.6″，海拔：683米。

标本1121，板瓦。泥质，结构紧密。深灰色。竖向绳纹，抹压。壁厚薄不一，磨损较甚。手制，内壁有手指摁窝。宽4.2、高3.2厘米（图一三四，5）。

标本1122，板瓦。泥质，结构紧密。灰色。竖向绳纹，有叠压，抹压，内壁垫印右斜向绳纹，抹压较甚。壁较厚，内壁有磨损。手制。宽5.1、高5.3厘米（图一三四，7）。

1123和1124号二件标本坐标为N：35°44′59.3″，E：111°47′11.0″，海拔：683米。

标本1123，陶罐。泥质。灰色。素面。口部残片，侈口，外斜沿，尖唇，磨损较甚。手制、轮修，口沿内外有横向旋抹痕。宽5.8、高5.6厘米（图一三四，3）。

标本1124，陶片。泥质，结构紧密。灰色。左斜向绳纹，抹压，内壁垫印斜向绳纹，抹压较甚。可能是罐腹部残片，壁较薄，内壁局部有脱落。泥片贴筑。宽2.6、高4.8厘米（图一三五，2）。

1125~1127号三件标本坐标为N：35°44′59.6″，E：111°47′10.7″，海拔：682米。

标本1125，陶片。泥质，结构紧密。灰色。竖向绳纹，捻结较紧，抹压。可能是罐腹部残片。手制，内壁抹光。宽4.1、高3.6厘米（图一三五，3）。

图一三四 大河口遗址调查陶器（1116～1123）
1. 陶罐（1116） 2. 陶盆（1119） 3. 陶罐（1123） 4. 陶片（1117） 5. 板瓦（1121）
6. 陶器底（1118） 7. 板瓦（1122） 8. 板瓦（1120）

标本1126，陶片。泥质，结构紧密。灰色。竖向绳纹，有交错，抹压，内壁垫印斜横向绳纹，抹压。可能是罐腹部残片。手制。宽3.2、高2.4厘米（图一三五，5）。

标本1127，陶片。泥质，结构紧密。灰色。左斜向绳纹，局部有交错，抹压，内壁垫印竖向和横向绳纹，有交错，抹压。可能是罐腹部残片。手制。宽6.1、高3.6厘米（图一三五，1）。

标本1128，陶罐。坐标为N：35°44′59.8″，E：111°47′10.7″，海拔：682米。泥质，结构紧密。灰色。斜向绳纹，方向不一致，局部有交错，抹压，有两周抹弦纹割断绳纹，内壁垫印横向绳

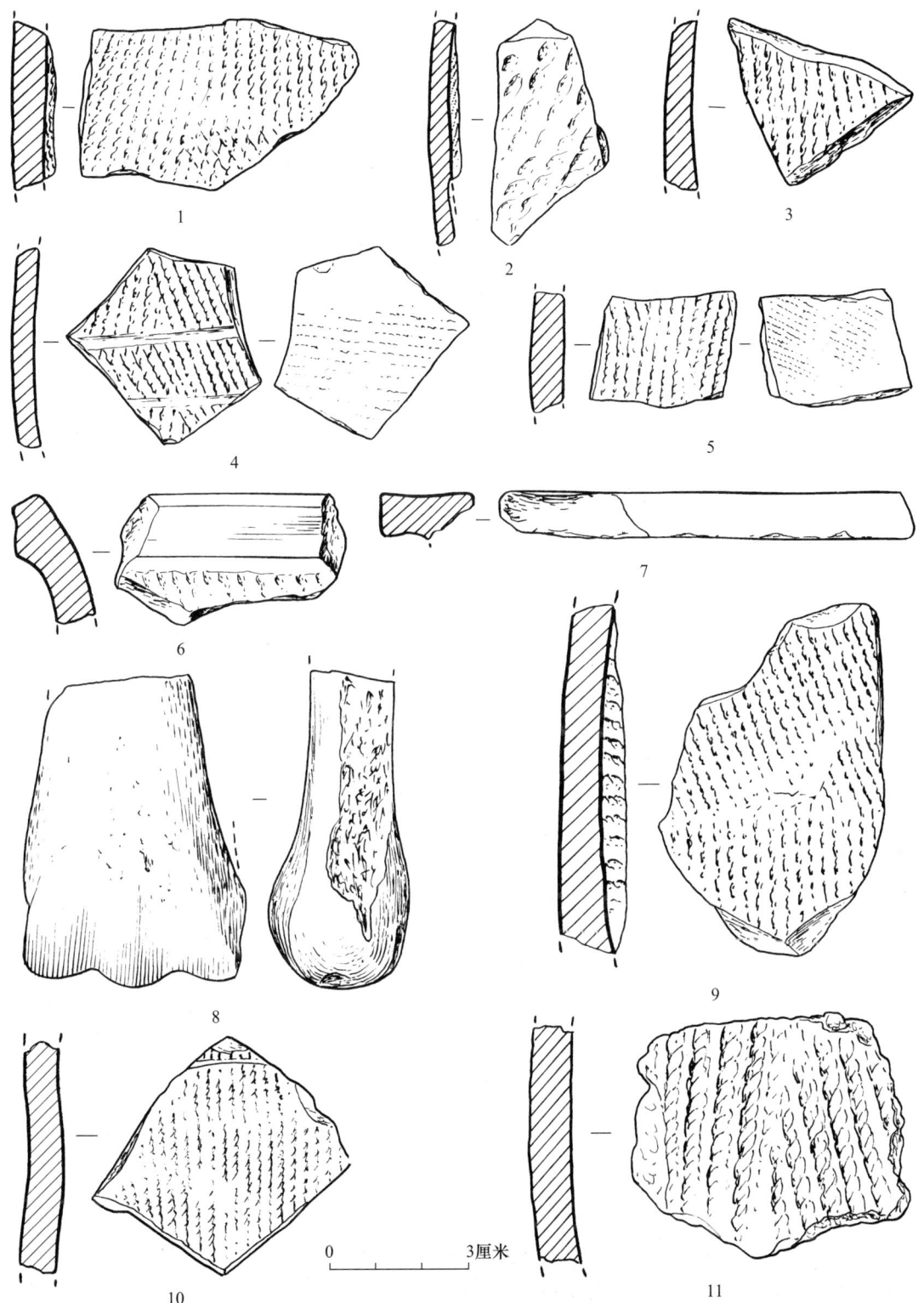

图一三五 大河口遗址调查遗物（1124～1134）
1. 陶片（1127） 2. 陶片（1124） 3. 陶片（1125） 4. 陶罐（1128） 5. 陶片（1126） 6. 陶鬲（1131）
7. 陶盆（1130） 8. 兽骨（1133） 9. 筒瓦（1129） 10. 陶片（1134） 11. 陶鬲（1132）

纹，抹压，上部绳纹被抹去。上腹部残片，壁较薄。泥片贴筑，内壁上部有横向抹痕。宽4.2、高4.2厘米（图一三五，4）。

标本1129，筒瓦。坐标为N：35°44′59.4″，E：111°47′11.3″，海拔：683米。泥质，结构紧密。灰色。拍印斜向绳纹，抹压，内壁垫印横向绳纹，抹压较甚。手制，内壁有横向抹痕。宽4.9、高7.4厘米（图一三五，9）。

标本1130，陶盆。坐标为N：35°44′59.7″，E：111°47′11.3″，海拔：683米。泥质，结构紧密。夹芯陶，内外壁为深灰色，胎心为黄褐色。沿面略有磨光，有暗纹。直口，平折沿，沿面略凹，厚方唇。手制、轮修，沿面和外壁有横向旋痕。长9.1、宽2厘米（图一三五，7）。

标本1131，陶鬲。坐标为N：35°44′59.6″，E：111°47′11.5″，海拔：681米。夹砂，砂粒较细小，密度较大。夹芯陶，外壁为橙色，胎呈浅灰色，内壁为橘红色。颈部抹绳纹。口部残片，侈口，窄斜沿，口外侧贴泥加厚，且抹凹槽一周，有颈。手制，内壁抹平，较粗糙。宽5、高2.8厘米（图一三五，6）。

标本1132，陶鬲。坐标为N：35°44′59.6″，E：111°47′08.2″，海拔：671米。夹较大砂粒，密度较大。灰色。略左斜向和竖向绳纹，有交错，抹压。腹部残片，壁较厚。手制，内壁抹光，有横向抹痕。宽6.1、高5.2厘米（图一三五，11）。

标本1133，兽骨。坐标为N：35°44′56.4″，E：111°47′08.3″，海拔：645米。残存股骨末端，钙化，一面骨干脱落。长6.6、宽4.8厘米（图一三五，8）。

十、1134～1238号标本

1134～1238号标本位于大河口第四台地。

标本1134，陶片。坐标为N：35°44′52.5″，E：111°47′13.4″，海拔：675米。泥质。灰色。竖向绳纹，较规整，抹压，上部有一周凹弦纹割断绳纹。可能是盆颈部残片，外腹壁内曲。手制、轮修，内壁抹光，有横向和斜向抹痕。宽5.6、高5厘米（图一三五，10）。

1135和1136号二件标本坐标为N：35°44′52.4″，E：111°47′13.2″，海拔：672米。

标本1135，陶片。泥质，结构紧密。夹芯陶，外壁呈深灰色，胎呈褐色，内壁呈浅灰色。略左斜向绳纹，较规整，抹压。可能是罐腹部残片。泥片贴筑，内壁有横向抹痕。宽5.8、高3.1厘米（图一三六，3）。

标本1136，陶鬲。夹细砂，密度较大。黄褐色。竖向绳纹，较规整，抹压。腹部残片。手制，内壁抹平，较光，局部有横向抹痕。宽6.5、高5.9厘米（图一三六，2）。

标本1137，陶鬲。坐标为N：35°44′52.3″，E：111°47′13.3″，海拔：674米。夹粗砂，密度较大。外壁深灰色，胎及内壁呈灰色。竖向绳纹，较规整，抹压。腹部残片，壁较厚。手制，内壁抹平，较光，有横向抹痕。宽3.2、高4.3厘米（图一三六，4）。

1138～1140号三件标本坐标为N：35°44′52.3″，E：111°47′13.4″，海拔：675米。

标本1138，陶片。泥质，结构紧密。灰色。斜向绳纹，方向不一致，有交错，抹压，内壁垫印横向绳纹，抹压较甚。可能是罐腹部残片。泥片贴筑。宽6.8、高5.1厘米（图一三六，1）。

标本1139，陶片。泥质。灰色。素面。可能是陶罐下腹部残片，上薄下厚。手制、轮修，内壁

图一三六　大河口遗址调查陶器（1135～1142）
1. 陶片（1138）　2. 陶鬲（1136）　3. 陶片（1135）　4. 陶鬲（1137）　5. 陶片（1139）
6. 陶片（1140）　7. 陶片（1142）　8. 陶豆（1141）

有横向抹痕。宽6.8、高4.3厘米（图一三六，5）。

标本1140，陶片。泥质，结构紧密。外壁及胎二分之一厚为深灰色，其余胎及内壁呈褐色。上部和下部各饰一道横向叶脉纹，中间素面。泥片贴筑。宽3.6、高4.5厘米（图一三六，6）。

标本1141，陶豆。坐标为N：35°44′52.3″，E：111°47′13.6″，海拔：673米。泥质，结构紧密。灰色。盘柄部残片，盘内底中央圆凸，柄部中空。手制、轮修，外壁有横向旋痕。宽5.3、高3.3厘米（图一三六，8）。

1142~1144号三件标本坐标为N：35°44′52.1″，E：111°47′13.6″，海拔：671米。

标本1142，陶片。泥质，结构紧密。灰色。斜向和竖向绳纹，局部有交错，抹压，抹凹弦纹一周割断绳纹，内壁垫印横向绳纹，抹压较甚。可能是罐腹部残片，壁较薄。手制，内壁有垫印凹窝。宽6.6、高5.6厘米（图一三六，7）。

标本1143，陶片。夹细砂，密度较小。灰色。右斜向绳纹，规整，抹压，有两周抹弦纹割断绳纹，上部弦纹较宽。手制，内壁抹平，有横向抹痕。宽8.1、高6厘米（图一三七，1）。

标本1144，陶片。粗泥质，含极少砂粒，结构紧密。灰色。右斜向绳纹，抹压，有一周抹弦纹割断绳纹，内壁垫印绳纹，抹压较甚。手制，内壁有凹窝。宽5.2、高4.9厘米（图一三七，6）。

1145和1146号二件标本坐标为N：35°44′52.1″，E：111°47′13.3″，海拔：673米。

标本1145，陶片。粗泥质，结构紧密。外壁为浅橙红色，胎及内壁呈浅橘红色。竖向和左斜向绳纹，局部抹压。手制，内壁抹平，有横向抹痕。宽6.4、高3.1厘米（图一三七，5）。

标本1146，陶片。泥质，结构紧密。灰色。竖向绳纹，有叠压，抹压，有一周抹弦纹割断绳纹。壁较厚。内壁泥条叠筑痕迹明显，有横向抹痕。宽4.6、高5厘米（图一三七，2）。

标本1147，陶罐。坐标为N：35°44′52.2″，E：111°47′13.0″，海拔：674米。泥质，结构紧密。灰色。竖向绳纹，抹压，上部绳纹被抹去，有一周抹弦纹割断绳纹，内壁下部垫印绳纹。肩部残片，圆肩，磨损较甚。手制、轮修，内外壁上部有横向旋抹痕。宽6.1、高5.1厘米（图一三七，7）。

1148~1149号二件标本坐标为N：35°44′52.0″，E：111°47′13.2″，海拔：673米。

标本1148，陶片。泥质，结构紧密。灰色。素面。可能是罐腹部残片。手制，泥片贴筑，轮修，外壁有横向旋痕，内壁有横向旋抹痕。宽6.3、高4.6厘米（图一三七，4）。

标本1149，筒瓦。泥质，结构紧密。深灰色。竖向绳纹，局部抹压，有较宽的素面带抹断绳纹。手制，内壁粗糙，有横向抹痕。宽5.8、高6.8厘米（图一三七，3）。

1150~1155号六件标本坐标为N：35°44′52.0″，E：111°47′13.2″，海拔：672米。

标本1150，陶片。泥质，结构紧密。外壁及胎呈灰褐色，内壁为灰色。素面。可能是罐腹部残片，壁较厚。泥片贴筑，轮修，内外壁有横向旋痕。宽9.2、高6.4厘米（图一三八，7）。

标本1151，陶片。泥质，结构紧密。灰色。竖向绳纹，抹压较甚。外壁有磨损。手制，内壁抹光。宽3、高2.6厘米（图一三八，4）。

标本1152，陶片。泥质，结构紧密。灰色。素面。壁较薄。轮制，内壁有横向旋痕，外壁有刮削痕迹。宽5.5、高3.4厘米（图一三八，9）。

标本1153，板瓦。泥质，结构紧密。深灰色。竖向绳纹，抹压，内壁垫印凸篦点纹。废弃的板瓦敲砸呈近圆形，壁较厚。手制。宽3.6、高3.6厘米（图一三八，1）。

标本1154，板瓦。泥质，结构紧密。灰色。竖向绳纹，抹压，内壁垫印绳纹，有交错，局部抹

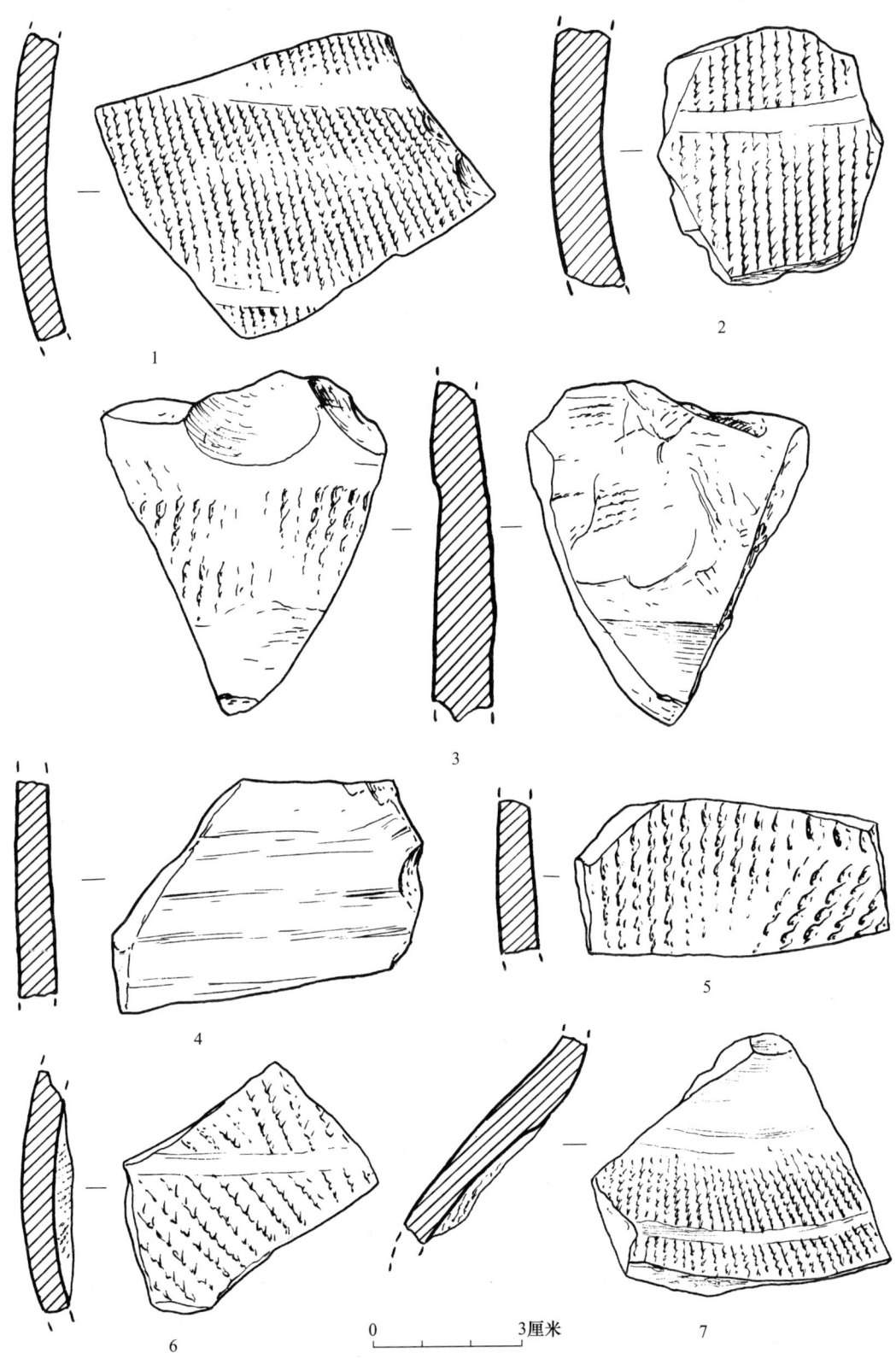

图一三七 大河口遗址调查陶器（1143～1149）
1. 陶片（1143） 2. 陶片（1146） 3. 筒瓦（1149） 4. 陶片（1148）
5. 陶片（1145） 6. 陶片（1144） 7. 陶罐（1147）

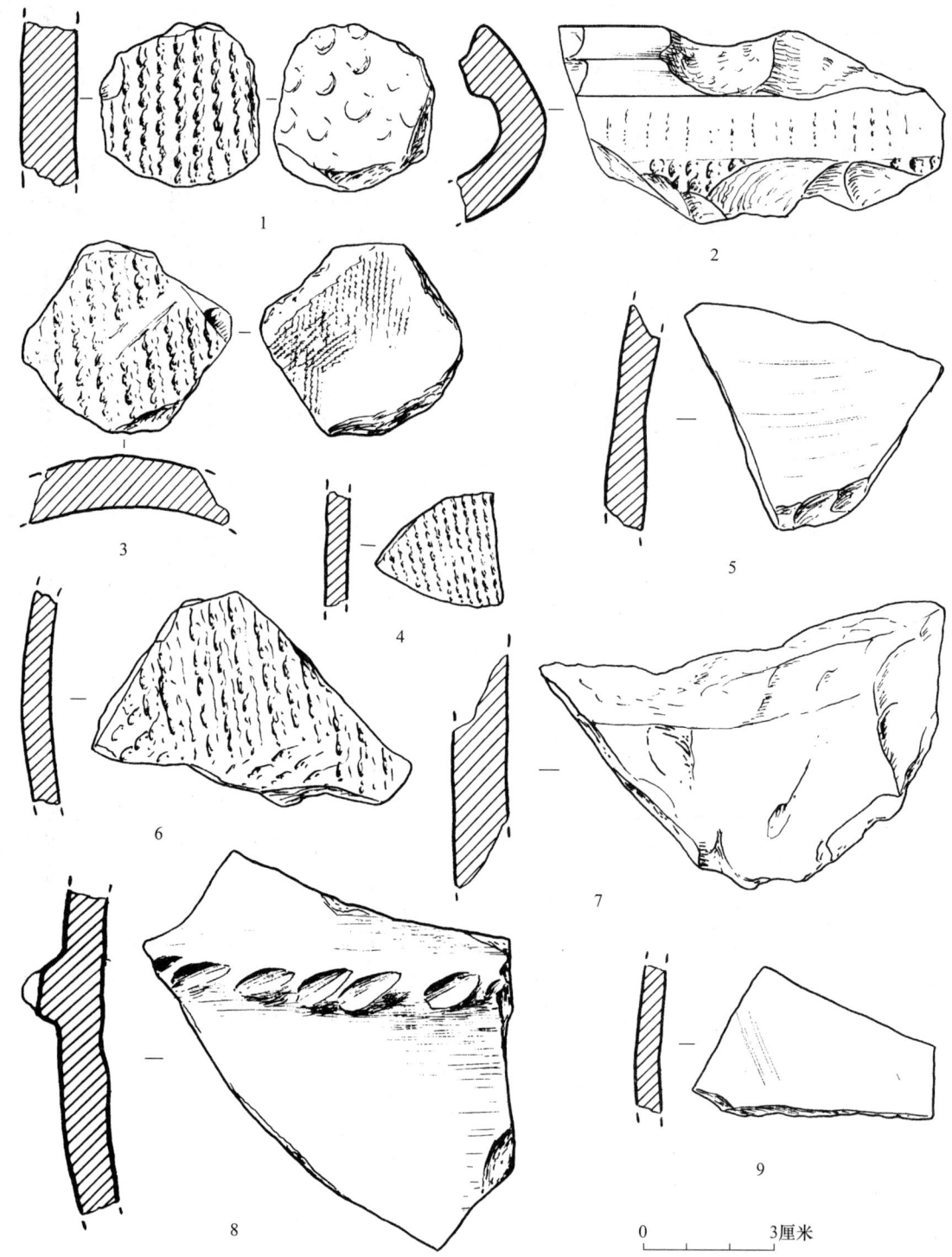

图一三八　大河口遗址调查陶器（1150～1158）
1. 板瓦（1153） 2. 陶鬲（1157） 3. 板瓦（1154） 4. 陶片（1151） 5. 陶罐（1156）
6. 陶鬲（1158） 7. 陶片（1150） 8. 陶罐（1155） 9. 陶片（1152）

压。壁较厚。手制。宽4.8、高4.2厘米（图一三八，3）。

标本1155，陶罐。泥质。灰色。素面。肩腹部残片，肩腹转折处附加泥条一周，泥条上左斜向摁压成花边状。手制、轮修，内壁粗糙，有摁压痕迹和横向抹痕，外壁有横向旋抹痕迹。宽8.6、高8.8厘米（图一三八，8）。

1156～1158 号三件标本坐标为 N：35°44′51.9″，E：111°47′13.1″，海拔：672 米。

标本 1156，陶罐。粗泥质，结构紧密。内外壁为灰色，胎呈深灰色。肩部残片，圆肩。手制、轮修，内壁有横向旋抹痕。宽 5.9、高 5 厘米（图一三八，5）。

标本 1157，陶鬲。夹较细砂粒，密度较小。黄褐色。颈部抹绳纹，肩部饰竖向绳纹，抹压，肩部内壁有垫印横向绳纹，抹压较甚。口部残片，侈口，窄斜沿，沿面下凹，方唇，束颈，壁较厚。手制，口沿轮修，口内有横向旋抹痕。宽 8.8、高 4.4 厘米（图一三八，2）。

标本 1158，陶鬲。夹砂，砂粒偏细小，密度较大。浅橙色。竖向和左斜向绳纹，局部有交错，抹压。腹部残片。手制，内壁抹平，有横向抹痕。宽 7.4、高 4.7 厘米（图一三八，6）。

标本 1159，陶片。坐标为 N：35°44′51.9″，E：111°47′12.6″，海拔：673 米。泥质，结构紧密。灰色。竖向和斜向绳纹，有交错和叠压，抹压，内壁垫印凸篦点纹，抹压较甚。壁较厚。手制。宽 7.1、高 5 厘米（图一三九，1）。

标本 1160，陶片。坐标为 N：35°44′51.6″，E：111°47′12.6″，海拔：673 米。粗泥质，含细砂。灰色。略右斜向绳纹，抹压。外壁有磨损。手制，内壁抹平，有横向抹痕。宽 3.9、高 2.9 厘米（图一三九，2）。

1161～1163 号三件标本坐标为 N：35°44′51.6″，E：111°47′12.7″，海拔：672 米。

标本 1161，陶器盖。泥质，结构紧密。灰色。可能是豆盖，圆唇，母口，顶面隆起，折腹壁较高，内壁圆弧，唇部有磨损。轮制，内外壁有横向旋痕。宽 6.9、高 4.5 厘米（图一三九，5）。

标本 1162，陶片。泥质。灰色，外壁陶色不匀。外壁上部有凹弦纹一周。可能是盖豆腹部残片。轮制，内外壁有横向旋痕。宽 4.6、高 2.7 厘米（图一三九，3）。

标本 1163，陶片。泥质。深灰色。略左斜向绳纹，抹压。磨损较甚。轮制，内壁抹光，有横向旋痕。宽 2.9、高 4 厘米（图一三九，6）。

标本 1164，陶罐。坐标为 N：35°44′51.5″，E：111°47′12.9″，海拔：671 米。泥质，结构紧密。深灰色。上腹部饰竖向绳纹，抹压，内壁垫印横向绳纹，抹压较甚。上腹部残片。泥片贴筑。宽 4.1、高 4.1 厘米（图一三九，8）。

标本 1165，陶鬲。标为 N：35°44′51.3″，E：111°47′12.8″，海拔：671 米。夹细砂，密度较大。灰色，外壁陶色不匀，局部呈浅黄褐色。竖向粗绳纹，抹压。腹部残片，有磨损。手制，内壁凹凸不平，有不规整抹痕。宽 4.5、高 5.2 厘米（图一三九，7）。

1166～1167 号二件标本坐标为 N：35°44′51.1″，E：111°47′12.8″，海拔：669 米。

标本 1166，陶片。夹细砂。内外壁呈浅橙色，胎呈灰色。左斜向绳纹，抹压。可能是鬲残片。手制，内壁抹平，较粗糙。宽 2.2、高 3.1 厘米（图一三九，4）。

标本 1167，筒瓦。泥质，结构紧密。灰色。竖向绳纹，抹压，有一道抹弦纹割断绳纹，内壁垫印凸篦点纹，抹压，局部纹饰被抹去。手制。宽 4.2、高 4.6 厘米（图一四〇，2）。

标本 1168，陶片。坐标为 N：35°44′51.1″，E：111°47′12.6″，海拔：671 米。泥质。灰色。左斜向绳纹，抹压，局部绳纹被抹去。可能是盆腹部残片。轮制，内壁抹光，有横向旋痕。宽 4.4、高 4.7 厘米（图一四〇，3）。

标本 1169，陶鬲。坐标为 N：35°44′51.4″，E：111°47′12.4″，海拔：671 米。夹细小白色和黑色砂粒，密度较大。灰色。上腹部饰竖向绳纹，局部有交错，局部抹压，颈腹处抹凹弦纹一周。

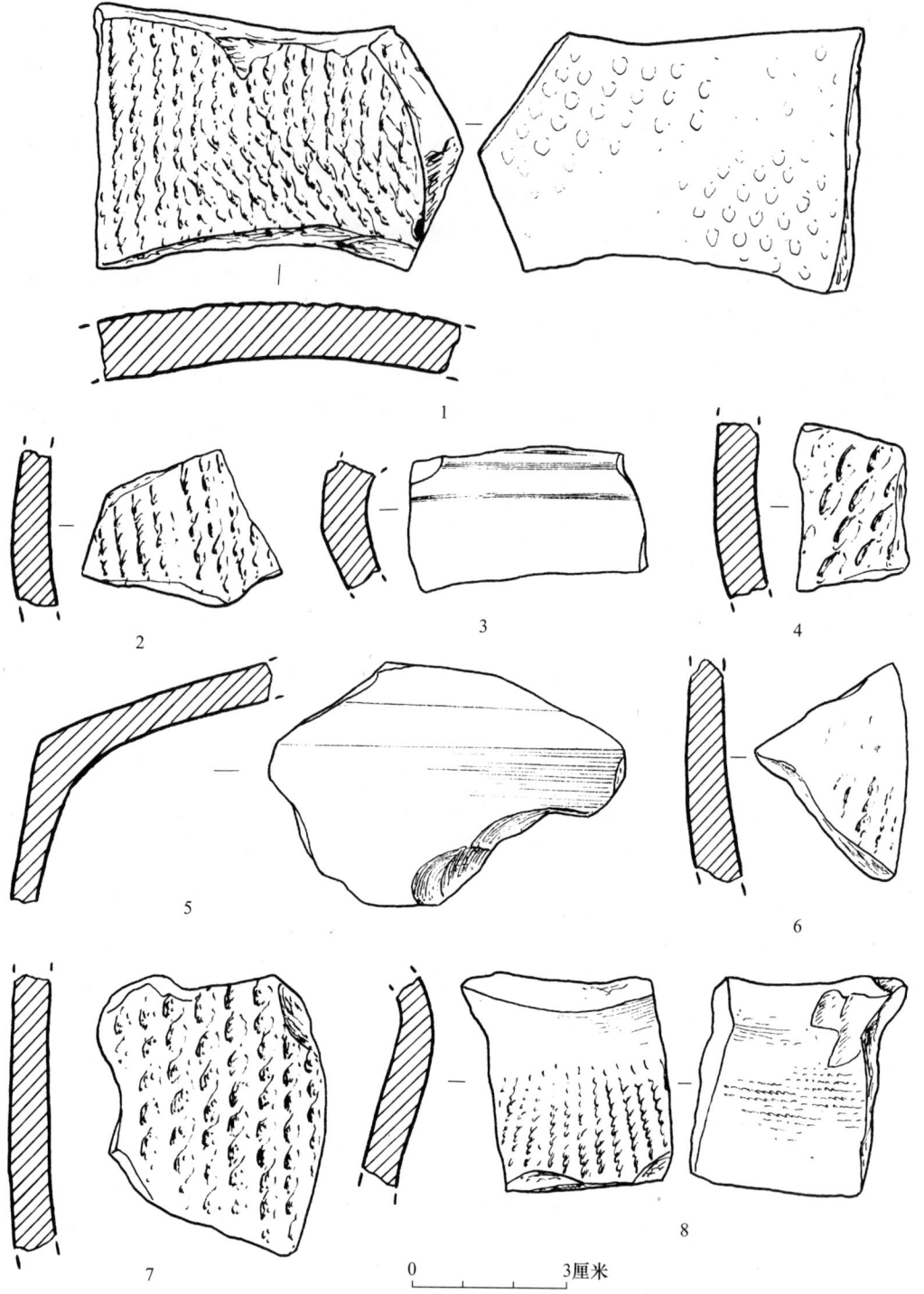

图一三九　大河口遗址调查陶器（1159～1166）
1. 陶片（1159） 2. 陶片（1160） 3. 陶片（1162） 4. 陶片（1166） 5. 陶器盖（1161）
6. 陶片（1163） 7. 陶鬲（1165） 8. 陶罐（1164）

上腹部残片，壁较厚。手制，内壁抹平，粗糙。宽5.6、高4厘米（图一四〇，7）。

1170～1173号四件标本坐标为N：35°44′51.5″，E：111°47′12.6″，海拔：672米。

标本1170，陶罐。泥质。灰色。颈部抹绳纹，多处绳纹被抹去。口部残片，敞口，方唇，束颈，磨损较甚。手制、轮修，颈部有横向旋抹痕。宽4.3、高3.5厘米（图一四〇，1）。

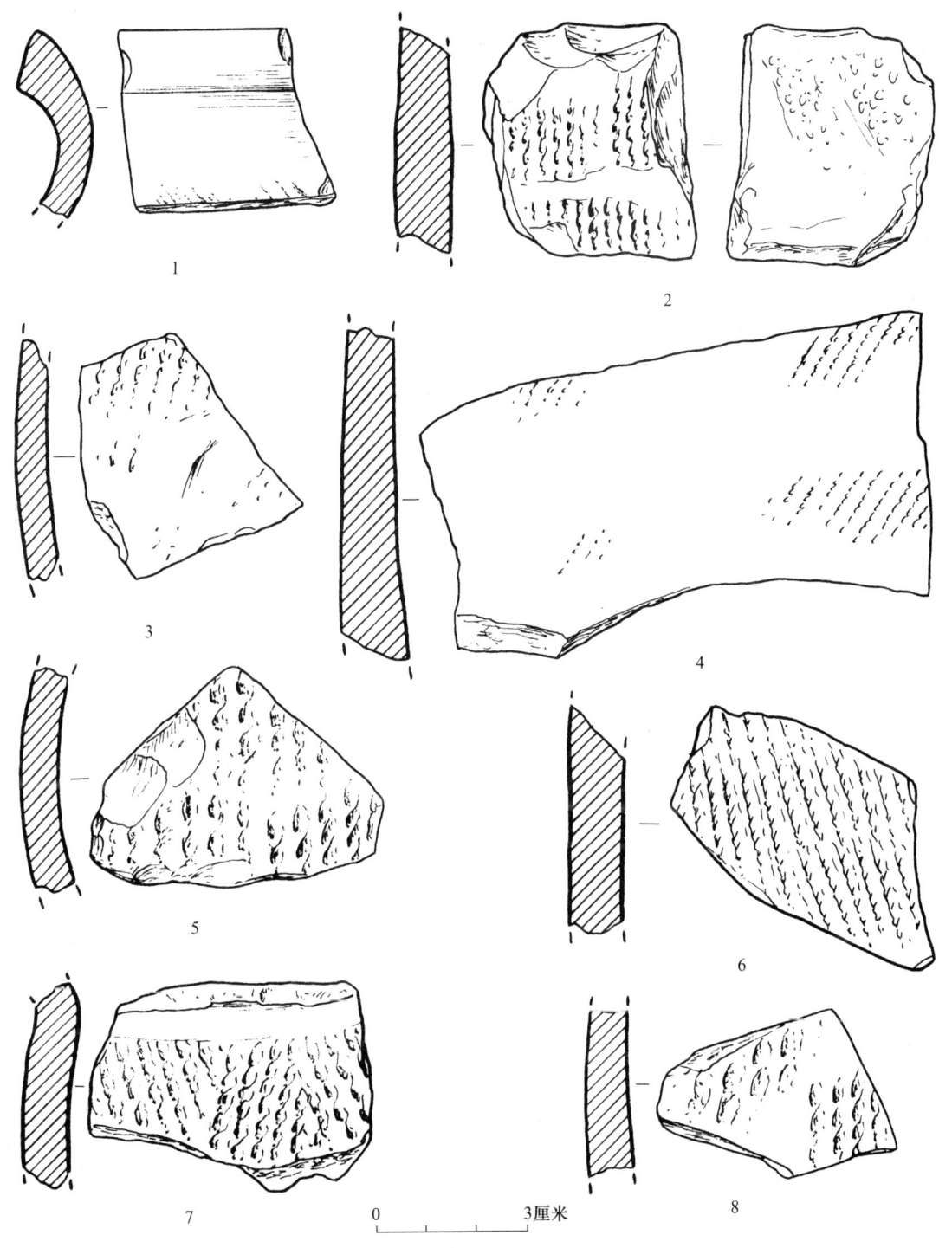

图一四〇 大河口遗址调查陶器（1167~1174）
1. 陶罐（1170） 2. 筒瓦（1167） 3. 陶片（1168） 4. 陶片（1174） 5. 陶片（1171）
6. 陶片（1172） 7. 陶鬲（1169） 8. 陶片（1173）

标本1171，陶片。泥质，结构紧密。灰色。竖向绳纹，抹压。磨损较甚。手制、轮修，内壁有横向旋抹痕。宽5.8、高4.2厘米（图一四〇，5）。

标本1172，陶片。泥质，结构紧密。外壁深灰色，胎及内壁呈灰色。绳纹，较规整，抹压。壁较厚。手制，内壁较粗糙，有横向抹痕。宽5.2、高4.7厘米（图一四〇，6）。

标本1173，陶片。泥质，结构紧密。灰色。斜向绳纹，抹压。手制，内壁抹光，有横向抹痕。宽4.8、高3.2厘米（图一四〇，8）。

标本1174，陶片。坐标为N：35°44′53.0″，E：111°47′13.0″，海拔：672米。泥质。灰色。左斜向绳纹，抹压较甚，局部绳纹被抹去。可能是罐下腹部残片，壁较厚。手制，内壁抹光，内外壁有横向抹痕。宽10.2、高6.6厘米（图一四〇，4）。

标本1175，陶器底。坐标为N：35°44′53.2″，E：111°47′13.8″，海拔：673米。泥质，结构紧密。外底及胎二分之一的厚度为深灰色，内底与胎二分之一的厚度为黄褐色。外底饰凹弦纹，内底饰同心圆和压印纹三周。平底，底面平整，壁较厚。泥片贴筑。长6、宽5.9厘米（图一四一，2）。

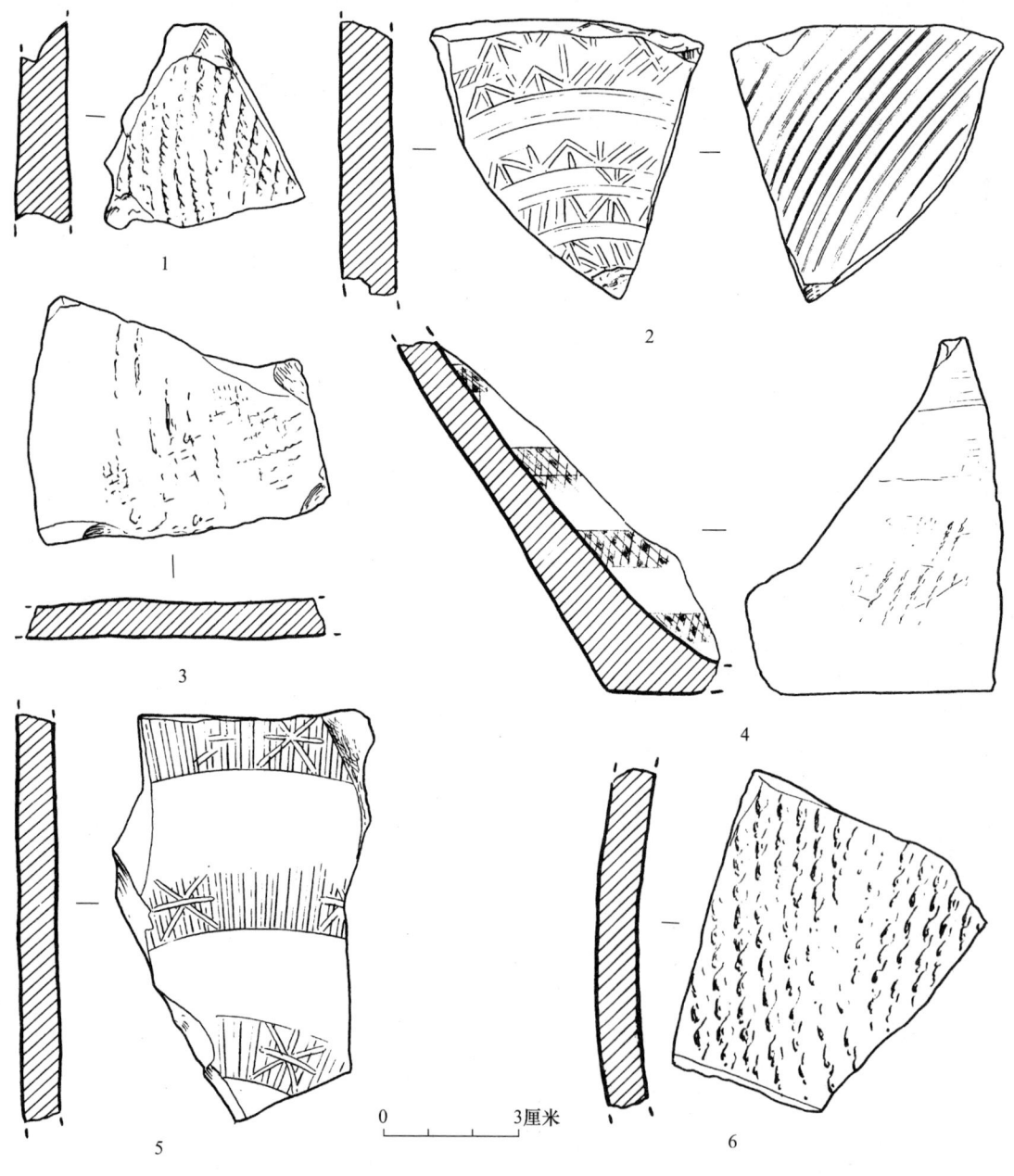

图一四一　大河口遗址调查陶器（1175~1180）
1. 陶片（1180）　2. 陶器底（1175）　3. 陶器底（1178）　4. 陶盆（1176）　5. 陶器底（1177）　6. 陶片（1179）

1176 和 1177 号二件标本坐标为 N：35°44′53.0″，E：111°47′13.6″，海拔：674 米。

标本 1176，陶盆。泥质，结构紧密。深灰色。左斜向绳纹，抹压较甚，局部绳纹被抹去，内壁垫印成组网状印纹，较规整。腹底残片，下腹斜直内收，壁较厚，平底，底包壁，底面外缘有磨损。手制，泥片贴筑，轮修，外壁有横向旋抹痕。宽 5.6、高 7.7 厘米（图一四一，4）。

标本 1177，陶器底。泥质，结构紧密。灰色。外底垫印绳纹，纹饰较浅，内底面有同心圆压印纹三周，压印纹为短直线和"米"字纹组成。平底，底面平整。手制。长 8.8、宽 5.9 厘米（图一四一，5）。

标本 1178，陶器底。坐标为 N：35°44′53.3″，E：111°47′14.9″，海拔：673 米。泥质，结构紧密。灰色。外底面垫印绳纹，有交错，抹压较甚。平底，底面基本平整。泥片贴筑，内底面抹光。长 6.7、宽 5.3 厘米（图一四一，3）。

1179～1182 号四件标本坐标为 N：35°44′53.0″，E：111°47′19.3″，海拔：682 米。

标本 1179，陶片。夹大量黑色砂粒和少许白色砂粒，砂粒较小，密度较大。外壁灰褐色，胎及内壁呈灰色。竖向绳纹，局部有叠压，抹压。可能是鬲腹部残片。手制，内壁抹平，较粗糙。宽 6.9、高 7.3 厘米（图一四一，6）。

标本 1180，陶片。粗泥质，含少许钙质物，结构紧密。灰色。竖向绳纹，抹压。壁较厚。泥片贴筑，内壁抹平，有斜向抹痕。宽 4.5、高 4.3 厘米（图一四一，1）。

标本 1181，陶片。泥质。灰色。竖向绳纹，规整，抹压。壁较薄。手制，内壁抹平。宽 3.9、高 3.7 厘米（图一四二，1）。

标本 1182，陶片。粗泥质。深灰色。左斜向绳纹，抹压较甚，且略微磨光。壁厚薄不匀。手制，内壁有横向抹痕。宽 3.6、高 2.8 厘米（图一四二，2）。

1183～1185 号三件标本坐标为 N：35°44′52.9″，E：111°47′19.3″，海拔：678 米。

标本 1183，陶盆。泥质。深灰色。口沿外有少许抹绳纹，多处绳纹被抹去。口部残片，敞口，平折沿，沿面较窄，口内凸起，方唇，沿下外壁内曲。轮制，口沿及内外壁有横向旋痕。宽 3.6、高 2.4 厘米（图一四二，3）。

标本 1184，陶片。泥质，结构紧密。灰色。左斜向绳纹，抹压。壁较厚。手制、轮修，内壁有横向旋抹痕。宽 5.8、高 4.5 厘米（图一四二，5）。

标本 1185，陶器底。夹细微白色和黑色砂粒。深灰色。底面局部有垫印凹篦点纹。平底，底面平整。手制、轮修，内底面有同心圆旋抹痕。长 7.9、宽 4.9 厘米（图一四二，9）。

1186～1190 号五件标本坐标为 N：35°44′52.7″，E：111°47′19.0″，海拔：682 米。

标本 1186，陶甑。泥质。外底面深灰色，胎及内底面呈灰色。平底，底面有圆穿孔，穿孔较稀疏，由外向内戳穿。手制，内外底面抹平。长 3.2、宽 2.4 厘米（图一四二，8）。

标本 1187，筒瓦。泥质，结构紧密。灰色。右斜向绳纹，抹压，上部绳纹被抹去。上部有瓦舌，一侧有切割痕，由外向内切割三分之一厚度。手制，内壁有手指摁窝和横向抹痕。宽 5.7、高 4 厘米（图一四二，6）。

标本 1188，筒瓦。泥质，结构紧密。灰色。外壁上部有少许竖向绳纹，抹压，下部绳纹被抹去。壁较厚，内外壁均有脱落。手制，内壁有横向抹痕。宽 6.6、高 4.4 厘米（图一四二，7）。

图一四二　大河口遗址调查陶器（1181～1189）
1. 陶片（1181）　2. 陶片（1182）　3. 陶盆（1183）　4. 陶盆（1189）　5. 陶片（1184）
6. 筒瓦（1187）　7. 筒瓦（1188）　8. 陶甑（1186）　9. 陶器底（1185）

标本1189，陶盆。泥质。灰色。抹绳纹，多处绳纹被抹去。口部残片，敞口，窄折沿外斜，外缘凸起，圆唇，斜收腹，磨损较甚。轮制，口沿及内外壁有横向旋痕。宽4.2、高1.8厘米（图一四二，4）。

标本1190，陶盆。泥质。灰色。竖向绳纹，有叠压，抹压。口腹部残片，敞口，折沿上翘，斜收腹。手制，轮修，内壁抹光。宽7、高6.4厘米（图一四三，9）。

1191～1195号五件标本坐标为N：35°44′52.8″，E：111°47′19.0″，海拔：683米。

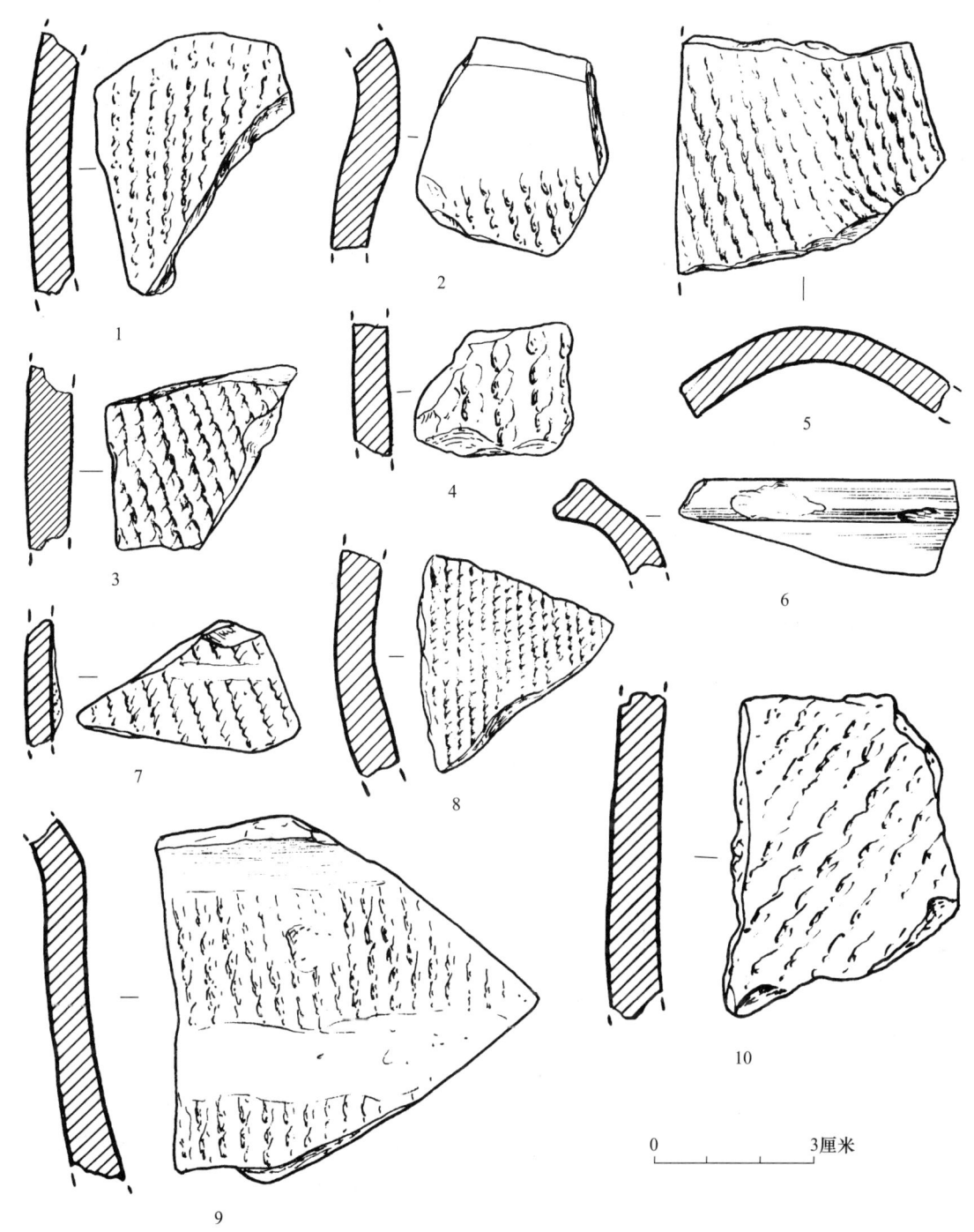

图一四三　大河口遗址调查陶器（1190～1199）
1. 陶片（1199）　2. 陶罐（1197）　3. 陶片（1194）　4. 陶鬲（1196）　5. 筒瓦（1192）　6. 陶罐（1195）
7. 陶片（1198）　8. 陶片（1193）　9. 陶盆（1190）　10. 陶片（1191）

标本1191，陶片。夹粗砂，密度较大。外壁及胎二分之一厚度呈深灰色，内壁及另一半胎厚为深黄褐色。左斜向绳纹，捻结较紧，较规整，抹压。可能是瓮或缸腹部残片，壁较厚。手制，内壁抹平，较粗糙。宽4.3、高5.7厘米（图一四三，10）。

标本1192，筒瓦。泥质，结构紧密。灰色。右斜向绳纹，抹压。一侧有切割痕，由外向内切割二分之一厚度，烧制扭曲变形。手制，内壁较粗糙，有横向抹痕。宽5、高4.3厘米（图一四三，5）。

标本1193，陶片。夹白色和黑色细砂，密度较大。灰色。竖向绳纹，抹压。可能是鬲腹部残片。手制，内壁粗糙，有手指摁窝。宽3.6、高3.9厘米（图一四三，8）。

标本1194，陶片。夹砂，砂粒大小不匀，密度较大。橙黄色，略泛褐色。上部有抹弦纹一周，余饰略右斜向绳纹，抹压。可能是鬲肩部残片，磨损较甚。手制，内壁抹平，粗糙。宽3.5、高3.2厘米（图一四三，3）。

标本1195，陶罐。泥质。灰色。素面。口部残片，敞口，方唇，唇面内凹。轮制，内外壁有横向旋痕。宽5.2、高1.7厘米（图一四三，6）。

标本1196，陶鬲。坐标为N：35°44′53.0″，E：111°47′19.0″，海拔：682米。夹砂，砂粒较大，密度较大。灰色。竖向绳纹，较规整，抹压。腹部残片，磨损较甚。手制，内壁抹平。宽2.9、高2.4厘米（图一四三，4）。

标本1197，陶罐。坐标为N：35°44′52.9″，E：111°47′18.6″，海拔：682米。泥质，结构紧密。浅灰色。上腹部饰右斜向绳纹，抹压。上腹部残片，磨损较甚。手制，内壁有横向抹痕。宽3.5、高3.9厘米（图一四三，2）。

标本1198，陶片。坐标为N：35°44′52.6″，E：111°47′18.5″，海拔：683米。粗泥质，含细砂，结构紧密。略右斜向绳纹，略微抹压，有一周凹弦纹割断绳纹，内壁垫印斜向绳纹，抹压较甚，纹饰模糊。壁较薄。宽4.1、高2.4厘米（图一四三，7）。

标本1199，陶片。坐标为N：35°44′52.3″，E：111°47′18.6″，海拔：680米。泥质。深灰色。竖向绳纹，较规整，抹压。可能是罐腹部残片，外壁有磨损。轮制，内壁抹光，有横向旋抹痕。宽3.7、高4.7厘米（图一四三，1）。

标本1200，陶片。坐标为N：35°44′52.0″，E：111°47′17.4″，海拔：682米。泥质，结构紧密。灰色。外壁略有磨光，内壁有暗弦纹数周。可能是盆腹部残片，弧腹。手制、轮修，内外壁有横向旋痕。宽7.9、高8.4厘米（图一四四，5）。

1201和1202号二件标本坐标为N：35°44′52.7″，E：111°47′18.4″，海拔：682米。

标本1201，陶片。泥质，结构紧密。交错绳纹，抹压，有一周凹弦纹割断绳纹。壁较薄。手制，内壁抹平，有横向抹痕。宽5.6、高5.7厘米（图一四四，6）。

标本1202，陶罐。粗泥质，结构紧密。深灰色。交错绳纹，局部抹压，有三周抹弦纹割断绳纹。腹部残片，圆弧腹。手制，内壁抹平，较粗糙，有横向抹痕。宽5.4、高6.2厘米（图一四四，2）。

1203～1205号三件标本坐标为N：35°44′52.7″，E：111°47′18.1″，海拔：683米。

标本1203，板瓦。泥质，结构紧密。灰色。竖向绳纹，抹压，局部绳纹被抹去，内壁垫印雷纹，多处纹饰被抹去。壁较厚。手制，内壁有横向抹痕。宽5、高4.4厘米（图一四四，4）。

标本1204，陶片。泥质，结构紧密。灰色。竖向和斜向绳纹，有交错和叠压，局部抹压，内壁垫印交错绳纹，呈网状。可能是罐腹部残片。手制，内壁有竖向抹痕。宽4.1、高5厘米（图一四四，1）。

标本1205，陶片。泥质，结构紧密。深灰色。竖向绳纹，有叠压，抹压。可能是罐腹部残片。手制，内壁抹光，有横向抹痕。宽4.1、高5.4厘米（图一四四，3）。

标本1206，陶片。坐标为N：35°44′52.8″，E：111°47′17.5″，海拔：684米。泥质，结构紧密。外壁灰色，内壁为深灰色。横向绳纹，抹压，上部绳纹被抹去。磨损较甚。手制，内壁有手指

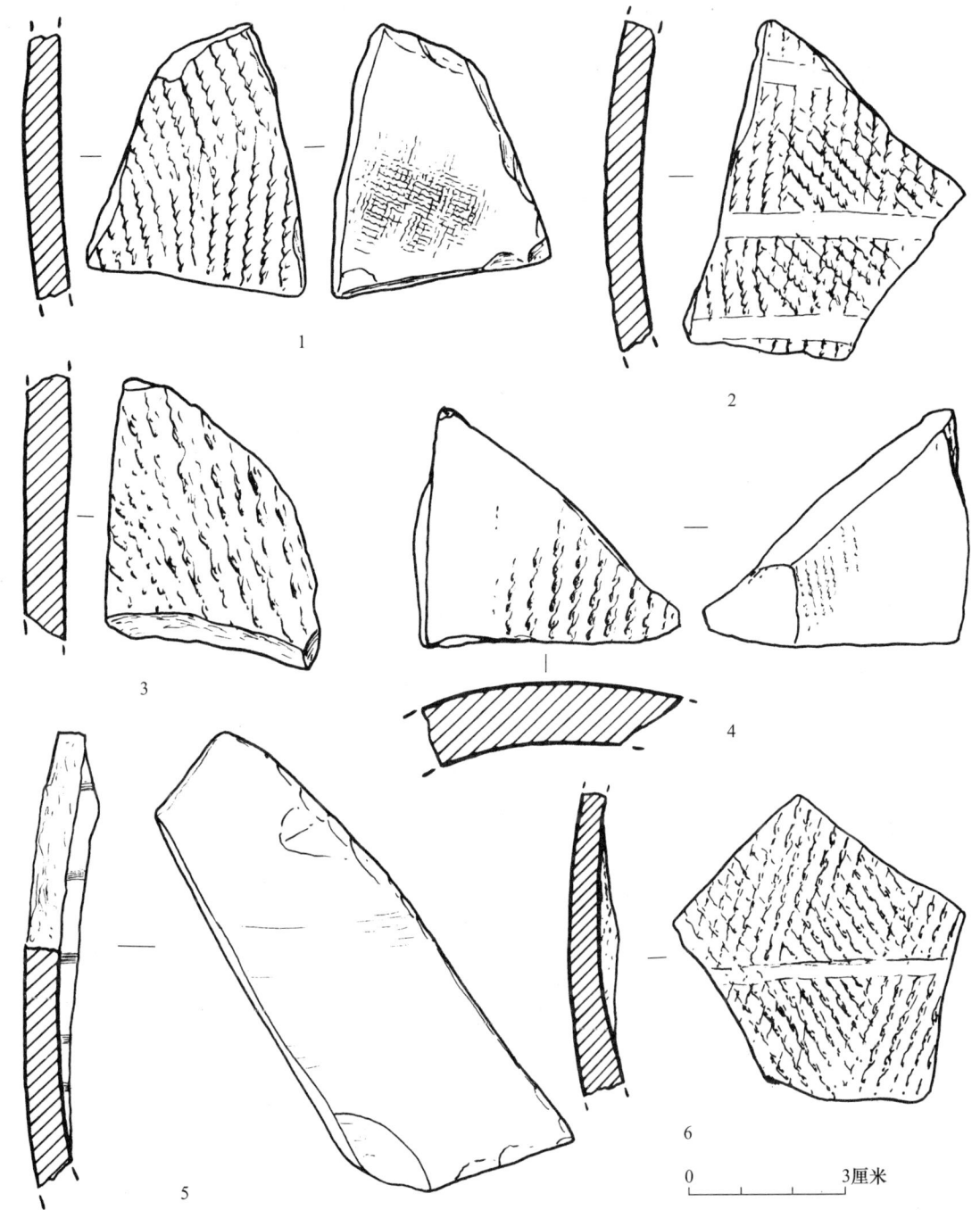

图一四四 大河口遗址调查陶器（1200～1205）

1. 陶片（1204） 2. 陶罐（1202） 3. 陶片（1205） 4. 板瓦（1203） 5. 陶片（1200） 6. 陶片（1201）

摁窝。宽4.7、高4.5厘米（图一四五，1）。

1207～1209号三件标本坐标为N：35°44′52.8″，E：111°47′17.4″，海拔：682米。

标本1207，陶片。泥质，结构紧密。灰色。竖向绳纹，较规整，抹压。可能是罐腹部残片。泥片贴筑，内壁抹平，有横向抹痕。宽3.6、高4厘米（图一四五，2）。

标本1208，陶盆。泥质。灰色。素面。口部残片，敞口，平折沿，沿面较窄，唇残，斜收腹，磨损较甚，内壁有脱落。轮制，口沿及内外壁有横向旋痕。宽4.5、高2.9厘米（图一四五，6）。

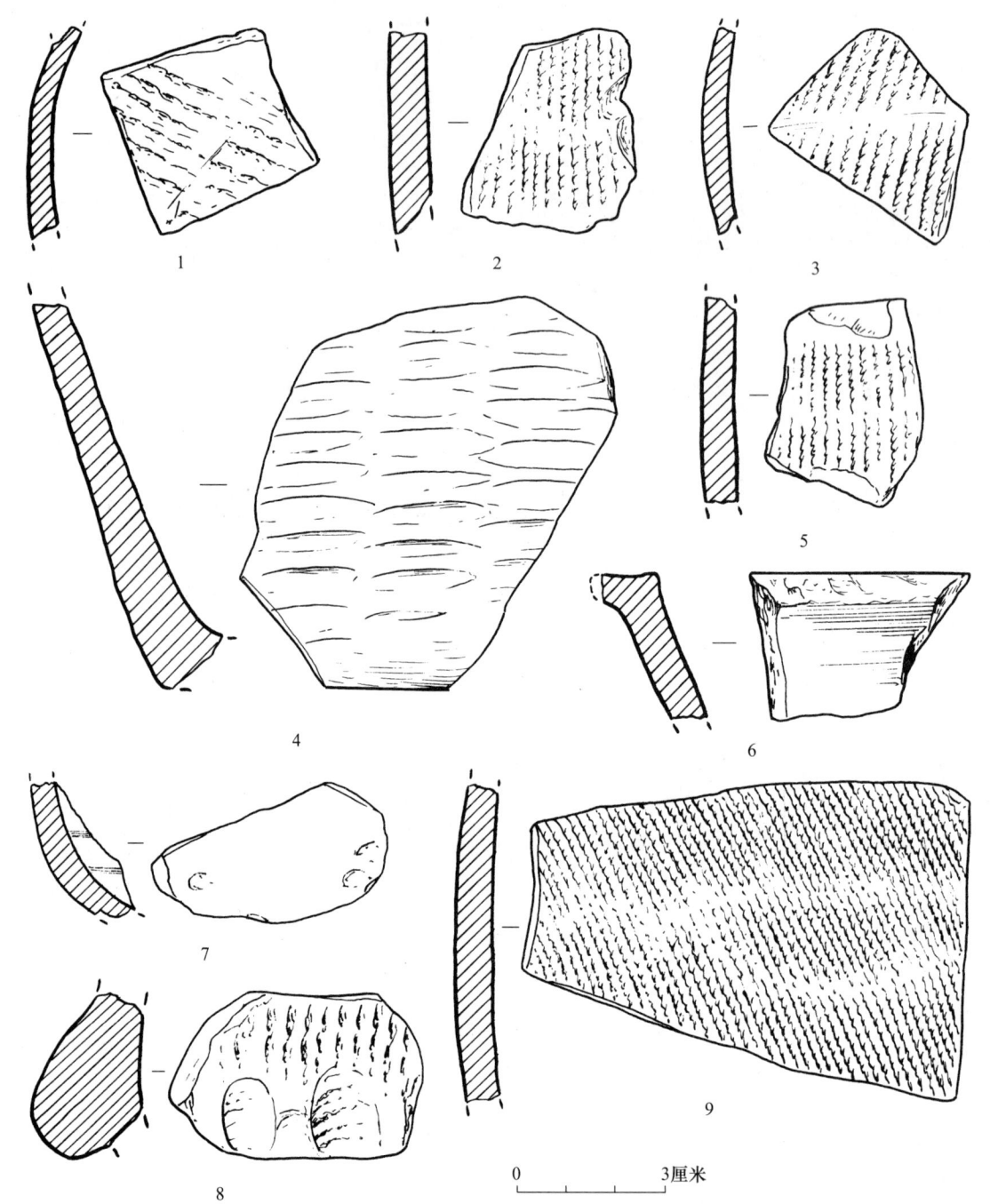

图一四五　大河口遗址调查陶器（1206～1214）
1. 陶片（1206）　2. 陶片（1207）　3. 陶片（1209）　4. 陶盆（1213）　5. 陶片（1210）
6. 陶盆（1208）　7. 陶豆（1212）　8. 陶鏊手（1211）　9. 陶罐（1214）

标本1209，陶片。泥质。灰色。竖向绳纹，较规整，抹压，有一周凹弦纹割断绳纹。壁较薄，磨损较甚。手制，内壁有手指摁窝。宽4、高4.2厘米（图一四五，3）。

标本1210，陶片。坐标为N：35°44′51.8″，E：111°47′17.1″，海拔：682米。泥质。浅灰色。竖向绳纹，较规整，抹压。手制，内壁抹平。宽3.2、高4.1厘米（图一四五，5）。

标本1211，陶鏊手。坐标为N：35°44′50.7″，E：111°47′17.4″，海拔：677米。夹砂，砂粒大小不匀，密度大。浅灰色。竖向绳纹，抹压。鸡冠状，较厚，边缘压印凹窝，有磨损。手制，内壁粗糙，有横向抹痕。宽 5.2、高 3.3 厘米（图一四五，8）。

标本 1212，陶豆。坐标为 N：35°44′51.0″，E：111°47′17.7″，海拔：677 米。泥质。灰色。内壁有暗弦纹两周。腹部残片，腹较浅，腹壁圆转，内外壁磨损较甚。轮制，内外壁有横向旋痕。宽 4.8、高 2.8 厘米（图一四五，7）。

标本 1213，陶盆。坐标为 N：35°44′50.8″，E：111°47′17.2″，海拔：676 米。采集点断崖处有路土遗迹，路土厚 5 厘米，路基厚 8 厘米左右。泥质，结构紧密。灰色。横篮纹，抹压。下腹部残片，下腹斜内收。泥条叠筑。宽 7.7、高 7.7 厘米（图一四五，4）。

标本 1214，陶罐。坐标为 N：35°44′51.5″，E：111°47′17.0″，海拔：680 米。泥质。灰色。右斜向绳纹，规整，抹压。腹部残片，弧腹。手制，内壁抹光，有横向旋抹痕。宽 9、高 6.3 厘米（图一四五，9）。

标本 1215，陶片。坐标为 N：35°44′52.5″，E：111°47′16.8″，海拔：680 米。泥质，结构紧密。灰色。竖向绳纹，抹压，上部有一周凹弦纹割断绳纹，内壁下部垫印横向绳纹，抹压较甚。手制、轮修，内壁有横向旋抹痕。宽 4.3、高 5.3 厘米（图一四六，5）。

标本 1216，陶片。坐标为 N：35°44′53.4″，E：111°47′15.3″，海拔：678 米。泥质，结构紧密。灰色。斜向绳纹，有交错，抹压，有一周抹弦纹割断绳纹。内壁垫印斜横向绳纹，抹压。可能是罐腹部残片，壁厚薄不一。手制。宽 6.8、高 4.9 厘米（图一四六，6）。

1217~1219 号三件标本坐标为 N：35°44′52.8″，E：111°47′14.5″，海拔：681 米。

标本 1217，板瓦。泥质，结构紧密。灰色。左斜向绳纹，较规整，抹压，顶端饰横向绳纹，未抹压，内壁垫印斜向绳纹，抹压。手制，内壁有横向旋痕。宽 4.5、高 4 厘米（图一四六，1）。

标本 1218，陶片。泥质。灰色。左斜向绳纹，抹压。壁较薄。手制，内壁基本抹平。宽 3.6、高 4.2 厘米（图一四六，2）。

标本 1219，陶支钉。泥质，结构紧密。黄褐色。不规整圆锥体，顶部锥尖较钝，平底，外壁有磨损。手制。底径约 2.9、高 3.4 厘米（图一四六，4）。

标本 1220，陶罐。坐标为 N：35°44′52.0″，E：111°47′13.7″，海拔：674 米。泥质，结构紧密。深灰色。上腹部饰斜向绳纹，不规整，有交错，局部抹压，有数周凹弦纹割断绳纹，近口部绳纹被抹去，内壁局部垫印凹篦点纹。上腹部残片。手制、轮修，内壁垫印凹窝明显，有横向旋抹痕。宽 6.7、高 7 厘米（图一四六，3）。

1221 和 1222 号二件标本坐标为 N：35°44′51.8″，E：111°47′13.7″，海拔：675 米。

标本 1221，陶罐。泥质，结构紧密。深灰色。素面。下腹部近底残片，弧腹斜内收。手制、轮修，外壁有刮削痕迹和横向旋痕，内壁抹平，较粗糙，有横向抹痕。宽 7.4、高 4.3 厘米（图一四七，4）。

标本 1222，陶瓮。粗泥质，结构紧密。灰色。唇面和外壁饰竖向绳纹，有叠压，抹压，内壁垫印横向绳纹，抹压。敛口，贴沿，圆方唇，鼓肩，壁较厚。手制，口部及其内侧抹光。宽 11.3、高 5 厘米（图一四七，1）。

标本 1223，陶片。坐标为 N：35°44′51.8″，E：111°47′13.6″，海拔：675 米。夹砂，密度较小，结构紧密。浅橙色。略右斜向绳纹，有叠压，抹压。可能是鬲残片。手制，内壁有横向抹痕。宽 6、高 4 厘米（图一四七，8）。

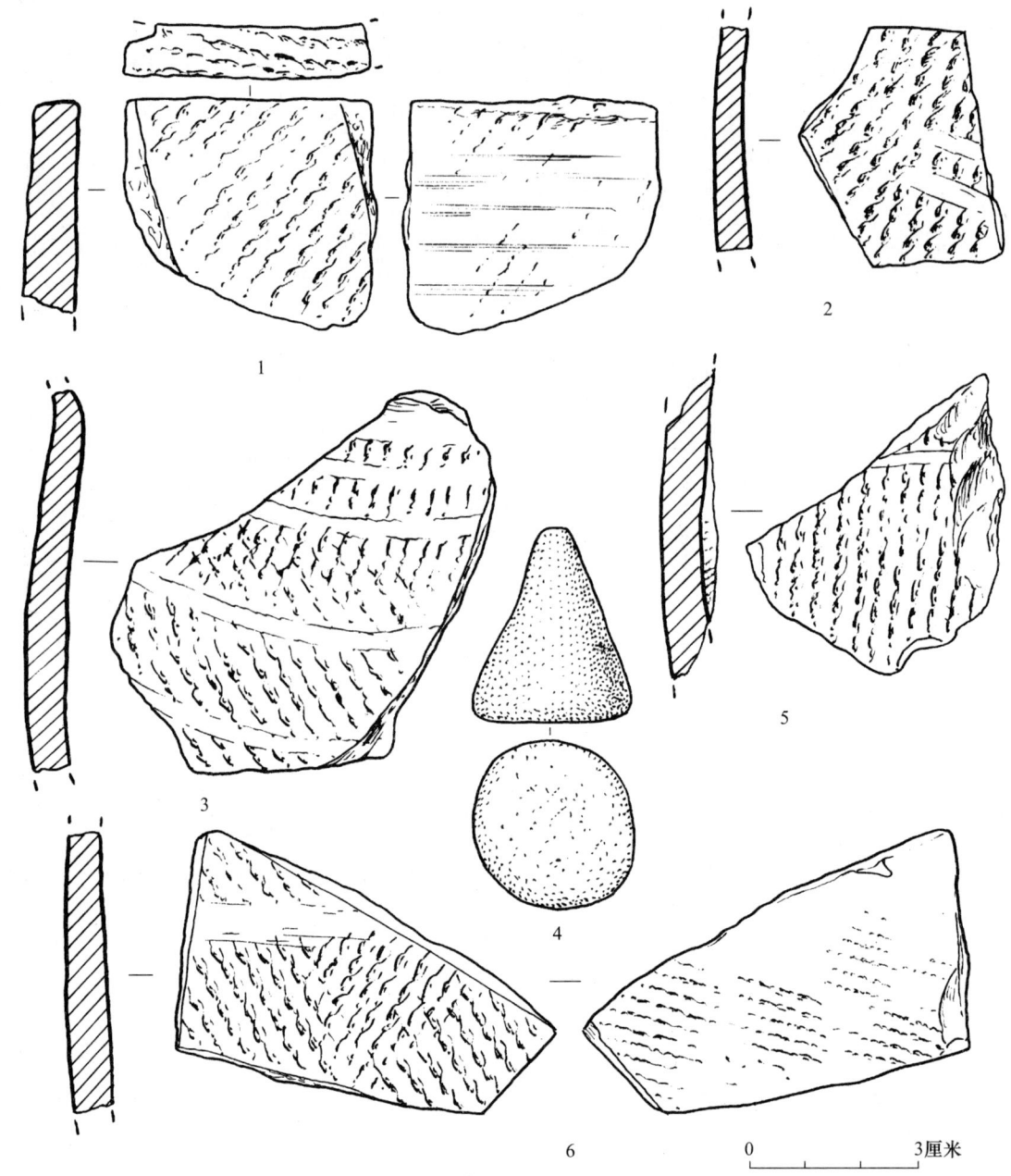

图一四六 大河口遗址调查陶器（1215~1220）
1. 板瓦（1217） 2. 陶片（1218） 3. 陶罐（1220） 4. 陶支钉（1219） 5. 陶片（1215） 6. 陶片（1216）

1224~1226号三件标本坐标为N：35°44′51.6″，E：111°47′13.6″，海拔：673米。

标本1224，陶片。泥质，结构紧密。灰色。竖向绳纹，不规整，抹压。壁较薄。手制，内壁抹光。宽4.8、高3.7厘米（图一四七，5）。

标本1225，陶盆。泥质，结构紧密。灰色。口部残片，敞口，口内侧凸棱，平折沿，沿面较窄，方唇，磨损较甚。轮制，口沿及内外壁有横向旋痕。宽4、高1.6厘米（图一四七，3）。

标本1226，陶片。泥质，结构紧密。灰色。素面，内壁垫印斜向绳纹，抹压较甚，多处绳纹被抹去。手制、轮修，内外壁有横向旋痕。宽5.5、高5.1厘米（图一四七，7）。

1227~1231号五件标本坐标为N：35°44′51.5″，E：111°47′13.5″，海拔：673米。

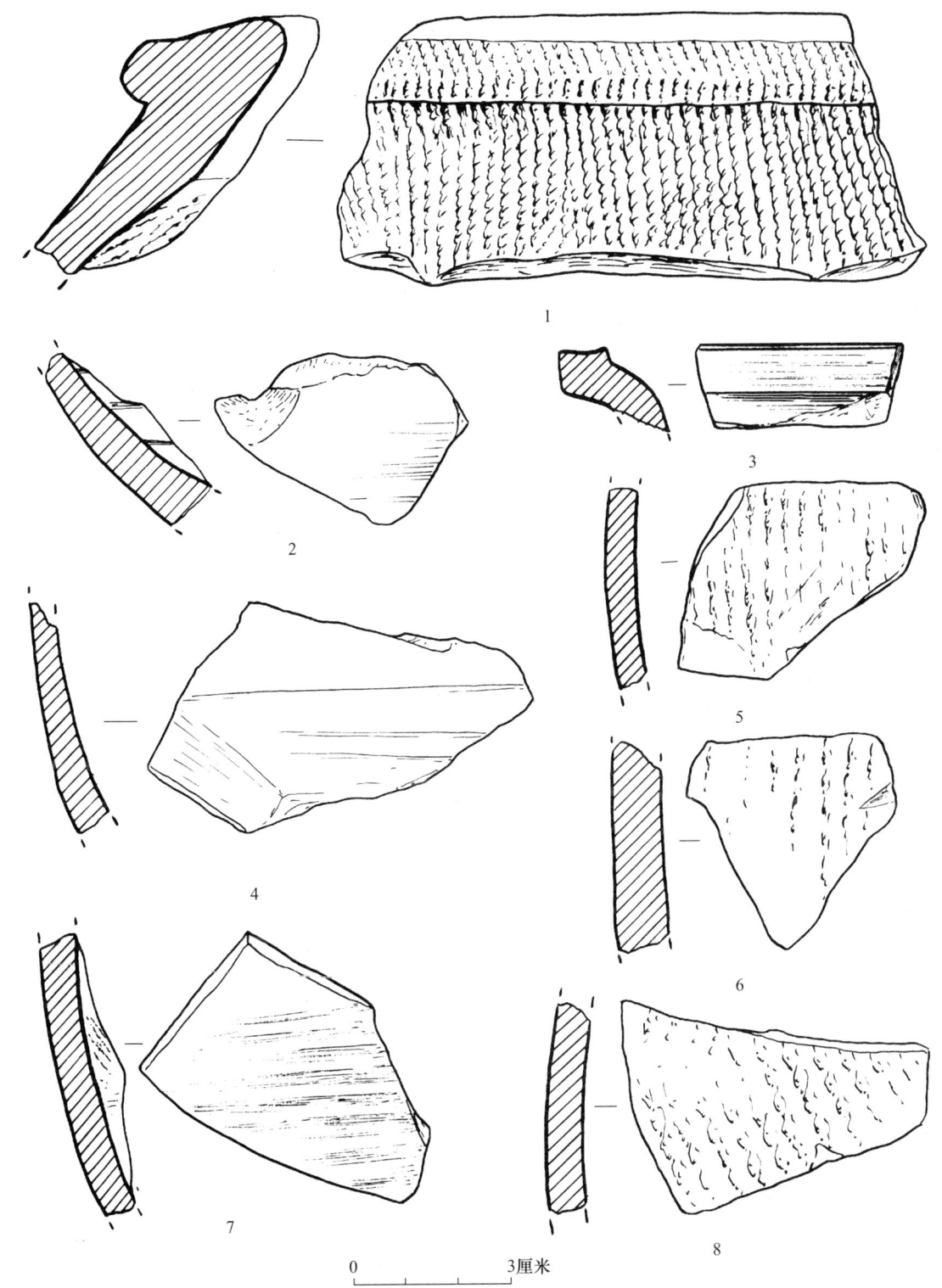

图一四七　大河口遗址调查陶器（1221～1228）
1. 陶瓮（1222）　2. 陶片（1228）　3. 陶盆（1225）　4. 陶罐（1221）　5. 陶片（1224）
6. 板瓦（1227）　7. 陶片（1226）　8. 陶片（1223）

标本1227，板瓦。泥质，结构紧密。灰色。竖向绳纹，抹压。壁较厚，抹压较甚。手制。宽4.1、高4厘米（图一四七，6）。

标本1228，陶片。泥质，结构紧密。灰色。略磨光，内壁饰暗弦纹数周。可能是盆下腹部残片。手制、轮修。宽4.8、高3.2厘米（图一四七，2）。

标本1229，陶片。夹少许细砂。外壁及胎呈灰色，内壁呈灰黄色。外壁略有磨光。素面。内壁有磨损。泥片贴筑。宽4.4、高4.4厘米（图一四八，1）。

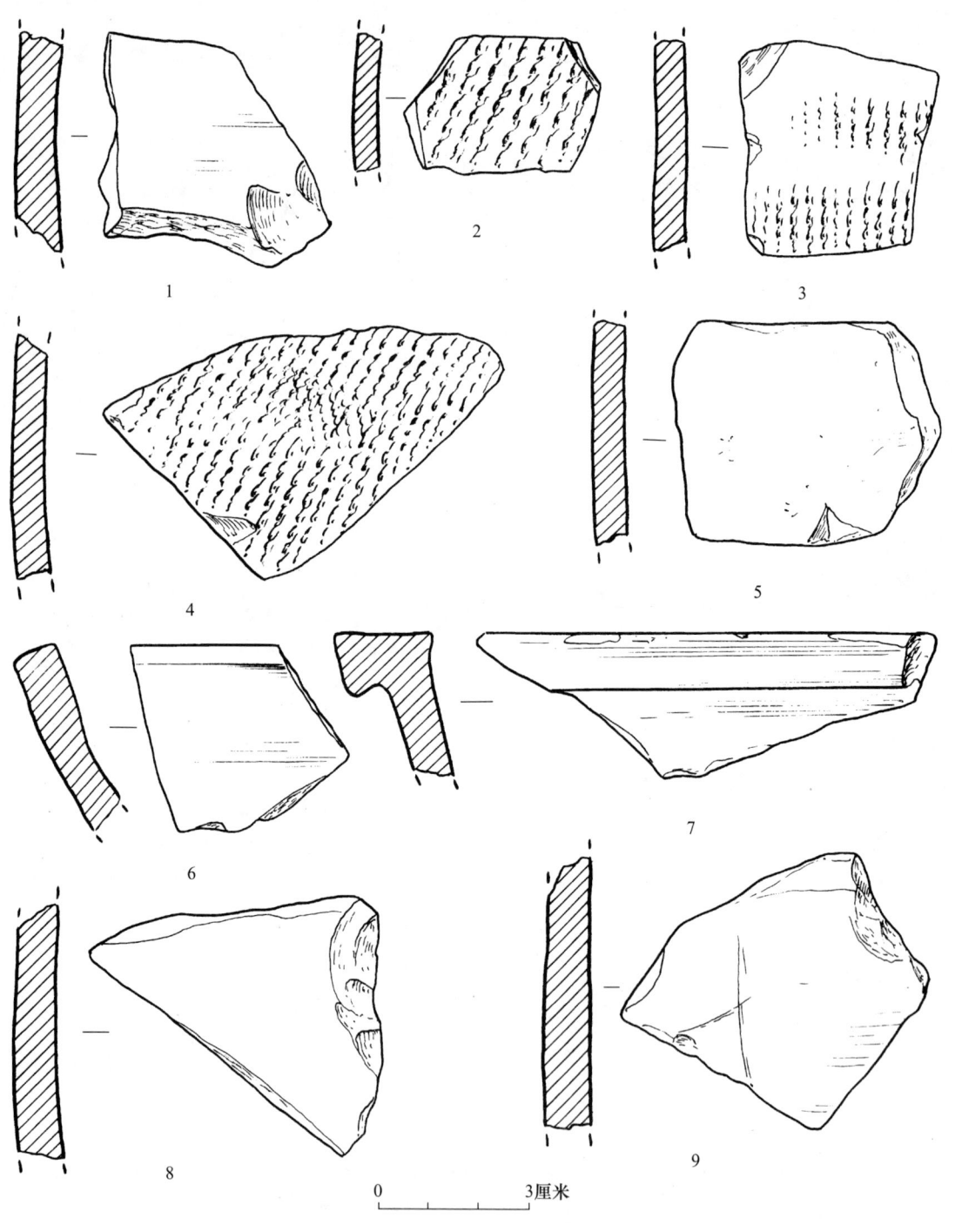

图一四八　大河口遗址调查陶器（1229~1237）
1. 陶片（1229）　2. 陶片（1230）　3. 陶盆（1233）　4. 陶片（1232）　5. 陶片（1235）
6. 陶盆（1231）　7. 陶盆（1236）　8. 陶片（1234）　9. 陶片（1237）

标本1230，陶片。泥质，结构紧密。深灰色。左斜向绳纹，捻结较紧，抹压。壁较薄。手制，内壁抹光。宽3.8、高2.6厘米（图一四八，2）。

标本1231，陶盆。泥质。灰色。素面。口部残片，敞口，斜沿，尖唇，斜腹。手制、轮修，内外壁有横向旋痕。宽4.3、高3.5厘米（图一四八，6）。

1232~1238号七件标本坐标为N：35°44′51.4″，E：111°47′12.9″，海拔：675米。

标本1232，陶片。泥质，结构紧密。夹芯陶，内壁呈灰色，胎呈黄褐色。左斜向绳纹，局部有交错，抹压。可能是罐腹部残片。手制、轮修，内壁有横向旋抹痕。宽7.9、高4.8厘米（图一四八，4）。

标本1233，陶盆。泥质，结构紧密。灰色。竖向绳纹，较规整，抹压，有一周抹弦纹割断绳纹。上腹部残片。泥片贴筑，轮修，内壁抹光，有横向旋抹痕。宽3.9、高4.1厘米（图一四八，3）。

标本1234，陶片。泥质，结构紧密。灰色。素面。轮制，内壁有横向旋痕。宽5.8、高5厘米（图一四八，8）。

标本1235，陶片。泥质。灰色。素面。磨损较甚。手制、轮修，内壁抹光，有横向旋抹痕。宽5.2、高4.3厘米（图一四八，5）。

标本1236，陶盆。泥质。灰色。素面。口部残片，直口，口内侧凸起，宽折沿，沿面略凹，厚方唇，唇面略凹，斜收腹。轮制，口沿及内外壁有横向旋抹痕。宽9、高2.8厘米（图一四八，7）。

标本1237，陶片。泥质，结构紧密。灰色。素面。可能是盆下腹部残片，磨损较甚。轮制，内壁抹光，内外壁有横向旋抹痕。宽6、高5.2厘米（图一四八，9）。

标本1238，陶甑。泥质。深灰色。素面。下腹斜内收，平底，底面有圆穿孔，由外向内戳穿，孔径较大，排列稀疏。轮制，内底面有同心圆旋痕。宽5、高1.2厘米（图一四九，5）。

十一、1239~1305、1307~1563号标本

1239~1305、1307~1563号标本位于大河口第五台地。

标本1239，板瓦。坐标为N：35°44′35.9″，E：111°46′56.9″，海拔：636米。泥质，结构紧密。灰色。左斜向绳纹，抹压，内壁垫印凸篦点纹。壁较厚，磨损较甚。手制。宽6.3、高3.8厘米（图一四九，1）。

标本1240，陶鬲。坐标为N：35°44′38.0″，E：111°46′50.5″，海拔：639米。夹细砂，密度较大。灰色。左斜向绳纹，抹压。腹部残片，壁较薄。手制，内壁粗糙，抹平。宽3.4、高3.1厘米（图一四九，2）。该采集点有一处宋金建筑遗址，位于残存高台上，断崖可见平铺一层砖，砖较薄，与以往发现金墓砌砖相同，尚有板瓦残片，下有一类似窑洞的遗迹，怀疑此处为塔的基础，铺砖下土层未夯打。

标本1241，陶片。坐标为N：35°44′38.1″，E：111°46′59.0″，海拔：638米。夹砂，密度较小。灰色。竖向绳纹，较规整，抹压。可能是鬲残片，磨损较甚。手制，内壁抹光，有横向抹痕。宽4.7、高3厘米（图一四九，6）。

1242和1243号二件标本坐标为N：35°44′37.8″，E：111°46′59.2″，海拔：638米。

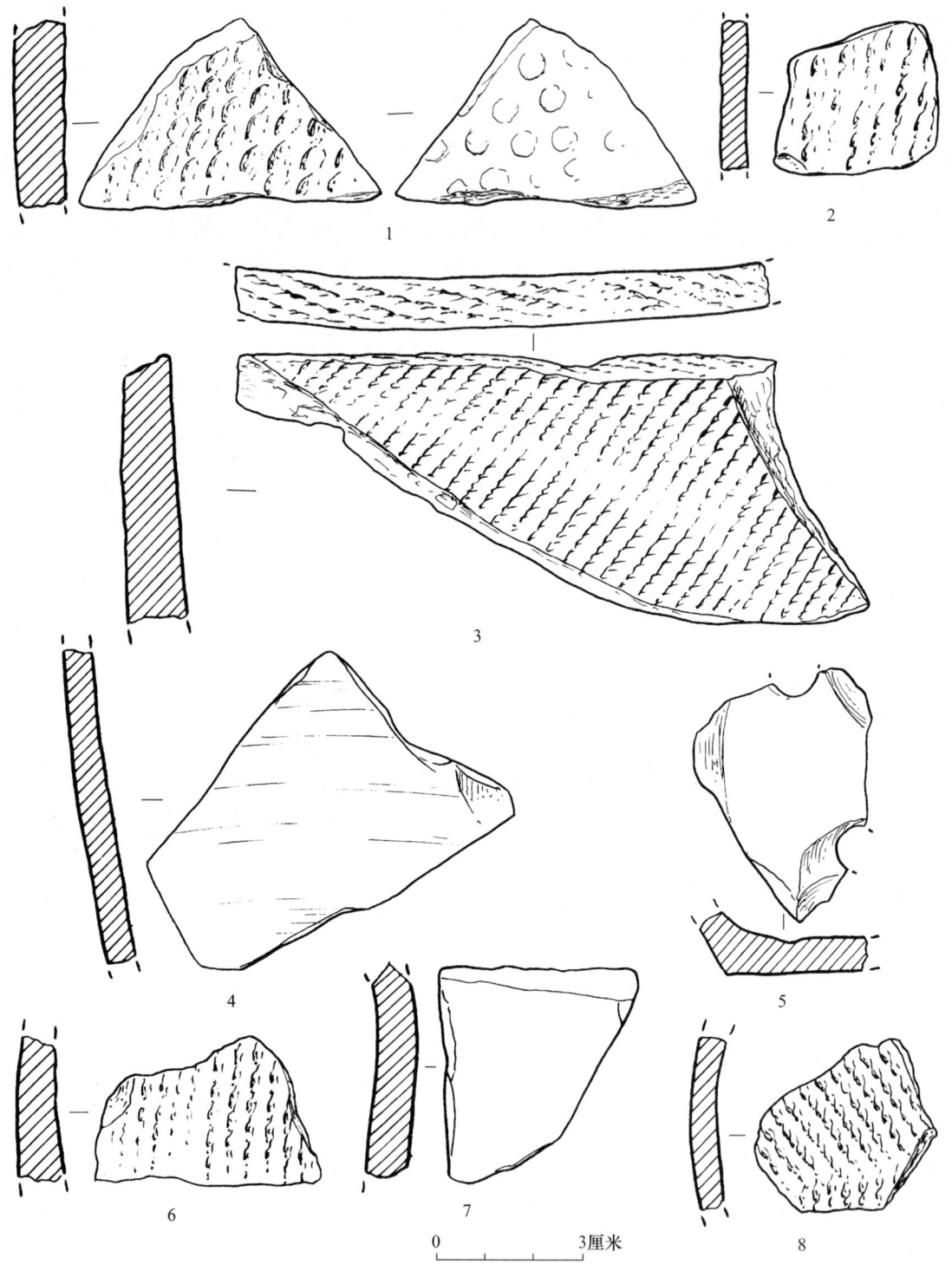

图一四九 大河口遗址调查陶器（1238～1245）
1. 板瓦（1239） 2. 陶鬲（1240） 3. 板瓦（1243） 4. 陶罐（1244） 5. 陶甑（1238）
6. 陶片（1241） 7. 陶片（1245） 8. 陶鬲（1242）

标本1242，陶鬲。夹白色砂粒，砂粒较小，密度偏大。灰色。竖向绳纹和斜向绳纹，略显规整，局部抹压。腹部残片，壁较薄。手制，内壁抹平。宽3.7、高3.4厘米（图一四九，8）。

标本1243，板瓦。泥质，夹极少较大钙质物小块，结构紧密。灰色。左斜向绳纹，捻结较紧，有叠压，未抹压，顶端压印右斜向绳纹。壁较厚。手制，内壁较粗糙，抹痕明显，不规整。宽 13、高 5.1 厘米（图一四九，3）。

标本 1244，陶罐。坐标为 N：35°44′37.4″，E：111°46′59.7″，海拔：637 米。泥质，结构紧密，含少许钙质物。夹芯陶，内外壁呈灰色，胎呈黄褐色。素面。腹部残片。轮制，内外壁有横向旋抹痕。宽 7.7、高 6.4 厘米（图一四九，4）。

1245 和 1246 号二件标本坐标为坐标为 N：35°44′37.7″，E：111°46′59.7″，海拔：637 米。

标本 1245，陶片。泥质，结构紧密。深灰色。内外壁上部略有磨光。可能是罐肩部残片，磨损较甚。手制、轮修。宽 4.1、高 4.3 厘米（图一四九，7）。

标本 1246，板瓦。泥质，结构紧密。灰色。斜向绳纹，有交错，抹压，较宽绳纹被抹去，内壁局部有垫印绳纹，抹压较甚。壁较厚，一侧有切割痕，由内向外切割三分之一厚度。手制，内壁有横向旋痕。宽 7.6、高 7.7 厘米（图一五〇，5）。

1247 和 1248 号二件标本坐标为坐标为 N：35°44′37.8″，E：111°46′59.8″，海拔：633 米。

标本 1247，陶鬲。夹细砂，密度较大。灰色。竖向绳纹，局部有交错，局部抹压。腹部残片。手制，内壁粗糙，有手指摁窝。宽 2.1、高 3 厘米（图一五〇，3）。

标本 1248，陶罐。泥质，结构紧密。灰色。外壁及口沿略有磨光。颈部残片，侈口，束颈。手制、轮修，内外壁有横向旋痕，外壁磨痕明显。宽 3.7、高 2.9 厘米（图一五〇，6）。

标本 1249，陶片。坐标为 N：35°44′38.6″，E：111°47′00.9″，海拔：633 米。泥质，结构紧密。灰色。竖向绳纹，抹压，局部绳纹被抹去，内壁垫印斜向绳纹，抹压。手制，内壁有垫印凹窝。宽 5.2、高 4.2 厘米（图一五〇，4）。

1250~1253 号四件标本坐标为 N：35°44′39.5″，E：111°47′01.3″，海拔：634 米。

标本 1250，陶片。泥质，结构紧密。灰色。略右斜向绳纹，抹压，内壁垫印绳纹，抹压，局部绳纹被抹去。外壁上部有剥落。泥片贴筑，内壁有横向抹痕。宽 5.4、高 5.1 厘米（图一五〇，2）。

标本 1251，陶片。夹少许细砂，结构紧密。外壁呈深灰色，胎及内壁呈浅褐色，泛黄。略右斜向绳纹，较规整，抹压。可能是罐腹部残片，内外壁均有脱落，内壁脱落较甚。泥片贴筑。宽 5.2、高 4.9 厘米（图一五〇，1）。

标本 1252，陶盆。夹砂，结构紧密，砂粒偏细，密度较大。灰色，陶色不匀。口沿外抹绳纹，局部绳纹被抹去。口部残片，敞口，宽沿，方唇，唇面有凹槽一周。手制，口沿内外有横向抹痕。宽 7.1、高 2.6 厘米（图一五〇，7）。

标本 1253，陶片。泥质，结构紧密。灰色。素面。可能是罐腹部残片。手制、轮修，内外壁有横向旋痕。宽 8.4、高 6.1 厘米（图一五一，1）。

标本 1254，陶鬲。坐标为 N：35°44′39.6″，E：111°47′01.5″，海拔：634 米。夹砂，砂粒大小不匀，小砂粒密度较大。外壁呈黄褐色，局部呈褐色，陶色不匀，内壁呈褐色。绳纹，有叠压，未抹压。腹部残片，壁较厚。手制，内壁抹平，较粗糙。宽 7.3、高 7.3 厘米（图一五一，5）。

标本 1255，陶片。坐标为 N：35°44′39.7″，E：111°47′02.1″，海拔：633 米。泥质，结构紧密，火候较高。深灰色。斜向绳纹，有交错和叠压，抹压。可能是罐腹部残片。手制，内壁较粗糙，有竖向抹痕。宽 6.1、高 5.7 厘米（图一五一，2）。

1256 和 1257 号二件标本坐标为 N：35°44′39.6″，E：111°47′02.4″，海拔：637 米。

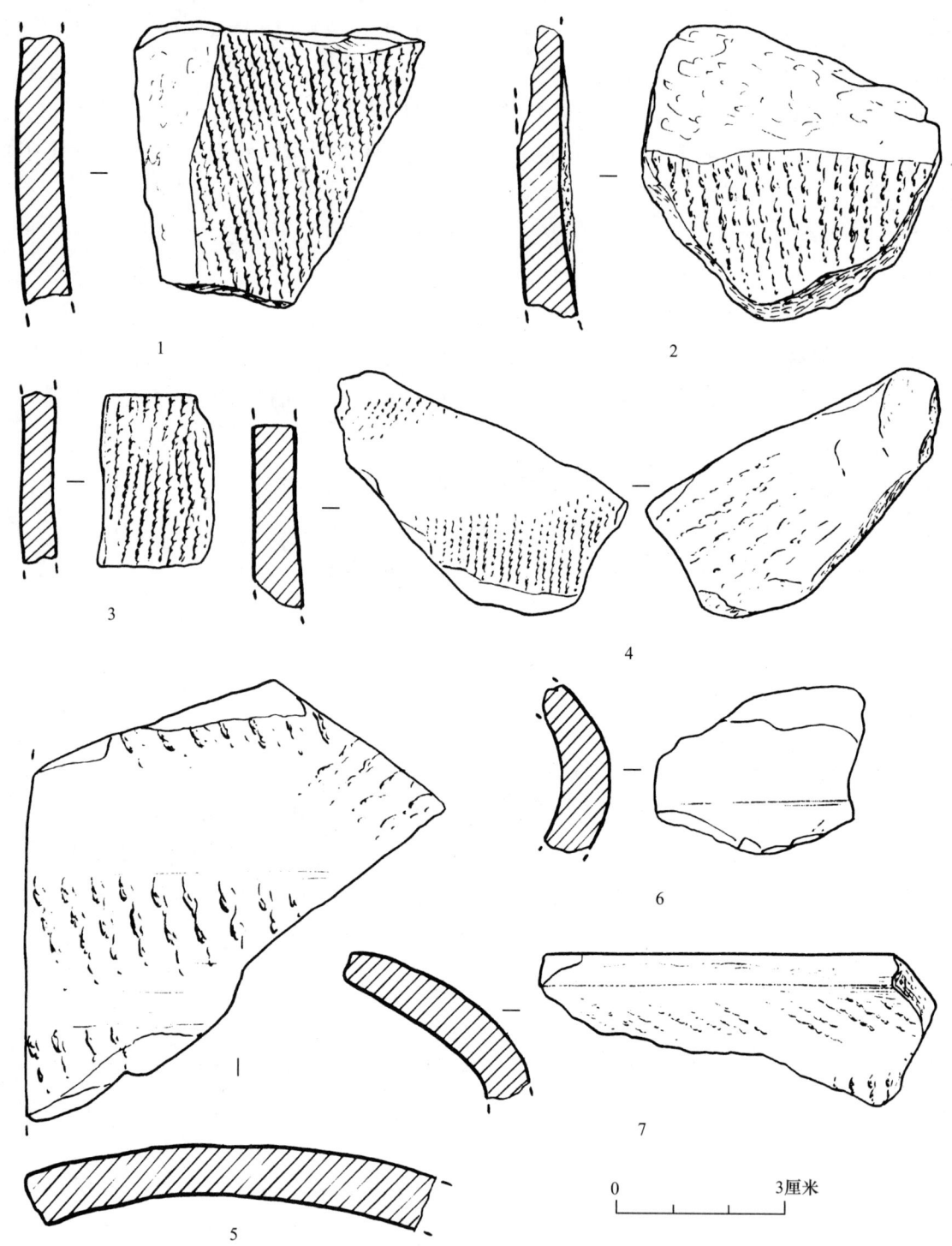

图一五〇 大河口遗址调查陶器（1246~1252）
1. 陶片（1251） 2. 陶片（1250） 3. 陶鬲（1247） 4. 陶片（1249） 5. 板瓦（1246） 6. 陶罐（1248） 7. 陶盆（1252）

标本1256，陶钵或盆。泥质，结构紧密。灰色。外壁上部略磨光，内壁有暗弦纹数周。口部残片。敛口，窄沿，圆唇，斜收腹。轮制，内外壁均有横向旋痕。宽3.6、高4.5厘米（图一五一，4）。

标本1257，陶豆。泥质，结构紧密。深灰色。素面。豆盘残片，敞口，圆唇，盘腹较浅，腹壁圆折。轮制，内外壁均有横向旋痕。宽4.9、高3.3厘米（图一五一，3）。

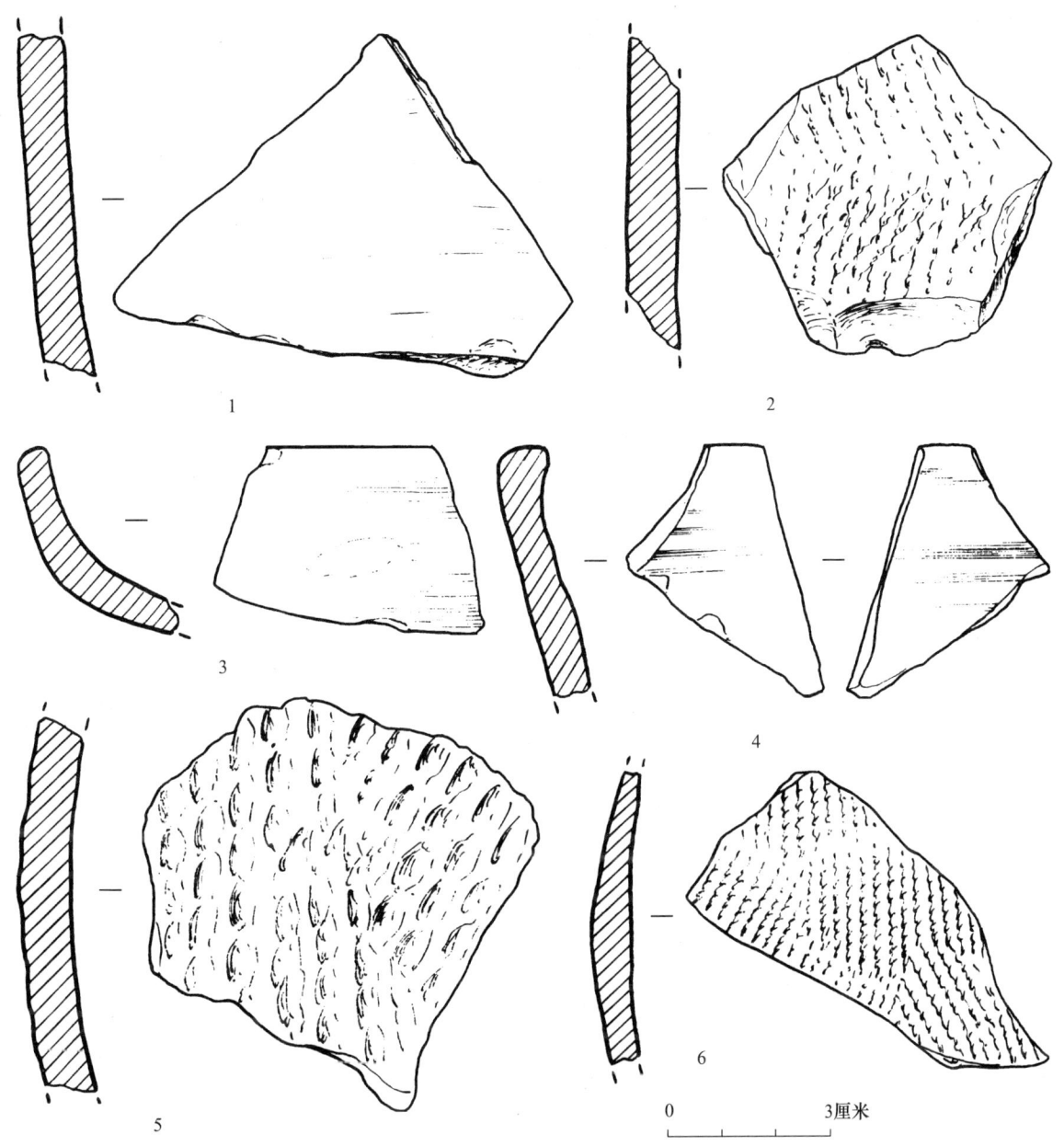

图一五一　大河口遗址调查陶器（1253～1258）
1. 陶片（1253） 2. 陶片（1255） 3. 陶豆（1257） 4. 陶钵或盆（1256） 5. 陶鬲（1254） 6. 陶片（1258）

1258～1260号三件标本坐标为N：35°44′39.5″，E：111°47′02.5″，海拔：633米。

标本1258，陶片。泥质，结构紧密。深灰色。竖向和斜向绳纹，局部有交错和叠压，抹压。可能是罐腹部残片，壁厚薄不匀。手制，内壁有垫印凹窝。宽6.7、高5.3厘米（图一五一，6）。

标本1259，陶片。粗泥质。灰色。竖向绳纹，较规整，抹压，上部绳纹被抹去，且略加磨光。手制，内壁有横向抹痕。宽4.2、高4.2厘米（图一五二，1）。

标本1260，陶器底。泥质，结构紧密。灰色。竖向绳纹，近底处绳纹被抹去，底面垫印斜向绳纹，抹压。腹底残片，下腹斜内收，平底，底面平整，外缘有磨损。宽5.7、高1.8厘米（图一五二，5）。

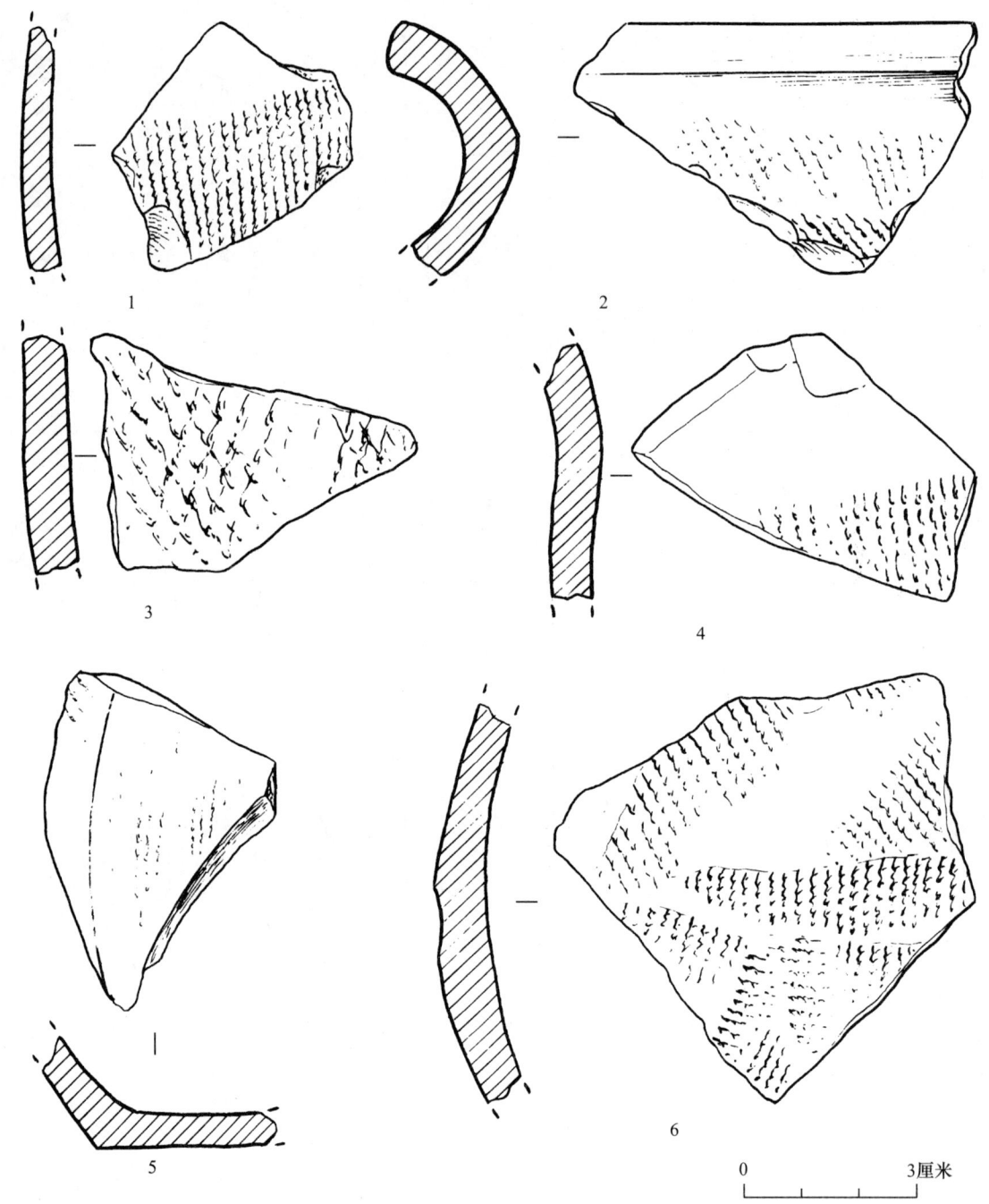

图一五二 大河口遗址调查陶器（1259～1264）
1. 陶片（1259） 2. 陶鬲（1261） 3. 陶片（1264） 4. 陶罐（1263） 5. 陶器底（1260） 6. 陶片（1262）

标本 1261，陶鬲。坐标为 N：35°44′39.4″，E：111°47′02.6″，海拔：634 米。夹小颗的白色和黑色砂粒，密度较大。灰色。肩部饰右斜向绳纹，抹压，颈部抹绳纹，多处绳纹被抹去。口部残片，侈口，卷沿，圆方唇，束颈。手制，口沿轮修，口沿内外有横向旋抹痕，内壁抹平，粗糙。宽7、高 4.2 厘米（图一五二，2）。

1262～1264 号三件标本坐标为 N：35°44′38.4″，E：111°47′02.3″，海拔：637 米。

标本 1262，陶片。泥质，结构紧密。灰色。滚压斜向和横向绳纹，局部有交错，局部抹压，内壁垫印凹篦点纹，抹压较甚。可能是罐腹部残片。泥片贴筑，外壁局部滚压凹槽明显，内壁有横向抹痕。宽7.3、高7.3厘米（图一五二，6）。

标本1263，陶罐。泥质，结构紧密。灰色。上腹部饰竖向绳纹，抹压。颈腹部残片，磨损较甚。手制、轮修，颈部有横向旋痕，内壁抹光，有横向抹痕。宽6、高4.5厘米（图一五二，4）。

标本1264，陶片。泥质，结构紧密。深灰色。交错绳纹，抹压。磨损较甚。手制，内壁抹光，有横向抹痕。宽5.8、高4厘米（图一五二，3）。

1265~1268号四件标本坐标为N：35°44′38.4″，E：111°47′03.2″，海拔：640米。

标本1265，陶片。泥质，结构紧密。灰色。上部磨光，下部饰右斜向绳纹，较规整，抹压，内壁垫印斜向绳纹，抹压较甚，上部绳纹被抹去。可能是罐肩部残片，壁较薄。手制，内壁上部有横向抹痕。宽4.5、高4.3厘米（图一五三，1）。

标本1266，陶甑。泥质，结构紧密。外底面饰斜向绳纹，较规整，抹压。平底，底部有较大穿孔。手制，内底有横向抹痕。长4.3、宽4厘米（图一五三，3）。

标本1267，陶鬲。夹白色砂粒，砂粒较小，密度较大。灰色。上腹部饰竖向绳纹，有交错，局部抹压。颈腹部残片，磨损较甚。手制，内壁粗糙，有手指摁窝和竖向抹痕，颈部有横向抹痕。宽4.5、高4.6厘米（图一五三，2）。

标本1268，陶片。泥质，结构紧密。夹芯陶，外壁呈深灰色，陶色不匀，胎呈黄褐色，内壁为深灰色。拍印绳纹，方向不一致，局部有交错，抹压。可能是罐腹部残片，内壁局部有脱落。泥片贴筑，内壁有垫印凹窝和斜向磨痕。宽6.3、高8.3厘米（图一五三，6）。

1269~1273号五件标本坐标为N：35°44′39.2″，E：111°47′03.7″，海拔：633米。采集点断崖上有一处灰坑（H9），见石块和陶片一层，标本于下塌堆积中采集。

标本1269，陶罐。泥质，结构紧密。灰色，外壁陶色不匀。拍印斜向绳纹，有交错和叠压，抹压，内壁垫印右斜向绳纹，抹压较甚。腹部残片。泥条叠筑，内壁有泥条接茬。宽15.4、高7.2厘米（图一五三，7）。

标本1270，陶盆。泥质。灰色。素面。口部残片，敞口，卷沿上翘，方唇，弧腹。轮制，口沿及内外壁有横向旋抹痕。口径17.6、高2.6厘米（图一五三，5）。

标本1271，陶罐。泥质。外壁深灰色，胎及内壁呈灰色。右斜向绳纹，抹压，下部绳纹被抹去。下腹部残片，弧腹，壁较厚。手制，内壁抹光，有横向抹痕。宽9.1、高12.3厘米（图一五三，4）。

标本1272，陶盆。泥质，结构紧密。深灰色。腹饰右斜向绳纹，较规整，抹压。颈腹部残片，侈口，卷沿上翘，唇残，束颈，弧腹，腹壁较厚。手制、轮修，口沿内外及内壁有横向旋抹痕。宽10、高8.1厘米（图一五四，1）。

标本1273，陶罐。泥质。内外壁为深灰色，胎呈灰色。竖向绳纹，抹压，局部绳纹被抹去。下腹部残片。手制、轮修，外壁绳纹上手指摁压和磨痕明显，内壁抹光，有横向抹痕。宽11.8、高8.9厘米（图一五四，6）。

1274~1276号三件标本坐标为N：35°44′39.0″，E：111°47′03.4″，海拔：641米。台地断崖灰坑（H10）内采集。

标本1274，陶器底。泥质，结构紧密。灰色。下腹近底饰斜横向绳纹，抹压，底面边缘饰斜绳纹，有磨损。平底，底面平整。泥片贴筑，腹底套接，底包腹。宽5、高1.8厘米（图一五四，3）。

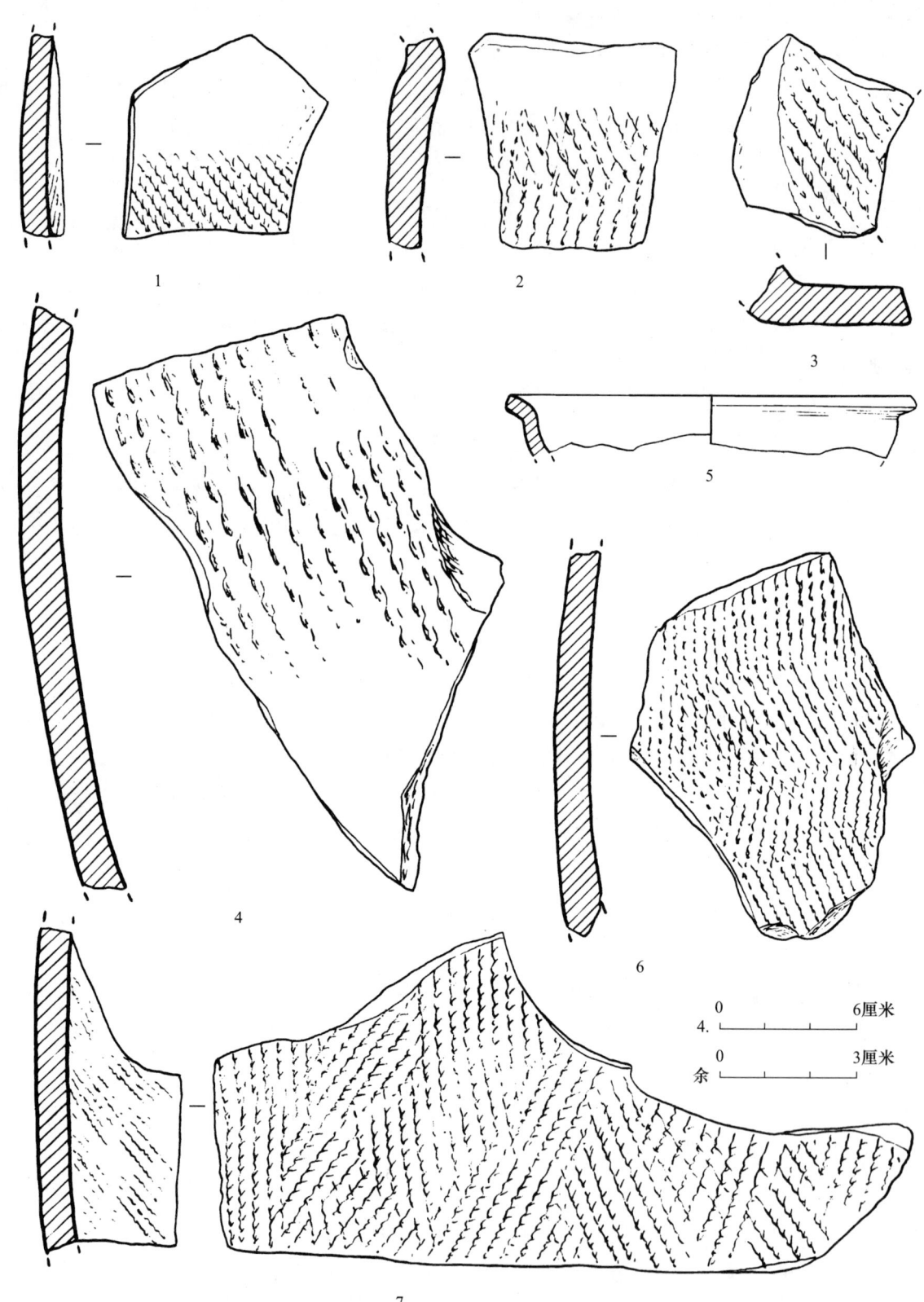

图一五三　大河口遗址调查陶器（1265～1271）
1. 陶片（1265）　2. 陶鬲（1267）　3. 陶甗（1266）　4. 陶罐（1271）　5. 陶盆（1270）
6. 陶片（1268）　7. 陶罐（1269）

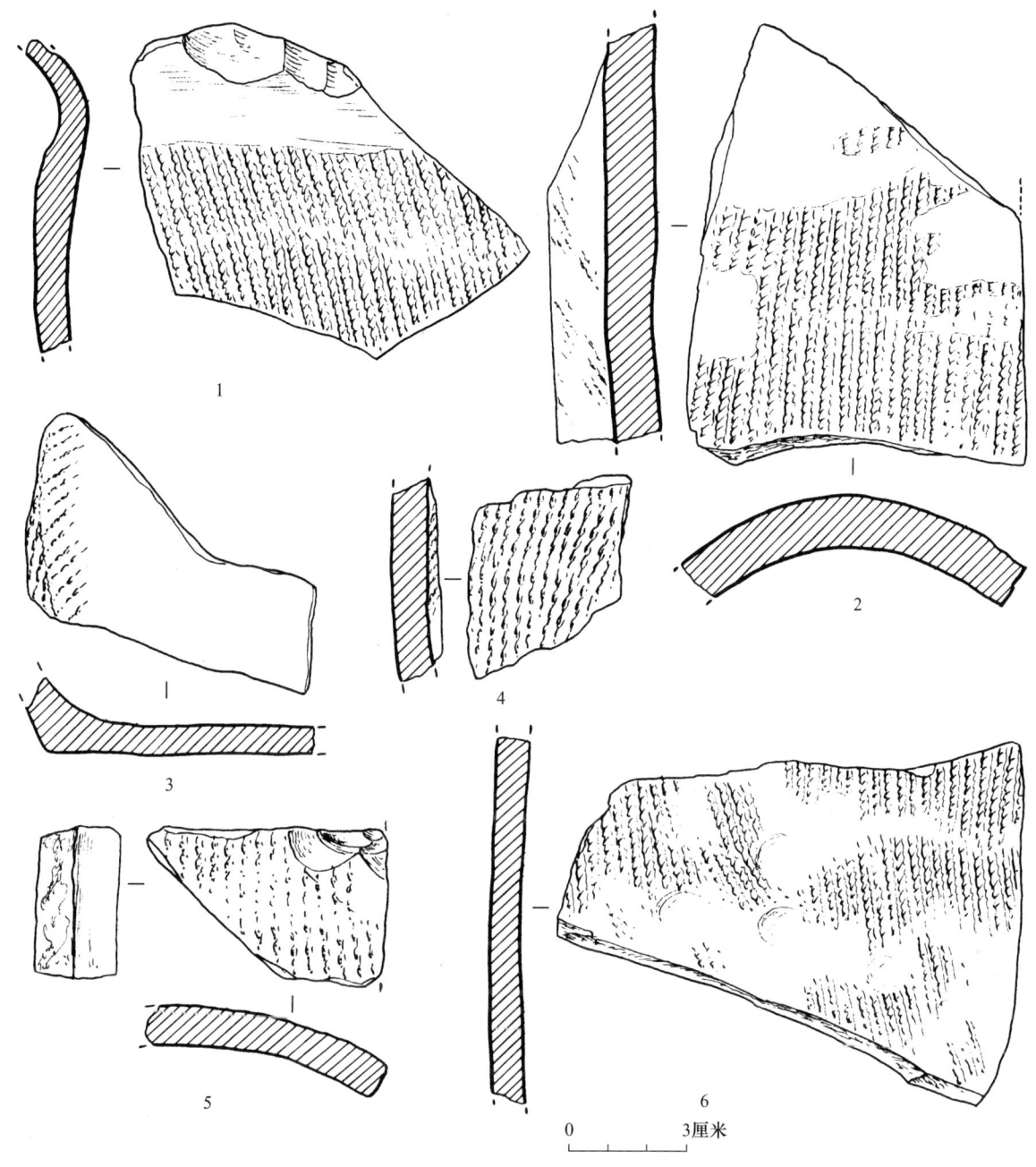

图一五四　大河口遗址调查陶器（1272~1277）
1. 陶盆（1272）　2. 筒瓦（1275）　3. 陶器底（1274）　4. 陶鬲（1276）
5. 筒瓦（1277）　6. 陶罐（1273）

标本1275，筒瓦。泥质。灰色。竖向绳纹，捻结较紧，局部抹压，局部绳纹被抹去，内壁垫印斜向绳纹，抹压较甚，多处绳纹被抹去。壁较厚，一侧有切割痕，由外向内切割二分之一厚度。手制，内壁有横向抹痕。宽8.6、高10.7厘米（图一五四，2）。

标本1276，陶鬲。夹大量黑色细小砂粒和少许白色砂粒，密度较大。外壁及胎二分之一厚度为黄褐色，内壁及胎二分之一厚度为深黄褐色。略左斜向绳纹，捻结较紧，局部抹压，内壁垫印横向绳纹，抹压较甚。腹部残片，壁较厚。手制，内壁较粗糙，有横向抹痕。宽4.1、高5厘米（图一五四，4）。

1277～1280号四件标本坐标为 N：35°44′39.0″，E：111°47′02.9″，海拔：635米。

标本1277，筒瓦。泥质，结构紧密。灰色。竖向绳纹，较规整，抹压，内壁垫印凸篦点纹，抹压。外壁有磨损，一侧有切割痕，由外向内切割近透。手制，内壁有横向抹痕。宽6.1、高3.9厘米（图一五四，5）。

标本1278，陶鬲。夹砂，砂粒较小，密度较大。灰色。斜向绳纹，抹压较甚。腹部残片。手制，内壁抹平，有横向抹痕。宽3.9、高3.8厘米（图一五五，4）。

标本1279，陶片。泥质，结构紧密。深灰色。绳纹，较规整，抹压，上部抹压较甚，局部绳纹被抹去，内壁垫印凹篦点纹。可能是罐上腹部残片。泥片贴筑，内壁较粗糙。宽6.1、高4.8厘米（图一五五，5）。

标本1280，陶罐。泥质，结构紧密。深灰色。竖向绳纹，抹压，抹宽弦纹割断绳纹，内壁垫印斜向绳纹，抹压较甚。腹部残片，磨损较甚。手制。宽6.1、高4.9厘米（图一五五，2）。

标本1281，陶罐。坐标为 N：35°44′40.1″，E：111°47′01.9″，海拔：638米。泥质，结构紧密。灰色。竖向绳纹，局部有叠压，抹压。腹部残片，鼓腹。手制，内壁抹平，有横向抹痕。宽9.6、高9.2厘米（图一五五，3）。

标本1282，陶盆。坐标为 N：35°44′40.3″，E：111°47′01.5″，海拔：636米。泥质，结构紧密。灰色。颈部抹绳纹，多处绳纹被抹去，内壁饰暗网纹，口和沿面饰暗弦纹数周。口腹残片，敞口，卷沿，斜方唇，颈部外壁内曲，折腹。手制、轮修，外壁有横向旋抹痕。宽7.5、高6.4厘米（图一五五，1）。

标本1283，陶器底。坐标为 N：35°44′40.6″，E：111°47′01.4″，海拔：635米。泥质，结构紧密。外壁深灰色，陶色不匀，胎及内壁呈灰色。素面。腹底残片，下腹斜内收，腹壁厚薄不一，平底，底面平整，且粘附一层细砂。手制、轮修，内壁凹凸不平，有横向抹痕，略显粗糙。宽8.9、高6.5厘米（图一五六，8）。

1284～1287号四件标本坐标为 N：35°44′40.6″，E：111°47′01.8″，海拔：642米。

标本1284，陶罐。粗泥质，含细砂粒，结构紧密。灰色。拍印绳纹，有交错，抹压，下部绳纹被抹去，内壁垫印绳纹，抹压较甚。下腹部残片，上腹略鼓，下腹弧内收。手制。宽7.3、高11.4厘米（图一五六，6）。

标本1285，陶鬲。夹细小砂粒，密度较大，结构紧密。深灰色。颈和肩部饰竖向绳纹，有叠压，腹部拍印斜向绳纹，有交错，均抹压。颈肩腹部残片，侈口，卷沿，束颈，窄肩圆折。手制，内壁抹平，较粗糙，颈部内壁和沿面内壁抹光，有横向抹痕。宽9.7、高9.2厘米（图一五六，1）。

标本1286，陶器底。夹细小砂粒，密度较大。灰色。近底处有凹弦纹一周。腹底残片，桶形腹，腹壁较厚，平底，底面平整，且粘附一层细砂。轮制，内壁有横向旋痕。宽6.8、高3.2厘米（图一五六，7）。

标本1287，陶片。泥质，结构紧密。内外壁为深灰色，胎呈灰色，外壁陶色不匀。瓦棱纹。可能是盖豆腹部残片。轮制，内外壁有横向旋抹痕。宽4.6、高2.6厘米（图一五六，3）。

1288～1291号四件标本坐标为 N：35°44′40.9″，E：111°47′01.6″，海拔：642米。

标本1288，陶罐。泥质。深灰色。素面。口部残片，侈口，斜沿，方唇，唇面内凹，矮直颈。手制、轮修，口沿及外壁有横向旋痕，内壁有横向抹痕。宽5.6、高4.1厘米（图一五六，2）。

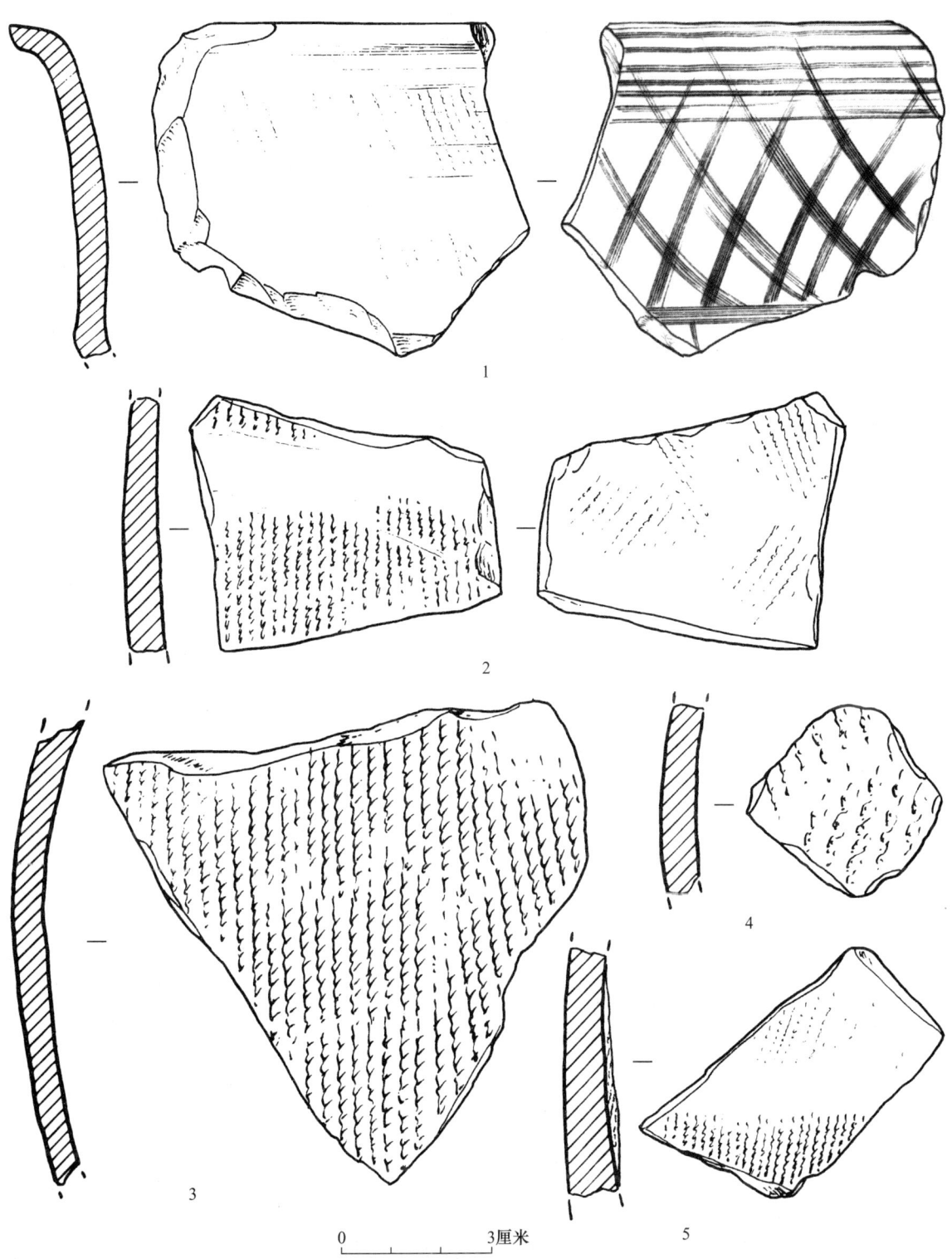

图一五五　大河口遗址调查陶器（1278～1282）
1. 陶盆（1282）　2. 陶罐（1280）　3. 陶罐（1281）　4. 陶鬲（1278）　5. 陶片（1279）

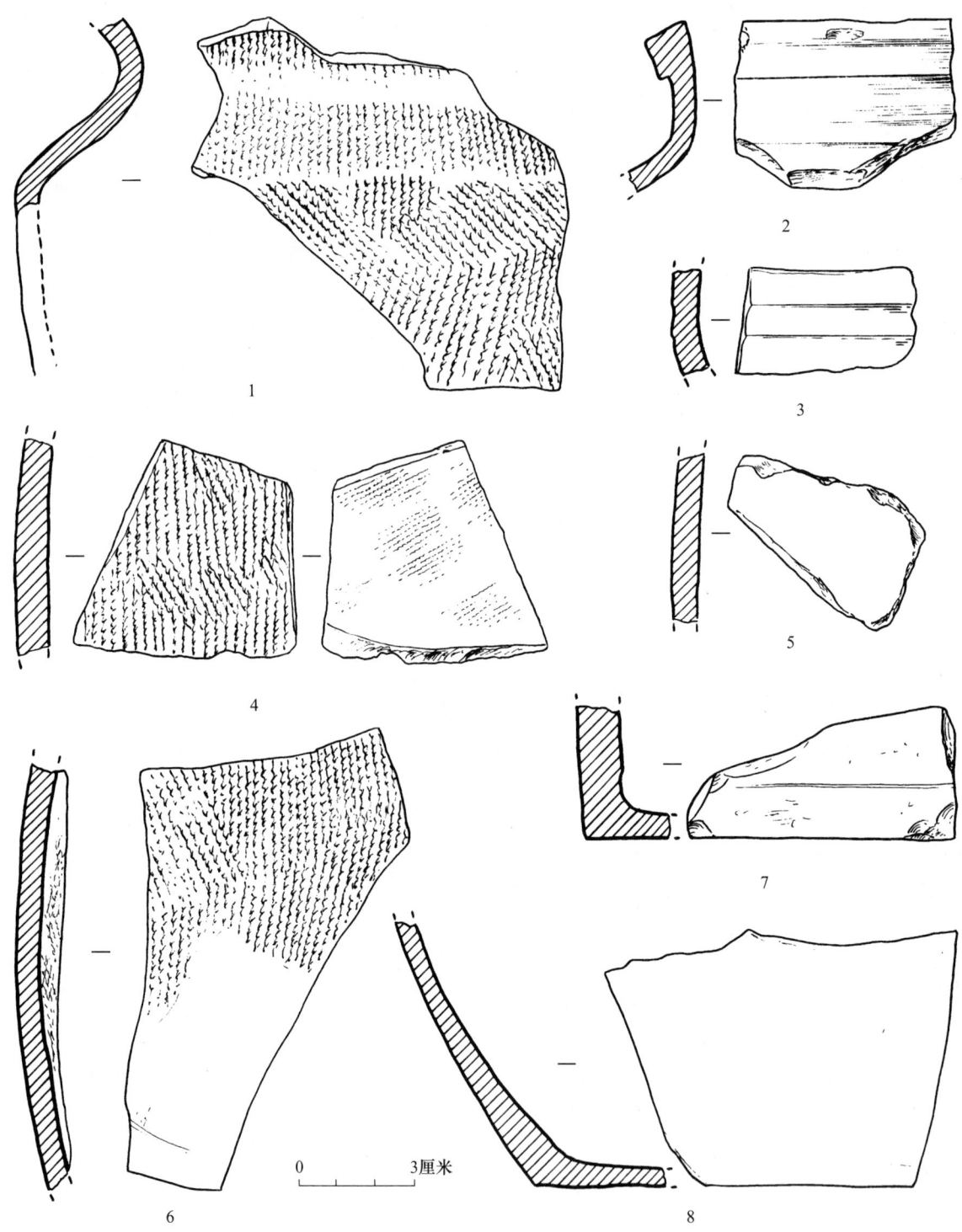

图一五六　大河口遗址调查陶器（1283～1290）

1. 陶鬲（1285）　2. 陶罐（1288）　3. 陶片（1287）　4. 陶片（1290）　5. 陶片（1289）
6. 陶罐（1284）　7. 陶器底（1286）　8. 陶器底（1283）

标本1289，陶片。泥质，结构紧密。夹芯陶，外壁深灰色，胎呈红褐色，缸胎，内壁为灰色。素面。可能是罐残片。手制，内外壁均有横向抹痕。宽5、高4.3厘米（图一五六，5）。

标本1290，陶片。泥质，结构紧密。灰色。竖向绳纹，较规整，局部有交错，抹压，内壁垫印绳纹，抹压较甚。可能是罐腹部残片。手制、轮修，内壁有横向抹痕。宽5.7、高5.3厘米（图一五六，4）。

标本1291，陶罐。粗泥质，含极少细砂，结构紧密。深灰色。素面。腹部残片，圆弧腹，外壁有磨损。手制、轮修，外壁有横向旋痕，内壁有横向抹痕。宽7.6、高5.7厘米（图一五七，1）。

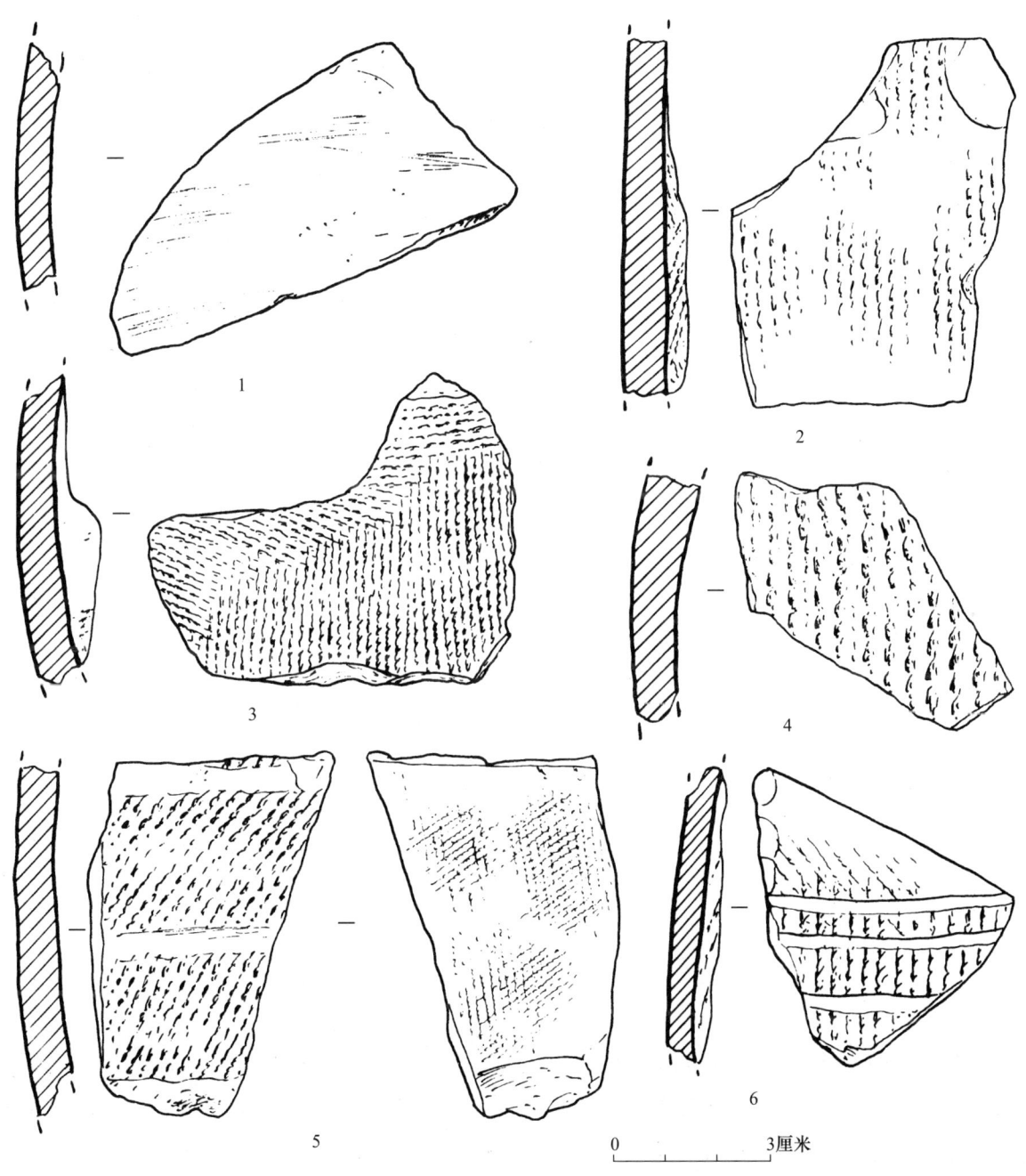

图一五七　大河口遗址调查陶器（1291~1296）
1. 陶罐（1291） 2. 陶片（1292） 3. 陶罐（1293） 4. 陶片（1294） 5. 陶片（1295） 6. 陶片（1296）

1292 和 1293 号二件标本坐标为 N：35°44′41.1″，E：111°47′01.6″，海拔：636 米。

标本 1292，陶片。泥质，结构紧密。外壁深灰色，胎及内壁呈灰色。竖向绳纹，抹压较甚，局部绳纹被抹去，内壁垫印斜向绳纹，抹压。泥片贴筑。宽 5.3、高 6.7 厘米（图一五七，2）。

标本 1293，陶罐。泥质，结构紧密。上部饰横向绳纹，抹压，且略微磨光，下部饰竖向和斜向绳纹，有交错，抹压，内壁垫印凹篦点纹，抹压。腹部残片，弧腹。手制，内壁有横向抹痕。宽 6.9、高 5.6 厘米（图一五七，3）。

1294 和 1295 号二件标本坐标为 N：35°44′41.6″，E：111°47′01.5″，海拔：637 米。

标本 1294，陶片。夹砂，密度较大，结构紧密。外壁为黄褐色，胎及内壁呈橘红色。竖向绳纹，较规整，抹压。可能是鬲残片。泥片贴筑，轮修，内壁有横向旋痕。宽 5.3、高 4.7 厘米（图一五七，4）。

标本 1295，陶片。泥质，结构紧密。灰色。左斜向绳纹，有叠压，抹压，有数周抹弦纹割断绳纹，内壁垫印交错绳纹，抹压较甚。可能是罐腹部残片。泥片贴筑，内壁有垫印凹窝。宽 4.6、高 6.7 厘米（图一五七，5）。

1296 和 1297 号二件标本坐标为 N：35°44′41.9″，E：111°47′01.7″，海拔：639 米。

标本 1296，陶片。泥质，结构紧密。灰色。斜向绳纹，有交错，局部抹压，上部绳纹被抹去，有数周凹弦纹割断绳纹，内壁垫印绳纹，抹压较甚。可能是罐腹部残片。手制。宽 4.9、高 5.4 厘米（图一五七，6）。

标本 1297，陶片。泥质，结构紧密。灰色。斜向绳纹，有交错和叠压，抹压。可能是罐腹部残片。手制，内壁凹凸不平，有横向抹痕。宽 7.3、高 6.4 厘米（图一五八，1）。

1298 和 1299 号二件标本坐标为 N：35°44′41.8″，E：111°47′01.6″，海拔：639 米。

标本 1298，陶片。夹少许小砂粒，结构紧密。深灰色。竖向绳纹，有叠压，局部有交错，抹压。可能是罐腹部残片，弧腹。手制，内壁有手指摁窝和横向抹痕。宽 8.5、高 6.7 厘米（图一五八，3）。

标本 1299，陶器底。夹较多白色和褐色砂粒，大小不匀，密度较大。外底面呈灰色，胎及内底面呈黄褐色，内壁陶色不匀。外底面垫印绳纹，抹压，边缘绳纹被抹去。腹底残片，斜收腹，腹壁较厚，平底，底面平整。手制，内壁粗糙。宽 6.2、高 2.1 厘米（图一五八，4）。

1300～1305 号六件标本坐标为 N：35°44′41.4″，E：111°47′01.8″，海拔：638 米。

标本 1300，陶器底。夹粗砂，砂粒较大。灰色。竖向绳纹，抹压，外底面垫印斜向绳纹，抹压。腹底残片，下腹斜内收，平底，底面平整，有磨损，器底较厚。手制，内壁抹平，粗糙。底径 18.6、高 6.6 厘米（图一五八，6）。

标本 1301，陶鬲。泥质，结构紧密。浅橙色。素面。口部残片，侈口，贴沿，厚方唇，溜肩。手制、轮修，口沿及内外壁有横向旋抹痕。宽 7.1、高 4.9 厘米（图一五八，2）。

标本 1302，陶鬲。夹白色和黑色砂粒，大小不一，密度大。外壁深灰色，胎及内壁呈褐色。外壁上部有凹弦纹一周，下部饰竖向绳纹，抹压，内壁垫印斜向绳纹，抹压。肩部残片，壁厚薄不一。手制，内壁有陶拍摁压凹窝。宽 8.8、高 7.4 厘米（图一五八，5；图一八九，2）。

标本 1303，陶罐。泥质，结构紧密。深灰色。上部素面，下部饰竖向绳纹，有叠压，抹压，有一周凹弦纹割断绳纹。上腹部残片。手制、轮修，腹上部及内壁有横向旋抹痕。宽 6、高 5.3 厘

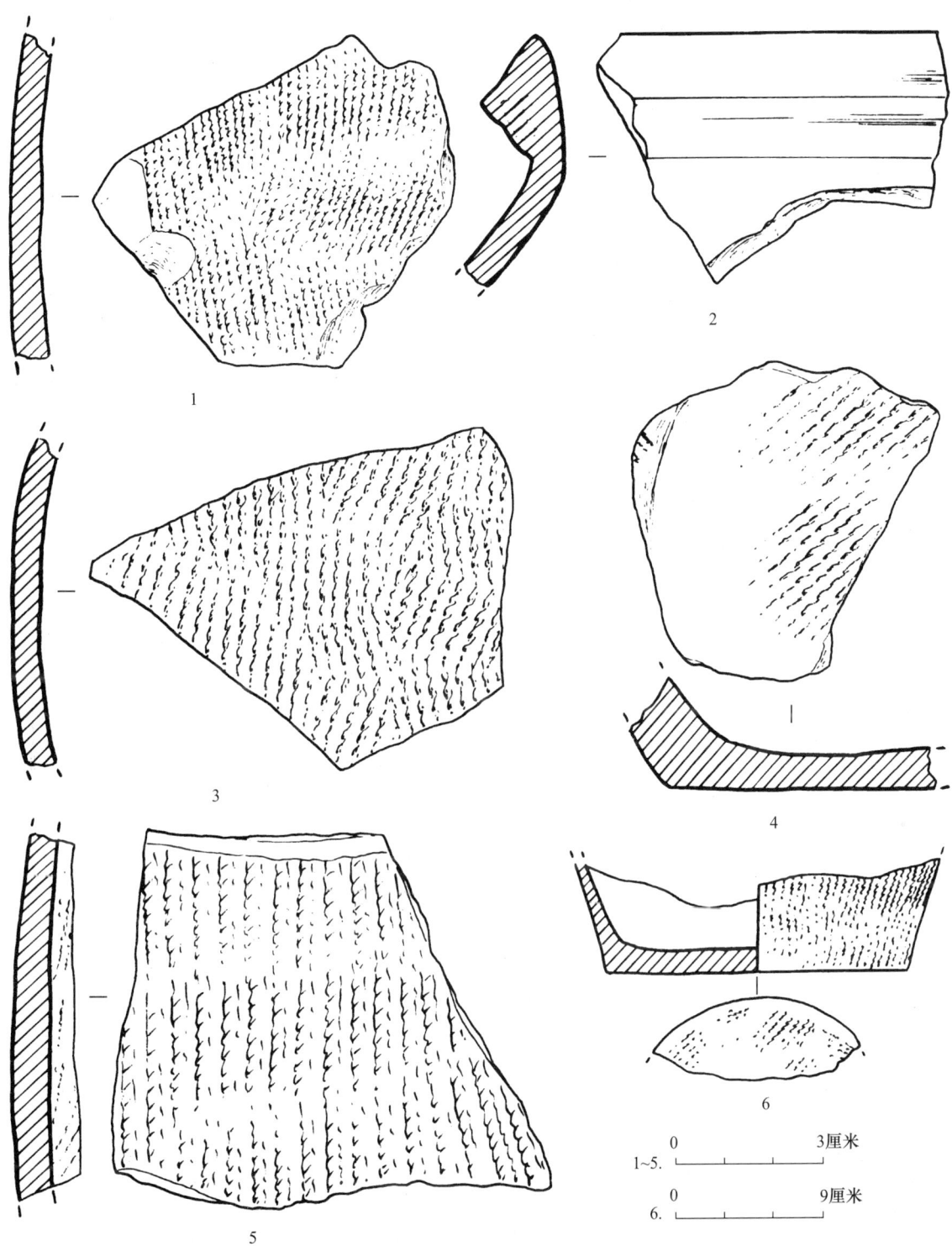

图一五八　大河口遗址调查陶器（1297～1302）
1. 陶片（1297）　2. 陶鬲（1301）　3. 陶片（1298）　4. 陶器底（1299）
5. 陶鬲（1302）　6. 陶器底（1300）

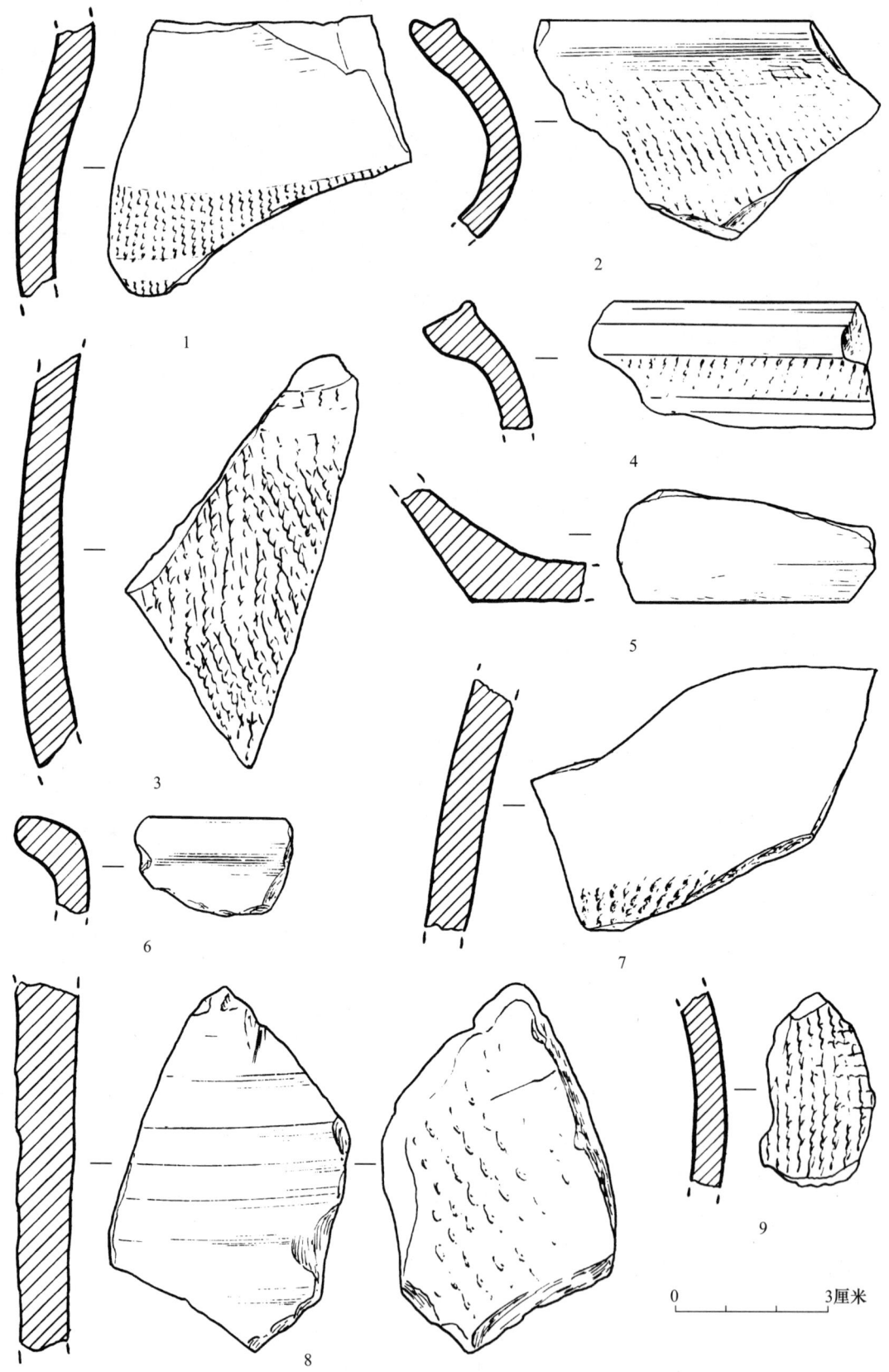

图一五九 大河口遗址调查陶器（1303～1312）
1. 陶罐（1303） 2. 陶罐（1307） 3. 陶片（1305） 4. 陶罐（1308） 5. 陶器底（1311）
6. 陶罐（1312） 7. 陶片（1309） 8. 板瓦（1310） 9. 陶鬲（1304）

米（图一五九，1）。

标本 1304，陶鬲。夹砂，砂粒及密度较大。竖向绳纹，局部饰横向绳纹，有交错，抹压。档足部残片。手制，内壁抹平，有斜向磨痕。宽 2.3、高 3.7 厘米（图一五九，9）。

标本 1305，陶片。夹白色砂粒，砂粒较细，密度大。绳纹，有叠压和交错，抹压。手制，内壁抹平，有横向抹痕。宽 4.6、高 7.9 厘米（图一五九，3）。

1307 和 1308 号二件标本坐标为 N：35°44′41.5″，E：111°47′02.0″，海拔：645 米。

标本 1307，陶罐。泥质，结构紧密。夹芯陶，内外壁呈灰色，胎呈黄褐色。颈部抹右斜向绳纹，多处绳纹被抹去。口部残片，侈口，窄折沿，沿面下凹，内外缘凸起，圆唇，束颈。手制、轮修，口沿及外壁有横向旋抹痕，内壁有横向抹痕。宽 6.7、高 4.2 厘米（图一五九，2）。

标本 1308，陶罐。泥质，结构紧密。灰色。颈部抹绳纹，多处绳纹被抹去。口部残片，敞口，斜折沿，沿面较窄，内缘凸起，圆方唇，矮颈内曲，磨损较甚。手制、轮修，口沿及内外壁有横向旋抹痕。宽 5.6、高 2.4 厘米（图一五九，4）。

1309 和 1310 号二件标本坐标为 N：35°44′41.6″，E：111°47′02.1″，海拔：646 米。

标本 1309，陶片。粗泥质，结构紧密，含少量砂粒。灰色。上部素面磨光，下部饰左斜向绳纹，抹压。可能是罐肩部残片，壁较厚。手制，内壁有手指摁窝和横向抹痕。宽 6.8、高 5.1 厘米（图一五九，7）。

标本 1310，板瓦。泥质，结构紧密。灰色。饰宽凹弦纹数周，内壁垫印凹笼点纹。壁较厚，磨损较甚。手制，内壁有横向抹痕。宽 4.8、高 7 厘米（图一五九，8）。

1311～1317 号七件标本坐标为 N：35°44′41.8″，E：111°47′02.0″，海拔：647 米。

标本 1311，陶器底。泥质，结构紧密。灰色。素面。下腹斜内收，平底，底面平整。轮制，内外壁有横向旋痕。宽 5.1、高 2.1 厘米（图一五九，5）。

标本 1312，陶罐。泥质，结构紧密。灰色。口部残片，直口，卷沿，圆唇。轮制，口沿及内外壁有横向旋痕。宽 3.1、高 1.8 厘米（图一五九，6）。

标本 1313，陶盆。泥质。灰色。口沿下抹凹弦纹数周。近直口，斜折沿，沿面较窄，外缘有凸棱一周，厚方唇，斜收腹。轮制，口沿及内外壁有横向旋痕，内壁有旋抹凹槽。宽 8、高 3.8 厘米（图一六〇，4）。

标本 1314，陶片。粗泥质，含细砂。灰色。上部饰竖向绳纹，抹压，下部绳纹被抹去，内壁垫印横向绳纹，抹压较甚。手制，内壁有横向抹痕。宽 5、高 4.5 厘米（图一六〇，5）。

标本 1315，陶片。泥质，结构紧密。灰色。拍印绳纹，方向不一致，有交错，抹压，内壁垫印斜向和横向绳纹，抹压较甚。可能是罐腹部残片，弧腹。泥片贴筑。宽 9、高 6 厘米（图一六〇，7）。

标本 1316，陶片。泥质，结构紧密。外壁深灰色，胎及内壁呈灰色。斜向绳纹，有交错，局部抹压，抹凹弦纹一周割断绳纹，内壁垫印竖向绳纹。壁较薄。手制。宽 4.4、高 4.1 厘米（图一六〇，6）。

标本 1317，板瓦。泥质，结构紧密。浅灰色。右斜向绳纹，较规整，抹压，内壁局部有垫印凹笼点纹。器身一侧有竖向切割痕，由外向内切割过半。手制，内壁有横向抹痕。宽 4.6、高 8.2 厘米（图一六〇，8）。

1318 和 1319 号二件标本坐标为 N：35°44′41.9″，E：111°47′02.1″，海拔：646 米。

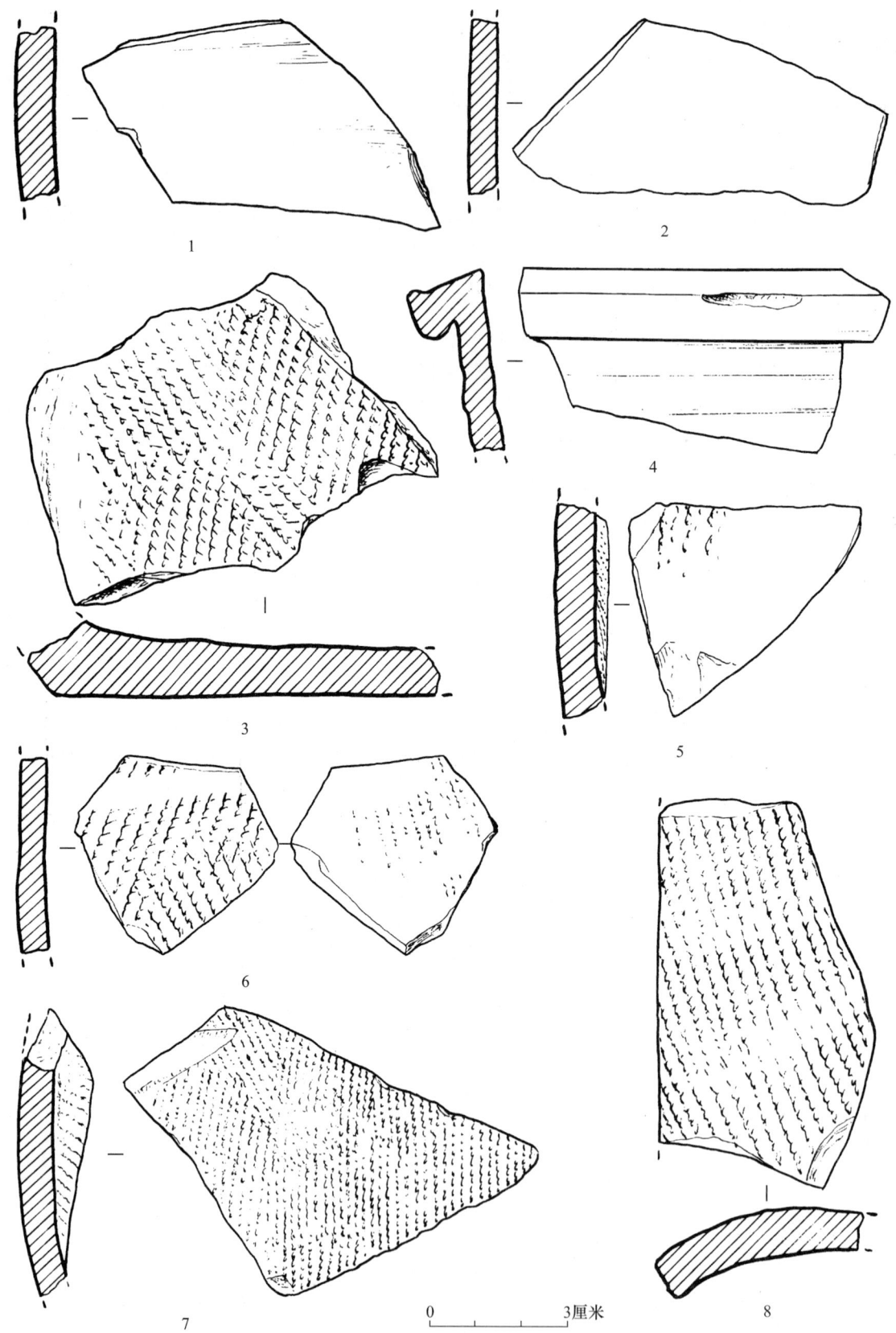

图一六〇　大河口遗址调查陶器（1313～1320）
1. 陶片（1320）　2. 陶罐（1318）　3. 陶器底（1319）　4. 陶盆（1313）　5. 陶片（1314）
6. 陶片（1316）　7. 陶片（1315）　8. 板瓦（1317）

标本1318，陶罐。泥质，结构紧密。深灰色。素面磨光。腹部残片，弧腹。手制、轮修，内壁有横向抹痕。宽8.1、高3.9厘米（图一六〇，2）。

标本1319，陶器底。泥质，结构紧密。夹芯陶，外壁深灰色，胎呈黄褐色，内壁呈灰色。外底面饰斜向绳纹，有交错，抹压。底部残片，平底，边缘有磨损。泥片贴筑。长8.9、宽6.9、高1.6厘米（图一六〇，3）。

1320和1321号二件标本坐标为N：35°44′42.5″，E：111°47′02.1″，海拔：646米。该采集点为灰坑（H11）。

标本1320，陶片。泥质，结构紧密。灰色。素面，外壁略有磨光。可能是盆腹部残片。手制、轮修，外壁有横向旋痕，内壁抹光，有横向和斜向磨痕。宽7.8、高4.4厘米（图一六〇，1）。

标本1321，陶盆。泥质，结构紧密。灰色。上腹近口沿处有凹弦纹一周，沿面及内壁有暗弦纹数周。口部残片，敞口，卷沿外翻，圆唇。轮制，口沿及内外壁有横向旋痕。宽7.9、高3.4厘米（图一六一，1）。

1322～1326号五件标本坐标为N：35°44′42.1″，E：111°47′01.8″，海拔：645米。采集点附近断崖上有文化层。

标本1322，陶鬲。夹砂，砂粒较小，密度较大。深灰色。竖向绳纹，较规整，未抹压。腹部残片，壁厚薄不一。手制，内壁较粗糙，有竖向抹痕。宽8.1、高9.7厘米（图一六一，6）。

标本1323，陶盆。泥质，结构紧密。灰色。上部略微磨光，下部饰竖向绳纹，有凹弦纹数周割断绳纹。上腹部残片。轮制，内外壁有横向旋痕。宽7.6、高5.2厘米（图一六一，3）。

标本1324，陶片。泥质，结构紧密。灰色。素面。可能是罐上腹部残片，外壁磨损较甚。手制、轮修，内壁有横向抹痕。宽6.3、高3.8厘米（图一六一，4）。

标本1325，陶片。夹细砂，密度较大。深灰色。斜向绳纹，有交错和叠压，抹压。可能是鬲腹部残片，弧腹。手制，内壁较粗糙，有横向抹痕。宽3.8、高4.5厘米（图一六一，7）。

标本1326，陶豆。泥质，结构紧密。灰色。柄部残段，圆柄中空，上细下粗，磨损较甚。手制、轮修。直径3.3～3.6、高3.8厘米（图一六一，2）。

1327和1328号二件标本坐标为N：35°44′42.0″，E：111°47′01.3″，海拔：641米。

标本1327，陶罐。夹白色和灰色砂，砂粒偏小，密度较大。灰色。口沿外饰抹绳纹，肩部饰竖向绳纹。口部残片，侈口，折沿，圆方唇，束颈，壁较厚。手制、轮修，口沿内外有横向旋抹痕。宽7.1、高4.6厘米（图一六一，8）。

标本1328，陶甑。泥质，结构紧密。灰色。素面。平底，底面平整，有圆穿孔，由外向内戳穿。手制、轮修，外底面粗糙，有很细的砂粒，内壁腹底转折处有横向旋抹痕。长5、宽3.6、高1厘米（图一六一，9）。

标本1329，陶盆。坐标为N：35°44′47.8″，E：111°46′48.9″，海拔：627米。夹细砂，密度较小。深灰色。腹外壁抹绳纹，多处绳纹被抹去。口部残片，敞口，平折沿，圆唇，斜收腹，外壁磨损有脱落。手制、轮修，口沿和内壁有横向旋抹痕。宽6.5、高3.4厘米（图一六一，5）。

标本1330，陶片。坐标为N：35°44′39.4″，E：111°47′04.7″，海拔：647米。泥质，结构紧密。灰色。竖向绳纹，抹压。磨损较甚。手制，内壁抹平。宽4.8、高5.9厘米（图一六二，5）。

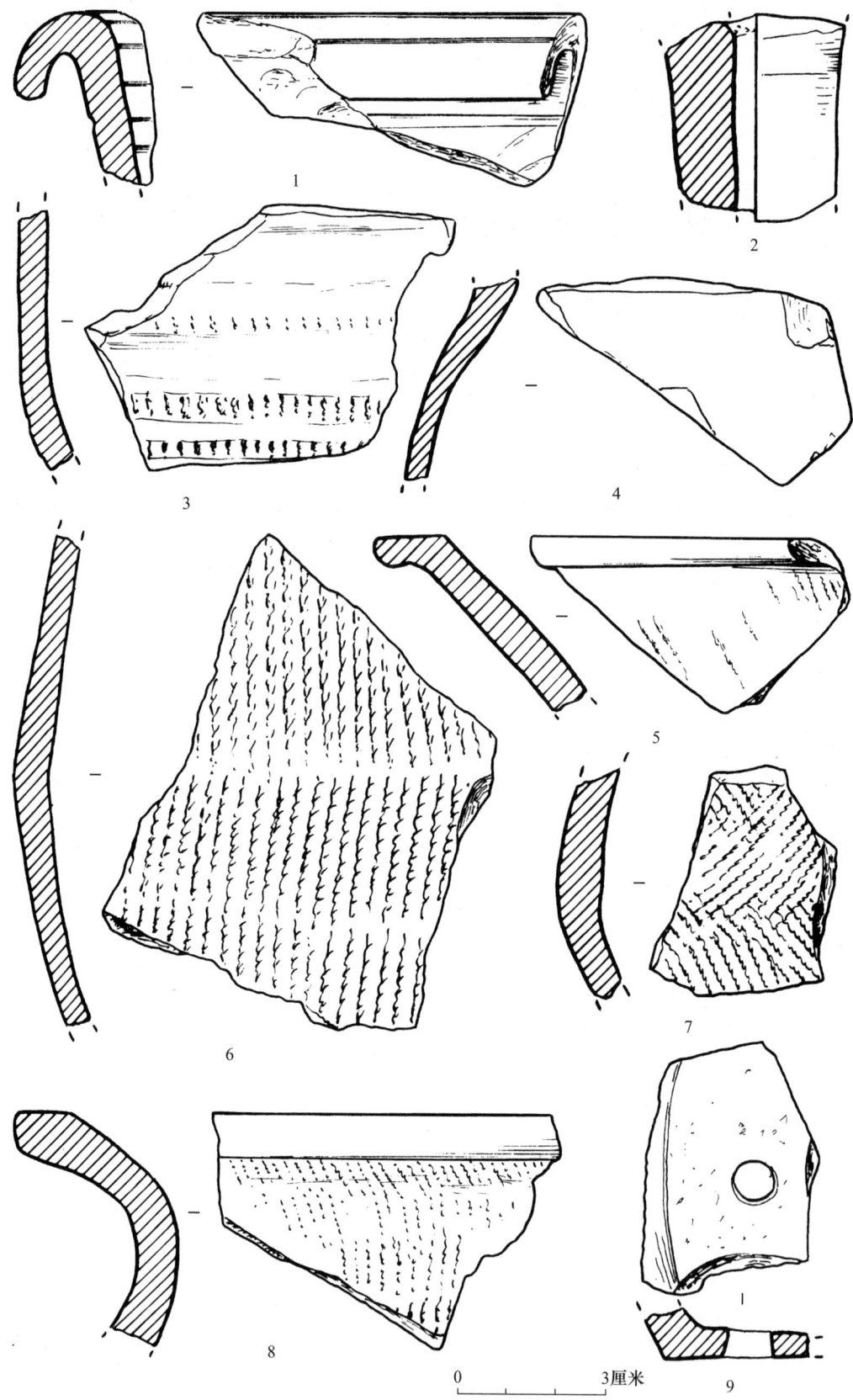

图一六一 大河口遗址调查陶器（1321~1329）
1. 陶盆（1321） 2. 陶豆（1326） 3. 陶盆（1323） 4. 陶片（1324） 5. 陶盆（1329）
6. 陶鬲（1322） 7. 陶片（1325） 8. 陶罐（1327） 9. 陶甑（1328）

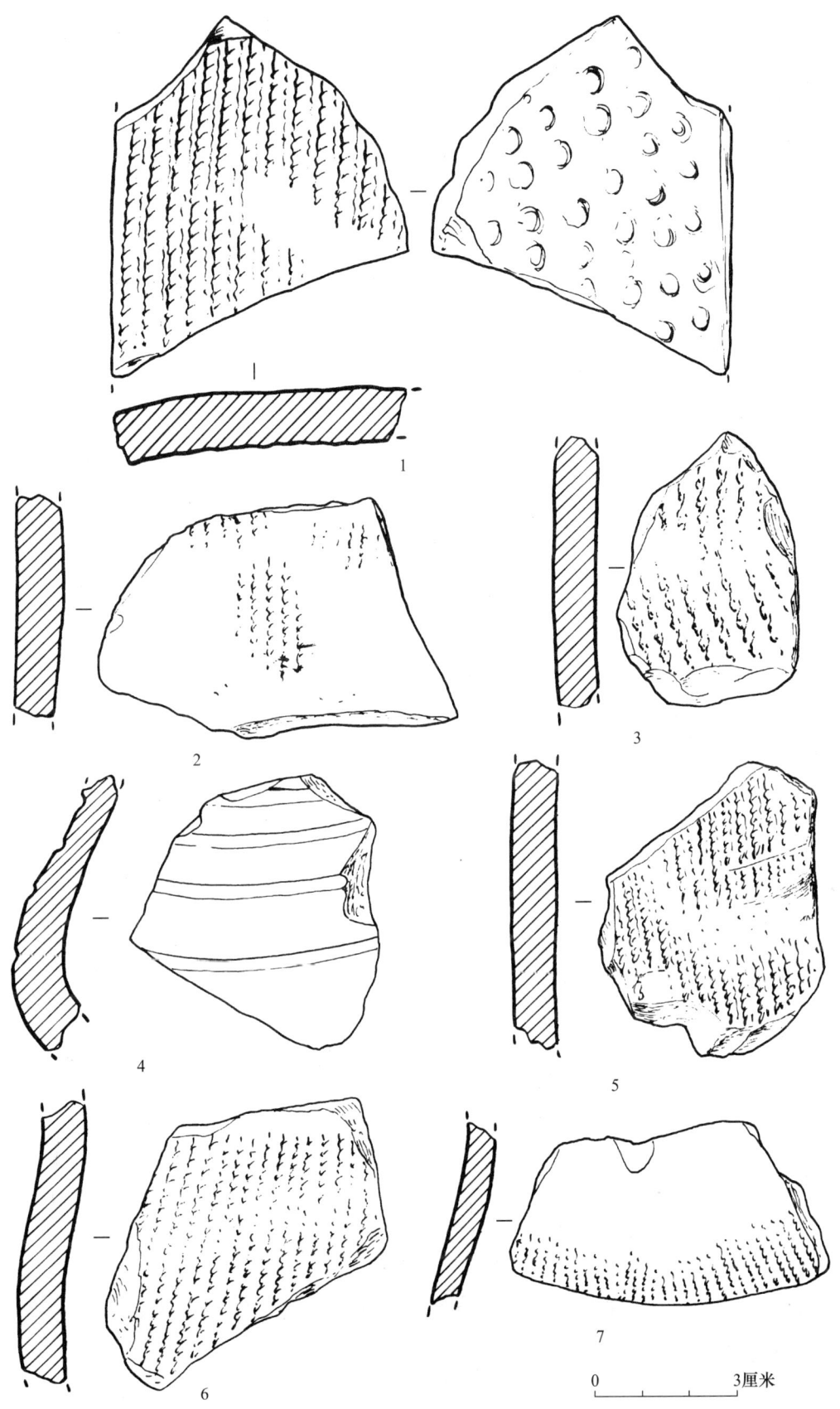

图一六二　大河口遗址调查陶器（1330～1336）
1. 板瓦（1335）　2. 陶片（1336）　3. 陶片（1331）　4. 陶罐（1333）　5. 陶片（1330）　6. 陶鬲（1334）　7. 陶罐（1332）

标本1331，陶片。坐标为 N：35°44′39.3″，E：111°47′04.1″，海拔：649米。泥质，结构紧密。灰色。竖向绳纹，较宽疏，抹压。可能是板瓦残片，磨损较甚。手制。宽3.8、高5.5厘米（图一六二，3）。

标本1332，陶罐。坐标为 N：35°44′39.2″，E：111°47′04.1″，海拔：649米。泥质，结构紧密。夹芯陶，内外壁深灰色，胎呈棕褐色。上部素面，下部饰竖向绳纹，较规整，抹压。肩部残片，壁较薄。手制，内壁较粗糙，有手指摁窝和横向抹痕，外壁有竖向抹痕。宽6.7、高3.7厘米（图一六二，7）。

1333和1334号二件标本坐标为 N：35°44′39.5″，E：111°47′04.2″，海拔：645米。

标本1333，陶罐。泥质，结构紧密。外壁深灰色，部分胎呈黄褐色，内壁及部分胎呈灰色。肩部饰凹弦纹数周。肩部残片，圆肩，腹壁较厚，磨损较甚。手制、轮修，内壁有横向抹痕。宽5.2、高5.5厘米（图一六二，4）。

标本1334，陶鬲。夹细砂，密度较大。外壁褐色，胎及内壁为灰色。竖向绳纹，不规整，抹压，上部绳纹被抹去。上腹部残片，内壁有横向抹痕。宽5.8、高5.8厘米（图一六二，6）。

标本1335，板瓦。坐标为 N：35°44′39.2″，E：111°47′03.6″，海拔：646米。泥质，结构紧密。竖向绳纹，较宽疏，抹压，内壁垫印凸蓖点纹，抹压。壁较厚，一侧有切割痕，由外向内切割三分之一厚度。手制。宽6.1、高7.2厘米（图一六二，1）。

标本1336，陶片。坐标为 N：35°44′39.3″，E：111°47′03.5″，海拔：645米。泥质，结构紧密。灰色。竖向绳纹，抹压，局部绳纹被抹去。可能是罐下腹部残片。手制，内有横向抹痕。宽7.4、高4.8厘米（图一六二，2）。

标本1337，陶片。坐标为 N：35°44′39.5″，E：111°47′03.1″，海拔：646米。泥质，结构紧密。灰色。绳纹，局部有交错，略规整，抹压，内壁垫印斜向绳纹，抹压。可能是罐腹部残片。手制。宽7、高4.8厘米（图一六三，1）。

标本1338，陶片。坐标为 N：35°44′39.7″，E：111°47′03.3″，海拔：646米。泥质，结构紧密。灰色。上部饰略右斜向绳纹，较规整，抹压，有抹弦纹一周割断绳纹，下部饰右斜向绳纹，局部有交错，内壁垫印绳纹，抹压较甚，多处绳纹被抹去。有磨损脱落。手制。宽4.2、高3.4厘米（图一六三，7）。

1339~1344号六件标本坐标为 N：35°44′39.6″，E：111°47′05.4″，海拔：648米。

标本1339，陶片。泥质，结构紧密。深灰色。右斜向绳纹，较规整，抹压。可能是罐残片。内壁抹光。宽3.3、高3.2厘米（图一六三，3）。

标本1340，陶罐。泥质，结构紧密。深灰色。左斜向绳纹，抹压，下部绳纹被抹去。下腹近底残片，近底处壁较厚。手制，内壁有横向抹痕。宽3.2、高3.6厘米（图一六三，4）。

标本1341，陶片。泥质，结构紧密。深灰色。斜向绳纹，密集，有交错，不规整，抹压，内壁垫印斜向绳纹，抹压。可能是罐腹部残片，壁厚薄不匀。手制，内壁有垫印凹窝。宽6.4、高4.4厘米（图一六三，2）。

标本1342，板瓦。泥质，结构紧密。浅灰色，泛黄。左斜向绳纹，密集，不规整，局部抹压，顶端饰横向绳纹，抹压，内壁垫印斜向和横向绳纹，有交叉，较乱，抹压。壁较厚，外壁局部剥落。泥片贴筑。宽9.2、高6.7厘米（图一六三，6）。

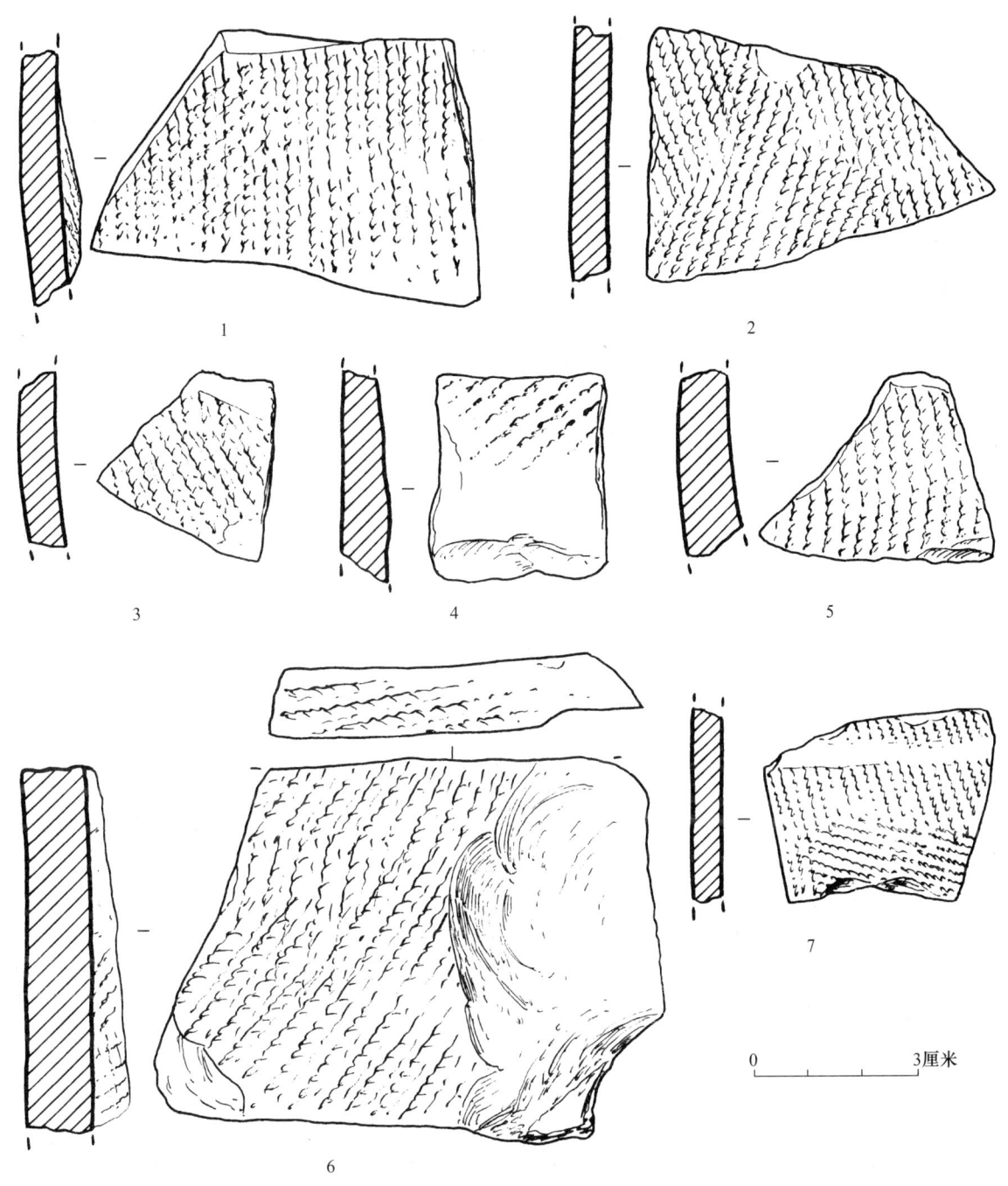

图一六三 大河口遗址调查陶器（1337～1343）
1. 陶片（1337） 2. 陶片（1341） 3. 陶片（1339） 4. 陶罐（1340）
5. 陶片（1343） 6. 板瓦（1342） 7. 陶片（1338）

标本 1343，陶片。泥质，结构紧密。灰色。竖向绳纹，抹压。壁较厚。手制，内壁磨损，略有剥落。宽 4.3、高 3.3 厘米（图一六三，5）。

标本 1344，板瓦。泥质，结构紧密。灰色。拍印左斜向绳纹，不规整，抹压，内壁垫印竖向绳纹，抹压。壁较厚，一侧有切割痕，切割面光滑，由内向外切割二分之一厚度。手制。宽 7、高 6.3 厘米（图一六四，6）。

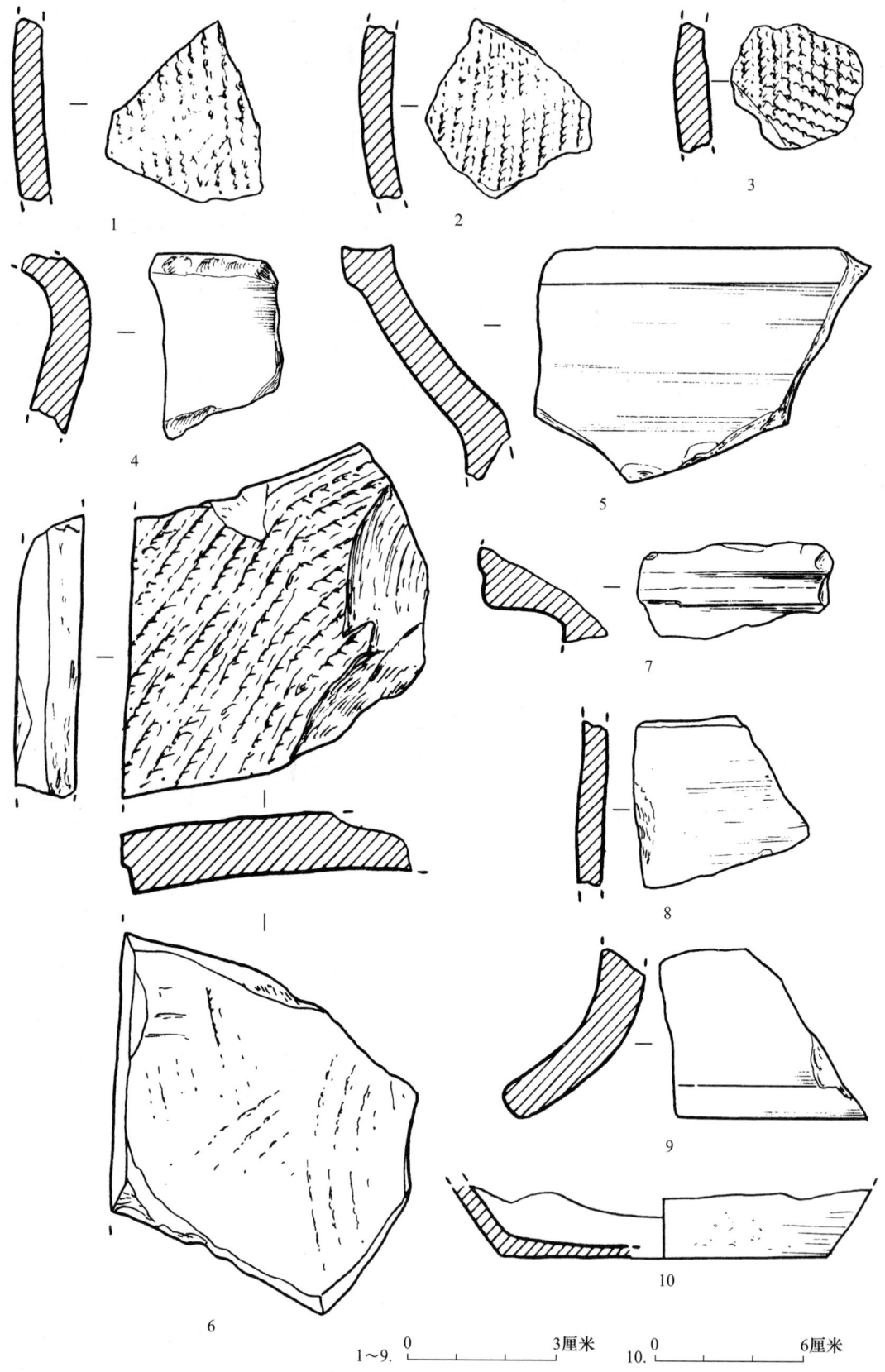

图一六四 大河口遗址调查陶器（1344~1353）

1. 陶片（1345） 2. 陶鬲（1350） 3. 陶鬲（1352） 4. 陶鬲（1347） 5. 陶盆（1349） 6. 板瓦（1344）
7. 陶盆（1346） 8. 陶片（1353） 9. 陶豆（1351） 10. 陶器底（1348）

1345~1348号四件标本坐标为N：35°44′39.6″，E：111°47′05.3″，海拔：648米。

标本1345，陶片。泥质，结构紧密。灰色。绳纹，不规整，有交错和叠压，局部抹压。壁较薄。手制，内壁抹光。宽3.2、高3.6厘米（图一六四，1）。

标本1346，陶盆。泥质，结构紧密。深灰色。素面。沿面较宽，剥落，方唇，唇面有凹槽一周。手制、轮修，外壁有横向旋痕。宽4、高1.9厘米（图一六四，7）。

标本1347，陶鬲。夹砂。深灰色。素面。口部残片，敛口，卷沿，唇残。手制，轮修，口沿内外有横向旋抹痕。宽2.8、高3.7厘米（图一六四，4）。

标本1348，陶器底。泥质。灰色。素面。下腹斜内收，平底，底面平整，边缘磨损光滑，底部较薄。手制、轮修，外壁有横向旋痕，内壁有横向旋痕，内底有同心圆旋抹痕。底径13.2、高2.8厘米（图一六四，10）。

1349~1351号三件标本坐标为N：35°44′39.8″，E：111°47′05.7″，海拔：646米。

标本1349，陶盆。泥质，结构紧密。灰色。素面。盘形口外敞，窄沿，沿面下凹，内外缘突起，方唇，斜颈。手制、轮修，口沿及内外壁有横向旋痕。宽6.8、高4.6厘米（图一六四，5）。

标本1350，陶鬲。夹细砂，密度较大。灰色。竖向绳纹，抹压。腹部残片。手制，内壁有横向抹痕。宽3.5、高3.3厘米（图一六四，2）。

标本1351，陶豆。泥质，结构紧密。灰色。素面。喇叭形底座，底座外圆唇。手制、轮修，内外壁有横向旋抹痕。宽4.2、高3.3厘米（图一六四，9）。

1352~1355号四件标本坐标为N：35°44′39.9″，E：111°47′05.5″，海拔：649米。

标本1352，陶鬲。夹砂，密度较大。浅灰色。斜向绳纹，不规整，抹压，有交错。腹部残片。手制，内壁抹平，较粗糙。宽2.6、高2.5厘米（图一六四，3）。

标本1353，陶片。泥质，结构紧密。灰色。素面。可能是罐腹部残片，壁较薄。轮制，外壁有横向旋痕，内壁抹平。宽3.6、高3.4厘米（图一六四，8）。

标本1354，陶盆。泥质。夹芯陶，内外壁为深灰色，胎呈黄褐色。素面。口微敛，卷沿上翘，弧腹，个体较小。手制、轮修，口沿及内外壁有横向旋痕。宽4.4、高3.8厘米（图一六五，10）。

标本1355，陶片。夹砂，密度较小。灰色。竖向绳纹，抹压较甚。手制，内壁抹平。宽5、高3.3厘米（图一六五，2）。

标本1356，陶片。坐标为N：35°44′40.0″，E：111°47′05.4″，海拔：647米。泥质，结构紧密。灰色。竖向绳纹，不规整，抹压，内壁垫印横向和竖向绳纹，抹压。手制，内壁垫印绳纹上有手指摁窝。宽5.2、高5.1厘米（图一六五，8）。

标本1357，陶片。标本坐标为N：35°44′39.9″，E：111°47′05.8″，海拔：647米。泥质。灰色。上部有一周附加堆纹。可能是罐颈部残片。轮制，内外壁有横向旋痕。宽6.7、高3.2厘米（图一六五，5）。

1358和1359号二件标本坐标为N：35°44′40.0″，E：111°47′05.8″，海拔：649米。

标本1358，陶豆。泥质。灰色。素面。豆座残片，圆柄中空，喇叭形底座，底座外圆方唇，磨损较甚。手制、轮修，底座内外有横向旋抹痕。宽3.6、高4.4厘米（图一六五，6）。

标本1359，陶盆。泥质，结构紧密。深灰色。腹部饰竖向绳纹，抹压，颈部抹绳纹，多处绳纹被抹去。口部残片，侈口，窄折沿，沿面有凹槽一周，斜方唇，斜直颈，颈内壁略凹，深腹。手制、

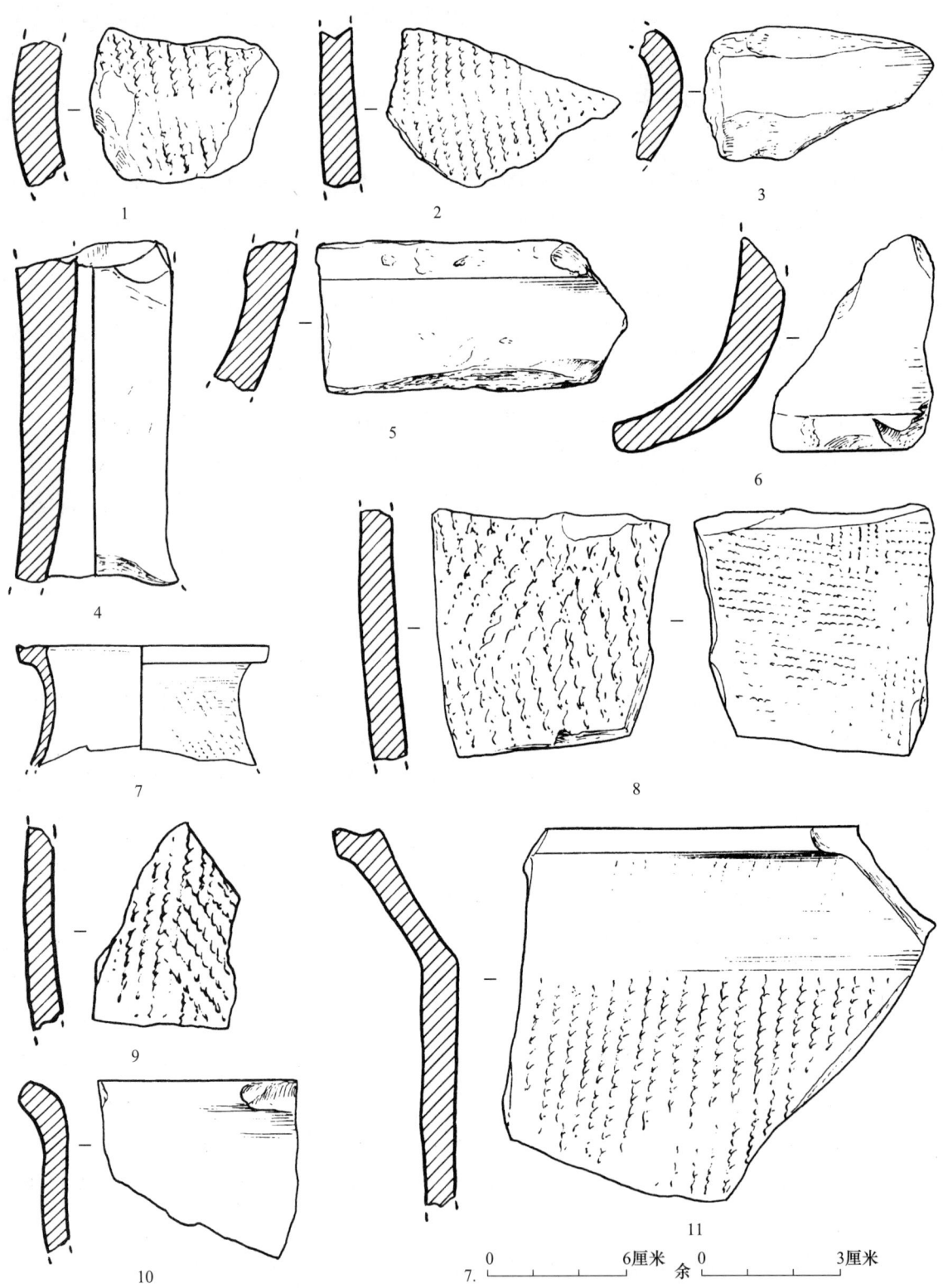

图一六五　大河口遗址调查陶器（1354～1364）
1. 陶鬲（1360）　2. 陶片（1355）　3. 陶罐（1361）　4. 陶豆（1363）　5. 陶片（1357）　6. 陶豆（1358）
7. 陶罐（1362）　8. 陶片（1356）　9. 陶片（1364）　10. 陶盆（1354）　11. 陶盆（1359）

轮修，口沿及颈部内外有横向旋抹痕，腹内壁有斜向抹痕。宽9.4、高7.8厘米（图一六五，11）。

标本1360，陶鬲。坐标为N：35°44′40.1″，E：111°47′02.9″，海拔：649米。夹细砂，密度较大。红褐色。竖向绳纹，抹压。腹部残片，壁较厚，磨损较甚。手制，内壁抹平。宽4.1、高3.3厘米（图一六五，1）。

标本1361，陶罐。坐标为N：35°44′39.9″，E：111°47′02.8″，海拔：649米。泥质，结构紧密。灰色。颈部内壁磨光。颈部残片，束颈，磨损较甚。手制、轮修，颈部外壁有横向旋痕，内壁下部有横向旋抹痕。宽4.9、高2.8厘米（图一六五，3）。

标本1362，陶罐。坐标为N：35°44′40.5″，E：111°47′03.5″，海拔：647米。粗泥质，含少许细砂。深灰色。颈部有少许抹绳纹，多处绳纹被抹去。小口罐，侈口，口内侧凸起，窄折沿，沿面外缘压凹槽一周，方唇，高颈内曲。轮制，口沿及内外壁有横向旋痕。口径8.2、高5厘米（图一六五，7；图版一九，6）。

标本1363，陶豆。坐标为N：35°44′40.6″，E：111°47′03.5″，海拔：644米。泥质。灰色。素面。圆柄中空。手制、轮修。直径3.3~3.4、高7.2厘米（图一六五，4）。

标本1364，陶片。坐标为N：35°44′40.5″，E：111°47′04.0″，海拔：647米。夹砂。灰色。竖向和斜向绳纹，抹压，局部有交错。可能是鬲腹部残片。手制，内壁抹平。宽3.2、高4.3厘米（图一六五，9）。

标本1365，陶片。坐标为N：35°44′39.9″，E：111°47′04.1″，海拔：646米。泥质，结构紧密。夹芯陶，内外壁为灰色，胎呈黄褐色。外壁上部饰绳纹，不规整，抹压。可能是罐下腹部残片。手制，内壁抹光。宽6.6、高5.7厘米（图一六六，1）。

1366~1368号三件标本坐标为N：35°44′40.1″，E：111°47′04.4″，海拔：645米。

标本1366，陶片。泥质，结构紧密。灰色。略左斜向绳纹，密集，规整，抹压，内壁垫印细密绳纹，较乱。壁较厚。手制。宽4.6、高4厘米（图一六六，3）。

标本1367，陶片。泥质，结构紧密。夹芯陶，内外壁为灰色，胎呈黄褐色。外壁拍印斜向绳纹，不规整，抹压。壁较薄，内壁局部脱落。泥片贴筑。宽3.6、高4.7厘米（图一六六，6）。

标本1368，陶片。泥质，结构紧密。灰色。外壁拍印竖向和左斜向绳纹，局部有交错，抹压，内壁垫印竖向绳纹，抹压。壁厚薄不匀。手制。宽4、高4厘米（图一六六，5）。

1369~1374号六件标本坐标为N：35°44′40.3″，E：111°47′04.7″，海拔：644米。

标本1369，陶片。泥质，结构紧密。外壁深灰色，胎及内壁呈灰色。素面，磨光。可能是罐残片，壁较厚。手制、轮修，内壁抹光。宽3.6、高2.9厘米（图一六六，8）。

标本1370，陶片。泥质，结构紧密。灰色。内壁有暗弦纹数周。壁较薄，磨损较甚。轮制。宽4.3、高3.8厘米（图一六六，4）。

标本1371，板瓦。泥质，结构紧密。黄褐色。竖向绳纹，较宽疏，抹压，内壁垫印细麻布纹。壁较厚。手制。宽4.6、高5厘米（图一六六，7）。

标本1372，陶片。泥质，结构紧密。灰色。竖向绳纹，密集，有叠压，抹压，上部绳纹被抹去。手制，内壁有垫印凹窝，抹光。宽5、高5.8厘米（图一六六，2）。

标本1373，筒瓦。泥质，结构紧密。灰色。竖向绳纹，较宽疏，抹压，内壁垫印细麻布纹。手制。宽5.3、高5.2厘米（图一六七，4）。

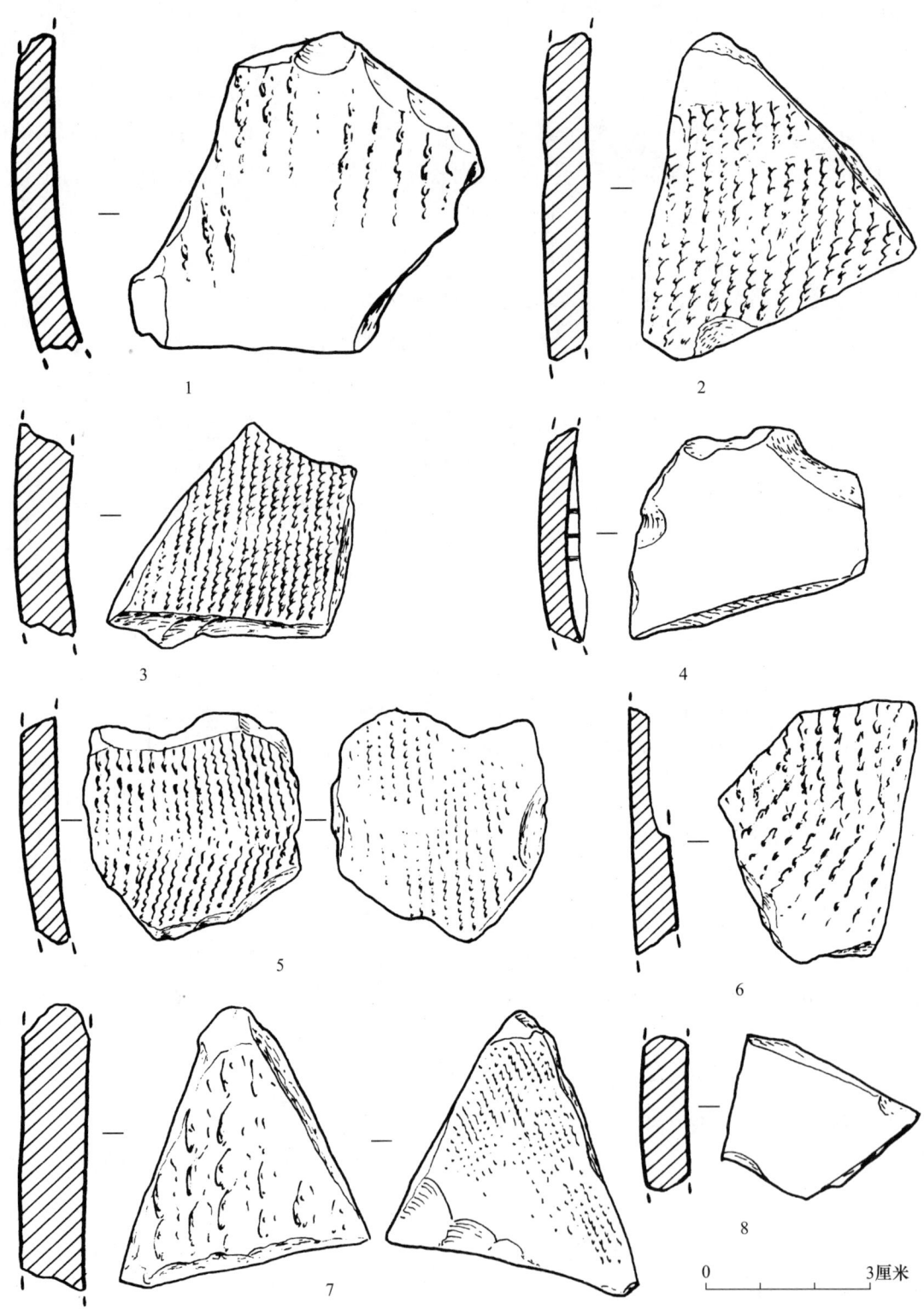

图一六六 大河口遗址调查陶器（1365~1372）
1. 陶片（1365） 2. 陶片（1372） 3. 陶片（1366） 4. 陶片（1370） 5. 陶片（1368）
6. 陶片（1367） 7. 板瓦（1371） 8. 陶片（1369）

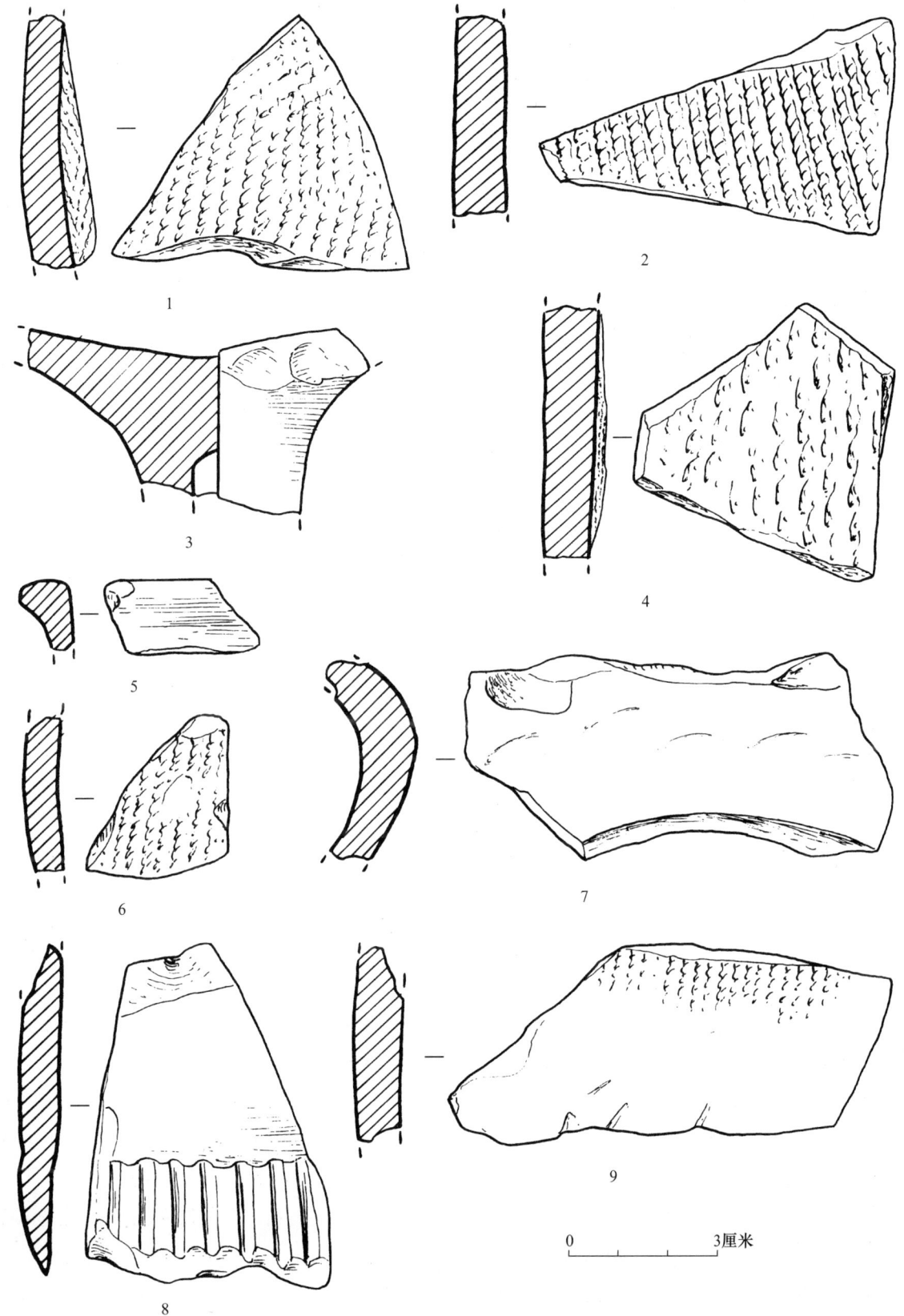

图一六七 大河口遗址调查陶器（1373~1381）
1. 陶片（1378） 2. 陶片（1381） 3. 陶豆（1375） 4. 筒瓦（1373） 5. 陶盆（1376）
6. 陶片（1377） 7. 陶罐（1380） 8. 陶盆（1379） 9. 陶片（1374）

标本 1374，陶片。泥质，结构紧密。灰色。抹绳纹，下部绳纹被抹去。可能是罐下腹部残片。泥片贴筑，内壁较粗糙，有横向抹痕。宽 8.8、高 3.8 厘米（图一六七，9）。

1375～1378 号四件标本坐标为 N：35°44′40.1″，E：111°47′05.1″，海拔：644 米。

标本 1375，陶豆。泥质，结构紧密。灰色。素面。豆盘残，圆柄中空。手制、轮修。宽 6.7、高 3.5 厘米（图一六七，3）。

标本 1376，陶盆。泥质，结构紧密。灰色。素面。口部残片，直口，窄折沿，小方唇，磨损较甚。口沿及内外壁有横向旋抹痕。宽 3.1、高 1.4 厘米（图一六七，5）。

标本 1377，陶片。泥质，结构紧密。灰色。竖向绳纹，抹压。手制，内壁抹平，有斜向抹痕。宽 2.8、高 3.1 厘米（图一六七，6）。

标本 1378，陶片。泥质。深灰色。竖向绳纹，抹压，内壁垫印斜向绳纹，抹压较甚。手制。宽 5.9、高 4.9 厘米（图一六七，1）。

1379～1383 号五件标本坐标为 N：35°44′40.1″，E：111°47′05.3″，海拔：644 米。

标本 1379，陶盆。泥质，结构紧密。夹芯陶，内外壁为灰色，部分胎呈黄褐色。外壁先附加堆纹一周，堆纹上压印竖条形纹。腹部残片。手制，泥片贴筑，外壁上部有横向旋抹痕，内壁有横向抹痕。宽 4.8、高 6.6 厘米（图一六七，8）。

标本 1380，陶罐。粗泥质，含细砂。灰色。素面。束颈，壁较厚。手制、轮修，内壁抹平，较粗糙，有横向抹痕。宽 8.5、高 4 厘米（图一六七，7）。

标本 1381，陶片。泥质，结构紧密。灰色。略右斜向绳纹，较规整，抹压。壁较厚。手制，内壁有横向抹痕。宽 7.1、高 4.2 厘米（图一六七，2）。

标本 1382，陶片。泥质，结构紧密。灰色。竖向和斜向绳纹，有叠压，抹压。手制，内壁有垫印凹窝。宽 5.5、高 4.1 厘米（图一六八，7）。

标本 1383，陶片。泥质，结构紧密。浅灰色。竖向绳纹，抹压，有叠压。壁较厚。手制，内壁有垫印痕迹。宽 4.4、高 4.5 厘米（图一六八，5）。

1384～1386 号三件标本坐标为 N：35°44′40.1″，E：111°47′05.3″，海拔：648 米。

标本 1384，筒瓦。泥质，结构紧密。灰色。右斜向绳纹，较宽疏，抹压，局部绳纹被抹去，内壁垫印细麻布纹。壁较厚。手制。宽 6.7、高 7.6 厘米（图一六八，1）。

标本 1385，陶盘。夹砂。灰色。抹绳纹。口部残片，敞口，平折沿，斜方唇，唇面有凹槽一周，斜收腹。手制、轮修，口沿和内壁有横向旋抹痕。宽 5.5、高 2.1 厘米（图一六八，3）。

标本 1386，陶片。粗泥质，夹少许细砂。夹芯陶，内外壁为黑色，胎呈黄褐色。素面，磨光。可能是壶或罐颈肩部残片。手制，内壁较粗糙，有手指摁窝。宽 5.6、高 5.5 厘米（图一六八，2）。

1387 和 1388 号二件标本坐标为 N：35°44′40.1″，E：111°47′05.5″，海拔：651 米。

标本 1387，陶片。泥质。灰色。素面，磨光。可能是罐腹部残片。手制、轮修，内壁抹光。宽 9.2、高 6 厘米（图一六八，4）。

标本 1388，陶片。泥质，结构紧密。深灰色。竖向绳纹，密集，有叠压，经抹压，内壁垫印横向绳纹，抹压。可能是罐腹部残片。手制，内壁垫印凹窝明显。宽 4.7、高 4.3 厘米（图一六八，6）。

1389～1392 号四件标本坐标为 N：35°44′40.1″，E：111°47′05.6″，海拔：646 米。

标本 1389，陶罐。泥质，结构紧密。深灰色。竖向绳纹，较规整，抹压，有一周不规则抹弦纹

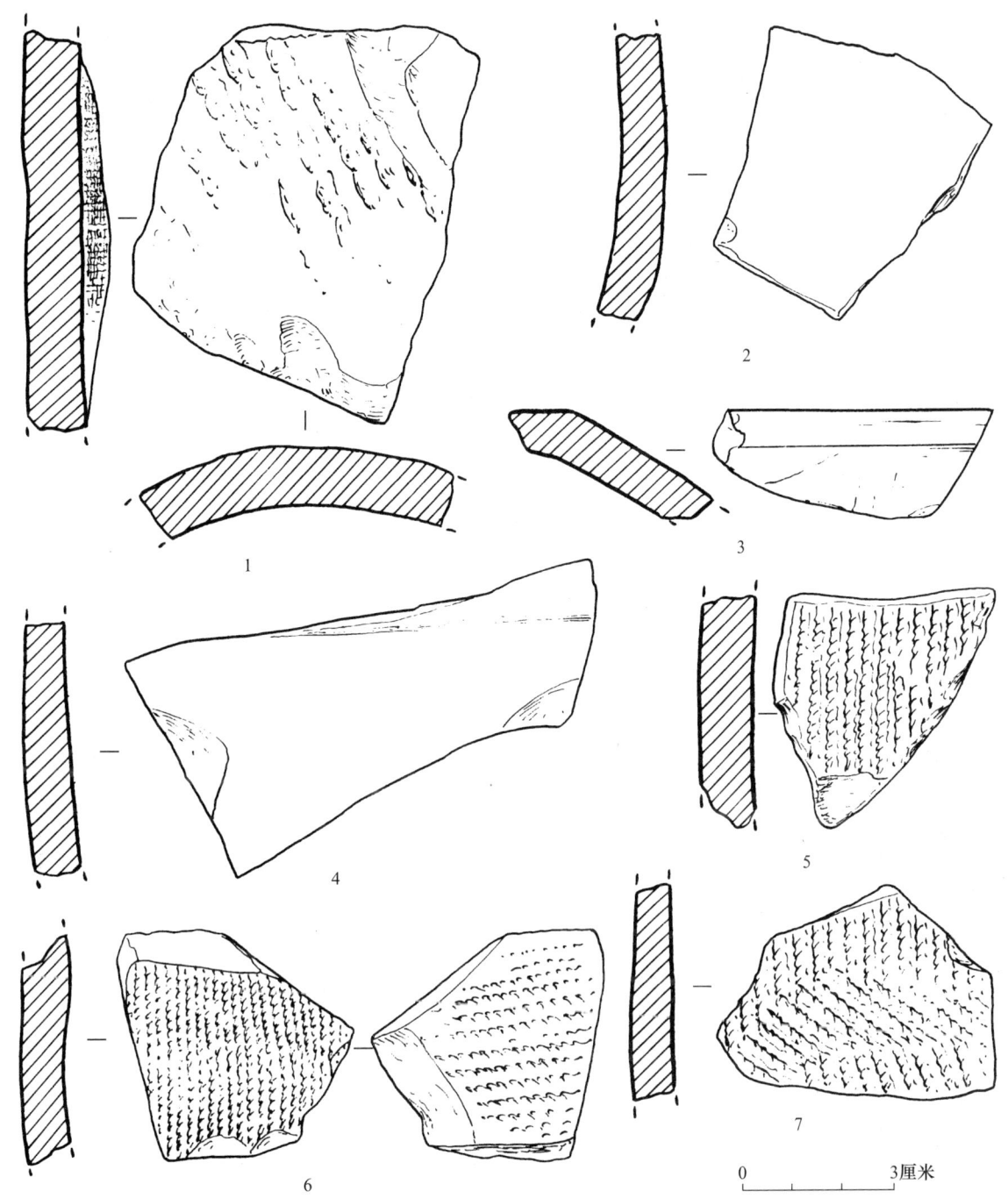

图一六八　大河口遗址调查陶器（1382～1388）

1. 筒瓦（1384）　2. 陶片（1386）　3. 陶盘（1385）　4. 陶片（1387）　5. 陶片（1383）　6. 陶片（1388）　7. 陶片（1382）

割断绳纹，下部绳纹被抹去。罐下腹部残片。手制，内壁有垫印凹窝，抹光，有横向抹痕。宽9.7、高9.2厘米（图一六九，8）。

标本1390，陶器底。泥质，结构紧密。灰色。素面。下腹斜内收，平底。泥片贴筑，轮修，内外壁均有横向旋抹痕。宽4、高1.8厘米（图一六九，5）。

标本1391（1391和1392号标本可能是同一件器物，拼接不起），陶片。泥质，结构紧密。深灰色。交错绳纹，未抹压。手制，内壁抹平，有横向抹痕。宽2.7、高4厘米（图一六九，3）。

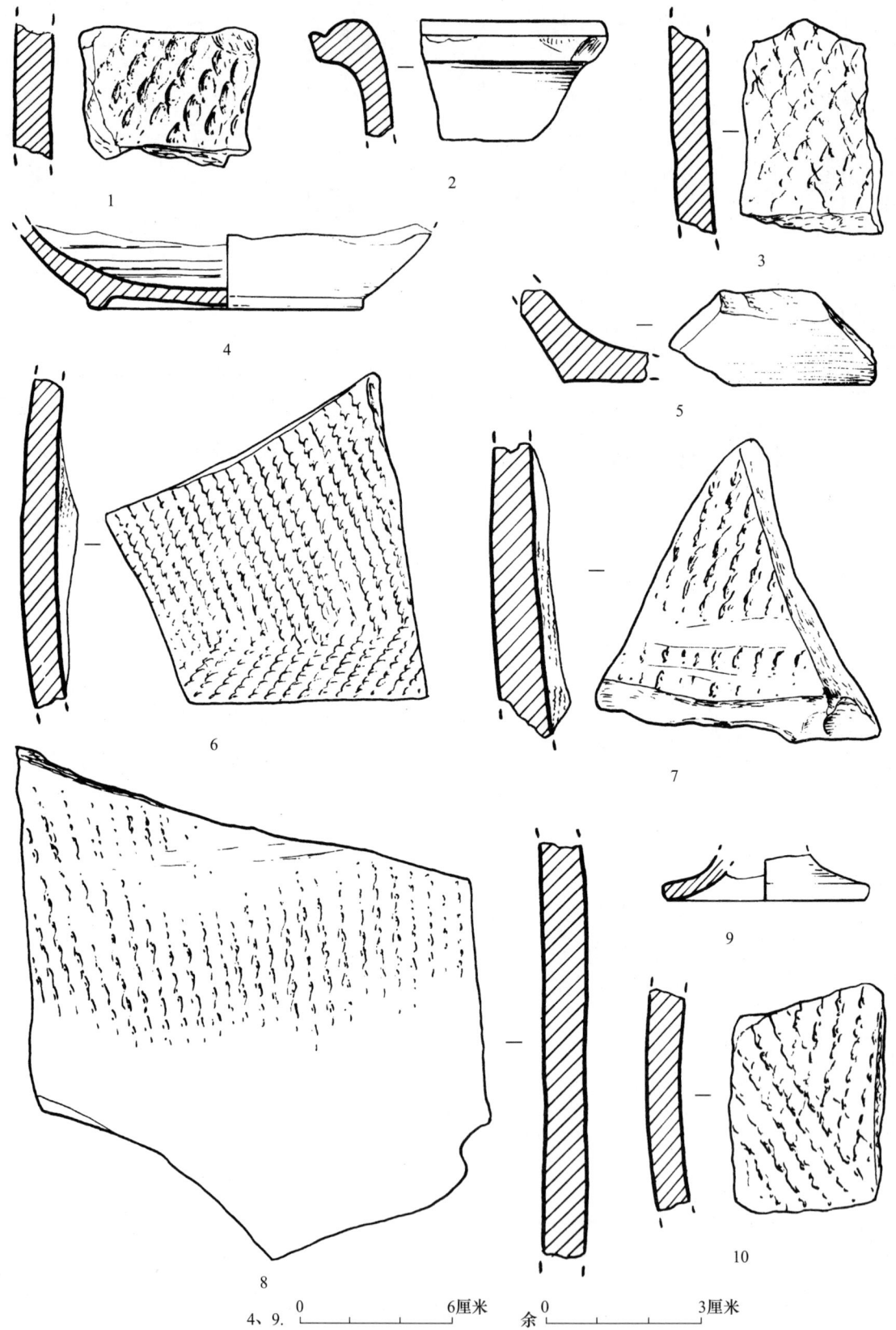

图一六九 大河口遗址调查陶器（1389~1398）
1. 陶片（1392） 2. 陶罐（1398） 3. 陶片（1391） 4. 陶碗（1397） 5. 陶器底（1390）
6. 陶罐（1396） 7. 陶片（1394） 8. 陶罐（1389） 9. 陶豆（1393） 10. 陶鬲（1395）

标本1392，陶片。泥质，结构紧密。深灰色。左斜向绳纹，局部有交错，未抹压。手制，内壁抹平，有横向抹痕。宽3.5、高2.6厘米（图一六九，1）。

1393~1397号五件标本坐标为N：35°44′40.1″，E：111°47′05.7″，海拔：650米。

标本1393，陶豆。泥质。灰色。素面。豆座残片，喇叭形底座，底座外圆方唇。手制、轮修，内、外壁有横向旋抹痕。底径8、高1.8厘米（图一六九，9）。

标本1394，陶片。泥质，结构紧密。灰色。略左斜向绳纹，抹压，有一周不规整抹弦纹割断绳纹，内壁垫印斜横向绳纹，抹压较甚。可能是罐腹部残片。泥片贴筑。宽5.5、高5.7厘米（图一六九，7）。

标本1395，陶鬲。夹细砂，密度较大。外壁黄褐色，胎及内壁呈灰色。竖向和斜向绳纹，局部有交错，抹压。腹部残片。手制，内壁较粗糙，有手指摁窝。宽3、高4.3厘米（图一六九，10）。

标本1396，陶罐。泥质，结构紧密。深灰色。斜向绳纹，方向不一致，局部抹压，内壁垫印斜向绳纹，抹压较甚。腹部残片，壁厚薄不匀。手制，内壁有垫印凹窝和横向抹痕。宽6.3、高6.2厘米（图一六九，6）。

标本1397，陶碗。泥质，结构紧密。灰色。内壁饰暗弦纹。弧腹斜内收，圜底近平，矮圈足。轮制，圈足刳挖而成，内外壁均有横向旋痕。底径10.8、高3.2厘米（图一六九，4）。

1398和1399号二件标本坐标为N：35°44′40.1″，E：111°47′05.7″，海拔：650米。

标本1398，陶罐。泥质，结构紧密。深灰色。素面。口部残片，侈口，卷沿，沿面外缘有凹槽一周，斜方唇。手制、轮修，口沿及外壁有横向旋痕。宽3.6、高2.2厘米（图一六九，2）。

标本1399，筒瓦。泥质。灰色。竖向绳纹，较规整，抹压。壁厚薄不匀。手制，内壁有手指摁窝。宽5.8、高7.5厘米（图一七○，5）。

1400~1403号四件标本坐标为N：35°44′39.9″，E：111°47′05.4″，海拔：653米。

标本1400，陶片。泥质，结构紧密。灰色。可能是罐肩部残片，圆肩。手制、轮修，外壁有横向旋痕，内壁有横向旋抹痕。宽6.9、高3.7厘米（图一七○，7）。

标本1401，陶罐。泥质，结构紧密。夹芯陶，内外壁为灰色，胎呈棕褐色。上腹部拍印斜向和竖向绳纹，未抹压，近颈处素面，上腹部内壁垫印斜向绳纹，抹压。上腹部残片。手制、轮修，颈部内外有横向旋抹痕，内壁下部有横向旋抹痕。宽5.8、高5.3厘米（图一七○，3）。

标本1402，陶片。泥质，结构紧密。灰色。左斜向绳纹，抹压，内壁垫印斜向绳纹，抹压较甚，纹饰甚浅。可能是罐腹部残片。手制。宽4.5、高4.1厘米（图一七○，2）。

标本1403，陶片。泥质，结构紧密。外壁为灰色，胎为棕褐色，内壁为浅灰色。斜向绳纹，方向不一致，内壁垫印横向绳纹，抹压。可能是罐腹部残片。泥片贴筑，内壁垫印痕迹明显。宽6.4、高4.6厘米（图一七○，4）。

1404~1407号四件标本坐标为N：35°44′41.2″，E：111°47′02.3″，海拔：647米。

标本1404，陶片。泥质，结构紧密。灰色。斜向绳纹，不规整，有交错，抹压。可能是罐腹部残片，壁较薄，磨损较甚。手制，内壁有手指摁窝和横向抹痕。宽6.2、高3.8厘米（图一七○，9）。

标本1405，陶罐。泥质，结构紧密。深灰色。肩部素面磨光。口部残片，侈口，有颈，圆肩，内壁磨损较甚。轮制，内外壁均有横向旋痕。宽6.3、高3.7厘米（图一七○，6）。

标本1406，陶片。泥质，结构紧密。深灰色。竖向绳纹，抹压，内壁垫印斜向绳纹。可能是

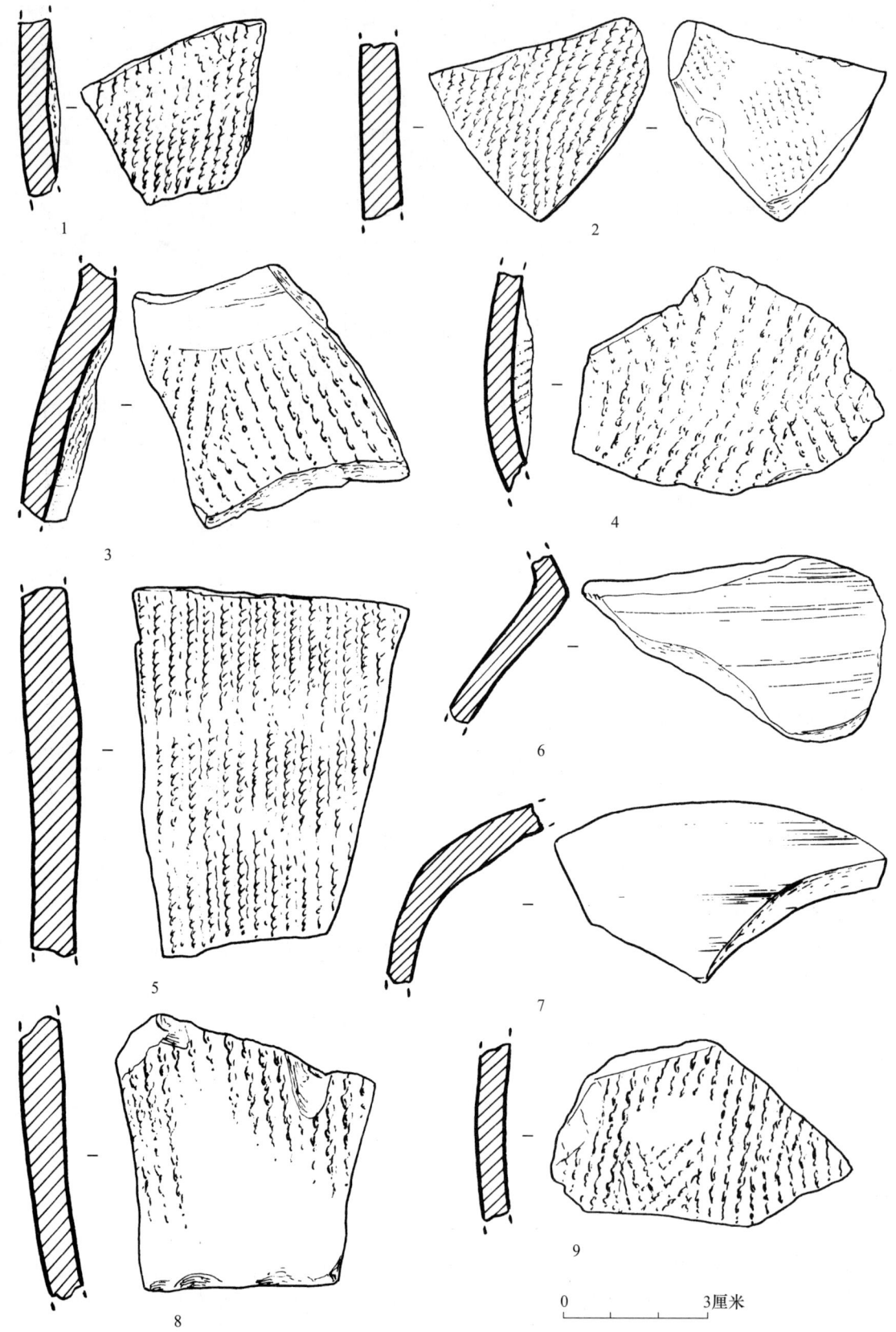

图一七〇 大河口遗址调查陶器（1399~1407）
1. 陶片（1406） 2. 陶片（1402） 3. 陶罐（1401） 4. 陶片（1403） 5. 筒瓦（1399）
6. 陶罐（1405） 7. 陶片（1400） 8. 陶罐（1407） 9. 陶片（1404）

罐腹部残片。手制，内壁有垫印凹窝。宽3.9、高3.8厘米（图一七〇，1）。

标本1407，陶罐。泥质，结构紧密。灰色。竖向绳纹，抹压，下部绳纹被抹去。下腹部残片，近底处壁变薄。手制，内壁有手指摁窝和横向抹痕。宽5.4、高5.6厘米（图一七〇，8）。

1408和1409号二件标本坐标为N：35°44′41.7″，E：111°47′02.7″，海拔：649米。

标本1408，陶罐。泥质，结构紧密。深灰色。素面。口部残片，直口，窄折沿外斜，方唇，唇面内凹，高颈。手制、轮修，口沿及内外壁均有横向旋痕。宽5、高3.9厘米（图一七一，1）。

标本1409，陶甑。泥质，结构紧密。灰色。素面。平底，有圆穿孔，孔径略小，较稀疏，由外向内戳穿。手制，内底面有抹痕。长3.9、宽2.8厘米，孔径0.6厘米（图一七一，7）。

标本1410，陶罐。坐标为N：35°44′41.4″，E：111°47′03.2″，海拔：649米。泥质，结构紧密。灰色。素面，内壁有垫印绳纹，抹压较甚。腹部残片，圆腹。手制、轮修，外壁有横向旋痕。宽7、高7.8厘米（图一七一，3）。

1411~1417号七件标本坐标为N：35°44′41.3″，E：111°47′03.9″，海拔：648米。采集点为一灰坑（H12），灰坑因机耕暴露于地表，直径约1米。

标本1411，陶支钉。泥质。棕褐色。素面。圆锥体，顶部残，底面平整。捏塑，表面捏制痕迹明显。底径2.6、高3厘米（图一七一，5）。

标本1412，陶支钉。泥质。褐色。素面。圆锥体，顶部和一侧面残，底面平整。捏塑，表面捏制痕迹明显。底径2.7、高2.8厘米（图一七一，8）。

标本1413，陶支钉。泥质。褐色。素面。圆锥体，顶部残，底面平整。捏塑，表面捏制痕迹明显。底径2.7、高2.8厘米（图一七一，9）。

标本1414，陶罐。泥质。灰色。素面。腹部残片。手制、轮修，外壁有斜向抹痕，内壁有横向旋抹痕。宽11.7、高6.3厘米（图一七一，6）。

标本1415，陶盆。泥质。灰色。饰瓦棱纹数周。敞口，窄折沿，沿面中间刻划浅凹槽一周，斜收腹。手制、轮修，口沿及内外壁有横向旋抹痕。宽7.6、高5.4厘米（图一七一，2）。

标本1416，陶盆。泥质，结构紧密。灰色。上腹有凹弦纹数周。敞口，折沿，唇残，斜收腹。手制、轮修，内壁抹光，外壁有横向旋抹痕。宽5.7、高4.9厘米（图一七一，4）。

标本1417，陶鬲。夹砂。外壁灰色，内壁钙化成白色。斜向绳纹，不规整，有交错，抹压。腹部残片，内壁脱落。手制。宽6.3、高6.6厘米（图一七二，7）。

1418和1419号二件标本坐标为N：35°44′41.1″，E：111°47′03.7″，海拔：648米。

标本1418，陶鬲。夹细砂，密度大，结构紧密。灰色。拍印斜向绳纹，不规整，抹压。腹部残片。手制，内壁抹平，较粗糙。宽4.6、高4.3厘米（图一七二，2）。

标本1419，陶片。泥质，结构紧密。外壁深灰色，胎及内壁呈灰色。素面，磨光。壁较薄。轮制，内壁有横向旋抹痕。宽5.1、高4.5厘米（图一七二，4）。

标本1420，陶豆。坐标为N：35°44′41.2″，E：111°47′04.3″，海拔：648米。泥质。灰色，外壁陶色不匀。素面。豆盘残片，敞口，圆唇，盘腹圆折，腹较深。手制、轮修，口沿及内外壁有横向旋抹痕。口径13、高4.6厘米（图一七二，6；图版二一，1、2）。

1421~1423号三件标本坐标为N：35°44′41.0″，E：111°47′04.1″，海拔：645米。

图一七一　大河口遗址调查陶器（1408~1416）
1. 陶罐（1408）　2. 陶盆（1415）　3. 陶罐（1410）　4. 陶盆（1416）　5. 陶支钉（1411）
6. 陶罐（1414）　7. 陶甑（1409）　8. 陶支钉（1412）　9. 陶支钉（1413）

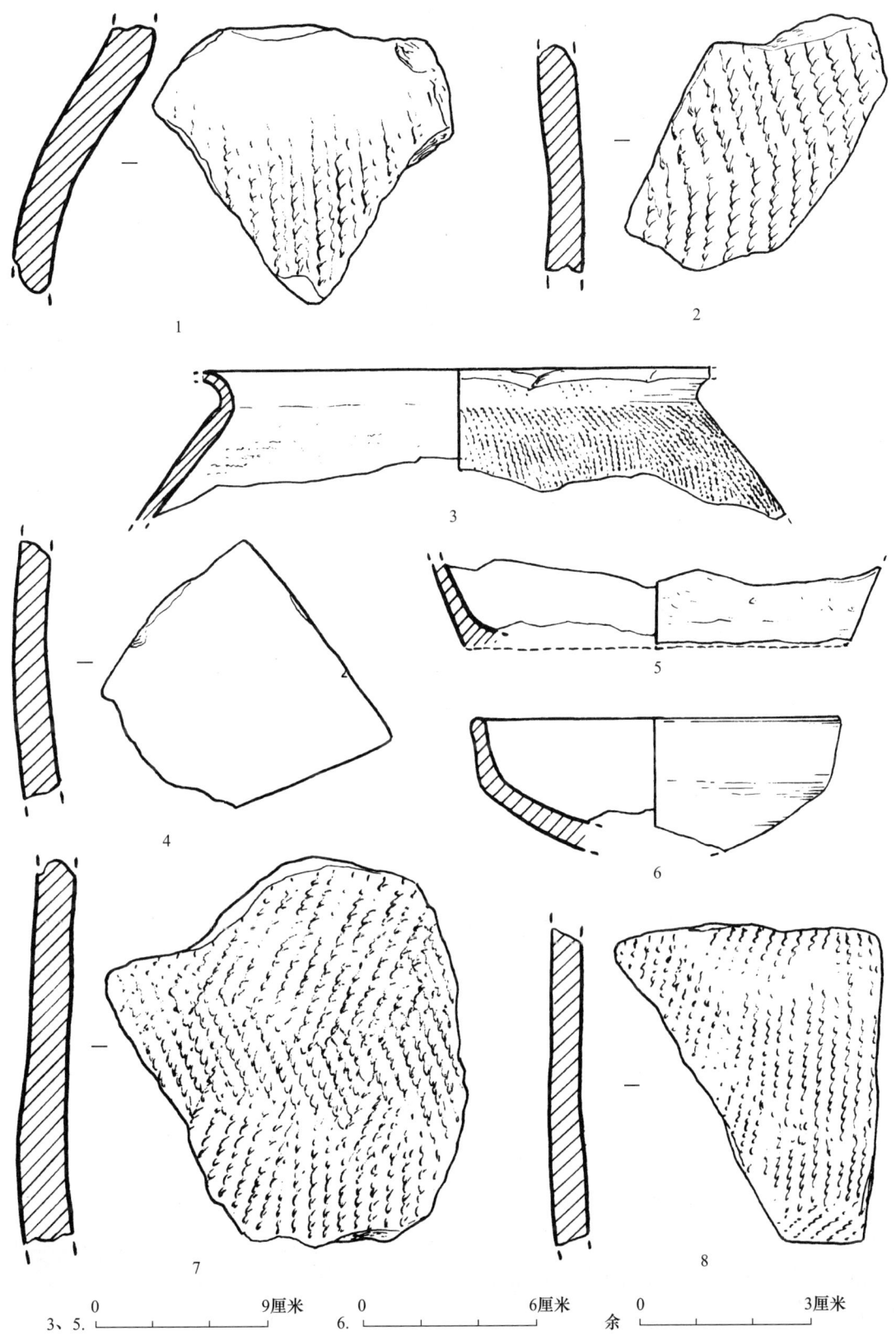

图一七二 大河口遗址调查陶器（1417～1424）
1. 陶鬲（1423） 2. 陶鬲（1418） 3. 陶罐（1421） 4. 陶片（1419） 5. 陶器底（1422）
6. 陶豆（1420） 7. 陶鬲（1417） 8. 陶片（1424）

标本 1421，陶罐。泥质，结构紧密。灰色。颈部有少许抹绳纹，肩部饰绳纹，方向不一致，抹压。敞口，卷沿，唇残，矮颈，溜肩，肩部壁厚薄不匀。手制、轮修，肩部内壁有垫印凹窝，口沿抹光，颈部有横向旋抹痕。口径26.4、高7.8厘米（图一七二，3）。

标本 1422，陶器底。泥质，结构紧密。灰色。素面。下腹斜内收，平底，底部脱落。手制、轮修，腹底套接，底片包裹腹壁，外壁有刮削痕迹，内壁有横向旋抹痕。底径约20.4、高4.5厘米（图一七二，5）。

标本 1423，陶鬲。夹细砂，含石英砂较多。灰色。肩部饰竖向绳纹，抹压，上部绳纹被抹去。肩部残片，溜肩。手制，内壁较粗糙，有手指摁窝。宽5.2、高4.7厘米（图一七二，1）。

标本 1424，陶片。坐标为 N：35°44′40.6″，E：111°47′03.9″，海拔：644米。泥质，结构紧密。深灰色。上部饰竖向绳纹，不规整，抹压，下部饰左斜向绳纹，抹压较甚，内壁局部垫印少许绳纹，抹压较甚，多处绳纹被抹去。手制、轮修，内壁有横向旋抹痕。宽4.7、高5.4厘米（图一七二，8）。

标本 1425，陶罐。坐标为 N：35°44′40.4″，E：111°47′04.4″，海拔：643米。泥质，结构紧密。深灰色。竖向绳纹，密集，抹压，抹一周宽带割断绳纹，宽带上下有凹弦纹，内壁垫印细密绳纹，局部绳纹被抹去。腹部残片。手制。宽6.6、高7厘米（图一七三，5）。

标本 1426，陶罐。坐标为 N：35°44′40.7″，E：111°47′05.4″，海拔：649米。泥质。灰色。素面。敞口，窄折沿，方唇略残，束颈，磨损较甚。手制、轮修，颈部有横向抹痕。宽6.1、高4.4厘米（图一七三，6）。

标本 1427，陶盆。坐标为 N：35°44′40.9″，E：111°47′06.1″，海拔：652米。泥质。深灰色。腹部饰左斜向滚压绳纹。敛口，宽折沿略外斜，方唇，唇面压成花边状，斜肩，肩腹部凸棱，内壁有凹槽，深腹。手制、轮修，口沿及内壁有横向旋痕，上腹部有横向旋抹痕。口径42.6、高12.9厘米（图一七三，1；图版二一，3）。

标本 1428，陶片。坐标为 N：35°44′40.2″，E：111°47′06.4″，海拔：648米。泥质，结构紧密。深灰色。竖向绳纹，密集，抹压，抹一周宽带割断绳纹，内壁垫印斜向绳纹，多处绳纹被抹去。可能是罐腹部残片。手制，内壁有横向抹痕。宽4.7、高5.2厘米（图一七三，3）。

1429～1433号五件标本坐标为 N：35°44′40.5″，E：111°47′07.1″，海拔：650米。

标本 1429，陶盆。泥质。灰色。腹部饰竖向绳纹，抹压。敞口，口内侧凸棱，宽折沿，沿面略凹，厚方唇，唇面内凹，唇上缘滚压成绳纹花边，斜颈，斜收腹。轮制，颈部内外均有横向旋痕。口径38.4、高6.9厘米（图一七三，2；图版二三，6）。

标本 1430，陶罐。泥质，结构紧密。灰色。素面。下腹部残片，斜内收，壁厚薄不匀。手制、轮修，外壁有竖向刮削痕，内壁有横向抹痕，下部有横向旋抹痕。宽7.6、高5.3厘米（图一七三，4）。

标本 1431，陶罐。泥质，结构紧密。灰色。竖向绳纹，不规整，抹压，内壁垫印横向绳纹，抹压。腹部残片，鼓腹，壁厚薄不匀。泥条叠筑，内壁凹凸不平，有手指摁压痕迹。宽14.3、高7厘米（图一七四，6）。

标本 1432，陶片。泥质，结构紧密。灰色，内壁为深灰色。竖向和左斜向绳纹，局部有交错，抹压，内壁垫印细小凹篦点纹。手制。宽6.1、高6厘米（图一七四，1）。

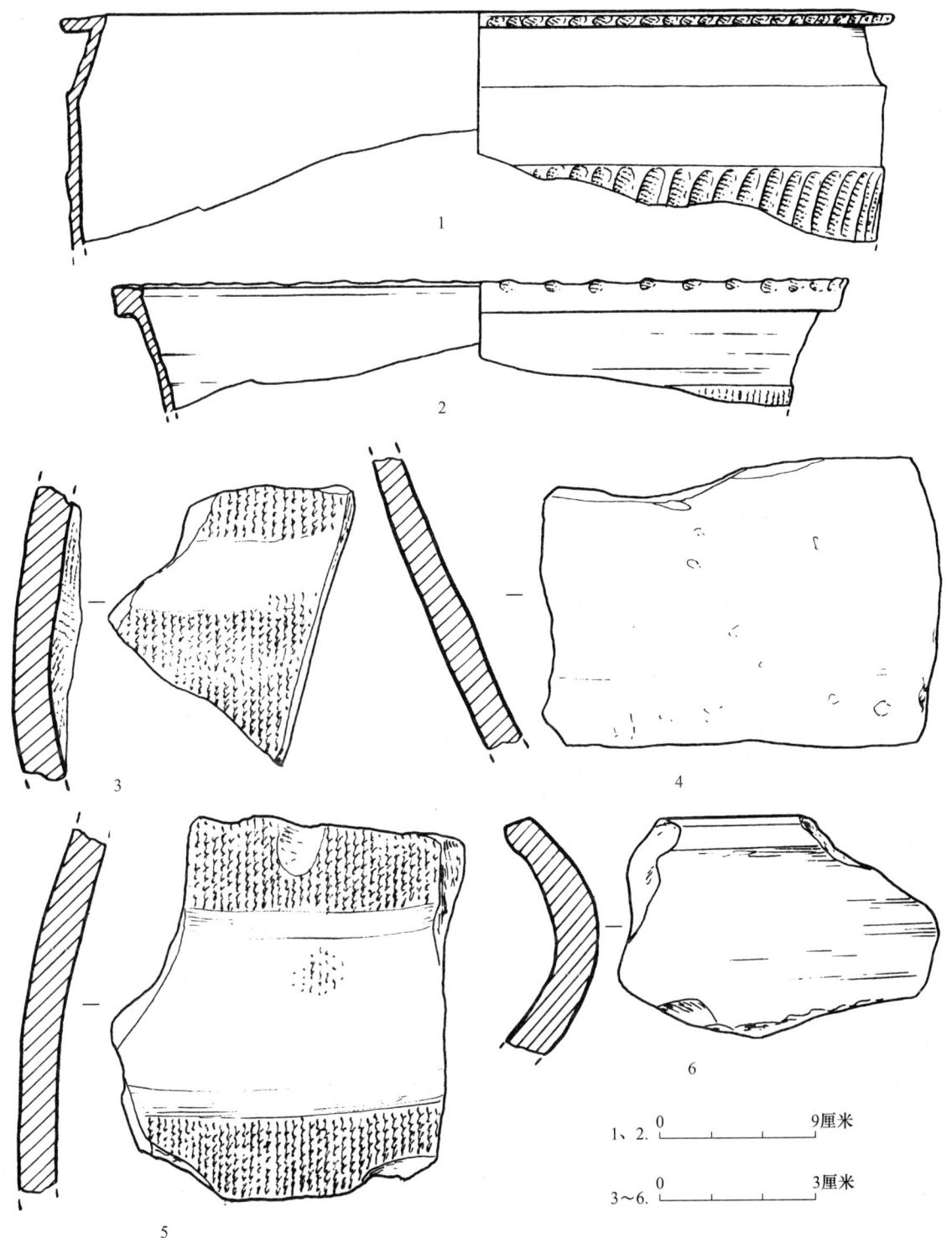

图一七三　大河口遗址调查陶器（1425~1430）
1. 陶盆（1427） 2. 陶盆（1429） 3. 陶片（1428） 4. 陶罐（1430） 5. 陶罐（1425） 6. 陶罐（1426）

标本1433，陶片。泥质，结构紧密。灰色。略左斜向绳纹，抹压，下部有抹弦纹一周割断绳纹。可能是罐下腹部残片，壁上薄下厚。手制，内壁有手指摁窝和横向抹痕。宽7.5、高6厘米（图一七四，2）。

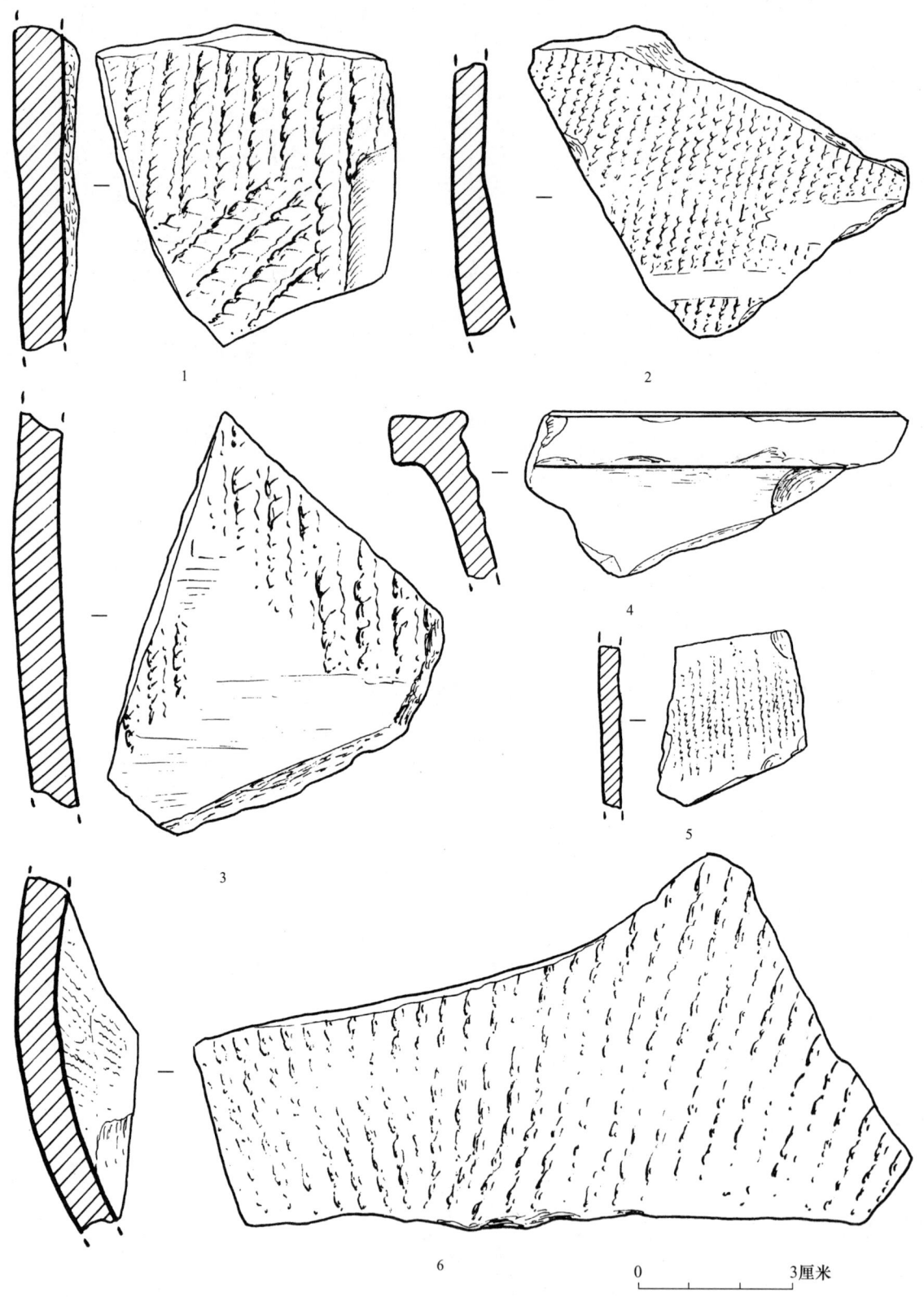

图一七四　大河口遗址调查陶器（1431~1436）
1. 陶片（1432）　2. 陶片（1433）　3. 陶罐或盆（1434）　4. 陶盆（1435）
5. 陶片（1436）　6. 陶罐（1431）

标本 1434，陶罐或盆。坐标为 N：35°44′40.6″，E：111°47′07.1″，海拔：649 米。泥质，结构紧密。夹芯陶，内外壁为灰色，胎呈黄褐色。竖向绳纹，较宽疏，抹压，下部绳纹被抹去。下腹部近底处残片，壁较厚。手制、轮修，内壁抹光，有横向旋抹痕。宽 6.7、高 8.1 厘米（图一七四，3）。

1435 和 1436 号二件标本坐标为 N：35°44′41.5″，E：111°47′05.1″，海拔：642 米。

标本 1435，陶盆。泥质，结构紧密。灰色。素面。敞口，口部有凸棱一周，折沿，沿面略凹，厚方唇，斜收腹，磨损较甚。轮制，口沿及内外壁有横向旋痕。宽 7.6、高 3.2 厘米（图一七四，4）。

标本 1436，陶片。泥质，结构紧密。灰色。竖向绳纹，密集，抹压。内壁及部分胎体脱落。泥片贴筑。宽 3.4、高 2.9 厘米（图一七四，5）。

1437～1439 号三件标本坐标为 N：35°44′41.5″，E：111°47′05.2″，海拔：646 米。

标本 1437，陶罐。泥质，结构紧密。灰色。素面。铁轨式口沿，沿面较宽，弧凸，尖唇，矮颈，壁较厚。手制、轮修，口沿及内外壁有横向旋抹痕。宽 5.9、高 4.2 厘米（图一七五，1）。

标本 1438，陶罐。泥质，结构紧密。灰色。素面。侈口，口部凸棱，斜沿，唇残，矮斜颈，内壁有脱落。手制、轮修，口沿及内外壁有横向旋抹痕。宽 5.5、高 4 厘米（图一七五，2）。

标本 1439，陶片。泥质。外壁及胎呈灰色，内壁为深灰色。竖向绳纹，不规整，抹压，下部绳纹被抹去，内壁垫印绳纹，较乱，抹压。可能是罐残片。手制。宽 6.2、高 7.7 厘米（图一七五，6）。

标本 1440，陶罐。坐标为 N：35°44′41.9″，E：111°47′05.3″，海拔：646 米。泥质，结构紧密。深灰色。斜向绳纹，密集，不规整，有交错和叠压，内壁垫印斜向绳纹，抹压，有交错。腹部残片。手制。宽 6.8、高 6.5 厘米（图一七五，3）。

1441 和 1442 号二件标本坐标为 N：35°44′41.7″，E：111°47′05.3″，海拔：646 米。

标本 1441，陶片。泥质，结构紧密。外壁深灰色，胎及内壁呈灰色。绳纹，抹压，有交错和叠压。手制，内壁抹光。宽 5、高 2.6 厘米（图一七五，4）。

标本 1442，陶片。泥质，结构紧密。外壁深灰色，胎及内壁呈灰色。有数周凹弦纹割断绳纹，上部绳纹被抹去，内壁饰暗弦纹数周。可能是罐肩部残片，壁较薄。轮制。宽 6.1、高 5.6 厘米（图一七五，5）。

标本 1443，陶片。坐标为 N：35°44′41.7″，E：111°47′05.8″，海拔：647 米。粗泥质，含少许细砂。夹芯陶，内外壁为深灰色，胎呈黄褐色。竖向绳纹，不规整，有一周抹弦纹割断绳纹。可能是鬲腹部残片，壁厚薄不匀。手制，内壁凹凸不平，有垫印凹窝。宽 8.3、高 4.5 厘米（图一七六，7）。

1444～1446 号三件标本坐标为 N：35°44′41.5″，E：111°47′05.9″，海拔：643 米。

标本 1444，陶鬲。夹细砂，密度较大。灰色。斜向绳纹，不规整，抹压。近足部残片，上薄下后，磨损较甚。手制，内壁较粗糙，有手指摁窝和横向抹痕。宽 4.2、高 3.8 厘米（图一七六，5）。

标本 1445，陶片。夹细砂。灰色。竖向绳纹，抹压。可能是鬲残片。手制，内壁较粗糙，有手指摁窝。宽 3.4、高 3.6 厘米（图一七六，2）。

标本 1446，陶片。泥质，结构紧密。灰色。拍印斜向绳纹，不规整，有交错，抹压，内壁垫印斜向绳纹，抹压较甚。可能是罐腹部残片，壁厚薄不匀。手制，内壁有垫印凹窝。宽 6.6、高 7.2 厘米（图一七六，4）。

1447～1449 号三件标本坐标为 N：35°44′41.6″，E：111°47′06.1″，海拔：646 米。

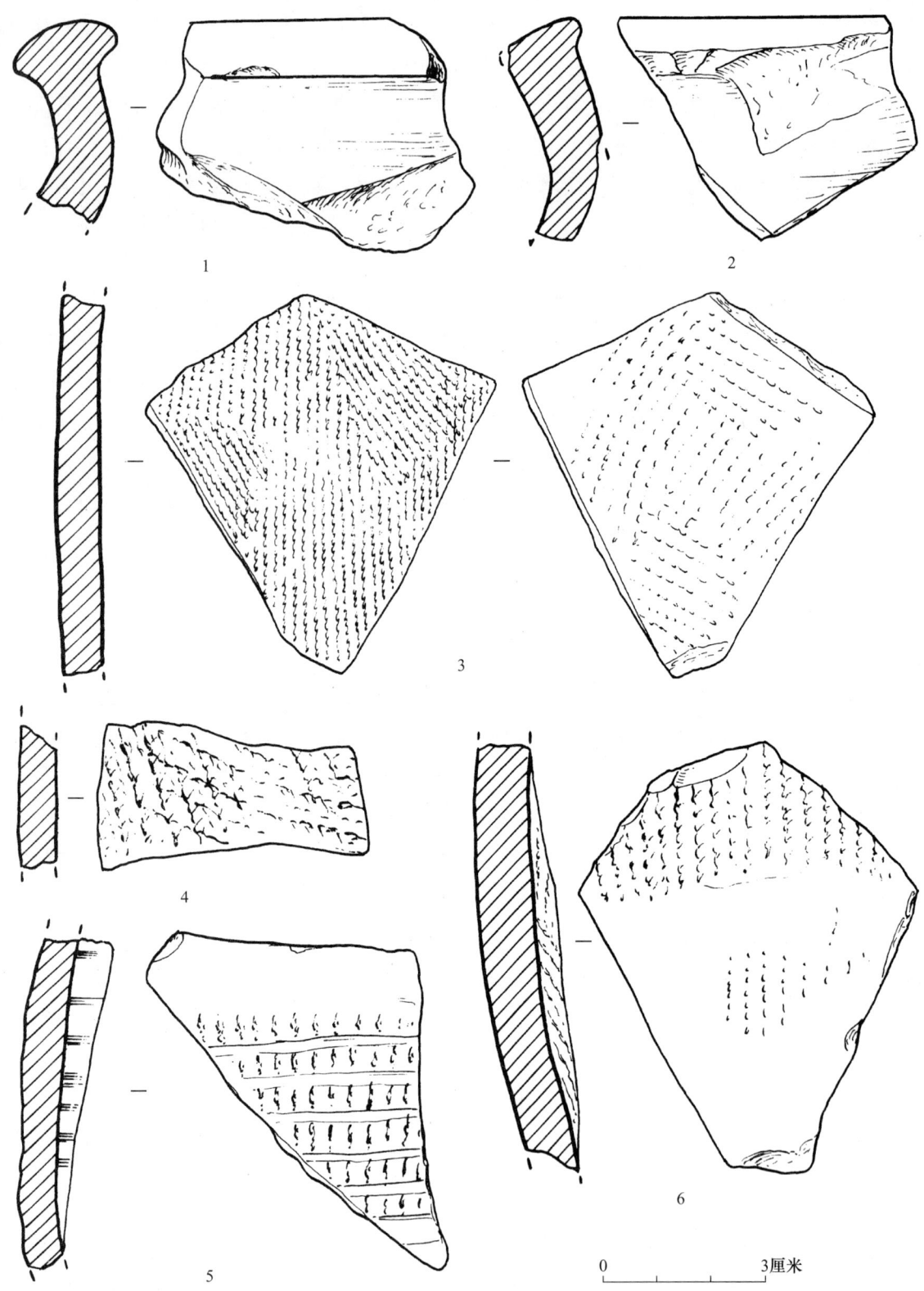

图一七五　大河口遗址调查陶器（1437～1442）
1. 陶罐（1437）　2. 陶罐（1438）　3. 陶罐（1440）　4. 陶片（1441）
5. 陶片（1442）　6. 陶片（1439）

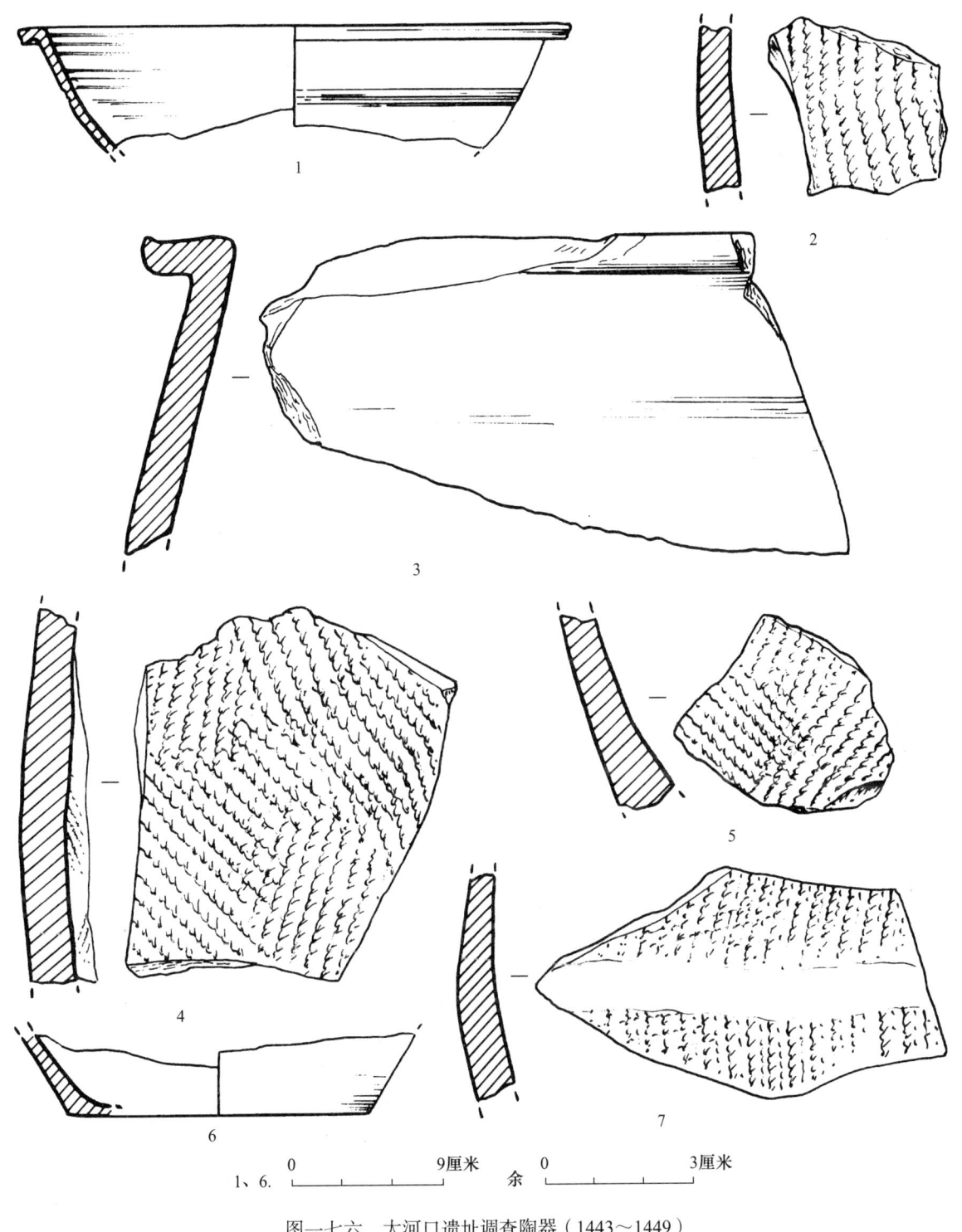

图一七六　大河口遗址调查陶器（1443~1449）
1. 陶盆（1447）　2. 陶片（1445）　3. 陶罐或瓮（1448）　4. 陶片（1446）
5. 陶鬲（1444）　6. 陶器底（1449）　7. 陶片（1443）

标本1447，陶盆。泥质，结构紧密。灰色。上腹饰凹弦纹数周，沿面及内壁饰暗弦纹数周。敞口，折沿，沿面较宽，方唇，唇面有凹槽一周，弧腹斜内收。手制、轮修，内外壁均有横向旋痕。口径30、高7.5厘米（图一七六，1；图版二一，4）。

标本1448，陶罐或瓮。泥质，结构紧密。灰色。素面。敛口，折沿，沿面较宽，外缘起棱，圆唇。手制、轮修，内壁抹光，有横向抹痕，外壁有横向旋痕。宽11.8、高6.2厘米（图一七六，3）。

标本1449，陶器底。泥质，结构紧密。灰色。素面。下腹斜内收，腹壁较厚，平底，底面平整，边缘有磨损。手制、轮修，内壁有泥条叠筑痕迹和横向旋抹痕，另有斜向刮抹痕。底径18、高4.8厘米（图一七六，6）。

标本1450，陶器底。坐标为N：35°44′41.6″，E：111°47′06.1″，海拔：646米。泥质，结构紧密。灰色。略左斜向绳纹，抹压，近底处绳纹被抹去。下腹斜内收，平底，底面平整，边缘有磨损，壁较厚。手制、轮修，下腹近底处有横向旋抹痕，内壁较粗糙，有斜向抹痕。底径30、高6.3厘米（图一七七，5）。

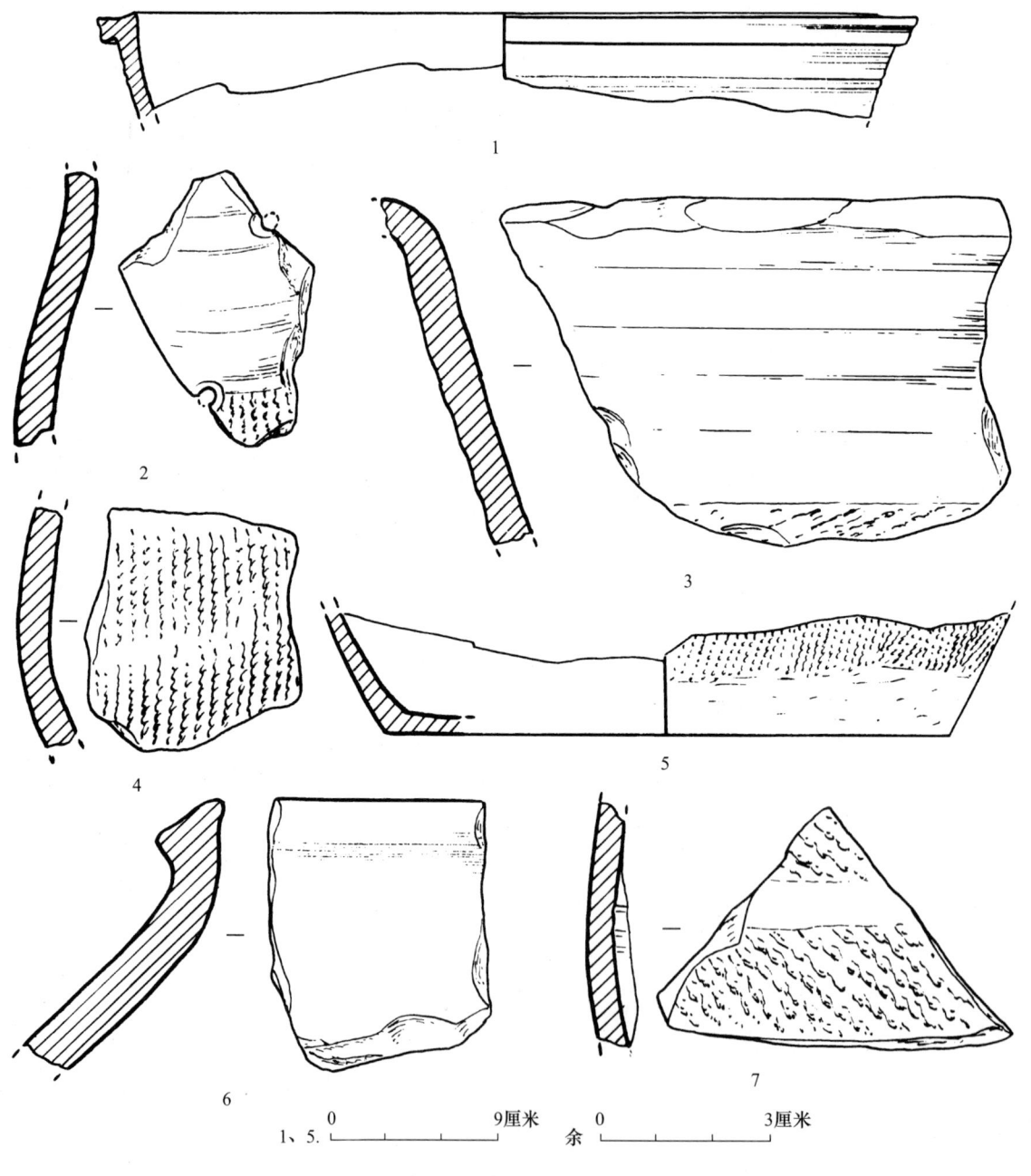

图一七七　大河口遗址调查陶器（1450～1456）

1. 陶盆（1455）　2. 陶片（1454）　3. 陶盆（1452）　4. 陶片（1453）　5. 陶器底（1450）　6. 陶罐（1451）　7. 陶片（1456）

1451和1452号二件标本坐标为N：35°44′41.6″，E：111°47′06.6″，海拔：646米。

标本1451，陶罐。泥质，结构紧密。深灰色。素面。直口，口内略凹，外斜沿，尖圆唇，溜肩。泥片贴筑，轮修，口沿及内外壁有横向旋痕。宽4、高4.7厘米（图一七七，6）。

标本1452，陶盆。泥质，结构紧密。灰色。上腹饰宽弦纹数周，下部饰右斜向绳纹。敞口，卷沿，唇残，腹斜收。手制、轮修，内外壁均有横向旋痕。宽8.9、高6厘米（图一七七，3）。

标本1453，陶片。坐标为N：35°44′41.2″，E：111°47′07.1″，海拔：649米。泥质，结构紧密。灰色。竖向绳纹，密集，抹压较甚。可能是罐肩部残片，壁较薄，磨损较甚。手制，内壁有横向抹痕。宽3.9、高4.2厘米（图一七七，4）。

标本1454，陶片。坐标为N：35°44′41.2″，E：111°47′07.5″，海拔：647米。泥质，结构紧密。灰色。上部素面，下部饰竖向绳纹，抹压。可能是罐上腹部残片，断茬处有两个穿孔，两面对钻而成。手制，内壁有横向抹痕。宽3.5、高4.7厘米（图一七七，2）。

1455~1457号三件标本坐标为N：35°44′41.4″，E：111°47′07.5″，海拔：649米。

标本1455，陶盆。泥质，结构紧密。灰色。上腹部有凸弦纹一周。敞口，宽折沿，沿面下凹，厚方唇，唇面有凹槽一周，弧腹斜内收，壁较厚。手制、轮修，口沿及内外壁均有横向旋痕。口径39.6、高5.4厘米（图一七七，1）。

标本1456，陶片。泥质，结构紧密。灰色。右斜向绳纹，抹压，有一周抹弦纹割断绳纹。可能是罐残片，壁较薄。手制、轮修，泥片贴筑，内壁有横向旋痕。宽6.3、高4.1厘米（图一七七，7）。

标本1457，陶罐。夹细砂。灰色。肩部饰右斜向绳纹，抹压。口部残片，敛口，斜折沿，圆方唇，圆肩。手制、轮修，口沿及内壁有横向旋抹痕。宽6.2、高4.5厘米（图一七八，1）。

1458~1460号三件标本坐标为N：35°44′41.4″，E：111°47′07.9″，海拔：647米。

标本1458，陶罐。粗泥质，含细小钙质物颗粒，结构紧密。灰色。上腹部拍印斜向绳纹，方向不一致，有交错和叠压，上部抹压，近颈处绳纹被抹去。上腹部残片，壁厚薄不匀。手制，内壁有垫印凹窝和斜向抹痕。宽7.8、高11.4厘米（图一七八，8）。

标本1459，陶片。泥质，结构紧密。深灰色。竖向绳纹，抹压，上部局部绳纹被抹去。可能是盆上腹部残片。轮制，外壁上部有横向旋痕，内壁抹光，有横向旋抹痕。宽5.7、高5.6厘米（图一七八，2）。

标本1460，陶片。泥质，结构紧密。灰色。竖向绳纹，较规整，抹压。手制，内壁有手指摁窝和横向抹痕。宽5.1、高5.5厘米（图一七八，3）。

1461和1462号二件标本坐标为N：35°44′40.8″，E：111°47′07.7″，海拔：650米。

标本1461，陶片。泥质，结构紧密。灰色。竖向绳纹，较规整，抹压。可能是罐腹部残片，磨损较甚。手制，内壁抹光。宽4.5、高3.7厘米（图一七八，4）。

标本1462，陶鬲。夹石英砂，密度大。灰色。绳纹，较乱，局部有交错，抹压。腹部残片，壁较厚。手制，内壁粗糙，有手指摁窝。宽7.3、高6.6厘米（图一七八，6）。

1463和1464号二件标本坐标为N：35°44′40.8″，E：111°47′07.1″，海拔：647米。

标本1463，陶片。泥质，结构紧密。灰色。斜绳纹，局部有交错，抹压。磨损较甚。手制，内壁有手指摁窝。宽3.4、高3.6厘米（图一七八，7）。

标本1464，陶片。泥质，结构紧密。灰色。竖向绳纹，抹压，局部有叠压。壁较薄。手制、轮修，内壁有横向旋抹痕。宽3.6、高3.5厘米（图一七八，5）。

1465和1466号二件标本坐标为N：35°44′41.0″，E：111°47′06.0″，海拔：648米。

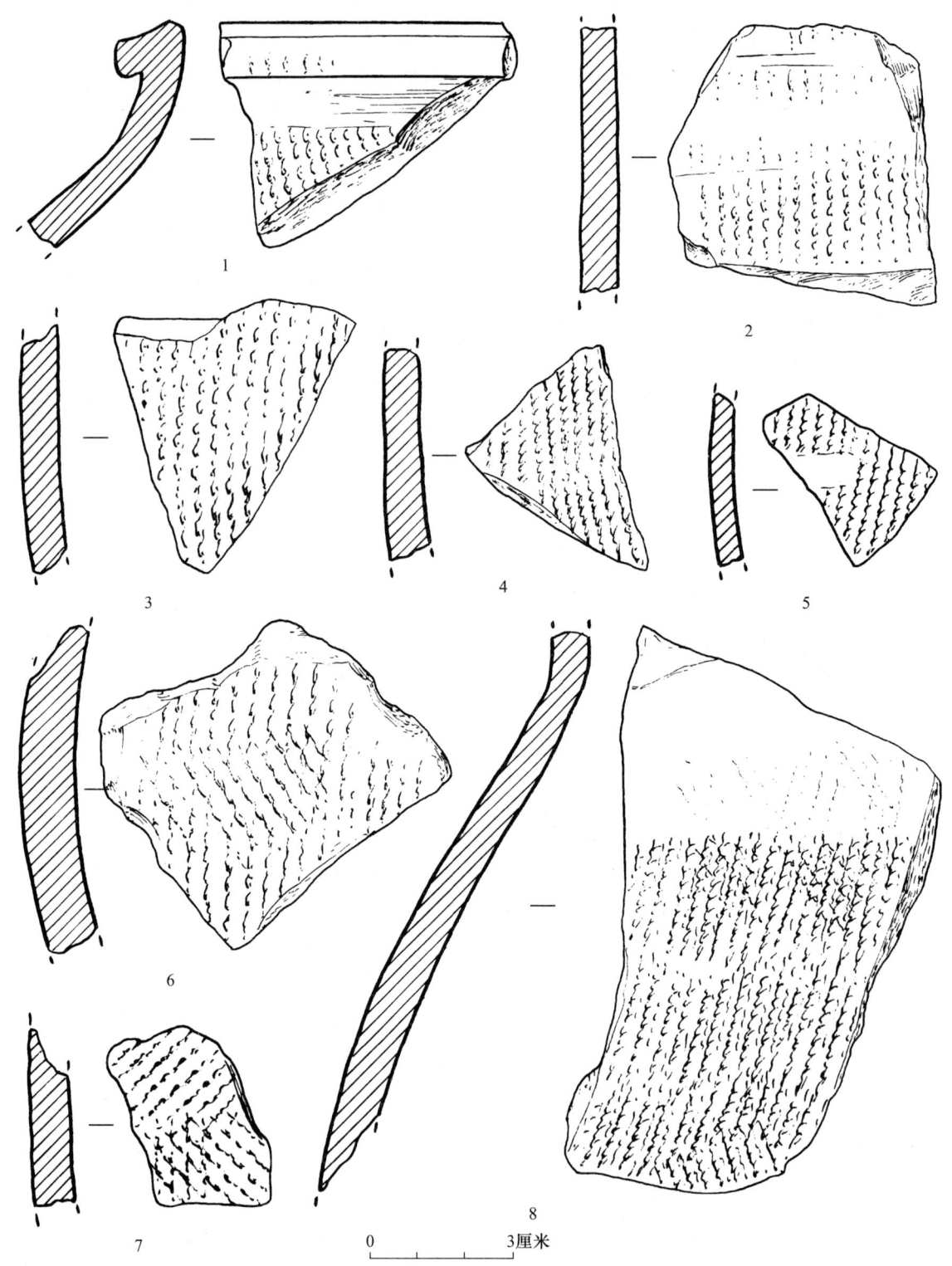

图一七八　大河口遗址调查陶器（1457~1464）
1. 陶罐（1457）　2. 陶片（1459）　3. 陶片（1460）　4. 陶片（1461）　5. 陶片（1464）
6. 陶鬲（1462）　7. 陶片（1463）　8. 陶罐（1458）

标本1465，陶盆。泥质，结构紧密。灰色。素面。侈口，折沿，沿面下凹，方唇，曲颈，有磨损。轮制，口沿及内外壁有横向旋痕。宽5、高2.1厘米（图一七九，2）。

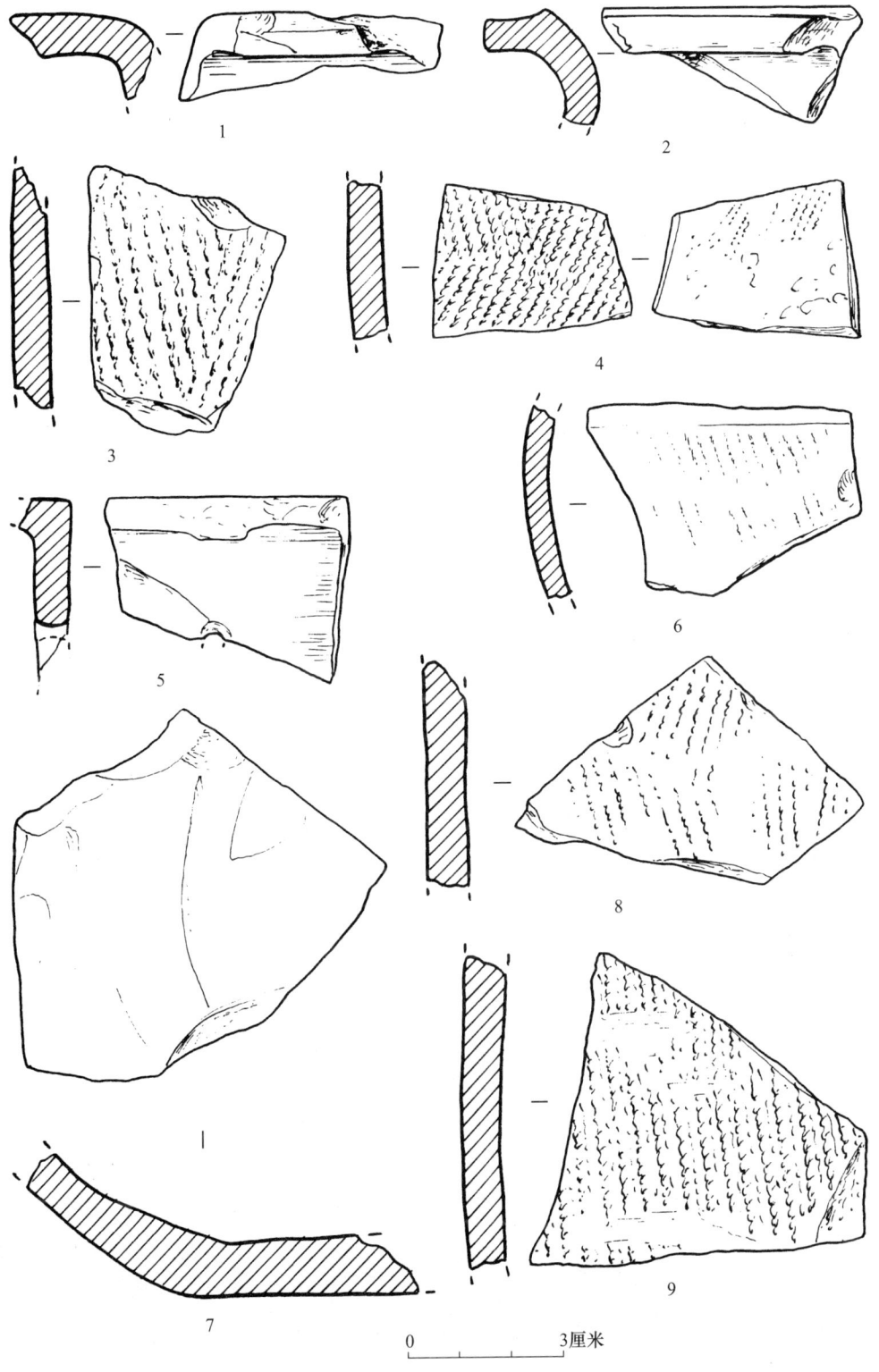

图一七九　大河口遗址调查陶器（1465～1473）
1. 陶盆（1469）　2. 陶盆（1465）　3. 陶片（1471）　4. 陶片（1467）　5. 陶盆（1468）
6. 陶片（1466）　7. 陶器底（1473）　8. 陶片（1470）　9. 陶片（1472）

标本 1466，陶片。泥质，结构紧密。灰色。抹绳纹，多处绳纹被抹去，上部有不规整凹弦纹一周。可能是钵腹部残片，弧腹，壁较薄。轮制，内壁有横向旋痕。宽5.3、高3.6厘米（图一七九，6）。

1467 和 1468 号二件标本坐标为 N：35°44′41.8″，E：111°47′02.4″，海拔：648 米。

标本 1467，陶片。泥质，结构紧密。灰色。左斜向绳纹，局部有交错，抹压，内壁垫印绳纹，抹压较甚。可能是罐腹部残片。手制。宽3.8、高2.9厘米（图一七九，4）。

标本 1468，陶盆。泥质，结构紧密。灰色。素面。直口，折沿，唇残，腹部有一穿孔，两面对钻。轮制，内外壁有横向旋抹痕。宽4.7、高3.5厘米（图一七九，5）。

1469~1470 号二件标本坐标为 N：35°44′41.6″，E：111°47′04.0″，海拔：648 米。

标本 1469，陶盆。泥质，结构紧密。沿面素面磨光。灰色。素面。口部残片，卷折沿，沿面较宽，斜方唇，唇面有凹槽一周，口沿有剥落。泥片贴筑，轮修，沿下有横向旋抹痕。宽5、高1.6厘米（图一七九，1）。

标本 1470，陶片。泥质，结构紧密。灰色。不规整绳纹，局部有交错，抹压，局部绳纹被抹去。可能是罐腹部残片。泥片贴筑。宽6.8、高4.2厘米（图一七九，8）。

标本 1471，陶片。坐标为 N：35°44′41.4″，E：111°47′04.1″，海拔：649 米。泥质，结构紧密。灰色。斜向绳纹，不规整，抹压。壁较薄，磨损较甚，内壁有脱落。手制，内壁抹平。宽3.8、高5厘米（图一七九，3）。

标本 1472，陶片。坐标为 N：35°44′42.0″，E：111°47′04.7″，海拔：646 米。泥质。深灰色。竖向绳纹，略显规整，抹压。可能是罐腹部残片。手制，内壁有横向抹痕。宽6.5、高5.8厘米（图一七九，9）。

1473~1475 号三件标本坐标为 N：35°44′41.9″，E：111°47′04.1″，海拔：646 米。

标本 1473，陶器底。泥质，结构紧密。深灰色。下腹局部有磨光。下腹斜内收，平底，底面平整，底部较厚，腹底交接处圆转。轮制，内壁有横向旋抹痕，内底有同心圆旋痕。宽6.9、高2.6厘米（图一七九，7）。

标本 1474，陶片。泥质，结构紧密。深灰色。绳纹，略左斜，较规整，抹压，有两周抹弦纹割断绳纹，内壁局部有垫印绳纹。可能是罐腹部残片。手制，内壁较粗糙，有垫印凹窝。宽5.5、高5.9厘米（图一八〇，9）。

标本 1475，陶鬲。夹少许细砂，结构紧密。外壁及胎呈浅橙色，内壁为黄褐色。竖向绳纹，局部抹压，内壁垫印斜向绳纹，抹压较甚。腹部残片，壁较薄。手制。宽3.5、高4.3厘米（图一八〇，6）。

1476 和 1477 号二件标本坐标为 N：35°44′42.1″，E：111°47′03.5″，海拔：648 米。

标本 1476，陶片。泥质，结构紧密。外壁深灰色，胎及内壁为灰色。上部素面磨光，下部饰交错绳纹，未抹压，二者间以凹弦纹间隔，下部绳纹上有一周凹弦纹割断绳纹，内壁垫印斜向绳纹，抹压较甚。可能是罐上腹部残片，壁厚薄不匀。手制，内壁略显粗糙，有手指摁窝。宽5.4、高4.7厘米（图一八〇，2）。

标本 1477，陶器底。泥质，外底面粘附一层细砂。灰色。素面。下腹斜内收，平底，底面平整，壁厚薄不匀。手制、轮修，外壁有横向旋抹痕，不规整，另有斜向刮抹痕，内壁有摁窝和横向

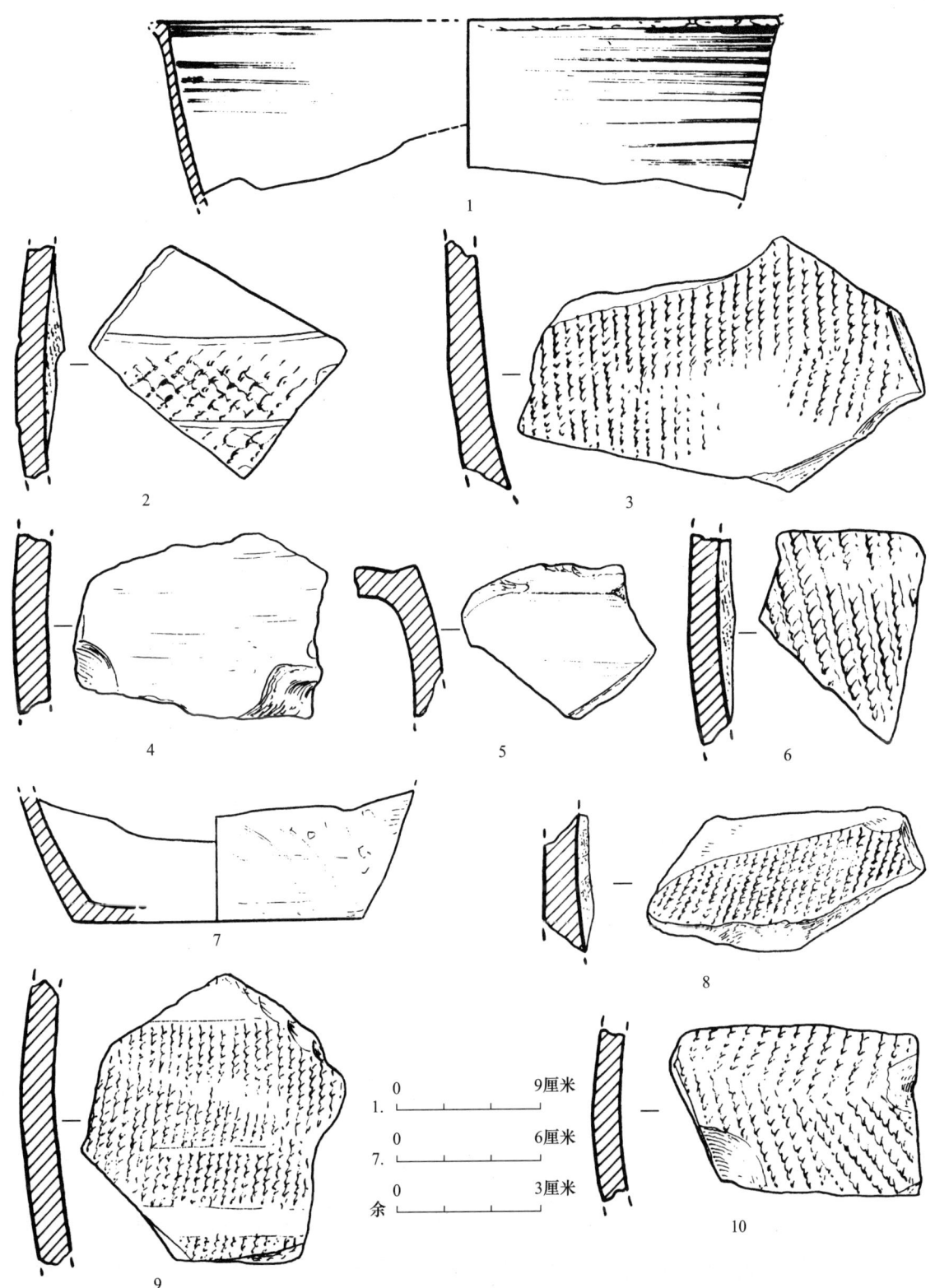

图一八〇 大河口遗址调查陶器（1474~1485）
1. 陶盆（1478~1480） 2. 陶片（1476） 3. 陶片（1481） 4. 陶片（1484） 5. 陶盆（1483） 6. 陶鬲（1475）
7. 陶器底（1477） 8. 陶片（1482） 9. 陶片（1474） 10. 陶片（1485）

抹痕。底径 12、高 5.2 厘米（图一八〇，7）。

标本 1478~1480（为同一件器物，已拼接），陶盆。坐标为 N：35°44′42.1″，E：111°47′03.3″，海拔：647 米。泥质，结构紧密。灰色，内壁下部为深灰色。外壁及内壁上部饰数周磨光暗弦纹。敞口，折沿，唇残，深腹斜收。轮制，内外壁有横向旋抹痕。口径约 37.5、高 11.1 厘米（图一八〇，1）。

1481 和 1482 号二件标本坐标为 N：35°44′42.3″，E：111°47′02.9″，海拔：647 米。

标本 1481，陶片。粗泥质，含少许细砂。外壁深灰色，胎及内壁为灰色。竖向绳纹，规整，抹压，下部部分绳纹被抹去。可能是罐下腹部残片，壁上薄下厚。手制，内壁抹平，有横向抹痕。宽 8.5、高 5.1 厘米（图一八〇，3）。

标本 1482，陶片。泥质，结构紧密。深灰色。左斜向绳纹，捻结较紧，密集，未抹压，内壁垫印斜横向绳纹，抹压。可能是罐腹部残片，壁较厚。手制。宽 5.9、高 2.9 厘米（图一八〇，8）。

标本 1483，陶盆。坐标为 N：35°44′42.4″，E：111°47′02.3″，海拔：649 米。泥质，结构紧密。灰色。口部残片，敞口，折沿，沿面下凹，方唇，唇面有凹槽一周。轮制，口沿及内外壁有横向旋痕。宽 4、高 3.1 厘米（图一八〇，5）。

1484 和 1485 号二件标本坐标为 N：35°44′42.2″，E：111°47′02.1″，海拔：648 米。

标本 1484，陶片。泥质，结构紧密。灰色。外壁略有磨光。轮制，外壁有横向旋痕，内壁有横向旋抹痕。宽 5.2、高 3.8 厘米（图一八〇，4）。

标本 1485，陶片。泥质，结构紧密。深灰色。外壁拍印左斜向和右斜向绳纹，局部有交错，未抹压，内壁有极少垫印绳纹。手制，内壁有横向抹痕。宽 5.3、高 3.4 厘米（图一八〇，10）。

1486~1488 号三件标本坐标为 N：35°44′42.1″，E：111°47′02.2″，海拔：648 米。

标本 1486，陶片。泥质，结构紧密。深灰色。素面。壁较薄，火候较高，外壁烧制成琉璃状。手制，内壁抹平，有横向抹痕。宽 4.6、高 4.9 厘米（图一八一，1）。

标本 1487，陶片。粗泥质，含细砂。深灰色。竖向绳纹，密集，抹压，局部有叠压。可能是罐腹部残片。手制，内壁粗糙，有竖向抹痕。宽 5.3、高 5.2 厘米（图一八一，3）。

标本 1488，陶罐。泥质，结构紧密。灰色。绳纹，方向不一致，密集，抹压，局部有交错和叠压，抹宽弦纹割断绳纹。腹部残片，弧腹，壁厚薄不匀。手制，内壁抹平。宽 9.7、高 6 厘米（图一八一，5）。

标本 1489，陶罐。标本坐标为 N：35°44′42.5″，E：111°47′01.8″，海拔：647 米。泥质，结构紧密。灰色。竖向和斜向绳纹，局部有交错，未抹压，有一周凹弦纹割断绳纹，上部绳纹被抹去并磨光，内壁垫印斜向细密绳纹，抹压，上部绳纹被抹去。上腹部残片，壁较薄。手制、轮修，内壁上部有横向抹痕，外壁上部有横向旋抹痕。宽 6.1、高 6 厘米（图一八一，4）。

标本 1490，陶片。标本坐标为 N：35°44′42.2″，E：111°47′04.1″，海拔：650 米。泥质。深灰色。左斜向绳纹，抹压，有一周抹绳纹宽带，内壁垫印凹篦点纹，抹压。可能是罐下腹部残片。手制，内外壁均有横向抹痕。宽 4.8、高 7 厘米（图一八一，2）。

1491~1493 号三件标本坐标为 N：35°44′42.1″，E：111°47′04.2″，海拔：651 米。

标本 1491，陶片。泥质，结构紧密。深灰色。竖向绳纹，不规整，抹压，内壁垫印斜向绳纹，抹压。手制。宽 5.5、高 3.1 厘米（图一八二，5）。

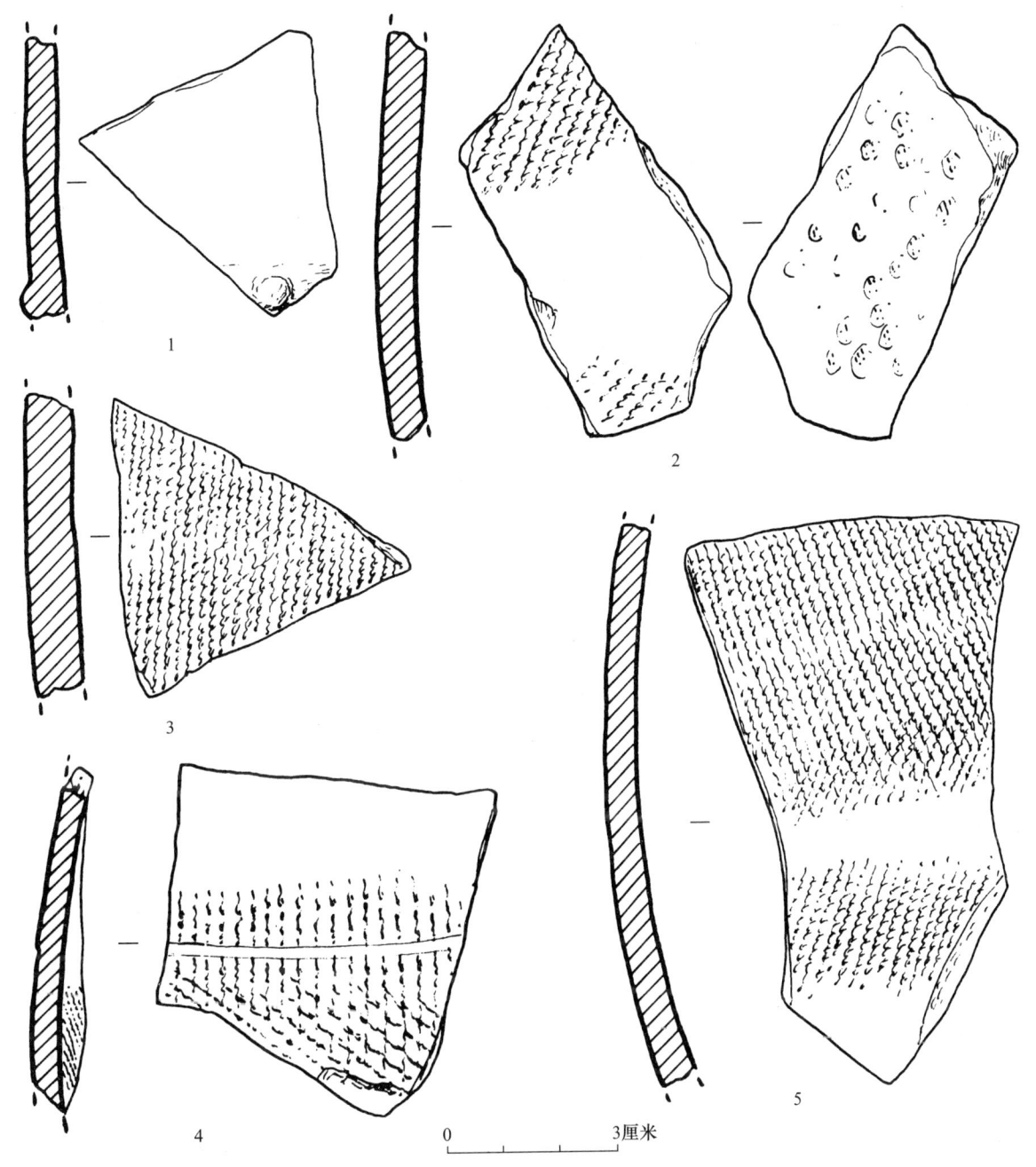

图一八一　大河口遗址调查陶器（1486~1490）
1. 陶片（1486）　2. 陶片（1490）　3. 陶片（1487）　4. 陶罐（1489）　5. 陶罐（1488）

标本 1492，陶罐。泥质，结构紧密。深灰色。竖向绳纹，抹压，上部绳纹被抹去，内壁垫印绳纹，抹压较甚，多处绳纹被抹去。上腹部残片。手制，内壁有横向抹痕。宽 6.9、高 6.8 厘米（图一八二，3）。

标本 1493，陶罐。泥质。夹芯陶，内外壁灰色，胎呈黄褐色。素面。下腹部残片，下腹斜内收，底脱落。手制，外壁有斜向刮抹痕，内壁粗糙，有横向抹痕。宽 9.6、高 6.3 厘米（图一八二，6）。

1494 和 1495 号二件标本坐标为 N：35°44′42.0″，E：111°47′05.4″，海拔：640 米。

标本 1494，陶釜。夹少许砂，结构紧密。灰色。素面，内壁垫印凹筐点纹，抹压。口部残

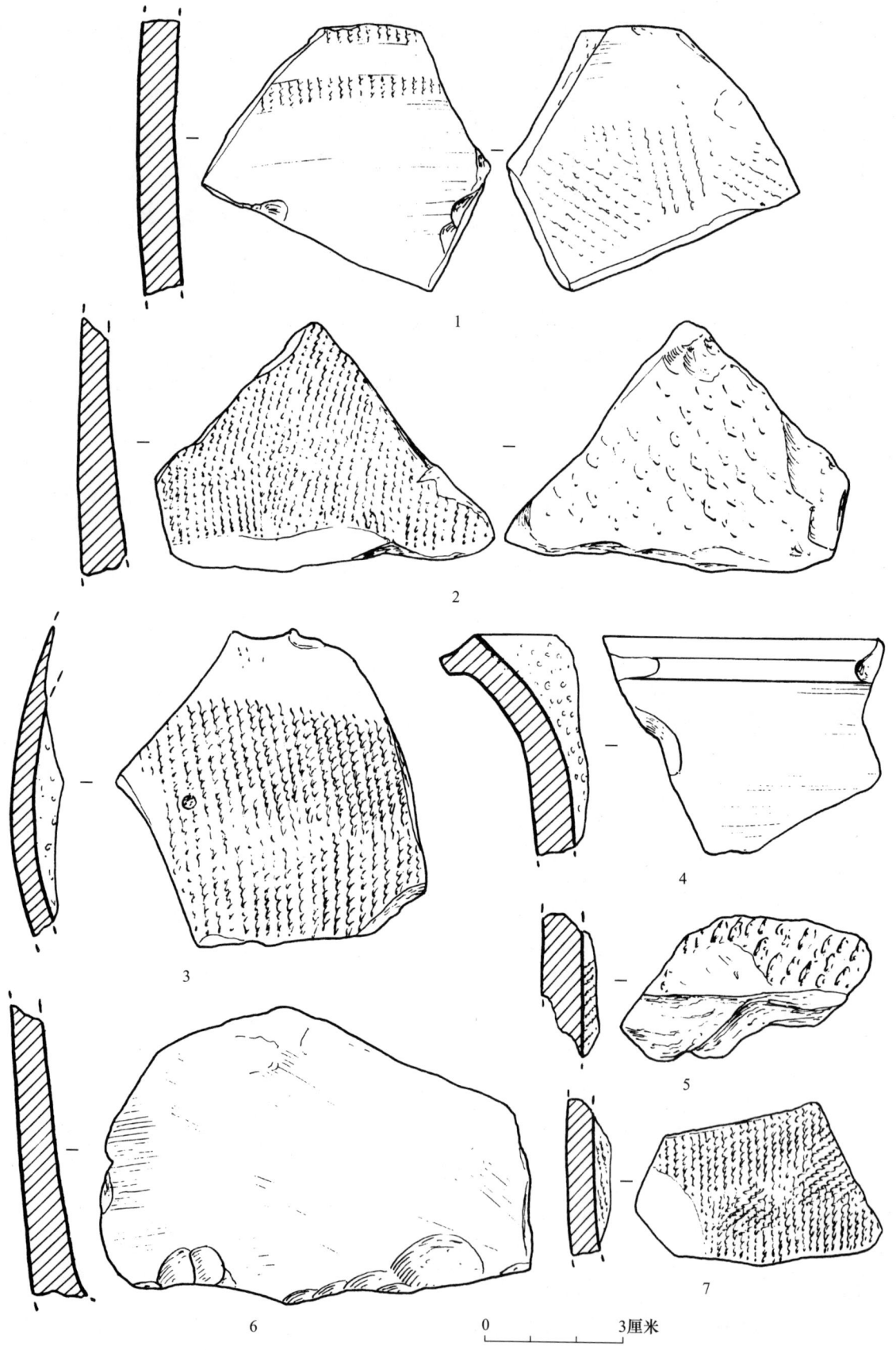

图一八二　大河口遗址调查陶器（1491~1497）
1. 陶片（1495） 2. 陶片（1496） 3. 陶罐（1492） 4. 陶釜（1494） 5. 陶片（1491） 6. 陶罐（1493） 7. 陶片（1497）

片，敞口，窄折沿外斜，圆方唇。手制、轮修，口沿及内外壁有横向旋抹痕。宽6.1、高4.7厘米（图一八二，4）。

标本1495，陶片。泥质，结构紧密。深灰色。竖向绳纹，抹压，上部有一周抹弦纹割断绳纹，下部绳纹被抹去，内壁垫印斜向绳纹，抹压。可能是罐腹部残片。手制、轮修，外壁下部有横向旋痕，内壁有横向抹痕。宽6.4、高5.7厘米（图一八二，1）。

标本1496，陶片。坐标为N：35°44′42.0″，E：111°47′05.6″，海拔：650米。泥质，结构紧密。外壁灰色，胎及内壁为深灰色。绳纹，密集，抹压，有一周抹弦纹割断绳纹，内壁垫印斜向绳纹，抹压。可能是罐腹部残片。手制。宽7.5、高5.3厘米（图一八二，2）。

标本1497，陶片。坐标为N：35°44′41.7″，E：111°47′06.9″，海拔：647米。泥质，结构紧密。外壁及胎为灰色，内壁呈深灰色。斜向绳纹，密集，抹压，有交错，内壁垫印斜绳纹，抹压较甚。可能是罐腹部残片。手制。宽5.4、高3.5厘米（图一八二，7）。

标本1498，陶片。坐标为N：35°44′41.5″，E：111°47′07.9″，海拔：648米。泥质。灰色。可能是陶盒口沿残片，子口内敛，直壁。手制、轮修，内壁有垫印痕迹和横向抹痕，外壁有横向旋痕。宽4.3、高2.8厘米（图一八三，5）。

标本1499，陶片。坐标为N：35°44′41.4″，E：111°47′08.3″，海拔：648米。泥质，结构紧密。灰色。斜向绳纹，方向不一致，抹压，有一周抹弦纹割断绳纹，内壁垫印斜向绳纹，抹压。泥片贴筑。宽4.5、高4.5厘米（图一八三，7）。

标本1500，板瓦。坐标为N：35°44′41.3″，E：111°47′08.8″，海拔：648米。泥质，结构紧密。灰色。右斜向绳纹，抹压，局部绳纹被抹去。顶端内斜平齐。手制，内壁有横向抹痕。宽7.5、高6.6厘米（图一八三，3）。

标本1501，陶盆。坐标为N：35°44′41.4″，E：111°47′09.0″，海拔：649米。泥质，结构紧密。浅灰色。素面。口部残片，敞口，折沿外斜，沿面较窄下凹，尖唇，浅腹斜收。轮制，口沿及内外壁有横向旋抹痕。宽4、高1.2厘米（图一八三，4）。

1502、1503（1）二件标本坐标为N：35°44′41.6″，E：111°47′09.1″，海拔：650米。

标本1502，陶罐。泥质，结构紧密。灰色。抹绳纹，多处绳纹被抹去，内壁垫印凹篦点纹，抹压较甚。颈部残片，侈口，束颈。手制、轮修，口沿内外均有横向旋抹痕。宽6.3、高3.1厘米（图一八三，1）。

标本1503（1），陶片。泥质，结构紧密。灰色。竖向绳纹，较规整，抹压。手制、轮修，内壁有横向旋抹痕。宽4.9、高4厘米（图一八三，8）。

标本1503（2）～1506四件标本坐标为N：35°44′42.1″，E：111°47′08.6″，海拔：650米。

标本1503（2），陶片。泥质，结构紧密。深灰色。竖向绳纹，抹压，上部绳纹被抹去，内壁垫印凹篦点纹，抹压较甚。磨损较甚。手制。宽4、高5.1厘米（图一八三，2）。

标本1504，陶鬲。夹细砂。灰色。竖向绳纹，抹压。腹部残片。内壁抹平，有竖向抹痕。手制。宽3.3、高3.1厘米（图一八三，10）。

标本1505，陶片。泥质。灰色。略右斜向绳纹，较规整，抹压，下部绳纹被抹去。轮制，内壁有横向旋痕。宽3.2、高4.2厘米（图一八三，12）。

标本1506，陶片。泥质，结构紧密。外壁深灰色，胎及内壁呈灰色。素面，磨光，内壁饰暗

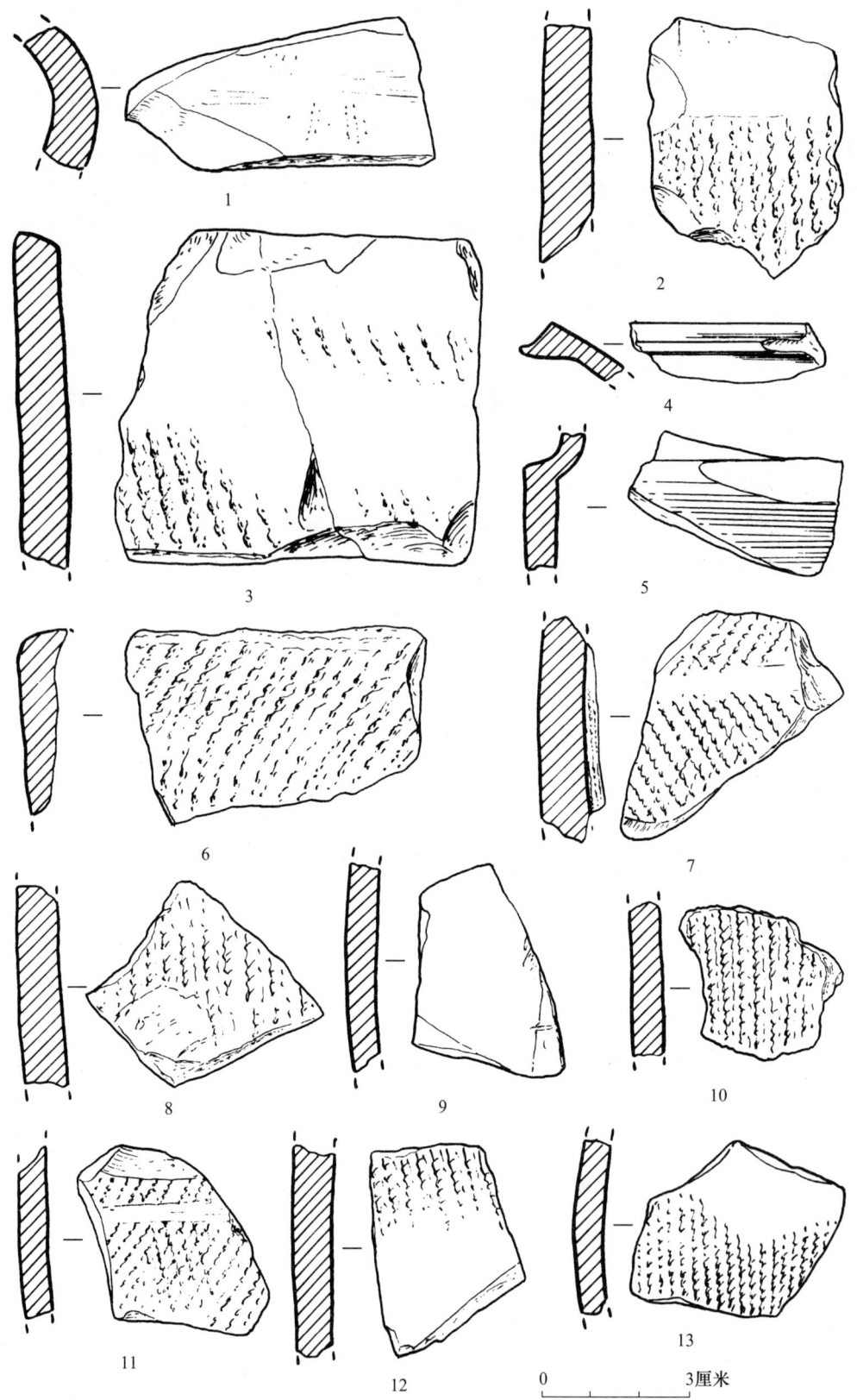

图一八三　大河口遗址调查陶器（1498～1509）
1. 陶罐（1502）　2. 陶片［1503（2）］　3. 板瓦（1500）　4. 陶盆（1501）　5. 陶片（1498）　6. 陶片（1507）
7. 陶片（1499）　8. 陶片［1503（1）］　9. 陶片（1506）　10. 陶鬲（1504）　11. 陶片（1509）
12. 陶片（1505）　13. 陶片（1508）

弦纹数周。壁较薄。轮制，内壁有横向旋痕。宽3.1、高4.2厘米（图一八三，9）。

标本1507，陶片。坐标为 N：35°44′41.8″，E：111°47′08.5″，海拔：647米。泥质。夹芯陶，外壁为灰色，胎呈黄褐色。左斜向绳纹，抹压。内壁剥落。泥片贴筑，剥落面泥片茬口明显。宽6.2、高3.9厘米（图一八三，6）。

标本1508，陶片。坐标为 N：35°44′41.8″，E：111°47′08.0″，海拔：647米。泥质，结构紧密。灰色。竖向绳纹，较规整，抹压。可能是罐上腹部残片，壁厚薄不匀。手制、轮修，内壁有横向旋抹痕。宽4.3、高3.4厘米（图一八三，13）。

1509~1511三件标本坐标为 N：35°44′42.2″，E：111°47′08.2″，海拔：648米。

标本1509，陶片。泥质，结构紧密。灰色。左斜向绳纹，不规整，有交错，有一周抹弦纹割断绳纹。壁较薄。手制，内壁抹平。宽3.9、高3.7厘米（图一八三，11）。

标本1510，陶罐。泥质，结构紧密。灰色。颈部饰竖向绳纹，抹压较甚，多处绳纹被抹去，上部有凸弦纹一周。口部残片，口微敛，卷沿上翘，唇残。手制、轮修，外壁有横向旋痕，内壁有横向旋抹痕。宽5.1、高3.3厘米（图一八四，1）。

标本1511，陶片。泥质，结构紧密。深灰色。素面，内壁垫印斜向绳纹，抹压较甚。可能是罐腹部残片。手制。内壁有垫印凹窝和横向抹痕。宽8.1、高4.7厘米（图一八四，6）。

标本1512，陶片。坐标为 N：35°44′41.9″，E：111°47′08.0″，海拔：648米。夹细砂，结构紧密。深灰色。绳纹，密集，有叠压，抹压。手制，内壁抹光，有手指摁窝。宽4.7、高2.9厘米（图一八四，3）。

1513~1521九件标本坐标为 N：35°44′42.3″，E：111°47′07.9″，海拔：651米。

标本1513，陶片。泥质，结构紧密。灰色。竖向绳纹，抹压，多处绳纹被抹去。可能是盆残片。手制、轮修，内壁有横向旋痕，外壁有横向抹痕。宽7.9、高4.7厘米（图一八四，2）。

标本1514，陶片。泥质，结构紧密。灰色。素面。可能是钵或盆腹部残片，外腹壁凸棱。手制、轮修，内壁有横向抹痕，外壁有横向旋抹痕。宽5.6、高5.5厘米（图一八四，4）。

标本1515，筒瓦。泥质，结构紧密。灰色。竖向绳纹，不规整，略有抹压。壁较厚，一侧有切割痕，切割面光滑，由外向内切割，基本割透。手制，内壁有横向和斜向抹痕。宽6.2、高6.9厘米（图一八四，5）。

标本1516，陶片。泥质，结构紧密。内外壁深灰色，胎呈灰色。外壁上部素面，磨光，下部附加堆纹一周，堆纹上压印竖条纹，内壁略有磨光。可能是盆腹部残片，外壁上部有剥落。手制、轮修。宽7.9、高5.6厘米（图一八五，1）。

标本1517，陶片。泥质，结构紧密。灰色。交错绳纹，抹压，有不规整刻划纹割断绳纹。可能是罐腹部残片，壁厚薄不匀。手制，内壁有手制摁窝。宽5.5、高5.5厘米（图一八五，6）。

标本1518，陶鬲。夹细砂，密度较大。灰色。竖向绳纹，未抹压，有叠压。腹部残片。手制，内壁抹平，有斜向抹痕。宽3.9、高3.4厘米（图一八五，8）。

标本1519，陶片。泥质，结构紧密。灰色。斜向和竖向绳纹，抹压，局部有交错，外壁垫印斜向绳纹，抹压。可能是罐腹部残片。手制。宽5.2、高7厘米（图一八五，4）。

标本1520，板瓦。泥质。夹芯陶，内外壁为深灰色，胎呈褐色。斜向和竖向绳纹，不规整，抹压。壁较厚，一侧有切割痕，由外向内切割二分之一厚度。手制，内壁有手制摁窝和斜向抹痕。

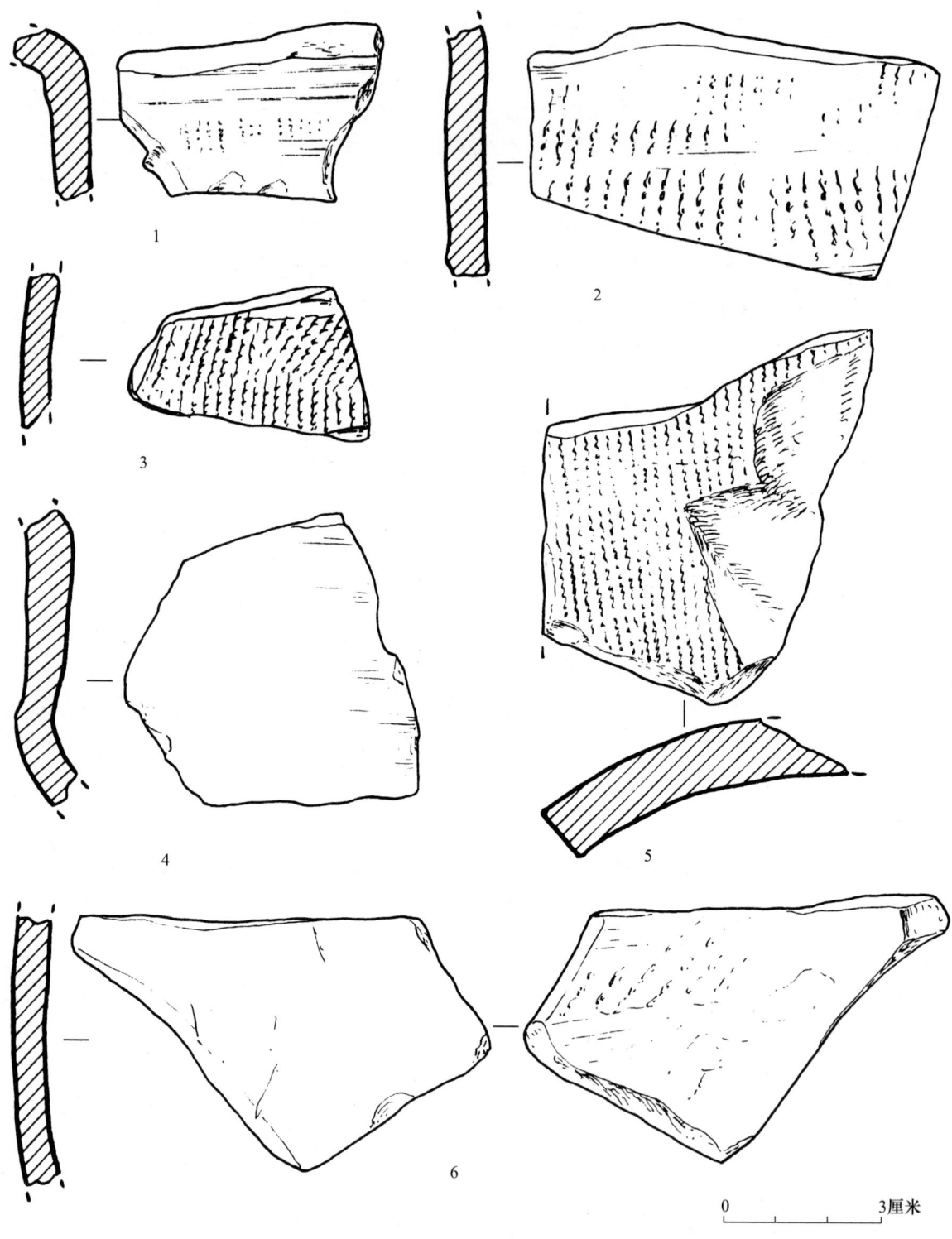

图一八四　大河口遗址调查陶器（1510～1515）
1. 陶罐（1510）　2. 陶片（1513）　3. 陶片（1512）　4. 陶片（1514）
5. 筒瓦（1515）　6. 陶片（1511）

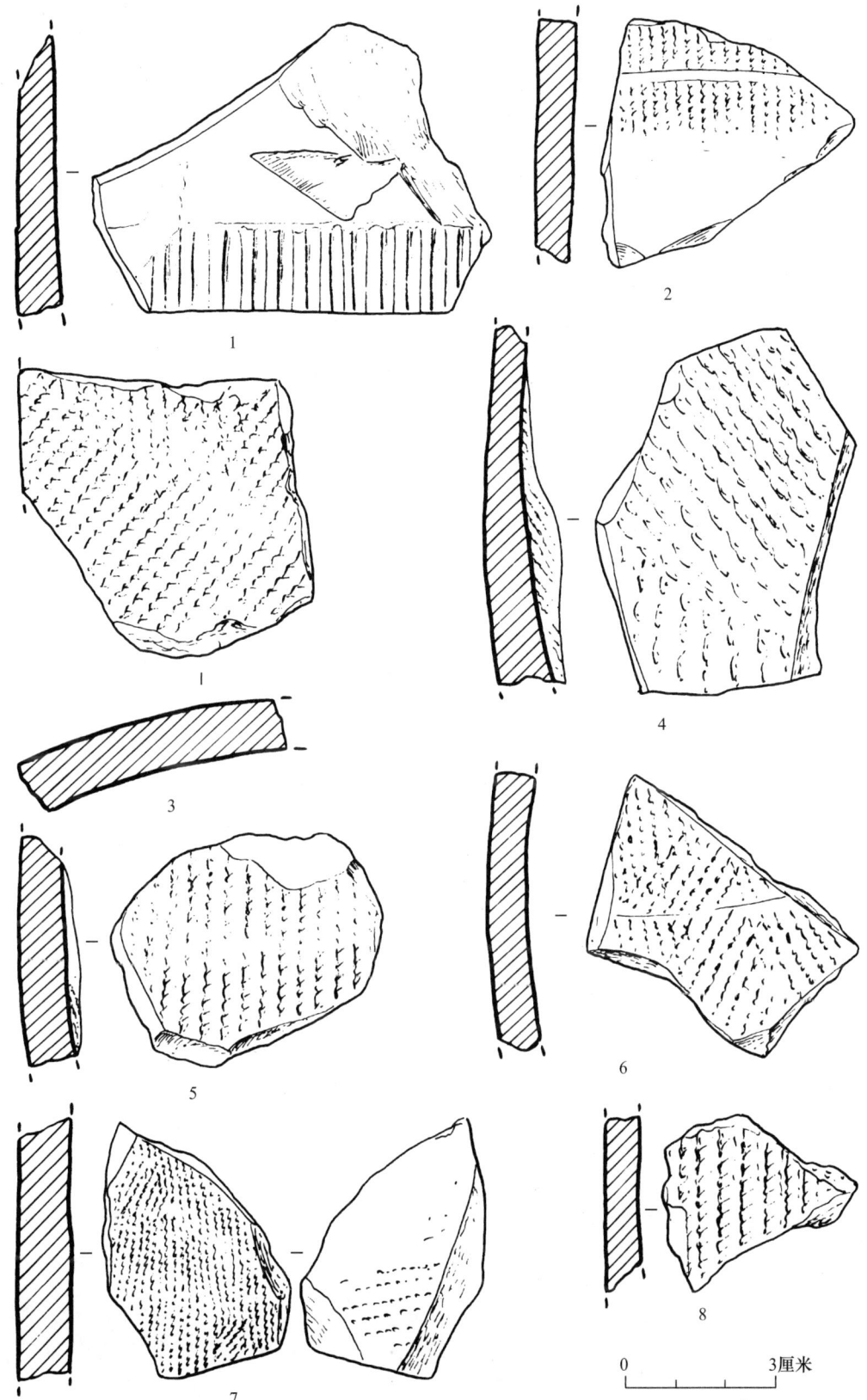

图一八五　大河口遗址调查陶器（1516～1523）
1. 陶片（1516）　2. 陶片（1523）　3. 板瓦（1520）　4. 陶片（1519）　5. 陶片（1521）
6. 陶片（1517）　7. 陶片（1522）　8. 陶鬲（1518）

宽 5.8、高 5.5 厘米（图一八五，3）。

标本 1521，陶片。泥质，结构紧密。深灰色。左斜向绳纹，抹压，内壁垫印斜向绳纹，抹压较甚，多处绳纹被抹去。磨损较甚。手制。宽 5.4、高 4.5 厘米（图一八五，5）。

标本 1522，陶片。坐标为 N：35°44′42.1″，E：111°47′07.5″，海拔：646 米。泥质，结构紧密。深灰色。竖向绳纹，密集，不规整，抹压，内壁垫印斜向绳纹，抹压较甚。可能是罐腹部残片，壁较厚。手制，内壁有竖向抹痕，较粗糙。宽 3.7、高 5 厘米（图一八五，7）。

标本 1523，陶片。坐标为 N：35°44′42.2″，E：111°47′07.1″，海拔：648 米。泥质，结构紧密。灰色。上部饰竖向绳纹，抹压，有一周凹弦纹割断绳纹，下部素面，内壁有暗弦纹数周。可能是盆下腹部近底处残片。内外壁均有横向旋抹痕。宽 5.1、高 4.8 厘米（图一八五，2）。

标本 1524，陶甑。坐标为 N：35°44′42.2″，E：111°47′06.9″，海拔：647 米。泥质，结构紧密。灰色。竖向绳纹，抹压，下部绳纹抹去。下腹斜内收，平底，底面有圆形箅孔，孔径较小，由外向内戳穿。手制、轮修，外壁下部有斜向抹痕，内壁有横向旋抹痕。底径 15、高 8.1 厘米。（图一八六，4）。

1525～1528 四件标本坐标为 N：35°44′42.3″，E：111°47′06.8″，海拔：649 米。

标本 1525，陶罐。泥质，结构紧密。深灰色。竖向绳纹，密集，抹压较甚，有数周抹弦纹割断绳纹。下腹近底处残片，下腹斜内收，下部壁较厚。手制，内壁有横向抹痕。宽 13.9、高 8.7 厘米（图一八六，1）。

标本 1526，陶罐。泥质，结构紧密。深灰色。竖向绳纹，抹压较甚，多处绳纹被抹去，内壁垫印绳纹，抹压较甚。腹部残片，弧腹。手制，内壁有横向抹痕。宽 16.8、高 12.5 厘米（图一八六，3）。

标本 1527，陶罐。泥质。深灰色。竖向绳纹，密集，抹压，有数周抹弦纹割断绳纹，近底处绳纹被抹去，内壁有垫印绳纹，多处绳纹被抹去。下腹近底处残片，下腹斜内收，壁厚薄不匀。手制，内壁有横向抹痕。宽 11.4、高 9.6 厘米（图一八六，2）。

标本 1528，陶罐。泥质。灰色。竖向绳纹，不规整，抹压，内壁垫印竖向绳纹，抹压较甚，多处绳纹被抹去。腹部残片，壁较厚。手制，内壁有横向抹痕。宽 10.5、高 10.2 厘米（图一八六，6）。

1529～1532 四件标本坐标为 N：35°44′42.5″，E：111°47′06.7″，海拔：650 米。

标本 1529，陶片。泥质，结构紧密。深灰色。右斜向绳纹，较规整，抹压。可能是罐腹部残片。轮制，内壁有横向旋痕。宽 5.4、高 3.8 厘米（图一八六，5）。

标本 1530，陶壶或罐。泥质，结构紧密。深灰色。肩部饰凹弦纹数周。颈肩残片，高颈，圆肩。轮制，内外壁均有横向旋痕。宽 7.7、高 5.9 厘米（图一八六，7）。

标本 1531，陶片。泥质。深灰色。凹弦纹数周，较规整。可能是瓮或缸腹部残片，壁较厚。手制、轮修，内壁抹光。宽 9、高 7.2 厘米（图一八七，5）。

标本 1532，陶罐或壶。泥质，结构紧密。夹芯陶，内外壁为灰色，胎呈橘红色，泛褐色。素面。上腹残片，圆鼓腹。轮制，内外壁均有横向旋痕。宽 11.9、高 12.9 厘米（图一八七，7）。

标本 1533，陶片。坐标为 N：35°44′42.5″，E：111°47′06.0″，海拔：651 米。泥质，结构紧密。灰色。竖向绳纹，密集，有一周凹弦纹割断绳纹，内壁垫印绳纹，抹压较甚。壁较薄。手制。宽 6.3、高 3.5 厘米（图一八七，4）。

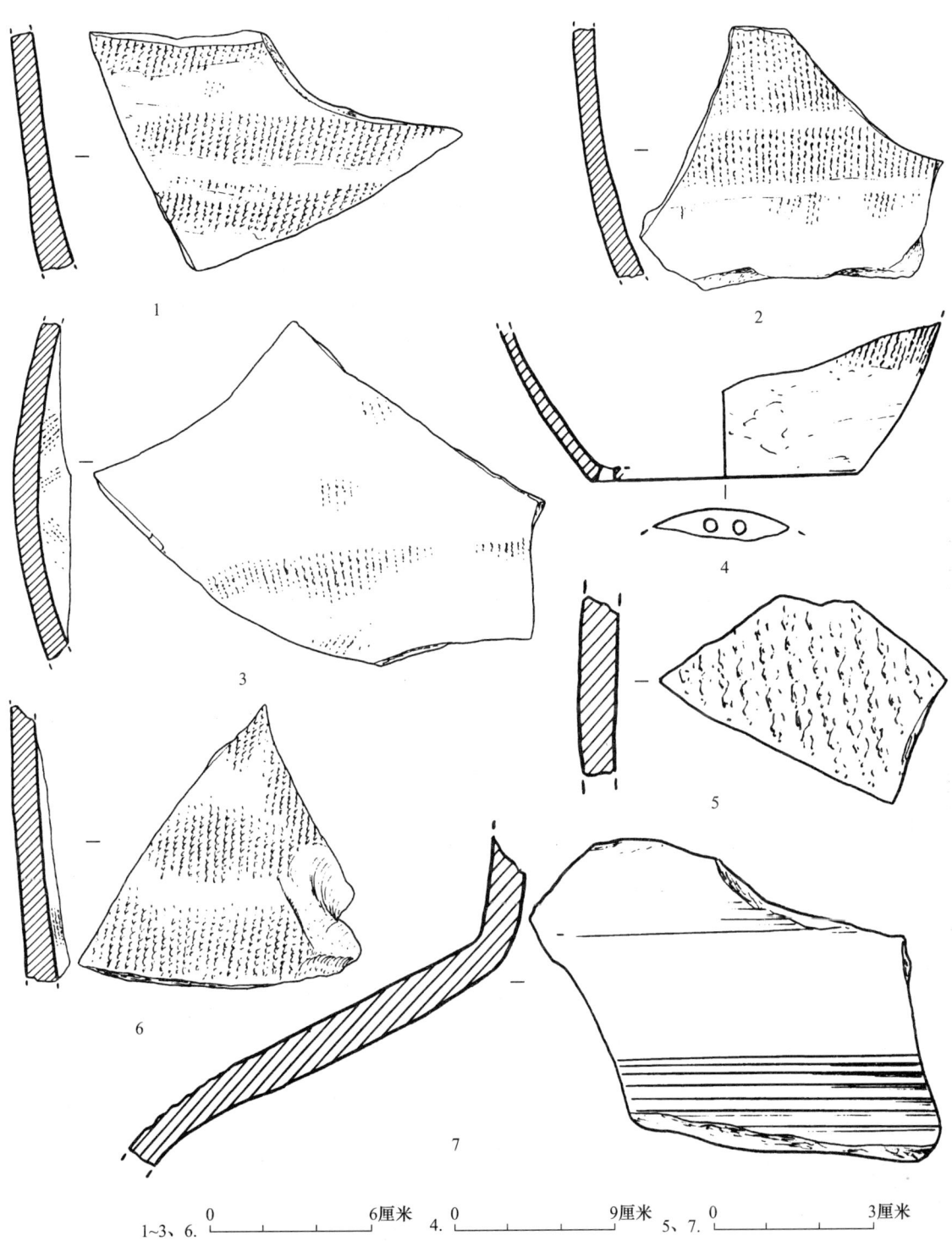

图一八六 大河口遗址调查陶器（1524～1530）
1. 陶罐（1525） 2. 陶罐（1527） 3. 陶罐（1526） 4. 陶甑（1524）
5. 陶片（1529） 6. 陶罐（1528） 7. 陶壶或罐（1530）

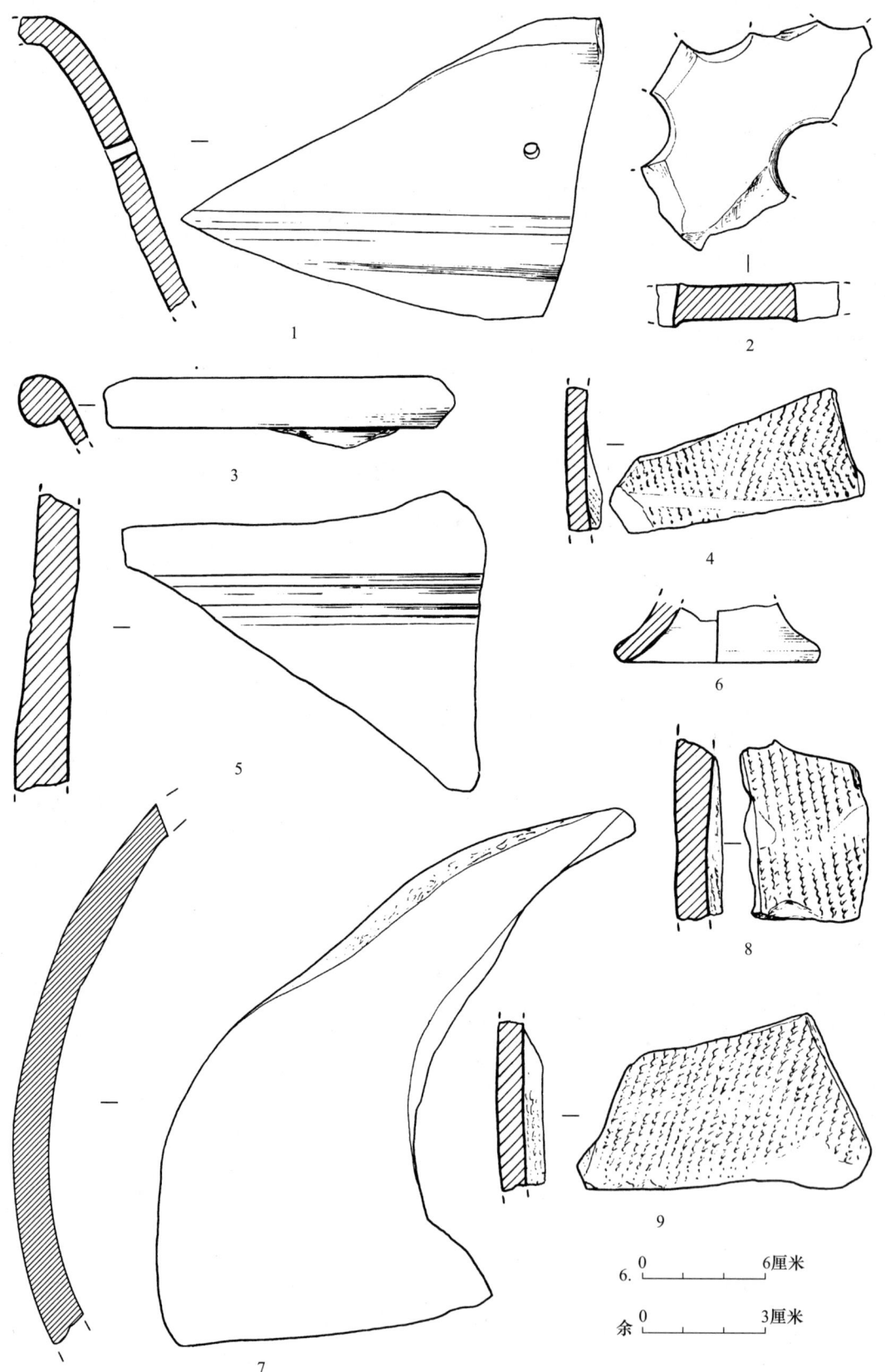

图一八七　大河口遗址调查陶器（1531～1539）
1. 陶盆（1534）　2. 陶甑（1535）　3. 陶盆（1537）　4. 陶片（1533）　5. 陶片（1531）
6. 陶豆（1538）　7. 陶罐或壶（1532）　8. 陶片（1536）　9. 陶片（1539）

1534、1535 二件标本坐标为 N：35°44′42.2″，E：111°47′05.6″，海拔：648 米。

标本 1534，陶盆。泥质。灰色。上腹部有凹弦纹两周。敞口，折沿，方唇，斜收腹，上腹有一穿孔。轮制，口沿及内外壁均有横向旋痕。宽 10.5、高 7.2 厘米（图一八七，1）。

标本 1535，陶甑。泥质，结构紧密。灰色。素面。底部残片，平底，底面平整，圆形箅孔，孔径较大，间距较远。手制，内壁有弧形抹痕。长 5.7、宽 5.5 厘米（图一八七，2）。

标本 1536，陶片。坐标为 N：35°44′42.6″，E：111°47′04.0″，海拔：648 米。泥质。灰色。略右斜向绳纹，较规整，抹压，内壁垫印竖向绳纹，抹压较甚。壁较厚。手制，内壁有手指摁窝。宽 3.2、高 4.3 厘米（图一八七，8）。

标本 1537，陶盆。坐标为 N：35°44′42.8″，E：111°47′03.3″，海拔：649 米。泥质，结构紧密。深灰色。素面。口部残片，敞口，卷沿外贴，圆唇。轮制，口沿及内外壁有横向旋痕。宽 8.7、高 1.7 厘米（图一八七，3）。

1538~1542 五件标本坐标为 N：35°44′43.1″，E：111°47′07.5″，海拔：651 米。

标本 1538，陶豆。泥质，结构紧密。灰色。素面。喇叭形底座，底座外为圆方唇，底面外缘有磨损，壁较厚。手制、轮修，唇面和底座内有刮削痕，外壁有旋抹痕。底径 10.2、高 3 厘米（图一八七，6）。

标本 1539，陶片。泥质，结构紧密。深灰色。左斜向绳纹，密集，较规整，抹压，内壁垫印绳纹，抹压，局部绳纹被抹去。可能是罐腹部残片。手制，内壁有横向抹痕。宽 7.2、高 4.2 厘米（图一八七，9）。

标本 1540，陶片。泥质，结构紧密。深灰色。竖向绳纹，较规整，抹压。可能是罐腹部残片。手制，内壁抹光，有横向抹痕。宽 4.2、高 5.7 厘米（图一八八，7；图一八九，3）。

标本 1541，陶盆。泥质。灰色。素面。敞口，卷折沿，沿面较宽，方唇，磨损较甚。手制、轮修，口沿内外有横向旋抹痕。宽 4.4、高 1.8 厘米（图一八八，3）。

标本 1542，陶器底。泥质。灰色。内壁饰暗弦纹。斜收腹，底部置矮圈足。轮制，内外壁均有横向旋痕。宽约 19.5、足底径约 13.5、高 1.8 厘米（图一八八，4）。

标本 1543，陶罐。坐标为 N：35°44′42.5″，E：111°47′08.8″，海拔：649 米。粗泥质，夹少许细砂，结构紧密。深灰色。素面。口部残片，敛口，卷沿，沿面压凹槽一周，斜方唇，磨损较甚。口沿及内外壁有横向旋抹痕。宽 4.8、高 1.5 厘米（图一八八，2）。

标本 1544，陶片。坐标为 N：35°44′42.6″，E：111°47′09.3″，海拔：648 米。泥质，结构紧密。拍印竖向绳纹，略显规整，抹压。内壁垫印细小凹篦点纹，抹压较甚。可能是罐腹部残片。手制，内壁有横向抹痕。宽 5、高 6.6 厘米（图一八八，6）。

1545 和 1546 二件标本坐标为 N：35°44′42.6″，E：111°47′09.4″，海拔：650 米。

标本 1545，陶罐。泥质，结构紧密。灰色。竖向绳纹，较规整，抹压，有一周抹弦纹割断绳纹，内壁垫印横向绳纹，抹压。腹部残片，壁较薄。手制，内壁有横向抹痕。宽 4.8、高 2.3 厘米（图一八八，5）。

标本 1546，陶罐。泥质。灰色，外壁陶色不匀。略右斜向绳纹，密集，不规整，抹压，有叠压，内壁垫印横向绳纹，抹压较甚。腹部残片，壁厚薄不匀，整体较薄。手制，内壁有垫印凹窝。宽 8、高 6.4 厘米（图一九〇，7）。

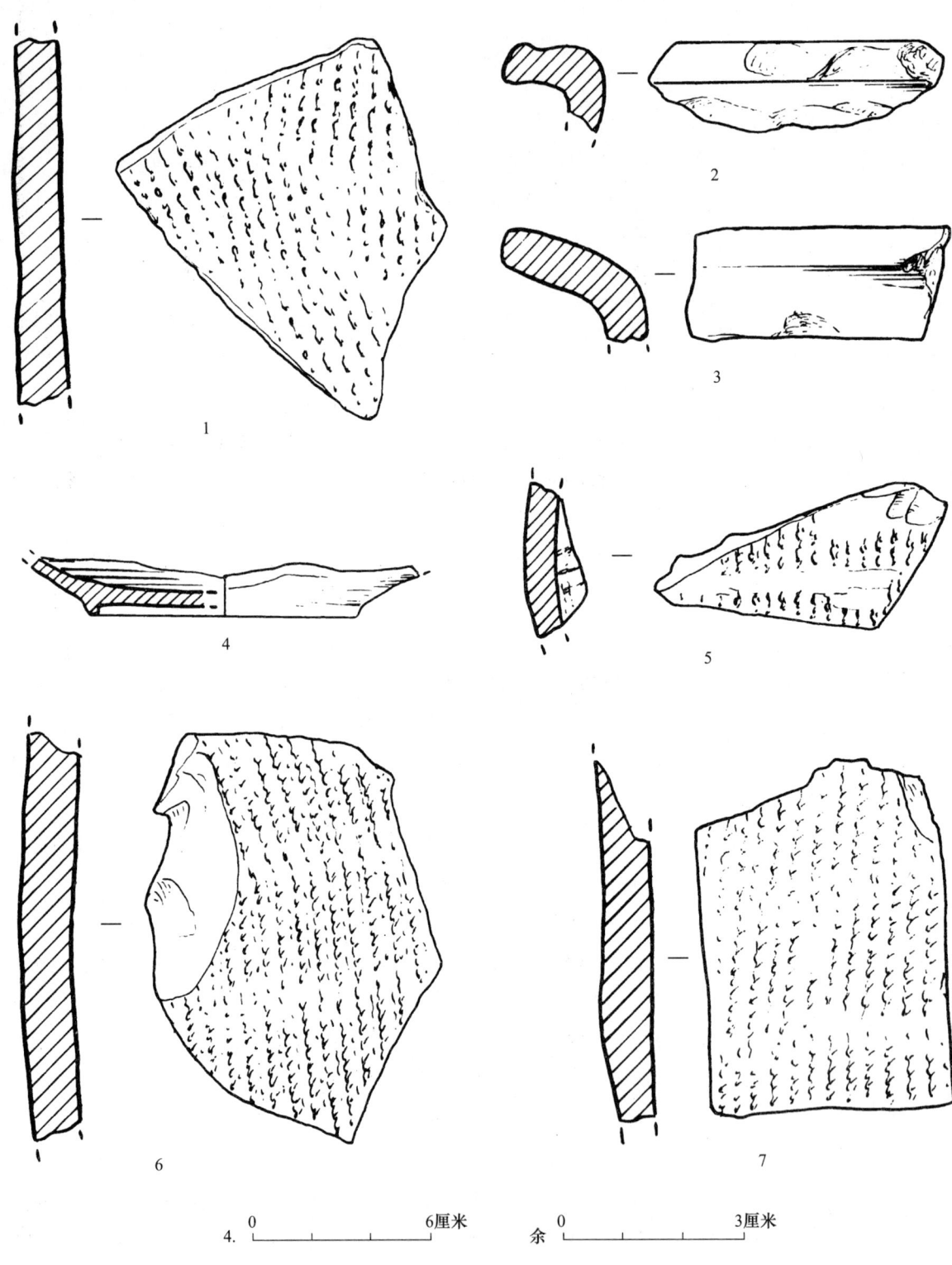

图一八八 大河口遗址调查陶器（1540~1545、1547）
1. 陶片（1547） 2. 陶罐（1543） 3. 陶盆（1541） 4. 陶器底（1542）
5. 陶罐（1545） 6. 陶片（1544） 7. 陶片（1540）

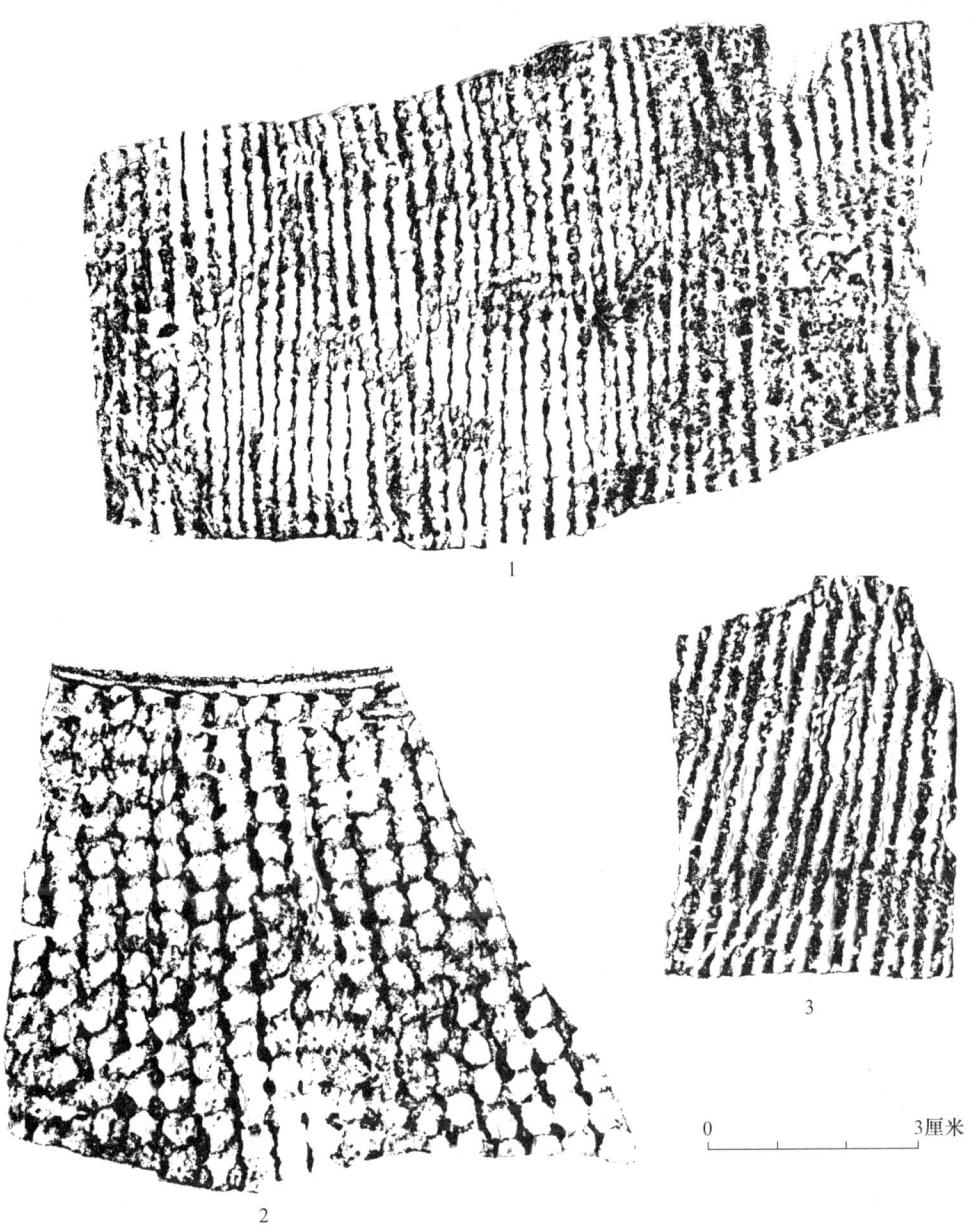

图一八九　大河口遗址调查陶器纹样拓本
1. 筒瓦（1674）　2. 陶鬲（1302）　3. 陶片（1540）

标本 1547，陶片。坐标为 N：35°44′42.6″，E：111°47′09.5″，海拔：651 米。夹细砂，密度较大。浅灰色，泛褐色。斜向绳纹，方向不一致，抹压，有叠压。可能是鬲残片。手制，内壁有垫印凹窝和竖向抹痕。宽 5.5、高 6.1 厘米（图一八八，1）。

1548 和 1549 二件标本坐标为 N：35°44′42.1″，E：111°47′09.7″，海拔：651 米。

标本 1548，陶片。泥质，结构紧密。灰色。竖向绳纹，密集，局部有交错，抹压，内壁垫印斜向绳纹，抹压较甚。可能是罐腹部残片，壁较厚。手制。宽 5.3、高 5 厘米（图一九〇，8）。

标本 1549，陶片。泥质，结构紧密。外壁及胎为灰色，内壁为深灰色。斜向绳纹，抹压较甚，内壁垫印斜向绳纹，抹压。可能是罐腹部残片，壁厚薄不匀。手制，内壁有垫印凹窝和横向抹痕。宽 8.6、高 7.3 厘米（图一九〇，3）。

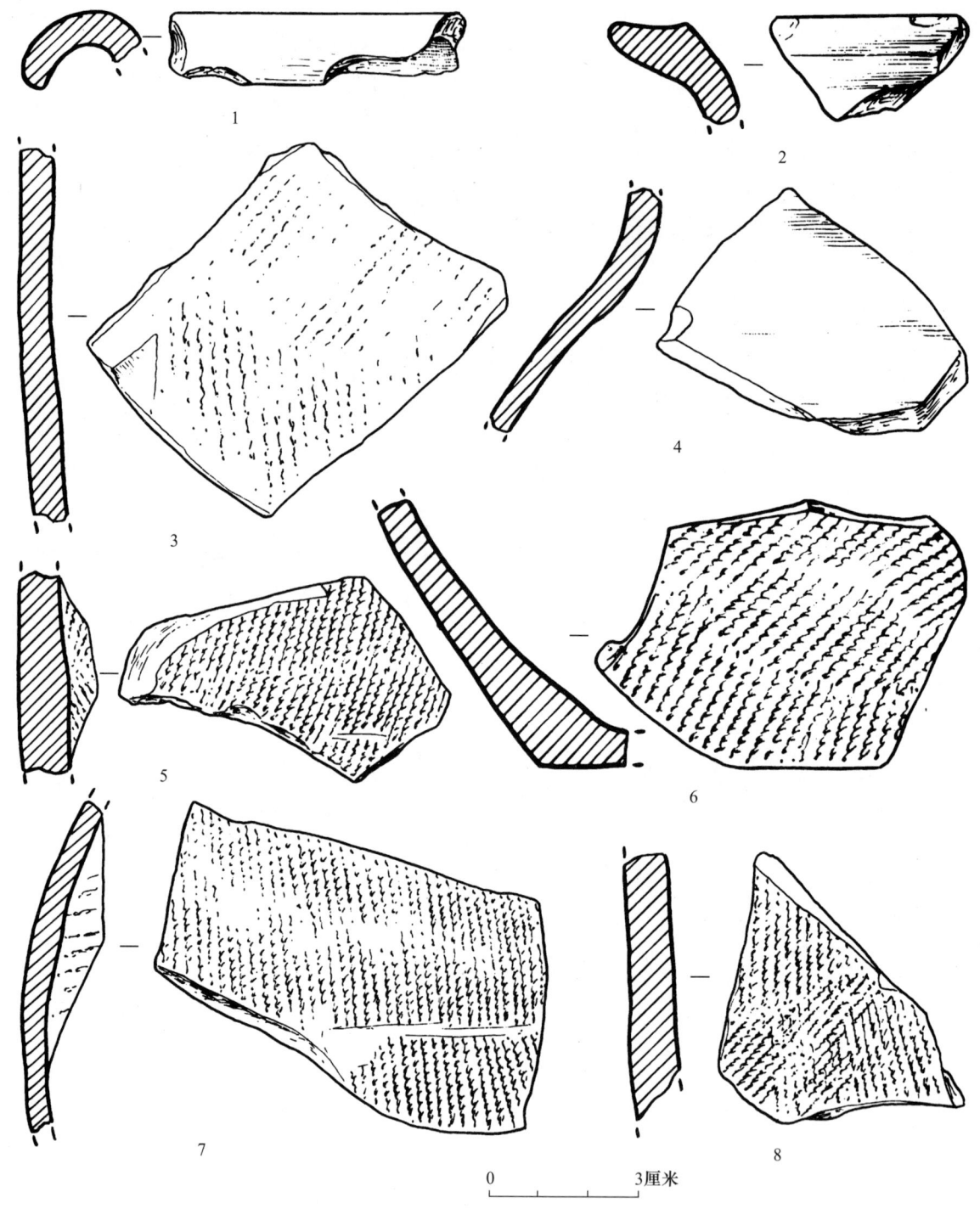

图一九〇 大河口遗址调查陶器（1546、1548~1554）
1. 陶罐（1553） 2. 陶片（1554） 3. 陶片（1549） 4. 陶罐（1552） 5. 陶片（1550）
6. 陶器底（1551） 7. 陶罐（1546） 8. 陶片（1548）

标本1550，陶片。坐标为N：35°44′42.4″，E：111°47′10.4″，海拔：650米。泥质，结构紧密。灰色。左斜向绳纹，密集，较规整，抹压，内壁垫印不规则绳纹，抹压。可能是罐腹部残片。手制，内壁较粗糙，凹凸不平。宽6.8、高4厘米（图一九〇，5）。

标本1551，陶器底。坐标为N：35°44′42.2″，E：111°47′10.4″，海拔：652米。泥质，结构

紧密。外壁深灰色，内壁为灰色。左斜向绳纹，略显规整，抹压。下腹斜内收，平底。手制，内壁有垫印凹窝。宽7.4、高5.2厘米（图一九〇，6）。

标本1552，陶罐。坐标为N：35°44′42.9″，E：111°47′09.1″，海拔：653米。泥质，结构紧密。外壁为棕褐色，内壁为深灰色。素面。颈肩部残片，肩部壁较薄。手制、轮修，外壁有横向旋抹痕，内壁颈肩转折处有横向抹痕，肩部内壁粗糙，有手指摁窝。宽6.2、高4.8厘米（图一九〇，4）。

标本1553，陶罐。坐标为N：35°44′43.5″，E：111°47′07.9″，海拔：651米。泥质。灰色。素面。口部残片，敞口，宽卷沿，圆唇。轮制，沿面外缘有横向旋痕。宽6、高1.4厘米（图一九〇，1）。

标本1554，陶片。坐标为N：35°44′43.7″，E：111°47′07.3″，海拔：651米。粗泥质，夹细砂粒。夹芯陶，内外壁深灰色，胎呈黄褐色。素面。口部残片，敞口，折沿，沿面下凹，圆唇，壁较厚，磨损较甚。手制、轮修，外壁有横向旋痕。宽4.1、高2厘米（图一九〇，2）。

标本1555，陶片。坐标为N：35°44′44.1″，E：111°47′09.2″，海拔：655米。泥质，结构紧密。灰色。竖向绳纹，较规整，抹压，内壁垫印绳纹，抹压较甚。手制，内壁有竖向抹痕。宽6.4、高5.3厘米（图一九一，8）。

标本1556，陶壶。坐标为N：35°44′44.0″，E：111°47′09.2″，海拔：655米。泥质，结构紧密。浅灰色。颈部抹绳纹，多处绳纹被抹去。口部残片，敞口，斜方唇。轮制，内外壁有横向旋痕。宽4.5、高4厘米（图一九一，6）。

标本1557，陶鬲。坐标为N：35°44′44.1″，E：111°47′09.0″，海拔：652米。夹砂，砂粒较小，结构紧密，密度较小。夹芯陶，外壁为灰褐色，陶色不匀，胎呈黄褐色，内壁为灰色。竖向绳纹，抹压，局部有叠压。腹部残片。手制，内壁粗糙，有手指摁窝。宽4.2、高4.7厘米（图一九一，9）。

标本1558，陶罐。坐标为N：35°44′43.9″，E：111°47′07.2″，海拔：653米。粗泥质。灰色。上部饰绳纹，方向不一致，抹压，下部绳纹被抹去。下腹部残片，下腹斜内收。手制、轮修，内壁有泥条痕迹和横向抹痕，外壁下部有横向旋抹痕。宽6.5、高6.5厘米（图一九一，5）。

标本1559，陶片。坐标为N：35°44′43.9″，E：111°47′08.0″，海拔：652米。泥质，结构紧密。灰色。右斜向绳纹，捻结较紧，抹压，下部部分绳纹被抹去。可能是罐下腹部近底处残片，上薄下厚。轮制，内壁抹光，下部有横向旋抹痕。宽3.6、高3.8厘米（图一九一，3）。

1560、1561二件标本坐标为N：35°44′43.6″，E：111°47′08.1″，海拔：652米。

标本1560，陶片。泥质，结构紧密。灰色。绳纹，方向不一致，抹压。磨损较甚，内壁局部有脱落。手制，泥片贴筑，内壁抹平。宽4.7、高3厘米（图一九一，7）。

标本1561，陶片。泥质，结构紧密。灰色。交错绳纹，抹压。手制，内壁较粗糙，有手指摁窝。宽3.4、高3.4厘米（图一九一，2）。

标本1562，陶盆。坐标为N：35°44′44.5″，E：111°47′09.3″，海拔：654米。泥质，结构紧密。外壁深灰色，胎及内壁呈灰色。沿面及外壁饰暗弦纹。口部残片，侈口，卷折沿上翘，小方唇，束颈。轮制，口沿及内外壁有横向旋痕。口径23.7、高2.7厘米（图一九一，4）。

标本1563，陶鬲。坐标为N：35°44′44.7″，E：111°47′12.8″，海拔：659米。夹细砂，密度较大。灰色。竖向绳纹，抹压，上腹有一周抹弦纹割断绳纹。上腹部残片，壁较薄。手制，内壁抹平，较粗糙，有横向抹痕。宽3.2、高4.2厘米（图一九一，1）。

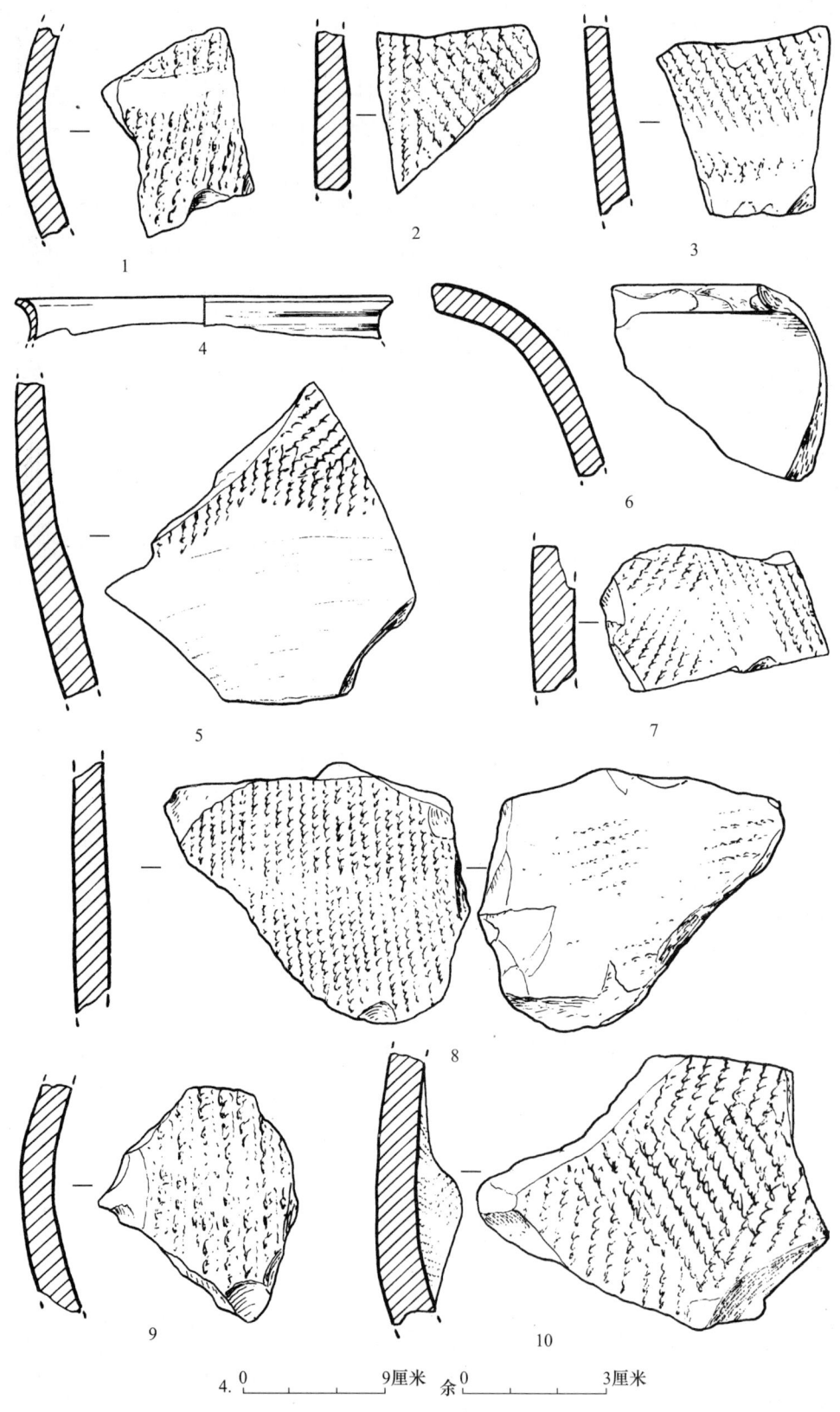

图一九一　大河口遗址调查陶器（1555～1564）
1. 陶鬲（1563）　2. 陶片（1561）　3. 陶片（1559）　4. 陶盆（1562）　5. 陶罐（1558）　6. 陶壶（1556）
7. 陶片（1560）　8. 陶片（1555）　9. 陶鬲（1557）　10. 陶片（1564）

十二、1564～1622、1625～1675 号标本

1564～1622、1625～1675 号标本位于大河口第六台地，东邻翼城－沁水（S331）公路。

标本 1564，陶片。坐标为 N：35°44′45.2″，E：111°47′17.4″，海拔：663 米。泥质，结构紧密。黄褐色。斜向绳纹，方向不一致，抹压，内壁垫印横向绳纹，抹压。可能是罐腹部残片。手制，泥片贴筑。宽 7.3、高 5.6 厘米（图一九一，10）。

标本 1565，陶鬲。坐标为 N：35°44′45.0″，E：111°47′17.1″，海拔：664 米。夹细砂，密度较大。灰色。竖向绳纹，抹压。腹部残片。手制，内壁有手指摁窝。宽 5.6、高 6.1 厘米（图一九二，7）。

1566、1567 二件标本坐标为 N：35°44′44.8″，E：111°47′16.6″，海拔：664 米。

标本 1566，陶器底。泥质。灰色。略磨光。底部残片，下腹斜内收，小平底，底面平整。轮制，内底有同心圆旋痕，内外壁有横向旋痕。底径 7.8、高 4.8 厘米（图一九二，5）。

标本 1567，陶片。泥质。深灰色。素面。可能是罐下腹部残片，上薄下厚。轮制，内外壁均有横向旋痕。宽 5.2、高 6.9 厘米（图一九二，2）。

标本 1568，板瓦。坐标为 N：35°44′44.5″，E：111°47′16.8″，海拔：662 米。泥质，结构紧密。深灰色。斜向绳纹，方向不一致，抹压，内壁垫印凸篦点纹，抹压。壁较厚。手制，内壁有横向抹痕。宽 3.6、高 6 厘米（图一九二，8）。

标本 1569，陶片。坐标为 N：35°44′44.7″，E：111°47′16.3″，海拔：662 米。泥质。灰色。素面。可能是盆下腹部残片，上薄下厚。轮制，内外壁均有横向旋抹痕。宽 6.5、高 8.6 厘米（图一九二，1）。

标本 1570，陶鬲。坐标为 N：35°44′40.8″，E：111°47′12.2″，海拔：653 米。夹砂。灰褐色，胎呈黄褐色。竖向绳纹，抹压。腹部残片。手制，内壁抹平。宽 3.8、高 2.8 厘米（图一九二，4）。

标本 1571，陶片。坐标为 N：35°44′40.6″，E：111°47′12.0″，海拔：654 米。泥质，结构紧密。深灰色。拍印绳纹，方向不一致，抹压，内壁垫印绳纹，抹压较甚。可能是罐腹部残片。手制，泥片贴筑，内壁有不规整刻划痕。宽 5.3、高 6.6 厘米（图一九二，3）。

1572、1573 二件标本坐标为 N：35°44′39.7″，E：111°47′12.2″，海拔：648 米。

标本 1572，陶片。泥质，结构紧密。夹芯陶，内外壁为深灰色，胎呈黄褐色。右斜向绳纹，较规整，抹压。手制，内壁抹光。宽 4.9、高 4 厘米（图一九二，6）。

标本 1573，陶鬲。夹石英砂粒，密度较大。灰色。腹部饰绳纹，有叠压，抹压。腹部残片。手制，内壁较粗糙，有手指摁窝。宽 5.1、高 3.6 厘米（图一九三，6）。

标本 1574，陶罐。坐标为 N：35°44′39.6″，E：111°47′11.3″，海拔：649 米。泥质，结构紧密。深灰色。竖向绳纹，有叠压，抹压，有两周不规整抹弦纹割断绳纹。腹部残片，圆腹。手制、轮修，内壁有横向旋抹痕。宽 8.2、高 8 厘米（图一九三，8）。

1575、1576 二件标本坐标为 N：35°44′39.9″，E：111°47′10.7″，海拔：647 米。

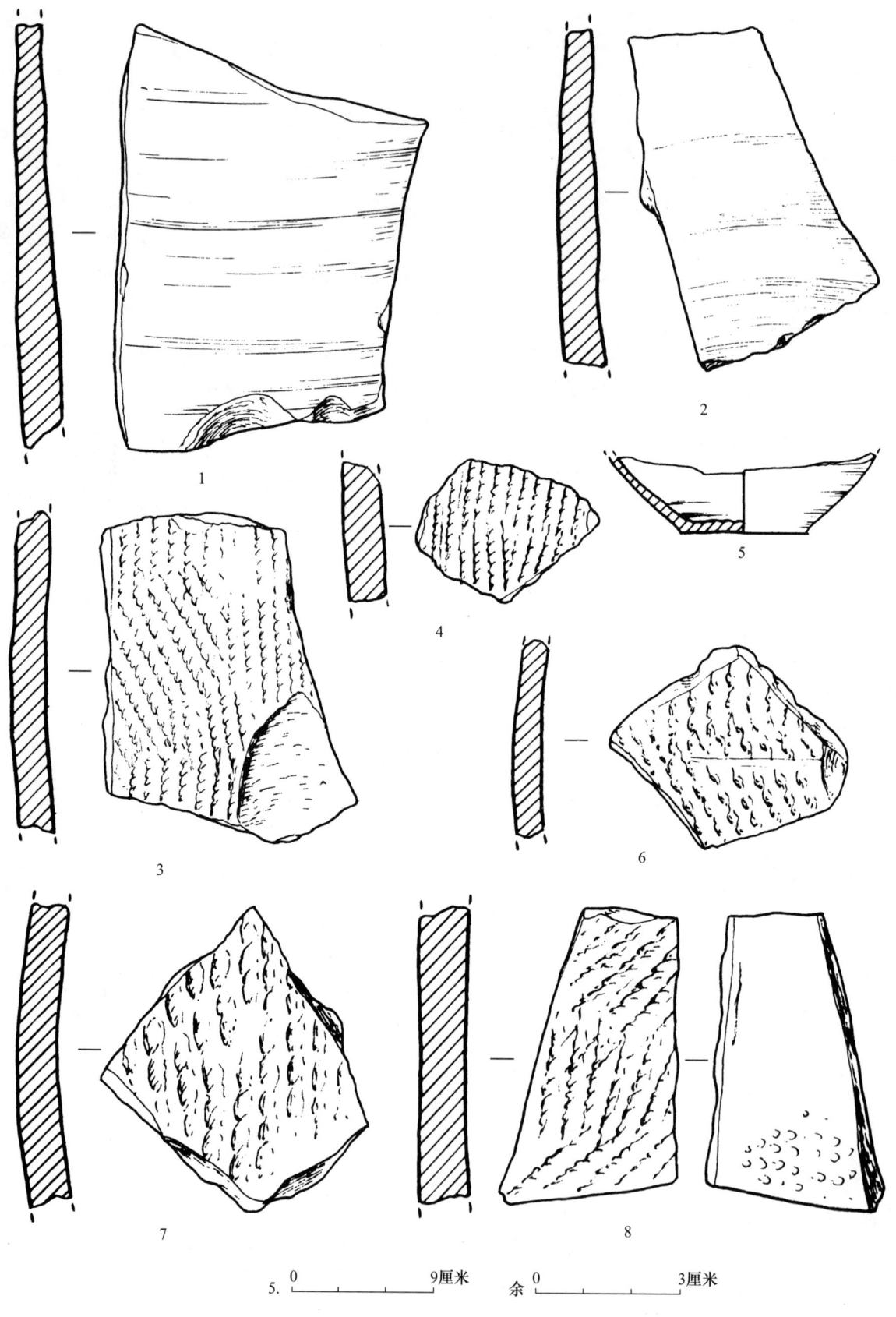

图一九二　大河口遗址调查陶器（1565～1572）
1. 陶片（1569）　2. 陶片（1567）　3. 陶片（1571）　4. 陶鬲（1570）　5. 陶器底（1566）
6. 陶片（1572）　7. 陶鬲（1565）　8. 板瓦（1568）

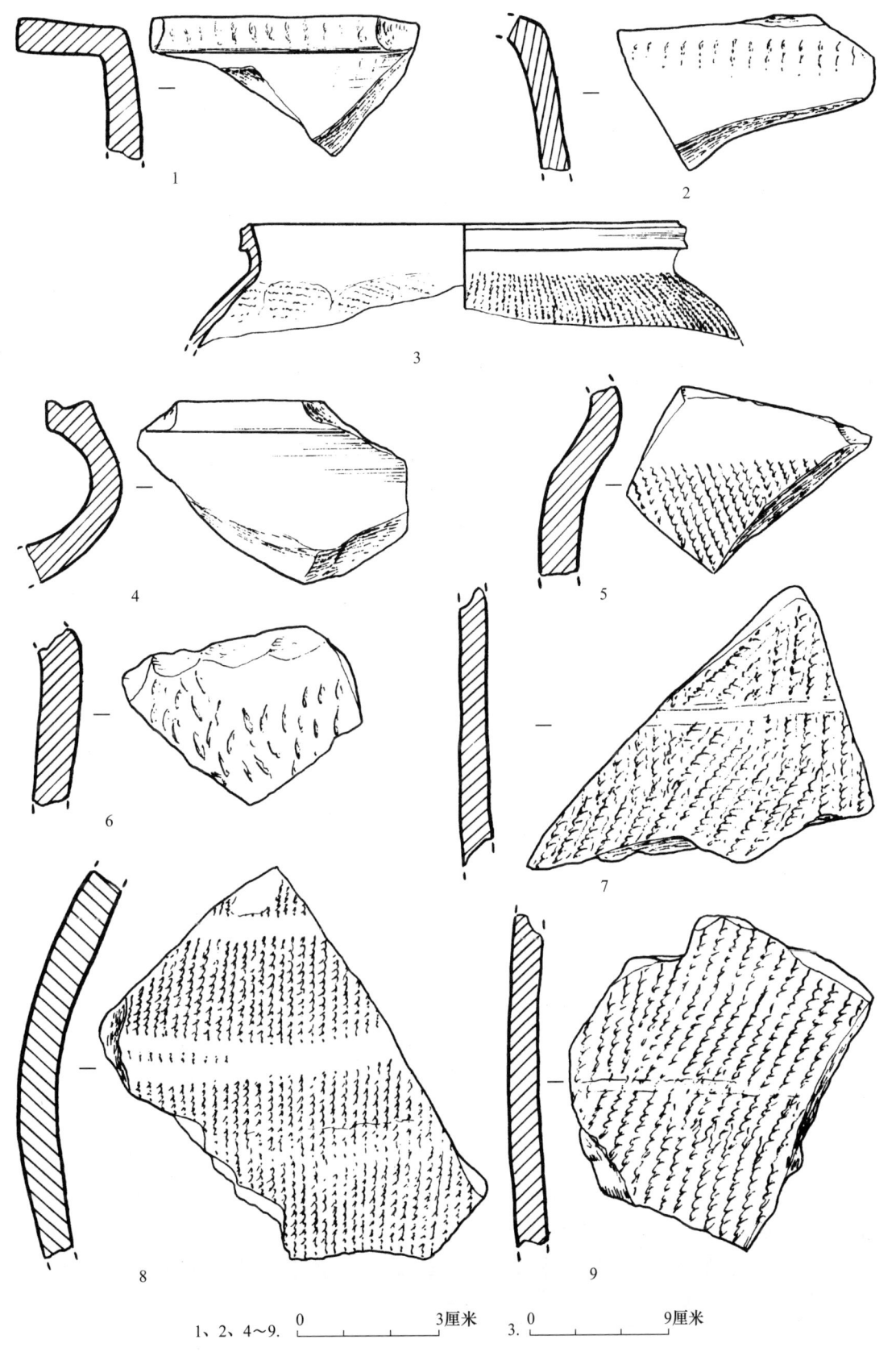

图一九三 大河口遗址调查陶器（1573~1581）
1. 陶盆（1578） 2. 陶盆（1579） 3. 陶鬲（1576） 4. 陶罐（1577） 5. 陶罐（1575）
6. 陶鬲（1573） 7. 陶片（1580） 8. 陶罐（1574） 9. 陶片（1581）

标本1575，陶罐。泥质。灰色。上腹部饰右斜向绳纹，较规整，抹压。颈肩部残片。轮制，颈部和内壁有横向旋痕。宽5.2、高3.8厘米（图一九三，5）。

标本1576，陶鬲。夹细砂，密度偏大。灰褐色，局部为黄褐色，陶色不匀。肩部饰竖向绳纹，较规整，抹压，内壁垫印绳纹，抹压。口部残片，侈口，折沿外贴，宽方唇，唇面内凹，矮颈，圆肩。手制，内壁较粗糙，有陶拍垫印凹窝。口径27.3、高7.5厘米（图一九三，3；图版二一，5、6）。

1577~1580四件标本坐标为N：35°44′37.0″，E：111°47′08.6″，海拔：646米。

标本1577，陶罐。泥质。灰色。素面。口部残片，侈口，窄折沿，沿面下凹，方唇，束颈。轮制，口沿及内外壁有横向旋痕。宽5.7、高3.8厘米（图一九三，4）。

标本1578，陶盆。泥质，结构紧密。深灰色。唇面饰竖向绳纹，抹压。口部残片，口微敞，宽折沿，方唇。轮制，口沿及内外壁有横向旋痕。宽5.7、高2.9厘米（图一九三，1）。

标本1579，陶盆。泥质，结构紧密。灰色。沿面素面，磨光，外壁抹绳纹，多处绳纹被抹去。口部残片，敞口，折沿上翘，唇残。宽5.5、高3.2厘米（图一九三，2）。

标本1580，陶片。粗泥质，含少许细砂。外壁深灰色，胎及内壁呈灰色。绳纹，有交错和叠压，抹压，有一周凹弦纹割断绳纹。可能是罐腹部残片，壁较薄。手制，内壁抹平。宽7.4、高5.8厘米（图一九三，7）。

标本1581，陶片。坐标为N：35°44′36.4″，E：111°47′07.9″，海拔：646米。泥质，结构紧密。夹芯陶，内外壁为灰色，胎呈黄褐色。左斜向绳纹，捻结较紧，局部有叠压，抹压。可能是罐腹部残片，壁厚薄不匀。手制，内壁有手指摁窝。宽6.5、高6.9厘米（图一九三，9）。

标本1582，陶罐。坐标为N：35°44′37.2″，E：111°47′07.1″，海拔：643米。泥质，结构紧密。深灰色。抹绳纹。颈部残片。轮制，内外壁有横向旋痕。宽3.7、高3.4厘米（图一九四，8）。

1583、1584二件标本坐标为N：35°44′38.4″，E：111°47′08.2″，海拔：643米。

标本1583，陶鬲。夹石英砂粒，密度大。灰色。肩部饰竖向和斜向绳纹，有交错，未抹压。颈肩部残片。手制，颈部有横向抹痕，内壁抹平，较粗糙，有斜向和横向抹痕。宽6.6、高4.2厘米（图一九四，4）。

标本1584，陶片。泥质，结构紧密。外壁灰色，胎及内壁为黄褐色。竖向和斜向绳纹，有交错，抹压。内壁有手制摁窝，较粗糙。宽4.4、高4.3厘米（图一九四，7）。

1585~1590六件标本坐标为N：35°44′38.5″，E：111°47′08.6″，海拔：642米。

标本1585，陶盆。泥质，结构紧密。灰色。上腹饰左斜向绳纹，抹压，有数周凹弦纹割断绳纹。敞口，斜折沿，沿面较窄，斜方唇，斜直颈，斜收腹。手制、轮修，口沿及外壁有横向旋痕，内壁有横向旋抹痕。宽8.2、高10厘米（图一九四，3）。

标本1586，陶罐。泥质，结构紧密。灰色。肩部饰绳纹，抹压较甚，绳纹基本被抹去，再饰暗弦纹，内壁垫印凹篦点纹，抹压较甚。口部残片，侈口，窄沿外斜，尖圆唇，矮颈，圆肩。手制、轮修，口沿及外壁有横向旋痕，内壁有横向旋抹痕。口径17.7、高5.4厘米（图一九四，1）。

标本1587，陶片。泥质，结构紧密。深灰色。竖向绳纹，不规整，有叠压，抹压，较宽抹弦纹割断绳纹，内壁垫印凹篦点纹，抹压。可能是罐腹部残片。手制，内壁有泥条叠筑痕迹，内壁粗糙，有垫印凹窝。宽10.4、高8厘米（图一九四，6）。

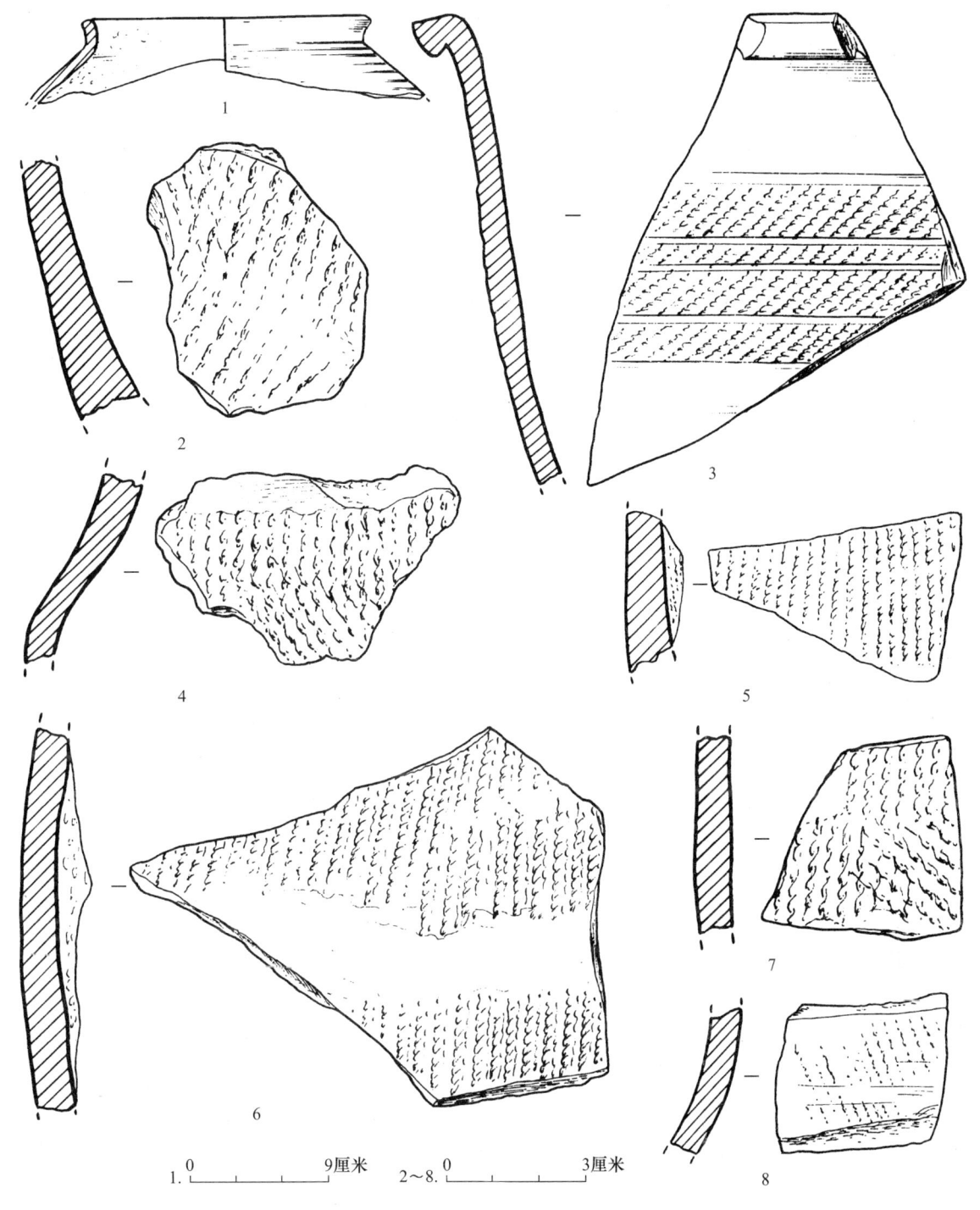

图一九四　大河口遗址调查陶器（1582~1589）
1. 陶罐（1586）　2. 陶鬲（1588）　3. 陶盆（1585）　4. 陶鬲（1583）　5. 陶片（1589）
6. 陶片（1587）　7. 陶片（1584）　8. 陶罐（1582）

标本1588，陶鬲。夹砂，砂粒较小，密度较大。灰色。斜向绳纹，方向不一致，抹压。下腹近足部残片，上薄下厚。手制，内壁粗糙，有手指摁窝。宽4.8、高5.8厘米（图一九四，2）。

标本1589，陶片。泥质。外壁及胎为灰色，内壁为深灰色。竖向绳纹，较规整，抹压，内壁垫印竖向绳纹，抹压较甚。壁厚薄不一，可能是罐腹部残片。手制，内壁粗糙，有横向抹痕。宽5.5、高3.6厘米（图一九四，5）。

标本 1590，陶盖豆。粗泥质。夹芯陶，内外壁为深灰色，胎呈灰色。内壁有磨光暗弦纹数周。子口内敛，舌较长，弧腹，盘腹较深，磨损较甚。轮制，内外壁有横向旋抹痕。宽 6.6、高 6.3 厘米（图一九五，3）。

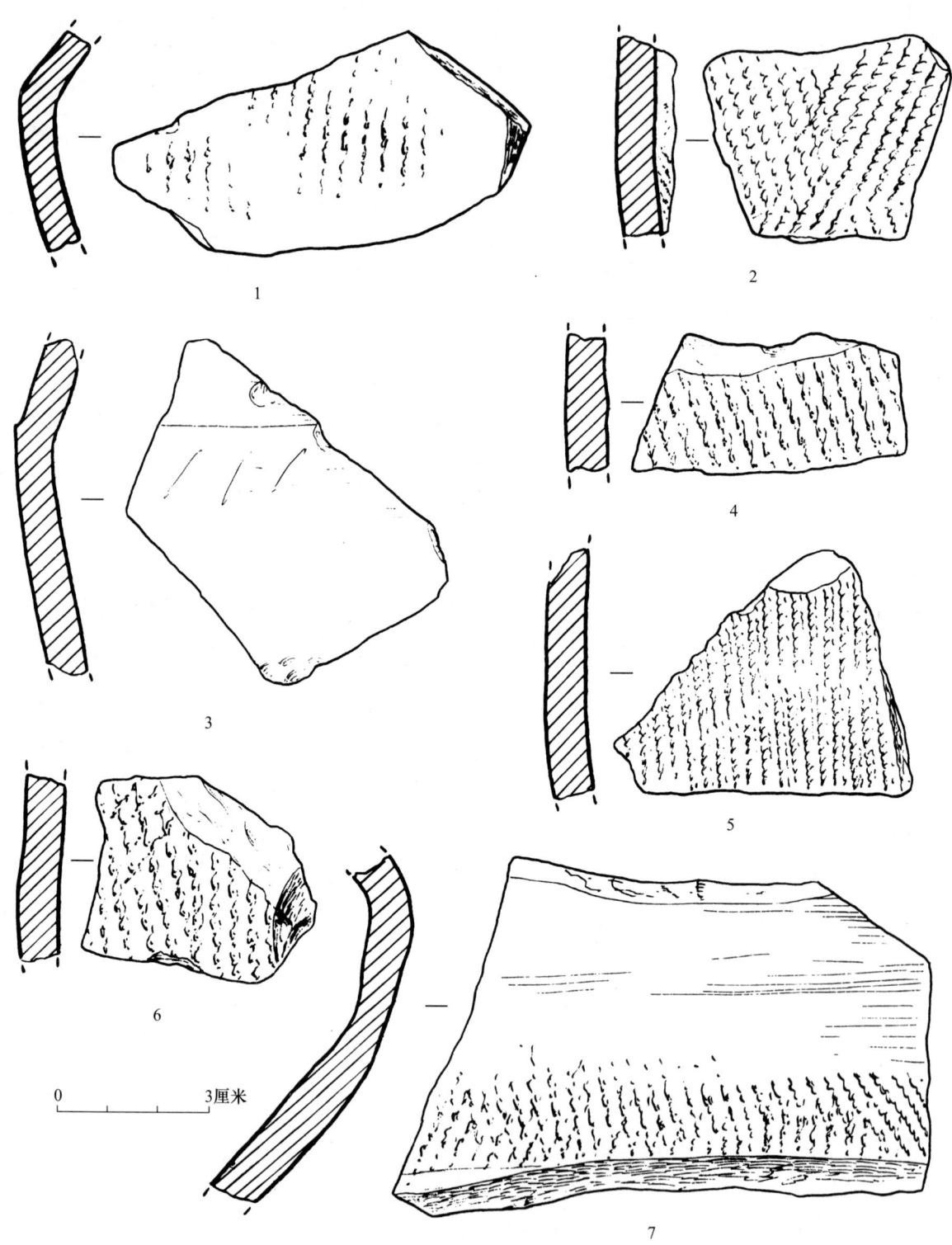

图一九五　大河口遗址调查陶器（1590~1596）
1. 陶罐（1594）　2. 陶鬲（1593）　3. 陶盖豆（1590）　4. 陶片（1596）　5. 陶罐（1595）　6. 陶片（1591）　7. 陶鬲（1592）

1591、1592二件标本坐标为N：35°44′38.9″，E：111°47′08.6″，海拔：641米。

标本1591，陶片。粗泥质，夹少许钙质物颗粒。灰色。略右斜向绳纹，局部有交错，抹压。手制，内壁有横向抹痕。宽4.6、高3.9厘米（图一九五，6）。

标本1592，陶鬲。夹细砂和钙质物颗粒，砂粒细小，密度较大。深灰色。肩部饰竖向绳纹，局部有交错，抹压，有一周抹弦纹割断绳纹。颈肩部残片，曲颈，圆肩。手制、轮修，肩部内壁抹平，颈部内外有横向旋抹痕。宽10.6、高6.8厘米（图一九五，7）。

1593、1594二件标本坐标为N：35°44′39.7″，E：111°47′08.4″，海拔：645米。

标本1593，陶鬲。夹砂，砂粒较小，密度较大。外壁为橙红色，胎及内壁为黄褐色。斜向绳纹，局部有交错，抹压，内壁垫印绳纹，抹压较甚。腹部残片，有磨损。手制，内壁抹平，较粗糙。宽4.8、高3.9厘米（图一九五，2）。

标本1594，陶罐。泥质，结构紧密。灰色。竖向绳纹，抹压。折肩，外壁有磨损脱落。手制，内壁有手指摁窝。宽8.2、高4.3厘米（图一九五，1）。

标本1595，陶罐。坐标为N：35°44′40.2″，E：111°47′08.2″，海拔：643米。泥质，结构紧密。深灰色。竖向绳纹，较规整，局部抹压。腹部残片。手制，内壁有手指摁窝和横向抹痕。宽5.8、高4.7厘米（图一九五，5）。

1596、1597二件标本坐标为N：35°44′39.9″，E：111°47′08.4″，海拔：641米。

标本1596，陶片。泥质，结构紧密。灰色。略右斜向绳纹，较规整，抹压。可能是罐腹部残片。手制，内壁粗糙，有手指摁窝。宽5.2、高2.6厘米（图一九五，4）。

标本1597，陶片。泥质，结构紧密。内外壁深灰色，胎呈灰色。竖向绳纹，规整，抹压。可能是罐腹部残片。手制、轮修，内壁有横向旋抹痕。宽4、高6.5厘米（图一九六，6）。

1598～1601四件标本坐标为N：35°44′39.5″，E：111°47′08.4″，海拔：643米。

标本1598，陶片。夹少许砂粒。深灰色。右斜向绳纹，抹压。手制，内壁抹平，较粗糙，有横向抹痕。宽6.3、高3.6厘米（图一九六，4）。

标本1599，陶豆。泥质，结构紧密。灰色。内外壁素面、磨光。豆盘残片，敞口，窄沿，尖唇，盘腹方折。手制、轮修。口径13.2、高3厘米（图一九六，1；图版二二，1、2）。

标本1600，陶盆。夹细砂，密度较小。灰色。沿面素面、磨光，沿外抹绳纹。直口，宽沿上翘，外缘有小平面，斜方唇，唇面有凹槽一周。手制。宽4.4、高3.1厘米（图一九六，2）。

标本1601，陶罐。泥质，结构紧密。深灰色。上腹部饰斜向绳纹，有交错和叠压，抹压。颈腹部残片。手制、轮修，内壁抹平，有泥条痕迹，内外有横向旋痕，抹光。宽6.1、高5.7厘米（图一九六，3）。

1602～1605四件标本坐标为N：35°44′38.6″，E：111°47′08.2″，海拔：637米。

标本1602，陶盆。泥质，结构紧密。灰色。腹饰竖向绳纹，抹压，上部近颈处有两周不规整凹弦纹。敞口，折沿，沿面较窄、下凹，外缘起棱，小方唇，高直颈，颈腹转折处凸棱，斜收腹。轮制，颈部有旋抹凹槽和旋痕，内壁抹光，有横向旋痕。口径41.4、高9.3厘米（图一九六，5；图版二二，3）。

标本1603，陶鬲。夹砂，砂粒大小不匀，密度较大。夹芯陶，内外壁为深红色，泛褐色，胎呈棕褐色。肩部饰竖向绳纹，较规整，抹压。侈口，窄折沿，沿面下凹，斜方唇，矮颈，圆肩。手制、轮修，肩部内壁有垫印凹窝，较粗糙，口沿及颈部有横向旋抹痕。宽9.2、高6.7厘米（图一九六，7；图版二二，5、6）。

标本1604，陶器底。泥质，结构紧密。灰色。素面。下腹斜内收，平底，底面平整。轮制，内底粘附一层细砂，内壁有横向旋抹痕。底径14.4、高3.6厘米（图一九七，7）。

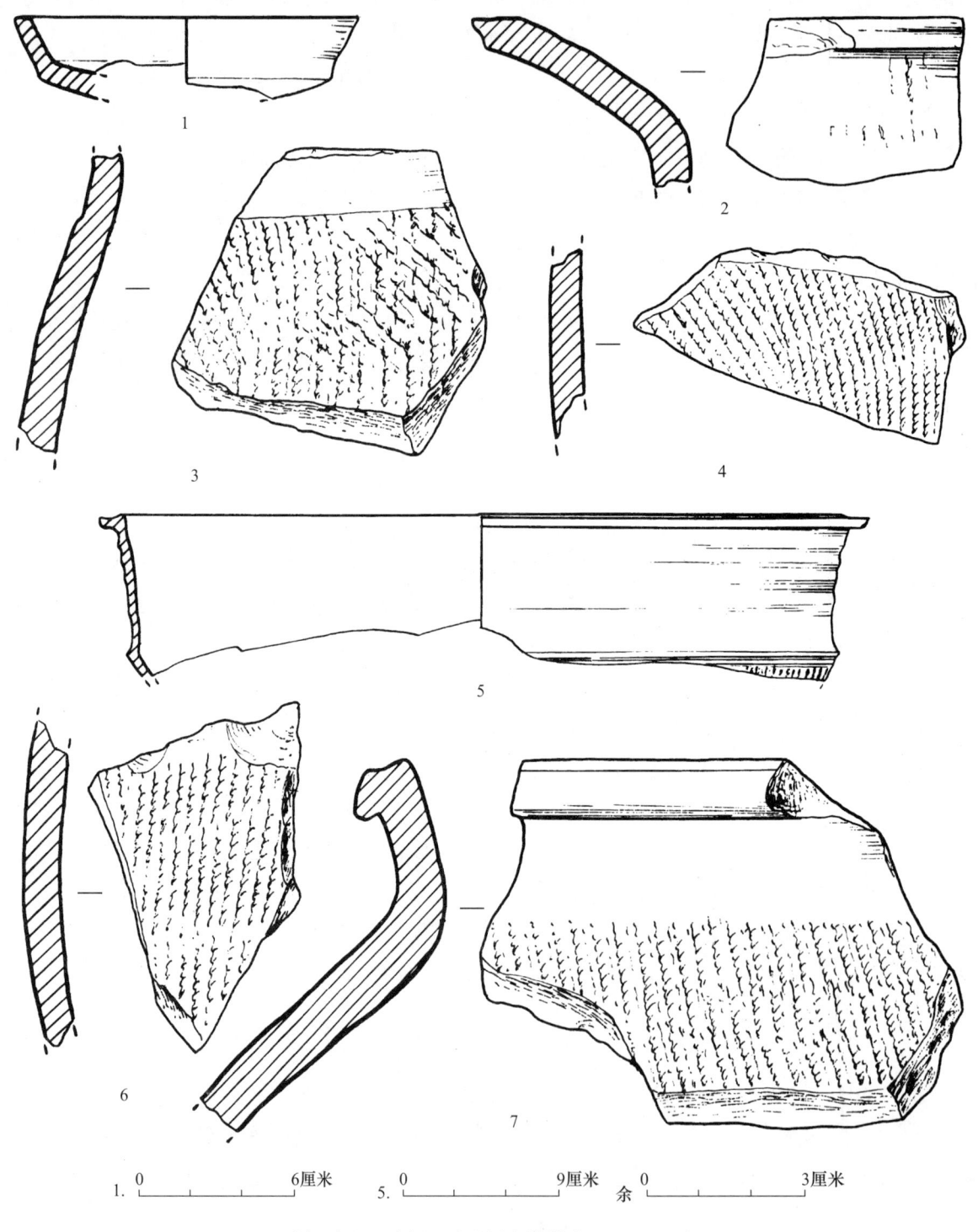

图一九六　大河口遗址调查陶器（1597～1603）
1. 陶豆（1599） 2. 陶盆（1600） 3. 陶罐（1601） 4. 陶片（1598）
5. 陶盆（1602） 6. 陶片（1597） 7. 陶鬲（1603）

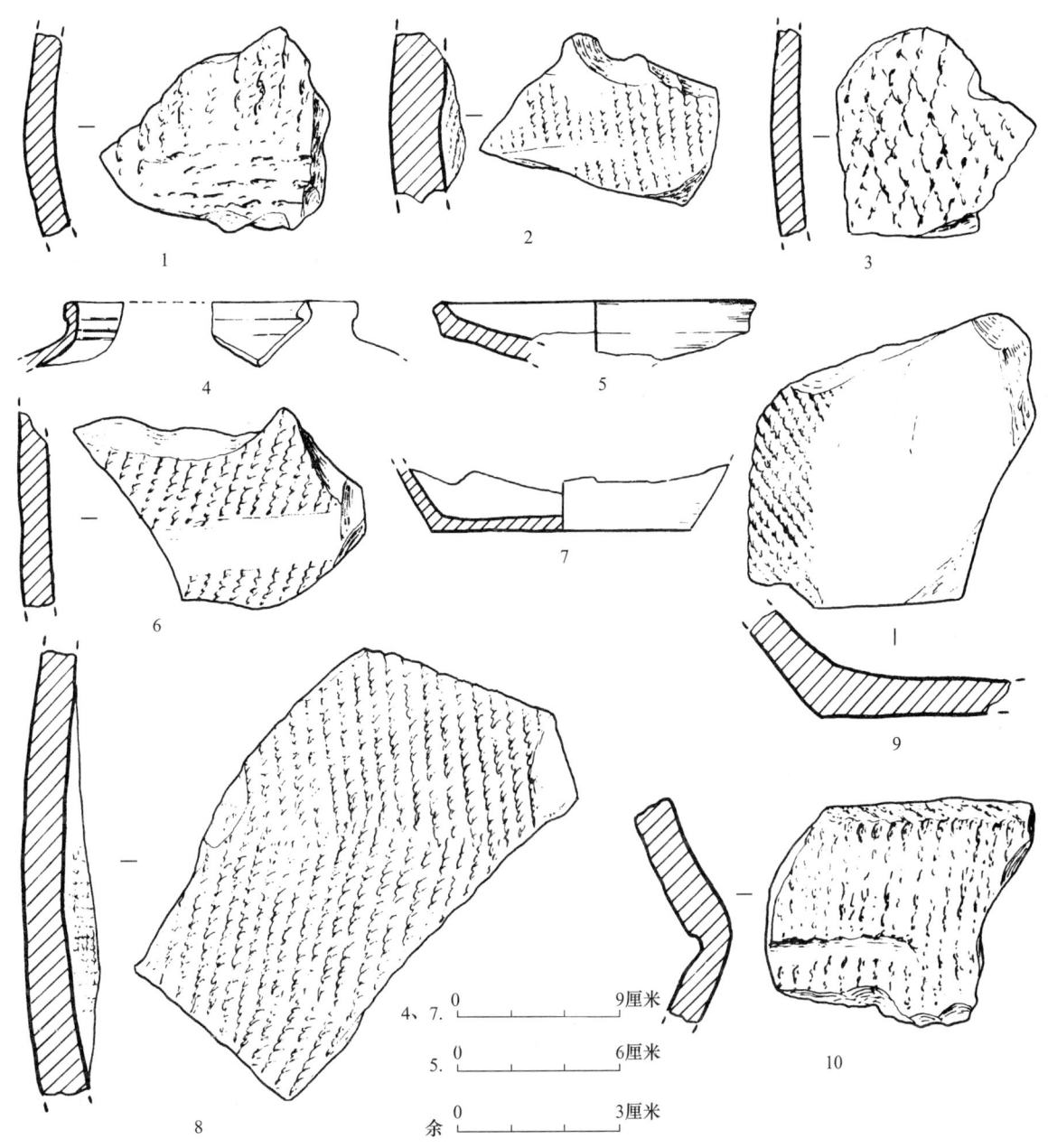

图一九七　大河口遗址调查陶器（1604～1613）
1. 陶鬲（1607）　2. 筒瓦（1609）　3. 陶片（1613）　4. 陶罐（1610）　5. 陶豆（1608）　6. 陶罐（1606）
7. 陶器底（1604）　8. 陶片（1605）　9. 陶器底（1611）　10. 陶鬲（1612）

标本1605，陶片。夹极细砂粒。灰色。斜向绳纹，有叠压，局部抹压，内壁垫印绳纹，抹压。可能是罐腹部残片，壁厚薄不匀。手制，内壁有横向和竖向抹痕。宽8.3、高8.1厘米（图一九七，8）。

1606、1607二件标本坐标为 N：35°44′39.0″，E：111°47′08.2″，海拔：640米。

标本1606，陶罐。泥质，结构紧密。灰色。略左斜向绳纹，较规整，抹压，有一周抹弦纹割断绳纹。腹部残片，壁较薄。手制，内壁有手指摁窝和横向抹痕。宽5.4、高3.6厘米（图一九七，6）。

标本1607，陶鬲。夹石英砂粒，砂粒较小，密度较大。深灰色。竖向和横向绳纹，不规整，抹压。裆部残片，壁厚薄不一。手制，内壁较粗糙，有斜向抹痕。宽4.3、高3.7厘米（图一九七，1）。

1608、1609二件标本坐标为 N：35°44′38.5″，E：111°47′07.3″，海拔：640米。

标本 1608，陶豆。泥质。灰色。素面。豆盘残片，浅盘，腹壁方折，盘腹外壁内凹。轮制，外壁有横向旋抹痕。口径 12.1、高 2.1 厘米（图一九七，5；图版二三，1、2）。

标本 1609，筒瓦。泥质。灰色。绳纹，捻结较紧，抹压，内壁垫印斜向绳纹，抹压较甚。手制。宽 4.5、高 3.1 厘米（图一九七，2）。

1610～1612 三件标本坐标为 N：35°44′39.2″，E：111°47′07.6″，海拔：635 米。

标本 1610，陶罐。泥质，结构紧密。深灰色。素面。口沿、肩部及颈部内壁有磨光暗弦纹数周。口部残片，直口，圆唇，口外侧加厚，矮直颈，圆肩。轮制，口沿及内外壁有横向旋痕。口径约 16.2、高 3.6 厘米（图一九七，4）。

标本 1611，陶器底。泥质，结构紧密。深灰色。腹饰左斜向绳纹，较规整，捻结较紧，略有抹压。下腹斜内收，平底，底面平整。手制，腹底一体制作，内壁有横向抹痕。宽 5.3、高 1.9 厘米（图一九七，9）。

标本 1612，陶鬲。夹砂，砂粒较细，密度较大。深灰色。唇面饰右斜向绳纹，竖向绳纹，有叠压，抹压。口部残片，侈口，方唇，束颈，溜肩。手制，内壁粗糙，有横向抹痕。宽 5.1、高 4.1 厘米（图一九七，10）。

标本 1613，陶片。坐标为 N：35°44′39.4″，E：111°47′07.7″，海拔：635 米。夹较大钙质物颗粒。深灰色。绳纹，有交错，抹压，内壁垫印绳纹，抹压较甚。可能是鬲残片，壁较薄。手制，内壁有横向抹痕。宽 3.8、高 3.8 厘米（图一九七，3）。

标本 1614，陶片。坐标为 N：35°44′39.5″，E：111°47′07.9″，海拔：636 米。夹少许细砂。红褐色。略右斜向绳纹，较规整，抹压。手制，泥片贴筑，内壁有斜向抹痕。宽 6.2、高 7.5 厘米（图一九八，3）。

标本 1615，陶片。坐标为 N：35°44′39.0″，E：111°47′07.7″，海拔：637 米。泥质，结构紧密。夹芯陶，内外壁为灰色，胎呈黄褐色。绳纹，局部有叠压和交错，抹压。手制，内壁有手指摁窝，抹光。宽 3.7、高 4.2 厘米（图一九八，7）。

1616～1618 三件标本坐标为 N：35°44′36.7″，E：111°47′04.8″，海拔：635 米。

标本 1616，陶罐。粗泥质，含细小石英砂粒。灰色。右斜向绳纹，较规整，捻结较紧，抹压，有数周抹弦纹割断绳纹，内壁垫印绳纹，有交错，抹压。肩部残片，圆肩。手制，泥片贴筑。宽 12.5、高 7 厘米（图一九八，5）。

标本 1617，陶鬲。泥质，结构紧密。深灰色。肩部饰竖向绳纹，较规整，抹压，内壁垫印绳纹，抹压较甚。口部残片，近直口，圆唇，口外侧加厚，且抹压内凹，矮颈，圆肩。手制、轮修，口沿及颈部内外有横向旋抹痕。口径 18.6、高 3.9 厘米（图一九八，2；图版二三，3、4）。

标本 1618，陶盆。泥质，结构紧密。灰色。素面。口部残片，敞口，折沿，沿面较窄，外缘起棱，方唇，斜颈。轮制，口沿及内外壁有横向旋痕。口径 37.2、高 2.4 厘米（图一九八，1）。

标本 1619，陶器底。坐标为 N：35°44′36.8″，E：111°47′04.5″，海拔：639 米。泥质。灰色。素面。下腹斜内收，平底，底面平整，底部较腹壁薄。手制、轮修，内壁有横向抹痕，外壁有横向刮抹痕，底面粘附有一层细砂。宽 6、高 5 厘米（图一九八，6）。该采集点有汉代以后堆积，较丰富。

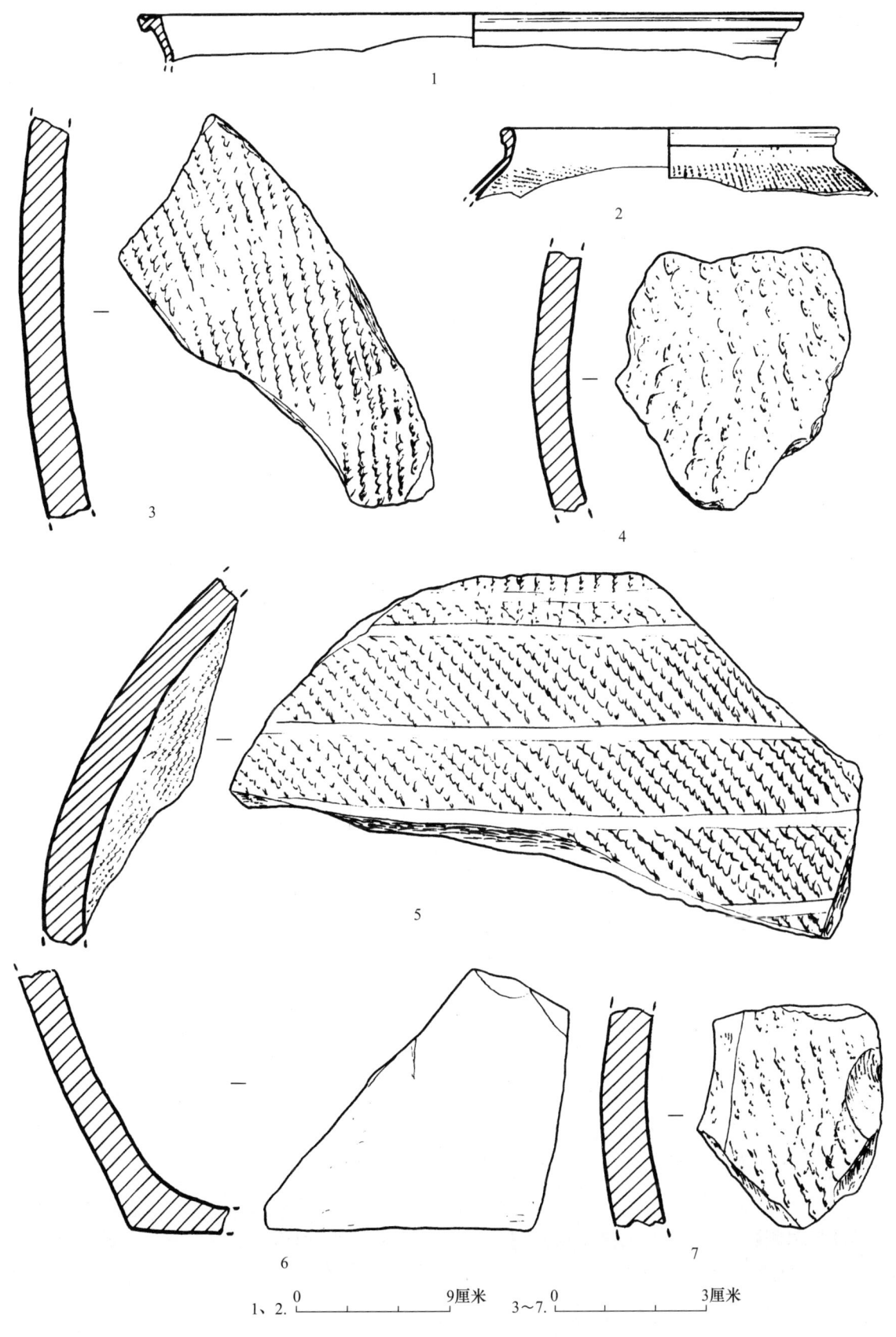

图一九八 大河口遗址调查陶器（1614~1620）
1. 陶盆（1618） 2. 陶鬲（1617） 3. 陶片（1614） 4. 陶鬲（1620） 5. 陶罐（1616） 6. 陶器底（1619） 7. 陶片（1615）

标本1620，陶鬲。标本坐标为N：35°44′37.0″，E：111°47′04.4″，海拔：639米。夹砂。深灰色，外壁陶色不匀。绳纹，抹压。腹部残片。手制，内壁抹光。宽4.6、高5厘米（图一九八，4）。

1621、1622二件标本坐标为N：35°44′36.5″，E：111°47′08.9″，海拔：637米。

标本1621，陶罐。泥质，结构紧密。深灰色。肩部饰暗弦纹。侈口，斜沿，沿面较窄略弧，尖唇，矮颈，颈部外壁有凸棱一周，圆肩。轮制，口沿及内外壁有横向旋痕。口径22.8、高3.2厘米（图一九九，1）。

标本1622，陶罐。粗泥质，含细微砂粒，结构紧密。灰色。绳纹，有交错，抹压，有数周凹弦纹割断绳纹，内壁垫印竖向绳纹，抹压较甚。罐腹部残片，圆腹。手制，内壁略显粗糙。宽7.9、高7.7厘米（图一九九，2）。

1625、1626二件标本坐标为N：35°44′37.0″，E：111°47′04.0″，海拔：636米。

标本1625，陶豆。泥质，结构紧密。灰色。素面。豆座残片，圆柄中空，喇叭形底座，底座外扁圆唇。手制、轮修，柄体有握捏凹槽，底座内外有横向旋痕。底径7.4、高4.6厘米（图一九九，7）。

标本1626，陶豆。泥质，结构紧密。灰色。素面。豆座残片，圆柄中空，喇叭形底座。手制、轮修，柄内壁粗糙，外壁有横向旋抹痕。宽7.1、高4.8厘米（图一九九，4）。

1627~1632六件标本标为N：35°44′58.2″，E：111°47′28.9″，海拔：791±9米。

标本1627，陶鬲。夹少许细砂，结构紧密。黄褐色。拍印竖向绳纹，上部近颈处绳纹抹去。不规整，抹压。上腹部残片。手制，内壁粗糙，有斜向和横向抹痕。宽11.3、高10.8厘米（图一九九，6）。

标本1628，陶片。泥质，结构紧密。灰色。拍印绳纹，方向不一致，抹压，局部有叠压。壁较厚。手制，外壁有一道泥条接缝，内壁不平，有横向抹痕。宽7、高8.8厘米（图一九九，5）。

标本1629，板瓦。泥质，结构紧密。灰色。左斜向绳纹，抹压，内壁垫印横向绳纹，抹压较甚。顶端切割平齐，切割茬口明显。手制，火温较高。宽7.6、高4.1厘米（图一九九，3）。

标本1630，筒瓦。泥质，结构紧密。竖向绳纹，略显规整，抹压。壁较厚，一侧有切割痕，由外向内切割三分之一厚度，切割面整齐光滑。手制，内壁粗糙，有一道泥条接缝，手指摁压凹窝明显。宽6.7、高7.6厘米（图二〇〇，4）。

标本1631，陶罐。泥质，结构紧密。灰色，陶色不匀，部分胎呈黄褐色。竖向和斜向绳纹，抹压。下腹近底残片，下腹斜内收，底面脱落。泥片贴筑，腹底套接，底片包裹腹壁，内壁较光，有手指摁窝和横向抹痕。宽8.7、高5.1厘米（图二〇〇，5）。

标本1632，筒瓦。泥质，结构紧密。灰色。拍印右斜向绳纹，未抹压。壁较厚。手制，内壁有手指摁窝和横向抹痕。宽4.9、高4.8厘米（图二〇〇，6）。

标本1633，筒瓦。坐标为N：35°44′58.4″，E：111°47′29.2″，海拔：707±7米。泥质，结构紧密。深灰色。饰竖向绳纹，抹压，局部绳纹被抹去，内壁垫印斜横向绳纹，抹压。横截面为半圆形，器身一侧有切割痕，由外向内切割超过二分之一的厚度，切割面整齐光滑。手制，泥筒纵向一分为二，内壁较粗糙，有垫印凹窝和横向抹痕。宽5.7、高8.1厘米（图二〇〇，1）。

标本1634，陶片。坐标为N：35°45′0.06″，E：111°47′31.9″，海拔：692±5米。泥质，结构紧密。灰色。素面，磨光，内壁饰磨光暗弦纹。壁较薄。轮制，外壁有横向旋痕。宽4、高4.2厘米（图二〇〇，2）。

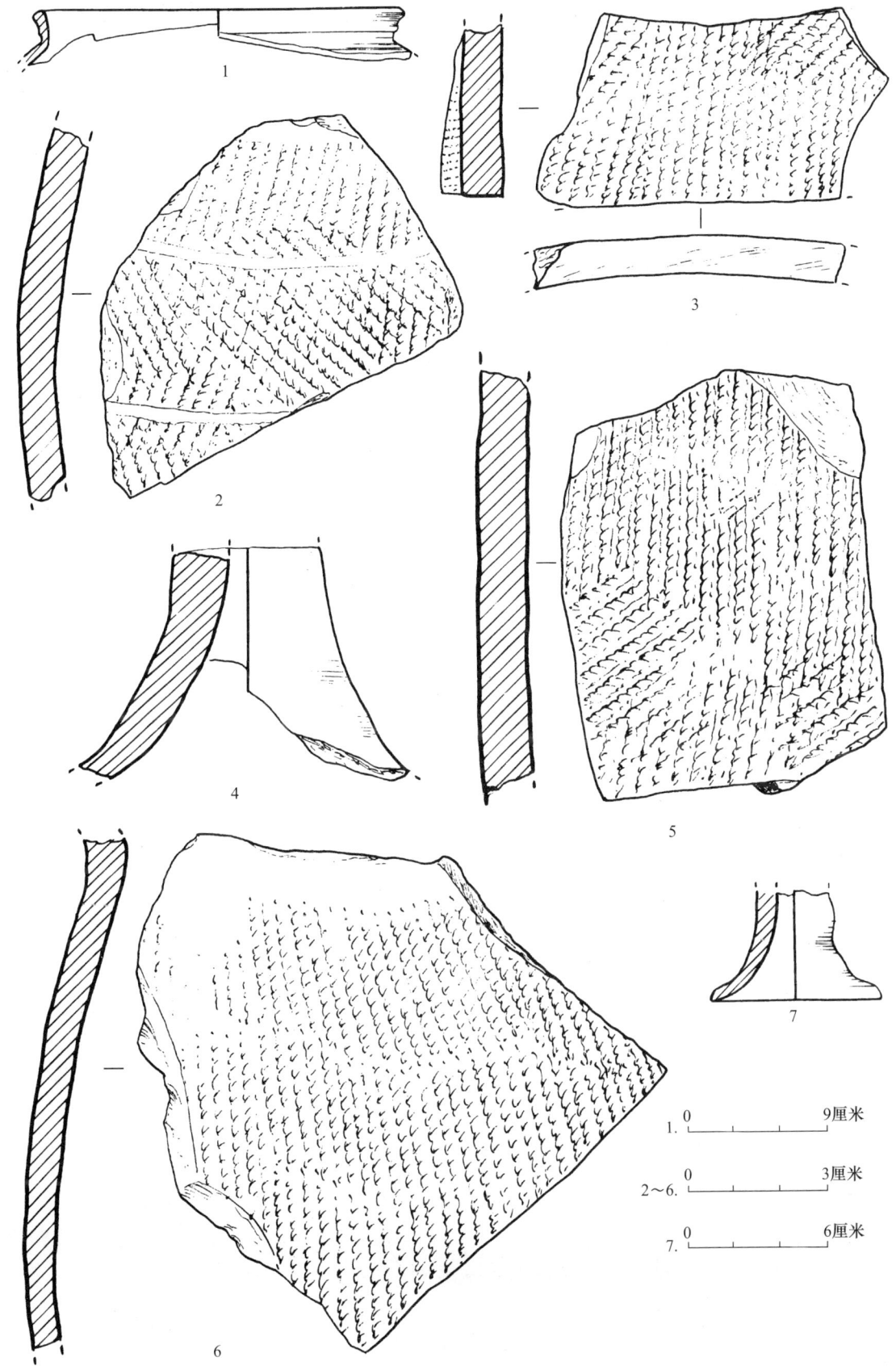

图一九九　大河口遗址调查陶器（1621、1622、1625~1629）

1. 陶罐（1621）　2. 陶罐（1622）　3. 板瓦（1629）　4. 陶豆（1626）　5. 陶片（1628）　6. 陶鬲（1627）　7. 陶豆（1625）

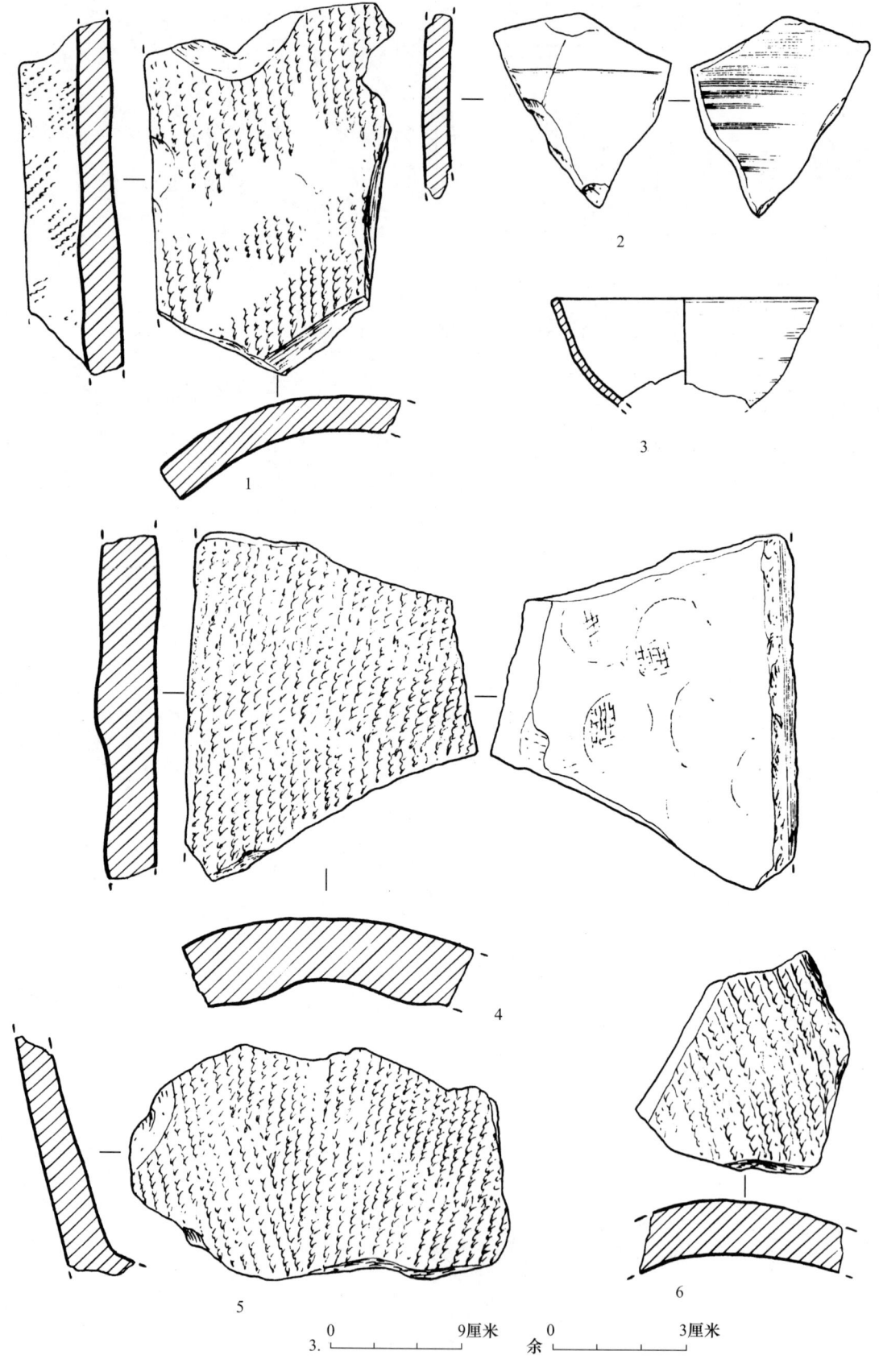

图二〇〇　大河口遗址调查陶器（1630~1635）

1. 筒瓦（1633）　2. 陶片（1634）　3. 陶钵（1635）　4. 筒瓦（1630）　5. 陶罐（1631）　6. 筒瓦（1632）

1635～1641 七件标本坐标为 N：35°44′57.5″，E：111°47′28.0″，海拔：691±4 米。

标本 1635，陶钵。泥质。深灰色。素面。敞口，方唇，上腹外壁内曲，弧腹斜内收。轮制，内外壁均有横向旋痕，外壁有旋抹凹槽。口径 18、高 6.9 厘米（图二〇〇，3）。

标本 1636～1641（为同一件盆，已拼接），陶盆。粗泥质，含少许细砂和钙质物。深灰色。绳纹，抹压，多处绳纹被抹去。敞口，平折沿，沿面下凹，内外缘凸起，宽方唇，唇面内凹，高颈斜直，颈腹转折处凸棱，弧腹斜内收。口径 41.4、高 11.4 厘米（图二〇一，1；图版二二，4）。

1642～1654 十三件标本坐标为 N：35°44′57.4″，E：111°47′27.8″，海拔：691±5 米。

标本 1642（1642、1643、1646 号三件标本可能是同一件器物，拼接不起），陶片。泥质。深灰色。左斜向绳纹，较规整，抹压。可能是罐腹部残片。轮制，内壁有横向旋痕。宽 4.8、高 3.9 厘米（图二〇一，2）。

标本 1643，陶片。泥质。深灰色。素面。可能是罐下腹部残片。轮制，内壁有横向旋抹痕。宽 3.4、高 3.7 厘米（图二〇一，3）。

标本 1644，陶片。泥质。深灰色。素面。可能是罐颈部残片。轮制，内壁有横向旋痕。宽 3.5、高 3.2 厘米（图二〇一，4）。

标本 1645，陶片。泥质。灰色。素面。可能是罐腹部残片。手制、轮修，外壁有刮削痕迹，内壁有横向旋抹痕。宽 4、高 3.9 厘米（图二〇一，6）。

标本 1646，陶片。泥质。深灰色。斜向绳纹，抹压，局部绳纹被抹去。可能是罐腹部残片。轮制，内壁有横向旋抹痕。宽 7.7、高 6.8 厘米（图二〇一，7）。

标本 1647～1654（为同一件器物残片，已拼接），筒瓦。泥质。灰色。绳纹，不规整，抹压，有数道横向抹弦纹割断绳纹。壁较厚，横截面为半圆形，一侧面有切割痕，由外向内切割二分之一厚度，切割面整齐光滑。泥条叠筑，内壁不平，有斜向抹痕。宽 14、高 15.2 厘米（图二〇一，5；图版二四，2）。

标本 1655，板瓦。坐标为 N：35°44′57.0″，E：111°47′27.2″，海拔：689±4 米。泥质，结构紧密。深灰色。竖向绳纹，不规则，局部抹压，内壁垫印斜向绳纹，抹压较甚。手制。宽 5.9、高 5.9 厘米（图二〇二，3）。

1656～1659 四件标本坐标为 N：35°44′53.9″，E：111°47′23.5″，海拔：687±5 米。

标本 1656，筒瓦。泥质，结构紧密。灰色。竖向绳纹，抹压，局部绳纹被抹去，内壁垫印横向绳纹，抹压。横截面为半圆形，顶端较器身薄而平齐，器身一侧有切割痕，由外向内切割超过二分之一的厚度，切割面整齐光滑。手制，泥筒纵向一分为二，内壁较粗糙，有垫印凹窝，端头处内外壁有横向抹痕。宽 9.6、高 9.2 厘米（图二〇二，2）。

标本 1657，陶器底。泥质，结构紧密。灰色。素面，内壁上部有少许绳纹，抹压。下腹斜内收，平底，磨损较甚。手制、轮修，内外壁均有横向旋抹痕。宽 7.5、高 5 厘米（图二〇二，1）。

标本 1658，筒瓦。泥质，结构紧密。深灰色，陶色不匀。竖向绳纹，抹压，数周抹弦纹割断绳纹，内壁垫印横向绳纹，抹压。横截面为半圆形，器身一侧有切割痕，由外向内切割超过二分之一的厚度，切割面整齐光滑。手制，宽泥条叠筑，泥筒纵向一分为二，内壁较粗糙，有垫印凹窝和泥条痕迹。宽 9、高 14.2 厘米（图二〇二，4）。

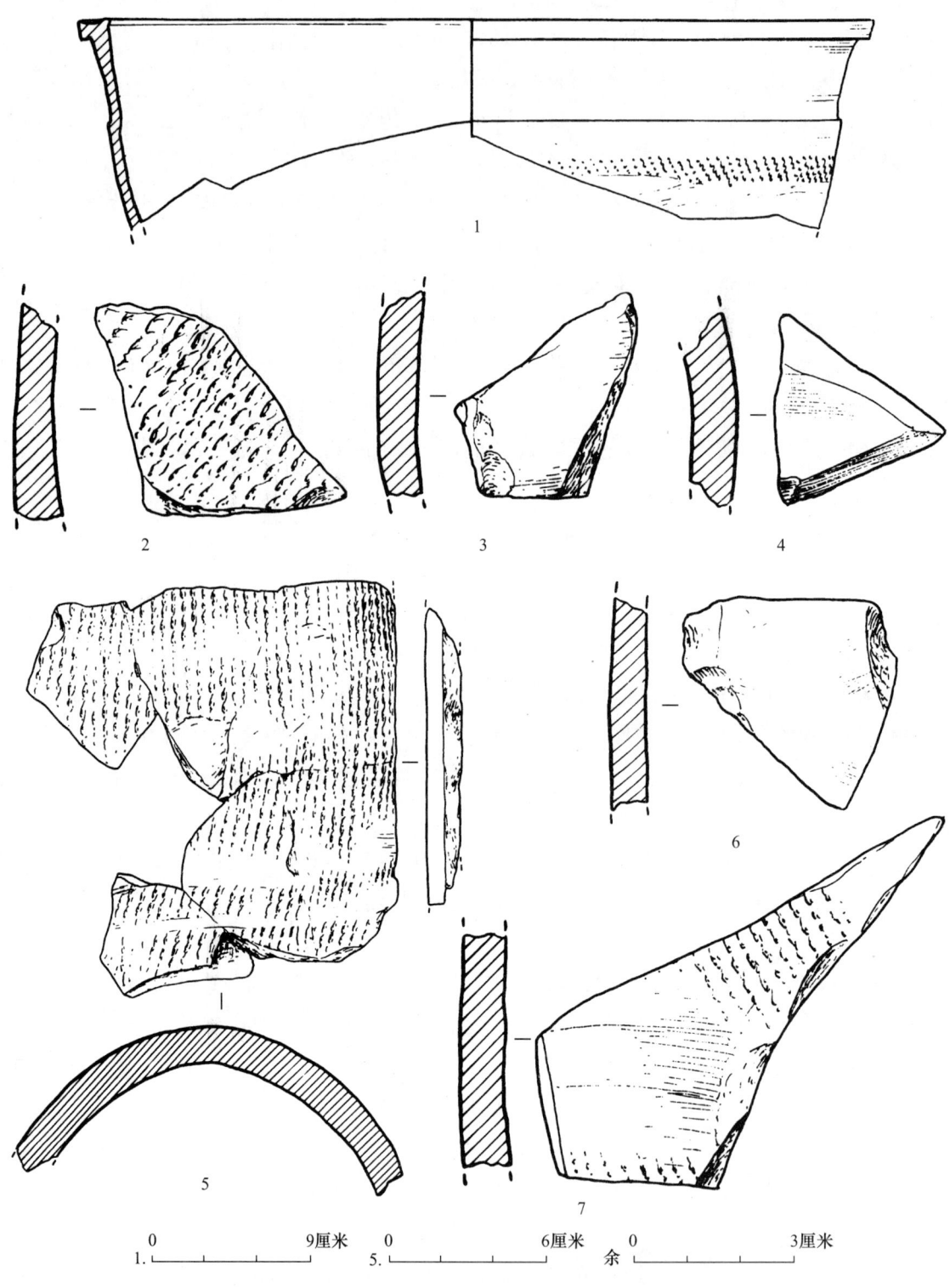

图二〇一　大河口遗址调查陶器（1636～1654）
1. 陶盆（1636—1641）　2. 陶片（1642）　3. 陶片（1643）　4. 陶片（1644）
5. 筒瓦（1647—1654）　6. 陶片（1645）　7. 陶片（1646）

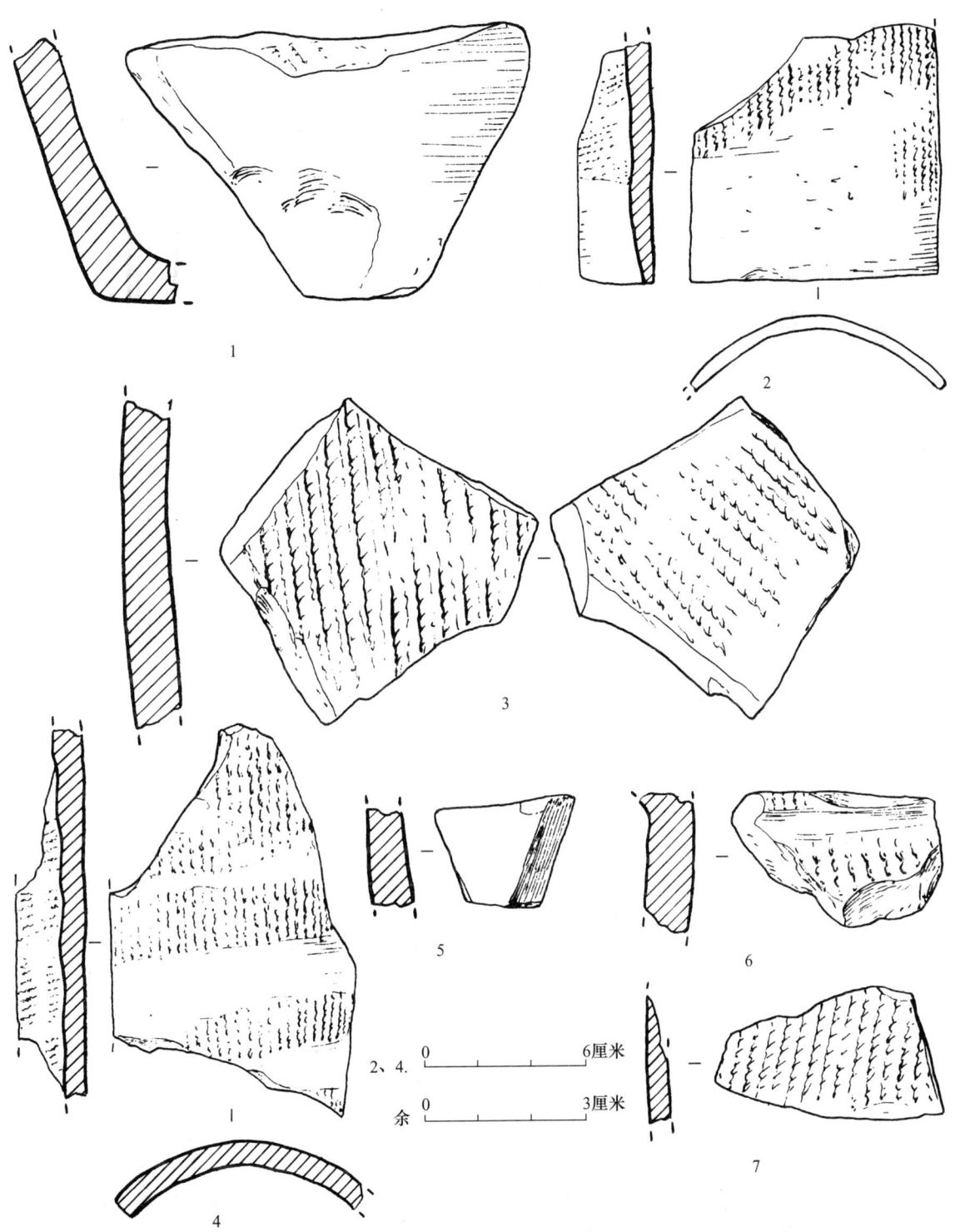

图二〇二 大河口遗址调查陶器（1655~1661）
1. 陶器底（1657） 2. 筒瓦（1656） 3. 板瓦（1655） 4. 筒瓦（1658）
5. 陶片（1659） 6. 陶片（1660） 7. 陶片（1661）

标本1659，陶片。泥质，结构紧密。灰色。素面，磨光。轮制，内壁抹光。宽2.6、高2厘米（图二〇二，5）。

标本1660，陶片。坐标为N：35°44′53.9″，E：111°47′23.4″，海拔：690±5米。夹少许细砂，结构紧密。夹芯陶，内外壁为黄褐色，部分胎呈灰色。竖向绳纹，抹压。可能是离近口部残片，内壁有磨损。手制，内壁抹平。宽4、高2.4厘米（图二〇二，6）。

1661~1663三件标本坐标为N：35°44′53.7″，E：111°47′23.2″，海拔：686±5米。

标本1661，陶片。泥质，结构紧密。灰色。竖向绳纹，抹压。内壁和部分胎脱落。泥片贴筑。宽4.3、高2.4厘米（图二〇二，7）。

标本1662，陶片。泥质，结构紧密。灰色。素面，内壁饰暗弦纹二周。手制、轮修，内外壁均有横向旋痕。宽3.2、高5.6厘米（图二〇三，5）。

标本1663，陶片。泥质。深灰色。竖向绳纹，有叠压，抹压较甚。可能是罐腹部残片。手制，内壁抹平，有横向抹痕。宽6.9、高3.5厘米（图二〇三，2）。

1664~1666三件标本坐标为N：35°44′54.0″，E：111°47′20.1″，海拔：680±5米。

标本1664，陶片。泥质。灰色。右斜向绳纹，抹压，上下部绳纹被抹去。可能是罐腹部残片。手制、轮修，外壁有横向旋抹痕，内壁有斜向抹痕。宽3.8、高6.5厘米（图二〇三，4）。

标本1665，陶片。泥质。灰色。素面。可能是器底残片，壁较薄，磨损较甚。手制、轮修。长2.6、宽2.2厘米（图二〇三，7）。

标本1666，陶器底。泥质。灰色。素面。平底，底面平整。轮制，内底面有同心圆旋痕。长3.6、宽2.9厘米（图二〇三，8）。

标本1667，陶片。坐标为N：35°44′57.7″，E：111°47′22.0″，海拔：691±6米。泥质，结构紧密。灰色。略有磨光，内壁饰暗弦纹数周。壁上薄下厚。轮制。宽3.2、高2.4厘米（图二〇三，3）。

1668~1670三件标本坐标为N：35°44′58.5″，E：111°47′21.5″，海拔：688±6米。

标本1668，板瓦。泥质。灰色。左斜向绳纹，局部有交错，略显规整，抹压，内壁垫印粗大方格纹，抹压较甚。壁较厚。手制。宽9、高5.2厘米（图二〇三，6）。

标本1669，陶片。泥质，结构紧密。灰色。抹绳纹，多处绳纹被抹去。手制、轮修，内外壁均有横向旋抹痕。宽5.2、高6厘米（图二〇三，1）。

标本1670，陶器底。泥质，结构紧密。灰色。素面。平底，底面平整，壁较厚。手制，内底面较粗糙。长4.6、宽3.9厘米（图二〇四，2）。

标本1671，陶片。坐标为N：35°44′59.0″，E：111°47′22.5″，海拔：681±6米。泥质。灰色。素面。可能是豆残片。轮制，内外壁均有横向旋抹痕。宽3.9、高1.7厘米（图二〇四，6）。

标本1672，陶片。坐标为N：35°44′58.9″，E：111°47′21.9″，海拔：682±6米。泥质。外壁灰色，胎和内壁为深灰色。抹绳纹，下部绳纹被抹去，内壁垫印绳纹，抹压较甚。可能是陶罐下腹部近底残片，壁上薄下厚。手制、轮修，外壁有横向旋抹痕。宽10.8、高5.3厘米（图二〇四，1）。

标本1673，筒瓦。坐标为N：35°44′58.8″，E：111°47′21.4″，海拔：682±6米。泥质，结构紧密。灰色。竖向和斜向绳纹，抹压。壁较厚，一侧面有切割痕，由外向内切割，几近割透。

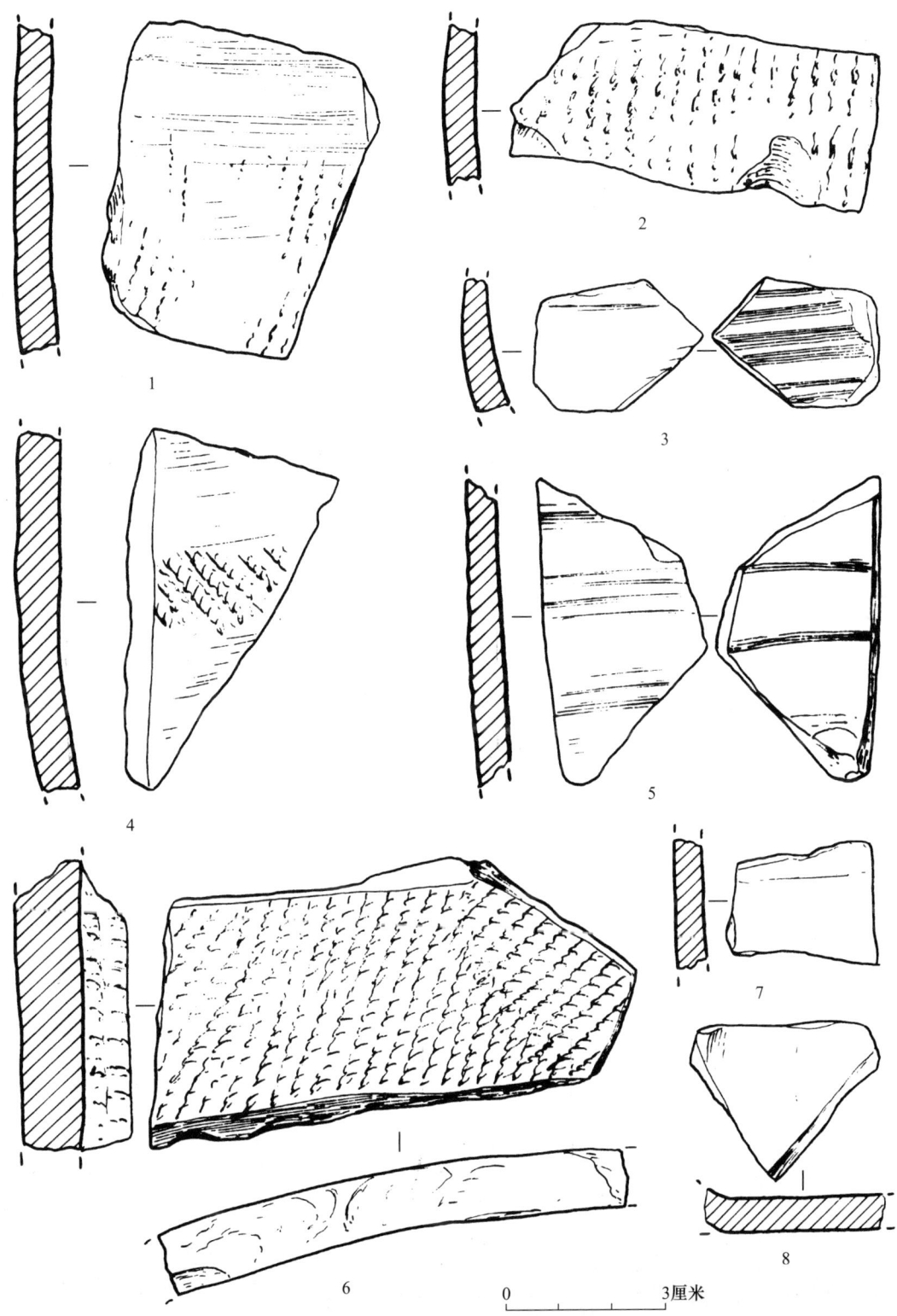

图二〇三　大河口遗址调查陶器（1662～1669）
1. 陶片（1669）　2. 陶片（1663）　3. 陶片（1667）　4. 陶片（1664）　5. 陶片（1662）
6. 板瓦（1668）　7. 陶片（1665）　8. 陶器底（1666）

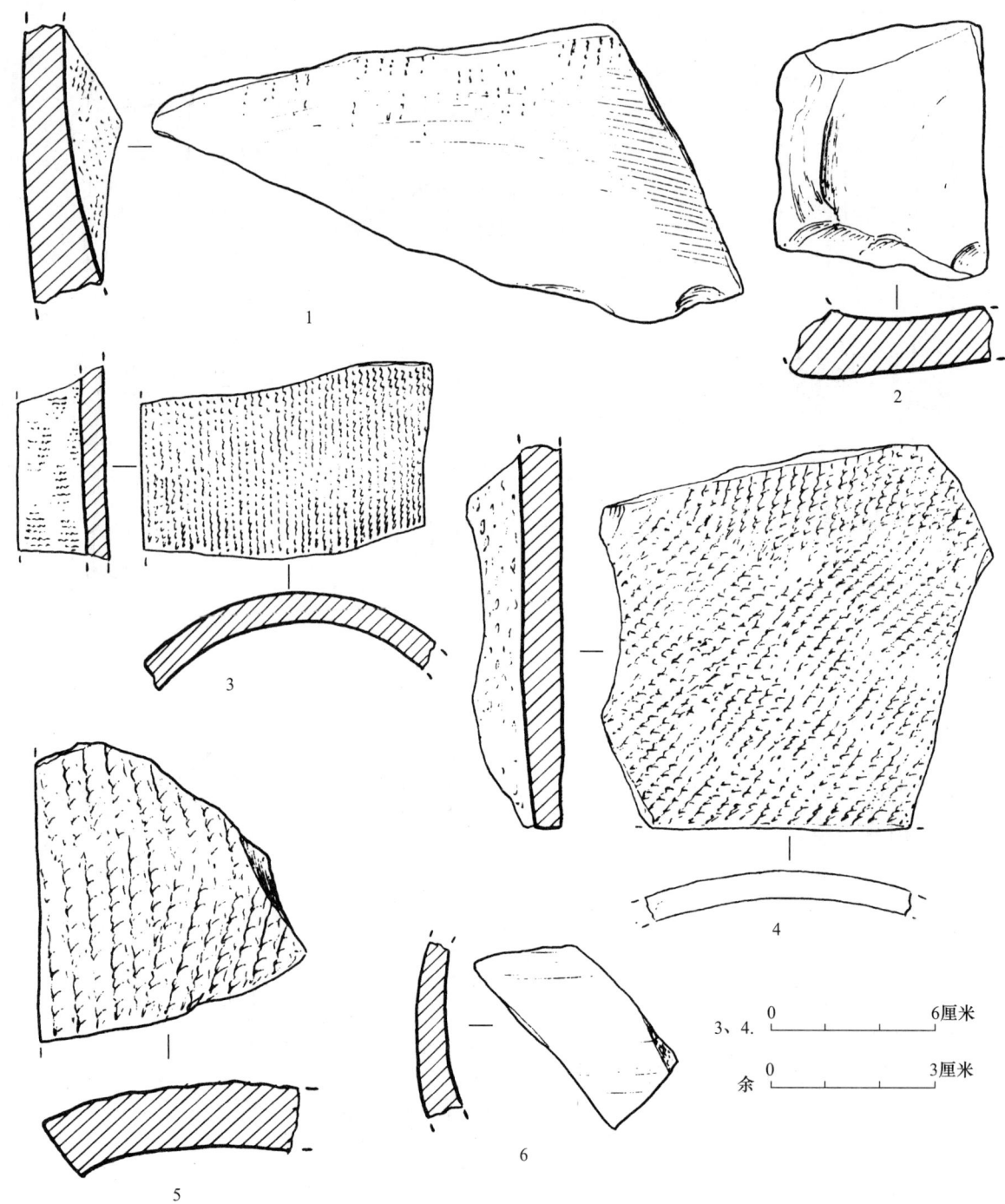

图二〇四 大河口遗址调查陶器（1670～1675）
1. 陶片（1672） 2. 陶器底（1670） 3. 筒瓦（1674） 4. 板瓦（1675）
5. 筒瓦（1673） 6. 陶片（1671）

手制，内壁较粗糙，有斜向抹痕。宽4.9、高5.3厘米（图二〇四，5）。

标本1674，筒瓦。坐标为N：35°44′58.9″，E：111°47′20.5″，海拔：685±5米。泥质，结构紧密。深灰色。竖向绳纹，局部抹压，内壁垫印横向绳纹，抹压较甚。横截面为半圆形，器身一侧有切割痕，由外向内切割二分之一的厚度，切割面整齐光滑。手制，泥筒纵向一分为二，内壁较粗糙，有横向抹痕。宽10.8、高7厘米（图一八九，1；图二〇四，3；图版二四，5、6）。

标本 1675，板瓦。坐标为 N：35°44′59.0″，E：111°47′20.4″，海拔：684±4 米。粗泥质，含极少量钙质物颗粒。灰色。拍印绳纹，方向不一致，抹压，内壁垫印凸篦点纹，抹压较甚。顶端切割平齐，切割痕明显，壁较厚，顶端壁较器身中间薄。手制，内壁较粗糙，有一道泥条接缝。宽7.2、高 6.8 厘米（图二〇四，4）。

第三章 遗物年代

大河口遗址调查范围仅限于大河口墓地周围大约 5 平方千米的范围内，共获得并发表标本 1636 件。采集遗物的年代有新石器时代（包含仰韶晚期、庙底沟二期、龙山时期）、夏代时期、西周时期、东周时期（包含春秋时期）、汉代时期及宋金时期六个时期，还有一部分陶片的年代难以准确判断，暂时存疑，列为不详。现对各时代标本的比对情况予以介绍。

一、新石器时代

1. 仰韶晚期

标本 81 陶盆与《晋中地区西周以前古遗存的编年与谱系》[①]中第四段至第五段彩陶纹样特征相若；与《山西芮城东庄村与西王村遗址的发掘》[②]中西王村晚期彩陶纹样特征相近，又与西王村陶盆 H4∶1∶9（第 51 页图四三，20）的口缘近似；与《山西垣曲丰村新石器时代遗址的发掘》[③]中深腹盆 H105∶6（第 30 页图五，10）近似；与《晋中考古》[④]中三期部分彩陶遗存相似；与《襄汾小陈新石器时代遗址发掘报告》[⑤]中部分彩陶纹饰特征相接近；与《垣曲上亳》[⑥]中仰韶晚期部分彩陶纹饰特征相近。

标本 245 陶瓶与《陶寺》[⑦]中尖底瓶Ⅲ区 H356∶18（第 65 页图三，7）、《固镇》[⑧]中 Ab 型瓶 H3∶1（第 93 页图二五，10）的口沿相似；与《晋中考古》[⑨]中小口尖底瓶马茂庄 H4∶10（第 71 页图五五，1）、《勘察记》[⑩]中赵南Ⅲ式尖底瓶 H15∶17（第 184 页图一二，1）的口沿近似；与《晋南》[⑪]中尖底瓶 SG13∶1（第 16 页图八，9）的口近似。

[①] 许伟：《晋中地区西周以前古遗存的编年与谱系》，《文物》1989 年 4 期。凡注释用简称者，仅注首次出现，以下均同，不再注释。
[②] 中国科学院考古研究所山西工作队：《山西芮城东庄村与西王村遗址的发掘》，《考古学报》1973 年 1 期。
[③] 中国社会科学院考古研究所山西工作队：《山西垣曲丰村新石器时代遗址的发掘》，《考古学集刊》第 5 辑，中国社会科学出版社，1987 年。
[④] 国家文物局、山西省考古研究所、吉林大学考古学系：《晋中考古》，文物出版社，1999 年。
[⑤] 山西省考古研究所：《襄汾小陈新石器时代遗址发掘报告》，《三晋考古》第三辑，山西人民出版社，2006 年。
[⑥] 山西省考古研究所：《垣曲上亳》，科学出版社，2010 年。
[⑦] 中国社会科学院考古研究所山西工作队、山西省临汾地区文化局：《陶寺遗址 1983～1984 年Ⅲ区居住址发掘的主要收获》，《襄汾陶寺遗址研究》，科学出版社，2007 年。简称"陶寺"，下同。
[⑧] 山西省考古研究所：《山西河津固镇遗址发掘报告》，《三晋考古》第二辑，山西人民出版社，1996 年。简称《固镇》，下同。
[⑨] 国家文物局、山西省考古研究所、吉林大学考古学系：《晋中考古》，文物出版社，1999 年。
[⑩] 北京大学历史系考古专业山西实习组、山西省文物工作委员会：《翼城曲沃考古勘察记》，《考古学研究》（一），文物出版社，1992 年。简称《勘察记》，下同。
[⑪] 中国社会科学院考古研究所山西工作队：《晋南考古调查报告》，《考古学集刊》第 6 辑，中国社会科学出版社，1989 年。简称《晋南》，下同。

2. 庙底沟二期

标本 9 陶罐与《古城东关》[①]中 A Ⅱ 式夹砂深腹罐Ⅲ H11：20（第 193 页图一六一，13）的口沿相似。

标本 97 陶罐与《杨威》[②]中陶缸 H17：4（第 110 页图二二，7）的口沿近似。

标本 13 陶罐、标本 111 陶罐与《垣曲上亳》[③]中陶缸 H12：82（第 176 页图一五五，4），《白燕》[④]中瓮 G502：166（第 28 页图七，12），《晋南》中Ⅲ式瓮 SH16：1（第 15 页图七，14），《杨威》中陶缸 H31：3（第 124 页图三四，7）、H24：2（第 120 页图三一，7）和 H13：23（第 106 页图一八，4），《龙王崖》[⑤]中Ⅱ式夹砂缸 H104：7（第 100 页图四，7）的口沿近似。

标本 178 陶釜灶与《垣曲》[⑥]中釜Ⅰ H30：20（第 165 页图一九，4）的灶底近似。

标本 118 陶罐与《古城东关》中 C 型夹砂深腹罐Ⅲ H22：2（第 195 页图一六二，6）的口沿相似。

标本 147 陶罐与《古城东关》中 BⅢ式夹砂深腹罐Ⅲ H11：34（第 195 页图一六二，7）、《垣曲上亳》中夹砂深腹罐 H102：4（第 195 页图一七一，4）、《固镇》中 A 型大口罐 H22：5（第 102 页图三一，1）的口沿相似。

标本 237 陶罐与《晋中考古》中童子崖Ⅰ式宽肩壶 H8：11（第 41 页图二九，1）和Ⅰ式壶杏花村 H23：5（第 118 页图九八，7）的口沿相似；与《古城东关》小口罐Ⅰ H145：34（第 167 页图二〇，11）相似；与《丰村》[⑦]Ⅲ式小口罐 T212：4：035（第 36 页图八，3）的口沿近似。

标本 62 陶盆与《垣曲上亳》中陶盆 H208：7（第 183 页图一六二，14）的口沿近似，与《杨威》中宽沿盆 T1④：11（第 99 页图一二，4）、《固镇》中 C 型Ⅱ式盆 H1：24（第 114 页图四一，4）的口沿相似。

标本 133 陶盆与《古城东关》中 CⅠ式双鋬陶盆Ⅲ H22：31（第 208 页图一七〇，4）、《芮城杏林》[⑧]中陶盆 F3：7（第 233 页图四六，2）、《固镇》中 C 型Ⅱ式敞口盆 T108③C：4（第 99 页图二九，4）相似，与《垣曲上亳》中陶盆 H315：13（第 205 页图一七八，10）近似。

标本 16 陶盆、标本 20 陶盆与《杨威》中陶盆 H13：32（第 107 页图一九，2）、《垣曲上亳》中陶盆 H301：3（第 203 页图一七七，9）相似。

[①] 中国历史博物馆考古部、山西省考古研究所、垣曲县博物馆：《垣曲古城东关》，科学出版社，2001 年。简称"《古城东关》"，下同。

[②] 山西省考古研究所、运城市考古工作站、芮城县文物局：《襄汾杨威遗址发掘报告》，《三晋考古》第四辑（上），上海古籍出版社，2012 年。简称"《杨威》"，下同。

[③] 山西省考古研究所：《垣曲上亳》，科学出版社，2010 年。

[④] 晋中考古队：《山西太谷白燕遗址第二、三、四地点发掘简报》，《文物》1989 年 3 期。简称"《白燕》"，下同。

[⑤] 中国社会科学院考古研究所山西工作队：《山西垣曲龙王崖遗址的两次发掘》，《考古》1986 年 2 期。简称"《龙王崖》"，下同。

[⑥] 张素琳、佟伟华：《垣曲古城东关遗址庙底沟二期文化和龙山文化遗存》，《三晋考古》第二辑，山西人民出版社，1996 年。简称"《垣曲》"。

[⑦] 中国社会科学院考古研究所山西工作队：《山西垣曲丰村新石器时代遗址的发掘》，《考古学集刊》第 5 辑，中国社会科学出版社，1987 年。简称"《丰村》"，下同。

[⑧] 山西省考古研究所、运城市考古工作站、芮城县文物局：《芮城桃花洞和杏林遗址发掘报告》，《三晋考古》第四辑（上），上海古籍出版社，2012 年。简称"《杏林》"，下同。

标本127陶盆与《古城东关》中AⅡ式宽沿盆ⅠH112：21（第262页图二〇七，9）、《固镇》中Aa型盆T103③c：7（第98页图二八，3）和《垣曲上毫》中宽沿盆H236：7（第155页图一四〇，3）的口沿相似。

3. 龙山时期

标本349陶鬲与《朱开沟》①中C型Ⅰ式陶鬲T247⑤：2（第86页图六五，5）口沿相似；与《陶寺》中陶鬲ⅢH365：38（第69页图六，3）的口沿略似。

标本79陶鬲与《晋中考古》中陶鬲峪道河H1：1（第27页图一七，1）、《龙王崖》中Ⅰ式陶鬲H01：5（第101页图七，1）、《靳庄》②中陶鬲H1：9（第151页图七，9）的足相似。

标本164陶扁壶与《陶寺》中陶扁壶Y2②：4（第77页图四，4）、《东许》③中陶扁壶H11：30（第233页图九，2）、《靳庄》中陶鬲H2：7（第162页图一五，3）的口沿相似。

标本523陶豆与《陶寺》中陶豆ⅢH301：3（第33页图一〇，12）、《东许》中A型豆TG1③：1（第228页图六，19）的口沿相似。

二、夏代时期

标本428陶罐与《东下冯》④中Ⅱ式瓮H406：11（第46页图四三，7）相似。

三、西周时期

标本440陶罐与《天马-曲村》⑤中大口瓮J7区T48⑤：19（第140页图一二七，5）、Ⅳ区H412：9（第171页图一七五）的口沿相似。

标本439陶鬲与《天马-曲村》中陶鬲J7区H34:10（第226页图三一八，1）、J7区H118:7（第261页图四〇三，5）、Ⅰ区H132:1（第270页图四二四）的鬲足相似。

标本201陶鬲与《天马-曲村》中陶鬲J6区T10⑤：9（第102页图七七，13）、M6136：13（第564页图七八九，1）的口沿相似。

标本202陶鬲与《天马-曲村》中Aa型Ⅰ式陶鬲M6510：1（第846页图一三九一，1）、Aa型Ⅱ式陶鬲M6127：10（第470页图六五〇，3）、Aa型Ⅴ式陶鬲Ⅲ区H326：9（第250页图三七九，

---

① 内蒙古自治区文物考古研究所、鄂尔多斯博物馆：《朱开沟——青铜器时代早期遗址发掘报告》，文物出版社，2000年。简称《朱开沟》，下同。
② 山西省考古研究所、临汾市文物局、曲沃县文物局：《曲沃靳庄遗址发掘报告》，《三晋考古》第四辑（上），上海古籍出版社，2012年。简称《靳庄》，下同。
③ 山西省考古研究所、曲沃县博物馆：《山西曲沃东许遗址调查、发掘报告》，《三晋考古》第二辑，山西人民出版社，1996年。简称《东许》，下同。
④ 中国社会科学院考古研究所、中国历史博物馆、山西省考古研究所：《夏县东下冯》，文物出版社，1988年。简称《东下冯》，下同。
⑤ 北京大学考古学系商周组、山西省考古研究所：《天马-曲村（1980—1989）》，科学出版社，2000年。简称《天马-曲村》，下同。

4）的口沿形似；与《张家坡》①中 A 型ⅣC 式陶鬲 M95∶1（第 101 页图 80，11）的口沿相似。

标本 709、710 陶片与《天马－曲村》中 A 型Ⅱ式甗Ⅱ区 H202∶23（第 269 页图四二〇，9）、Ⅲ区 H326∶29（第 250 页图三八〇，2）的口沿相似。

四、东周时期

标本 1494 陶釜与《虒祁》②中陶釜 M3108∶5（第 53 页图二一，5）的口沿相似。

标本 1576 陶鬲与《1992 年铸铜》③中陶鬲 T9H79∶45（第 36 页图一四，7）、《白店》④中陶鬲 H15∶327（第 73 页图六四，1）的口沿相似。

标本 485 陶鬲与《白店》中陶鬲 H14∶68（第 68 页图六〇，4）的口沿相似。

标本 751 陶鬲与《白店》中陶鬲 H5∶38（第 15 页图一五，8）的口沿相似。

标本 1603 陶鬲与《白店》中陶鬲 H17∶52（第 37 页图三三，4）、《铸铜遗址》⑤中Ⅵ式鬲 XXⅡT728H475∶2（第 345 页图一八八，6）的口沿相似。

标本 1617 陶鬲与《白店》中陶鬲 H2∶157（第 89 页图七八，3）的口沿相似。

标本 301 陶鬲与《上马墓地》⑥中 Ac 型Ⅲ式陶鬲 M5033∶1（第 103 页图八〇，5）、《铸铜遗址》中 C 型Ⅰ式陶鬲 XXⅡT863H658∶1（第 348 页图一九〇，1）、《上郭》⑦中 AⅠ式陶鬲 M7∶6（第 148 页图九，10）的口沿相似。

标本 1578 陶盆与《铸铜遗址》中 A 型Ⅰ式甗 XXⅡT728H768∶2（第 355 页图一九四，1）的口沿相似；与《白店》中陶盆 H2:130（第 87 页图七七，2）的口沿近似。

标本 1585 陶盆与《白店》中陶盆 H19∶15（第 99 页图八七，10）的口沿相近似。

标本 1602 陶盆与《铸铜遗址》中 A 型Ⅲ式盆ⅡT207H233∶3（第 359 页图一九六，6）、《1960、1988 年凤城》⑧中Ⅱ式曲颈盆 1988 年 H19T1③a∶2（第 127 页图六，7），以及《白店》中陶盆 H20∶36（第 105 页图九二，5）、H24∶3（第 119 页图一〇五，1）的口沿相似。

标本 987 陶盆、标本 988 陶盆与《铸铜遗址》中 B 型Ⅰ式曲颈盆ⅡT207F201∶3（第 359 页图一九六，17）、《白店》中陶盆 H2∶138（第 87 页图七七，1）、H5∶32（第 15 页图一五，2）的口沿相似。

标本 1427 陶盆与《白店》中陶盆 H21∶40（第 114 页图九九，3）、《铸铜遗址》中 C 型Ⅲ式折沿盆 XXⅡT726H550∶1（第 357 页图一九五，10）的口沿相近似。

---

① 中国社会科学院考古研究所：《张家坡西周墓地》，中国大百科全书出版社，1999 年。简称"《张家坡》"。
② 山西省考古研究所侯马工作站：《山西侯马市虒祁墓地的发掘》，《考古》2002 年第 4 期。简称"《虒祁》"，下同。
③ 山西省考古研究所侯马工作站：《1992 年侯马铸铜遗址发掘简报》，《文物》1995 年第 2 期。简称"《1992 年铸铜》"，下同。
④ 山西省考古研究所：《侯马白店铸铜遗址》，科学出版社，2012 年。简称"《白店》"，下同。
⑤ 山西省考古研究所：《侯马铸铜遗址》，文物出版社，1993 年。简称"《铸铜遗址》"，下同。
⑥ 山西省考古研究所：《上马墓地》，文物出版社，1994 年。
⑦ 山西省考古研究所：《闻喜县上郭村 1989 年发掘简报》，《三晋考古》第一辑，山西人民出版社，1994 年。简称"《上郭》"。
⑧ 李永敏：《1960、1988 年凤城古城遗址、墓葬发掘报告》，《晋都新田》，山西人民出版社，1996 年。简称"《1960、1988 年凤城》"。

标本 1447 陶盆与《白店》中陶盆 H2：140（第 87 页图七七，3）、《铸铜遗址》中 B 型 Ⅱ 式陶盆 Ⅱ T55H151：1（第 359 页图一九六，18）的口沿相近似。

标本 1636~1641 陶盆与《铸铜遗址》中 A 型 Ⅱ 式甗 XX Ⅱ T645H93：1（第 359 页图一九六，5）的口沿相近似；与《1992 年铸铜》中 T2H46：1（第 35 页图一三，4）相近似。

标本 396 陶豆与《白店》中豆盘 H4：21（第 12 页图一一，2）、H4：14（第 12 页图一一，3）和 H13：6（第 29 页图二七，3）相似；与《下平望》①中 Ⅰ 式 b 型盘豆 H6：12（第 201 页图十七，12）的口沿相似。

标本 1068 陶豆与《白店》中豆盘 H5：24（第 14 页图一五，2）、《北坞》②中 E 型豆盘 T140④：1（第 176 页图二十九，10）、《铸铜遗址》中 E 型 Ⅲ b 式豆盘 Ⅱ T73H517：1（第 375 页图二〇五，12）相近似。

标本 1599 陶豆与《天马－曲村》中 Ba 型 Ⅳ 式豆盘 J7 区 F10：44（第 165 页图一六二，1）、《铸铜遗址》中 Ⅳ 式陶豆盘 XX Ⅱ T645F19：2（第 369 页图二〇二，9）、《北坞》中 A 型 Ⅴ 式豆盘 T139H120：1（第 176 页图二十九，5）相似。

标本 1420 陶豆与《白店》中豆盘 H16：3（第 80 页图七〇，2）、《北坞》中豆盘 T301G301：69（第 176 页图二十九，8）相似。

标本 254 陶豆与《天马－曲村》中豆 J7 区 F10：35（第 165 页图一六二，4）、《上马墓地》中 Aa 型 Ⅰ 式豆 M5291：3（第 139 页图一〇〇，1）的柄相似。

标本 263 陶罐与《天马－曲村》中大口瓮 J7 区 T48⑤：19（第 140 页图一二七，5）、J7 区 F10：47（第 165 页图一六二，7）的口沿相似。

标本 639 陶罐与《铸铜遗址》中 B 型 Ⅲ 式高领罐 Ⅱ T31H80：7（第 379 页图二〇七，9）的口沿相似。

标本 1042 陶罐与《白店》中陶罐 H2：101（第 89 页图七八，2）的口沿相似。

标本 1362 陶罐与《白店》中陶罐 H13：10（第 29 页图二七，9）、H21：44（第 113 页图九八，5）的口沿相近似。

标本 1457 陶罐与《铸铜遗址》中 Ⅲ 式瓮 XX Ⅱ T638H149：9（第 386 页图二一二，4）、《白店》中瓮 H2：145（第 89 页图七八，1）的口沿相近似。

五、汉代时期

标本 1429 陶盆与《临猗》③中陶盆 LTG1：1（第 476 页图一九，5）的口沿相近似。

标本 1437 陶罐与《天马－曲村》中甲类 A 型 Ⅱ 式素面罐 M7042：16（第 1039 页图一六八三，

---

① 山西省考古研究所侯马工作站：《侯马下平望墓地发掘报告》，《三晋考古》第一辑，山西人民出版社，1994 年。简称《下平望》。

② 山西省考古研究所：《侯马北坞古城勘探发掘简报》，《三晋考古》第一辑，山西人民出版社，1994 年。简称《北坞》，下同。

③ 山西省考古研究所、运城市文物局、临猗县文物旅游局、临猗县博物馆：《临猗铁匠营古城南汉代遗址发掘报告》，《三晋考古》第四辑，上海古籍出版社，2012 年。简称《临猗》，下同。

2)、《侯马》①中Ⅰ式瓮 M16：8（第 47 页）、《临猗》中 A 型瓮 LT 西 Y2：5（第 481 页图二四，11）的口沿相似。

大河口遗址划分了六个大的时期，其中新石器时代有些陶片还可以划分出仰韶晚期、庙底沟二期和龙山时期，因我们学识水平有限，有些陶片只能暂时归在新石器时代，其详细年代不敢贸然邃断，暂时阙疑。同样在以后的几个时期我们也仅在东周时期中分出来一部分春秋时期的遗物，其他春秋和战国时期遗物都笼统地称为东周时期。从各时代遗物的数量上来说，新石器时代有 298 件标本（其中可辨认为仰韶晚期的 2 件，庙底沟二期的 106 件，龙山时期的 36 件），夏时期有 6 件，西周时期有 6 件，东周时期有 375 件（其中可辨认为春秋时期的 5 件），汉代时期有 42 件，宋金时期有 2 件，年代不详的有 907 件（图二〇五）。有很多遗物我们不能判断其年代，暂归为年代不详，之所以将所有遗物全部发表，而不是采取靠主观标准挑选标本的方式，旨在提供给研究者一份比较客观全面的资料，也许对相关的研究会提供一定的帮助。

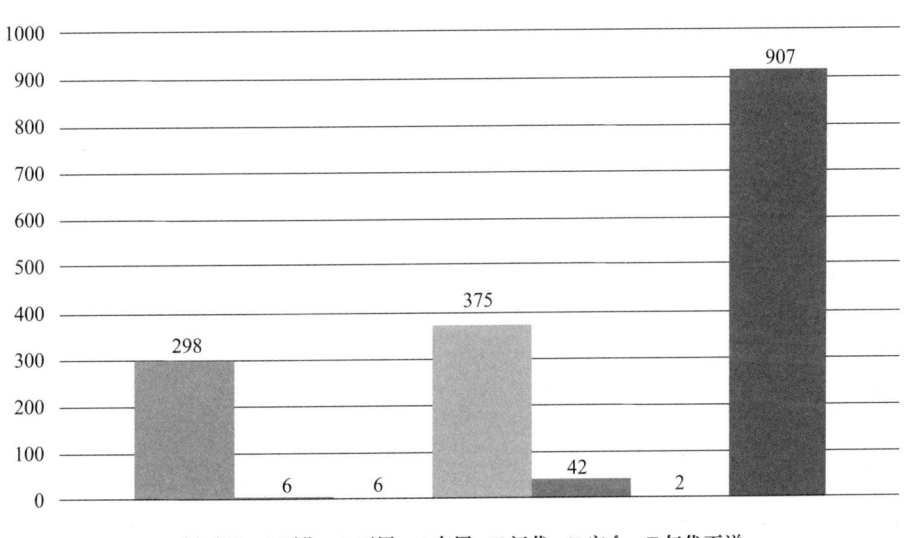

图二〇五　大河口遗址各时期遗物数量统计

---

① 山西省考古研究所侯马工作站：《山西侯马东周、两汉墓》，《文物季刊》1994 年第 2 期。简称"《侯马》"。

第四章 结 语

调查发现的1636件遗物中绝大多数为陶器，个别为石器和骨器等，陶器中年代可辨认的，新石器时代有298件标本（其中可辨认为仰韶晚期的2件，庙底沟二期的106件，龙山时期的35件），夏代时期有6件，西周时期有6件，东周时期有375件（其中可辨认为春秋时期的5件），汉代时期有42件，宋金时期有2件，年代不详的有907件。需要说明的是年代不详的标本主要是由于陶片较小，不敢轻易确定其年代。

在新石器时代遗物中，我们可以明显看到，庙底沟二期文化时期的遗物较多，是史前时期的一个文化繁荣时期。其后到东周时期这里又迎来了第二个文化高峰时期。相对而言其他阶段的遗物都比较少。像发现年代最早的仰韶晚期的遗物最少，龙山时期也不多。夏时期、西周、春秋、汉代都不太多。当然这里不排除主观认识的局限造成年代上的误判，因为大多数遗物年代被定为"不详"，还有很多被笼统归入新石器时代和东周两个大阶段。虽然存在一定程度上的年代认识误差，但也不能否认其中遗物的数量存在相对多少的可能性，由此来判断该遗址的内涵也许有部分合理性。值得注意的是在这次调查资料中没有能辨认出商代的遗物，夏时期和西周的遗物也很少，特别是可辨认的西周遗物不多，与60000平方米左右的墓地显然是难以匹配的。虽然以往我们曾经认为墓地西南部发现的西周遗存（包括遗迹与遗物）很可能是与墓地同时期的人们生活的遗存，只是破坏的比较严重，现在看来要寻找与墓地相对应的遗址恐怕要到大河口墓地和该遗址范围以外的其他区域去寻找。这里发现的生活遗址中的遗存显然不能代表和反映大河口西周墓地人群生前的居住、生产和生活的情况。

从可辨认的各时期陶器的器形来看，仰韶晚期仅发现盆1、瓶1件。庙底沟二期文化发现31件，分别是罐20、盆7、釜1、釜灶1、缸1、鋬手1件。龙山时期发现19件，分别是鬲11、罐5、豆2、扁壶1件。新石器时代不可辨认时期的陶器发现29件，分别是罐11、鬲11、盆4、甗1、豆1、器盖1件。夏时期发现罐2件。西周时期发现鬲4、罐1件。春秋时期发现豆2件。东周时期发现253件，分别是鬲72、盆58、罐49、筒瓦23、板瓦18、豆14、盖豆5、甗6、支钉4、瓮2、釜1、钵1件。汉代发现39件，分别是板瓦19、盆11、罐5、筒瓦2、瓦当1、拍1件。宋金时期发现盆1件。年代不详遗物发现289件，分别是鬲101、罐94、盆30、板瓦21、筒瓦19、甗7、豆6、钵3、器盖2、碗1、盘1、壶1、缸1、器座1、饼1件。合计各时期可辨器形的遗物数量为672件，其余遗物绝大多数为陶片，器形难以辨认。

从大河口遗址和大河口墓地周围的地貌环境现状来看，这里处在浍河干流和支流交汇的三角洲台地上，东北高西南低，北部和东部有数条山洪冲刷形成的沟壑，地形破碎，除了大河口墓地区域较平坦外，大多高低不平。从大河口墓地周围的沟壑和遗存分布现状判断，很多沟壑都是在汉代以后才形成的，加上近现代大河口村落的兴建和发展，也对遗址造成了一定程度的破坏。具体来说，在墓地西南约 500 米处发现有西周时期的灰坑和陶片，但比较零星，灰坑被村民修建窑洞和院落取土破坏严重。在大河口墓地范围内发现有大量东周时期的灰坑或窖穴，在墓地范围外北部钻探中发现了一段夯土墙基（推测为东周时期），在墓地范围外东北部发现有大量东周时期的陶片，在墓地东侧沟壑对面第四台地上发现有大量东周时期的陶片，但这里的台地已经被沟壑切割得支离破碎，高低不平，现状根本不适合作为人类生活居址来使用，凡此都说明现今所见地貌和两周时期肯定存在较大的差别。但是，除了山洪、村落建设和平田整地取土对遗址所在区域形成的破坏之外，其余自然地形地貌的变化应该不是很大，这从新石器时代遗存分布于较低的区域地表、两周遗存分布于较高区域地表的现状应该可以清楚地看到这一点。我们知道，大河口墓地所在的区域台地较高，面积较大，而且比较平坦，其余地域要么较低，要么不平，要么面积较小，由此推断西周霸国的中心生活居址不应在这里可能是符合实际的。

从大河口遗址采集遗物的分布来看，几乎遍布于调查区域的各个台地上，但疏密程度不一。从遗物时代来看，新石器时代遗物主要分布在第一台地南端地势较低的河岸阶地上附近，为数不多的夏代时期遗物也发现在这个区域。西周时期遗物则发现于第一台地中部偏东与第二台地中南部区域，在地势上明显较新石器时代遗物的分布位置要高。到东周时期，遗物分布范围明显扩大，数量众多，几乎遍布遗址各区域，比较集中分布于第一台地南部、第二台地南部、第三台地北部、第四台地上及第五台地和第六台地中部。在大河口墓地范围内也发现了大量东周时期的遗存，以圆形灰坑或窖穴最多。可见早在新石器时代仰韶文化晚期该遗址就已经存在人类活动的遗存，到庙底沟二期文化阶段该遗址人群数量明显增多，但生活的中心局限在遗址的西南部靠近河岸边地势较低临近水源的区域，到龙山文化时期和夏代时期发现的遗物数量较之前减少，但遗址的中心区域仍然没有多大变化。到商时期在该遗址没有发现任何文化遗存，说明这个阶段原有人群迁离此地，该遗址出现了数百年的间歇时期。西周时期大河口西周霸伯家族墓地的发现无疑证明了这里是霸氏国族活动的中心区域，墓地的时代从西周早期一直延续到春秋早期，但在该遗址发现的西周时期生活居住址遗存并不多，当然这和晚期的自然和人为破坏有一定关系，但与 60000 平方米的墓地规模相比，我们认为该遗址发现的西周生活遗存不能代表和反映霸国人群的生活状况，不属于其中心性遗址，霸国族群的中心性生活聚落遗址当存在于其附近其他地方，这还需要在进一步的考古调查工作去发现和确认。霸国族群的中心聚落遗址应该到墓地以北大沟的北面或东北方向去探寻，其分布在浍河南岸的可能性较小。到东周时期，在大河口遗址发现了分布广泛的大量的文化遗存，充分说明东周时期有大量的人口迁移到了这里，特别值得一提的是在大河口墓地东面的第四台地上发现了大量东周遗物，第四台地支离破碎，从现状来看，根本不适合人类居住，这说明古代这里的地貌要比现在好很多，这些破坏遗址的沟壑大多是在汉代以后才逐渐形成和扩大的，东周时期大河口墓地所在的第三台地与隔沟相望的第四台地也许是连成一片的一个大台地，即便其间有此沟壑，也一定是一条被流水冲刷形成的小沟，因为在大河口墓地范围内和第三台地北部还发现有大量的东周遗存。同理在第五台地发现大量的东周遗存也说明东周时期第四台地与第五台地是连成一片的，其间的沟壑也应该是在汉代以后才逐渐形成和扩大的。总之东周时期是大河口遗址的又一个繁荣时期，这里应该居住生活着大量人口。到了汉代，文化遗存的数量明显减少，分布范围也明显缩小，主要集中在第三台地北部、第四台地和第五台地的中部，也即大河口墓地的东面和东南面，同样我们认为当时这几个台地是连成一片的，现在看到的沟壑应该是在汉代以后才逐渐形成的。不过这种推测都还需要得到进一步的环境考古资料的证实。

通过调查所得的资料来了解当时的文化面貌，并对其所反映的文化性质进行一些推测，尽管存在一定的局限，但也是可能的。仰韶文化晚期的遗存应属于西王村文化，庙底沟二期阶段遗存属于庙底沟二期文化，龙山时期遗存属于陶寺文化。夏代时期遗存属于东下冯文化。西周时期遗存属于西周文化系统中的晋文化的一个地方类型——横水-大河口类型，东周时期遗存属于晋文化（包括三晋文化）。大河口遗址不同时期的文化遗存大多是由不同的人群在这里生活生产创造的，不同时代不同的文化面貌反映了它们具有不同的文化传统。

附　　表

附表一　大河口遗址调查遗迹登记表

名称	位置	坐标	形制	包含遗物	时代	高程（米）
H1 倒塌堆积	第一台地西南部大坑中	N35°44′49.3″，E111°46′31.7″	形制不明，灰土	标本171~181	庙底沟二期	629
H2	第一台地西南部大坑中断崖高处，H1西面	未测	形制不明，灰土	位置太高，无法采集	不详	未测
H3	第一台地西南部断崖上	N35°44′47.8″，E111°46′34.3″	形制不明，灰土	人骨、陶片，无法采集	不详	628
H4 文化层堆积	第一台地（与H5在同一断崖上）	N35°44′47.6″，E111°46′37.4″	暴露灰层厚0.9米，灰层底距地表1.7米，浅灰土，疏松，底较平	断面遗物较少	不详	632
H5 文化层堆积	第一台地（与H4在同一断崖上）	N35°44′47.7″，E111°46′36.8″	暴露灰层厚0.9~1.0米，灰层距地表1.8米，浅灰土，疏松，底较平	断面遗物较少	不详	632
H6	第一台地	N35°44′55.1″，E111°46′45.9″	暴露宽0.5、高0.2米，口距地表0.9米，深灰土	陶片较多，标本612~618，有罐、甑等	不详	662
H7	第二台地驻地窑洞顶上	N35°44′48.8″，E111°46′48.1″	宽0.9、高0.5米，口距地表0.9米，浅灰土，松软	标本630~632为灰坑断面下塌落的陶片	新石器时代	644
H8	第二台地驻地南面断崖	N35°44′47.6″，E111°46′45.9″	形制不明，灰土	无	不详	646
H9	第五台地（与H10在同一断崖上）	N35°44′39.2″，E111°47′03.7″	在断崖上，形制不明，黄花土	石块、陶片，标本1269~1273	东周	633
H10	第五台地（与H9在同一断崖上）	N35°44′39.0″，E111°47′03.4″	在断崖上，形制不明，黄花土	标本1274~1276	东周	633
H11	第五台地	N35°44′42.5″，E111°47′02.1″	在断崖上，形制不明，浅灰土	陶片较多，标本1230~1231	东周	646
H12	第五台地	N35°44′41.3″，E111°47′03.9″	在机耕地地表，圆形，直径约1米，浅灰土	标本1411~1417	东周	648
H13 倒塌堆积	第一台地西南部大坑中	N35°44′48.3″~48.4″，E111°46′31.4″	不明	标本78~108，白灰面墙皮	新石器时代	628
H14 倒塌堆积	第二台地驻地门口对面，位于断崖较高处	N35°44′48.2″，E111°46′46.4″	形制不明，灰土及倒塌堆积灰土	标本662~663	不详	637
道路	第四台地东部	N35°44′50.8″，E111°47′17.2″	路基厚0.08、路土厚0.05米左右，长宽不详	标本1213处	不详	676
夯土墙一段	第二台地最南端	N35°44′42.5″，E111°46′38.5″	东西长约10米，宽度不详，现存高约4米，夯土较纯净	无遗物	不详	628

续表

名称	位置	坐标	形制	包含遗物	时代	高程（米）
建筑遗址1	第五台地	N35°44′38.0″, E111°46′50.5″	建筑在残存高台上，断面可见一层平铺的砖，与金代墓葬砖相同。还见有瓦。砖下土层未夯打。下方有一盗洞	标本1240处，砖瓦	宋金时期	639
建筑遗址2	第五台地	N35°44′44.0″, E111°47′09.2″	形制不明	标本1555南地，成堆瓦砾	汉代以后	655
M1	第一台地	N35°44′53.1″, E111°46′43.7″	形制不明	人骨架1具	不详	649
M2	第二台地	N35°44′45.6″, E111°46′43.3″	形制不明	见有人骨	不详	637
M3	第三台地北端，墓地以北，公路以北，取土坑中	N35°44′59.8″, E111°47′03.3″	形制不明，被盗	人的股骨和肋骨	可能是西周	680

注：H1倒塌堆积是断崖上倒塌下来的再生二次灰坑堆积，H2是断崖上的原生堆积，H4文化层堆积是原生文化层堆积，余同。

附表二 大河口遗址调查采集遗物登记表

标本号	名称	坐标		时代	备注
		北纬	东经		
1	陶器底	35°44′47.9″	111°46′30.6″	龙山时期	
2	陶片	35°44′47.9″	111°46′30.6″	新石器时代	
3	陶片	35°44′47.9″	111°46′30.6″	庙底沟二期	
4	陶罐	35°44′48.0″	111°46′30.6″	庙底沟二期	
5	陶片	35°44′48.1″	111°46′30.6″	新石器时代	
6	陶片	35°44′48.1″	111°46′30.6″	庙底沟二期	
7	陶片	35°44′48.1″	111°46′30.7″	新石器时代	
8	陶器底	35°44′48.0″	111°46′30.7″	新石器时代	
9	陶罐	35°44′48.1″	111°46′30.7″	庙底沟二期	
10	陶罐	35°44′48.1″	111°46′30.7″	庙底沟二期	
11、12	陶罐	35°44′48.1″	111°46′30.7″	新石器时代	拼接为一件
13	陶罐	35°44′48.2″	111°46′30.7″	庙底沟二期	
14	陶片	35°44′48.2″	111°46′30.7″	新石器时代	
15	陶片	35°44′48.2″	111°46′30.7″	龙山时期	
16	陶盆	35°44′48.2″	111°46′30.7″	庙底沟二期	
17	陶片	35°44′48.2″	111°46′30.6″	新石器时代	
18	陶片	35°44′47.9″	111°46′30.6″	新石器时代	
19	陶片	35°44′47.9″	111°46′30.6″	庙底沟二期	
20	陶盆	35°44′47.9″	111°46′30.6″	庙底沟二期	
21	陶片	35°44′47.8″	111°46′30.6″	庙底沟二期	
22	陶片	35°44′47.9″	111°46′30.8″	庙底沟二期	
23	陶片	35°44′47.9″	111°46′30.8″	庙底沟二期	

续表

标本号	名称	坐标		时代	备注
		北纬	东经		
24	陶片	35°44′47.9″	111°46′30.8″	庙底沟二期	
25	陶片	35°44′47.8″	111°46′30.9″	新石器时代	
26	陶罐	35°44′47.8″	111°46′30.9″	新石器时代	
27	陶罐	35°44′47.8″	111°46′30.9″	东周时期	
28	陶片	35°44′47.8″	111°46′30.9″	新石器时代	
29	陶片	35°44′47.6″	111°46′30.9″	新石器时代	
30	陶罐	35°44′47.6″	111°46′30.9″	新石器时代	
31	陶片	35°44′47.6″	111°46′30.9″	新石器时代	
32	陶罐	35°44′47.7″	111°46′31.1″	庙底沟二期	
33～37	陶罐	35°44′47.7″	111°46′31.1″	庙底沟二期	
38	陶片	35°44′47.8″	111°46′31.0″	庙底沟二期	
39	陶片	35°44′47.8″	111°46′31.0″	新石器时代	
40	陶器底	35°44′47.8″	111°46′31.0″	新石器时代	
41	陶鬲	35°44′47.8″	111°46′31.2″	新石器时代	
42	陶片	35°44′47.8″	111°46′31.2″	新石器时代	
43	陶片	35°44′47.8″	111°46′31.2″	新石器时代	
44	陶片	35°44′47.8″	111°46′31.2″	新石器时代	
45	陶片	35°44′47.8″	111°46′31.2″	新石器时代	
46	陶片	35°44′47.8″	111°46′31.2″	庙底沟二期	
47	陶片	35°44′47.8″	111°46′31.2″	庙底沟二期	
48	陶片	35°44′47.8″	111°46′31.2″	庙底沟二期	
49	陶片	35°44′47.8″	111°46′31.2″	庙底沟二期	
50	陶片	35°44′48.0″	111°46′31.2″	新石器时代	
51	陶片	35°44′48.0″	111°46′31.2″	庙底沟二期	
52	陶片	35°44′48.0″	111°46′31.2″	新石器时代	
53	陶片	35°44′48.0″	111°46′31.2″	庙底沟二期	
54	陶罐	35°44′48.0″	111°46′31.2″	东周时期	
55	陶片	35°44′48.0″	111°46′31.2″	庙底沟二期	
56	陶片	35°44′48.0″	111°46′31.2″	新石器时代	
57	陶片	35°44′48.0″	111°46′31.2″	新石器时代	
58	陶片	35°44′48.0″	111°46′30.9″	庙底沟二期	
59	陶鬲	35°44′48.0″	111°46′30.9″	龙山时期	
60	陶鬲	35°44′48.0″	111°46′30.9″	新石器时代	
61	陶豆	35°44′48.4″	111°46′30.8″	新石器时代	
62	陶盆	35°44′48.4″	111°46′30.8″	庙底沟二期	
63	陶片	35°44′48.4″	111°46′30.8″	庙底沟二期	
64	陶片	35°44′48.4″	111°46′30.8″	庙底沟二期	

续表

标本号	名称	坐标		时代	备注
		北纬	东经		
65	陶鬲	35°44′48.3″	111°46′31.2″	东周时期	
66	陶片	35°44′48.3″	111°46′31.2″	新石器时代	
67	陶片	35°44′48.3″	111°46′31.2″	新石器时代	
68	陶罐	35°44′48.1″	111°46′31.4″	庙底沟二期	
69	陶罐	35°44′48.1″	111°46′31.4″	龙山时期	
70	陶罐	35°44′48.1″	111°46′31.4″	庙底沟二期	
71	陶片	35°44′48.1″	111°46′31.4″	新石器时代	
72	陶片	35°44′48.1″	111°46′31.4″	新石器时代	
73	陶片	35°44′48.1″	111°46′31.4″	庙底沟二期	
74	陶片	35°44′48.1″	111°46′31.4″	庙底沟二期	
75	陶片	35°44′48.1″	111°46′31.4″	庙底沟二期	
76	陶器底	35°44′48.2″	111°46′31.4″	新石器时代	
77	陶片	35°44′48.2″	111°46′31.4″	东周时期	
78	陶罐	35°44′48.3″	111°46′31.4″	龙山时期	
79	陶鬲	35°44′48.3″	111°46′31.4″	龙山时期	
80	陶片	35°44′48.3″	111°46′31.4″	庙底沟二期	
81	陶盆	35°44′48.3″	111°46′31.4″	仰韶晚期	
82	陶片	35°44′48.3″	111°46′31.4″	新石器时代	
83	陶片	35°44′48.3″	111°46′31.4″	庙底沟二期	
84	陶片	35°44′48.3″	111°46′31.4″	庙底沟二期	
85	陶片	35°44′48.3″	111°46′31.4″	庙底沟二期	
86	陶罐	35°44′48.3″	111°46′31.4″	龙山时期	
87	陶片	35°44′48.3″	111°46′31.4″	庙底沟二期	
88	陶片	35°44′48.3″	111°46′31.4″	庙底沟二期	
89	陶片	35°44′48.3″	111°46′31.4″	新石器时代	
90	陶片	35°44′48.3″	111°46′31.4″	庙底沟二期	
91	陶片	35°44′48.3″	111°46′31.4″	新石器时代	
92	陶片	35°44′48.3″	111°46′31.4″	庙底沟二期	
93	陶片	35°44′48.3″	111°46′31.4″	庙底沟二期	
94	陶片	35°44′48.3″	111°46′31.4″	庙底沟二期	
95、96	陶片	35°44′48.3″	111°46′31.4″	庙底沟二期	拼接为一件
97	陶罐	35°44′48.4″	111°46′31.4″	庙底沟二期	
98	陶片	35°44′48.4″	111°46′31.4″	庙底沟二期	
99	陶罐	35°44′48.4″	111°46′31.4″	庙底沟二期	
100	陶片	35°44′48.4″	111°46′31.4″	庙底沟二期	
101	骨片	35°44′48.4″	111°46′31.4″	不详	
102	陶片	35°44′48.4″	111°46′31.4″	新石器时代	

续表

标本号	名称	坐标		时代	备注
		北纬	东经		
103	陶片	35°44′48.4″	111°46′31.4″	庙底沟二期	
104	陶片	35°44′48.4″	111°46′31.4″	庙底沟二期	
105	陶片	35°44′48.4″	111°46′31.4″	庙底沟二期	
106~108	陶器底	35°44′48.4″	111°46′31.4″	庙底沟二期	拼接为一件
109	陶片	35°44′47.8″	111°46′31.5″	庙底沟二期	
110	陶片	35°44′47.8″	111°46′31.5″	庙底沟二期	
111	陶罐	35°44′47.8″	111°46′31.5″	庙底沟二期	
112	陶盆	35°44′47.8″	111°46′31.5″	新石器时代	
113	陶片	35°44′47.8″	111°46′31.5″	新石器时代	
114	陶片	35°44′47.8″	111°46′31.5″	庙底沟二期	
115	陶片	35°44′47.8″	111°46′31.5″	庙底沟二期	
116	陶罐	35°44′48.2″	111°46′31.5″	新石器时代	
117	陶片	35°44′48.2″	111°46′31.5″	庙底沟二期	
118	陶罐	35°44′48.2″	111°46′31.5″	庙底沟二期	
119	陶罐	35°44′48.3″	111°46′31.7″	庙底沟二期	
120	陶器底	35°44′48.3″	111°46′31.7″	庙底沟二期	
121	陶罐	35°44′48.3″	111°46′31.7″	庙底沟二期	
122	陶片	35°44′48.3″	111°46′31.7″	新石器时代	
123	陶片	35°44′48.3″	111°46′31.7″	庙底沟二期	
124	陶缸	35°44′48.0″	111°46′32.3″	庙底沟二期	
125	陶片	35°44′48.0″	111°46′32.3″	庙底沟二期	
126	陶鬲	35°44′48.0″	111°46′32.3″	龙山时期	
127	陶盆	35°44′47.9″	111°46′32.8″	庙底沟二期	
128	陶片	35°44′47.9″	111°46′32.8″	新石器时代	
129	陶片	35°44′47.9″	111°46′32.8″	庙底沟二期	
130	陶片	35°44′47.9″	111°46′32.8″	龙山时期	
131	陶片	35°44′47.9″	111°46′32.8″	庙底沟二期	
132	陶片	35°44′47.9″	111°46′32.8″	龙山时期	
133	陶盆	35°44′47.9″	111°46′32.8″	庙底沟二期	
134	陶片	35°44′47.9″	111°46′32.8″	龙山时期	
135	陶片	35°44′47.9″	111°46′32.8″	龙山时期	
136	陶釜	35°44′47.9″	111°46′32.8″	庙底沟二期	
137	陶片	35°44′47.9″	111°46′32.8″	龙山时期	
138	陶罐	35°44′47.9″	111°46′32.8″	庙底沟二期	
139	陶罐	35°44′47.9″	111°46′32.8″	新石器时代	
140	陶片	35°44′47.9″	111°46′32.8″	庙底沟二期	
141、142	陶片	35°44′47.9″	111°46′32.8″	庙底沟二期	

续表

标本号	名称	坐标		时代	备注
		北纬	东经		
143	陶片	35°44′47.7″	111°46′32.4″	庙底沟二期	
144	陶片	35°44′47.7″	111°46′32.4″	庙底沟二期	
145	陶罐	35°44′47.7″	111°46′32.4″	庙底沟二期	
146	陶片	35°44′47.6″	111°46′31.7″	庙底沟二期	
147	陶罐	35°44′47.6″	111°46′31.7″	庙底沟二期	
148	陶片	35°44′47.6″	111°46′31.8″	庙底沟二期	
149	陶器底	35°44′47.6″	111°46′31.8″	庙底沟二期	
150	陶盆	35°44′47.6″	111°46′31.8″	庙底沟二期	
151	陶片	35°44′47.4″	111°46′32.1″	庙底沟二期	
152	陶片	35°44′47.4″	111°46′32.1″	庙底沟二期	
153	陶片	35°44′47.4″	111°46′32.1″	庙底沟二期	
154	陶片	35°44′47.4″	111°46′32.1″	新石器时代	
155	陶鬲	35°44′47.4″	111°46′32.7″	新石器时代	
156	陶片	35°44′47.4″	111°46′32.7″	新石器时代	
157	陶片	35°44′48.7″	111°46′31.1″	庙底沟二期	
158	陶器底	35°44′49.1″	111°46′31.5″	庙底沟二期	
159	陶片	35°44′49.1″	111°46′31.5″	庙底沟二期	
160	陶罐	35°44′49.2″	111°46′31.5″	新石器时代	
161	陶片	35°44′49.2″	111°46′31.5″	新石器时代	
162	陶罐	35°44′49.4″	111°46′31.5″	龙山时期	
163	陶器盖	35°44′49.4″	111°46′31.5″	新石器时代	
164	陶扁壶	35°44′49.4″	111°46′31.5″	龙山时期	
165	陶片	35°44′49.4″	111°46′31.5″	龙山时期	
166	陶片	35°44′49.4″	111°46′31.5″	庙底沟二期	
167	陶片	35°44′49.4″	111°46′31.5″	新石器时代	
168	陶鬲	35°44′49.4″	111°46′31.5″	新石器时代	
169	陶片	35°44′49.4″	111°46′31.5″	新石器时代	
170	陶罐	35°44′49.4″	111°46′31.5″	新石器时代	
171	陶罐	35°44′49.3″	111°46′31.7″	庙底沟二期	
172	陶片	35°44′49.3″	111°46′31.7″	庙底沟二期	
173	陶片	35°44′49.3″	111°46′31.7″	庙底沟二期	
174	陶片	35°44′49.3″	111°46′31.7″	庙底沟二期	
175	陶片	35°44′49.3″	111°46′31.7″	庙底沟二期	
176	陶片	35°44′49.3″	111°46′31.7″	庙底沟二期	
177	陶片	35°44′49.3″	111°46′31.7″	庙底沟二期	
178	陶釜灶	35°44′49.3″	111°46′31.7″	庙底沟二期	
179	陶罐	35°44′49.3″	111°46′31.7″	庙底沟二期	

续表

标本号	名称	坐标		时代	备注
		北纬	东经		
180	陶片	35°44′49.3″	111°46′31.7″	庙底沟二期	
181	陶器底	35°44′49.3″	111°46′31.7″	庙底沟二期	
182	陶片	35°44′49.3″	111°46′31.9″	龙山时期	
183	陶片	35°44′49.3″	111°46′31.9″	龙山时期	
184	陶片	35°44′49.3″	111°46′31.9″	庙底沟二期	
185	陶片	35°44′49.3″	111°46′31.9″	庙底沟二期	
186	陶鬲	35°44′46.7″	111°46′47.2″	东周时期	
187	陶片	35°44′46.6″	111°46′44.0″	不详	
188	陶片	35°44′46.6″	111°46′44.0″	东周时期	
189	陶片	35°44′46.6″	111°46′44.0″	东周时期	
190	陶鬲	35°44′46.6″	111°46′44.0″	东周时期	
191	陶鬲	35°44′46.6″	111°46′44.0″	东周时期	
192	陶片	35°44′46.6″	111°46′44.0″	东周时期	
193	陶片	35°44′46.6″	111°46′44.0″	东周时期	
194	陶罐	35°44′46.6″	111°46′44.0″	东周时期	
195	陶鬲	35°44′46.6″	111°46′44.0″	东周时期	
196	陶鬲	35°44′46.6″	111°46′44.0″	龙山时期	
197	陶鬲	35°44′46.6″	111°46′44.0″	东周时期	
198	陶鬲	35°44′46.6″	111°46′44.0″	东周时期	
199	陶鬲	35°44′46.6″	111°46′44.0″	龙山时期	
200	陶鬲	35°44′46.6″	111°46′44.0″	东周时期	
201	陶鬲	35°44′48.7″	111°46′47.7″	西周时期	
202	陶鬲	35°44′48.7″	111°46′47.7″	西周时期	
203	陶鬲	35°44′48.7″	111°46′47.7″	西周时期	
204	陶片	35°44′49.0″	111°46′32.0″	新石器时代	
205	陶片	35°44′49.0″	111°46′32.0″	新石器时代	
206	陶片	35°44′48.7″	111°46′31.8″	新石器时代	
207	陶片	35°44′48.7″	111°46′31.8″	新石器时代	
208	陶片	35°44′48.7″	111°46′31.8″	新石器时代	
209	陶片	35°44′48.7″	111°46′31.8″	新石器时代	
210	陶片	35°44′48.7″	111°46′31.8″	新石器时代	
211	陶片	35°44′49.0″	111°46′32.3″	新石器时代	
212	陶片	35°44′49.0″	111°46′32.3″	新石器时代	
214	陶片	35°44′49.0″	111°46′32.3″	新石器时代	
215	陶片	35°44′48.4″	111°46′32.3″	新石器时代	
216	陶片	35°44′48.4″	111°46′32.3″	新石器时代	
217	陶片	35°44′48.7″	111°46′32.4″	新石器时代	

续表

标本号	名称	坐标		时代	备注
		北纬	东经		
218	陶片	35°44′48.7″	111°46′32.4″	新石器时代	
219	陶片	35°44′48.7″	111°46′32.4″	新石器时代	
220	陶片	35°44′48.7″	111°46′32.4″	新石器时代	
221	陶片	35°44′48.7″	111°46′32.4″	新石器时代	
222	陶片	35°44′48.8″	111°46′32.6″	新石器时代	
223	陶片	35°44′48.8″	111°46′32.6″	新石器时代	
224	陶片	35°44′48.8″	111°46′32.6″	新石器时代	
225	陶片	35°44′47.9″	111°46′32.7″	新石器时代	
226	陶鬲	35°44′47.9″	111°46′32.7″	新石器时代	
227	陶片	35°44′47.9″	111°46′32.7″	新石器时代	
228	陶鬲	35°44′47.9″	111°46′32.7″	新石器时代	
229	陶片	35°44′47.9″	111°46′32.7″	新石器时代	
230	陶片	35°44′48.2″	111°46′33.1″	新石器时代	
231	陶片	35°44′48.2″	111°46′33.1″	新石器时代	
232	石器	35°44′48.0″	111°46′33.5″	不详	
233	陶片	35°44′48.0″	111°46′33.5″	新石器时代	
234	陶片	35°44′48.0″	111°46′33.5″	新石器时代	
235	陶鬲	35°44′48.0″	111°46′33.5″	新石器时代	
236	陶罐	35°44′48.0″	111°46′33.5″	新石器时代	
237	陶罐	35°44′47.5″	111°46′33.9″	庙底沟二期	
238	陶盆	35°44′47.6″	111°46′34.0″	新石器时代	
239	陶片	35°44′47.6″	111°46′34.0″	新石器时代	
240	陶器底	35°44′47.6″	111°46′34.0″	夏代时期	
241	陶器底	35°44′47.6″	111°46′34.0″	夏代时期	
242	陶器底	35°44′47.6″	111°46′34.0″	夏代时期	
243	陶片	35°44′47.6″	111°46′33.8″	新石器时代	
244	陶片	35°44′47.6″	111°46′33.8″	新石器时代	
245	陶瓶	35°44′47.5″	111°46′33.7″	仰韶晚期	
246	陶片	35°44′47.5″	111°46′33.7″	新石器时代	
247	陶片	35°44′48.1″	111°46′34.1″	新石器时代	
248	陶片	35°44′48.1″	111°46′34.1″	新石器时代	
249	陶片	35°44′48.4″	111°46′33.9″	新石器时代	
250	陶片	35°44′48.4″	111°46′33.9″	东周时期	
251	陶豆	35°44′48.4″	111°46′35.3″	龙山时期	
252	陶鬲	35°44′48.4″	111°46′35.3″	龙山时期	
253	陶器底	35°44′49.5″	111°46′35.4″	春秋时期	
254	陶豆	35°44′49.5″	111°46′35.4″	春秋时期	

续表

标本号	名称	坐标		时代	备注
		北纬	东经		
255	陶片	35°44′49.5″	111°46′35.4″	春秋时期	
256	陶片	35°44′49.5″	111°46′35.4″	春秋时期	
257	陶鬲	35°44′49.9″	111°46′35.8″	东周时期	
258	陶片	35°44′49.9″	111°46′35.8″	东周时期	
259	陶鬲	35°44′49.9″	111°46′35.8″	东周时期	
260	陶片	35°44′49.9″	111°46′35.8″	东周时期	
261、262	板瓦	35°44′50.8″	111°46′36.5″	汉代时期	拼接为一件
263	陶罐	35°44′50.4″	111°46′35.4″	东周时期	
264	陶鬲	35°44′50.2″	111°46′34.9″	东周时期	
265	陶器底	35°44′50.2″	111°46′34.9″	新石器时代	
266	陶片	35°44′48.8″	111°46′34.2″	新石器时代	
267	陶片	35°44′48.8″	111°46′34.2″	新石器时代	
268	陶片	35°44′48.8″	111°46′34.2″	新石器时代	
269	陶罐	35°44′48.8″	111°46′34.2″	新石器时代	
270	陶片	35°44′48.8″	111°46′33.8″	不详	
271	陶片	35°44′48.8″	111°46′33.8″	东周时期	
272	陶片	35°44′48.8″	111°46′33.8″	东周时期	
273	陶片	35°44′48.8″	111°46′33.8″	东周时期	
274	陶片	35°44′48.8″	111°46′33.8″	东周时期	
275	陶鬲	35°44′48.8″	111°46′33.8″	东周时期	
276	陶片	35°44′48.8″	111°46′33.8″	新石器时代	
277	陶盆	35°44′48.8″	111°46′33.8″	不详	
278	陶片	35°44′49.1″	111°46′33.2″	新石器时代	
279	陶片	35°44′49.1″	111°46′33.2″	新石器时代	
280	陶片	35°44′48.9″	111°46′33.7″	龙山时期	
281	陶片	35°44′48.9″	111°46′33.7″	龙山时期	
282	陶片	35°44′48.9″	111°46′33.7″	龙山时期	
283	陶鬲	35°44′49.2″	111°46′33.6″	新石器时代	
284	陶片	35°44′49.2″	111°46′33.6″	新石器时代	
285	陶鬲	35°44′49.2″	111°46′33.6″	新石器时代	
286	陶片	35°44′49.2″	111°46′33.6″	新石器时代	
287	陶片	35°44′49.1″	111°46′33.7″	新石器时代	
288	陶片	35°44′49.1″	111°46′33.7″	新石器时代	
289	陶片	35°44′49.2″	111°46′33.9″	东周时期	
290	陶片	35°44′49.2″	111°46′33.9″	新石器时代	
291	陶片	35°44′49.2″	111°46′33.9″	新石器时代	
292	陶盆	35°44′49.2″	111°46′33.9″	新石器时代	

续表

标本号	名称	坐标		时代	备注
		北纬	东经		
293	陶片	35°44′49.1″	111°46′34.0″	东周时期	
294	陶片	35°44′49.1″	111°46′34.0″	庙底沟二期	
295	陶片	35°44′49.1″	111°46′34.0″	东周时期	
296	陶片	35°44′49.1″	111°46′34.0″	东周时期	
297	陶罐	35°44′49.5″	111°46′33.9″	新石器时代	
298	陶片	35°44′49.5″	111°46′33.9″	新石器时代	
299	陶片	35°44′49.5″	111°46′33.9″	新石器时代	
300	陶器底	35°44′49.3″	111°46′33.6″	东周时期	
301	陶鬲	35°44′49.3″	111°46′33.6″	东周时期	
302	陶片	35°44′49.5″	111°46′33.7″	夏代时期	
303	陶罐	35°44′49.5″	111°46′33.7″	东周时期	
304	陶鬲	35°44′49.7″	111°46′33.6″	新石器时代	
305	陶片	35°44′49.7″	111°46′33.6″	新石器时代	
306	陶片	35°44′49.9″	111°46′33.5″	庙底沟二期	
307	陶片	35°44′50.0″	111°46′33.5″	东周时期	
308	陶片	35°44′50.0″	111°46′33.5″	东周时期	
309	陶片	35°44′50.1″	111°46′33.5″	东周时期	
310	陶片	35°44′50.1″	111°46′33.5″	东周时期	
311	陶器底	35°44′50.2″	111°46′33.7″	龙山时期	
312	陶罐	35°44′50.2″	111°46′33.7″	东周时期	
313	陶甗	35°44′49.8″	111°46′33.9″	新石器时代	
314	陶片	35°44′49.8″	111°46′33.9″	东周时期	
315	陶盆	35°44′49.2″	111°46′34.0″	东周时期	
316	陶盆	35°44′49.2″	111°46′34.0″	东周时期	
317	陶罐	35°44′49.2″	111°46′34.0″	东周时期	
318	陶罐	35°44′49.2″	111°46′34.1″	新石器时代	
319	陶圈足	35°44′49.2″	111°46′34.1″	东周时期	
320	陶盆	35°44′49.2″	111°46′34.1″	东周时期	
321	陶片	35°44′49.2″	111°46′34.1″	新石器时代	
322	陶片	35°44′49.2″	111°46′34.1″	东周时期	
323	陶盆	35°44′49.2″	111°46′34.1″	东周时期	
324	陶盆	35°44′49.4″	111°46′34.0″	东周时期	
325	陶片	35°44′49.4″	111°46′34.0″	新石器时代	
326	陶鬲	35°44′49.4″	111°46′34.0″	东周时期	
327	陶器底	35°44′49.4″	111°46′34.0″	东周时期	
328	陶片	35°44′49.6″	111°46′33.8″	东周时期	
329	陶片	35°44′49.6″	111°46′33.8″	东周时期	

续表

标本号	名称	坐标		时代	备注
		北纬	东经		
330	陶片	35°44′49.6″	111°46′33.8″	东周时期	
331	陶片	35°44′49.6″	111°46′33.8″	东周时期	
332	陶罐	35°44′49.6″	111°46′34.0″	东周时期	
333	陶器底	35°44′49.6″	111°46′34.0″	东周时期	
334	陶器底	35°44′49.6″	111°46′34.0″	东周时期	
335	陶片	35°44′49.6″	111°46′34.0″	东周时期	
336	陶鬲	35°44′49.7″	111°46′33.9″	龙山时期	
337	陶片	35°44′49.7″	111°46′33.9″	新石器时代	
338	陶片	35°44′49.7″	111°46′33.9″	新石器时代	
339	陶片	35°44′49.7″	111°46′33.9″	新石器时代	
340	陶片	35°44′49.9″	111°46′34.0″	东周时期	
341	陶片	35°44′49.9″	111°46′34.0″	东周时期	
342	陶鬲	35°44′49.9″	111°46′34.0″	东周时期	
343	陶片	35°44′49.9″	111°46′34.0″	东周时期	
344	陶片	35°44′49.9″	111°46′34.0″	东周时期	
345	陶片	35°44′50.0″	111°46′34.1″	新石器时代	
346	陶片	35°44′50.0″	111°46′34.1″	新石器时代	
347	陶片	35°44′50.0″	111°46′34.1″	新石器时代	
348	陶片	35°44′50.0″	111°46′34.1″	新石器时代	
349	陶鬲	35°44′50.2″	111°46′34.2″	龙山时期	
350	陶器底	35°44′50.1″	111°46′34.0″	东周时期	
351	陶片	35°44′50.1″	111°46′34.0″	东周时期	
352	陶片	35°44′50.1″	111°46′34.0″	东周时期	
353	陶罐	35°44′50.1″	111°46′34.0″	东周时期	
354	陶片	35°44′50.2″	111°46′33.9″	东周时期	
355	陶器底	35°44′49.8″	111°46′33.0″	新石器时代	
356	陶片	35°44′50.0″	111°46′32.7″	新石器时代	
357	陶片	35°44′50.0″	111°46′32.7″	新石器时代	
358	陶片	35°44′50.0″	111°46′32.7″	新石器时代	
359	陶片	35°44′50.0″	111°46′32.7″	东周时期	
360	陶片	35°44′50.0″	111°46′32.7″	东周时期	
361	陶片	35°44′50.1″	111°46′32.8″	龙山时期	
362	陶片	35°44′50.1″	111°46′32.8″	龙山时期	
363	陶罐	35°44′50.1″	111°46′32.8″	龙山时期	
364、365	陶片	35°44′49.5″	111°46′32.9″	新石器时代	拼接为一件
366	陶片	35°44′49.5″	111°46′32.9″	新石器时代	
367	陶片	35°44′49.5″	111°46′32.9″	新石器时代	

续表

标本号	名称	坐标		时代	备注
		北纬	东经		
368	陶器底	35°44′48.8″	111°46′34.1″	新石器时代	
369	陶片	35°44′48.8″	111°46′34.1″	新石器时代	
370	陶器底	35°44′48.9″	111°46′34.2″	新石器时代	
371	陶片	35°44′48.9″	111°46′34.2″	新石器时代	
372	陶片	35°44′49.3″	111°46′34.3″	东周时期	
373	陶器底	35°44′49.5″	111°46′34.3″	新石器时代	
374	石器	35°44′50.1″	111°46′34.5″	不详	
375	陶片	35°44′50.1″	111°46′34.5″	不详	
376	陶器底	35°44′51.0″	111°46′37.2″	东周时期	
377	陶片	35°44′51.0″	111°46′37.2″	东周时期	
378	陶罐	35°44′51.0″	111°46′37.2″	夏代时期	
379	陶片	35°44′54.5″	111°46′41.1″	东周时期	
380	陶器底	35°44′54.5″	111°46′41.1″	东周时期	
381	陶片	35°44′56.4″	111°46′44.9″	东周时期	
382	筒瓦	35°44′56.4″	111°46′44.9″	东周时期	
383	陶片	35°44′50.6″	111°46′39.9″	新石器时代	
384	陶片	35°44′50.5″	111°46′39.7″	新石器时代	
385	陶片	35°44′50.5″	111°46′39.7″	新石器时代	
386	陶器底	35°44′50.6″	111°46′40.6″	东周时期	
387	陶片	35°44′48.5″	111°46′35.6″	东周时期	
388	陶鬲	35°44′49.3″	111°46′35.7″	东周时期	
389	陶豆	35°44′49.3″	111°46′35.7″	东周时期	
390	陶鬲	35°44′49.5″	111°46′35.6″	东周时期	
391	陶鬲	35°44′47.9″	111°46′35.7″	龙山时期	
392	陶鬲	35°44′47.8″	111°46′36.3″	东周时期	
393	陶鬲	35°44′47.8″	111°46′36.3″	东周时期	
394	陶片	35°44′47.4″	111°46′36.6″	东周时期	
395	陶鬲	35°44′47.4″	111°46′36.6″	东周时期	
396	陶豆	35°44′47.6″	111°46′37.3″	春秋时期	
397	陶片	35°44′47.8″	111°46′36.7″	东周时期	
398	筒瓦	35°44′47.8″	111°46′36.7″	东周时期	
399	陶片	35°44′47.8″	111°46′36.7″	东周时期	
400	陶鬲	35°44′47.8″	111°46′36.7″	东周时期	
401	陶片	35°44′47.8″	111°46′36.7″	东周时期	
402	陶片	35°44′47.7″	111°46′35.7″	东周时期	
403	陶鬲	35°44′47.7″	111°46′35.7″	东周时期	
404	陶鬲	35°44′47.3″	111°46′36.0″	新石器时代	

续表

标本号	名称	坐标		时代	备注
		北纬	东经		
405	陶片	35°44′46.2″	111°46′36.4″	东周时期	
406	陶片	35°44′46.2″	111°46′36.4″	东周时期	
407	陶片	35°44′46.2″	111°46′36.4″	东周时期	
408	陶片	35°44′48.0″	111°46′36.2″	东周时期	
409	陶鬲	35°44′48.0″	111°46′36.2″	东周时期	
410	陶鬲	35°44′48.0″	111°46′36.2″	东周时期	
411	陶片	35°44′48.8″	111°46′36.7″	新石器时代	
412	陶罐	35°44′49.5″	111°46′36.8″	不详	
413	陶片	35°44′48.2″	111°46′37.0″	不详	
414	陶罐	35°44′48.2″	111°46′37.0″	不详	
415	陶盆	35°44′48.2″	111°46′37.0″	东周时期	
416	陶罐	35°44′48.1″	111°46′38.1″	不详	
417	陶器底	35°44′49.8″	111°46′38.6″	东周时期	
418	陶器底	35°44′50.1″	111°46′38.1″	不详	
419	陶片	35°44′48.7″	111°46′38.6″	不详	
420	陶鬲	35°44′48.7″	111°46′38.6″	东周时期	
421	陶罐	35°44′48.7″	111°46′38.6″	不详	
422	陶片	35°44′48.7″	111°46′38.6″	不详	
423	陶片	35°44′48.5″	111°46′38.8″	不详	
424	陶片	35°44′48.5″	111°46′38.8″	不详	
425	陶盆	35°44′48.5″	111°46′38.8″	东周时期	
426	陶片	35°44′48.6″	111°46′38.8″	不详	
427	陶片	35°44′48.6″	111°46′38.8″	不详	
428	陶罐	35°44′48.4″	111°46′38.7″	夏代时期	
429	陶鬲	35°44′48.4″	111°46′38.7″	不详	
430	陶片	35°44′48.5″	111°46′38.4″	不详	
431	陶鬲	35°44′48.5″	111°46′38.4″	不详	
432	陶器座	35°44′48.1″	111°46′38.5″	不详	
433	陶片	35°44′48.1″	111°46′38.5″	不详	
434	陶鬲	35°44′48.1″	111°46′38.5″	不详	
435	陶片	35°44′48.1″	111°46′38.5″	不详	
436	陶鬲	35°44′48.0″	111°46′38.4″	不详	
437	陶鬲	35°44′48.0″	111°46′38.4″	不详	
438	陶鬲	35°44′48.0″	111°46′38.4″	不详	
439	陶鬲	35°44′47.8″	111°46′38.4″	西周时期	
440	陶罐	35°44′47.8″	111°46′38.3″	西周时期	
441	陶片	35°44′47.9″	111°46′38.3″	不详	

续表

标本号	名称	坐标		时代	备注
		北纬	东经		
442	陶片	35°44′47.9″	111°46′38.3″	不详	
443	陶片	35°44′47.9″	111°46′38.3″	不详	
444	陶片	35°44′47.9″	111°46′38.3″	不详	
445	陶片	35°44′47.9″	111°46′38.3″	不详	
446	陶片	35°44′47.9″	111°46′38.3″	不详	
447	陶鬲	35°44′47.9″	111°46′38.3″	不详	
448	陶片	35°44′47.9″	111°46′38.3″	东周时期	
449	陶鬲	35°44′47.9″	111°46′38.3″	东周时期	
450	陶鬲	35°44′47.9″	111°46′38.3″	东周时期	
451	陶鬲	35°44′47.8″	111°46′38.1″	东周时期	
452	陶片	35°44′47.8″	111°46′38.1″	东周时期	
453	陶片	35°44′47.8″	111°46′38.1″	东周时期	
454	陶盖豆	35°44′47.7″	111°46′38.1″	东周时期	
455	陶片	35°44′47.7″	111°46′38.1″	不详	
456	陶片	35°44′47.7″	111°46′38.1″	不详	
457	陶鬲	35°44′47.7″	111°46′38.1″	不详	
458	陶片	35°44′47.7″	111°46′38.1″	不详	
459	陶片	35°44′47.6″	111°46′37.6″	不详	
460	陶片	35°44′47.6″	111°46′37.6″	不详	
461	陶片	35°44′47.8″	111°46′37.8″	不详	
462	陶片	35°44′47.8″	111°46′37.8″	不详	
463	陶片	35°44′47.8″	111°46′37.8″	不详	
464	陶甗	35°44′47.8″	111°46′37.8″	东周时期	
465	陶鬲	35°44′48.1″	111°46′38.2″	不详	
466	陶片	35°44′48.1″	111°46′38.2″	不详	
467	陶片	35°44′48.1″	111°46′38.2″	不详	
468	陶片	35°44′48.1″	111°46′38.2″	不详	
469	陶片	35°44′48.1″	111°46′38.2″	不详	
470	陶片	35°44′48.1″	111°46′38.2″	东周时期	
471	陶鬲	35°44′48.1″	111°46′38.2″	不详	
472	陶片	35°44′48.1″	111°46′38.2″	东周时期	
473	陶罐	35°44′48.1″	111°46′38.2″	不详	
474	陶片	35°44′48.9″	111°46′39.3″	不详	
475	陶豆	35°44′48.9″	111°46′39.3″	不详	
476	陶器底	35°44′49.3″	111°46′39.2″	东周时期	
477	陶鬲	35°44′49.3″	111°46′39.2″	东周时期	
478	陶片	35°44′49.3″	111°46′39.2″	不详	

续表

标本号	名称	坐标		时代	备注
		北纬	东经		
479	陶鬲	35°44′49.5″	111°46′39.2″	龙山时期	
480	陶鬲	35°44′49.5″	111°46′39.2″	龙山时期	
481	陶罐	35°44′49.4″	111°46′39.2″	东周时期	
482	陶片	35°44′49.3″	111°46′39.9″	不详	
483	陶片	35°44′49.3″	111°46′39.9″	不详	
484	陶鬲	35°44′49.3″	111°46′39.9″	不详	
485	陶鬲	35°44′49.3″	111°46′39.9″	东周时期	
486	陶片	35°44′49.3″	111°46′39.9″	不详	
487	陶片	35°44′49.3″	111°46′39.9″	不详	
488	陶鬲	35°44′49.3″	111°46′39.9″	东周时期	
489	陶片	35°44′49.3″	111°46′39.9″	不详	
490	陶鬲	35°44′49.3″	111°46′39.9″	东周时期	
491	陶片	35°44′48.8″	111°46′40.1″	不详	
492	陶鬲	35°44′48.7″	111°46′40.1″	不详	
493	陶鬲	35°44′49.1″	111°46′40.1″	不详	
494	陶片	35°44′49.1″	111°46′40.1″	不详	
495	陶片	35°44′49.1″	111°46′40.1″	不详	
496	陶片	35°44′49.3″	111°46′40.1″	不详	
497	陶片	35°44′49.3″	111°46′40.1″	东周时期	
498	陶罐	35°44′49.3″	111°46′40.1″	不详	
499	陶片	35°44′49.3″	111°46′40.1″	不详	
500、501	陶鬲	35°44′49.2″	111°46′40.4″	不详	拼接为一件
502	陶片	35°44′49.6″	111°46′40.8″	东周时期	
503	陶片	35°44′49.6″	111°46′40.8″	东周时期	
504	陶鬲	35°44′49.6″	111°46′40.4″	东周时期	
505	陶片	35°44′49.6″	111°46′40.4″	东周时期	
506	陶器底	35°44′49.7″	111°46′40.4″	不详	
507	陶片	35°44′49.7″	111°46′40.4″	不详	
508	陶片	35°44′49.7″	111°46′40.4″	不详	
509	陶罐	35°44′49.7″	111°46′40.1″	不详	
510	陶片	35°44′49.7″	111°46′40.1″	不详	
511	陶片	35°44′49.8″	111°46′39.9″	新石器时代	
512	陶鬲	35°44′49.8″	111°46′39.9″	不详	
513	陶罐	35°44′49.8″	111°46′39.9″	不详	
514	陶片	35°44′49.8″	111°46′39.9″	新石器时代	
515	陶鬲	35°44′49.8″	111°46′39.5″	东周时期	
516	陶片	35°44′49.8″	111°46′39.5″	东周时期	

续表

标本号	名称	坐标		时代	备注
		北纬	东经		
517	陶片	35°44′49.5″	111°46′39.9″	新石器时代	
518	陶片	35°44′49.5″	111°46′39.9″	不详	
519	陶片	35°44′49.5″	111°46′40.0″	不详	
520	陶片	35°44′50.1″	111°46′39.3″	不详	
521	陶片	35°44′50.0″	111°46′40.0″	新石器时代	
522	陶片	35°44′50.0″	111°46′40.0″	新石器时代	
523	陶豆	35°44′50.0″	111°46′40.0″	龙山时期	
524	瓦当	35°44′50.2″	111°46′40.2″	汉代时期	
525	陶片	35°44′50.5″	111°46′40.8″	不详	
526	陶片	35°44′50.4″	111°46′41.1″	不详	
527	陶片	35°44′50.4″	111°46′41.1″	东周时期	
528	陶鬲	35°44′50.4″	111°46′41.6″	东周时期	
529	陶片	35°44′50.4″	111°46′41.6″	不详	
531	陶罐	35°44′50.6″	111°46′42.3″	东周时期	
532	陶盆	35°44′50.6″	111°46′42.3″	宋金时期	
533	陶片	35°44′50.3″	111°46′40.9″	不详	
534	陶片	35°44′50.3″	111°46′40.9″	不详	
535	陶鬲	35°44′50.0″	111°46′40.9″	不详	
536	陶片	35°44′50.0″	111°46′40.9″	不详	
537	陶片	35°44′49.9″	111°46′40.6″	不详	
538	陶鬲	35°44′49.9″	111°46′40.6″	不详	
539	陶鬲	35°44′49.4″	111°46′40.9″	东周时期	
540	陶片	35°44′49.4″	111°46′40.9″	东周时期	
541	陶罐	35°44′49.4″	111°46′40.9″	不详	
542	陶片	35°44′49.2″	111°46′41.0″	不详	
543	陶片	35°44′49.2″	111°46′41.0″	不详	
544	陶饼	35°44′49.3″	111°46′41.6″	不详	
545	陶片	35°44′49.3″	111°46′41.6″	不详	
546	陶圈足	35°44′49.6″	111°46′41.4″	不详	
547	陶片	35°44′49.8″	111°46′41.1″	新石器时代	
548	陶罐	35°44′49.5″	111°46′41.0″	不详	
549	陶鬲	35°44′49.5″	111°46′41.0″	不详	
550	陶片	35°44′49.5″	111°46′41.0″	不详	
551	陶片	35°44′49.1″	111°46′41.5″	东周时期	
552	陶器底	35°44′48.9″	111°46′41.9″	新石器时代	
554	陶片	35°44′48.9″	111°46′41.9″	新石器时代	
555	陶片	35°44′48.9″	111°46′41.9″	不详	

续表

标本号	名称	坐标		时代	备注
		北纬	东经		
556	陶片	35°44′49.0″	111°46′41.8″	不详	
557	陶片	35°44′49.3″	111°46′41.8″	新石器时代	
558	陶片	35°44′48.9″	111°46′42.3″	不详	
559	陶片	35°44′48.9″	111°46′42.3″	不详	
560	陶片	35°44′49.0″	111°46′42.4″	龙山时期	
561	陶器底	35°44′49.4″	111°46′42.4″	东周时期	
562	陶片	35°44′49.7″	111°46′42.5″	东周时期	
563	陶片	35°44′50.4″	111°46′42.2″	不详	
564	陶片	35°44′51.2″	111°46′42.7″	庙底沟二期	
565	陶片	35°44′48.3″	111°46′44.7″	不详	
566	陶片	35°44′48.3″	111°46′44.7″	不详	
567	陶盆	35°44′48.3″	111°46′44.7″	东周时期	
568	陶片	35°44′48.3″	111°46′44.7″	不详	
569	陶片	35°44′48.3″	111°46′44.7″	不详	
570	陶片	35°44′48.8″	111°46′45.6″	不详	
571	陶罐	35°44′48.8″	111°46′45.6″	不详	
572	陶片	35°44′48.8″	111°46′45.6″	不详	
573	陶鬲	35°44′48.8″	111°46′45.6″	不详	
574	陶片	35°44′48.8″	111°46′45.6″	不详	
575	陶片	35°44′48.8″	111°46′45.6″	不详	
576	陶片	35°44′48.8″	111°46′45.6″	不详	
577	陶片	35°44′48.8″	111°46′45.6″	不详	
578	陶鬲	35°44′48.5″	111°46′45.1″	东周时期	
579	陶片	35°44′48.5″	111°46′45.1″	不详	
580	陶片	35°44′48.5″	111°46′45.1″	不详	
581	陶鬲	35°44′48.5″	111°46′45.1″	不详	
582	陶片	35°44′48.8″	111°46′45.2″	不详	
583	陶鬲	35°44′48.8″	111°46′45.2″	不详	
584	陶片	35°44′48.8″	111°46′45.2″	不详	
585	陶片	35°44′48.8″	111°46′45.2″	不详	
586	陶片	35°44′49.1″	111°46′45.2″	不详	
587	陶片	35°44′48.8″	111°46′44.9″	不详	
588	陶片	35°44′52.5″	111°46′42.9″	不详	
589	陶片	35°44′52.3″	111°46′43.5″	东周时期	
590	陶器底	35°44′52.3″	111°46′43.5″	不详	
591	陶片	35°44′52.3″	111°46′43.5″	东周时期	
592	陶片	35°44′52.4″	111°46′44.5″	东周时期	

续表

标本号	名称	坐标		时代	备注
		北纬	东经		
593	陶罐	35°44′52.5″	111°46′46.3″	不详	
594	陶片	35°44′52.9″	111°46′47.3″	不详	
595	陶器底	35°44′52.9″	111°46′47.4″	不详	
596	陶罐	35°44′52.9″	111°46′47.4″	东周时期	
597	陶片	35°44′52.9″	111°46′47.4″	不详	
598	陶盆	35°44′54.7″	111°46′44.6″	不详	
599	陶片	35°44′55.3″	111°46′44.9″	新石器时代	
600	筒瓦	35°44′56.5″	111°46′45.7″	不详	
601	筒瓦	35°44′57.2″	111°46′46.2″	不详	
602	板瓦	35°44′57.2″	111°46′46.6″	东周时期	
603	筒瓦	35°44′57.2″	111°46′46.6″	东周时期	
604	陶片	35°44′55.1″	111°46′45.1″	不详	
605	陶器底	35°44′53.8″	111°46′49.0″	不详	
606	陶片	35°44′53.9″	111°46′47.1″	不详	
607	陶片	35°44′54.2″	111°46′46.7″	不详	
608	陶片	35°44′55.0″	111°46′45.7″	东周时期	
609	陶罐	35°44′55.0″	111°46′45.7″	东周时期	
610	陶鬲	35°44′55.0″	111°46′45.7″	东周时期	
611	陶片	35°44′55.0″	111°46′45.7″	不详	
612	陶器底	35°44′55.1″	111°46′45.9″	不详	
613	陶罐	35°44′55.1″	111°46′45.9″	不详	
614	陶片	35°44′55.1″	111°46′45.9″	不详	
615	陶片	35°44′55.1″	111°46′45.9″	不详	
616	陶片	35°44′55.1″	111°46′45.9″	不详	
617	陶甗	35°44′55.1″	111°46′45.9″	不详	
618	陶甗	35°44′55.1″	111°46′45.9″	不详	
619	陶片	35°44′54.9″	111°46′46.7″	不详	
620	陶片	35°44′54.5″	111°46′49.8″	不详	
621	陶器底	35°44′56.7″	111°46′49.1″	不详	
622	陶片	35°44′56.0″	111°46′47.4″	新石器时代	
623	陶罐	35°44′55.1″	111°46′45.7″	东周时期	
624	陶片	35°44′53.9″	111°46′51.7″	不详	
625	陶片	35°44′52.1″	111°46′44.2″	不详	
626	陶片	35°44′52.0″	111°46′47.4″	不详	
627	陶器底	35°44′52.0″	111°46′48.2″	不详	
628	陶片	35°44′49.2″	111°46′47.9″	不详	
629	陶鬲	35°44′48.7″	111°46′48.2″	不详	

续表

标本号	名称	坐标		时代	备注
		北纬	东经		
630	陶鬲	35°44′48.8″	111°46′48.1″	不详	
631	陶片	35°44′48.8″	111°46′48.1″	不详	
632	陶盆	35°44′48.8″	111°46′48.1″	新石器时代	
633	陶片	35°44′48.6″	111°46′47.9″	不详	
634	陶盆	35°44′48.6″	111°46′47.9″	不详	
635	陶鬲	35°44′48.6″	111°46′47.9″	不详	
636	陶鬲	35°44′48.6″	111°46′47.9″	不详	
637	陶鬲	35°44′48.6″	111°46′47.9″	不详	
638	陶片	35°44′48.6″	111°46′47.9″	不详	
639	陶罐	35°44′49.3″	111°46′46.6″	东周时期	
640	陶片	35°44′47.2″	111°46′47.1″	不详	
641	陶片	35°44′47.2″	111°46′47.1″	不详	
642	陶片	35°44′47.2″	111°46′47.1″	不详	
643	陶片	35°44′47.4″	111°46′46.9″	不详	
644	陶片	35°44′47.4″	111°46′46.9″	不详	
645	陶片	35°44′47.4″	111°46′46.9″	不详	
646	陶片	35°44′47.4″	111°46′47.1″	不详	
647	陶片	35°44′47.4″	111°46′47.1″	不详	
648	陶器底	35°44′47.4″	111°46′47.1″	不详	
649	陶鬲	35°44′47.6″	111°46′47.1″	东周时期	
650	陶片	35°44′47.6″	111°46′47.1″	东周时期	
651	陶片	35°44′47.6″	111°46′47.1″	东周时期	
652	陶片	35°44′47.6″	111°46′47.1″	东周时期	
653	陶片	35°44′47.6″	11°46′47.4″	不详	
654	陶片	35°44′47.6″	11°46′47.4″	不详	
655	陶片	35°44′47.6″	11°46′47.4″	不详	
656	陶片	35°44′47.6″	11°46′47.4″	不详	
657	陶鬲	35°44′47.6″	11°46′47.4″	不详	
658	陶鬲	35°44′47.6″	11°46′47.4″	不详	
659	陶鬲	35°44′47.6″	11°46′47.4″	不详	
660	陶鬲	35°44′47.6″	11°46′47.4″	不详	
661	陶鬲	35°44′47.6″	11°46′47.4″	不详	
662	陶鬲	35°44′48.2″	111°46′46.4″	不详	
663	陶片	35°44′48.2″	111°46′46.4″	不详	
664	陶片	35°44′46.6″	111°46′44.1″	不详	
665	陶器底	35°44′46.6″	111°46′44.1″	不详	
666	陶片	35°44′46.6″	111°46′44.1″	不详	

续表

标本号	名称	坐标		时代	备注
		北纬	东经		
667	陶片	35° 44′ 46.6″	111° 46′ 44.1″	不详	
668	陶片	35° 44′ 46.6″	111° 46′ 44.1″	不详	
669	陶片	35° 44′ 46.6″	111° 46′ 44.1″	不详	
670	陶片	35° 44′ 46.6″	111° 46′ 44.1″	不详	
671	陶鬲	35° 44′ 46.6″	111° 46′ 44.1″	不详	
672	陶片	35° 44′ 46.6″	111° 46′ 44.1″	不详	
673	陶片	35° 44′ 46.6″	111° 46′ 44.1″	不详	
674	陶片	35° 44′ 46.6″	111° 46′ 44.1″	不详	
675	陶鬲	35° 44′ 46.6″	111° 46′ 44.1″	不详	
676	陶罐	35° 44′ 46.6″	111° 46′ 44.1″	不详	
677	陶片	35° 44′ 46.6″	111° 46′ 44.1″	不详	
678	陶片	35° 44′ 46.6″	111° 46′ 44.1″	不详	
679	陶鬲	35° 44′ 46.6″	111° 46′ 44.1″	不详	
680	陶片	35° 44′ 46.6″	111° 46′ 44.1″	不详	
681、682	陶鬲	35° 44′ 46.5″	111° 46′ 44.1″	东周时期	拼接为一件
683	陶片	35° 44′ 46.5″	111° 46′ 44.1″	不详	
684	陶鬲	35° 44′ 46.5″	111° 46′ 44.1″	不详	
685	陶鬲	35° 44′ 46.3″	111° 46′ 43.9″	不详	
686	陶片	35° 44′ 46.3″	111° 46′ 43.9″	不详	
687	陶片	35° 44′ 46.3″	111° 46′ 43.9″	不详	
688	陶片	35° 44′ 46.3″	111° 46′ 43.9″	不详	
689	陶鬲	35° 44′ 46.3″	111° 46′ 43.9″	不详	
690	陶片	35° 44′ 46.8″	111° 46′ 44.3″	不详	
691	陶鬲	35° 44′ 46.8″	111° 46′ 45.1″	东周时期	
692、693	陶鬲	35° 44′ 46.8″	111° 46′ 45.1″	不详	拼接为一件
694	陶片	35° 44′ 47.1″	111° 46′ 45.1″	不详	
695	陶鬲	35° 44′ 47.7″	111° 46′ 45.5″	不详	
696	陶鬲	35° 44′ 47.7″	111° 46′ 45.5″	东周时期	
697	陶鬲	35° 44′ 47.3″	111° 46′ 45.5″	不详	
698	陶鬲	35° 44′ 47.0″	111° 46′ 46.2″	不详	
699	陶鬲	35° 44′ 47.0″	111° 46′ 46.2″	不详	
700	陶片	35° 44′ 46.1″	111° 46′ 46.2″	不详	
701	陶鬲	35° 44′ 46.0″	111° 46′ 46.4″	东周时期	
702	陶罐	35° 44′ 46.4″	111° 46′ 46.6″	新石器时代	
703	陶片	35° 44′ 46.4″	111° 46′ 46.6″	不详	
704	陶片	35° 44′ 46.4″	111° 46′ 46.6″	不详	
705	陶片	35° 44′ 46.4″	111° 46′ 46.6″	不详	

续表

标本号	名称	坐标		时代	备注
		北纬	东经		
706	陶片	35°44′46.4″	111°46′46.6″	不详	
707	陶片	35°44′46.4″	111°46′46.6″	不详	
708	陶鬲	35°44′46.7″	111°46′46.8″	不详	
709、710	陶片	35°44′46.7″	111°46′46.8″	西周时期	拼接为一件
711	陶豆	35°44′46.7″	111°46′46.6″	东周时期	
712	陶片	35°44′46.4″	111°46′46.3″	不详	
713	陶器底	35°44′46.4″	111°46′46.3″	不详	
714	陶鬲	35°44′46.4″	111°46′46.3″	东周时期	
715	陶鬲	35°44′46.5″	111°46′46.0″	东周时期	
716	陶鬲	35°44′46.4″	111°46′45.9″	不详	
717	陶器底	35°44′46.4″	111°46′45.9″	不详	
718	陶鬲	35°44′46.1″	111°46′42.9″	不详	
719	陶片	35°44′46.1″	111°46′42.9″	不详	
720	陶鬲	35°44′46.0″	111°46′43.1″	不详	
721	陶鬲	35°44′46.0″	111°46′43.1″	不详	
722	陶罐	35°44′46.0″	111°46′43.1″	东周时期	
723	陶片	35°44′45.8″	111°46′43.2″	不详	
724	陶片	35°44′45.8″	111°46′43.2″	不详	
725	陶片	35°44′45.8″	111°46′43.2″	东周时期	
726	陶片	35°44′45.8″	111°46′43.2″	不详	
727	陶片	35°44′44.4″	111°46′43.2″	不详	
728	陶片	35°44′46.0″	111°46′42.9″	不详	
729	陶鬲	35°44′46.0″	111°46′42.9″	东周时期	
730	陶片	35°44′50.0″	111°46′56.6″	不详	
731	陶片	35°44′49.0″	111°46′57.9″	东周时期	
732	陶片	35°44′48.8″	111°46′57.7″	不详	
733	陶片	35°44′48.7″	111°46′57.2″	不详	
734	陶器底	35°44′47.0″	111°46′59.4″	不详	
735	陶片	35°44′47.8″	111°46′57.5″	不详	
736	陶鬲	35°44′47.7″	111°46′57.1″	不详	
737	陶盆	35°44′47.3″	111°46′58.3″	不详	
738	筒瓦	35°44′48.0″	111°46′55.4″	不详	
739	陶片	35°44′47.4″	111°46′53.9″	不详	
740	陶片	35°44′47.1″	111°46′55.2″	不详	
741	陶豆	35°44′47.1″	111°46′55.2″	不详	
742	陶片	35°44′47.1″	111°46′56.8″	不详	
743	陶片	35°44′46.8″	111°46′56.8″	不详	

续表

标本号	名称	坐标		时代	备注
		北纬	东经		
744	陶器底	35°44′46.8″	111°46′56.8″	不详	
745	陶盆	35°44′46.5″	111°46′58.4″	东周时期	
746	陶罐	35°44′46.5″	111°46′58.2″	不详	
747	陶器底	35°44′46.5″	111°46′58.2″	不详	
748	陶片	35°44′46.0″	111°46′57.5″	不详	
749	陶片	35°44′46.3″	111°46′56.9″	不详	
750	陶片	35°44′46.6″	111°46′57.0″	不详	
751	陶鬲	35°44′47.0″	111°46′54.7″	东周时期	
752	陶片	35°44′47.1″	111°46′54.3″	东周时期	
753	陶盆	35°44′47.1″	111°46′54.3″	不详	
754	陶片	35°44′46.2″	111°46′52.3″	不详	
755	陶片	35°44′46.3″	111°46′53.8″	不详	
756	陶片	35°44′46.0″	111°46′56.4″	不详	
757	陶片	35°44′46.0″	111°46′56.4″	不详	
758	板瓦	35°44′46.0″	111°46′56.5″	不详	
759	陶盆	35°44′45.6″	111°46′56.8″	不详	
760	陶罐	35°44′45.6″	111°46′56.8″	不详	
761	陶片	35°44′45.1″	111°46′57.9″	不详	
762	陶片	35°44′45.3″	111°46′54.9″	不详	
763	陶片	35°44′45.3″	111°46′54.9″	不详	
764	陶片	35°44′45.5″	111°46′53.5″	不详	
765	陶片	35°44′46.0″	111°46′52.5″	不详	
766	陶鬲	35°44′47.7″	111°46′49.1″	不详	
767	陶片	35°44′47.7″	111°46′48.7″	不详	
768	陶鬲	35°44′48.0″	111°46′48.5″	不详	
769	陶片	35°44′45.0″	111°46′53.8″	不详	
770	陶片	35°44′45.4″	111°46′52.5″	不详	
771	陶片	35°44′45.4″	111°46′52.5″	不详	
772	陶片	35°44′45.3″	111°46′53.4″	不详	
773	陶片	35°44′45.8″	111°46′52.5″	不详	
774	陶片	35°44′44.9″	111°46′52.1″	不详	
775	板瓦	35°44′44.2″	111°46′51.2″	不详	
776	板瓦	35°44′42.8″	111°46′53.2″	汉代时期	
777	板瓦	35°44′42.3″	111°46′57.5″	汉代时期	
778	陶罐	35°44′50.6″	111°47′11.0″	不详	
779	陶片	35°44′49.3″	111°47′10.1″	不详	
780	陶片	35°44′48.9″	111°47′10.3″	不详	

续表

标本号	名称	坐标		时代	备注
		北纬	东经		
781	陶片	35°44′48.9″	111°47′10.3″	不详	
782	陶片	35°44′49.0″	111°47′10.7″	不详	
783	陶片	35°44′49.3″	111°47′11.7″	不详	
784	筒瓦	35°44′50.5″	111°47′11.5″	不详	
785	陶片	35°44′50.5″	111°47′11.5″	不详	
786	陶片	35°44′50.5″	111°47′11.5″	不详	
787	石器	35°44′50.1″	111°47′11.5″	不详	
788	陶片	35°44′50.5″	111°47′11.5″	不详	
789	陶片	35°44′51.0″	111°47′11.8″	不详	
790	陶片	35°44′51.0″	111°47′11.8″	东周时期	
791	陶片	35°44′51.0″	111°47′11.8″	不详	
792	陶盆	35°44′51.0″	111°47′11.8″	东周时期	
793	陶片	35°44′50.9″	111°47′11.7″	不详	
794	陶片	35°44′51.1″	111°47′11.8″	不详	
795	陶片	35°44′51.1″	111°47′11.8″	不详	
796	陶片	35°44′51.0″	111°47′11.9″	不详	
797	陶片	35°44′51.1″	111°47′11.8″	不详	
798	筒瓦	35°44′51.2″	111°47′11.7″	汉代时期	
799	陶鬲	35°44′51.2″	111°47′11.7″	东周时期	
800	陶片	35°44′51.4″	111°47′11.7″	不详	
801	陶罐	35°44′51.4″	111°47′11.7″	不详	
802	陶片	35°44′51.4″	111°47′11.7″	不详	
803	陶片	35°44′51.4″	111°47′11.9″	不详	
804	陶器底	35°44′51.4″	111°47′11.9″	不详	
805	陶罐	35°44′51.4″	111°47′11.9″	不详	
806	陶盆	35°44′51.6″	111°47′12.1″	东周时期	
807	陶片	35°44′51.6″	111°47′12.0″	不详	
808	陶片	35°44′51.6″	111°47′11.7″	汉代时期	
809	陶片	35°44′51.6″	111°47′11.7″	不详	
810	板瓦	35°44′51.6″	111°47′11.7″	汉代时期	
811	陶盆	35°44′51.7″	111°47′11.6″	不详	
812	陶片	35°44′51.7″	111°47′11.6″	不详	
813	陶片	35°44′51.7″	111°47′11.6″	不详	
814	陶片	35°44′51.7″	111°47′11.6″	不详	
815	陶片	35°44′51.7″	111°47′11.6″	不详	
816	板瓦	35°44′51.8″	111°47′11.6″	不详	
817	陶片	35°44′51.8″	111°47′11.6″	不详	

续表

标本号	名称	坐标		时代	备注
		北纬	东经		
818	陶片	35°44′51.8″	111°47′11.8″	不详	
819	陶片	35°44′51.8″	111°47′11.8″	不详	
820	陶片	35°44′51.8″	111°47′11.8″	不详	
821	陶片	35°44′51.8″	111°47′11.8″	不详	
822	陶罐	35°44′51.8″	111°47′12.0″	东周时期	
823	陶片	35°44′51.7″	111°47′12.3″	不详	
824	陶片	35°44′51.7″	111°47′12.3″	不详	
825	陶片	35°44′51.7″	111°47′12.3″	不详	
826	陶盆	35°44′51.9″	111°47′12.5″	不详	
827	陶罐	35°44′51.9″	111°47′12.5″	不详	
828	陶片	35°44′51.9″	111°47′12.5″	不详	
829	板瓦	35°44′51.9″	111°47′12.5″	汉代时期	
830	陶片	35°44′52.0″	111°47′12.4″	不详	
831	陶片	35°44′52.0″	111°47′12.4″	不详	
832	陶片	35°44′52.1″	111°47′12.5″	不详	
833	陶片	35°44′52.5″	111°47′11.7″	不详	
834	陶片	35°44′52.5″	111°47′11.7″	不详	
835	陶盆	35°44′52.5″	111°47′11.7″	汉代时期	
836	陶片	35°44′52.5″	111°47′12.2″	不详	
837	陶片	35°44′52.5″	111°47′12.2″	不详	
838	陶片	35°44′52.2″	111°47′12.2″	不详	
839	陶片	35°44′52.2″	111°47′12.2″	不详	
840	陶盆	35°44′52.2″	111°47′12.2″	东周时期	
841	陶罐	35°44′51.9″	111°47′12.2″	东周时期	
842	陶鬲或釜	35°44′51.9″	111°47′12.2″	东周时期	
843	陶片	35°44′51.9″	111°47′12.2″	不详	
844	陶甑	35°44′51.9″	111°47′12.2″	不详	
845	陶片	35°44′51.9″	111°47′12.2″	不详	
846	陶片	35°44′51.7″	111°47′12.3″	不详	
847	陶片	35°44′51.7″	111°47′12.3″	不详	
848	陶片	35°44′51.7″	111°47′12.3″	不详	
849	陶器底	35°44′51.7″	111°47′12.3″	不详	
850、851	陶盆	35°44′51.5″	111°47′12.4″	东周时期	拼接为一件
852	陶片	35°44′51.5″	111°47′12.4″	不详	
853	陶片	35°44′51.4″	111°47′12.3″	不详	
854	板瓦	35°44′51.4″	111°47′12.3″	汉代时期	
855	陶盆	35°44′57.9″	111°46′54.4″	东周时期	

续表

标本号	名称	坐标		时代	备注
		北纬	东经		
856	陶片	35°44′57.9″	111°46′54.4″	不详	
857	陶鬲	35°44′57.7″	111°46′55.1″	不详	
858	陶器盖	35°44′57.8″	111°46′55.7″	不详	
859	陶片	35°44′57.7″	111°46′56.2″	不详	
860	陶片	35°44′57.9″	111°46′56.2″	不详	
861	陶鬲	35°44′58.6″	111°46′56.7″	不详	
862	陶片	35°44′59.1″	111°46′57.6″	不详	
863	陶片	35°44′59.1″	111°46′57.6″	不详	
864	陶盆	35°44′59.4″	111°46′57.3″	不详	
865	陶片	35°44′58.9″	111°46′58.9″	不详	
866	陶盆	35°44′58.9″	111°46′58.9″	不详	
867	陶鬲	35°44′58.9″	111°46′58.9″	不详	
868	陶鬲	35°44′56.6″	111°46′55.1″	不详	
869	陶片	35°44′59.5″	111°46′59.6″	不详	
870	陶片	35°44′59.5″	111°46′59.6″	不详	
871	陶片	35°44′59.8″	111°46′59.1″	不详	
872	陶盆	35°45′00.4″	111°46′59.9″	东周时期	
873	陶罐	35°45′00.2″	111°47′01.2″	不详	
874	陶片	35°45′00.2″	111°47′01.2″	东周时期	
875	陶盖豆	35°45′00.3″	111°47′01.0″	不详	
876	陶鬲	35°44′59.5″	111°47′02.2″	东周时期	
877	陶鬲	35°44′59.6″	111°47′02.3″	东周时期	
878	陶盖豆	35°45′00.1″	111°47′03.3″	不详	
879	板瓦	35°45′00.2″	111°47′03.3″	不详	
880	陶片	35°45′00.0″	111°47′03.5″	不详	
881	陶罐	35°45′00.2″	111°47′03.2″	不详	
882	陶盆	35°45′00.4″	111°47′03.3″	不详	
883	陶甑	35°45′00.4″	111°47′03.3″	东周时期	
884	陶片	35°45′00.4″	111°47′03.4″	不详	
885	陶片	35°45′00.3″	111°47′04.7″	不详	
886	陶罐	35°45′00.9″	111°47′06.5″	不详	
887	筒瓦	35°45′00.8″	111°47′06.6″	不详	
888	陶片	35°45′00.8″	111°47′06.6″	不详	
889	陶片	35°45′00.8″	111°47′06.6″	不详	
890	陶鬲	35°45′00.8″	111°47′06.6″	不详	
891	陶罐	35°45′00.8″	111°47′06.8″	东周时期	
892	陶片	35°45′00.8″	111°47′06.8″	东周时期	

续表

标本号	名称	坐标		时代	备注
		北纬	东经		
893	陶片	35°45′00.8″	111°47′06.8″	不详	
894	陶片	35°45′00.8″	111°47′07.0″	不详	
895	陶片	35°45′00.9″	111°47′07.0″	不详	
896	陶罐	35°45′00.8″	111°47′07.2″	不详	
897	陶片	35°45′00.8″	111°47′07.2″	不详	
898	板瓦	35°45′01.0″	111°47′07.5″	东周时期	
899	陶片	35°45′01.0″	111°47′07.5″	不详	
900	陶器底	35°45′01.0″	111°47′07.9″	不详	
901	陶片	35°45′01.0″	111°47′07.9″	不详	
902	陶片	35°45′01.0″	111°47′07.9″	不详	
903	陶器底	35°45′01.0″	111°47′08.2″	不详	
904	陶片	35°45′01.0″	111°47′08.2″	不详	
905	板瓦	35°45′01.0″	111°47′08.2″	不详	
906	陶罐	35°45′01.0″	111°47′08.2″	不详	
907	陶片	35°45′01.0″	111°47′08.2″	不详	
908	陶盆	35°45′01.1″	111°47′08.3″	汉代时期	
909	陶片	35°45′01.1″	111°47′08.3″	不详	
910	陶罐	35°45′01.1″	111°47′08.3″	不详	
911	陶片	35°45′01.1″	111°47′08.3″	不详	
912	陶片	35°45′01.2″	111°47′08.5″	不详	
913	陶片	35°45′01.2″	111°47′08.5″	不详	
914	陶片	35°45′01.2″	111°47′08.5″	不详	
915	陶片	35°45′01.2″	111°47′08.5″	不详	
916	陶盆	35°45′01.2″	111°47′08.7″	东周时期	
917	陶片	35°45′01.2″	111°47′08.7″	不详	
918	陶片	35°45′01.2″	111°47′08.7″	不详	
919	陶片	35°45′01.2″	111°47′08.7″	不详	
920	陶片	35°45′01.5″	111°47′09.1″	不详	
921	陶片	35°45′01.5″	111°47′09.1″	不详	
922	陶片	35°45′01.5″	111°47′09.1″	不详	
923	陶器底	35°45′01.3″	111°47′09.2″	不详	
924	陶盆	35°45′01.3″	111°47′09.2″	不详	
925	板瓦	35°45′01.3″	111°47′09.2″	不详	
926	陶片	35°45′01.4″	111°47′09.2″	不详	
927	陶片	35°45′01.4″	111°47′09.2″	不详	
928	陶片	35°45′01.7″	111°47′10.2″	不详	
929	陶片	35°45′01.8″	111°47′10.0″	不详	

续表

标本号	名称	坐标		时代	备注
		北纬	东经		
930	陶片	35°45′01.8″	111°47′09.7″	不详	
931	陶鬲	35°45′01.8″	111°47′09.7″	不详	
932	陶片	35°45′01.6″	111°47′09.6″	不详	
933	陶器底	35°45′01.6″	111°47′09.4″	不详	
934	陶片	35°45′01.7″	111°47′09.3″	不详	
935	陶罐	35°45′01.7″	111°47′09.3″	不详	
936	陶片	35°45′01.5″	111°47′08.5″	不详	
937	陶片	35°45′01.3″	111°47′07.7″	不详	
938	陶盆	35°45′01.2″	111°47′06.9″	不详	
939	陶片	35°45′01.6″	111°47′07.3″	不详	
940	陶钵	35°45′00.7″	111°47′05.7″	不详	
941	陶片	35°45′00.6″	111°47′05.5″	不详	
942	陶豆	35°45′00.9″	111°47′04.9″	不详	
943	陶片	35°45′01.2″	111°47′05.1″	不详	
944	陶片	35°45′01.2″	111°47′05.1″	不详	
945	陶片	35°45′01.6″	111°47′05.1″	不详	
946	陶片	35°45′01.6″	111°47′05.1″	不详	
947	陶片	35°45′02.4″	111°47′05.0″	不详	
948	陶片	35°45′02.7″	111°47′05.1″	不详	
949	板瓦	35°45′02.7″	111°47′05.1″	不详	
950	陶盆	35°45′02.7″	111°47′05.1″	不详	
951	陶片	35°45′02.7″	111°47′05.1″	不详	
952	陶片	35°45′02.6″	111°47′04.9″	不详	
953	陶罐	35°45′02.7″	111°47′04.9″	不详	
954	陶片	35°45′02.7″	111°47′04.9″	不详	
955	陶盆	35°45′02.7″	111°47′04.6″	东周时期	
956	陶片	35°45′02.7″	111°47′04.6″	不详	
957	陶鬲	35°45′02.3″	111°47′04.3″	不详	
958	陶片	35°45′02.3″	111°47′04.3″	不详	
959	板瓦	35°45′02.3″	111°47′04.6″	不详	
960	筒瓦	35°45′02.2″	111°47′04.4″	不详	
961	陶片	35°45′02.3″	111°47′04.6″	不详	
962	筒瓦	35°45′01.1″	111°47′04.3″	不详	
963	陶片	35°45′01.1″	111°47′04.3″	不详	
964	筒瓦	35°45′01.0″	111°47′03.9″	不详	
965	陶盆	35°45′02.3″	111°47′03.5″	不详	
966	陶片	35°45′02.1″	111°47′03.2″	不详	

续表

标本号	名称	坐标		时代	备注
		北纬	东经		
967	陶片	35°45′02.1″	111°47′03.2″	不详	
968	陶片	35°45′01.6″	111°47′03.0″	不详	
969	筒瓦	35°45′01.3″	111°47′02.8″	不详	
970	陶片	35°45′00.8″	111°47′02.7″	不详	
971	板瓦	35°45′00.4″	111°47′07.6″	汉代时期	
972	陶片	35°45′00.0″	111°47′08.0″	不详	
973	陶盆	35°45′00.0″	111°47′08.0″	汉代时期	
974	陶片	35°45′00.0″	111°47′08.0″	东周时期	
975	陶器底	35°44′59.9″	111°47′08.2″	不详	
976	陶罐	35°45′00.0″	111°47′08.3″	东周时期	
977	陶鬲	35°45′00.0″	111°47′08.3″	不详	
978	陶罐	35°45′00.0″	111°47′08.3″	不详	
979	陶罐	35°45′00.1″	111°47′08.1″	不详	
980	陶片	35°45′00.1″	111°47′08.1″	不详	
981	陶器底	35°45′00.6″	111°47′08.5″	不详	
982	陶片	35°45′00.5″	111°47′08.0″	不详	
983	陶片	35°45′00.5″	111°47′08.0″	不详	
984	陶片	35°45′00.5″	111°47′08.0″	不详	
985	陶盆	35°45′00.8″	111°47′08.8″	东周时期	
986	陶盆	35°45′00.8″	111°47′08.8″	东周时期	
987	陶盆	35°45′00.8″	111°47′08.8″	东周时期	
988	陶盆	35°45′00.8″	111°47′08.8″	东周时期	
989	陶盆	35°45′00.8″	111°47′08.8″	东周时期	
990	陶甑	35°45′00.8″	111°47′08.8″	东周时期	
991	陶器底	35°45′00.8″	111°47′08.8″	东周时期	
992	筒瓦	35°45′00.8″	111°47′08.8″	东周时期	
993	板瓦	35°45′00.8″	111°47′08.8″	东周时期	
994	板瓦	35°45′00.8″	111°47′08.8″	东周时期	
995	陶罐	35°45′00.8″	111°47′08.8″	东周时期	
996	板瓦	35°45′00.2″	111°47′08.5″	汉代时期	
997	陶片	35°45′00.1″	111°47′09.3″	不详	
998~1000	陶盆	35°45′00.1″	111°47′09.3″	不详	拼接为一件
1001	陶鬲	35°45′00.2″	111°47′09.6″	东周时期	
1002	陶拍	35°45′00.2″	111°47′09.6″	汉代时期	
1003	陶片	35°45′00.2″	111°47′09.6″	不详	
1004	陶片	35°45′00.2″	111°47′09.6″	不详	
1005	陶瓮	35°45′00.2″	111°47′09.6″	东周时期	

续表

标本号	名称	坐标		时代	备注
		北纬	东经		
1006	陶器底	35°45′00.2″	111°47′09.6″	东周时期	
1007	板瓦	35°45′00.2″	111°47′09.6″	不详	
1008	板瓦	35°45′00.2″	111°47′09.6″	汉代时期	
1009	板瓦	35°45′00.2″	111°47′09.6″	不详	
1010	板瓦	35°45′00.2″	111°47′09.6″	东周时期	
1011	陶片	35°45′00.2″	111°47′09.7″	不详	
1012	筒瓦	35°45′00.2″	111°47′09.7″	东周时期	
1013	筒瓦	35°45′00.2″	111°47′09.7″	东周时期	
1014	筒瓦	35°45′00.2″	111°47′09.7″	东周时期	
1015	陶罐	35°45′00.2″	111°47′09.7″	不详	
1016	陶盆	35°45′00.2″	111°47′09.9″	汉代时期	
1017	陶片	35°45′00.2″	111°47′09.9″	不详	
1018	陶片	35°45′00.2″	111°47′10.0″	不详	
1019	陶器底	35°45′00.2″	111°47′10.0″	不详	
1020	陶器底	35°45′00.2″	111°47′09.7″	不详	
1021	陶罐	35°45′00.3″	111°47′09.7″	汉代时期	
1022	陶片	35°45′00.4″	111°47′09.7″	不详	
1023	陶片	35°45′00.4″	111°47′09.7″	不详	
1024	筒瓦	35°45′00.5″	111°47′09.0″	东周时期	
1025	陶片	35°45′00.5″	111°47′09.0″	不详	
1026	陶器底	35°45′00.5″	111°47′09.0″	不详	
1027～1029	陶器底	35°45′00.5″	111°47′09.0″	东周时期	拼接为一件
1030	陶盆	35°45′01.5″	111°47′10.1″	东周时期	
1031	板瓦	35°45′00.2″	111°47′08.9″	东周时期	
1032	板瓦	35°45′00.2″	111°47′08.9″	不详	
1033	陶罐	35°45′00.2″	111°47′08.9″	不详	
1034	筒瓦	35°44′59.9″	111°47′09.5″	东周时期	
1035	陶鬲	35°44′59.9″	111°47′09.5″	东周时期	
1036	陶罐	35°44′59.9″	111°47′09.5″	不详	
1037	陶器底	35°45′00.0″	111°47′11.0″	东周时期	
1038	板瓦	35°45′00.0″	111°47′11.0″	汉代时期	
1039	陶器底	35°45′00.0″	111°47′11.2″	东周时期	
1040	陶片	35°45′00.0″	111°47′11.2″	不详	
1041	陶片	35°45′00.0″	111°47′11.2″	不详	
1042	陶罐	35°45′00.1″	111°47′10.7″	东周时期	
1043	陶盆	35°45′00.5″	111°47′10.1″	不详	
1044	陶器底	35°45′00.4″	111°47′11.8″	东周时期	

续表

标本号	名称	坐标		时代	备注
		北纬	东经		
1045	陶盆	35°45′00.4″	111°47′11.8″	东周时期	
1046	陶片	35°45′00.4″	111°47′11.8″	不详	
1047	陶鬲	35°45′00.4″	111°47′11.8″	不详	
1048	陶钵	35°45′00.5″	111°47′12.1″	不详	
1049	陶罐	35°45′00.9″	111°47′11.1″	不详	
1050	筒瓦	35°45′00.8″	111°47′11.0″	不详	
1051	陶片	35°45′00.8″	111°47′11.0″	不详	
1052	陶片	35°45′00.6″	111°47′09.4″	不详	
1053	陶片	35°44′59.8″	111°47′11.0″	不详	
1054	陶片	35°44′59.8″	111°47′11.0″	不详	
1055	陶器底	35°44′59.8″	111°47′10.8″	不详	
1056	陶盆	35°44′59.9″	111°47′10.6″	汉代时期	
1057	陶盆	35°44′59.9″	111°47′10.6″	汉代时期	
1058	陶片	35°44′59.7″	111°47′10.4″	不详	
1059	陶片	35°44′59.7″	111°47′10.4″	不详	
1060	板瓦	35°44′59.7″	111°47′10.4″	汉代时期	
1061	陶罐	35°44′59.8″	111°47′10.0″	不详	
1062	陶器底	35°44′59.8″	111°47′09.9″	不详	
1063	陶片	35°44′59.8″	111°47′09.9″	不详	
1064	陶盆	35°44′59.8″	111°47′09.9″	汉代时期	
1065	陶片	35°44′59.8″	111°47′09.1″	不详	
1066	陶鬲	35°44′59.7″	111°47′09.3″	不详	
1067	陶鬲	35°44′59.4″	111°47′09.6″	不详	
1068	陶鬲	35°44′59.4″	111°47′09.6″	东周时期	
1069	陶罐	35°44′59.3″	111°47′09.7″	不详	
1070	陶片	35°44′59.3″	111°47′09.7″	不详	
1071	陶器底	35°44′59.1″	111°47′09.6″	不详	
1072	筒瓦	35°44′58.9″	111°47′09.4″	不详	
1073	陶片	35°44′58.9″	111°47′09.4″	不详	
1074	陶片	35°44′58.9″	111°47′09.4″	不详	
1075	筒瓦	35°44′58.9″	111°47′09.4″	不详	
1076	板瓦	35°44′58.6″	111°47′09.3″	汉代时期	
1077	陶片	35°44′58.1″	111°47′09.3″	不详	
1078	陶片	35°44′57.8″	111°47′09.5″	不详	
1079	筒瓦	35°44′57.8″	111°47′09.5″	不详	
1080	陶片	35°44′57.8″	111°47′09.5″	不详	
1081	陶鬲	35°44′57.8″	111°47′09.5″	不详	

续表

标本号	名称	坐标		时代	备注
		北纬	东经		
1082	陶片	35°44′57.8″	111°47′09.5″	不详	
1083	板瓦	35°44′57.7″	111°47′10.3″	东周时期	
1084	陶鬲	35°44′58.0″	111°47′10.4″	不详	
1085	陶片	35°44′58.0″	111°47′10.0″	不详	
1086	陶鬲	35°44′58.3″	111°47′09.9″	东周时期	
1087	陶盆	35°44′58.5″	111°47′09.8″	东周时期	
1088	陶片	35°44′58.6″	111°47′10.0″	不详	
1089	陶片	35°44′58.9″	111°47′10.1″	不详	
1090	板瓦	35°44′59.1″	111°47′10.1″	汉代时期	
1091	陶片	35°44′59.1″	111°47′10.1″	不详	
1092	板瓦	35°44′59.1″	111°47′10.1″	不详	
1093	板瓦	35°44′59.1″	111°47′10.1″	不详	
1094	陶器底	35°44′59.2″	111°47′09.9″	不详	
1095	陶片	35°44′59.5″	111°47′10.0″	不详	
1096	陶片	35°44′59.5″	111°47′10.0″	不详	
1097	陶片	35°44′59.5″	111°47′10.0″	不详	
1098	陶片	35°44′59.5″	111°47′10.0″	不详	
1099	陶罐	35°44′59.5″	111°47′10.0″	不详	
1100	陶片	35°44′59.6″	111°47′10.1″	不详	
1101	陶鬲	35°44′59.6″	111°47′10.1″	不详	
1102	陶鬲	35°44′59.6″	111°47′10.1″	不详	
1103	陶盖豆	35°44′59.6″	111°47′10.1″	不详	
1104	陶片	35°44′59.6″	111°47′10.1″	不详	
1105	陶钵	35°44′59.7″	111°47′10.4″	不详	
1106	陶片	35°44′59.6″	111°47′10.4″	不详	
1107	陶片	35°44′59.6″	111°47′10.4″	不详	
1108	陶鬲	35°44′59.6″	111°47′10.5″	东周时期	
1109	陶片	35°44′59.6″	111°47′10.5″	不详	
1110	陶片	35°44′59.4″	111°47′10.4″	不详	
1111	陶缸	35°44′59.4″	111°47′10.4″	不详	
1112	陶片	35°44′59.3″	111°47′10.3″	不详	
1113	陶器底	35°44′59.0″	111°47′10.3″	不详	
1114	陶片	35°44′58.7″	111°47′10.2″	不详	
1115	板瓦	35°44′58.7″	111°47′10.2″	东周时期	
1116	陶罐	35°44′58.6″	111°47′10.9″	东周时期	
1117	陶片	35°44′58.9″	111°47′10.7″	东周时期	
1118	陶器底	35°44′58.9″	111°47′10.5″	不详	

续表

标本号	名称	坐标		时代	备注
		北纬	东经		
1119	陶盆	35°44′58.9″	111°47′10.5″	东周时期	
1120	板瓦	35°44′58.9″	111°47′10.5″	不详	
1121	板瓦	35°44′59.4″	111°47′10.6″	不详	
1122	板瓦	35°44′59.4″	111°47′10.6″	不详	
1123	陶罐	35°44′59.3″	111°47′11.0″	东周时期	
1124	陶片	35°44′59.3″	111°47′11.0″	不详	
1125	陶片	35°44′59.6″	111°47′10.7″	不详	
1126	陶片	35°44′59.6″	111°47′10.7″	不详	
1127	陶片	35°44′59.6″	111°47′10.7″	不详	
1128	陶罐	35°44′59.8″	111°47′10.7″	不详	
1129	筒瓦	35°44′59.4″	111°47′11.3″	东周时期	
1130	陶盆	35°44′59.7″	111°47′11.3″	东周时期	
1131	陶鬲	35°44′59.6″	111°47′11.5″	东周时期	
1132	陶鬲	35°44′59.6″	111°47′08.2″	不详	
1133	兽骨	35°44′56.4″	111°47′08.3″	不详	
1134	陶片	35°44′52.5″	111°47′13.4″	东周时期	
1135	陶片	35°44′52.4″	111°47′13.2″	不详	
1136	陶鬲	35°44′52.4″	111°47′13.2″	东周时期	
1137	陶鬲	35°44′52.3″	111°47′13.3″	不详	
1138	陶片	35°44′52.3″	111°47′13.4″	不详	
1139	陶片	35°44′52.3″	111°47′13.4″	不详	
1140	陶片	35°44′52.3″	111°47′13.4″	不详	
1141	陶豆	35°44′52.3″	111°47′13.6″	东周时期	
1142	陶片	35°44′52.1″	111°47′13.6″	东周时期	
1143	陶片	35°44′52.1″	111°47′13.6″	东周时期	
1144	陶片	35°44′52.1″	111°47′13.6″	东周时期	
1145	陶片	35°44′52.1″	111°47′13.3″	不详	
1146	陶片	35°44′52.1″	111°47′13.3″	不详	
1147	陶罐	35°44′52.2″	111°47′13.0″	不详	
1148	陶片	35°44′52.0″	111°47′13.2″	不详	
1149	筒瓦	35°44′52.0″	111°47′13.2″	不详	
1150	陶片	35°44′52.0″	111°47′13.2″	不详	
1151	陶片	35°44′52.0″	111°47′13.2″	不详	
1152	陶片	35°44′52.0″	111°47′13.2″	不详	
1153	板瓦	35°44′52.0″	111°47′13.2″	汉代时期	
1154	板瓦	35°44′52.0″	111°47′13.2″	汉代时期	
1155	陶罐	35°44′52.0″	111°47′13.2″	不详	

续表

标本号	名称	坐标		时代	备注
		北纬	东经		
1156	陶罐	35°44′51.9″	111°47′13.1″	不详	
1157	陶鬲	35°44′51.9″	111°47′13.1″	东周时期	
1158	陶鬲	35°44′51.9″	111°47′13.1″	不详	
1159	陶片	35°44′51.9″	111°47′12.6″	汉代时期	
1160	陶片	35°44′51.6″	111°47′12.6″	不详	
1161	陶器盖	35°44′51.6″	111°47′12.7″	不详	
1162	陶片	35°44′51.6″	111°47′12.7″	不详	
1163	陶片	35°44′51.6″	111°47′12.7″	不详	
1164	陶罐	35°44′51.5″	111°47′12.9″	东周时期	
1165	陶鬲	35°44′51.3″	111°47′12.8″	东周时期	
1166	陶片	35°44′51.1″	111°47′12.8″	不详	
1167	筒瓦	35°44′51.1″	111°47′12.8″	东周时期	
1168	陶片	35°44′51.1″	111°47′12.6″	不详	
1169	陶鬲	35°44′51.4″	111°47′12.4″	不详	
1170	陶罐	35°44′51.5″	111°47′12.6″	不详	
1171	陶片	35°44′51.5″	111°47′12.6″	不详	
1172	陶片	35°44′51.5″	111°47′12.6″	不详	
1173	陶片	35°44′51.5″	111°47′12.6″	不详	
1174	陶片	35°44′53.0″	111°47′13.0″	东周时期	
1175	陶器底	35°44′53.2″	111°47′13.8″	宋金时期	
1176	陶盆	35°44′53.0″	111°47′13.6″	不详	
1177	陶器底	35°44′53.0″	111°47′13.6″	不详	
1178	陶器底	35°44′53.3″	111°47′14.9″	不详	
1179	陶片	35°44′53.0″	111°47′19.3″	东周时期	
1180	陶片	35°44′53.0″	111°47′19.3″	不详	
1181	陶片	35°44′53.0″	111°47′19.3″	不详	
1182	陶片	35°44′53.0″	111°47′19.3″	不详	
1183	陶盆	35°44′52.9″	111°47′19.3″	不详	
1184	陶片	35°44′52.9″	111°47′19.3″	不详	
1185	陶器底	35°44′52.9″	111°47′19.3″	不详	
1186	陶甑	35°44′52.7″	111°47′19.0″	不详	
1187	筒瓦	35°44′52.7″	111°47′19.0″	东周时期	
1188	筒瓦	35°44′52.7″	111°47′19.0″	不详	
1189	陶盆	35°44′52.7″	111°47′19.0″	东周时期	
1190	陶盆	35°44′52.7″	111°47′19.0″	不详	
1191	陶片	35°44′52.8″	111°47′19.0″	东周时期	
1192	筒瓦	35°44′52.8″	111°47′19.0″	东周时期	

续表

标本号	名称	坐标		时代	备注
		北纬	东经		
1193	陶片	35°44′52.8″	111°47′19.0″	不详	
1194	陶片	35°44′52.8″	111°47′19.0″	不详	
1195	陶罐	35°44′52.8″	111°47′19.0″	东周时期	
1196	陶鬲	35°44′53.0″	111°47′19.0″	不详	
1197	陶罐	35°44′52.9″	111°47′18.6″	不详	
1198	陶片	35°44′52.6″	111°47′18.5″	不详	
1199	陶片	35°44′52.3″	111°47′18.6″	不详	
1200	陶片	35°44′52.0″	111°47′17.4″	不详	
1201	陶片	35°44′52.7″	111°47′18.4″	不详	
1202	陶罐	35°44′52.7″	111°47′18.4″	不详	
1203	板瓦	35°44′52.7″	111°47′18.1″	不详	
1204	陶片	35°44′52.7″	111°47′18.1″	不详	
1205	陶片	35°44′52.7″	111°47′18.1″	不详	
1206	陶片	35°44′52.8″	111°47′17.5″	不详	
1207	陶片	35°44′52.8″	111°47′17.4″	不详	
1208	陶盆	35°44′52.8″	111°47′17.4″	东周时期	
1209	陶片	35°44′52.8″	111°47′17.4″	不详	
1210	陶片	35°44′51.8″	111°47′17.1″	不详	
1211	陶銎手	35°44′50.7″	111°47′17.4″	庙底沟二期	
1212	陶豆	35°44′51.0″	111°47′17.7″	不详	
1213	陶盆	35°44′50.8″	111°47′17.2″	庙底沟二期	
1214	陶罐	35°44′51.5″	111°47′17.0″	不详	
1215	陶片	35°44′52.5″	111°47′16.8″	不详	
1216	陶片	35°44′53.4″	111°47′15.3″	东周时期	
1217	板瓦	35°44′52.8″	111°47′14.5″	东周时期	
1218	陶片	35°44′52.8″	111°47′14.5″	不详	
1219	陶支钉	35°44′52.8″	111°47′14.5″	东周时期	
1220	陶罐	35°44′52.0″	111°47′13.7″	东周时期	
1221	陶罐	35°44′51.8″	111°47′13.7″	东周时期	
1222	陶瓮	35°44′51.8″	111°47′13.7″	东周时期	
1223	陶片	35°44′51.8″	111°47′13.6″	不详	
1224	陶片	35°44′51.6″	111°47′13.6″	不详	
1225	陶盆	35°44′51.6″	111°47′13.6″	不详	
1226	陶片	35°44′51.6″	111°47′13.6″	不详	
1227	板瓦	35°44′51.5″	111°47′13.5″	东周时期	
1228	陶片	35°44′51.5″	111°47′13.5″	东周时期	
1229	陶片	35°44′51.5″	111°47′13.5″	东周时期	

续表

标本号	名称	坐标		时代	备注
		北纬	东经		
1230	陶片	35°44′51.5″	111°47′13.5″	东周时期	
1231	陶盆	35°44′51.5″	111°47′13.5″	东周时期	
1232	陶片	35°44′51.4″	111°47′12.9″	不详	
1333	陶盆	35°44′51.4″	111°47′12.9″	不详	
1234	陶片	35°44′51.4″	111°47′12.9″	不详	
1235	陶片	35°44′51.4″	111°47′12.9″	不详	
1236	陶盆	35°44′51.4″	111°47′12.9″	汉代时期	
1237	陶片	35°44′51.4″	111°47′12.9″	不详	
1238	陶甑	35°44′51.4″	111°47′12.9″	不详	
1239	板瓦	35°44′35.9″	111°46′56.9″	不详	
1240	陶鬲	35°44′38.0″	111°46′50.5″	不详	
1241	陶片	35°44′38.1″	111°46′59.0″	不详	
1242	陶鬲	35°44′37.8″	111°46′59.2″	不详	
1243	板瓦	35°44′37.8″	111°46′59.2″	东周时期	
1244	陶罐	35°44′37.4″	111°46′59.7″	不详	
1245	陶片	35°44′37.7″	111°46′59.7″	不详	
1246	板瓦	35°44′37.7″	111°46′59.7″	东周时期	
1247	陶鬲	35°44′37.8″	111°46′59.8″	东周时期	
1248	陶罐	35°44′37.8″	111°46′59.8″	不详	
1249	陶片	35°44′38.6″	111°47′00.9″	不详	
1250	陶片	35°44′39.5″	111°47′01.3″	不详	
1251	陶片	35°44′39.5″	111°47′01.3″	不详	
1252	陶盆	35°44′39.5″	111°47′01.3″	不详	
1253	陶片	35°44′39.5″	111°47′01.3″	不详	
1254	陶鬲	35°44′39.6″	111°47′01.5″	东周时期	
1255	陶片	35°44′39.7″	111°47′02.1″	东周时期	
1256	陶钵或盆	35°44′39.6″	111°47′02.4″	不详	
1257	陶豆	35°44′39.6″	111°47′02.4″	不详	
1258	陶片	35°44′39.5″	111°47′02.5″	东周时期	
1259	陶片	35°44′39.5″	111°47′02.5″	不详	
1260	陶器底	35°44′39.5″	111°47′02.5″	不详	
1261	陶鬲	35°44′39.4″	111°47′02.6″	东周时期	
1262	陶片	35°44′38.4″	111°47′02.3″	不详	
1263	陶罐	35°44′38.4″	111°47′02.3″	不详	
1264	陶片	35°44′38.4″	111°47′02.3″	不详	
1265	陶片	35°44′38.4″	111°47′03.2″	不详	
1266	陶甑	35°44′38.4″	111°47′03.2″	不详	

续表

标本号	名称	坐标		时代	备注
		北纬	东经		
1267	陶鬲	35°44′38.4″	111°47′03.2″	不详	
1268	陶片	35°44′38.4″	111°47′03.2″	不详	
1269	陶罐	35°44′39.2″	111°47′03.7″	东周时期	
1270	陶盆	35°44′39.2″	111°47′03.7″	东周时期	
1271	陶罐	35°44′39.2″	111°47′03.7″	东周时期	
1272	陶盆	35°44′39.2″	111°47′03.7″	东周时期	
1273	陶罐	35°44′39.2″	111°47′03.7″	东周时期	
1274	陶器底	35°44′39.0″	111°47′03.4″	不详	
1275	筒瓦	35°44′39.0″	111°47′03.4″	东周时期	
1276	陶鬲	35°44′39.0″	111°47′03.4″	不详	
1277	筒瓦	35°44′39.0″	111°47′02.9″	东周时期	
1278	陶鬲	35°44′39.0″	111°47′02.9″	东周时期	
1279	陶片	35°44′39.0″	111°47′02.9″	东周时期	
1280	陶罐	35°44′39.0″	111°47′02.9″	东周时期	
1281	陶罐	35°44′40.1″	111°47′01.9″	东周时期	
1282	陶盆	35°44′40.3″	111°47′01.5″	东周时期	
1283	陶器底	35°44′40.6″	111°47′01.4″	不详	
1284	陶罐	35°44′40.6″	111°47′01.8″	东周时期	
1285	陶鬲	35°44′40.6″	111°47′01.8″	东周时期	
1286	陶器底	35°44′40.6″	111°47′01.8″	不详	
1287	陶片	35°44′40.6″	111°47′01.8″	东周时期	
1288	陶罐	35°44′40.9″	111°47′01.6″	东周时期	
1289	陶片	35°44′40.9″	111°47′01.6″	不详	
1290	陶片	35°44′40.9″	111°47′01.6″	东周时期	
1291	陶罐	35°44′40.9″	111°47′01.6″	不详	
1292	陶片	35°44′41.1″	111°47′01.6″	不详	
1293	陶罐	35°44′41.1″	111°47′01.6″	不详	
1294	陶片	35°44′41.6″	111°47′01.5″	不详	
1295	陶片	35°44′41.6″	111°47′01.5″	不详	
1296	陶片	35°44′41.9″	111°47′01.7″	不详	
1297	陶片	35°44′41.9″	111°47′01.7″	不详	
1298	陶片	35°44′41.8″	111°47′01.6″	不详	
1299	陶器底	35°44′41.8″	111°47′01.6″	不详	
1300	陶器底	35°44′41.4″	111°47′01.8″	不详	
1301	陶鬲	35°44′41.4″	111°47′01.8″	东周时期	
1302	陶鬲	35°44′41.4″	111°47′01.8″	东周时期	
1303	陶罐	35°44′41.4″	111°47′01.8″	不详	

续表

标本号	名称	坐标		时代	备注
		北纬	东经		
1304	陶鬲	35°44′41.4″	111°47′01.8″	不详	
1305	陶片	35°44′41.4″	111°47′01.8″	不详	
1307	陶罐	35°44′41.5″	111°47′02.0″	东周时期	
1308	陶罐	35°44′41.5″	111°47′02.0″	东周时期	
1309	陶片	35°44′41.6″	111°47′02.1″	不详	
1310	板瓦	35°44′41.6″	111°47′02.1″	汉代时期	
1311	陶器底	35°44′41.8″	111°47′02.0″	不详	
1312	陶罐	35°44′41.8″	111°47′02.0″	不详	
1313	陶盆	35°44′41.8″	111°47′02.0″	东周时期	
1314	陶片	35°44′41.8″	111°47′02.0″	不详	
1315	陶片	35°44′41.8″	111°47′02.0″	不详	
1316	陶片	35°44′41.8″	111°47′02.0″	不详	
1317	板瓦	35°44′41.8″	111°47′02.0″	东周时期	
1318	陶罐	35°44′41.9″	111°47′02.1″	不详	
1319	陶器底	35°44′41.9″	111°47′02.1″	不详	
1320	陶片	35°44′42.5″	111°47′02.1″	不详	
1321	陶盆	35°44′42.5″	111°47′02.1″	汉代时期	
1322	陶鬲	35°44′42.1″	111°47′01.8″	东周时期	
1323	陶盆	35°44′42.1″	111°47′01.8″	东周时期	
1324	陶片	35°44′42.1″	111°47′01.8″	不详	
1325	陶片	35°44′42.1″	111°47′01.8″	不详	
1326	陶豆	35°44′42.1″	111°47′01.8″	东周时期	
1327	陶罐	35°44′42.0″	111°47′01.3″	东周时期	
1328	陶甑	35°44′42.0″	111°47′01.3″	东周时期	
1329	陶盆	35°44′47.8″	111°46′48.9″	东周时期	
1330	陶片	35°44′39.4″	111°47′04.7″	不详	
1331	陶片	35°44′39.3″	111°47′04.1″	不详	
1332	陶罐	35°44′39.2″	111°47′04.1″	不详	
1333	陶罐	35°44′39.5″	111°47′04.2″	不详	
1334	陶鬲	35°44′39.5″	111°47′04.2″	不详	
1335	板瓦	35°44′39.2″	111°47′03.6″	汉代时期	
1336	陶片	35°44′39.3″	111°47′03.5″	不详	
1337	陶片	35°44′39.5″	111°47′03.1″	不详	
1338	陶片	35°44′39.7″	111°47′03.3″	不详	
1339	陶片	35°44′39.6″	111°47′05.4″	不详	
1340	陶罐	35°44′39.6″	111°47′05.4″	不详	
1341	陶片	35°44′39.6″	111°47′05.4″	不详	

续表

标本号	名称	坐标		时代	备注
		北纬	东经		
1342	板瓦	35°44′39.6″	111°47′05.4″	东周时期	
1343	陶片	35°44′39.6″	111°47′05.4″	不详	
1344	板瓦	35°44′39.6″	111°47′05.4″	东周时期	
1345	陶片	35°44′39.6″	111°47′05.3″	不详	
1346	陶盆	35°44′39.6″	111°47′05.3″	不详	
1347	陶鬲	35°44′39.6″	111°47′05.3″	不详	
1348	陶器底	35°44′39.6″	111°47′05.3″	不详	
1349	陶盆	35°44′39.8″	111°47′05.7″	东周时期	
1350	陶鬲	35°44′39.8″	111°47′05.7″	不详	
1351	陶豆	35°44′39.8″	111°47′05.7″	东周时期	
1352	陶鬲	35°44′39.9″	111°47′05.5″	不详	
1353	陶片	35°44′39.9″	111°47′05.5″	不详	
1354	陶盆	35°44′39.9″	111°47′05.5″	东周时期	
1355	陶片	35°44′39.9″	111°47′05.5″	不详	
1356	陶片	35°44′40.0″	111°47′05.4″	不详	
1357	陶片	35°44′39.9″	111°47′05.8″	不详	
1358	陶豆	35°44′40.0″	111°47′05.8″	东周时期	
1359	陶盆	35°44′40.0″	111°47′05.8″	东周时期	
1360	陶鬲	35°44′40.1″	111°47′02.9″	不详	
1361	陶罐	35°44′39.9″	111°47′02.8″	不详	
1362	陶罐	35°44′40.5″	111°47′03.5″	东周时期	
1363	陶豆	35°44′40.6″	111°47′03.5″	东周时期	
1364	陶片	35°44′40.5″	111°47′04.0″	不详	
1365	陶片	35°44′39.9″	111°47′04.1″	不详	
1366	陶片	35°44′40.1″	111°47′04.4″	不详	
1367	陶片	35°44′40.1″	111°47′04.4″	不详	
1368	陶片	35°44′40.1″	111°47′04.4″	不详	
1369	陶片	35°44′40.3″	111°47′04.7″	不详	
1370	陶片	35°44′40.3″	111°47′04.7″	不详	
1371	板瓦	35°44′40.3″	111°47′04.7″	汉代时期	
1372	陶片	35°44′40.3″	111°47′04.7″	不详	
1373	筒瓦	35°44′40.3″	111°47′04.7″	不详	
1374	陶片	35°44′40.3″	111°47′04.7″	不详	
1375	陶豆	35°44′40.1″	111°47′05.1″	东周时期	
1376	陶盆	35°44′40.1″	111°47′05.1″	不详	
1377	陶片	35°44′40.1″	111°47′05.1″	不详	
1378	陶片	35°44′40.1″	111°47′05.1″	不详	

续表

标本号	名称	坐标		时代	备注
		北纬	东经		
1379	陶盆	35°44′40.1″	111°47′05.3″	不详	
1380	陶罐	35°44′40.1″	111°47′05.3″	不详	
1381	陶片	35°44′40.1″	111°47′05.3″	不详	
1382	陶片	35°44′40.1″	111°47′05.3″	不详	
1383	陶片	35°44′40.1″	111°47′05.3″	不详	
1384	筒瓦	35°44′40.1″	111°47′05.3″	汉代时期	
1385	陶盘	35°44′40.1″	111°47′05.3″	不详	
1386	陶片	35°44′40.1″	111°47′05.3″	不详	
1387	陶片	35°44′40.1″	111°47′05.5″	不详	
1388	陶片	35°44′40.1″	111°47′05.5″	不详	
1389	陶罐	35°44′40.1″	111°47′05.6″	不详	
1390	陶器底	35°44′40.1″	111°47′05.6″	不详	
1391	陶片	35°44′40.1″	111°47′05.6″	不详	
1392	陶片	35°44′40.1″	111°47′05.6″	不详	
1393	陶豆	35°44′40.1″	111°47′05.7″	东周时期	
1394	陶片	35°44′40.1″	111°47′05.7″	不详	
1395	陶鬲	35°44′40.1″	111°47′05.7″	不详	
1396	陶罐	35°44′40.1″	111°47′05.7″	不详	
1397	陶碗	35°44′40.1″	111°47′05.7″	不详	
1398	陶罐	35°44′40.1″	111°47′05.7″	不详	
1399	筒瓦	35°44′40.1″	111°47′05.7″	不详	
1400	陶片	35°44′39.9″	111°47′05.4″	不详	
1401	陶罐	35°44′39.9″	111°47′05.4″	不详	
1402	陶片	35°44′39.9″	111°47′05.4″	不详	
1403	陶片	35°44′39.9″	111°47′05.4″	不详	
1404	陶片	35°44′41.2″	111°47′02.3″	不详	
1405	陶罐	35°44′41.2″	111°47′02.3″	不详	
1406	陶片	35°44′41.2″	111°47′02.3″	不详	
1407	陶罐	35°44′41.2″	111°47′02.3″	不详	
1408	陶罐	35°44′41.7″	111°47′02.7″	汉代时期	
1409	陶甑	35°44′41.7″	111°47′02.7″	不详	
1410	陶罐	35°44′41.4″	111°47′03.2″	不详	
1411	陶支钉	35°44′41.3″	111°47′03.9″	东周时期	
1412	陶支钉	35°44′41.3″	111°47′03.9″	东周时期	
1413	陶支钉	35°44′41.3″	111°47′03.9″	东周时期	
1414	陶罐	35°44′41.3″	111°47′03.9″	不详	
1415	陶盆	35°44′41.3″	111°47′03.9″	东周时期	

续表

标本号	名称	坐标		时代	备注
		北纬	东经		
1416	陶盆	35°44′41.3″	111°47′03.9″	东周时期	
1417	陶鬲	35°44′41.3″	111°47′03.9″	不详	
1418	陶鬲	35°44′41.1″	111°47′03.7″	不详	
1419	陶片	35°44′41.1″	111°47′03.7″	不详	
1420	陶豆	35°44′41.2″	111°47′04.3″	东周时期	
1421	陶罐	35°44′41.0″	111°47′04.1″	东周时期	
1422	陶器底	35°44′41.0″	111°47′04.1″	不详	
1423	陶鬲	35°44′41.0″	111°47′04.1″	不详	
1424	陶片	35°44′40.6″	111°47′03.9″	不详	
1425	陶罐	35°44′40.4″	111°47′04.4″	不详	
1426	陶罐	35°44′40.7″	111°47′05.4″	不详	
1427	陶盆	35°44′40.9″	111°47′06.1″	东周时期	
1428	陶片	35°44′40.2″	111°47′06.4″	不详	
1429	陶盆	35°44′40.5″	111°47′07.1″	汉代时期	
1430	陶罐	35°44′40.5″	111°47′07.1″	不详	
1431	陶罐	35°44′40.5″	111°47′07.1″	东周时期	
1432	陶片	35°44′40.5″	111°47′07.1″	不详	
1433	陶片	35°44′40.5″	111°47′07.1″	不详	
1434	陶罐或盆	35°44′40.6″	111°47′07.1″	不详	
1435	陶盆	35°44′41.5″	111°47′05.1″	东周时期	
1436	陶片	35°44′41.5″	111°47′05.1″	不详	
1437	陶罐	35°44′41.5″	111°47′05.2″	汉代时期	
1438	陶罐	35°44′41.5″	111°47′05.2″	汉代时期	
1439	陶片	35°44′41.5″	111°47′05.2″	汉代时期	
1440	陶罐	35°44′41.9″	111°47′05.3″	不详	
1441	陶片	35°44′41.7″	111°47′05.3″	不详	
1442	陶片	35°44′41.7″	111°47′05.3″	不详	
1443	陶片	35°44′41.7″	111°47′05.8″	不详	
1444	陶鬲	35°44′41.5″	111°47′05.9″	不详	
1445	陶片	35°44′41.5″	111°47′05.9″	不详	
1446	陶片	35°44′41.5″	111°47′05.9″	不详	
1447	陶盆	35°44′41.6″	111°47′06.1″	东周时期	
1448	陶罐或瓮	35°44′41.6″	111°47′06.1″	东周时期	
1449	陶器底	35°44′41.6″	111°47′06.1″	不详	
1450	陶器底	35°44′41.6″	111°47′06.1″	不详	
1451	陶罐	35°44′41.6″	111°47′06.6″	东周时期	
1452	陶盆	35°44′41.6″	111°47′06.6″	不详	

附　表

续表

标本号	名称	坐标		时代	备注
		北纬	东经		
1453	陶片	35°44′41.2″	111°47′07.1″	不详	
1454	陶片	35°44′41.2″	111°47′07.5″	不详	
1455	陶盆	35°44′41.4″	111°47′07.5″	汉代时期	
1456	陶片	35°44′41.4″	111°47′07.5″	不详	
1457	陶罐	35°44′41.4″	111°47′07.5″	东周时期	
1458	陶罐	35°44′41.4″	111°47′07.9″	东周时期	
1459	陶片	35°44′41.4″	111°47′07.9″	不详	
1460	陶片	35°44′41.4″	111°47′07.9″	不详	
1461	陶片	35°44′40.8″	111°47′07.7″	不详	
1462	陶鬲	35°44′40.8″	111°47′07.7″	不详	
1463	陶片	35°44′40.8″	111°47′07.1″	不详	
1464	陶片	35°44′40.8″	111°47′07.1″	不详	
1465	陶盆	35°44′41.0″	111°47′06.0″	东周时期	
1466	陶片	35°44′41.0″	111°47′06.0″	不详	
1467	陶片	35°44′41.8″	111°47′02.4″	不详	
1468	陶盆	35°44′41.8″	111°47′02.4″	东周时期	
1469	陶盆	35°44′41.6″	111°47′04.0″	东周时期	
1470	陶片	35°44′41.6″	111°47′04.0″	不详	
1471	陶片	35°44′41.4″	111°47′04.1″	不详	
1472	陶片	35°44′42.0″	111°47′04.7″	不详	
1473	陶器底	35°44′41.9″	111°47′04.1″	不详	
1474	陶片	35°44′41.9″	111°47′04.1″	不详	
1475	陶鬲	35°44′41.9″	111°47′04.1″	不详	
1476	陶片	35°44′42.1″	111°47′03.5″	不详	
1477	陶器底	35°44′42.1″	111°47′03.5″	不详	
1478~1480	陶盆	35°44′42.1″	111°47′03.3″	东周时期	拼接为一件
1481	陶片	35°44′42.3″	111°47′02.9″	不详	
1482	陶片	35°44′42.3″	111°47′02.9″	不详	
1483	陶盆	35°44′42.4″	111°47′02.3″	东周时期	
1484	陶片	35°44′42.2″	111°47′02.1″	不详	
1485	陶片	35°44′42.2″	111°47′02.1″	不详	
1486	陶片	35°44′42.1″	111°47′02.2″	不详	
1487	陶片	35°44′42.1″	111°47′02.2″	不详	
1488	陶罐	35°44′42.1″	111°47′02.2″	不详	
1489	陶罐	35°44′42.5″	111°47′01.8″	不详	
1490	陶片	35°44′42.2″	111°47′04.1″	不详	
1491	陶片	35°44′42.1″	111°47′04.2″	不详	

续表

标本号	名称	坐标		时代	备注
		北纬	东经		
1492	陶罐	35°44′42.1″	111°47′04.2″	不详	
1493	陶罐	35°44′42.1″	111°47′04.2″	不详	
1494	陶釜	35°44′42.0″	111°47′05.4″	东周时期	
1495	陶片	35°44′42.0″	111°47′05.4″	不详	
1496	陶片	35°44′42.0″	111°47′05.6″	不详	
1497	陶片	35°44′41.7″	111°47′06.9″	不详	
1498	陶片	35°44′41.5″	111°47′07.9″	不详	
1499	陶片	35°44′41.4″	111°47′08.3″	不详	
1500	板瓦	35°44′41.3″	111°47′08.8″	东周时期	
1501	陶盆	35°44′41.4″	111°47′09.0″	不详	
1502	陶罐	35°44′41.6″	111°47′09.1″	不详	
1503（1）	陶片	35°44′41.6″	111°47′09.1″	不详	
1503（2）	陶片	35°44′42.1″	111°47′08.6″	不详	
1504	陶鬲	35°44′42.1″	111°47′08.6″	不详	
1505	陶片	35°44′42.1″	111°47′08.6″	不详	
1506	陶片	35°44′42.1″	111°47′08.6″	不详	
1507	陶片	35°44′41.8″	111°47′08.5″	不详	
1508	陶片	35°44′41.8″	111°47′08.0″	不详	
1509	陶片	35°44′42.2″	111°47′08.2″	不详	
1510	陶罐	35°44′42.2″	111°47′08.2″	不详	
1511	陶片	35°44′42.2″	111°47′08.2″	不详	
1512	陶片	35°44′41.9″	111°47′08.0″	不详	
1513	陶片	35°44′42.3″	111°47′07.9″	不详	
1514	陶片	35°44′42.3″	111°47′07.9″	不详	
1515	筒瓦	35°44′42.3″	111°47′07.9″	东周时期	
1516	陶片	35°44′42.3″	111°47′07.9″	不详	
1517	陶片	35°44′42.3″	111°47′07.9″	不详	
1518	陶鬲	35°44′42.3″	111°47′07.9″	不详	
1519	陶片	35°44′42.3″	111°47′07.9″	不详	
1520	板瓦	35°44′42.3″	111°47′07.9″	东周时期	
1521	陶片	35°44′42.3″	111°47′07.9″	不详	
1522	陶片	35°44′42.1″	111°47′07.5″	不详	
1523	陶片	35°44′42.2″	111°47′07.1″	不详	
1524	陶甗	35°44′42.2″	111°47′06.9″	东周时期	
1525	陶罐	35°44′42.3″	111°47′06.8″	不详	
1526	陶罐	35°44′42.3″	111°47′06.8″	不详	
1527	陶罐	35°44′42.3″	111°47′06.8″	不详	

续表

标本号	名称	坐标		时代	备注
		北纬	东经		
1528	陶罐	35°44′42.3″	111°47′06.8″	不详	
1529	陶片	35°44′42.5″	111°47′06.7″	不详	
1530	陶壶或罐	35°44′42.5″	111°47′06.7″	东周时期	
1531	陶片	35°44′42.5″	111°47′06.7″	不详	
1532	陶罐或壶	35°44′42.5″	111°47′06.7″	不详	
1533	陶片	35°44′42.5″	111°47′06.0″	不详	
1534	陶盆	35°44′42.2″	111°47′05.6″	东周时期	
1535	陶甑	35°44′42.2″	111°47′05.6″	东周时期	
1536	陶片	35°44′42.6″	111°47′04.0″	不详	
1537	陶盆	35°44′42.8″	111°47′03.3″	不详	
1538	陶豆	35°44′43.1″	111°47′07.5″	东周时期	
1539	陶片	35°44′43.1″	111°47′07.5″	不详	
1540	陶片	35°44′43.1″	111°47′07.5″	不详	
1541	陶盆	35°44′43.1″	111°47′07.5″	不详	
1542	陶器底	35°44′43.1″	111°47′07.5″	东周时期	
1543	陶罐	35°44′42.5″	111°47′08.8″	不详	
1544	陶片	35°44′42.6″	111°47′09.3″	不详	
1545	陶罐	35°44′42.6″	111°47′09.4″	不详	
1546	陶罐	35°44′42.6″	111°47′09.4″	不详	
1547	陶片	35°44′42.6″	111°47′09.5″	不详	
1548	陶片	35°44′42.1″	111°47′09.7″	不详	
1549	陶片	35°44′42.1″	111°47′09.7″	不详	
1550	陶片	35°44′42.4″	111°47′10.4″	不详	
1551	陶器底	35°44′42.2″	111°47′10.4″	不详	
1552	陶罐	35°44′42.9″	111°47′09.1″	不详	
1553	陶罐	35°44′43.5″	111°47′07.9″	汉代时期	
1554	陶片	35°44′43.7″	111°47′07.3″	不详	
1555	陶片	35°44′44.1″	111°47′09.2″	不详	
1556	陶壶	35°44′44.0″	111°47′09.2″	不详	
1557	陶鬲	35°44′44.1″	111°47′09.0″	不详	
1558	陶罐	35°44′43.9″	111°47′07.2″	不详	
1559	陶片	35°44′43.9″	111°47′08.0″	不详	
1560	陶片	35°44′43.6″	111°47′08.1″	不详	
1561	陶片	35°44′43.6″	111°47′08.1″	不详	
1562	陶盆	35°44′44.5″	111°47′09.3″	东周时期	
1563	陶鬲	35°44′44.7″	111°47′12.8″	不详	
1564	陶片	35°44′45.2″	111°47′17.4″	不详	

续表

标本号	名称	坐标		时代	备注
		北纬	东经		
1565	陶鬲	35°44′45.0″	111°47′17.1″	不详	
1566	陶器底	35°44′44.8″	111°47′16.6″	不详	
1567	陶片	35°44′44.8″	111°47′16.6″	不详	
1568	板瓦	35°44′44.5″	111°47′16.8″	不详	
1569	陶片	35°44′44.7″	111°47′16.3″	不详	
1570	陶鬲	35°44′40.8″	111°47′12.2″	不详	
1571	陶片	35°44′40.6″	111°47′12.0″	不详	
1572	陶片	35°44′39.7″	111°47′12.2″	不详	
1573	陶鬲	35°44′39.7″	111°47′12.2″	不详	
1574	陶罐	35°44′39.6″	111°47′11.3″	不详	
1575	陶罐	35°44′39.9″	111°47′10.7″	不详	
1576	陶鬲	35°44′39.9″	111°47′10.7″	东周时期	
1577	陶罐	35°44′37.0″	111°47′08.6″	东周时期	
1578	陶盆	35°44′37.0″	111°47′08.6″	东周时期	
1579	陶盆	35°44′37.0″	111°47′08.6″	东周时期	
1580	陶片	35°44′37.0″	111°47′08.6″	不详	
1581	陶片	35°44′36.4″	111°47′07.9″	不详	
1582	陶罐	35°44′37.2″	111°47′07.1″	不详	
1583	陶鬲	35°44′38.4″	111°47′08.2″	不详	
1584	陶片	35°44′38.4″	111°47′08.2″	不详	
1585	陶盆	35°44′38.5″	111°47′08.6″	东周时期	
1586	陶罐	35°44′38.5″	111°47′08.6″	东周时期	
1587	陶片	35°44′38.5″	111°47′08.6″	不详	
1588	陶鬲	35°44′38.5″	111°47′08.6″	东周时期	
1589	陶片	35°44′38.5″	111°47′08.6″	不详	
1590	陶盖豆	35°44′38.5″	111°47′08.6″	不详	
1591	陶片	35°44′38.9″	111°47′08.6″	不详	
1592	陶鬲	35°44′38.9″	111°47′08.6″	东周时期	
1593	陶鬲	35°44′39.7″	111°47′08.4″	不详	
1594	陶罐	35°44′39.7″	111°47′08.4″	不详	
1595	陶罐	35°44′40.2″	111°47′08.2″	不详	
1596	陶片	35°44′39.9″	111°47′08.4″	不详	
1597	陶片	35°44′39.9″	111°47′08.4″	不详	
1598	陶片	35°44′39.5″	111°47′08.4″	不详	
1599	陶豆	35°44′39.5″	111°47′08.4″	东周时期	
1600	陶盆	35°44′39.5″	111°47′08.4″	东周时期	
1601	陶罐	35°44′39.5″	111°47′08.4″	不详	

续表

标本号	名称	坐标		时代	备注
		北纬	东经		
1602	陶盆	35°44′38.6″	111°47′08.2″	东周时期	
1603	陶鬲	35°44′38.6″	111°47′08.2″	东周时期	
1604	陶器底	35°44′38.6″	111°47′08.2″	不详	
1605	陶片	35°44′38.6″	111°47′08.2″	不详	
1606	陶罐	35°44′39.0″	111°47′08.2″	不详	
1607	陶鬲	35°44′39.0″	111°47′08.2″	不详	
1608	陶豆	35°44′38.5″	111°47′07.3″	不详	
1609	筒瓦	35°44′38.5″	111°47′07.3″	不详	
1610	陶罐	35°44′39.2″	111°47′07.6″	东周时期	
1611	陶器底	35°44′39.2″	111°47′07.6″	不详	
1612	陶鬲	35°44′39.2″	111°47′07.6″	不详	
1613	陶片	35°44′39.4″	111°47′07.7″	不详	
1614	陶片	35°44′39.5″	111°47′07.9″	不详	
1615	陶片	35°44′39.0″	111°47′07.7″	不详	
1616	陶罐	35°44′36.7″	111°47′04.8″	东周时期	
1617	陶鬲	35°44′36.7″	111°47′04.8″	东周时期	
1618	陶盆	35°44′36.7″	111°47′04.8″	东周时期	
1619	陶器底	35°44′36.8″	111°47′04.5″	不详	
1620	陶鬲	35°44′37.0″	111°47′04.4″	不详	
1621	陶罐	35°44′36.5″	111°47′08.9″	东周时期	
1622	陶罐	35°44′36.5″	111°47′08.9″	不详	
1625	陶豆	35°44′37.0″	111°47′04.0″	东周时期	
1626	陶豆	35°44′37.0″	111°47′04.0″	东周时期	
1627	陶鬲	35°44′58.2″	111°47′28.9″	不详	
1628	陶片	35°44′58.2″	111°47′28.9″	不详	
1629	板瓦	35°44′58.2″	111°47′28.9″	不详	
1630	筒瓦	35°44′58.2″	111°47′28.9″	东周时期	
1631	陶罐	35°44′58.2″	111°47′28.9″	不详	
1632	筒瓦	35°44′58.2″	111°47′28.9″	不详	
1633	筒瓦	35°44′58.4″	111°47′29.2″	东周时期	
1634	陶片	35°45′0.06″	111°47′31.9″	不详	
1635	陶钵	35°44′57.5″	111°47′28.0″	东周时期	
1636~1641	陶盆	35°44′57.5″	111°47′28.0″	东周时期	拼接为一件
1642	陶片	35°44′57.4″	111°47′27.8″	不详	
1643	陶片	35°44′57.4″	111°47′27.8″	不详	
1644	陶片	35°44′57.4″	111°47′27.8″	不详	
1645	陶片	35°44′57.4″	111°47′27.8″	不详	

续表

标本号	名称	坐标		时代	备注
		北纬	东经		
1646	陶片	35°44′57.4″	111°47′27.8″	不详	
1647~1654	筒瓦	35°44′57.4″	111°47′27.8″	东周时期	拼接为一件
1655	板瓦	35°44′57.0″	111°47′27.2″	东周时期	
1656	筒瓦	35°44′53.9″	111°47′23.5″	东周时期	
1657	陶器底	35°44′53.9″	111°47′23.5″	不详	
1658	筒瓦	35°44′53.9″	111°47′23.5″	东周时期	
1659	陶片	35°44′53.9″	111°47′23.5″	不详	
1660	陶片	35°44′53.9″	111°47′23.4″	不详	
1661	陶片	35°44′53.7″	111°47′23.2″	不详	
1662	陶片	35°44′53.7″	111°47′23.2″	不详	
1663	陶片	35°44′53.7″	111°47′23.2″	不详	
1664	陶片	35°44′54.0″	111°47′20.1″	不详	
1665	陶片	35°44′54.0″	111°47′20.1″	不详	
1666	陶器底	35°44′54.0″	111°47′20.1″	不详	
1667	陶片	35°44′57.7″	111°47′22.0″	不详	
1668	板瓦	35°44′58.5″	111°47′21.5″	不详	
1669	陶片	35°44′58.5″	111°47′21.5″	不详	
1670	陶器底	35°44′58.5″	111°47′21.5″	不详	
1671	陶片	35°44′59.0″	111°47′22.5″	不详	
1672	陶片	35°44′58.9″	111°47′21.9″	不详	
1673	筒瓦	35°44′58.8″	111°47′21.4″	东周时期	
1674	筒瓦	35°44′58.9″	111°47′20.5″	东周时期	
1675	板瓦	35°44′59.0″	111°47′20.4″	汉代时期	

附表三　大河口遗址调查遗物比对表

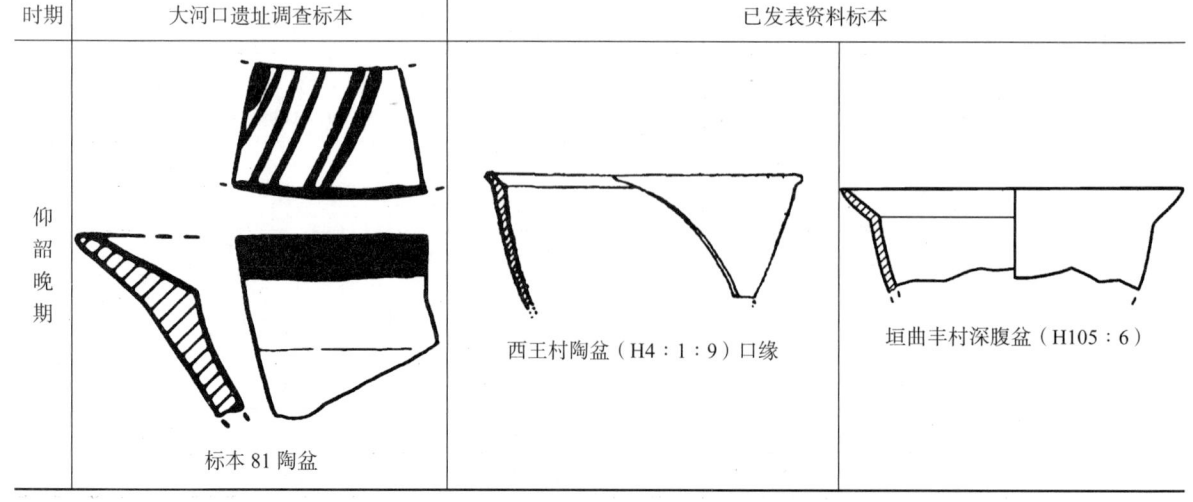

时期	大河口遗址调查标本	已发表资料标本
仰韶晚期	标本81 陶盆	西王村陶盆（H4:1:9）口缘　　垣曲丰村深腹盆（H105:6）

附　表　·363·

续表

时期	大河口遗址调查标本	已发表资料标本	
仰韶晚期	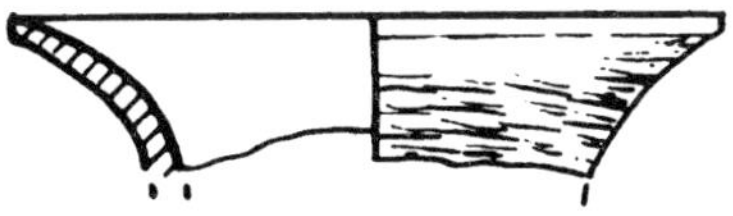 标本 245 陶瓶	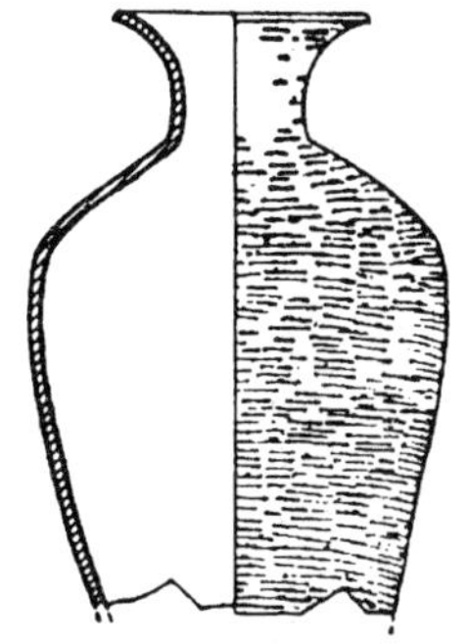 陶寺尖底瓶（Ⅲ区 H356∶18）	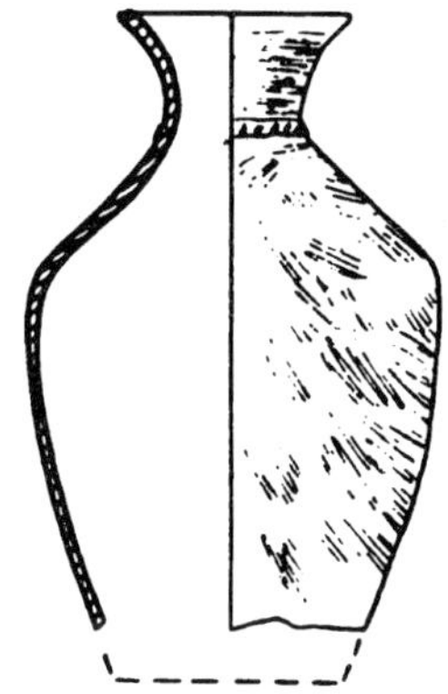 固镇 Ab 型瓶（H3∶1）
		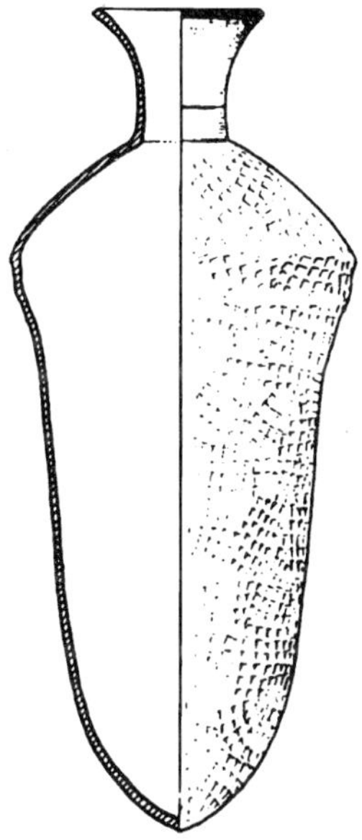 马茂庄小口尖底瓶（H4∶10）	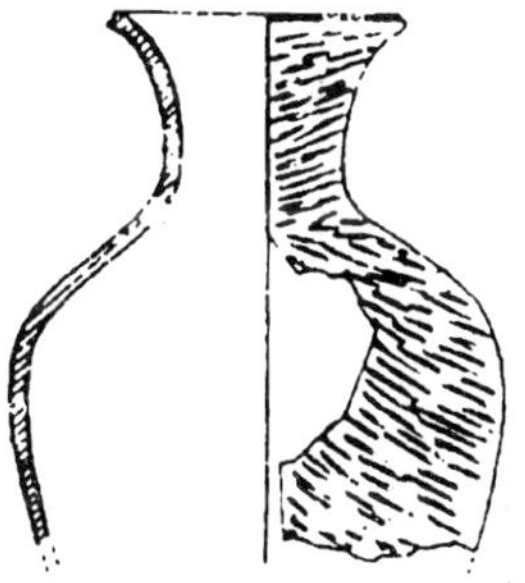 赵南Ⅲ式尖底瓶（H15∶17）
庙底沟二期	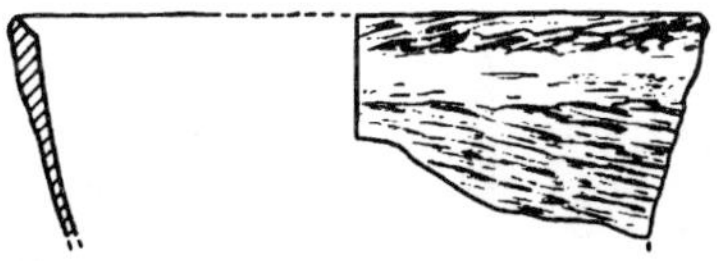 标本 9 陶罐	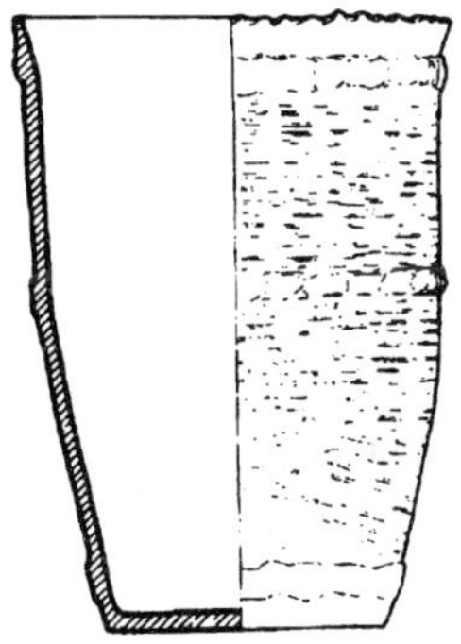 古城东关 A Ⅱ式夹砂深腹罐（Ⅲ H11∶20）	

续表

时期	大河口遗址调查标本	已发表资料标本	
庙底沟二期	标本97 陶罐	杨威陶缸（H17:4）	
	标本13 陶罐	上亳陶缸（H12:82）	白燕陶瓮（G502:166） 晋南Ⅲ式瓮（SH16:1）
	标本111 陶罐	杨威陶缸（H31:3） 杨威陶缸（H13:23）	杨威陶缸（H24:2） 龙王崖Ⅱ式夹砂缸（H104:7）

续表

时期	大河口遗址调查标本	已发表资料标本	
庙底沟二期	标本178 陶釜灶	垣曲釜灶（ⅠH30∶20）	
	标本118 陶罐	古城东关C型夹砂深腹罐（ⅢH22∶2）	
	标本147 陶罐	古城东关BⅢ式夹砂深腹罐（ⅢH11∶34）	上亳夹砂深腹罐（H102∶4）
		固镇A型大口罐（H22∶5）	

续表

时期	大河口遗址调查标本	已发表资料标本	
庙底沟二期	标本237 陶罐	童子崖Ⅰ式宽肩壶（H8∶11）	杏花村Ⅰ式壶（H23∶5）
		古城东关小口罐（ⅠH145∶34）	
	标本62 陶盆	上亳陶盆（H208∶7）	杨威宽沿盆（T1④∶11）
		固镇C型Ⅱ式盆（H1∶24）	
	标本133 陶盆	古城东关CⅠ式双鋬陶盆（ⅢH22∶31）	芮城杏林陶盆（F3∶7）
		固镇C型Ⅱ式敞口盆（T108③C∶4）	上亳陶盆（H315∶13）

续表

时期	大河口遗址调查标本	已发表资料标本	
庙底沟二期	标本16 陶盆 标本20 陶盆	杨威陶盆（H13：32）	上毫陶盆（H301：3）
	标本127 陶盆	古城东关AⅡ式宽沿盆（ⅠH112：21） 上毫宽沿盆（H236：7）	固镇Aa型盆（T103③c：7）
龙山时期	标本349 陶鬲	朱开沟C型Ⅰ式陶鬲（T247⑤：2）	陶寺Ⅲ区陶鬲（H365：38）
	标本79 陶鬲	峪道河陶鬲（H1：1） 靳庄陶鬲（H1：9）	龙王崖Ⅰ式陶鬲（H01：5）

续表

时期	大河口遗址调查标本	已发表资料标本	
龙山时期	标本164 陶扁壶	陶寺陶扁壶（Y2②:4） 靳庄陶鬲（H2:7）	东许陶扁壶（H11:30）
	标本523 陶豆	陶寺陶豆（ⅢH301:3）	东许A型豆（TG1③:1）
夏代时期	标本428 陶罐	东下冯Ⅱ式瓮（H406:11）	
西周时期	标本440 陶罐	天马-曲村大口瓮（J7区T48⑤:19）	天马-曲村大口瓮（Ⅳ区H412:9）

时期	大河口遗址调查标本	已发表资料标本	
西周时期	标本439 陶鬲	天马-曲村陶鬲（J7区 H34∶10） 天马-曲村陶鬲（Ⅰ区 H132∶1）	天马-曲村陶鬲（J7区 H118∶7）
	标本201 陶鬲	天马-曲村陶鬲（J6区 T10⑤∶9）	天马-曲村陶鬲（M6136∶13）
	标本202 陶鬲	天马-曲村Aa型Ⅰ式陶鬲（M6510∶1） 天马-曲村Aa型Ⅴ式陶鬲（Ⅲ区 H326∶9）	天马-曲村Aa型Ⅱ式陶鬲（M6127∶10） 张家坡A型ⅣC式陶鬲（M95∶1）

续表

时期	大河口遗址调查标本	已发表资料标本	
西周时期	标本709、710陶片	天马-曲村A型Ⅱ式甗（Ⅱ区H202：23）	天马-曲村A型Ⅱ式甗（Ⅲ区H326：29）
东周时期	标本1494陶釜	虒祁陶釜（M3108：5）	
	标本1576陶鬲	1992年铸铜陶鬲（T9H79：45）	白店陶鬲（H15：327）
	标本485陶鬲	白店陶鬲（H14：68）	
	标本751陶鬲	白店陶鬲（H5：38）	
	标本1603陶鬲	白店陶鬲（H17：52）	铸铜遗址陶鬲（ⅩⅩⅡT728H475：2）
	标本1617陶鬲	白店陶鬲（H2：157）	

续表

时期	大河口遗址调查标本	已发表资料标本	
东周时期	标本301 陶鬲	上马墓地 Ac 型 Ⅲ 式陶鬲（M5033:1） 上郭 A Ⅰ 式陶鬲（M7:6）	铸铜遗址 C 型 Ⅰ 式陶鬲（ⅩⅩⅡ T863H658:1）
	标本1578 陶盆	铸铜遗址 A 型 Ⅰ 式甑（ⅩⅩⅡ T728H768:2）	白店陶盆（H2:130）
	标本1585 陶盆	白店陶盆（H19:15）口沿	
	标本1602 陶盆	铸铜遗址 A 型 Ⅲ 式盆（Ⅱ T207H233:3） 白店陶盆（H20:36）	凤城 Ⅱ 式曲颈盆（1988年 H19T1③a:2） 白店陶盆（H24:3）

续表

时期	大河口遗址调查标本	已发表资料标本	
东周时期	标本 987 陶盆 / 标本 988 陶盆	铸铜遗址 B 型 I 式曲颈盆（ⅡT207F201：3） / 白店陶盆（H5：32）	白店陶盆（H2：138）
	标本 1427 陶盆	白店陶盆（H21：40）	铸铜遗址 C 型 Ⅲ 式折沿盆（ⅩⅩⅡT726H550：1）
	标本 1447 陶盆	白店陶盆（H2：140）	铸铜遗址 B 型 Ⅱ 式盆（ⅡT55H151：1）
	标本 1636～1641 陶盆	铸铜遗址 A 型 Ⅱ 式甗（ⅩⅩⅡT645H93：1）	1992 年铸铜陶甗（T2H46：1）
	标本 396 陶豆	白店陶豆（H4：21） / 白店陶豆（H13：6）	白店陶豆（H4：14） / 下平望 I 式 b 型盘豆（H6：12）

续表

时期	大河口遗址调查标本	已发表资料标本	
东周时期	标本1608 陶豆	白店陶豆（H5：24） 铸铜遗址 E 型Ⅲb式盘豆（ⅡT73H517：1）	北坞 E 型盘豆（T140④：1）
	标本1599 陶豆	天马-曲村 Ba 型Ⅳ式陶豆（J7区 F10：44） 北坞 A 型Ⅴ式盘豆（T139H120：1）	铸铜遗址Ⅳ式陶盘豆（ⅩⅩⅡ T645F19：2）
	标本1420 陶豆	白店豆盘（H16：3）	北坞 C 型豆（T301G301：69）

续表

时期	大河口遗址调查标本	已发表资料标本	
东周时期	标本 254 陶豆	天马-曲村陶豆（J7 区 F10：35）	上马墓地 Aa 型 I 式陶豆（M5291：3）
	标本 263 陶罐	天马-曲村大口瓮（J7 区 T48⑤：19）	天马-曲村大口瓮（J7 区 F10：47）
	标本 639 陶罐	铸铜遗址 B 型 III 式高领罐（Ⅱ T31H80：7）	
	标本 1042 陶罐	白店陶罐（H2：101）	
	标本 1362 陶罐	白店陶罐（H13：10）	白店陶罐（H21：44）
	标本 1457 陶罐	铸铜遗址 III 式瓮（XXII T638H149：9）	白店陶瓮（H2：145）
汉代时期	标本 1429 陶盆	临猗陶盆（LTG1：1）	

续表

时期	大河口遗址调查标本	已发表资料标本	
汉代时期	标本 1437 陶罐	天马－曲村甲类 A 型 Ⅱ 式素面罐（M7042∶16）	侯马 Ⅰ 式瓮（M16∶8）

后　　记

　　本报告资料整理工作是在山西省考古研究所王万辉、马昇、王晓毅、范文谦等领导的关心与支持下完成的，山西省考古研究所侯马工作站相关工作人员也予以积极配合，在此我们深表感谢！

　　本报告由山西大学北方考古研究中心谢尧亭同志负责编撰，王金平和杨及耘、李永敏在大河口墓地发掘期间配合遗址调查做了很多工作。绘图由马教河同志完成，照相由解宙鹏同志完成，拓片由杨梅同志完成，祁冰同志协助制作了一部分图表，张王俊同志协助完成了文字、排版等大量基础性工作，谢尧亭同志最后对全部调查资料进行了审核和校对，并撰写了相关内容。

扫描二维码可见本书采集标本照片及遗迹调查照片。

图版一

大河口遗址调查范围

图版二

大河口遗址调查台地编号

图版三

大河口遗址调查遗迹分布情况

图版四

大河口遗址采集遗物分布情况

图版五

大河口遗址新石器时代遗物分布情况

图版六

大河口遗址夏代时期遗物分布情况

图版七

大河口遗址西周时期遗物分布情况

图版八

大河口遗址东周时期遗物分布情况

大河口遗址汉代及宋末金时期遗物分布情况

图版一〇

1. 陶盆（81外壁）

2. 陶盆（81内壁）

3. 陶瓶（245外壁）

4. 陶瓶（245内壁）

5. 陶罐（9外壁）

6. 陶罐（9内壁）

大河口遗址调查陶器

图版一一

1. 陶罐（97外壁）

2. 陶罐（97内壁）

3. 陶罐（13外壁）

4. 陶罐（13内壁）

5. 陶罐（111外壁）

6. 陶罐（111内壁）

大河口遗址调查陶器

图版一二

1. 陶釜灶（178外壁）

2. 陶釜灶（178内壁）

3. 陶盆（16外壁）

4. 陶盆（16内壁）

5. 陶盆（127外壁）

6. 陶盆（127内壁）

大河口遗址调查陶器

图版一三

1. 陶罐（10）　　2. 陶罐（11.12）
3. 陶片（172外壁）　　4. 陶片（172内壁）
5. 陶罐（171）　　6. 陶片（175）

大河口遗址调查陶器

图版一四

1. 陶罐（78外壁）　　2. 陶罐（78内壁）
3. 陶鬲（79）　　4. 陶片（130）
5. 陶片（135）　　6. 陶片（361）

大河口遗址调查陶器

图版一五

1. 陶罐（162外壁）

2. 陶罐（162内壁）

3. 陶扁壶（164外壁）

4. 陶扁壶（164内壁）

5. 陶鬲（349外壁）

6. 陶鬲（349内壁）

大河口遗址调查陶器

图版一六

1. 陶片（362）

2. 陶片（364、365）

3. 陶片（366）

4. 陶片（302）

5. 陶罐（378）

6. 陶罐（428）

大河口遗址调查陶器

图版一七

1. 陶鬲（439）

2. 陶罐（440）

3. 陶片（709、710外壁）

4. 陶片（709、710内壁）

5. 陶鬲（201）

6. 陶鬲（202）

大河口遗址调查陶器

图版一八

1. 陶豆（254）

2. 陶罐（263）

3. 陶豆（396外壁）

4. 陶豆（396内壁）

5. 陶鬲（485外壁）

6. 陶鬲（485内壁）

大河口遗址调查陶器

图版一九

1. 陶罐（639）

2. 陶鬲（751）

3. 陶盆（987）

4. 陶盆（988）

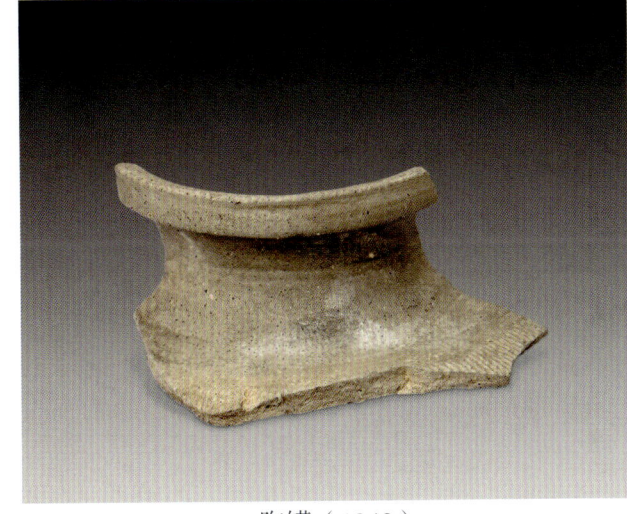
5. 陶罐（1042）

6. 陶罐（1362）

大河口遗址调查陶器

图版二〇

1. 筒瓦（992外壁）

2. 筒瓦（992内壁）

3. 板瓦（993外壁）

4. 板瓦（993内壁）

大河口遗址调查陶器

图版二一

1. 陶豆（1420外壁）

2. 陶豆（1420内壁）

3. 陶盆（1427）

4. 陶盆（1447）

5. 陶鬲（1576外壁）

6. 陶鬲（1576内壁）

大河口遗址调查陶器

图版二二

1. 陶豆（1599外壁）

2. 陶豆（1599内壁）

3. 陶盆（1602）

4. 陶盆（1636~1641）

5. 陶鬲（1603外壁）

6. 陶鬲（1603侧视）

大河口遗址调查陶器

图版二三

1. 陶豆（1608内壁）

2. 陶豆（1608侧视）

3. 陶鬲（1617外壁）

4. 陶鬲（1617内壁）

5. 陶盆（973）

6. 陶盆（1429）

大河口遗址调查陶器

图版二四

1. 板瓦（1008）

2. 筒瓦（1647～1654）

3. 板瓦（1038外壁）

4. 板瓦（1038内壁）

5. 筒瓦（1674外壁）

6. 筒瓦（1674内壁）

大河口遗址调查陶器